车辆系统动力学仿真

王孝鹏 ◎ 著

西南交通大学出版社
·成都·

图书在版编目（CIP）数据

车辆系统动力学仿真 / 王孝鹏著. —成都：西南交通大学出版社，2019.8
ISBN 978-7-5643-7030-5

Ⅰ. ①车… Ⅱ. ①王… Ⅲ. ①车辆动力学 – 系统仿真 Ⅳ. ①U270.1

中国版本图书馆 CIP 数据核字（2019）第 172931 号

Cheliang Xitong Donglixue Fangzhen
车辆系统动力学仿真

王孝鹏　著

责任编辑　李华宇
封面设计　何东琳设计工作室

印张：30.75　字数：806 千	出版发行：西南交通大学出版社
成品尺寸：185 mm × 260 mm	网址：http://www.xnjdcbs.com
版次：2019 年 8 月第 1 版	地址：四川省成都市金牛区二环路北一段 111 号 西南交通大学创新大厦 21 楼
印次：2019 年 8 月第 1 次	邮政编码：610031
印刷：成都中永印务有限责任公司	发行部电话：028-87600564　028-87600533
书号：ISBN 978-7-5643-7030-5	定价：108.00 元

图书如有印装质量问题　本社负责退换
版权所有　盗版必究　举报电话：028-87600562

序

  车辆系统动力学与车辆运动状态直接相关，也是研究车辆行驶安全性、操纵稳定性和乘坐舒适性的重要基础。目前研究方法主要分为两大类：一是采用简化的弹簧-质量-阻尼系统研究整车或者局部系统；二是采用多体系统动力学软件构建物理模型对整车系统或子系统进行仿真研究。与简化模型相比，采用多体系统动力学建模，可兼顾子系统结构及部件柔性化后的柔体系统动力学模型，所获得的与实际相吻合的精确模型为后续工程项目（如零部件耐久疲劳特性）提供更加准确的载荷谱，以提升整车设计及性能指标。

  当前国内外汽车研究机构大多采用 ADAMS（Automatic Dynamic Analysis of Mechanical Systems，机械系统动力学自动分析）软件中的 Car 模块完成整车及子系统工程设计。本书是借助该软件在车辆领域的应用编写而成的，主要包括以下内容：系统介绍各类型悬架模型的建立，包含麦弗逊悬架、推杆式双横臂悬架、扭力梁悬架及国内商用车采用的导向式平衡悬架、推杆式平衡悬架等建模、测试、仿真及对应问题的解决方法；系统介绍钢板弹簧不同建模方法及各自优缺点；对 FSAE 方程式赛车整车及系统模型进行匹配、实验、调试等系统分析，在整车模型基础上改变后悬架为不同悬架模型对比分析其对整车性能的影响；对商用车平衡悬架及整车模型进行系统论述与分析，包含 4×2、6×4、6×2、8×4 及多轴系整车模型探讨；对联合系统模型（车辆机电液耦合模型）及算法（PID、模糊、双模、PID 模糊）进行系统介绍及案例（主动悬架、弯道制动等）应用；采用 Matlab 对 2 自由度、4 自由度、7 自由度、14 自由度整车模型主动控制算法进行案例分析。

  众所周知，整车模式下研究车辆局部系统是更加准确有效的方法，而单独研究子系统则会在一定程度上失去整体性及系统性。例如，整车环境下研究系统的制动特性，可以考虑不同车辆、不同制动力及不同制动时间等更加实际的特性，同时还可以验证不同控制算法的有效性，这对于单个车轮简化模型的优势来说是无可比拟的；整车环境下研究系统的转向特性，可以考虑车速、四轮定位参数、轮胎等其他系统对助力特性的影响；整车环境下研究主动悬架特性，不同悬架物理机构、不同质心位置及不同车轮之间的耦合关系对主动悬架的相互影响比只用 1/4、半车或整车悬架模型具有明显的优势。考虑 ADAMS 软件中 Car 模块的学习资料目前在国内依然稀缺，商用整车、平衡悬架等模型在文献数据库中依然难于查找，因此作者借助近些年在技术服务与课题研究中的心得，以工程案例的计算机仿真分析为主，在机械工程重点学科和省部级科技平台的支持下，着重探讨了整车系统的动力学仿真特性。书中的案例饱含作者的心血，对工程设计与仿真验证具有指导性，适合汽车工程研究院设计研发人员及高等院校高年级本科生或研究生学习车辆系统动力学参考使用。

吴 龙
2019 年 4 月

仿真模型资源包

目 录

第1章 绪 论 ··· 1
  1.1 ADAMS 的优势 ·· 1
  1.2 ADAMS 的模块 ·· 1

第2章 麦弗逊悬架模型 ··· 7
  2.1 麦弗逊悬架多体模型 ·· 7
  2.2 麦弗逊悬架参数变量 ·· 34
  2.3 显示组建 ··· 35
  2.4 麦弗逊悬架通信器 ·· 36
  2.5 悬架子系统的建立 ·· 42
  2.6 悬架装配 ··· 43
  2.7 车轮激振分析 ··· 45
  2.8 仿真错误探讨 ··· 47

第3章 驱动桥模型 ·· 50
  3.1 驱动桥模型 ·· 50
  3.2 系统单元 ··· 68
  3.3 通用数据单元 ··· 69
  3.4 驱动轴参数变量 ·· 70
  3.5 驱动轴通信器 ··· 72
  3.6 双轮同向跳动仿真 ·· 75
  3.7 客车加速仿真 ··· 77

第4章 右舵转向系统 ·· 81
  4.1 齿轮齿条式转向系统 ·· 82
  4.2 转向参数变量 ··· 96
  4.3 转向通信器 ·· 97
  4.4 转向仿真 ··· 103

第5章 路面模型 ·· 106
  5.1 路面类型简介 ··· 106

5.2 对开路面 ·· 108
5.3 对接路面 ·· 109
5.4 减速带路面 ··· 111
5.5 单线移仿真 ··· 112
5.6 连续障碍路面 ·· 113
5.7 匀速直线行驶仿真 ·· 115
5.8 直线制动系统仿真 ·· 115
5.9 分离路面设置 ·· 116
5.10 分离轮胎路面直线制动仿真 ·· 118
5.11 弯道制动系统仿真 ·· 119

第 6 章 制动系统 ·· 121
6.1 制动系统简介 ··· 121
6.2 制动系统变量参数及通信器 ··· 122
6.3 FSAE 赛车 Braking 文件驱动仿真 ·· 123
6.4 客车 Braking 仿真 ·· 125
6.5 牵引车 Braking 仿真 ··· 126

第 7 章 发动机系统模型 ··· 128
7.1 发动机实验数据 ·· 128
7.2 发动机扭矩图绘制程序 ··· 131
7.3 发动机系统建模 ·· 132
7.4 定半径转弯仿真 CRC ··· 135

第 8 章 钢板弹簧模型 ·· 138
8.1 钢板弹簧工具箱介绍 ·· 138
8.2 OG Profile（初始几何轮廓） ··· 139
8.3 钢板弹簧模型 ··· 141
8.4 钢板弹簧分析 ··· 146
8.5 预载荷施加 ·· 148
8.6 钢板弹簧模型装配 ··· 148
8.7 转换模板 ADAMS/Car ··· 149
8.8 钢板弹簧悬架反向激振仿真 ··· 153

第 9 章 钢板弹簧模型——Nonlinear Beam ·· 155
9.1 非线性梁 ··· 155
9.2 接触力 ·· 164
9.3 弹簧夹 ·· 165
9.4 钢板弹簧模型约束 ··· 165
9.5 钢板弹簧悬架通信器 ·· 170
9.6 反向激振实验 ··· 170

第 10 章　FSAE 方程式赛车 I ... 173
10.1　FSAE 方程式赛车介绍 ... 173
10.2　后推力杆双横臂悬挂模型 ... 174
10.3　前推力杆双横臂悬架模型 ... 208
10.4　中置转向系统 ... 212
10.5　FSAE 轮胎模型 ... 220
10.6　车身系统 ... 225
10.7　FSAE 整车模型装配 ... 230
10.8　Fish-Hook 仿真 ... 231

第 11 章　FSAE 方程式赛车 II ... 233
11.1　扭力梁悬架 ... 233
11.2　FSAE 整车模型 ... 252
11.3　定常半径转弯仿真 ... 252

第 12 章　麦弗逊悬架 PID 控制联合仿真 ... 255
12.1　主动麦弗逊悬架模型 ... 255
12.2　路面模型 ... 264
12.3　路面驱动方案 A ... 265
12.4　路面驱动方案 B ... 270
12.5　PID 控制器设计 ... 270
12.6　半主动悬架联合仿真 ... 271
12.7　时频域、功率谱密度变换程序 ... 278

第 13 章　双 A 臂悬架模糊 PID 控制联合仿真 ... 280
13.1　双 A 臂悬架模型 ... 280
13.2　双 A 臂半主动悬架 ... 283
13.3　模糊 PID 控制器设计 ... 285
13.4　双 A 臂半主动悬架联合仿真 ... 291

第 14 章　弯道制动联合仿真 ... 295
14.1　制动系统设置 ... 296
14.2　函数编写 ... 298
14.3　整车模型装配 ... 300
14.4　ADAMS\Controls 设置 ... 301
14.5　ADAMS 与 MATLAB 软件协同 ... 302
14.6　双模糊理论 ... 309
14.7　悬架辅助系统 ... 312
14.8　制动联合仿真模型 ... 312

第 15 章　操纵稳定性仿真 ... 318
15.1　整车模型（ADAMS/View） ... 318

15.2 模糊控制策略 ································· 325
15.3 机控联合仿真 ································· 330
15.4 角阶跃转向仿真实验 ··························· 335
15.5 角脉冲仿真实验 ······························· 337
15.6 蛇形仿真实验 ································· 340
15.7 漂移仿真实验 ································· 342
15.8 单线移仿真实验 ······························· 344

第16章 4×2客货车模型 ······························· 347
16.1 驱动轴悬架模型 ······························· 347
16.2 4×2牵引车模型 ······························· 348
16.3 谐波脉冲转向仿真 ····························· 349
16.4 4×2客车模型 ································· 351
16.5 超车仿真 ····································· 351

第17章 6×4整车模型Ⅰ ······························· 354
17.1 两片白钢板弹簧模型 ··························· 354
17.2 白前桥悬架模型 ······························· 359
17.3 货车前桥转向悬架系统 ························· 361
17.4 6×4转向系统 ································· 367
17.5 白驱动轴模型 ································· 371
17.6 导向杆式平衡悬架模型 ························· 376
17.7 6×4整车模型 ································· 382
17.8 6×4整车制动仿真 ····························· 383

第18章 6×4整车模型Ⅱ ······························· 387
18.1 双轴推杆式平衡悬架 ··························· 387
18.2 6×4整车模型（推杆式） ······················· 398
18.3 8×6整车模型 ································· 399
18.4 四轴推杆式平衡悬架 ··························· 401

第19章 8×4整车模型 ································· 404
19.1 双桥转向悬架模型 ····························· 404
19.2 双桥转向系统模型 ····························· 415
19.3 tag_axle轴轮胎 ······························· 420
19.4 8×4整车模型 ································· 421
19.5 8×4整车速度保持仿真 ························· 422

第20章 柔体系统动力学 ······························· 426
20.1 柔性四连杆 ··································· 426
20.2 柔性扭力梁悬架 ······························· 430
20.3 柔性钢板弹簧 ································· 432

  20.4 柔性横直钢板弹簧双横臂悬架 433
  20.5 多柔性 FSAE 赛车 434

第 21 章 2 自由度悬架模型 437
  21.1 悬架数学模型 437
  21.2 路面模型 439
  21.3 控制器设计 439
  21.4 振动分析 441

第 22 章 "摩托车"主动悬架仿真 445
  22.1 半车数学模型建立 445
  22.2 路面模型 448
  22.3 双模糊控制器设计 450
  22.4 PID 控制器设计 453
  22.5 模糊 PID 控制器设计 456

第 23 章 7 自由度整车仿真 459
  23.1 7 自由度整车数学模型 459
  23.2 整车 SIMULINK 系统模型 461
  23.3 车轮#1~#4 路面模型 464
  23.4 基于整车半主动悬架模糊控制算法 465
  23.5 整车半主动悬架仿真 467

参考文献 470

附录 471
  附录 A 单片钢板弹簧装配体 471
  附录 B 重卡车身通信器 476
  附录 C 6×2 整车 478
  附录 D Fish-Hook 仿真 479
  附录 E 14 自由度整车 481

第 1 章 绪 论

ADAMS 软件为系统动力学仿真软件，目前在国内外各大汽车厂商及相关研究院所均有应用。同物理样机试验相比，ADAMS 软件仿真平台具有以下特点：① 更快，更节约成本；② 在开发流程的每个阶段获得更完善的设计信息，从而可以降低开发风险；③ 通过对大量的设计方案的分析，优化整个系统性能，从而提高产品质量；④ 参数化模型方法可以多次变更参数进行分析，而无须更改试验仪器、固定设备及试验程序；⑤ 在安全的环境下工作，不必担心关键数据丢失或由于恶劣天气造成的设备失效。

1.1 ADAMS 的优势

（1）擅长三维实体、弹性体碰撞和冲击分析，摩擦、间隙分析。
（2）具有独特的摩擦、间隙分析功能。
（3）具有大型工程问题的求解能力。
（4）具有极好的解算稳定性，支持单机多 CPU 并行计算。
（5）支持系统参数化试验研究、优化分析。
（6）具有独特的振动分析功能，能分析机构任意运动状态下系统的振动性能。
（7）提供多学科软件接口，包括与 CAD、FEA、CSD（控制仿真软件）之间的接口。
（8）提供凝聚了丰富行业应用经验的专业化产品，是唯一经过大量的实际工程问题验证的动力学软件，支持 Windows、Linux 及 UNIX 操作系统。

1.2 ADAMS 的模块

ADAMS 软件仿真平台拥有较多模块，此处仅介绍本书涉及的模块，其他相关模块读者可以查阅 Help 帮助信息（查阅 Help 帮助信息是学习 ADAMS 的最佳方式之一）。本书系统地介绍了 Car 模块中各种类型悬架模型、机电协同控制系统、制动系统、路面模型、发动机模型、车身模型、FSAE 赛车模型及各类型商用车模型及对应的仿真；同时在 View 中介绍整车操控性仿真、转向及驱动等复杂函数的编写与调试。

1.2.1 View

View 是 ADAMS 前/后处理的可视化环境，可建立机械系统的功能化数字样机模型，定义运动部件和约束关系，施加外力或强制运动，构建机械系统的仿真模型；同时也提供了对仿真结果进行可视化观察的图形界面，可同时显示多次仿真结果的动画及数据曲线，可以进行仿真数据的后处理及干涉碰撞检测等。MSC.ADAMS/View 还提供了一个多目标、多参数试验设计分析模块，它提供了各种不同的试验方法，并对所得到的结果进行数学回归分析，从而可以用最少的仿真次数得到产品性能与众参数之间的关系。图1.1 所示为通用模块 View 中建立的参数化双横臂悬架模型，具体应用如下：

（1）建立参数化三维实体模型，便于改进设计。

（2）以 igs、dwg/dxf、stp、stl、slp、shl、obj 及 parasolid 等文件格式导入其他 CAD/CAM/CAE 软件生成的几何实体甚至整个装配系统。

（3）提供可扩展的约束库、柔性连接库和力库。

（4）提供二次开发功能，可以重新定制界面，便于实现设计流程自动化或满足用户的特殊需要。

（5）提供计算结果的动画、曲线、彩色云图显示。

（6）提供多窗口显示，最多可达 6 个，每个窗口可显示不同的结果或视图。

（7）提供丰富的数据后处理功能（FFT 变换、滤波、Bode 图等）。

（8）提供多种文件输出功能（AVI/MPG 动画文件、多种格式的图片文件、HTML 格式、表格输出等）。

（9）支持输出进行有限元分析、物理实验及疲劳分析等文件格式。

（10）支持干涉碰撞、间隙检查。

（11）数据曲线格式及页面设置可以保存，方便以后的使用。

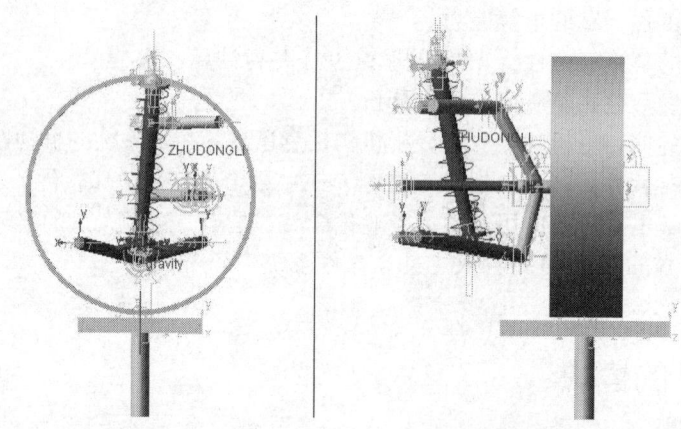

图 1.1 双横臂悬架模型

1.2.2 Car

Car 模块包括一系列的汽车仿真专用模块，用于快速建立功能化数字样车，并对其多种性能指标进行仿真评价。用 MSC.ADAMS/Car Package 建立的功能化数字样车可包括以下子系统：底盘（传动系、制动系、转向系、悬架）、轮胎和路面、动力总成、车身、控制系统等。用户可在虚拟的试验台架或试验场地中进行子系统或整车的功能仿真并对其设计参数进行优化。MSC. ADAMS 汽车仿真工具含有丰富的子系统标准模板，以及大量用于建立子系统模板的预定义部件和一些特殊工具,通过模板的共享和组合,快速建立子系统到系统的模型,然后进行各种预定义或自定义的虚拟试验。Car 模块中,建立的横置钢板弹簧悬架 FSAE 赛车模型如图 1.2 所示。采用横置钢板弹簧悬架模型后,FSAE 赛车整车高度可以降低 81.18 mm,整车的操纵稳定性大幅提升,同时整车底盘可以进行 16 种刚度组合调试。

1.2.2.1 Road

Road 可以集成到 MSC.ADAMS/Tire Handling 模块中,即 MSC.ADAMS/Tire 可以使用三维道路模型文件(.rdf),用户可以通过选择道路文件选择不同的道路。在 MSC. ADAMS/Car 和 MSC. ADAMS/Chassis 中可以方便地调用三维道路模型并进行三维路面的仿真。在动画实现过程中,该模块可以自动生成三维道路模型,如果三维道路需要跟踪轨迹能力,那么就需要使用适当的驾驶员控制文件(.dcf)和驾驶员控制数据文件(.dcd)确定驾驶员的输入参数和车辆的运动轨迹。当 MSC. ADAMS/3D Road 与 MSC. ADAMS/Car、MSC. ADAMS/Chassis 和 MSC. ADAMS/Driver 同时使用时,用户不必使用额外的驾驶员控制文件就可以确定车辆的行驶轨迹。连续减速带路面模型如图 1.3 所示。

图 1.2　FSAE 赛车模型

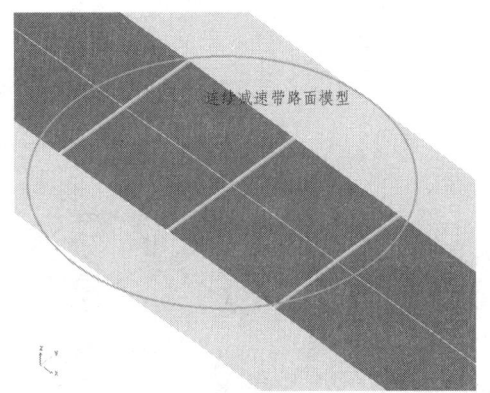
图 1.3　连续减速带路面模型

1.2.2.2　Car Ride

Car Ride 模块为 MSC. ADAMS/Car 的即插即用模块,使用该模块,可快速完成悬架或整车的装配模型,然后利用该模块提供的舒适性分析试验台,可以快速地模拟悬架或整车在粗糙路面上或在实际的振动试验台上所进行的各种振动性能试验。它支持各种激励信号,包括实测的位移或载荷的时间历程信号,借助 SWIFT 轮胎模型,可以同时考虑轮胎对整车振动性能的影响;借助 MSC. ADAMS/Vibration 模块,还可以在频域进行分析。

1.2.2.3　Driver

Driver 可以模拟驾驶员的各种动作,如转弯、制动、加速、换挡及离合器操纵等。当 MSC. ADAMS/Driver 与 MSC. ADAMS/Tire 同时使用时,工程师就可以同时分析在不平路面和山路等工况下三维路面的驾驶性能。Driver 通过定义驾驶员的行为特性确定车辆的运动性能变化:可以明确区分赛车驾驶员和乘用车驾驶员,甚至定义某个特定驾驶员的驾驶习惯特性,这样用户就可以确定各种驾驶行为,如稳态转向、转弯制动、双移线试验、横向风试验和不同路面附着系数 μ 的制动试验。应用上述信息,MSC. ADAMS/Driver 和 MSC. ADAMS/Solver 进行数据交换,确定方向盘转角或力矩、油门踏板的位置、制动踏板上的作用力、离合器踏板的位置、变速器的挡位等,以进一步提高整车仿真置信度。Driver 的另一个特点是具有自学习能力,能够根据车辆的动力学性能调整操纵行为或模拟实际驾驶员的操纵行为。当车辆使用了包括正、负反馈的控制系统(如 ABS 系统、四轮驱动系统、四轮转向系统、巡航驾驶系统等)时,该模块可以帮助工程师更好地优化汽车的性能。

1.2.2.4 操纵稳定性

汽车操纵稳定性是指在驾驶者不感到过分紧张、疲劳的条件下,汽车能遵循驾驶者通过转向系及转向车轮给定的方向行驶,且当遭遇外界干扰时汽车能够抵抗干扰并保持稳定行驶的能力。操纵稳定性是汽车最重要的性能之一,它不仅仅代表汽车驾驶的操纵方便程度,更是决定高速汽车安全行驶的一个主要性能。评价操纵稳定性的指标有多个方面,如稳态回转特性、瞬态响应特性、回正性、转向轻便性、典型行驶工况的性能和极限行驶能力等。基于 View 模块建立的整车模型如图 1.4 所示。

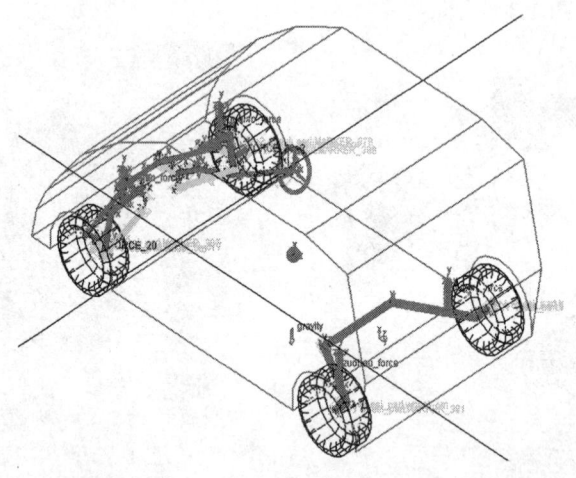

图 1.4 整车模型

1.2.3 ViewFlex

ViewFlex 是集成在 Adams/View 中的自动柔性体生成工具,它使得不必离开 ADAMS 环境即可创建柔性体,并且不需要借助任何其他有限元软件。ViewFlex 模块让有关柔性体的仿真分析比传统方式更流畅、更高效。ViewFlex 可以通过外部环境(ABAQUS、ANSYS、Nastran、HyperMesh 等软件)导入模态中性文件对系统中的部件进行柔性化处理。通过 ABAQUS 软件导入的装配体叶片弹簧柔性体如图 1.5 所示。

ViewFlex 具有以下特点:
(1)在 ADAMS 环境下自动直接生成弹性体。
(2)后台完成网格划分、求解、生成 MNF 文件等流程。
(3)由内置的 Nastran 求解。
(4)流程高效、流畅。
(5)精确度高。

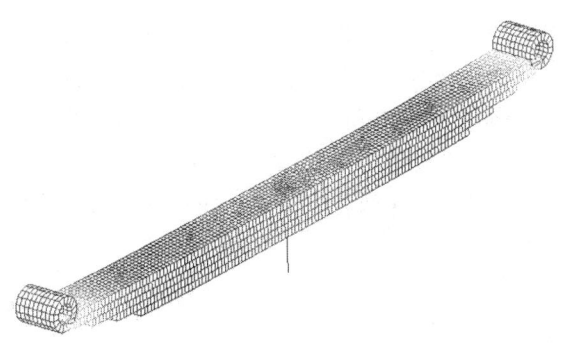

图 1.5　钢板弹簧柔性体

1.2.4　Controls

Controls 模块的功能是将控制系统与机械系统集成在一起进行联合仿真。集成的方式有两种：一种是将 MSC.ADAMS 建立的机械系统模型集成到控制系统仿真环境中，组成完整的耦合系统模型进行联合仿真；另一种方式是将控制软件中建立的控制系统读入到 MSC.ADAMS 的模型中进行全系统联合仿真。FSAE 赛车弯道制动系统联合仿真模型如图 1.6 所示。机控耦合系统的优势如下：

（1）机械系统中可以考虑各部件的惯性、摩擦、重力、碰撞和其他因素的影响。
（2）与常用控制软件进行双向数据传递，包括 MSC Easy5、MATLAB 和 Matrix。
（3）支持联合仿真和函数估值两种模式。
（4）通过状态方程支持连续和离散系统。
（5）使控制系统工程师和机械系统工程师之间的交流更方便。
（6）有效地求解机械、控制系统耦合模型。

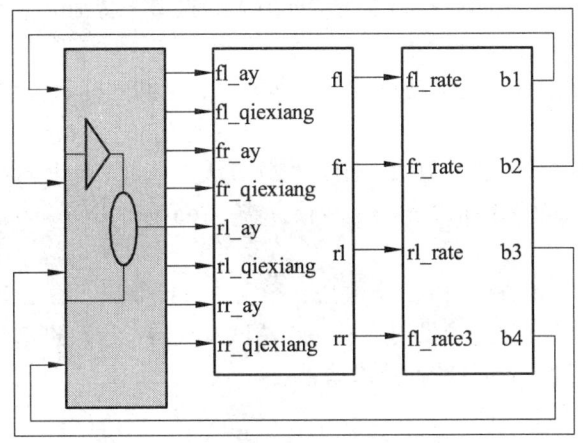

图 1.6　制动系统联合仿真模型

1.2.5　Truck

Truck 模块集成在 Car 模块中，以插件的形式可以在 Car 环境中随时调用。Truck 模块中有客车、货车及挂车模型，数据库中的公版模型主要为北美及欧洲卡车标准，整车、前后悬架及车身都不适用于我国的商用模型及客车。国内较多文献依然使用通过保持垂向刚度简化特性的公版模型对整车的性能进行各种分析，此处应保留谨慎态度，国内商用牵引车的悬架物理结构与公版模型完全不一致。采用 ADAMS/Car 模块建立的导向杆式平衡悬架如图 1.7 所示，在此基础上建立的 6×4 牵引车模型如图 1.8 所示。整车模型包含非独立钢板弹簧悬架模型、右舵转向模型、车身模型、6 轮制动模型、发动机模型、导向杆式平衡悬架模型。读者可以在此整车模型基础上继续建立驾驶室、挂车及挂车制动系统等。商用车建模的难点在于钢板弹簧模型的建立及推杆式、导向杆式悬架集成参数的设定。

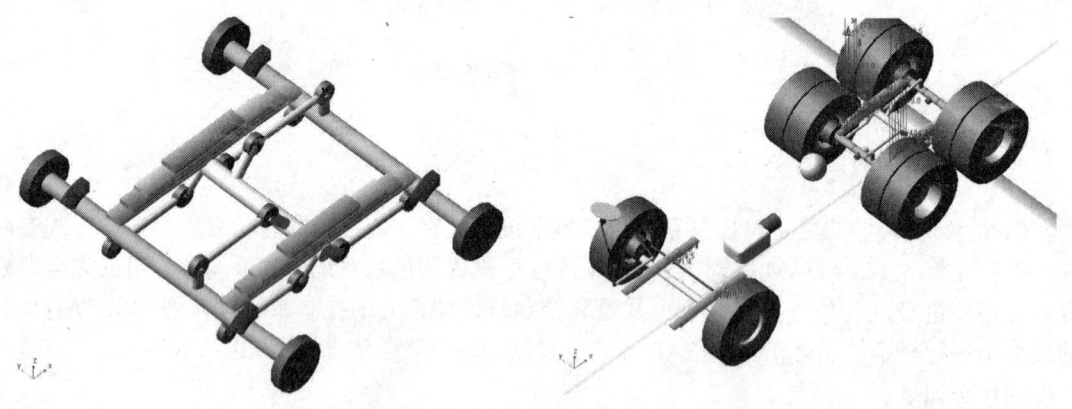

图 1.7　导向杆式平衡悬架　　　　　图 1.8　6×4 商用牵引车

1.2.6　Solver

Solver 是 ADAMS 的核心解算器。解算过程先自动校验模型，然后视模型情况自动进行各种类型的解算，求解过程中可以观察主要数据的变化及机构的运动情况。MSC.ADAMS/Solver 同时提供了用于计算机械系统的固有频率（特征值）和振型（特征矢量）的专用工具。具体功能如下：

（1）使用欧拉-拉格朗日方程自动形成运动学方程、空间坐标系及欧拉角，使用牛顿-拉夫森迭代法求解。

（2）使用多种显式、隐式积分算法：刚性积分方法（Gear's and Modified Gear's）、非刚性积分方法（Runge-Kutta and ABAM）和固定步长方法（Constant_BDF）及二阶 HHT 和 NewMark 等积分方法。

（3）使用多种积分修正方法：3 阶指数法、稳定 2 阶指数法和稳定 1 阶指数法。

（4）提供大量的求解参数选项供用户进一步调试解算器，以改进求解的效率和精度。

（5）使用 Calahan 和 Harwell 线性化求解器。

（6）支持用户自定义的子程序。

（7）解算稳定，结果精确，经过大量实际工程问题检验。

（8）提供大量的求解参数选项供用户进一步调试解算器，以改进求解的效率和精度。

第 2 章 麦弗逊悬架模型

麦弗逊悬架,是现在非常常见的一种独立悬架形式,大多应用在车辆的前轮。麦弗逊悬架的主要结构是由螺旋弹簧加上减振器及 A 字下摆臂组成,减振器可以避免螺旋弹簧受力时向前、后、左、右偏移的现象,限制弹簧只能做上下方向的振动,并且可以通过对减振器的行程、阻尼及搭配不同硬度的螺旋弹簧对悬架性能进行调校。麦弗逊悬架最大的特点就是体积比较小,有利于对比较紧凑的发动机舱布局。不过也正是由于结构简单,对侧向不能提供足够的支撑力度,转向侧倾及刹车点头现象比较明显。本章采用 ADMAS 多体动力学软件建立麦弗逊悬架模型并对其进行仿真分析,研究其运动特性。麦弗逊悬架仿真模型如图 2.1 和图 2.2 所示。

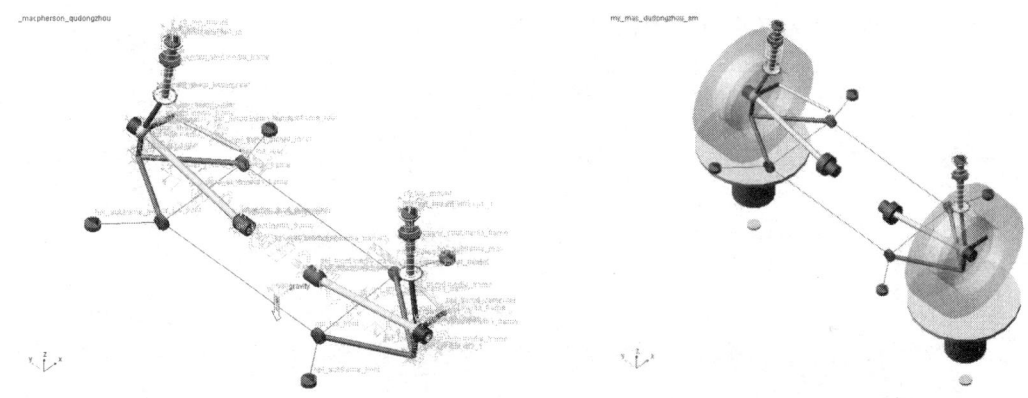

图 2.1　麦弗逊悬架模型　　　　　　图 2.2　麦弗逊悬架装配模型

2.1　麦弗逊悬架多体模型

在 Car 专业模块中依据从下而上的建模规则建立模型,建模顺序依次为:硬点、部件、几何体、连接关系、属性文件等。在建模过程中要理解部件与几何体的依附关系,在同一个部件下可以有多个几何体;其次结构框和方向点不仅可以定位,同时可以表示方向,通常在建立部件和相关几何体的过程中有定向的需要。在连接建立过程中,需要考虑运动学和弹塑性运动学的区别。通信器的建立是建模过程中的重点,通信器通常有两层含义:一是在物理结构层面上把系统装配成一个整体;二是在系统之间及试验台之间进行相关数据传递。

(1)启动 ADAMS/Car,选择专家模块进入建模界面。
(2)单击"File">"New"命令,弹出的建模对话框如图 2.3 所示。
(3)在模板名称处输入"my_machperson",主特征选择"suspension",单击"OK"按钮

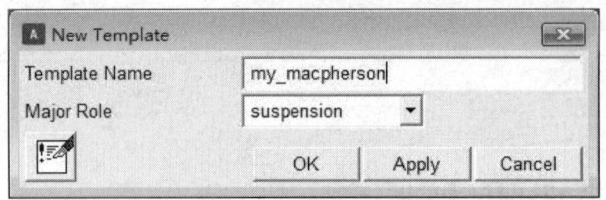

图 2.3　模板框

2.1.1　悬架硬点

（1）单击"Build">"Hardpoind">"New"命令，弹出的创建硬点对话框如图 2.4 所示。

（2）在硬点名称里输入"lca_outer"，类型选择"left"，在位置文本框输入"-20.0, -700.0, 210.0"。

（3）单击"Apply"按钮，完成 lca_outer 硬点的创建。此时在屏幕上显示出左右对称的两个硬点。

（4）以此类推，重复上述步骤完成图 2.5 中硬点的创建。图 2.5 中硬点为共享数据库麦弗逊悬架子系统中的硬点参数（并非专家模块共享数据库）。

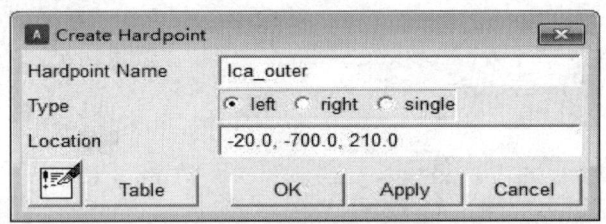

图 2.4　硬点创建对话框

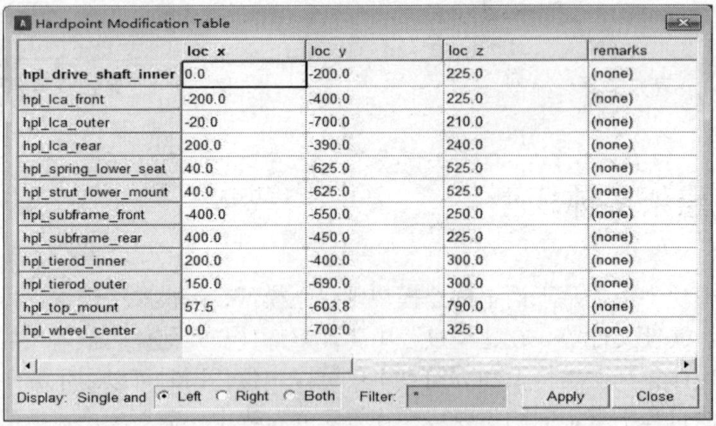

	loc_x	loc_y	loc_z	remarks
hpl_drive_shaft_inner	0.0	-200.0	225.0	(none)
hpl_lca_front	-200.0	-400.0	225.0	(none)
hpl_lca_outer	-20.0	-700.0	210.0	(none)
hpl_lca_rear	200.0	-390.0	240.0	(none)
hpl_spring_lower_seat	40.0	-625.0	525.0	(none)
hpl_strut_lower_mount	40.0	-625.0	525.0	(none)
hpl_subframe_front	-400.0	-550.0	250.0	(none)
hpl_subframe_rear	400.0	-450.0	225.0	(none)
hpl_tierod_inner	200.0	-400.0	300.0	(none)
hpl_tierod_outer	150.0	-690.0	300.0	(none)
hpl_top_mount	57.5	-603.8	790.0	(none)
hpl_wheel_center	0.0	-700.0	325.0	(none)

图 2.5　麦弗逊悬架硬点数据

2.1.2　悬架部件

部件具有位置和方向属性，也有质量和惯量。在建立部件过程中需要预设定部件的相关质量和惯量，由于部件没有确定的几何尺寸，质量和惯量不能自动更新。当部件中的几何形状确定后，ADAMS 软件会自动计算部件的质量和惯量的相关参数，同时部件的材料也可以进行相关的选择。部件建立过程中，默认使用的材料为钢材。

2.1.3 控制臂部件

1．创建控制臂部件

（1）单击"Build"＞"Part"＞"General Part"＞"New"命令，弹出创建部件对话框。

（2）在新建对话框中输入如图 2.6 所示的相关参数。图 2.6 所示为已经建立好的麦弗逊悬架模型，通过右击 gel_lower_control_arm 部件，在弹出的快捷菜单中单击 Modify 弹出的对话框。

（3）在 General Part 中输入：lower_control_arm。

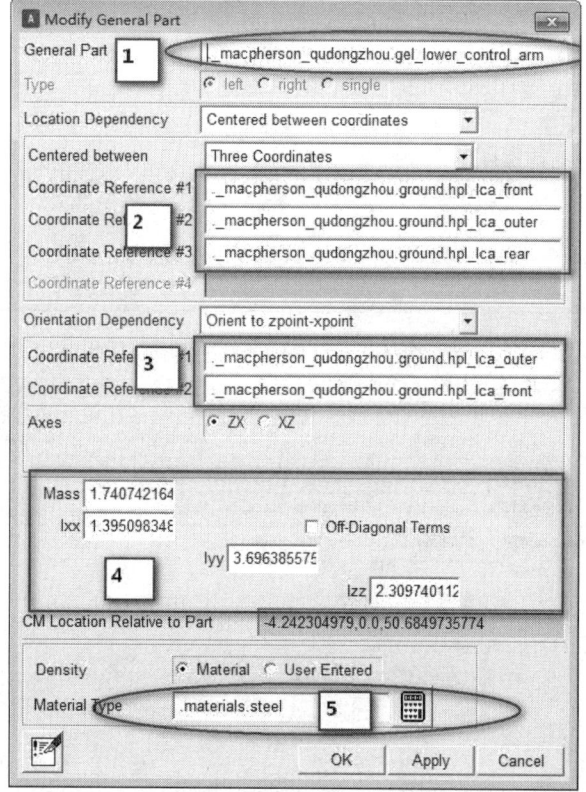

图 2.6 下控制臂对话框

（4）在下控制臂创建对话框中，2 号框为定位框，定位方式为"Gentered between coordinates"，最多可选择 4 个坐标系，在 2 号定位框中按顺序输入以下参考坐标：

① Coordinate Reference #1（参考坐标）：._macpherson_qudongzhou.ground.hpl_lca_front。

② Coordinate Reference #2（参考坐标）：._macpherson_qudongzhou.ground.hpl_lca_outer。

③ Coordinate Reference #3（参考坐标）：._macpherson_qudongzhou.ground.hpl_lca_rear。

（5）3 号框为定向框，定位方式为"Orient to zpoint-xpoint"，在 3 号定位框中按顺序输入以下参考坐标：

① Coordinate Reference #1（参考坐标）：._macpherson_qudongzhou.ground.hpl_lca_outer。
② Coordinate Reference #2（参考坐标）：._macpherson_qudongzhou.ground.hpl_lca_front。

（6）4号框为质量和惯量参数，预输入全部为1。下控制臂几何部件确定后会自动更新为图2.6中的参数。

（7）5号框为部件材料选择，在此默认选择为钢材（steel），单击OK按钮。

2．创建控制臂几何体

（1）单击"Build" > "Geometry" > "Link" > "New"命令，弹出的创建部件对话框如图2.7和图2.8所示。

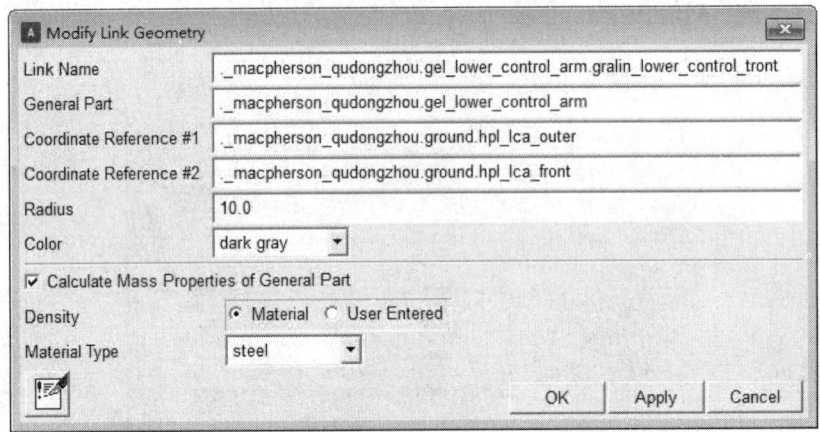

图2.7　下控制臂前连杆

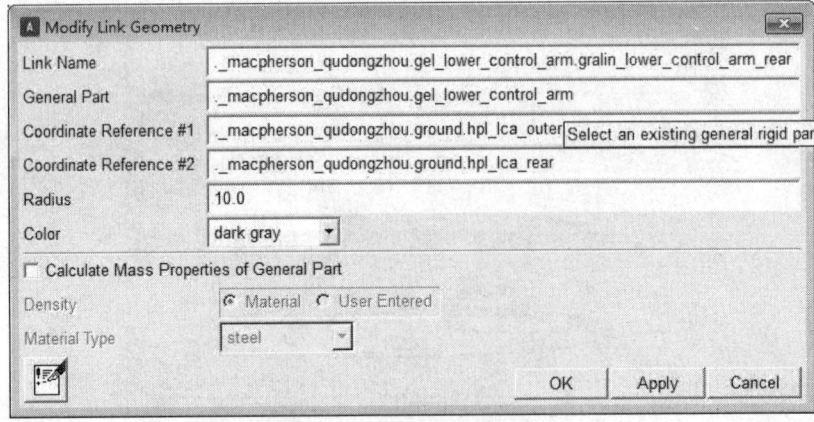

图2.8　下控制臂后连杆

（2）在Link Name（连杆名称）中输入几何名称：lower_control_tront。

（3）在General Part中输入：._macpherson_qudongzhou.gel_lower_control_arm。

（4）Coordinate Reference #1（参考坐标）：._macpherson_qudongzhou.ground.hpl_lca_outer。

（5）Coordinate Reference #2（参考坐标）：._macpherson_qudongzhou.ground.hpl_lca_front。

（6）Radius（半径）：10。

（7）选择"Calculate Mass Properties of General Part"复选框，几何体建立好后会更新对应部件的质量和惯量参数。单击Apply按钮，完成lower_control_front几何体的创建。

(8)同理,按图 2.8 中参数输入,单击 OK 按钮,完成 lower_control_arm_rear 几何体的创建。至此,下控制臂部件及几何体创建完成。右击"lower_control_arm"部件,在弹出的菜单中选择"Modify",此时弹出的对话框与图 2.6 对应的参数完全一致。

2.1.4 转向节部件

1.创建转向节部件

(1)单击"Build">"Part">"General Part">"New"命令,弹出的创建部件对话框如图 2.9 所示。

(2)在 General Part 中输入:upright。

(3)Coordinate Reference(参考坐标)设置为:._macpherson_qudongzhou.ground.hpl_wheel_center;位置坐标输入:0,0,0;坐标系采用局部坐标系。

(4)3 号定向框采用欧拉角输入:0,0,0。

(5)4 号框为质量和惯量参数,预输入全部为 1。

(6)5 号框为部件材料选择,在此默认选择为钢材(steel),单击 OK 按钮,完成转向节部件的创建。

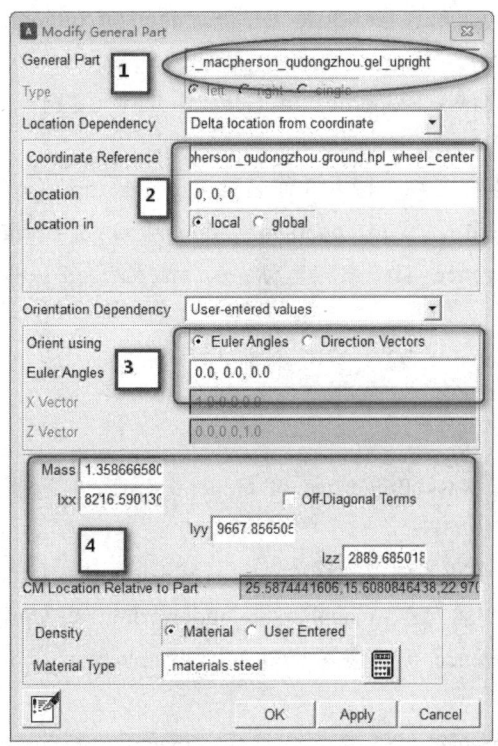

图 2.9 转向节部件

2.创建转向节几何体

(1)单击"Build">"Geometry">"Link">"New"命令,弹出的创建部件对话框如图 2.10 所示。

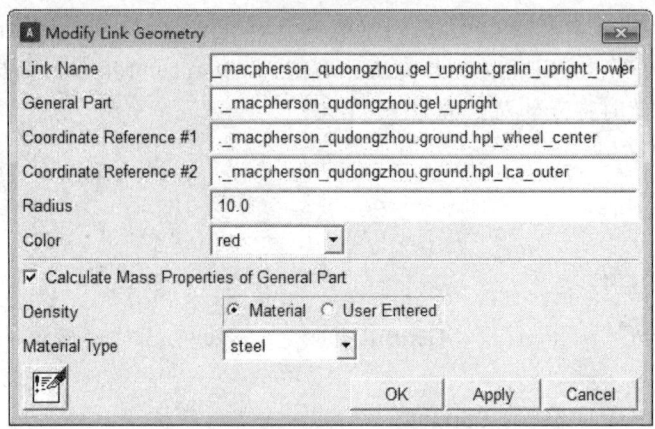

图 2.10 转向节几何体

（2）在 Link Name（连杆名称）中输入几何名称：upright_lower。

（3）在 General Part 中输入：._macpherson_qudongzhou.gel_upright。

（4）Coordinate Reference #1（参考坐标）：._macpherson_qudongzhou.ground.hpl_wheel_center。

（5）Coordinate Reference #2（参考坐标）：._macpherson_qudongzhou.ground.hpl_lca_outer。

（6）Radius（半径）：10。

（7）选择"Calculate Mass Properties of General Part"复选框，单击 Apply 按钮，完成 upright_lower 几何体的创建。

（8）在 Link Name（连杆名称）输入几何名称：upright_up。

（9）在 General Part 中输入：._macpherson_qudongzhou.gel_upright。

（10）Coordinate Reference #1（参考坐标）：._macpherson_qudongzhou.ground.hpl_wheel_center。

（11）Coordinate Reference #2（参考坐标）：._macpherson_qudongzhou.ground.hpl_strut_lower_mount。

（12）Radius（半径）：10。

（13）选择"Calculate Mass Properties of General Part"复选框，单击 Apply 按钮，完成 upright_up 几何体的创建。

（14）在 Link Name（连杆名称）中输入几何名称：upright_tierod。

（15）在 General Part 中输入：._macpherson_qudongzhou.gel_upright。

（16）Coordinate Reference #1（参考坐标）：._macpherson_qudongzhou.ground.hpl_wheel_center。

（17）Coordinate Reference #2（参考坐标）：._macpherson_qudongzhou.ground.hpl_tierod_outer。

（18）Radius（半径）：10。

（19）选择"Calculate Mass Properties of General Part"复选框，单击 OK 按钮，完成 upright_tierod 几何体的创建。至此，转向节部件包含的几何体全部创建完成。

2.1.5 滑柱部件

（1）单击"Build" > "Part" > "General Part" > "New"命令，弹出的创建部件对话框如图 2.11 所示。

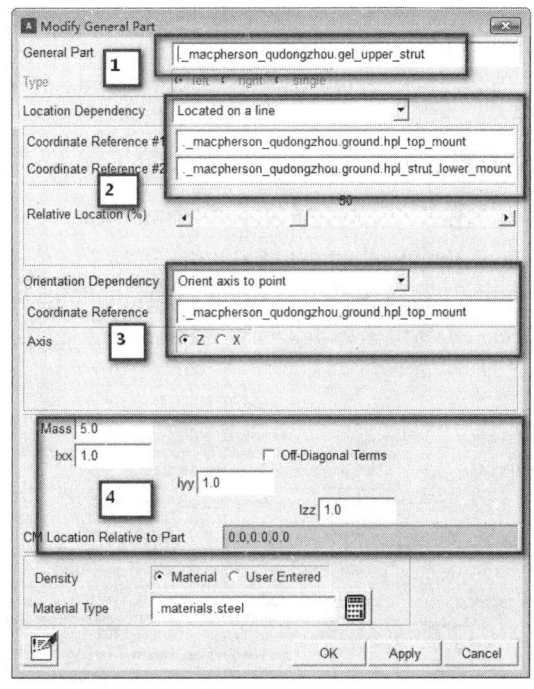

图 2.11　滑柱部件

（2）在 1 号框中 General Part 输入：upper_strut。
（3）Coordinate Reference #1（参考坐标）：._macpherson_qudongzhou.ground.hpl_top_mount。
（4）Coordinate Reference #2（参考坐标）：._macpherson_qudongzhou.ground.hpl_strut_lower_mount。
（5）Relative Location(%)：50。2 号框为定位框，部件参考点位于指定两点的连线上，相对位置百分比指相对于第一个参考点的位置，0% 指的是第一点，100% 指的是第二个参考点，150% 则位于第二点之外。
（6）3 号定向框中 Coordinate Reference（参考坐标）：._macpherson_qudongzhou.ground.hpl_top_mount；选中 Z 轴；Axis:指定结构框中的 Z 轴或者 X 轴指向一点。
（7）4 号框为质量和惯量参数，预输入为 5, 1, 1, 1。
（8）5 号框为部件材料选择，在此默认选择为钢材（steel），单击 OK 按钮，完成滑柱部件的创建。

2.1.6　减振器

减振器的主要作用是用快速消除路面或者其他因素对车身造成的冲击。在经过不平路面时，虽然吸振弹簧可以过滤路面的振动，但弹簧自身还会有往复运动，而减振器就是用来抑制这种弹簧跳跃的。减振器太软，车身就会上下跳跃，减振器太硬就会带来太大的阻力，妨碍弹簧正常工作。在关于悬挂系统的改装过程中，硬的减振器要与硬的弹簧相搭配，而弹簧的硬度又与车重息息相关，因此较重的车一般采用较硬的减振器。

在被动悬架的基础上分析主动悬架，建模过程中在 I Part 和 J Part 施加主动力，此力在控制系统中主要通过相关的控制率（控制算法）实现控制，改变被动悬架的现有特性，实现主动控制。这部分在后续的工程应用章节中进行介绍。

（1）单击 "Build" > "Force" > "Damper" > "New" 命令，弹出的创建部件对话框如图 2.12 所示。

（2）Damper Name（减振器名称）：damper。

（3）I Part：._macpherson_qudongzhou.gel_upper_strut。

（4）J Part：._macpherson_qudongzhou.gel_upright。

（5）I Coordinate Reference（参考坐标）：._macpherson_qudongzhou.ground.hpl_top_mount。

（6）J Coordinate Reference（参考坐标）：._macpherson_qudongzhou.ground.hpl_strut_lower_mount。

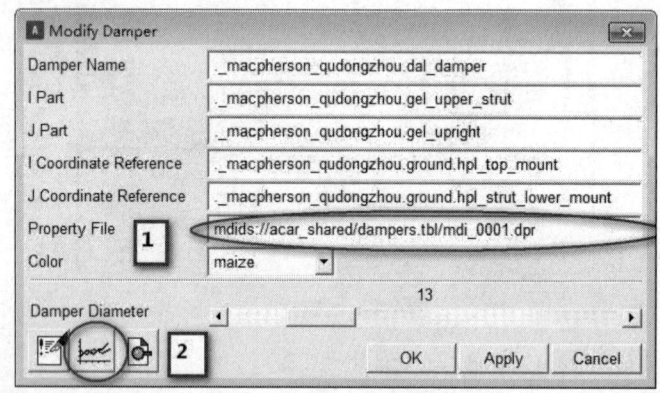

图 2.12　减振器

（7）Property File（属性文件）：mdids://acar_shared/dampers.tbl/mdi_0001.dpr。

（8）Damper Diameter（减振器直径）：拖动滑块选择 13 mm。

（9）单击方框 2，弹出如图 2.13 所示的减振器阻力-速度特性曲线，此曲线可以在编辑器中进行相关的数据编辑、更改。在实际建模过程中，减振特性曲线需要通过实验测出，再把相关数据输入编辑器中，或者直接在 mdi_0001.dpr 文件中修改后保存。在共享数据库找到 mdi_0001.dpr 文件，右击以记事本方式打开，如图 2.14 所示，其中方框 1 为减振器属性文件标题，方框 2 为属性文件相关单位，方框 3 为通过实验获取的阻力-速度阻尼参数，直接更改数据即可。

（10）单击 OK 按钮，完成减振器的创建。

2.1.7　弹　簧

（1）单击 "Build" > "Force" > "Spring" > "New" 命令，弹出的创建部件对话框如图 2.15 所示。

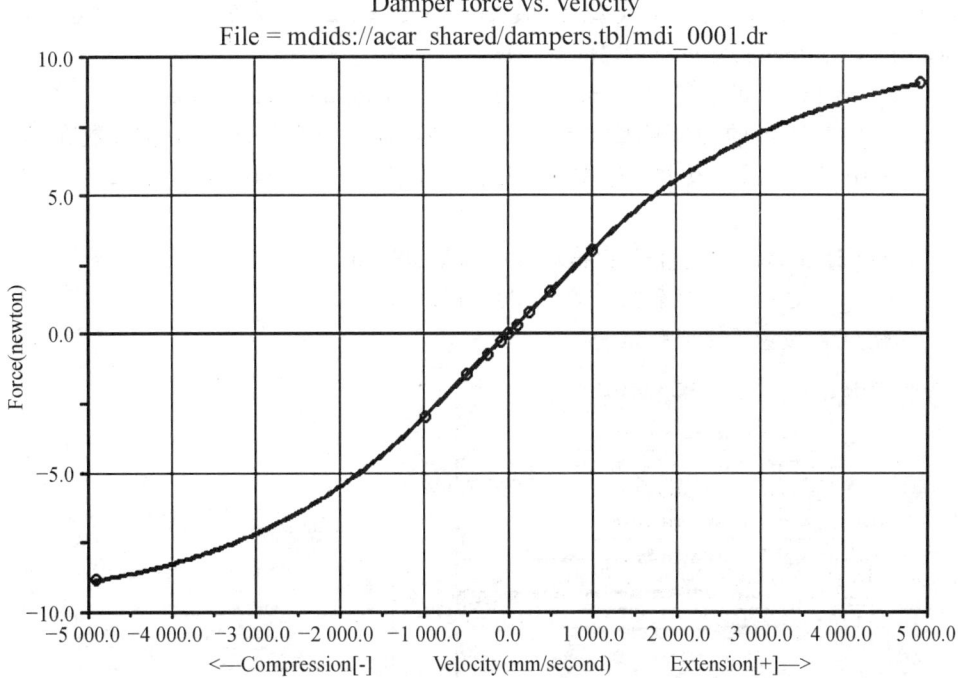

图 2.13 减振器阻力-速度特性

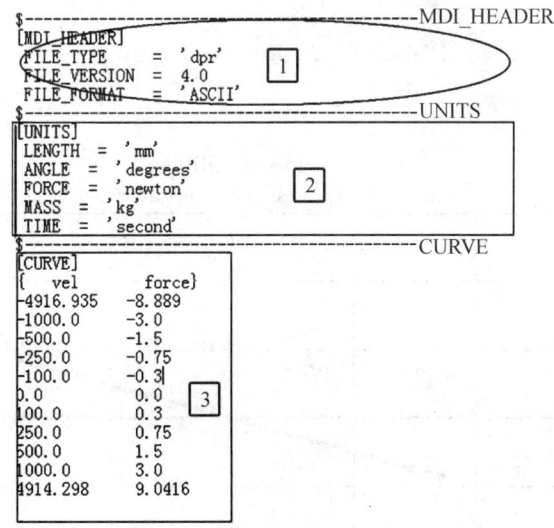

图 2.14 减振器阻力-速度数据

（2）Spring Name（减振器名称）：spring。

（3）I Part：._macpherson_qudongzhou.gel_upper_strut。

（4）J Part：._macpherson_qudongzhou.gel_upright。

（5）I Coordinate Reference（参考坐标）：._macpherson_qudongzhou.ground.hpl_top_mount。

（6）J Coordinate Reference（参考坐标）：._macpherson_qudongzhou.ground.hpl_spring_lower_seat。

（7）Installed Length（安装长度）：单击 DM（iCoord, jCoord）自动计算弹簧的安装长度并

填入到方框中,如图 2.16 所示。此模型的安装长度为:266.422,弹簧安装长度指的是 I Coordinate Reference 与 J Coordinate Reference 之间的距离。

(8) Property File(属性文件):mdids://acar_shared/springs.tbl/mdi_0001.spr。单击方框 3,将弹出如图 2.17 所示的弹簧刚度曲线,通过实验测出弹簧的实际刚度参数在属性文件 mdi_0001.spr 中直接修改。在共享数据库中用记事本打开 mdi_0001.spr 属性文件,如图 2.18 所示。

(9) Spring Diameter(弹簧直径):拖动滑块选择 30 mm。

(10) Spring of Coils(弹簧圈数):拖动滑块选择 9。

(11) 单击 OK 按钮,完成弹簧的创建。

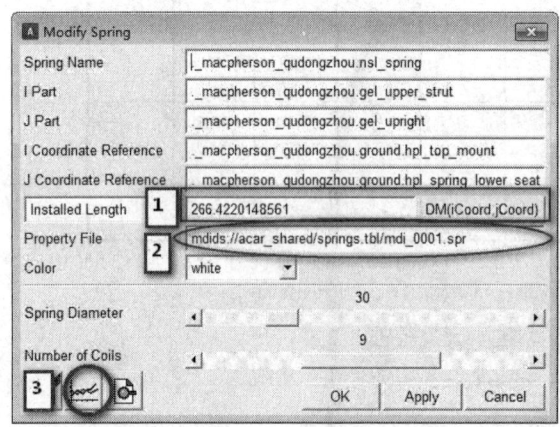

图 2.15　螺旋弹簧

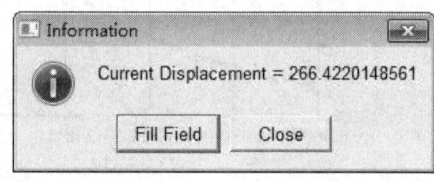

图 2.16　螺旋弹簧安装

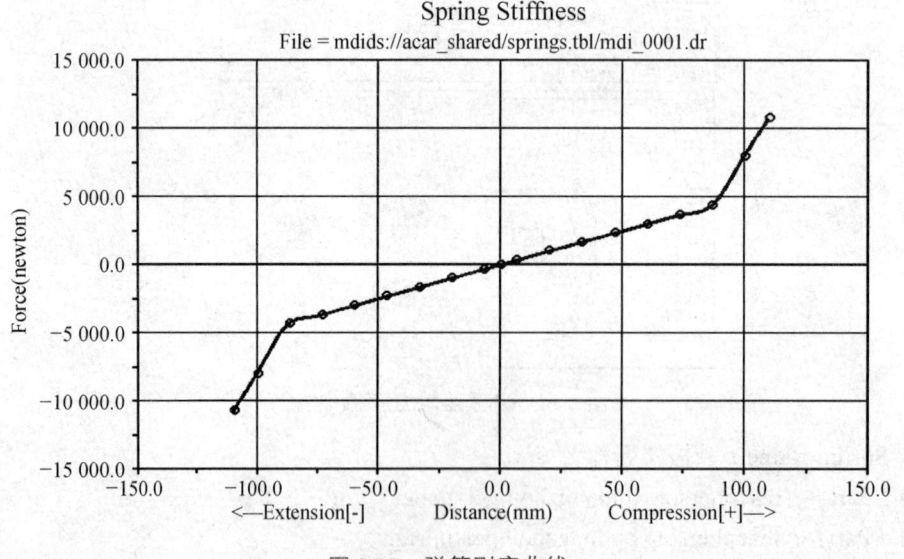

图 2.17　弹簧刚度曲线

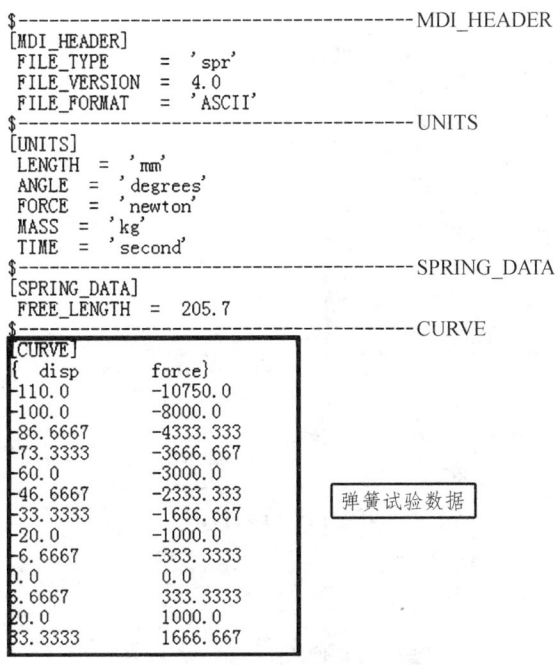

图 2.18　弹簧刚度数据

2.1.8　转向横拉杆部件

1．创建转向横拉杆部件

（1）单击"Build">"Part">"General Part">"New"命令，弹出的创建部件对话框如图 2.19 所示。

（2）在 1 号框中 General Part 输入：tierod。

（3）Coordinate Reference #1（参考坐标）：._macpherson_qudongzhou.ground.hpl_tierod_outer。

（4）Coordinate Reference #2（参考坐标）：._macpherson_qudongzhou.ground.hpl_tierod_inner。

（5）Relative Location(%)：50。2 号框为定位框，部件参考点位于指定两点的连线上，相对位置百分比指相对于第一个参考点的位置，0% 指的是第一点，100% 指的是第二个参考点，150% 则位于第二点之外。

（6）3 号定向框中 Coordinate Reference（参考坐标）：._macpherson_qudongzhou.ground.hpl_tierod_outer，选中 Z 轴。Axis：指定结构框中的 Z 轴或者 X 轴指向一点。

（7）4 号框为质量和惯量参数，预输入为 1。

（8）5 号框为部件材料选择，在此默认选择为钢材（steel），单击 OK 按钮，完成转向横拉杆部件的创建。

2．创建转向横拉杆几何体

（1）单击"Build">"Geometry">"Link">"New"命令，弹出的创建部件对话框如图 2.20 所示。

（2）在 Link Name（连杆名称）中输入几何名称：tierod。

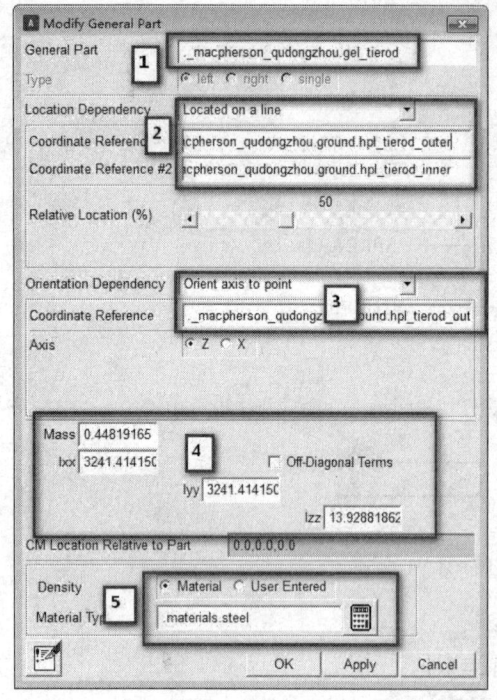

图 2.19 转向横拉杆部件　　　　图 2.20 转向横拉杆几何体

（3）在 General Part 中输入：._macpherson_qudongzhou.gel_tierod。
（4）Coordinate Reference #1（参考坐标）：._macpherson_qudongzhou.ground.hpl_tierod_outer。
（5）Coordinate Reference #2（参考坐标）：._macpherson_qudongzhou.ground.hpl_tierod_inner。
（6）Radius（半径）：8。
（7）选择"Calculate Mass Properties of General Part"复选框，单击 OK 按钮，完成转向横拉杆几何体的创建。

2.1.9 轮毂部件

轮毂是与轮胎连接的部件，轮毂的参数与轮胎的定位参数必须相同，轮胎的定位参数包括前轮前束、前轮外倾。轮毂的运动必须在结构框的基础定位方向，因此在建立轮毂过程中，首先需要定位轮胎的参数，以轮胎的参数为基础创建结构框，在结构框的基础上再创建轮毂部件及几何体。

1．创建轮毂部件

（1）单击"Build"＞"Suspension Parameters"＞"Toe/Camber Values"＞"Set"命令，弹出的悬架参数对话框如图 2.21 所示。前束角与外倾角分别输入 0；单击 OK 按钮，完成参数创建。与此同时，系统自动建立两个输出通信器：col[r]_toe_angle、col[r]_camber_angle。

（2）单击"Build"＞"Constructon Frame"＞"New"命令，弹出的创建结构框如图 2.22 所示。

第 2 章 麦弗逊悬架模型

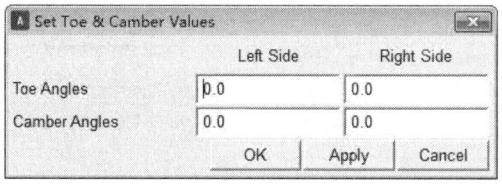
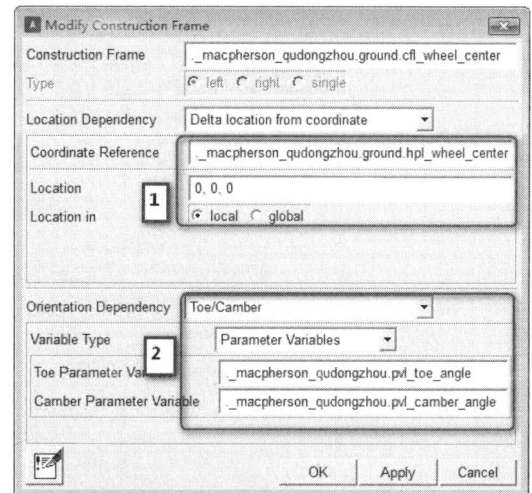

图 2.21 悬架参数（前束角与外倾角）　　图 2.22 车轮中心结构框

（3）Constructon Frame（结构框名称）：wheel_center。

（4）Coordinate Reference（参考坐标）：._macpherson_qudongzhou.ground.hpl_wheel_center。

（5）2 号方框 Variable Type（变量类型）：Parameter Variable（参数变量）。

（6）Toe Parameter Values（前束变量值）：._macpherson_qudongzhou.pvl_toe_angle。

（7）Camber Parameter Values（外倾变量值）：._macpherson_qudongzhou.pvl_camber_angle。

（8）单击 OK 按钮，完成 wheel_center 结构框的创建。

（9）单击"Build">"Part">"General Part">"New"命令，弹出的创建部件对话框如图 2.23 所示。

（10）General Part（部件名称）输入：spindle。

（11）Location values（位置）输入：0，-700，325。

（12）2 号方框 Constructon Frame：._macpherson_qudongzhou.ground.cfl_wheel_center。

（13）3 号方框为质量和惯量参数，预输入为 1。

（14）单击 OK 按钮，完成轮毂部件的创建。

2．创建轮毂几何体

（1）单击"Build">"Geometry">"Cylinder"（圆柱体）>"New"命令，弹出的创建部件对话框如图 2.24 所示。

（2）在 Cylinder Name（圆柱体名称）中输入几何名称：spindle。

（3）在 General Part 中输入：._macpherson_qudongzhou.gel_spindle。

（4）Radius（半径）：30。

（5）Length In Postive Z（Z 轴正方向长度）：30。

（6）Length In Negative Z（Z 轴负方向长度）：0。

（7）选择"Calculate Mass Properties of General Part"复选框，单击 OK 按钮，完成轮毂几何体的创建。

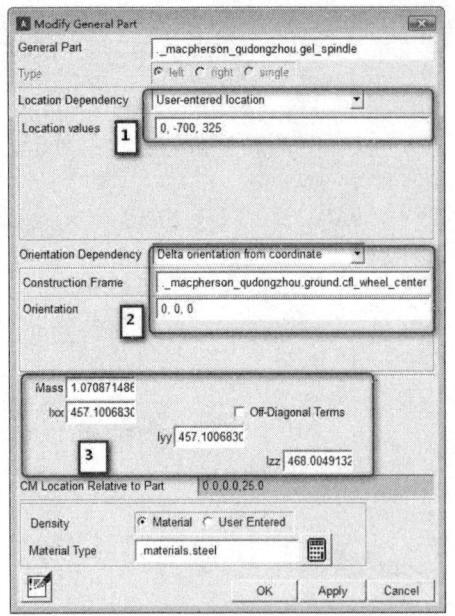
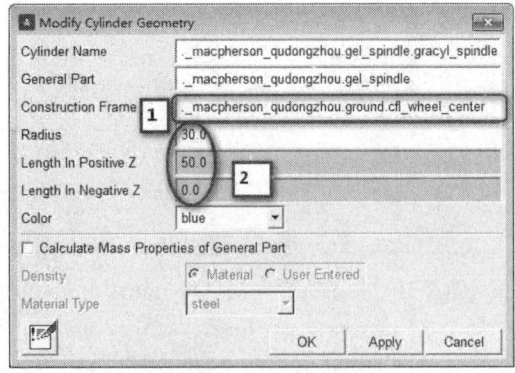

图 2.23 轮毂部件　　　　　　　　图 2.24 轮毂几何体

2.1.10 驱动轴部件

1．创建驱动轴部件

（1）单击"Build">"Part">"General Part">"New"命令，弹出的创建部件对话框如图 2.25 所示。

（2）在 General Part（部件名称）中输入：drive_shaft。

（3）Coordinate Reference（参考坐标）：._macpherson_qudongzhou.ground.hpl_drive_shaft_inner。

（4）在 2 号定向方框中输入：

① Coordinate Reference #1：._macpherson_qudongzhou.ground.hpl_drive_shaft_inner。

② Coordinate Reference #2：._macpherson_qudongzhou.ground.hpl_wheel_center。

（5）3 号框为质量和惯量参数，预输入为 1。

（6）单击 OK 按钮，完成驱动轴 drive_shaft 部件的创建。

2．创建驱动轴几何体

（1）单击"Build">"Geometry">"Link">"New"命令，弹出的驱动轴几何体创建对话框如图 2.26 所示。

（2）在 Link Name（连杆名称）中输入几何名称：drive_shaft。

（3）在 General Part 中输入：._macpherson_qudongzhou.gel_drive_shaft。

（4）Coordinate Reference #1（参考坐标）：._macpherson_qudongzhou.ground.hpl_drive_shaft_inner。

（5）Coordinate Reference #2（参考坐标）：._macpherson_qudongzhou.ground.hpl_wheel_center。

（6）Radius（半径）：15。

（7）选择"Calculate Mass Properties of General Part"复选框，单击 OK 按钮，完成驱动轴几何体的创建。

（8）单击"Build"＞"Geometry"＞"Ellipsoid"＞"New"命令，弹出的等速副椭圆体创建对话框如图 2.27 所示。

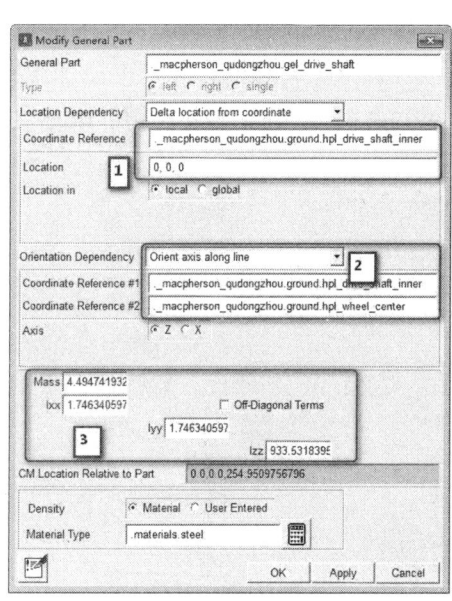

图 2.25　驱动轴部件

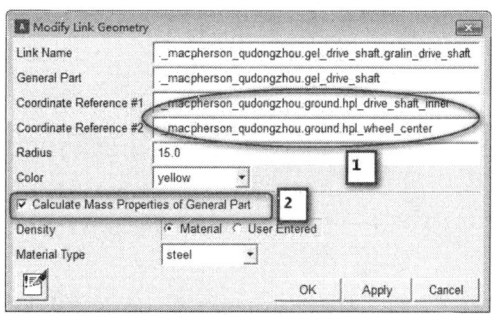

图 2.26　驱动轴几何体

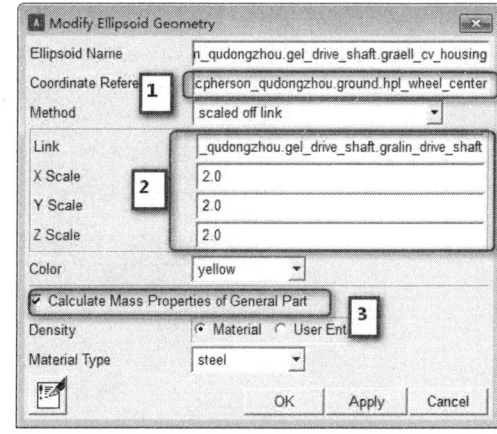

图 2.27　驱动轴等速副椭圆体

（9）在 1 号和 2 号框中输入：

① 在 Ellipsoid Name（椭圆体名称）中输入几何名称：cv_housing。

② Coordinate Reference（参考坐标）：._macpherson_qudongzhou.ground.hpl_wheel_center。

③ Link: ._macpherson_qudongzhou.gel_drive_shaft.gralin_drive_shaft。

④ X Scale: 2。

⑤ Y Scale: 2。

⑥ Z Scale: 2。

（10）选择"Calculate Mass Properties of General Part"复选框，单击 Apply 按钮，完成 cv_housing 几何体的创建。

（11）同样地，在 1 号和 2 号框中输入：

① 在 Ellipsoid Name（椭圆体名称）中输入几何名称：tripot_housing。

② Coordinate Reference（参考坐标）：._macpherson_qudongzhou.ground.hpl_drive_shaft_inner。

③ Link：._macpherson_qudongzhou.gel_drive_shaft.gralin_drive_shaft。

④ X Scale: 2。

⑤ Y Scale: 2。

⑥ Z Scale: 2。

（12）选择"Calculate Mass Properties of General Part"复选框。单击 OK 按钮，完成 tripot_housing 几何体的创建。

2.1.11 三枢轴式等速万向节部件

（1）单击"Build"＞"Parameter Variable"＞"New"命令，弹出的创建结构框如图 2.28 所示。

（2）Parameter Variable name（变量名称）：drive_shaft_offset。

（3）1 号方框中选择实变量，数值输入：50。

（4）2 号方框选择 no，指在标准用户界面可以显示。

（5）单击 OK 按钮，完成 drive_shaft_offset 变量的创建。

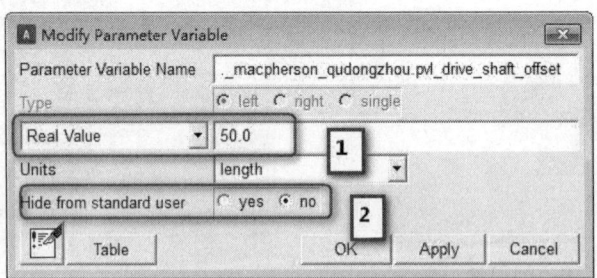

图 2.28　变量参数对话框

（6）单击"Build"＞"Constructon Frame"＞"New"命令，弹出的创建结构框如图 2.29 所示。

（7）在 Constructon Frame（结构框名称）：drive_shaft_inr。

（8）Coordinate Reference（参考坐标）：._macpherson_qudongzhou.ground.hpl_drive_shaft_inner。

（9）2 号方框 Orientation Dependency: Oriented in plane（平面方向）。结构框 X 轴或者 Z 轴在 3 点屏幕上，ZX=Z，轴沿 1 号坐标系指向 2 号坐标系，XZ=X，轴沿 1 号坐标系指向 2 号坐标系。

① Coordinate Reference #1：._macpherson_qudongzhou.ground.hpl_drive_shaft_inner。

② Coordinate Reference #2：._macpherson_qudongzhou.ground.hpr_drive_shaft_inner。

③ Coordinate Reference #3：._macpherson_qudongzhou.ground.cfl_wheel_center。

（10）单击 Apply 按钮，完成 drive_shaft_inr 结构框的创建。

（11）Constructon Frame（结构框名称）：drive_shaft_otr。

（12）Coordinate Reference（参考坐标）：._macpherson_qudongzhou.ground.cfl_wheel_center。

（13）Location（位置）：0.0, 0.0, (-1.0 * ._macpherson_qudongzhou.pvl_drive_shaft_offset)。

注意：drive_shaft_offset 为驱动轴参数变量。此处必须以变量的形式存在，否则在后续测悬架试验台架的仿真中会出现相关的错误，错误点在三脚架与输出通信器 tripot_to_differential 之间的移动副。把驱动轴从悬架系统中抑制后，悬架系统仿真正确。具体解决方案将在后续讨论。

（14）2 号方框 Coordinate Reference #1：._macpherson_qudongzhou.ground.hpl_wheel_center。

（15）单击 OK 按钮，完成 drive_shaft_otr 结构框的创建，如图 2.30 所示。

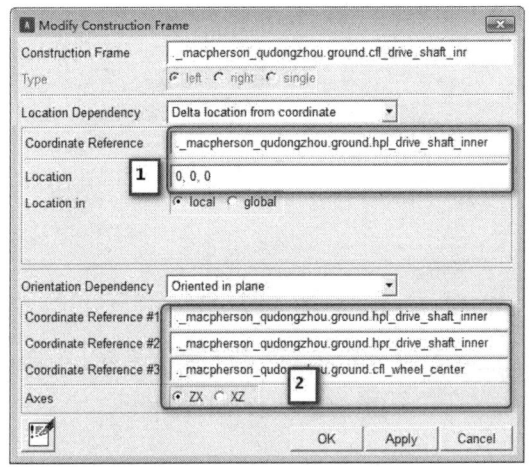

图 2.29　驱动轴内点结构框

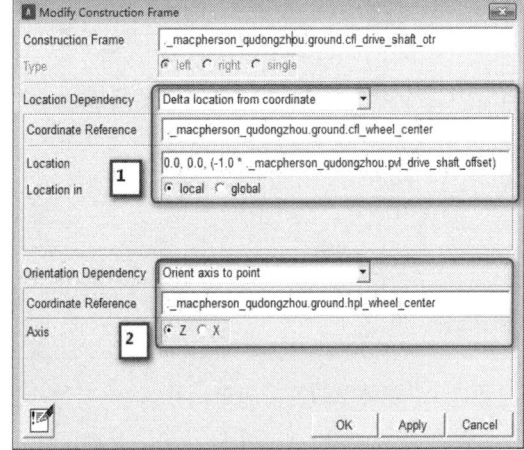

图 2.30　驱动轴外点结构框

（16）单击"Build" > "Part" > "General Part" > "New"命令，弹出的创建部件对话框如图 2.31 所示。

（17）在 General Part（部件名称）中输入：tripot。

（18）Coordinate Reference（参考坐标）：._macpherson_qudongzhou.ground.hpl_drive_shaft_inner。

（19）在 2 号定向方框输入：

Constructon Frame：._macpherson_qudongzhou.ground.cfl_drive_shaft_inr。

（20）3 号框为质量和惯量参数，预输入为 1。

（21）单击 OK 按钮，完成驱动轴 tripot 部件的创建。

（22）单击"Build" > "Geometry" > "Cylinder"（圆柱体）> "New"命令，弹出的创建部件对话框如图 2.31 所示。

（23）在 Cylinder Name（圆柱体名称）中输入几何名称：tripot_housing_extention。

（24）在 General Part 中输入：._macpherson_qudongzhou.gel_tripot。

（25）Radius（半径）：30。

（26）Length In Postive Z（Z 轴正方向长度）：50。

（27）Length In Negative Z（Z 轴负方向长度）：0。

（28）选择"Calculate Mass Properties of General Part"复选框，单击 OK 按钮，完成 tripot_housing_extention 几何体的创建，如图 2.32 所示。

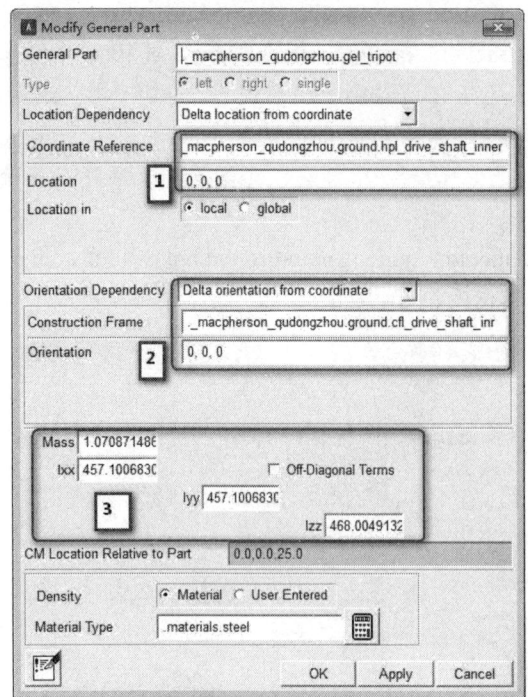

图 2.31　三脚架部件　　　　　　图 2.32　三脚架几何体

2.1.12　副车架

1．创建副车架部件

（1）单击"Build" > "Part" > "General Part" > "New"命令，弹出的创建部件对话框如图 2.33 所示。

（2）在 General Part（部件名称）中输入：subframe。

（3）在 1 号方框中 Centered between（坐标系之中）选择 Four Coordinates（四个坐标系）：

① Coordinate Reference #1（参考坐标）：._macpherson_qudongzhou.ground.hpr_lca_rear。

② Coordinate Reference #2（参考坐标）：._macpherson_qudongzhou.ground.hpr_lca_front。

③ Coordinate Reference #3（参考坐标）：._macpherson_qudongzhou.ground.hpl_lca_rear。

④ Coordinate Reference #4（参考坐标）：._macpherson_qudongzhou.ground.hpl_lca_front。

（4）2 号框为质量和惯量参数，预输入分别为 50，1，1，1。

（5）单击 OK 按钮，完成驱动轴副车架部件的创建。

2．创建副车架轮廓线

（1）单击"Build" > "Geometry" > "Outline" > "New"命令，弹出的副车架轮廓线创建对话框如图 2.34 所示。

（2）在 Outline Name（轮廓线名称）中输入几何名称：subframe。

（3）General Part：._macpherson_qudongzhou.ges_subframe。

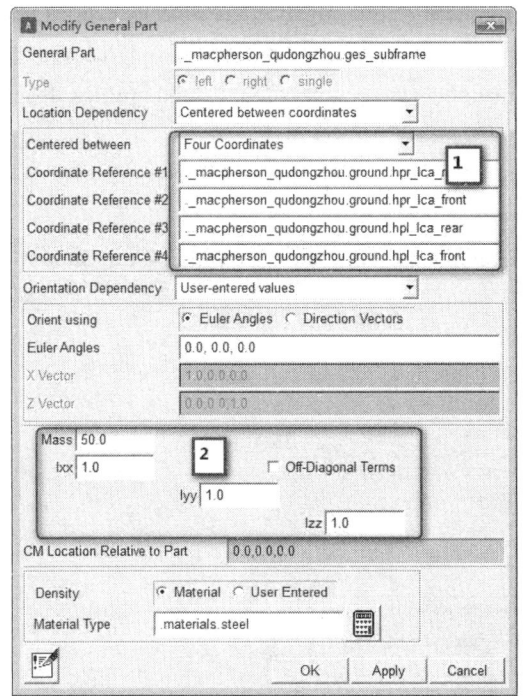

图 2.33 副车架部件

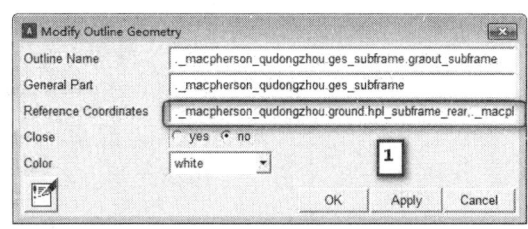

图 2.34 副车架轮廓线

（4）Reference Coordinates（参考坐标系）按以下顺序输入，次序不能乱：

① ._macpherson_qudongzhou.ground.hpl_subframe_rear,
② ._macpherson_qudongzhou.ground.hpl_lca_rear,
③ ._macpherson_qudongzhou.ground.hpl_lca_front,
④ ._macpherson_qudongzhou.ground.hpl_subframe_front,
⑤ ._macpherson_qudongzhou.ground.hpl_lca_front,
⑥ ._macpherson_qudongzhou.ground.hpr_lca_front,
⑦ ._macpherson_qudongzhou.ground.hpr_subframe_front,
⑧ ._macpherson_qudongzhou.ground.hpr_lca_front,
⑨ ._macpherson_qudongzhou.ground.hpr_lca_rear,
⑩ ._macpherson_qudongzhou.ground.hpr_subframe_rear,
⑪ ._macpherson_qudongzhou.ground.hpr_lca_rear,
⑫ ._macpherson_qudongzhou.ground.hpl_lca_rear；

（5）单击 OK 按钮，完成副车架轮廓线的创建。

3．创建副车架结构框

（1）单击"Build"＞"Constructon Frame"＞"New"命令，弹出的创建结构框如图 2.35 所示。

（2）Constructon Frame（结构框名称）：subframe_fixed。

（3）在 1 号方框中 Centered between（坐标系之中）选择 Four Coordinates（四个坐标系）：

① Coordinate Reference #1（参考坐标）：._macpherson_qudongzhou.ground.hpr_lca_rear。

② Coordinate Reference #2（参考坐标）：._macpherson_qudongzhou.ground.hpr_lca_front。
③ Coordinate Reference #3（参考坐标）：._macpherson_qudongzhou.ground.hpl_lca_rear。
④ Coordinate Reference #4（参考坐标）：._macpherson_qudongzhou.ground.hpl_lca_front。
（4）Euler Angles（欧拉角）：0,0,0。
（5）单击单击 Apply 按钮，完成 subframe_fixed 结构框的创建。
（6）Constructon Frame（结构框名称）：top_mount。
（7）Coordinate Reference（参考坐标）：._macpherson_qudongzhou.ground.hpl_top_mount。
（8）location（位置）：0,0,50。
（9）Euler Angles（欧拉角）：0,0,0。
（10）单击 OK 按钮，完成 top_mount 结构框的创建。

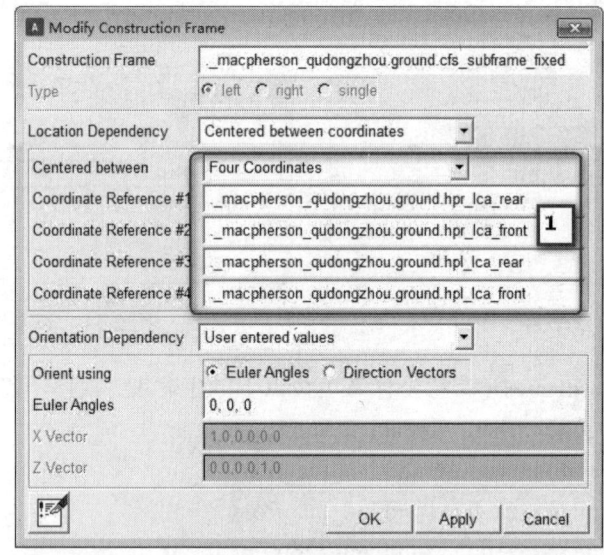

图 2.35　副车架结构框

2.1.13　安装部件

安装部件是无质量的部件，用于模型内的部件与其他子系统、试验台或地面的连接。安装部件名称不能随意命名，在创建安装部件的同时会自动建立输入通信器。在系统模型装配时，ADAMS/Car 会寻找识别名称相同的输出通信器并进行匹配，如果符合匹配条件，就会把匹配的通信器连接在一起；如果不符合匹配，输入通信器对应的安装部件会连接到大地。

1．滑柱与车体之间的安装 strut_to_body

（1）单击"Build" > "Part" > "Mount" > "New"命令，弹出的创建部件对话框如图 2.36 所示。
（2）Mount Name（安装件名称）：strut_to_body。
（3）Coordinate Reference（参考坐标）：._macpherson_qudongzhou.ground.hpl_top_mount。
（4）安装部件此特征选择：inherit（继承特性）。
（5）单击 Apply 按钮，完成 strut_to_body 安装部件的创建。

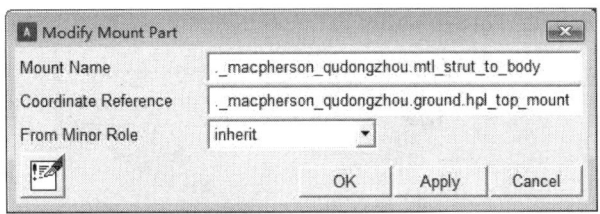

图 2.36　安装件创建

2．副车架与车体之间的安装 subframe_to_body

（1）Mount Name（安装件名称）：subframe_to_body。

（2）Coordinate Reference（参考坐标）：._macpherson_qudongzhou.ground.cfs_subframe_fixed。

（3）安装部件此特征选择：inherit（继承特性）。

（4）单击 Apply 按钮，完成 subframe_to_body 安装部件的创建。

3．转向横拉杆与转向器之间的安装 tierod_to_steering

（1）Mount Name（安装件名称）：tierod_to_steering。

（2）Coordinate Reference（参考坐标）：._macpherson_qudongzhou.ground.hpr_tierod_inner。

（3）安装部件此特征选择：inherit（继承特性）。

（4）单击 Apply 按钮，完成 tierod_to_steering 安装部件的创建。

4．三脚架与变速箱之间的安装 tripot_to_differential

（1）Mount name（安装件名称）：tripot_to_differential。

（2）Coordinate Reference（参考坐标）：._macpherson_qudongzhou.ground.hpl_drive_shaft_inner。

（3）安装部件此特征选择：inherit（继承特性）。

（4）单击 OK 按钮，完成 tripot_to_differential 安装部件的创建。

2.1.14　Joint 联接

对于子系统，模型的联接分为两部分：内部联接与外部联接。外部联接主要针对单个子系统与外部联接的时候需要安装部件或者通信器作为中介，当系统与其他子系统装配时，系统内部会自动检测与车相同名称的安装件和通信器并进行相关对接。通信器是各个子系统建模的核心，主要担负两方面的作用：一是在物理层面上连接各个子系统；二是要保证系统间数据准确地传输。

单击"Build" > "Attachments" > "Joint" > "New"命令，弹出的约束副创建对话框如图 2.37 所示。

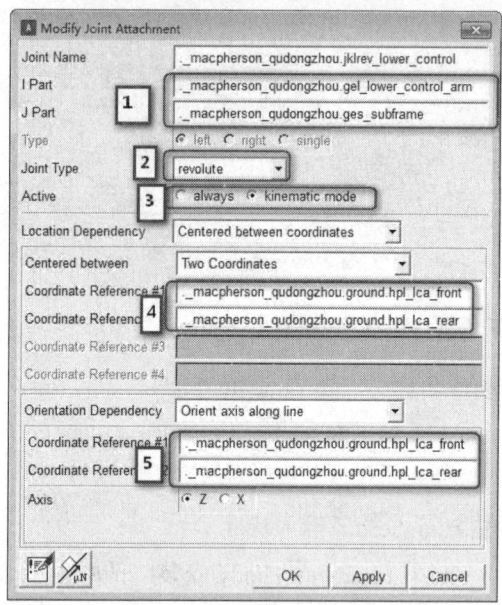

图 2.37 约束副创建

1．下控制与副车架之间的转动副

（1）Joint Name（约束副名称）：lower_control。

（2）在 1 号方框（约束副联接不同的部件）中输入：

① I Part：._macpherson_qudongzhou.gel_lower_control_arm。

② J Part：._macpherson_qudongzhou.ges_subframe。

（3）Joint Type（约束副类型）：revolute（转动副，约束 5 个自由度）。下控制臂与副车架之间采用旋转副进行约束，需要注意的是只有一个约束副，并非按头脑中直观感觉在下控制前后连杆上分别与副车架进行约束。例如，门和门框之间采用上下两个约束副，但在 ADAMS 软件中建模时只建立一个约束副，否则会产生过约束导致系统部件之间的联接错误。

（4）Active（激活）：kinematic mode（运动学模式）。麦弗逊悬架仿真分为运动学和动力学仿真，运动学仿真采用的约束副，动力学仿真某些部件连接采用轴套联接，除此之外其他部件的连接不论是运动学还是动力学全部采用柔性套约束联接。采用柔性套联接时需注意其属性文件的相关参数，具体是，数据以实验测量为主，然后输入到属性文件保存。

（5）4 号方框为定位框，选择在两个参考坐标系之间：

① Coordinate Reference #1（参考坐标）：._macpherson_qudongzhou.ground.hpl_lca_front。

② Coordinate Reference #2（参考坐标）：._macpherson_qudongzhou.ground.hpl_lca_rear。

（6）5 号方框为定向框，选择 Orient axis along line（在一条坐标轴的两点连线上）。

① Coordinate Reference #1（参考坐标）：._macpherson_qudongzhou.ground.hpl_lca_front。

② Coordinate Reference #2（参考坐标）：._macpherson_qudongzhou.ground.hpl_lca_rear。

（7）单击 Apply 按钮，完成下控制臂与副车架之间的转动副的创建。

2．下控制与转向节之间球形副

（1）Joint Name（约束副名称）：lca_outer。

(2)在 1 号方框(约束副联接不同的部件)中输入:

① I Part:._macpherson_qudongzhou.gel_lower_control_arm。

② J Part:._macpherson_qudongzhou.gel_upright。

(3)Joint Type(约束副类型):spherical(球形副,约束 3 个自由度)。

(4)Active(激活):always(不论哪种模式,约束副总是激活)。

(5)Coordinate Reference(参考坐标):._macpherson_qudongzhou.ground.hpl_lca_outer。其他参数界面保持默认。

(6)单击 Apply 按钮,完成下控制与转向节之间的球形副的创建。

3.转向节与滑柱之间的圆柱副

(1)Joint Name(约束副名称):strut。

(2)在 1 号方框(约束副联接不同的部件)中输入:

① I Part:._macpherson_qudongzhou.gel_upright。

② J Part:._macpherson_qudongzhou.gel_upper_strut。

(3)Joint Type(约束副类型):cylindrical(圆柱副,约束 4 个自由度,两部件在相对移动的同时可以旋转)。

(4)Active(激活):always。

(5)4 号方框为定位框,选择在两个参考坐标系之间:

① Coordinate Reference #1(参考坐标):._macpherson_qudongzhou.ground.hpl_top_mount。

② Coordinate Reference #2(参考坐标):._macpherson_qudongzhou.ground.hpl_strut_lower_mount。

(6)5 号方框为定向框,选择 Orient axis to point。

(7)Coordinate Reference(参考坐标):._macpherson_qudongzhou.ground.hpl_top_mount。

(8)单击 Apply 按钮,完成转向节与滑柱之间的圆柱副的创建。

4.转向横拉杆与转向节之间的球形副

(1)Joint Name(约束副名称):tierod_outer。

(2)在 1 号方框(约束副联接不同的部件)中输入:

① I Part:._macpherson_qudongzhou.gel_tierod。

② J Part:._macpherson_qudongzhou.gel_upright。

(3)Joint Type(约束副类型):spherical(球形副,约束 3 个自由度)。

(4)Active(激活):always(不论哪种模式,约束副总是激活)。

(5)Coordinate Reference(参考坐标):._macpherson_qudongzhou.ground.hpl_tierod_outer。其他参数界面保持默认。

(6)单击 Apply 按钮,完成转向横拉杆与转向节之间的球形副的创建。

5.转向横拉杆与安装部件 mtl_tierod_to_steering 之间的恒速副

(1)Joint Name(约束副名称):tierod_inner。

(2)在 1 号方框(约束副联接不同的部件)中输入:

① I Part:._macpherson_qudongzhou.gel_tierod。

②J Part：._macpherson_qudongzhou.mtl_tierod_to_steering。

（3）Joint Type（约束副类型）：convel（球形副，约束 3 个自由度）。

（4）Active（激活）：always（不论哪种模式，约束副总是激活）。

（5）Coordinate Reference（参考坐标）：._macpherson_qudongzhou.ground.hpl_tierod_inner。

（6）I-Part Axis：._macpherson_qudongzhou.ground.hpl_tierod_outer。

（7）J-Part Axis：._macpherson_qudongzhou.ground.hpr_tierod_inner。

（8）单击 Apply 按钮，完成转向横拉杆与转向系统安装部件之间的恒速副的创建。

6．副车架与安装件 mts_subframe_to_body 之间的固定副

（1）Joint Name（约束副名称）：subframe_rigid。

（2）在 1 号方框（约束副联接不同的部件）中输入：

①I Part：_macpherson_qudongzhou.ges_subframe。

②J Part：._macpherson_qudongzhou.mts_subframe_to_body。

（3）Joint Type（约束副类型）：fix（固定副，约束 6 个自由度）。

（4）Active（激活）：kinematic mode（运动学模式）。

（5）Coordinate Reference（参考坐标）：._macpherson_qudongzhou.ground.cfs_subframe_fixed。其他参数界面保持默认。

（6）单击 Apply 按钮，完成副车架与安装件 mts_subframe_to_body 之间的固定副的创建。

7．滑柱与安装部件 mtl_strut_to_body 之间的胡克副

（1）Joint Name（约束副名称）：top_mount。

（2）在 1 号方框（约束副联接不同的部件）中输入：

①I Part：._macpherson_qudongzhou.gel_upper_strut。

②J Part：._macpherson_qudongzhou.mtl_strut_to_body。

（3）Joint Type（约束副类型）：hooke（胡克副，约束 3 个自由度）。

（4）Active（激活）：kinematic mode（运动学模式）。

（5）Coordinate Reference（参考坐标）：._macpherson_qudongzhou.ground.hpl_top_mount。

（6）I-Part Axis：._macpherson_qudongzhou.ground.hpl_strut_lower_mount。

（7）J-Part Axis：._macpherson_qudongzhou.ground.cfl_top_mount。

（8）单击 Apply 按钮，完成滑柱与安装部件 mtl_strut_to_body 之间的胡克副的创建。

8．轮毂与转向节之间的转动副

（1）Joint Name（约束副名称）：wheel_center。

（2）在 1 号方框（约束副联接不同的部件）中输入：

①I Part：._macpherson_qudongzhou.gel_spindle。

②J Part：._macpherson_qudongzhou.gel_upright。

（3）Joint Type（约束副类型）：revolute（转动副，约束 5 个自由度）。

（4）Active（激活）：always。

（5）Coordinate Reference（参考坐标）：._macpherson_qudongzhou.ground.cfl_wheel_center。

（6）Construction Frame（参考结构框）._macpherson_qudongzhou.ground.cfl_wheel_center。

（7）单击 Apply 按钮，完成轮毂与转向节之间的转动副的创建。

9．驱动轴与三脚架之间的恒速副

（1）Joint Name（约束副名称）：drive_shaft_inner。

（2）在 1 号方框（约束副联接不同的部件）中输入：

① I Part：._macpherson_qudongzhou.gel_tripot。

② J Part：._macpherson_qudongzhou.gel_drive_shaft。

（3）Joint Type（约束副类型）：convel（球形副，约束 3 个自由度）。

（4）Active（激活）：always（不论哪种模式，约束副总是激活）。

（5）Coordinate Reference（参考坐标）：._macpherson_qudongzhou.ground.hpl_drive_shaft_inner。

（6）I-Part Axis：._macpherson_qudongzhou.ground.hpr_drive_shaft_inner。

（7）J-Part Axis：._macpherson_qudongzhou.ground.hpl_wheel_center。

（8）单击 Apply 按钮，完成驱动轴与三脚架之间的恒速副的创建。

10．驱动轴与轮毂之间的恒速副

（1）Joint Name（约束副名称）：shaft_outer。

（2）在 1 号方框（约束副联接不同的部件）中输入：

① I Part：._macpherson_qudongzhou.gel_drive_shaft。

② J Part：._macpherson_qudongzhou.gel_spindle。

（3）Joint Type（约束副类型）：convel（球形副，约束 3 个自由度）。

（4）Active（激活）：always（不论哪种模式，约束副总是激活）。

（5）Coordinate Reference（参考坐标）：._macpherson_qudongzhou.ground.hpl_wheel_center。

（6）I-Part Axis：._macpherson_qudongzhou.ground.hpl_drive_shaft_inner。

（7）J-Part Axis：._macpherson_qudongzhou.gel_spindle.inertia_frame。

（8）单击 Apply 按钮，完成驱动轴与轮毂之间的恒速副的创建。

11．三脚架与安装部件 tripot_to_differential 之间的移动副

（1）Joint Name（约束副名称）：tripot_to_differential。

（2）在 1 号方框（约束副联接不同的部件）中输入：

① I Part：._macpherson_qudongzhou.gel_tripot。

② J Part：._macpherson_qudongzhou.mtl_tripot_to_differential。

（3）Joint Type（约束副类型）：translation（移动副，约束 5 个自由度）。

（4）Active（激活）：always（不论哪种模式，约束副总是激活）。

（5）4 号方框为定位框，选择在两个参考坐标系之间：

Coordinate Reference（参考坐标）：._macpherson_qudongzhou.ground.hpl_drive_shaft_inner。

（6）5 号方框为定向框，选择 Orient axis along line（在一条坐标轴的两点连线上）：

① Coordinate Reference #1（参考坐标）：._macpherson_qudongzhou.ground.hpr_drive_shaft_inner。

② Coordinate Reference #2（参考坐标）：._macpherson_qudongzhou.ground.cfl_drive_shaft_otr。

（7）单击 OK 按钮，完成三脚架与安装件 tripot_to_differential 之间的移动副的创建。

2.1.15 Bushing 联接

轴套定义 6 个自由度状态联接（包括 X、Y、Z 三个方向的平移与旋转）。轴套通过属性文件定义其三个方向的线性刚度和三个方向旋转的扭转刚度，刚度可以是线性数据，也可以是非线性数据。需要强调的是轴套属性文件中数据曲线参考的是局部坐标系而非全局坐标系。

单击 "Build" > "Attachments" > "Bushing" > "New" 命令，弹出的轴套创建对话框如图 2.38 所示。

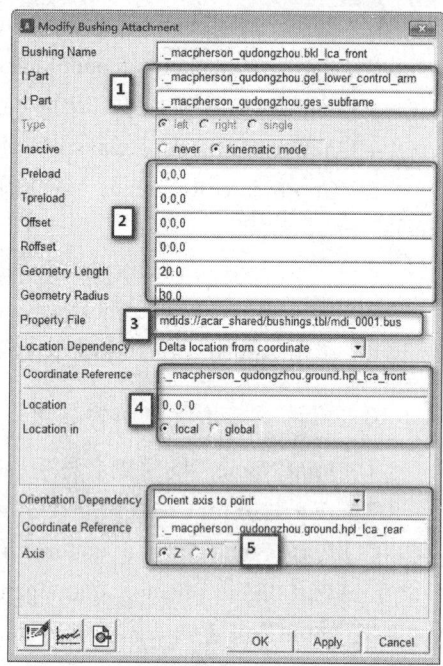

1．下控制前拉杆与副车架之间的轴套

（1）Bushing Name（约束副名称）：lca_front。

（2）在 1 号方框（约束副联接不同的部件）中输入：

① I Part：._macpherson_qudongzhou.gel_lower_control_arm。

② J Part：._macpherson_qudongzhou.ges_subframe。

（3）Inactive（激活）：kinematic mode（运动学模式）。麦弗逊悬架仿真分为运动学和动力学仿真，运动学院仿真采用的约束副，动力学仿真某些部件连接采用轴套连接，除此之外其他部件的连接不论是运动学还是动力学全部采用柔性套约束连接。采用柔性套连接时需注意其属性文件的相关参数，具体是，数据以实验测量为主，然后输入到属性文件保存。

图 2.38 轴套创建

（4）2 号方框为轴套预紧力设置和几何尺寸，保持默认设置。

（5）3 号方框输入属性文件：mdids://acar_shared/bushings.tbl/mdi_0001.bus。点击左下角曲线显示编辑图标，轴套特性曲线如图 2.39 所示，可以在此界面对曲线进行相关修改编辑；或者直接在属性文件 mdi_0001.bus 中修改实验数据保存后直接引用，推荐采用此方法。

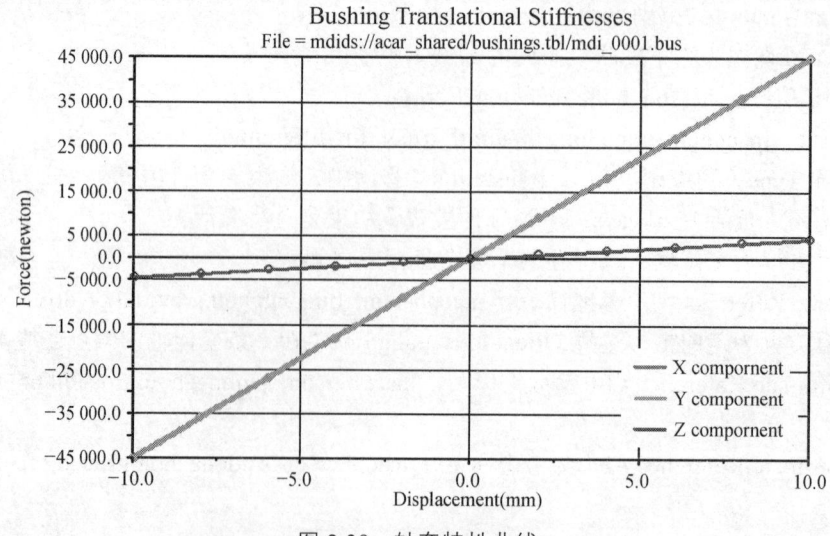

图 2.39 轴套特性曲线

（6）Coordinate Reference（参考坐标）：._macpherson_qudongzhou.ground.hpl_lca_front。

（7）5号方框为定向框，选择Orient axis to point。

（8）Coordinate Reference（参考坐标）：._macpherson_qudongzhou.ground.hpl_lca_rear。

（9）单击Apply按钮，完成下前控制拉杆与副车架之间的轴套的创建。

2．下控制后拉杆与副车架之间的轴套

（1）Bushing Name（约束副名称）：lca_rear。

（2）在1号方框（约束副联接不同的部件）中输入：

① I Part：._macpherson_qudongzhou.gel_lower_control_arm。

② J Part：._macpherson_qudongzhou.ges_subframe。

（3）Inactive（激活）：kinematic mode（运动学模式）。

（4）2号方框为轴套预紧力设置和几何尺寸，保持默认设置。

（5）3号方框输入属性文件：mdids://acar_shared/bushings.tbl/mdi_0001.bus。

（6）Coordinate Reference（参考坐标）：._macpherson_qudongzhou.ground.hpl_lca_rear。

（7）5号方框为定向框，选择Orient axis to point。

（8）Coordinate Reference（参考坐标）：._macpherson_qudongzhou.ground.hpl_lca_front。

（9）单击Apply按钮，完成下控制后拉杆与副车架之间的轴套的创建。

3．副车架前端与安装部件subframe_to_body之间的轴套

（1）Bushing Name（约束副名称）：subframe_front。

（2）在1号方框（约束副联接不同的部件）中输入：

① I Part：_macpherson_qudongzhou.ges_subframe。

② J Part：._macpherson_qudongzhou.mts_subframe_to_body。

（3）Inactive（激活）：kinematic mode（运动学模式）。

（4）2号方框为轴套预紧力设置和几何尺寸，保持默认设置。

（5）3号方框输入属性文件：mdids://acar_shared/bushings.tbl/mdi_0001.bus。

（6）Coordinate Reference（参考坐标）：._macpherson_qudongzhou.ground.hpl_subframe_front。

（7）5号方框为定向框，选择User entered values。

（8）Euler Angles：0,0,0（313原则，即相对于绝对坐标系，参考坐标系先绕Z轴旋转α角度，再绕X轴旋转β角度，最后绕Z轴旋转λ角度）。

（9）单击Apply按钮，完成副车架与安装件subframe_to_body之间的轴套的创建。

4．副车架后端与安装件subframe_to_body之间的轴套

（1）Bushing Name（约束副名称）：subframe_rear。

（2）在1号方框（约束副联接不同的部件）中输入：

① I Part：_macpherson_qudongzhou.ges_subframe。

② J Part：._macpherson_qudongzhou.mts_subframe_to_body。

（3）Inactive（激活）：kinematic mode（运动学模式）。

（4）2号方框为轴套预紧力设置和几何尺寸，保持默认设置。

（5）3号方框输入属性文件：mdids://acar_shared/bushings.tbl/mdi_0001.bus。

（6）Coordinate Reference（参考坐标）：._macpherson_qudongzhou.ground.hpl_subframe_rear。

（7）5号方框为定向框，选择 User entered values。

（8）Euler Angles：0,0,0（313原则）。

（9）单击 Apply 按钮，完成副车架后端与安装件 subframe_to_body 之间轴套的创建。

5．上滑柱与安装件 strut_to_body 之间的轴套

（1）Bushing Name（约束副名称）：top_mount。

（2）在1号方框（约束副联接不同的部件）中输入：

① I Part：._macpherson_qudongzhou.gel_upper_strut。

② J Part：._macpherson_qudongzhou.mtl_strut_to_body。

（3）Inactive（(激活)：kinematic mode（运动学模式）。

（4）2号方框为轴套预紧力设置和几何尺寸，保持默认设置。

（5）3号方框输入属性文件：mdids://acar_shared/bushings.tbl/mdi_0001.bus。

（6）Coordinate Reference（参考坐标）：._macpherson_qudongzhou.ground.hpl_top_mount。

（7）5号方框为定向框，选择 User entered values。

（8）Euler Angles：0,0,0（313原则）。

（9）单击 OK 按钮，完成上滑柱与安装件 strut_to_body 之间的轴套的创建。

2.2　麦弗逊悬架参数变量

参数变量提供了快速调节参数的方法，在模型组织后可以进行修改，主要用于系统的优化设计。参数变量的类型包括 String（字符串）、Integer（整数）、Real（实数）三种类型。

（1）单击"Build" > "Parameter Variable" > "New"命令，弹出的参数变量对话框如图2.40所示。

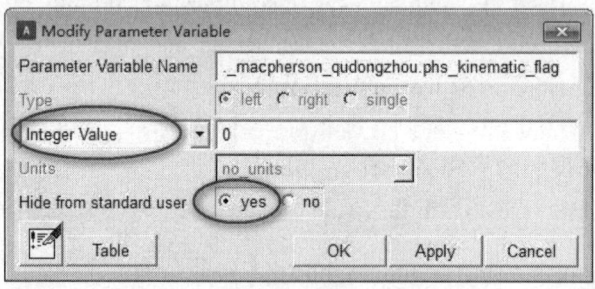

图2.40　参数变量对话框

（2）Parameter Variable Name: kinematic_flag。

（3）参数类型：Integer（整数），数值为0。

（4）Hide from standard user（是否从标准界面隐藏）：yes。

（5）单击 Apply 按钮，完成变量 kinematic_flag 的创建。

（6）Parameter Variable Name：_driveline_active。

（7）参数类型：Integer（整数），数值为0。

（8）Hide from standard user（是否从标准界面隐藏）：yes。
（9）单击 OK 按钮，完成变量_driveline_active 的创建。

参数变量._macpherson_qudongzhou.pvl_toe_angle 和._macpherson_qudongzhou.pvl_camber_angle 在设置悬架参数时会自动创建，同时系统还会自动创建相关的输出通信器，包括._macpherson_qudongzhou.col_toe_angle、._macpherson_qudongzhou.col_camber_angle、._macpherson_qudongzhou.cos_suspension_parameters_ARRAY 等。驱动轴偏移变量._macpherson_qudongzhou.pvl_drive_shaft_offset 在创建驱动轴时已经创建，此处不再重复。

2.3 显示组建

在模型树栏，点击 Group 菜单，在模型树栏右击"New Group"，弹出的创建组件对话框如图 2.41 所示。此显示组件的主要作用是进行驱动轴组件的激活与抑制。同时需要注意的是，显示组件能否正确建立直接关系到悬架系统能否正确仿真。具体问题将在后续进行讨论。

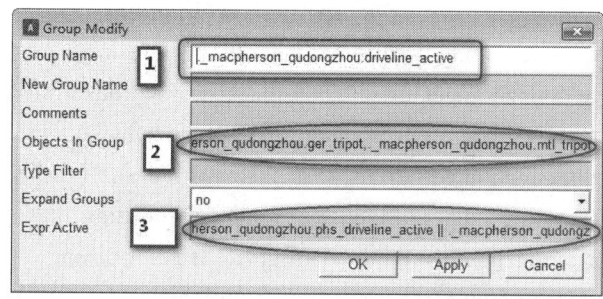

图 2.41　显示组件对话框

（1）Group Name（组件名称）：driveline_active。

（2）Object In Group（显示组件包括部件、几何体、约束等对象）：顺序输入 1~26 号对象。在输入过程中需要注意的是 21、22 号对象，这两个对象指驱动轴的安装部件与地面之间的固定副，此处的对象并没有在模型中显示，需要在 Database Navigator（数据库导航）中查找。

（3）在 3 号方框中输入变量表达式：((._macpherson_qudongzhou.phs_driveline_active || ._macpherson_qudongzhou.model_class == "template" ? 1 : 0) && DB_ACTIVE(._macpherson_qudo ng zhou))。

（4）单击 Apply 按钮，完成组件 driveline_active 的创建。

（5）Group Name（约束副名称）：driveline_inactive。

（6）在 3 号方框中输入变量表达式：((!._macpherson_qudongzhou.phs_driveline_active || ._ma cpherson_qudongzhou.model_class == "template" ? 1 : 0) && DB_ACTIVE(._macpherson_qu dongzhou))。

（7）单击 OK 按钮，完成组件 driveline_inactive 的创建。

（8）下列为麦弗逊悬挂中显示组件包含的 26 个对象（包含对应的部件、约束、变量、几何体）：

　　　　Object Name　　：　._macpherson_qudongzhou.driveline_active
　　　　Object Type　　：　Group

Parent Type   :   Model
Objects   :

① ._macpherson_qudongzhou.gel_drive_shaft   (Part)
② ._macpherson_qudongzhou.gel_tripot   (Part)
③ ._macpherson_qudongzhou.ger_drive_shaft   (Part)
④ ._macpherson_qudongzhou.ger_tripot   (Part)
⑤ ._macpherson_qudongzhou.mtl_tripot_to_differential   (Part)
⑥ ._macpherson_qudongzhou.mtr_tripot_to_differential   (Part)
⑦ ._macpherson_qudongzhou.jolcon_drive_shaft_inner   (Convel Joint)
⑧ ._macpherson_qudongzhou.jorcon_drive_shaft_inner   (Convel Joint)
⑨ ._macpherson_qudongzhou.cil_tripot_to_differential   (Variable)
⑩ ._macpherson_qudongzhou.cir_tripot_to_differential   (Variable)
⑪ ._macpherson_qudongzhou.col_tripot_to_differential   (Variable)
⑫ ._macpherson_qudongzhou.cor_tripot_to_differential   (Variable)
⑬ ._macpherson_qudongzhou.gel_drive_shaft.gralin_drive_shaft   (Cylinder)
⑭ ._macpherson_qudongzhou.gel_drive_shaft.graell_cv_housing   (Ellipsoid)
⑮ ._macpherson_qudongzhou.gel_drive_shaft.graell_tripot_housing   (Ellipsoid)
⑯ ._macpherson_qudongzhou.gel_tripot.gracyl_tripot_housing_extention   (Cylinder)
⑰ ._macpherson_qudongzhou.ger_drive_shaft.gralin_drive_shaft   (Cylinder)
⑱ ._macpherson_qudongzhou.ger_drive_shaft.graell_cv_housing   (Ellipsoid)
⑲ ._macpherson_qudongzhou.ger_drive_shaft.graell_tripot_housing   (Ellipsoid)
⑳ ._macpherson_qudongzhou.ger_tripot.gracyl_tripot_housing_extention   (Cylinder)
㉑ ._macpherson_qudongzhou.mtl_fixed_3   (Fixed Joint)
㉒ ._macpherson_qudongzhou.mtr_fixed_3   (Fixed Joint)
㉓ ._macpherson_qudongzhou.jolcon_shaft_outer   (Convel Joint)
㉔ ._macpherson_qudongzhou.jorcon_shaft_outer   (Convel Joint)
㉕ ._macpherson_qudongzhou.joltra_tripot_to_differential   (Translational Joint)
㉖ ._macpherson_qudongzhou.jortra_tripot_to_differential   (Translational Joint)

2.4 麦弗逊悬架通信器

通信器包括输入通信器和输出通信器两种。麦弗逊式悬架对应的通信器如表 2.1 所示。在创建悬架的模型时，没有必要在悬架模型上添加全部的通信器。例如，在不考虑横向稳定杆时，就没有必要建立横向稳定杆输入通信器 ci[lr]_ARB_pickup，在仿真时也不会影响悬架模型，在系统与试验台或者其他子系统装配时，系统在未检测到对应的输入或者输出同名的通信器时会自动与大地联接。在创建安装部件的同时，系统会自动创建同名的输入通信器：本 Macperson 悬架模型中的输入通信器包括（安装部件是自动创建的）：

（1）._macpherson_qudongzhou.cil_strut_to_body。

（2）._macpherson_qudongzhou.cis_subframe_to_body。

(3)._macpherson_qudongzhou.cir_tierod_to_steering。
(4)._macpherson_qudongzhou.cil_tripot_to_differential。

通信器在主要存在两种作用：① 在系统物理层面上对系统进行装配；② 保障系统之间的数据进行传递。输出通信器的建立与输入通信器类似，比较特殊的是输出通信器是基于模型中存在的实体创建的，因此需要输入部件的名称。

表 2.1　麦弗逊悬架模型对应通信器

通信器名称	类　型	特　征
ci[lr]_ARB_pickup	location	inherit
ci[lr]_strut_to_body	mount	inherit
ci[lr]_tierod_to_steering	mount	inherit
ci[lr]_tripot_to_differential	mount	inherit
cis_subframe_to_body	mount	inherit
co[lr]_arb_bushing_mount	mount	inherit
co[lr]_camber_angle	parameter_real	inherit
co[lr]_droplink_to_suspension	mount	inherit
co[lr]_suspension_mount	mount	inherit
co[lr]_suspension_upright	mount	inherit
co[lr]_toe_angle	parameter_real	inherit
co[lr]_tripot_to_differential	location	inherit
co[lr]_wheel_center	location	inherit
cos_driveline_active	parameter_integer	inherit
cos_rack_housing_to_suspension_subframe	mount	inherit
cos_suspension_parameters_ARRAY	array	inherit

单击"Build" > "Communicator" > "Output" > "New"命令，弹出的输出通信器对话框如图 2.42 所示。

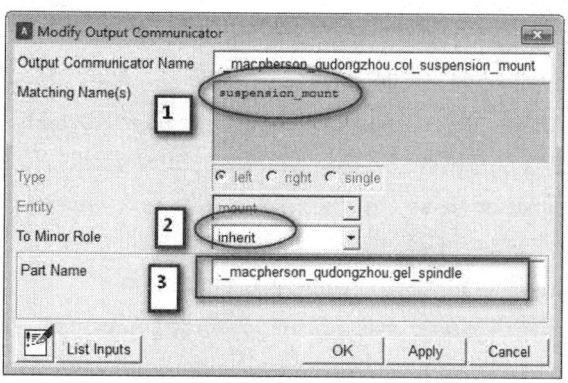

图 2.42　输出通信器对话框

为保证麦弗逊悬架与悬架试验台架或者整车实验台架进行正确装配，需要通过定义通信器把麦弗逊悬架轮毂中心即车轮中心位置（其他类型的悬架系统，包括非独立悬架模型也可使用）

和实验台连接起来。当悬架进行静载分析时必须将轮毂与转向节锁定，否则会导致悬架仿真发散，即系统存在自由度导致系统计算不能收敛。与此相关的3个输出通信器如下：

（1）._macpherson_qudongzhou.col_suspension_mount。

（2）._macpherson_qudongzhou.col_suspension_upright。

（3）._macpherson_qudongzhou.col_wheel_center。

建立麦弗逊悬架的输出通信器（见图2.41）：

（1）Output Communicator Name（输出通信器名称）：suspension_mount。

（2）1号方框中为与试验台匹配的输出通信器。

（3）2号方框输出通信器的次特征：inherit（继承）。

（4）3号方框为通信器基于部件的名称，Part Name：._macpherson_qudongzhou.gel_spindle。

（5）单击Apply按钮，完成通信器cos_suspension_mount的创建。

通信器 col_suspension_mount 的作用包括两个：一是指出与试验台连接的部件为：._macpherson_qudongzhou.gel_spindle（轮毂部件）；二是对静态锁止器定义被锁定的部件：._macpherson_qudongzhou.gel_spindle（轮毂部件）。

（6）Output Communicator Name（输出通信器名称）：suspension_upright。

（7）1号方框中为与试验台匹配的输出通信器。

（8）2号方框输出通信器的次特征：inherit（继承）。

（9）Part Name（部件名称）：._macpherson_qudongzhou.gel_upright。

（10）单击Apply按钮，完成通信器cos_suspension_upright的创建。

通信器col_suspension_mount的主要作用是：指定被锁定的部件._macpherson_qudongzhou.gel_upright（转向节部件）。

（11）Output Communicator Name（输出通信器名称）：wheel_center。

（12）1号方框中为与试验台匹配的输出通信器。

（13）2号方框输出通信器的次特征：inherit（继承）。

（14）Part Name（部件名称）：._macpherson_qudongzhou.ground.hpl_wheel_center。

（15）单击Apply按钮，完成通信器cos_wheel_center的创建。

（16）Output Communicator Name（输出通信器名称）：tripot_to_differential。

（17）1号方框中为与试验台匹配的输出通信器。

（18）2号方框输出通信器的次特征：inherit（继承）。

（19）Part Name（部件名称）：._macpherson_qudongzhou.ground.hpl_drive_shaft_inner。

（20）单击Apply按钮，完成通信器cos_tripot_to_differential的创建。

（21）Output Communicator Name（输出通信器名称）：rack_housing_to_suspension_subframe。

（22）1号方框中为与试验台匹配的输出通信器。

（23）2号方框输出通信器的次特征：inherit（继承）。

（24）Part Name（部件名称）：._macpherson_qudongzhou.ges_subframe。

（25）单击Apply按钮，完成通信器cos_rack_housing_to_suspension_subframe的创建。

（26）Output Communicator Name（输出通信器名称）：driveline_active。

（27）1号方框中为与试验台匹配的输出通信器。

（28）2号方框输出通信器的次特征：inherit（继承）。

（29）Part Name（部件名称）：._macpherson_qudongzhou.phs_driveline_active。

(30)单击 OK 按钮,完成通信器 cos_driveline_active 的创建。

至此完成麦弗逊悬挂模板里所有通信器的创建,接下来对悬架里包含的通信器与悬架试验台进行匹配测试,保证通信器的正确性。

(1)单击"Build">"Communicator">"Test"命令,弹出的输出通信器测试对话框如图 2.43 所示。

(2)在 1 号方框中输入要匹配的系统,可以输入多个系统。此处输入刚建立的麦弗逊悬架和悬架试验台:._macpherson_qudongzhou;.__MDI_SUSPENSION_TESTRIG。

(3)2 号方框为特征类型,在特征框中对应输入 any(麦弗逊悬架也可以输入 front)。

(4)点击勾选 3 号复选框,对匹配结果进行保存。

(5)单击 OK 按钮,完成麦弗逊悬架和悬架试验台._macpherson_qudongzhou 和.__MDI_SUSPENSION_TE STRIG 的匹配测试。

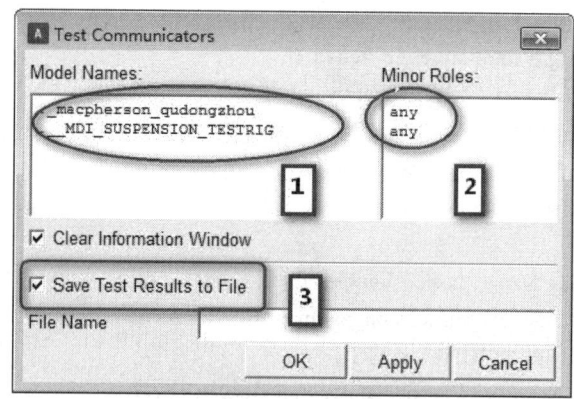

图 2.43 通信器测试对话框

匹配测试信息如下:

!-------------- -------- Matched communicators: -----------------------! 匹配通信器

Communicator Matching Name: tripot_to_differential
Input Communicator Name: ci[lr]_tripot_to_differential
Located in: _macpherson_qudongzhou
Output Communicator Name: co[lr]_tripot_to_differential
Output from: __MDI_SUSPENSION_TESTRIG

Communicator Matching Name: camber_angle
Input Communicator Name: ci[lr]_camber_angle
Located in: __MDI_SUSPENSION_TESTRIG
Output Communicator Name: co[lr]_camber_angle
Output from: _macpherson_qudongzhou

Communicator Matching Name: toe_angle
Input Communicator Name: ci[lr]_toe_angle
Located in: __MDI_SUSPENSION_TESTRIG
Output Communicator Name: co[lr]_toe_angle

Output from: _macpherson_qudongzhou

Communicator Matching Name: wheel_center
Input Communicator Name: ci[lr]_wheel_center
Located in: __MDI_SUSPENSION_TESTRIG
Output Communicator Name: co[lr]_wheel_center
Output from: _macpherson_qudongzhou

Communicator Matching Name: suspension_mount
Input Communicator Name: ci[lr]_suspension_mount
Located in: __MDI_SUSPENSION_TESTRIG
Output Communicator Name: co[lr]_suspension_mount
Output from: _macpherson_qudongzhou

Communicator Matching Name: driveline_active
Input Communicator Name: cis_driveline_active
Located in: __MDI_SUSPENSION_TESTRIG
Output Communicator Name: cos_driveline_active
Output from: _macpherson_qudongzhou

Communicator Matching Name: suspension_parameters_array
Input Communicator Name: cis_suspension_parameters_ARRAY
Located in: __MDI_SUSPENSION_TESTRIG
Output Communicator Name: cos_suspension_parameters_ARRAY
Output from: _macpherson_qudongzhou

Communicator Matching Name: tripot_to_differential
Input Communicator Name: ci[lr]_diff_tripot
Located in: __MDI_SUSPENSION_TESTRIG
Output Communicator Name: co[lr]_tripot_to_differential
Output from: _macpherson_qudongzhou

Communicator Matching Name: suspension_upright
Input Communicator Name: ci[lr]_suspension_upright
Located in: __MDI_SUSPENSION_TESTRIG
Output Communicator Name: co[lr]_suspension_upright
Output from: _macpherson_qudongzhou

!--------- ------- Unmatched input communicators: -----------! 不匹配的输入通信器
Input Communicator Name: ci[lr]_strut_to_body
Class: mount
From Minor Role: any
Matching Name(s): strut_to_body
In Template: _macpherson_qudongzhou

Input Communicator Name: cis_subframe_to_body
Class: mount
From Minor Role: any
Matching Name(s): subframe_to_body
In Template: _macpherson_qudongzhou

Input Communicator Name: ci[lr]_tierod_to_steering
Class: mount
From Minor Role: any
Matching Name(s): tierod_to_steering
In Template: _macpherson_qudongzhou

Input Communicator Name: ci[lr]_jack_frame
Class: mount
From Minor Role: any
Matching Name(s): jack_frame
In Template: __MDI_SUSPENSION_TESTRIG

Input Communicator Name: cis_leaf_adjustment_steps
Class: parameter_integer
From Minor Role: any
Matching Name(s): leaf_adjustment_steps
In Template: __MDI_SUSPENSION_TESTRIG

Input Communicator Name: cis_powertrain_to_body
Class: mount
From Minor Role: any
Matching Name(s): powertrain_to_body
In Template: __MDI_SUSPENSION_TESTRIG

Input Communicator Name: cis_steering_rack_joint
Class: joint_for_motion
From Minor Role: any
Matching Name(s): steering_rack_joint
In Template: __MDI_SUSPENSION_TESTRIG

Input Communicator Name: cis_steering_wheel_joint
Class: joint_for_motion
From Minor Role: any
Matching Name(s): steering_wheel_joint
In Template: __MDI_SUSPENSION_TESTRIG

!---------------- Unmatched output communicators: ------------!不匹配的输出通信器

Output Communicator Name: cos_rack_housing_to_suspension_subframe
Class: mount
To Minor Role: any
Matching Name(s): rack_housing_to_suspension_subframe
In Template: _macpherson_qudongzhou

Output Communicator Name: cos_leaf_adjustment_multiplier
Class: array
To Minor Role: any
Matching Name(s): leaf_adjustment_multiplier
In Template: __MDI_SUSPENSION_TESTRIG

Output Communicator Name: cos_characteristics_input_ARRAY
Class: array
To Minor Role: any
Matching Name(s): characteristics_input_array
In Template: __MDI_SUSPENSION_TESTRIG

通过通信器测试，与悬架实验台架匹配的及不匹配的通信器全部检测出来，通过测试发现：._macpherson_qudongzhou.col_suspension_mount、._macpherson_qudongzhou.col_suspension_upright 和._macpherson_qudongzhou.col_wheel_center 三个通信器与悬架保持正确匹配，因此悬架可以进行正常仿真。不匹配的通信器则自动与大地相连，不影响麦弗逊悬架系统的正常仿真。

（1）单击"File" > "Save As"命令，弹出的保存模板对话框如图 2.44 所示。

（2）Major Role（主特征）：suspension。

（3）Database（保存数据库）：my_adams。

（4）单击 OK 按钮，完成麦弗逊悬架模板的保存。

至此，麦弗逊悬架的建立基本完成。如果研究得比较深入，如半主动、主动悬架模型及空气悬架模型，可以在麦弗逊悬架模型的基础上添加相关函数实现将被动麦弗逊悬架模型变为主动悬架模型。

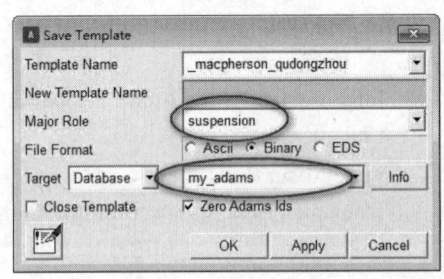

图 2.44　保存悬架模型

2.5　悬架子系统的建立

（1）把模板转换到标准模式，单击"File" > "New" > "Suspension"命令，弹出的子系统对话框如图 2.45 所示。

（2）Subsystem Name（系统名称）：my_macpherson。

（3）Minor Role（副特征）：front（指悬架为前悬架）。

（4）Template Name（模板路径）：mdids://my_adams/templates.tbl/_macpherson_qudongzhou.tpl。

（5）单击 OK 按钮，完成麦弗逊悬架子系统 my_macpherson 的创建。

（6）点击"Adjust"＞"Kinematic Toggle"命令，弹出 K & C 模式转换对话框，如图 2.46 所示。图 2.47 和图 2.48 分别为 K、C 模式。

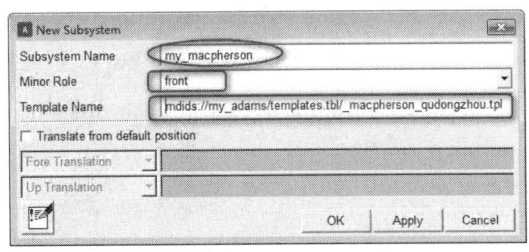

图 2.45　悬架子系统创建　　　　　　　　图 2.46　K & C 模式转换对话框

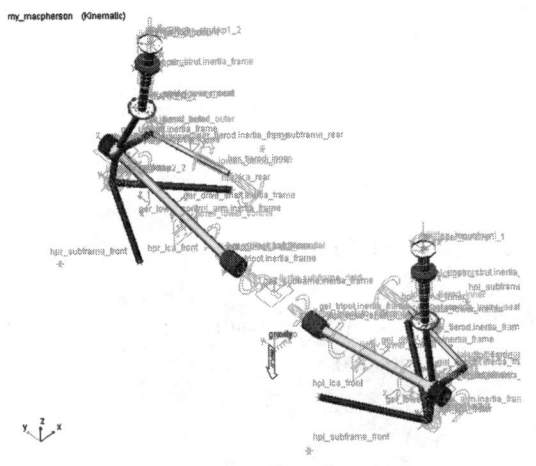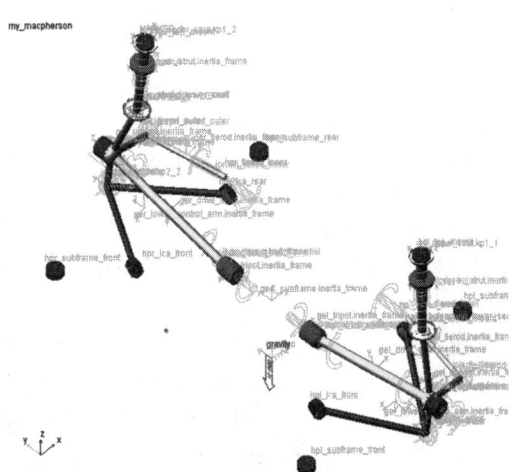

图 2.47　悬架子系统（K 模式）　　　　　图 2.48　悬架子系统（C 模式）

2.6　悬架装配

1. 悬架装配

（1）单击"File"＞"New"＞"Suspension Amssembly"命令，弹出的悬架装配对话框如图 2.49 所示。

（2）Amssembly Name（装配名称）：my_macpherson_asm。

（3）Suspension Subsystem（悬架子系统）：mdids://my_adams/subsystems.tbl/my_macpherson.sub。

（4）Steering Subsystem（转向子系统）：mdids://my_adams/subsystems.tbl/my_steering_chilunch itiao.sub。

（5）Suspension Test Rig：MDI_SUSPENSION_TESTRIG（悬架试验台）。

（6）单击 OK 按钮，完成麦弗逊悬架、转向系统、试验台架的装配，如图 2.50 所示。

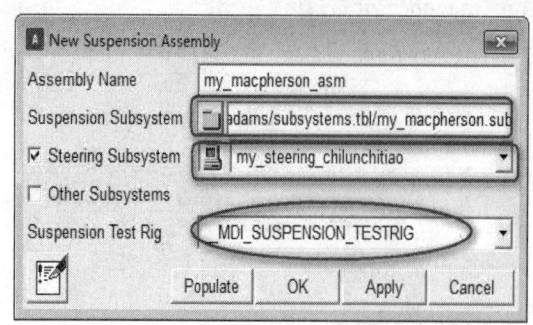

图 2.49 悬架装配

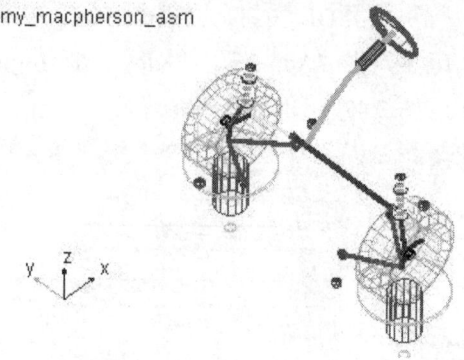

图 2.50 悬架装配仿真模型

在创建悬架装配过程中，系统弹出如下提示信息：

Creating the suspension assembly: 'my_macpherson_asm'...
Opening the front suspension subsystem: 'my_macpherson'...
Moving the front steering subsystem: 'my_steering_chilunchitiao'...
Assembling subsystems...
Assigning communicators...
WARNING: The following input communicators were not assigned during assembly (以下为不匹配的通信器)：

  my_steering_chilunchitiao.cis_steering_column_to_body (attached to ground)
  my_steering_chilunchitiao.cis_rack_to_body (attached to ground)
  testrig.cil_jack_frame (attached to ground)
  testrig.cir_jack_frame (attached to ground)
  testrig.cis_leaf_adjustment_steps
  testrig.cis_powertrain_to_body (attached to ground)
  my_macpherson.cil_strut_to_body (attached to ground)
  my_macpherson.cir_strut_to_body (attached to ground)
  my_macpherson.cis_subframe_to_body (attached to ground)

Assignment of communicators completed.
Assembly of subsystems completed.
Suspension assembly ready.

从提示信息中可以看出，悬架装配中包括悬架 my_macpherson 子系统、转向 my_steering_chilunchitiao 子系统，在装配过程中，没有匹配的通信器会自动联接到地面。更加详细的装配信息可以查看装配文件 my_macpherson_asm，用记事本方式即可打开。

  2．定义悬架载荷

（1）在悬架装配仿真模型上，右击弹簧选择修改，弹出的弹簧修改对话框如图 2.51 所示。

（2）点击 1 号圆圈内的图标，在弹出的菜单中输入预载荷"2940"（N），弹簧安装长度会自动更新为"146.905"（N）。

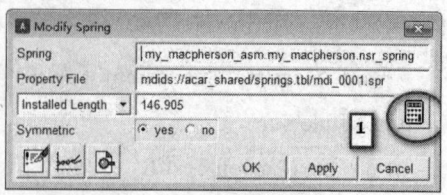

图 2.51 弹簧修改对话框

（3）单击 OK 按钮，完成麦弗逊悬挂的载荷定义。

3．悬架参数设置

（1）单击"Simulate" > "Suspension Analysis" > "Set Suspension Parametes"命令，弹出的悬架参数设置对话框如图 2.52 所示。

（2）Tire Model（轮胎模型）：Property File（轮胎以属性文件方式给出）。

（3）Tire Property File（轮胎属性文件）：mdids://acar_shared/tires.tbl/uat_car.tir。轮胎的相关参数可以在属性文件 uat_car.tir 修改后保存再引入。

（4）3 号方框为簧载质量、质心高度及轴距参数，分别输入：1080、200、2670。此处大概为 A+级车辆参数。

（5）Drive Ratio(% Front)：拖动滚动条为 100，车辆为前轮前驱动。如果为后轮驱动汽车，则此时拖动滚动条为 0，如果为四轮驱动汽车，具体应根据实际的驱动力进行分配。

（6）单击 OK 按钮，完成麦弗逊悬架参数的相关设置。

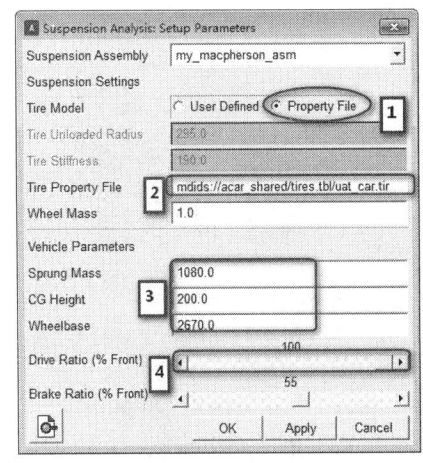

图 2.52　悬架参数对话框

至此，悬架装配模型的相关参数全部设置完成，之后可以进行麦弗逊悬架模型的各种性能仿真实验。

2.7　车轮激振分析

车轮激振分析包括双轮同向车轮激振分析、双轮反向车轮激振分析、单轮激振分析三种仿真实验。车轮激振分析是指悬架系统通过悬架实验台架施加垂直方向的运动来获取悬架定位参数随悬架运动行程变化的关系。在仿真过程，可以添加转向系统。

同向激振是指双轮保持相同的高度，在设置的参数范围内上调和回弹运动。

（1）单击"Simulate" > "Suspension Analysis" > "Parallel Wheel Travel"命令，弹出的双轮同向激振对话框如图 2.53 所示。

（2）1 号方框中 Output Prefix(输出别名)：p1。

（3）Number of Steps（仿真步数）：200。

（4）3 号方框中分别输入：80、-80。分别指上跳行程与回弹行程，其余参数保持默认。

（5）单击 Apply 按钮，完成麦弗逊悬架在 C 模式下的仿真。

（6）按 F8 键，此时从标准进入后处理模块。

（7）单击"Plot" > "Create Plots"命令，弹出的标准绘图对话框如图 2.54 所示。

（8）Plot Configuration File（绘图配置文件）：mdids://acar_shared/plot_configs.tbl/mdi_suspension_parallel_travel.plt。

（9）单击 OK 按钮，标准绘图配置文件导入完成。

（10）点击"Adjust" > "Kinematic Toggle"命令，弹出 K＆C 模式转换对话框，选择 K 模式，如图 2.46 所示。

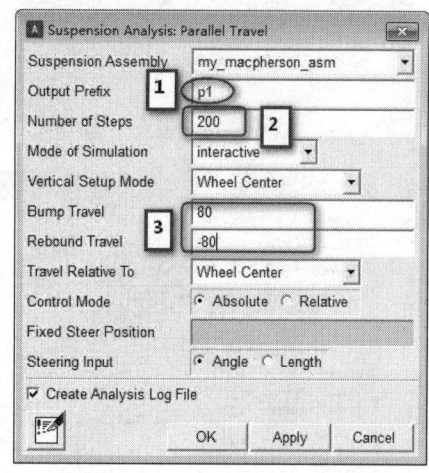
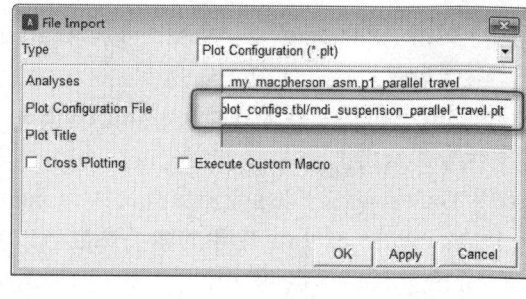

图 2.53　双轮同向激振对话框　　　　图 2.54　标准绘图对话框

（11）1号方框中 Output Prefix（输出别名）：p2。
（12）单击 OK 按钮，完成麦弗逊悬架在 K 模式下的仿真。
（13）按 F8 键，此时从标准进入后处理模块。
（14）单击"Plot">"Create Plots"命令，弹出标准绘图对话框。
（15）勾选 Cross Plotting（交叉绘图）。
（16）单击 OK 按钮，此时 K&C 仿真结果 p1 和 p2 会在同一幅图上显示出来。图 2.55 和图 2.56 所示分别为主销后倾、主销内倾随车轮跳动变化的曲线。

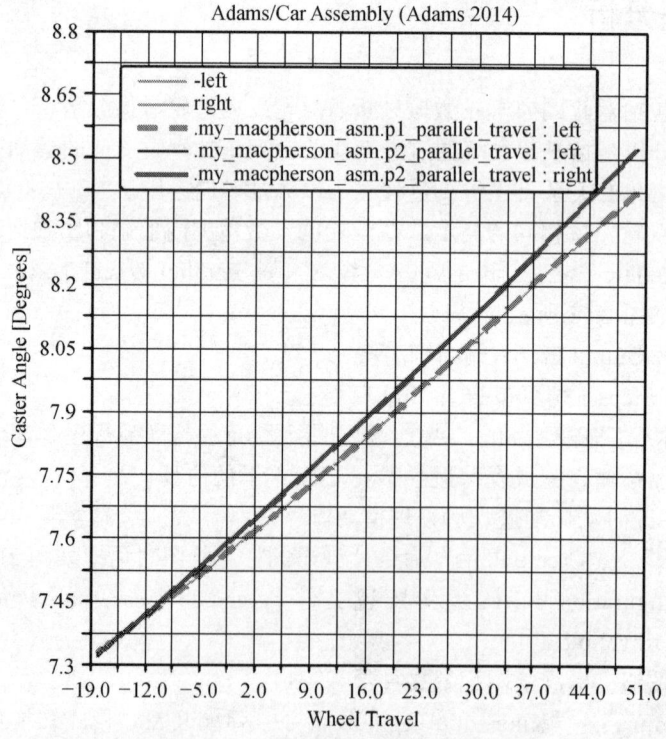

图 2.55　主销后倾-车轮跳动行程

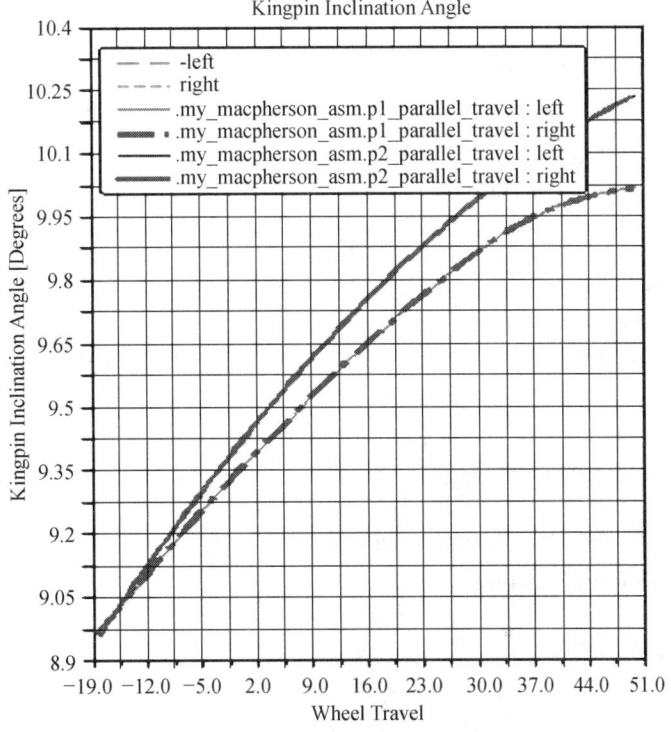

图 2.56 主销内倾-车轮跳动行程

2.8 仿真错误探讨

悬架系统建模中由于疏忽会存在一些小的错误，针对这些问题，可以在系统提示的错误中解决。本书的麦弗逊悬置在建模过程中，由于三脚架与安装部件 tripot_to_differential 之间的移动副方向定位错误出现以下的仿真错误提示：

Using SmartDriver Template file:
D:\MSC.Software\Adams_x64\2014\win64\.smartdriver.xml
command: FILE/COMMAND=p1_parallel_travel.acf
command:
command: file/model=p1_parallel_travel

ERROR:　　The MARKER referenced by ID number does not exist.
ERROR:　　Value　　　　　　　: 131
ERROR:　　Argument　　　　　: J
ERROR:　　Statement　　　　　: JOINT/45
ERROR:　　Line number　　　　: 2640
ERROR:　　The MARKER referenced by ID number does not exist.
ERROR:　　Value　　　　　　　: 136
ERROR:　　Argument　　　　　: J
ERROR:　　Statement　　　　　: JOINT/46

ERROR:　　　　Line number　　　　　: 2646
ERROR:　　Errors in the Adams dataset prevent it from being loaded into the database.
---- START: ERROR ----
Attempt to read in model into AMD was unsuccessful
---- END: ERROR ----
command: !
command: !INFO Adams Version:　　Adams 2014
command: !INFO Adams Build:　　　2014.0.0-CL289716
command: !INFO Assembly File:
command: !INFO Solver Library: D:/MSC~1.SOF/ADAMS_~1/2014/win64/acar_solver.dll
command: !
command: preferences/solver=CXX
command: preferences/list,status=on
PREFERENCES:
SIMFAIL　　　　　　　　　　= NOSTOPCF
Contact Geometry Library　　= (not loaded)
Thread Count　　　　　　　 = 1
Library Search Path　　　　 = Not Set
Status Message　　　　　　 = Off
Solverbias　　　　　　　　　= CXX (C++ Solver)
command: control/ routine=acarSDM::con950, function=user(950,29,31,1,2,18,20,1,3,2,3,28,30,2,3,28,30,1,1)
command: simulate/static, end=16.000000, steps=15
---- START: ERROR ----
This command cannot be processed until a model has been defined.
---- END: ERROR ----
command: !
command: stop
Finished -----
Elapsed time = 0.00s,　　CPU time = 0.00s,　　0.00%
Analysis failed!
Please check the error messages to determine the cause.

从错误提示中可以看出，约束 45、46 存在问题。

ADAMS\View 查找错误原因：

从 ADAMS\Car 界面通过工具箱中的 ADAMS\View 插件转换到 View 模块中，在部件约束连接中右击 Info 约束的信息，通过查找发现，三脚架与安装部件 tripot_to_differential 之间的移动副两个方向参考点错误，进行更正后，麦弗逊悬架模型错误问题解决，可以正常进行仿真。

Object Name	:	.mac_am.mac.jortra_tripot_to_differential
Object Type	:	Translational Joint
Parent Type	:	Model
Adams ID	:	46
Active	:	ON

I Marker	:	.mac_am.mac.ger_tripot.jxr_joint_i_8
J Marker	:	.mac_am.testrig.ger_diff_output.jxr_joint_j_8
Initial Conditions		
Displacement	:	NOT SET
Velocity	:	NOT SET
Object Name	:	.mac_am.mac.joltra_tripot_to_differential
Object Type	:	Translational Joint
Parent Type	:	Model
Adams ID	:	45
Active	:	ON
I Marker	:	.mac_am.mac.gel_tripot.jxl_joint_i_8
J Marker	:	.mac_am.testrig.gel_diff_output.jxl_joint_j_8
Initial Conditions		
Displacement	:	NOT SET
Velocity	:	NOT SET

第3章 驱动桥模型

驱动桥一般由主减速器、差速器、车轮传动装置和驱动桥壳等组成。它的作用是将万向传动装置传来的动力折过 90° 角,改变力的传递方向,并由主减速器降低转速,增大转矩后,经差速器分配给左右半轴和驱动轮。驱动桥处于动力传动系的末端,其基本功能是:① 将万向传动装置传来的发动机转矩通过主减速器、差速器、半轴等传到驱动车轮,实现降速增大转矩;② 通过主减速器圆锥齿轮副改变转矩的传递方向;③ 通过差速器实现两侧车轮差速作用,保证内、外侧车轮以不同转速转向;④ 通过桥壳体和车轮实现承载及传力作用。驱动桥可分为非断开式与断开式两大类。按结构形式,驱动桥可分为中央单级减速驱动桥、中央双级减速驱动桥、中央单级轮边减速驱动桥。本章以单轴系驱动桥为例,描述其建模过程,在建模过程中,需要重点理解驱动桥通信器的匹配及变量参数的设置,以及在驱动过程中限滑差速器的建立过程,认真体会限滑差速器与采用驱动轴驱动车轮的区别。驱动桥模型如图 3.1 所示。

图 3.1 驱动桥模型

3.1 驱动桥模型

单轴系驱动在车辆中应用较多,尤其是在采用后轴驱动的微型客车,小型货车,中型商用车、客车及特种车辆上应用较多。在车辆研发过程中,需要对整车的各种性能进行相关分析,其中驱动轴的布置及调试是最为重要的操作之一。相关参数的改变及安装位置的变化都会影响整车的性能,因此对驱动轴进行建模分析就显得尤为重要。本章采用 ADAMS 软件对驱动桥模型进行建模分析,建模过程参考了软件中的数据库模型,但在建模过程中有细微差别。

（1）启动 ADAMS/Car，选择专家模块进入建模界面。

（2）单击"File">"New"命令，弹出的建模对话框如图 3.2 所示。

（3）在模板名称里输入"my_bus_drive_axle"，主特征选择"suspension"，单击 OK 按钮。

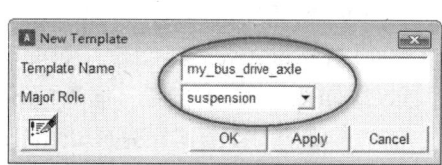

图 3.2　驱动桥模板框

3.1.1　驱动桥硬点

（1）单击"Build">"Hardpoind">"New"命令，弹出的创建硬点对话框如图 3.3 所示。

（2）在硬点名称里输入"shock_to_axle"，类型选择"left"，在位置文本框输入"7520.2, −520.3, 677.6"。

（3）单击 Apply 按钮，完成 shock_to_axle 硬点的创建。此时在屏幕上显示出左右对称的两个硬点。

（4）以此类推，重复上述步骤完成图 3.4 中硬点的创建。图 3.4 所示的硬点为共享数据库中驱动桥模板的参数。

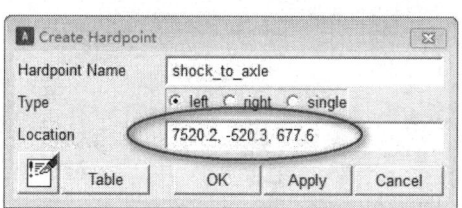

	loc x	loc y	loc z
hpl_drive_axle_loc	7459.0	-305.73	753.054
hpl_hub_loc	7405.9	-904.1	758.4
hpl_hub_to_axle	7405.9	-874.1	758.4
hpl_inside_whl_cntr	7405.9	-693.447	758.4
hpl_lwr_spring_seat	7768.6	-392.1	645.1
hpl_outside_whl_cntr	7405.9	-1040.1952	758.4
hpl_shock_to_axle	7520.2	-520.3	677.6
hpl_shock_to_frame	7625.5	-512.5	1202.1
hpl_trailing_arm_to_axle	7405.9	-523.9	784.9
hpl_trailing_arm_to_frame	6758.6	-523.9	784.9
hpl_upper_spring_mount	7768.6	-392.1	991.3
hps_center_of_drive_axles	7405.86	0.0	758.41
hps_origin	0.0	0.0	0.0
hps_panhard_link_to_rod	7440.0	255.0	1100.0
hps_panhard_rod_loc	7437.61	-60.2196	1112.99
hps_panhard_rod_to_frame	7440.0	-360.0	1115.0

图 3.3　硬点创建对话框　　　　图 3.4　驱动桥硬点数据

3.1.2　驱动轴部件

（1）单击"Build">"Constructon Frame">"New"命令，弹出的创建结构框如图 3.5 所示。

（2）Constructon Frame（结构框名称）：origin。

（3）Coordinate Reference（参考坐标）：._my_bus_drive_axle.ground.hps_origin。其余保持默认设置。

（4）单击 Apply 按钮，完成 origin 结构框的创建。

（5）在 Constructon Frame（结构框名称）中输入：drive_axle_ori。

（6）Coordinate Reference（参考坐标）：._my_bus_drive_axle.ground.hpl_drive_axle_loc。

（7）Orientation Dependency（参考方向）：Delta orientation from coordinate（相对于一个已有的结构框的角度定向）。

（8）在 Constructon Frame（结构框名称）中输入：._my_bus_drive_axle.ground.cfs_origin。

（9）Orientation（参考方向）：－90, 0, 0。

（10）单击 OK 按钮，完成 drive_axle_ori 结构框的创建。

（11）单击"Build"＞"Part"＞"General Part"＞"New"命令，弹出的创建部件对话框如图 3.6 所示。

（12）在 General Part（部件名称）中输入：drive_axle。

（13）Coordinate Reference（参考坐标）：._my_bus_drive_axle.ground.hpl_drive_axle_loc。

（14）Constructon Frame：._my_bus_drive_axle.ground.cfl_drive_axle_ori。

（15）3 号框为质量和惯量参数，预输入全部为 1。驱动轴几何部件确定后会自动更新为图 3.6 中的参数。

（16）单击 OK 按钮，完成 drive_axle 部件的创建。

（17）单击"Build"＞"Geometry"＞"Link"＞"New"命令，弹出的创建几何体对话框如图 3.7 所示。

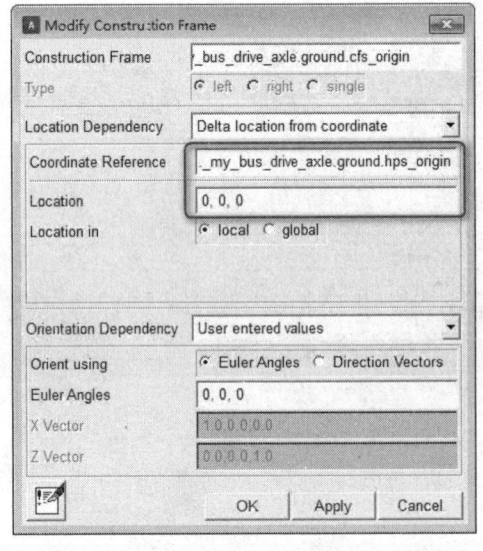
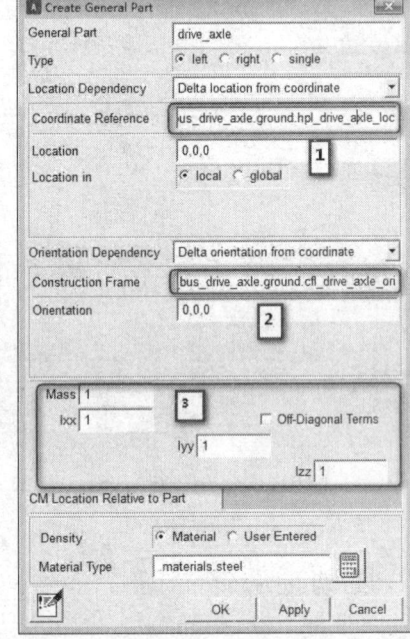

图 3.5　origin 结构框　　　　　　　　图 3.6　驱动轴部件

（18）在 Link Name（连杆名称）中输入几何名称：drive_axle。

（19）在 General Part 中输入：._my_bus_drive_axle.gel_drive_axle。

（20）Coordinate Reference #1（参考坐标）：._my_bus_drive_axle.ground.hpl_hub_to_axle。

（21）Coordinate Reference #2（参考坐标）：._my_bus_drive_axle.ground.hps_center_of_drive_axles。

（22）Radius（半径）：50。

（23）选择"Calculate Mass Properties of General Part"复选框，当几何体建立好之后会更新对应部件的质量和惯量参数。单击 OK 按钮，完成 drive_axle 几何体的创建。

注意：驱动轴部件建立完成后为两个左右对称的部件，可以考虑把左右两个驱动轴部件合为一个单一的部件，共享数据库中的模型是通过固定副把左右两个部件连接在一起，固定副具有布尔合并的效果。请读者尝试建立一个单一的部件模型。

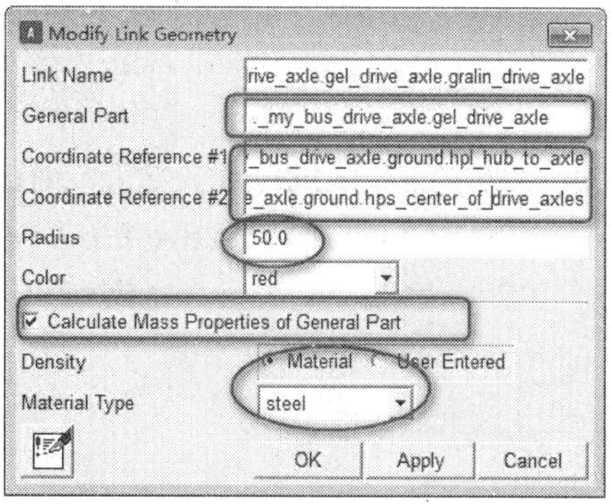

3.1.3　轮毂部件

（1）单击"Build">"Constructon Frame">"New"命令，弹出的创建结构框对话框如图 3.5 所示。

（2）在 Constructon Frame（结构框名称）中输入：hub_ori。

（3）Coordinate Reference（参考坐标）：._my_bus_drive_axle.ground.hpl_hub_loc。

（4）Orientation Dependency（参考方向）：Delta orientation from coordinate（相对于一个已有的结构框的角度定向）。

（5）在 Constructon Frame（结构框名称）中输入：._my_bus_drive_axle.ground.cfs_origin。

（6）Orientation（参考方向）：-90，0，0。

（7）单击 Apply 按钮，完成 hub_ori 结构框的创建。

（8）在 Constructon Frame（结构框名称）中输入：hub。

（9）Coordinate Reference（参考坐标）：._my_bus_drive_axle.ground.hpl_hub_loc。

（10）Orientation Dependency（参考方向）：Delta orientation from coordinate（相对于一个已有的结构框的角度定向）。

（11）在 Constructon Frame（结构框名称）中输入：._my_bus_drive_axle.ground.cfs_origin。

（12）Orientation（参考方向）：180，90，180。

（13）单击 OK 按钮，完成 hub 结构框的创建。

（14）单击"Build">"Part">"General Part">"New"命令，弹出的创建部件对话框如图 3.6 所示。

（15）在 General Part（部件名称）中输入：hub。

（16）Coordinate Reference（参考坐标）：._my_bus_drive_axle.ground.hpl_hub_loc。

（17）Constructon Frame：._my_bus_drive_axle.ground.cfl_hub_ori。

（18）3 号框为质量和惯量参数，预输入为 1，1000，1000，1000。

（19）单击 OK 按钮，完成 bub 部件的创建。

（20）单击"Build">"Geometry">"Cylinder"（圆柱体）>"New"命令，弹出的创建圆柱体对话框如图 3.8 所示。

图 3.7　驱动轴几何体

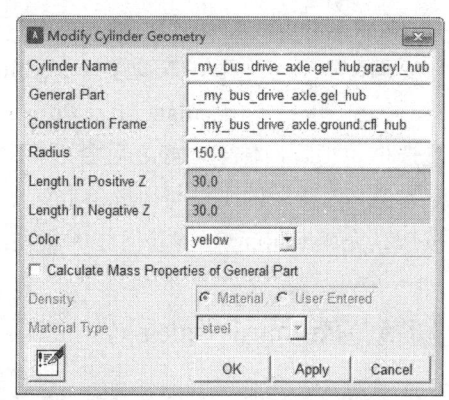

图 3.8　轮毂几何体

（21）在 Cylinder Name（圆柱体名称）中输入几何名称：bub。

（22）在 General Part 中输入：._my_bus_drive_axle.gel_hub。

（23）在 Constructon Frame（结构框名称）中输入：._my_bus_drive_axle.ground.cfl_hub。

（24）Radius（半径）：150。

（25）Length In Postive Z（Z 轴正方向长度）：30。

（26）Length In Negative Z（Z 轴负方向长度）：30。

（27）单击 OK 按钮，完成 bub 几何体的创建。

3.1.4 拖拽臂部件

（1）单击"Build">"Part">"General Part">"New"命令，弹出创建部件对话框。

（2）在 General Part（部件名称）中输入：trailing_arm。

（3）Coordinate Reference #1：._my_bus_drive_axle.ground.hpl_trailing_arm_to_frame。

（4）Coordinate Reference #2：._my_bus_drive_axle.ground.hpl_trailing_arm_to_axle。

（5）3 号方框采用欧拉角输入：0,0,0（313 原则）。

（6）4 号方框为质量和惯量参数，预输入全部为 1。

（7）5 号方框为部件材料选择，在此默认选择为钢材（steel）。

（8）单击 OK 按钮，完成拖拽臂部件的创建。

（9）单击"Build">"Geometry">"Link">"New"命令，弹出的创建连杆几何体对话框见图 3.7。

（10）在 Link Name（连杆名称）中输入几何名称：trailing_arm。

（11）在 General Part 中输入：._my_bus_drive_axle.gel_trailing_arm。

（12）Coordinate Reference #1（参考坐标）：._my_bus_drive_axle.ground.hpl_trailing_arm_to_frame。

（13）Coordinate Reference #2（参考坐标）：._my_bus_drive_axle.ground.hpl_trailing_arm_to_axle。

（14）Radius（半径）：30。

（15）Color（几何体颜色）：skyblue（天蓝色）。

（16）选择"Calculate Mass Properties of General Part"复选框，当几何体建立好之后会更新对应部件的质量和惯量参数，更新后的质量与惯量参数如图 3.9 所示。单击 OK 按钮，完成 trailing_arm 几何体的创建。

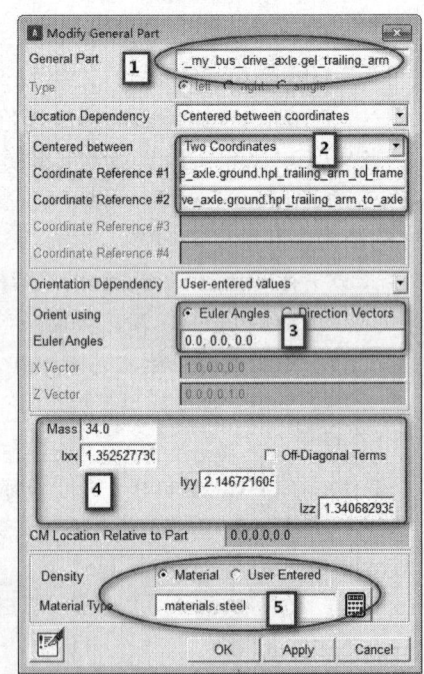

图 3.9 拖拽臂部件

3.1.5 Panhard_link 部件

Panhard 杆是一个简单的装置，包括一个刚性杆，与车轴在同一平面上运行，将车轴的一端连接到车辆另一侧的车身或底盘上。杆的两端都带有枢轴，使其只能上下摆动，因此轴只能在垂直平面内移动。Panhard 杆的主要作用是限制悬架系统的横向运动。Panhard 杆的优点是简单，其主要缺点是轴必须相对于本体以弧线运动，其半径等于 Panhard 杆的长度。如果杆太短，则允许在弹簧行程末端处轴与主体之间的横向运动过度。

（1）单击"Build">"Part">"General Part">"New"命令，弹出创建部件对话框。

（2）在 General Part（部件名称）中输入：panhard_link。

（3）Location Dependency（参考方向）：Delta location from coordinate（相对于一个已知点的距离）。

（4）Coordinate Reference（参考坐标）：._my_bus_drive_axle.ground.hps_center_of_drive_axles。

（5）Orientation Dependency（参考方向）：Delta orientation from coordinate（相对于一个已有的结构框的角度定向）。

（6）Orientation（参考方向）：0，0，0。

（7）Mass/Ixx/Iyy/Izz（质量和惯量参数）：1，1，1，1。

（8）单击 OK 按钮，完成 panhard_link 部件的创建。

（9）单击"Build">"Geometry">"Link">"New"命令，弹出的创建连杆几何体对话框如图 3.7 所示。

（10）在 Link Name（连杆名称）中输入几何名称：panhard_link。

（11）在 General Part 中输入：._my_bus_drive_axle.ges_panhard_link。

（12）Coordinate Reference #1（参考坐标）：._my_bus_drive_axle.ground.hps_center_of_drive_axles。

（13）Coordinate Reference #2（参考坐标）：._my_bus_drive_axle.ground.hps_panhard_link_to_rod。

（14）Radius（半径）：10。

（15）Color（几何体颜色）：yellow（黄色）。

（16）单击 OK 按钮，完成 panhard_link 几何体的创建。

3.1.6　Panhard_rod 部件

（1）单击"Build">"Part">"General Part">"New"命令，弹出创建部件对话框。

（2）在 General Part（部件名称）中输入：panhard_rod。

（3）Location Dependency（参考方向）：Delta location from coordinate（相对于一个已知点的距离）。

（4）Coordinate Reference（参考坐标）：._my_bus_drive_axle.ground.hps_panhard_rod_loc。

（5）Orientation Dependency（参考方向）：User-entered values（指定结构框方位角）。

（6）Euler Angles（欧拉角）：0，0，0。

（7）Mass/Ixx/Iyy/Izz（质量和惯量参数）：6, 1040, 2.0E+005（即 2.0×10^5），2.0E+005（即 2.0×10^5）。

（8）单击 OK 按钮，完成 panhard_rod 部件的创建。

（9）单击"Build" > "Geometry" > "Link" > "New"命令，弹出的创建连杆几何体对话框如图 3.7 所示。

（10）在 Link Name（连杆名称）中输入几何名称：panhard_rod。

（11）在 General Part 中输入：._my_bus_drive_axle.ges_panhard_rod。

（12）Coordinate Reference #1（参考坐标）：._my_bus_drive_axle.ground.hps_panhard_link_to_rod。

（13）Coordinate Reference #2（参考坐标）：._my_bus_drive_axle.ground.hps_panhard_rod_to_frame。

（14）Radius（半径）：10。

（15）Color（几何体颜色）：red（红色）。

（16）单击 OK 按钮，完成 panhard_rod 几何体的创建。

3.1.7 Upper_shock 部件

（1）单击"Build" > "Part" > "General Part" > "New"命令，弹出创建部件对话框。

（2）在 General Part（部件名称）中输入：upper_shock。

（3）Location Dependency（参考方向）：Centered between coordinate（位于指定的两个坐标点的中心位置）。

（4）Centered between：Two Coordinate（两个坐标点）。

（5）Coordinate Reference #1：._my_bus_drive_axle.ground.hpl_shock_to_frame。

（6）Coordinate Reference #2：._my_bus_drive_axle.ground.hpl_shock_to_axle。

（7）Orientation Dependency（参考方向）：Orient axis along line（指定结构框的一条坐标轴沿两个坐标点的方向）。

（8）Coordinate Reference #1：._my_bus_drive_axle.ground.hpl_shock_to_frame。

（9）Coordinate Reference #2：._my_bus_drive_axle.ground.hpl_shock_to_axle。

（10）Axis: Z。

（11）Mass/Ixx/Iyy/Izz（质量和惯量参数）：1, 1, 1, 1。

（12）单击 OK 按钮，完成 upper_shock 部件的创建。

3.1.8 Lower_shock 部件

（1）单击"Build" > "Part" > "General Part" > "New"命令，弹出创建部件对话框。

（2）在 General Part（部件名称）中输入：lower_shock。

（3）Location Dependency（参考方向）：located on a line（位于指定的两个坐标点连线上）。

（4）Coordinate Reference #1：._my_bus_drive_axle.ground.hpl_shock_to_frame。

（5）Coordinate Reference #2：._my_bus_drive_axle.ground.hpl_shock_to_axle。

（6）Relative Location(%)：80。部件参考点位于指定两点的连线上，相对位置百分比指相对于第一个参考点的位置，0% 指的是第一点，100% 指的是第二个参考点，150% 则位于第二点之外。

（7）Orientation Dependency（参考方向）：Orient axis along line（指定结构框的一条坐标轴沿两个坐标点的方向）。

（8）Coordinate Reference #1：._my_bus_drive_axle.ground.hpl_shock_to_frame。

（9）Coordinate Reference #2：._my_bus_drive_axle.ground.hpl_shock_to_axle。

（10）Axis: Z。

（11）Mass/Ixx/Iyy/Izz（质量和惯量参数）：1, 1, 1, 1。

（12）单击 OK 按钮，完成 lower_shock 部件的创建。

3.1.9 安装部件

1．三脚架与变速箱之间的安装 tripot_to_differential

（1）单击"Build" > "Constructon Frame" > "New"命令，弹出的创建结构框如图 3.10 所示。

（2）在 Constructon Frame（结构框名称）中输入：diff_torque_location。

（3）Location Dependency（参考方向）：Delta location from coordinate（相对于一个已知点的距离）。

（4）Coordinate Reference（参考坐标）：._my_bus_drive_axle.ground.hps_center_of_drive_axles。

（5）Location：0, -200, 0。

（6）Location in：local。

（7）Orientation Dependency（参考方向）：Orient axis along line（指定结构框的一条坐标轴沿两个坐标点的方向）。

（8）Coordinate Reference #1：._my_bus_drive_axle.ground.hps_center_of_drive_axles。

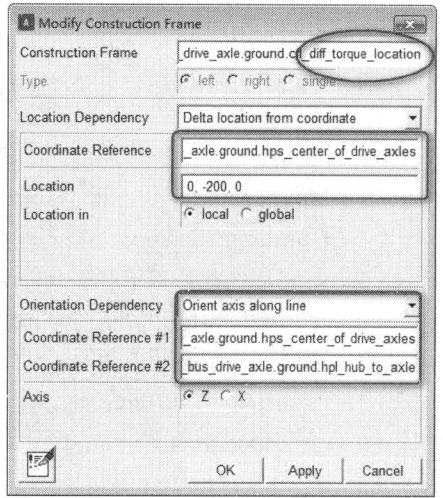

图 3.10　tripot_to_differential 结构框

（9）Coordinate Reference #2：._my_bus_drive_axle.ground.hpl_hub_to_axle。

（10）Axis: Z。

（11）单击 OK 按钮，完成 diff_torque_location 结构框的创建。

（12）单击"Build" > "Part" > "Mount" > "New"命令，弹出的安装部件创建对话框如图 3.11 所示。

（13）Mount name（安装件名称）：tripot_to_differential。

（14）Coordinate Reference（参考坐标）：._my_bus_drive_axle.ground.cfl_diff_torque_location。

（15）安装部件此特征选择：inherit（继承特性）。

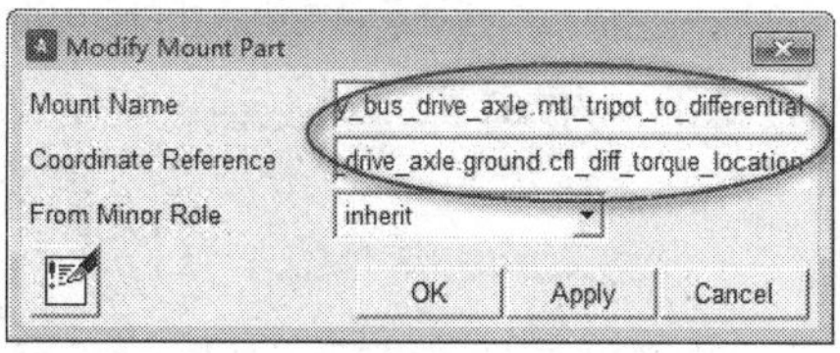

图 3.11　tripot_to_differential 安装部件

（16）单击 Apply 按钮，完成 tripot_to_differential 安装部件的创建。

2．减振器与车架之间的安装 shock_to_frame

（1）Mount name（安装部件名称）：shock_to_frame。

（2）Coordinate Reference（参考坐标）：._my_bus_drive_axle.ground.hpl_shock_to_frame。

（3）安装部件此特征选择：inherit（继承特性）。

（4）单击 Apply 按钮，完成 shock_to_frame 安装部件的创建。

3．Panhard_rod 部件与车架之间的安装 panhard_rod_to_frame

（1）Mount name（安装部件名称）：panhard_rod_to_frame。

（2）Coordinate Reference（参考坐标）：._my_bus_drive_axle.ground.hps_panhard_rod_to_frame。

（3）安装部件此特征选择：inherit（继承特性）。

（4）单击 Apply 按钮，完成 panhard_rod_to_frame 安装部件的创建。

4．弹簧与车架之间的安装 spring_to_frame

（1）Mount name（安装部件名称）：panhard_rod_to_frame。

（2）Coordinate Reference（参考坐标）：._my_bus_drive_axle.ground.hpl_upper_spring_mount。

（3）安装部件此特征选择：inherit（继承特性）。

（4）单击 Apply 按钮，完成 spring_to_frame 安装部件的创建。

5．拖拽臂与车架之间的安装 trailing_arm_to_frame

（1）Mount name（安装部件名称）：trailing_arm_to_frame。

（2）Coordinate Reference（参考坐标）：._my_bus_drive_axle.ground.hpl_trailing_arm_to_frame。

（3）安装部件此特征选择：inherit（继承特性）。

（4）单击 OK 按钮，完成 trailing_arm_to_frame 安装部件的创建。

安装部件创建完成后，系统会自动创建对应的输入通信器，对应的通信器如下：

（1）cil_tripot_to_differential；

（2）cir_tripot_to_differential；

（3）cil_shock_to_frame；

（4）cir_shock_to_frame；

（5）cis_panhard_rod_to_frame；

（6）cil_spring_to_frame；

（7）cir_spring_to_frame；

（8）cil_trailing_arm_to_frame；

（9）cir_trailing_arm_to_frame；

3.1.10 弹簧与减振器

1．建立减振器模型

（1）单击"Build" > "Force" > "Damper" > "New"命令，弹出的创建部件对话框如图 3.12 所示。

（2）Damper Name（减振器名称）：damper。

（3）I Part：._my_bus_drive_axle.gel_upper_shock。

（4）J Part：._my_bus_drive_axle.gel_lower_shock。

（5）I Coordinate Reference（参考坐标）：._my_bus_drive_axle.ground.hpl_shock_to_frame。

（6）J Coordinate Reference（参考坐标）：._my_bus_drive_axle.ground.hpl_shock_to_axle。

（7）Property File（属性文件）：mdids://acar_shared/dampers.tbl/mdi_0001.dpr。

（8）Damper Diameter（减振器直径）：拖动滑块选择 25。

（9）单击 OK 按钮，完成减振器的创建。

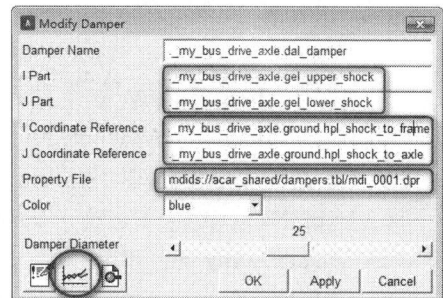

图 3.12　减振器

2．建立弹簧模型

（1）单击"Build" > "Force" > "Spring" > "New"命令，弹出的创建部件对话框如图 3.13 所示。

（2）Spring Name（弹簧名称）：spring。

（3）I Part：._my_bus_drive_axle.mtl_spring_to_frame。

（4）J Part：._my_bus_drive_axle.gel_drive_axle。

（5）I Coordinate Reference（参考坐标）：._my_bus_drive_axle.ground.hpl_upper_spring_mount。

（6）J Coordinate Reference（参考坐标）：._my_bus_drive_axle.ground.hpl_lwr_spring_seat。

（7）Installed Length（安装长度）：单击 DM（iCoord, jCoord）自动计算弹簧的安装长度并填入到方框中，如图 3.14 所示。此模型的安装长度为：346.2，弹簧安装长度指的是 I Coordinate Reference 与 J Coordinate Reference 之间的距离。

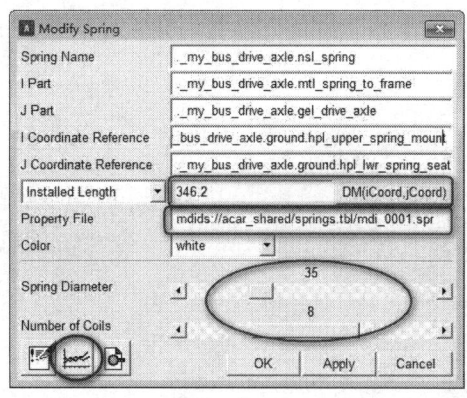

图 3.13　螺旋弹簧

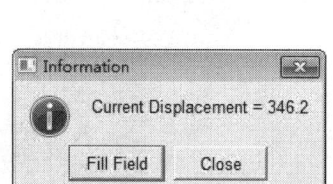

图 3.14　螺旋弹簧安装

（8）Property File（属性文件）：mdids://acar_shared/springs.tbl/mdi_0001.spr。

（9）Spring Diameter（弹簧直径）：拖动滑块选择 35。

（10）Spring of Coils（弹簧圈数）：拖动滑块选择 8。

（11）单击 OK 按钮，完成弹簧的创建。

3.1.11 Joint 约束

1．创建拖拽臂与驱动轴之间的固定副

（1）单击 "Build" > "Attachments" > "Joint" > "New" 命令，弹出的约束副创建对话框如图 3.15 所示。

（2）Joint Name（约束副名称）：trailing_arm_to_axle。

（3）I Part：._my_bus_drive_axle.gel_trailing_arm。

（4）J Part：._my_bus_drive_axle.gel_drive_axle。

（5）Joint Type（约束副类型）：fixed（固定副，约束 6 个自由度）。

（6）Active（激活）：always（不论哪种模式，约束副总是激活）。

（7）Coordinate Reference（参考坐标）：._my_bus_drive_axle.ground.hpl_trailing_arm_to_axle。

（8）Location：0，0，0。

（9）Location in：local。

（10）单击 Apply 按钮，完成拖拽臂与驱动轴之间的固定副.jolfix_trailing_arm_to_axle 的创建。

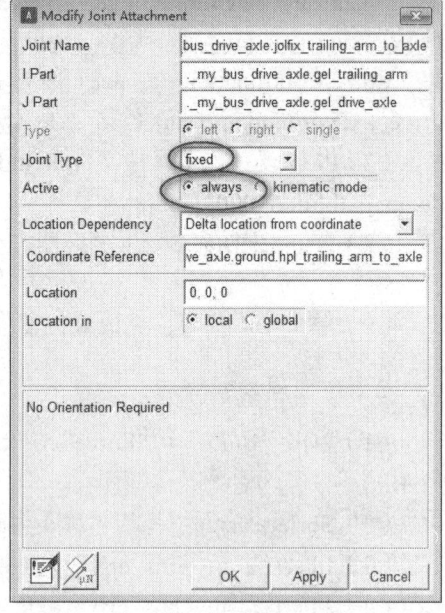

图 3.15　约束副创建

2．创建轮毂与安装部件 mtl_tripot_to_differential 之间的垂直约束副

（1）Joint Name（约束副名称）：tripot_to_hub。

（2）I Part：._my_bus_drive_axle.mtl_tripot_to_differential。

（3）J Part：._my_bus_drive_axle.gel_hub。

（4）Joint Type（约束副类型）：perpendicular、部件 I 的 Z 轴始终垂直部件 J 的 Z 轴，如图 3.16 所示。部件 I 只能绕部件 J 的两个轴旋转。

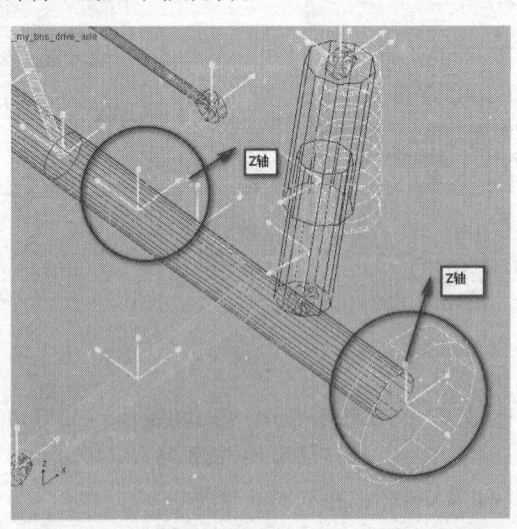

图 3.16　部件 Z 轴

（5）Active（激活）：always（不论哪种模式，约束副总是激活）。

（6）Coordinate Reference（参考坐标）：._my_bus_drive_axle.ground.cfl_diff_torque_location。

（7）Location：0,0,0。

（8）Location in：local。

（9）I-Part Axis：._my_bus_drive_axle.ground.cfl_jprim_ori_1。

（10）J-Part Axis：._my_bus_drive_axle.ground.hps_center_of_drive_axles。

（11）单击 Apply 按钮，完成轮毂与安装部件 mtl_tripot_to_differential 之间的垂直约束副 jolper_tripot_to_hub 的创建。

3．创建驱动轴与减振器底部之间的恒速副

（1）Joint Name（约束副名称）：lower_shock。

（2）I Part：._my_bus_drive_axle.gel_lower_shock。

（3）J Part：._my_bus_drive_axle.gel_drive_axle。

（4）Joint Type（约束副类型）：convel（球形副）。

（5）Active（激活）：kinematic mode（运动学模式激活，其他模式抑制）。

（6）Coordinate Reference（参考坐标）：._my_bus_drive_axle.ground.hpl_shock_to_axle。

（7）I-Part Axis：._my_bus_drive_axle.ground.hpl_shock_to_frame。

（8）J-Part Axis：._my_bus_drive_axle.ground.hpl_lwr_spring_seat。

（9）单击 Apply 按钮，完成驱动轴与减振器底部之间的恒速副 jklcon_lower_shock 的创建。

4．创建安装部件 mtl_shock_to_frame 与减振器顶部之间的球副

（1）Joint Name（约束副名称）：upper_shock。

（2）I Part：._my_bus_drive_axle.gel_upper_shock。

（3）J Part：._my_bus_drive_axle.gel_lower_shock。

（4）Joint Type（约束副类型）：cylindrical。

（5）Active（激活）：always（不论哪种模式，约束副总是激活）。

（6）Coordinate Reference（参考坐标）：._my_bus_drive_axle.ground.hpl_shock_to_frame。

（7）Location：0,0,0。

（8）Location in：local。

（9）单击 Apply 按钮，完成轮毂与安装部件 mtl_tripot_to_differential 之间的垂直约束副 jklsph_upper_shock 的创建。

5．创建减振器底部与减振器顶部之间的圆柱副

（1）Joint Name（约束副名称）：shock。

（2）I Part：._my_bus_drive_axle.gel_upper_shock。

（3）J Part：._my_bus_drive_axle.mtl_shock_to_frame。

（4）Joint Type（约束副类型）：spherical。

（5）Active（激活）：kinematic mode（运动学模式激活，其他模式抑制）。

（6）Location Dependency（参考方向）：Centered between coordinate（位于指定的两个坐标点的中心位置）。

（7）Centered between：Two Coordinate（两个坐标点）。

（8）Coordinate Reference #1：._my_bus_drive_axle.ground.hpl_shock_to_frame。

（9）Coordinate Reference #2：._my_bus_drive_axle.ground.hpl_shock_to_axle。

（10）Orientation Dependency（参考方向）：Orient axis along line(指定结构框的一条坐标轴沿两个坐标点的方向）。

（11）Coordinate Reference #1：._my_bus_drive_axle.ground.hpl_shock_to_frame。

（12）Coordinate Reference #2：._my_bus_drive_axle.ground.hpl_shock_to_axle。

（13）Axis: Z。

（14）单击 Apply 按钮，完成减振器底部与减振器顶部之间的圆柱副 jolcyl_shock 的创建。

6．创建安装部件 mtl_trailing_arm_to_frame 与拖拽臂部件之间的铰接副

（1）Joint Name（约束副名称）：arm_to_frame。

（2）I Part：._my_bus_drive_axle.gel_trailing_arm。

（3）J Part：._my_bus_drive_axle.mtl_trailing_arm_to_frame。

（4）Joint Type（约束副类型）：revolute。

（5）Active（激活）：kinematic mode（运动学模式激活，其他模式抑制）。

（6）Location Dependency（参考方向）：Delta location from coordinate（相对于一个已知点的距离）。

（7）Coordinate Reference（参考坐标）：._my_bus_drive_axle.ground.hpl_shock_to_frame。

（8）Location：0, 0, 0。

（9）Location in：local。

（10）Orientation Dependency（参考方向）：User-entered values（指定结构框方位角）。

（11）Euler Angles（欧拉角）：0, 90, 0。

（12）单击 Apply 按钮，完成安装部件 mtl_trailing_arm_to_frame 与拖拽臂部件之间的铰接副 jklrev_arm_to_frame 的创建。

7．创建左半轴与右半轴之间的固定副

（1）Joint Name（约束副名称）：axles。

（2）I Part：._my_bus_drive_axle.gel_drive_axle。

（3）J Part：._my_bus_drive_axle.ger_drive_axle。

（4）Type（约束副对称类型）：single（单个约束副，无对称）。

（5）Joint Type（约束副类型）：fixed（固定副，约束6个自由度）。

（6）Active（激活）：always（不论哪种模式，约束副总是激活）。

（7）Location Dependency（参考方向）：Delta location from coordinate。

（8）Coordinate Reference（参考坐标）：._my_bus_drive_axle.ground.hps_center_of_drive_axles。

（9）Location：0, 0, 0。

（10）Location in：local。

（11）单击 Apply 按钮，完成左半轴与右半轴之间的固定副 josfix_axles 的创建。

8．创建部件 panhard_link 与右半轴之间的固定副

（1）Joint Name（约束副名称）：panhard_link_to_axle。

（2）I Part：._my_bus_drive_axle.ges_panhard_link。

（3）J Part：._my_bus_drive_axle.ger_drive_axle。

（4）Type（约束副对称类型）：single（单个约束副，无对称）。

（5）Joint Type（约束副类型）：fixed(固定副，约束 6 个自由度）。

（6）Active（激活）：always （不论哪种模式，约束副总是激活）。

（7）Location Dependency（参考方向）：Delta location from coordinate。

（8）Coordinate Reference（参考坐标）：._my_bus_drive_axle.ground.hps_center_of_drive_axles。

（9）Location：0, 0, 0。

（10）Location in：local。

（11）单击 Apply 按钮，完成部件 panhard_link 与右半轴之间的固定副 josfix_panhard_link_to_axle 的创建。

9．创建部件 ges_panhard_link 与部件 ges_panhard_rod 之间的胡克副

（1）Joint Name（约束副名称）：panhard_link_to_rod。

（2）I Part：._my_bus_drive_axle.ges_panhard_link。

（3）J Part：._my_bus_drive_axle.ges_panhard_rod。

（4）Type（约束副对称类型）：single（单个约束副，无对称）。

（5）Joint Type（约束副类型）：hook。

（6）Active（激活）：kinematic mode（运动学模式激活，其他模式抑制）。

（7）Location Dependency（参考方向）：Delta location from coordinate。

（8）Coordinate Reference（参考坐标）：._my_bus_drive_axle.ground.hps_panhard_link_to_rod。

（9）Location：0, 0, 0。

（10）Location in：local。

（11）I-Part Axis：._my_bus_drive_axle.ground.hps_center_of_drive_axles。

（12）J-Part Axis：._my_bus_drive_axle.ground.hps_panhard_rod_to_frame。

（13）单击 Apply 按钮，完成部件 ges_panhard_link 与部件 ges_panhard_rod 之间的胡克副 jkshoo_panhard_link_to_rod 的创建。

10．创建部件 panhard_rod 与安装部件 mts_panhard_rod_to_frame 之间的球形副

（1）Joint Name（约束副名称）：panhard_rod_to_frame。

（2）I Part：._my_bus_drive_axle.ges_panhard_rod。

（3）J Part：._my_bus_drive_axle.mts_panhard_rod_to_frame。

（4）Type（约束副对称类型）：single（单个约束副，无对称）。

（5）Joint Type（约束副类型）：spherical（球形副，约束 3 个自由度）。

（6）Active（激活）： kinematic mode（运动学模式激活，其他模式抑制）。

（7）Location Dependency（参考方向）：Delta location from coordinate。

（8）Coordinate Reference（参考坐标）：._my_bus_drive_axle.ground.hps_panhard_rod_to_frame。

（9）Location：0, 0, 0。

（10）Location in：local。

（11）Orientation（方向）：None。

（12）单击 Apply 按钮，完成部件 panhard_rod 与安装部件 mts_panhard_rod_to_frame 之间的球形副 jkssph_panhard_rod_to_frame 的创建。

11．创建轮毂与驱动轴部件之间的铰接副

（1）Joint Name（约束副名称）：hub_to_axle。

（2）I Part：._my_bus_drive_axle.gel_hub。

（3）J Part：._my_bus_drive_axle.gel_drive_axle。

（4）Type（约束副对称类型）：left（左右对称）。

（5）Joint Type（约束副类型）：revolute。

（6）Active（激活）：always（不论哪种模式，约束副总是激活）。

（7）Location Dependency（参考方向）：Delta location from coordinate（相对于一个已知点的距离）。

（8）Coordinate Reference（参考坐标）：._my_bus_drive_axle.ground.hpl_hub_to_axle。

（9）Location：0, 0, 0。

（10）Location in：local。

（11）Orientation Dependency（参考方向）：Delta orientation from coordinate（相对于一个已有的结构框的角度定向）。

（12）Orientation （参考方向）：0, 0, 0。

（13）单击 Apply 按钮，完成轮毂与驱动轴部件之间的铰接副 jolrev_hub_to_axle 的创建。

3.1.12 Bushing 约束

在进行弹塑性运动仿真时需要采用轴套进行分析，驱动桥共有 8 个轴套，如图 3.17 所示。轴套定义 6 个自由度状态联接（包括 X、Y、Z 三个方向的平移与旋转）。轴套通过属性文件定义其三个方向的线性刚度和三个方向旋转的扭转刚度，刚度可以是线性数据，也可以是非线性数据。需要强调的是，轴套属性文件中数据曲线参考的是局部坐标系而非全局坐标系。

单击"Build">"Attachments">"Bushing">"New"命令，弹出轴套创建对话框如图 3.18 所示。

1．创建减振器底部与驱动轴部件之间的轴套副

（1）Bushing Name（约束副名称）：lower_shock。

（2）I Part：._my_bus_drive_axle.gel_lower_shock。

（3）J Part：._my_bus_drive_axle.gel_drive_axle。

（4）Type（约束副对称类型）：left（左右对称）。

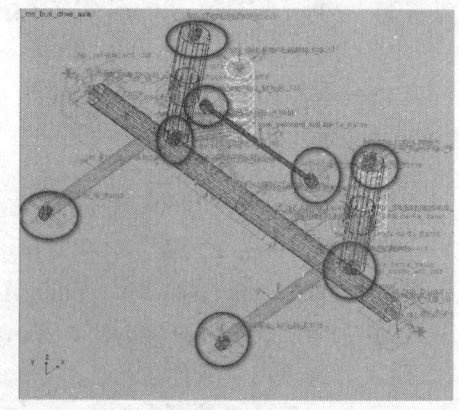

图 3.17　驱动桥轴套约束位置

（5）Iinactive（激活）：kinematic mode（运动学模式）。驱动桥非独立悬架仿真分为运动学和动力学仿真，运动学仿真采用的约束副，动力学仿真某些部件连接采用轴套连接，除此之外其他部件的连接不论是运动学还是动力学全部采用柔性套约束连接。采用柔性套连接时需注意其属性文件的相关参数，具体方法是，数据以实验测量为主，然后输入到属性文件保存。

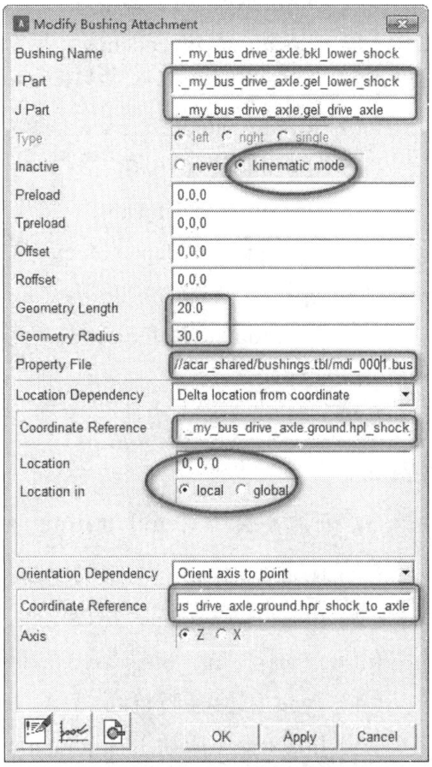

（6）Preload：0,0,0。

（7）Tpreload：0,0,0。

（8）Offset：0,0,0。

（9）Roffset：0,0,0。

（10）Gemetry Length：20.0。

（11）Gemetry Radius：30.0。

（12）Property File（属性文件）：mdids://acar_shared/bushings.tbl/mdi_0001.bus。

（13）Location Dependency（参考方向）：Delta location from coordinate（相对于一个已知点的距离）。

（14）Coordinate Reference（参考坐标）：._my_bus_drive_axle.ground.hpl_shock_to_axle。

（15）Location：0, 0, 0。

（16）Location in：local。

（17）Orientation Dependency（参考方向）：Orient axis to point（指定结构框的 Z 轴指向一硬点）。

（18）Coordinate Reference（参考坐标）：._my_bus_drive_axle.ground.hpr_shock_to_axle。

（19）Axis: Z。

（20）单击 Apply 按钮，完成减振器底部与驱动轴部件之间的轴套副 bkl_lower_shock 的创建。

图 3.18 轴套创建

2．创建安装部件 mtl_shock_to_frame 与减振器顶部之间的轴套副

（1）Bushing Name（约束副名称）：upper_shock。

（2）I Part：._my_bus_drive_axle.gel_upper_shock。

（3）J Part：._my_bus_drive_axle.mtl_shock_to_frame。

（4）Type（约束副对称类型）：left（左右对称）。

（5）Iinactive（激活）：kinematic mode（运动学模式）。

（6）Preload：0,0,0。

（7）Tpreload：0,0,0。

（8）Offset：0,0,0。

（9）Roffset：0,0,0。

（10）Gemetry Length：20.0。

（11）Gemetry Radius：30.0。

（12）Property File（属性文件）：mdids://acar_shared/bushings.tbl/mdi_0001.bus。

（13）Location Dependency（参考方向）：Delta location from coordinate（相对于一个已知点的距离）。

（14）Coordinate Reference（参考坐标）：._my_bus_drive_axle.ground.hpl_shock_to_frame。

（15）Location：0，0，0。

（16）Location in：local。

（17）Orientation Dependency（参考方向）：Orient axis to point（指定结构框的 Z 轴指向一硬点）。

（18）Coordinate Reference（参考坐标）：._my_bus_drive_axle.ground.hpr_shock_to_frame。

（19）Axis: Z。

（20）单击 Apply 按钮，完成安装部件 mtl_shock_to_frame 与减振器顶部之间的轴套副 bkl_upper_shock 的创建。

3．创建安装部件 mtl_trailing_arm_to_frame 与拖拽臂之间的轴套副

（1）Bushing Name（约束副名称）：arm_to_frame。

（2）I Part：._my_bus_drive_axle.gel_trailing_arm。

（3）J Part：._my_bus_drive_axle.mtl_trailing_arm_to_frame。

（4）Type（约束副对称类型）：left（左右对称）。

（5）Iinactive（激活）：kinematic mode（运动学模式）。

（6）Preload：0,0,0。

（7）Tpreload：0,0,0。

（8）Offset：0,0,0。

（9）Roffset：0,0,0。

（10）Gemetry Length：20.0。

（11）Gemetry Radius：30.0。

（12）Property File（属性文件）：mdids://acar_shared/bushings.tbl/mdi_0001.bus。

（13）Location Dependency（参考方向）：Delta location from coordinate（相对于一个已知点的距离）。

（14）Coordinate Reference（参考坐标）：._my_bus_drive_axle.ground.hpl_trailing_arm_to_frame。

（15）Location：0，0，0。

（16）Location in：local。

（17）Orientation Dependency（参考方向）：Orient axis to point（指定结构框的 Z 轴指向一硬点）。

（18）Coordinate Reference（参考坐标）：._my_bus_drive_axle.ground.hpr_trailing_arm_to_frame。

（19）Axis: Z。

（20）单击 Apply 按钮，完成安装部件 mtl_trailing_arm_to_frame 与拖拽臂之间的轴套副 bkl_arm_to_frame 的创建。

第 3 章　驱动桥模型

4．创建部件 ges_panhard_link 与部件 ges_panhard_rod 之间的轴套副

（1）Bushing Name（约束副名称）：link_to_rod。

（2）I Part：._my_bus_drive_axle.ges_panhard_link。

（3）J Part：._my_bus_drive_axle.ges_panhard_rod。

（4）Type（约束副对称类型）：single（单个约束副、无对称）。

（5）Iinactive（激活）：kinematic mode（运动学模式）。

（6）Preload：0,0,0。

（7）Tpreload：0,0,0。

（8）Offset：0,0,0。

（9）Roffset：0,0,0。

（10）Gemetry Length：20.0。

（11）Gemetry Radius：30.0。

（12）Property File（属性文件）：mdids://acar_shared/bushings.tbl/mdi_0001.bus。

（13）Location Dependency（参考方向）：Delta location from coordinate（相对于一个已知点的距离）。

（14）Coordinate Reference（参考坐标）：._my_bus_drive_axle.ground.hps_panhard_link_to_rod。

（15）Location：0, 0, 0。

（16）Location in：local。

（17）Orientation Dependency（参考方向）：User-entered values（指定结构框的方位角）。

（18）Euler Angles（欧拉角）：90, 90, 0。

（19）单击 Apply 按钮，完成安装部件 ges_panhard_link 与部件 ges_panhard_rod 之间的轴套副 bks_link_to_rod 的创建。

5．创建部件 panhard_rod 与安装部件 mts_panhard_rod_to_frame 之间的轴套副

（1）Bushing Name（约束副名称）：rod_to_frame。

（2）I Part：._my_bus_drive_axle.ges_panhard_rod。

（3）J Part：._my_bus_drive_axle.mts_panhard_rod_to_frame。

（4）Type（约束副对称类型）：single（单个约束副，无对称）。

（5）Iinactive（激活）：kinematic mode（运动学模式）。

（6）Preload：0,0,0。

（7）Tpreload：0,0,0。

（8）Offset：0,0,0。

（9）Roffset：0,0,0。

（10）Gemetry Length：20.0。

（11）Gemetry Radius：30.0。

（12）Property File（属性文件）：mdids://acar_shared/bushings.tbl/mdi_0001.bus。

（13）Location Dependency（参考方向）：Delta location from coordinate（相对于一个已知点的距离）。

（14）Coordinate Reference（参考坐标）：._my_bus_drive_axle.ground.hps_panhard_rod_to_frame。

（15）Location：0, 0, 0。

（16）Location in：local。

（17）Orientation Dependency（参考方向）：User-entered values（指定结构框的方位角）。

（18）Euler Angles（欧拉角）：90, 90, 0。

（19）单击 OK 按钮，完成部件 panhard_rod 与安装部件 mts_panhard_rod_to_frame 之间的轴套副 bks_rod_to_frame 的创建。

3.2 系统单元（System Element）

系统单元创建微分方程、代数方程、传递函数及线性状态方程用以建立 ADAMS 软件难以建立的系统部件模型，如单元控制系统、电子机械系统、液压系统及机电液联合仿真系统。通过建立状态变量来实现传递力和差速的作用。单轴系驱动桥限滑差速器状态变量方程包括：

（1）halfshaft_omega_left：

1004.0,(._my_bus_drive_axle.gel_hub.jxl_joint_i_7.adams_id),(._my_bus_drive_axle.gel_drive_axle.jxl_joint_j_7.adams_id),(._my_bus_drive_axle.gel_drive_axle.jxl_joint_j_7.adams_id),(._my_bus_drive_axle.cil_tire_force_adams_id)。

（2）halfshaft_omega_right：

1004.0,(._my_bus_drive_axle.ger_hub.jxr_joint_i_7.adams_id),(._my_bus_drive_axle.ger_drive_axle.jxr_joint_j_7.adams_id),(._my_bus_drive_axle.ger_drive_axle.jxr_joint_j_7.adams_id),(._my_bus_drive_axle.cir_tire_force_adams_id)。

（3）delta_halfshaft_omega：

(varval(._my_bus_drive_axle.halfshaft_omega_left)-varval(._my_bus_drive_axle.halfshaft_omega_right))*9.5493。

（4）differential_torque：

sign(AKISPL(ABS(varval(._my_bus_drive_axle.delta_halfshaft_omega)),0,._my_bus_drive_axle.gss_differential), varval(._my_bus_drive_axle.delta_halfshaft_omega))。

1．创建状态变量 halfshaft_omega_left

（1）单击"Build">"General Date Element">"Spline">"New"命令，弹出的创建状态变量对话框如图 3.19 所示。

（2）Name：halfshaft_omega_left。

（3）Definition：User written subroutine（用户编写子程序）。

（4）F（time,...）：1004.0,(._my_bus_drive_axle.gel_hub.jxl_joint_i_7.adams_id),(._my_bus_drive_axle.gel_drive_axle.jxl_joint_j_7.adams_id),(._my_bus_drive_axle.gel_drive_axle.jxl_joint_j_7.adams_id),(._my_bus_drive_axle.cil_tire_force_adams_id)。

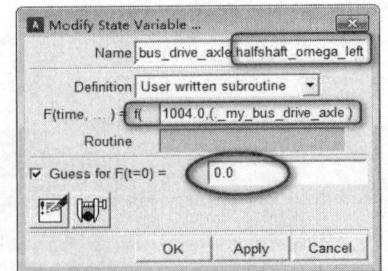

图 3.19 状态变量

（5）单击 Apply 按钮，完成状态变量 halfshaft_omega_left 的创建。

2．创建状态变量 halfshaft_omega_right

（1）Name：halfshaft_omega_right。

（2）Definition：User written subroutine（用户编写子程序）。

（3）F（time,...）：1004.0,(._my_bus_drive_axle.ger_hub.jxr_joint_i_7.adams_id),(._my_bus_drive_axle. ger_drive_axle.jxr_joint_j_7.adams_id),(._my_bus_drive_ axle.ger_drive_axle.jxr_joint_j_7.adams_id),(._my_bus_drive_axle.cir_tire_force_adams_id)。

（4）单击 Apply 按钮，完成状态变量 halfshaft_omega_right 的创建。

3．创建状态变量 delta_halfshaft_omega

（1）Name：halfshaft_omega。

（2）Definition：Run-Time Expression。

（3）F（time,...）：(varval(._my_bus_drive_axle.halfshaft_omega_left)-varval(._my_bus_drive_axle. halfshaft_omega_right))*9.5493。

（4）单击 Apply 按钮，完成状态变量 halfshaft_omega 的创建。

4．创建状态变量 differential_torque

（1）Name：differential_torque。

（2）Definition：Run-Time Expression；

（3）F（time,...）：sign(AKISPL(ABS(varval(._my_bus_drive_axle.delta_halfshaft_omega)), 0, ._my_bus_ drive_axle.gss_differential), varval(._my_bus_drive_axle.delta_halfshaft_omega))。

（4）单击 OK 按钮，完成状态变量 differential_torque 的创建。

3.3 通用数据单元（General Date Element）

通用数据单元是基于属性文件建立的，属性文件可以被多个子系统应用。在修改属性文件时有两种方法：① 编辑属性文件中的相关数据；② 直接更换相应的属性文件。通用数据单元包括通用样条、通用参数变量和通用变量，相关数据建立后其结果在子系统有体现，可以提高建模效率。

（1）单击"Build" > "General Date Element" > "Spline" > "New"命令，弹出的创建通用数据对话框如图 3.20 所示。

（2）General Spline Name（通用曲线名称）：differential（差速器）。

（3）Type：single。

（4）Property File Name（属性文件）：mdids://acar_shared/differentials.tbl/MDI_viscous.dif。通过属性文件定义驱动桥左右两侧车轮不同的转速输出到轮毂的转矩，两侧车轮的转速差值作为判断是否使用限滑输入变量，判断是否采用限滑是根据设置的限滑差速器样条曲

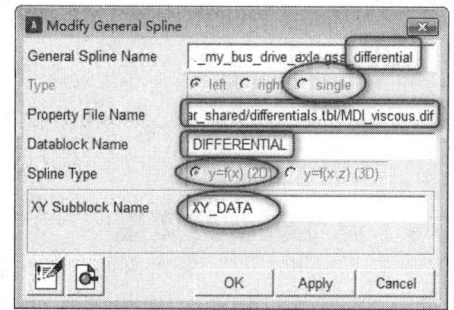

图 3.20　通用数据块

线进行 AKISPL 插值实现的，即状态变量函数 differential_torque。

（5）Dateblock Name（数据块名称）：DIFFERENTIAL。

（6）Spline Type（样条数据类型）：y=f(x) (2D)。2D 是指属性文件中为二维数据块。

（7）XY Subblock Name（二维数据块名称）：XY_DATA。

（8）单击 OK 按钮，完成通用曲线名称 differential 的创建。

MDI_viscous.dif 属性存储在共享数据库 acar_shared 中的 differentials 子文件中，通过记事本方式打开如下：

```
$------------------------------------------------------------------MDI_HEADER
[MDI_HEADER]
FILE_TYPE     =  'dif'
FILE_VERSION  =  1.0
FILE_FORMAT   =  'ASCII'
$------------------------------------------------------------------UNITS
[UNITS]
(BASE)
{length      force      angle      mass      time}
'meter'     'newton'   'degrees'   'kg'      'sec'
(USER)
{unit_type   length   force   angle   mass   time   conversion}
'rpm'          0        0       1      0     -1       6.0
$
$------------------------------------------------------------------DIFFERENTIAL
[DIFFERENTIAL]      与图 3.20 中的 Dateblock Name（数据块名称）：DIFFERENTIAL 对应
(XY_DATA)           与图 3.20 中的 XY Subblock Name（二维数据块名称）：XY_DATA 对应
{slip_speed<rpm>    torque <torque>}
  -90                 -4644.00
  -85                 -3644.00
  -80                 -2644.00
  -75                 -1644.00
  -71                  -844.00
  ……（中间数据省略）
   71                   844.00
   75                  1644.00
   80                  2644.00
   85                  3644.00
   90                  4644.00      定义驱动桥左右两侧车轮不同的转速输出到轮毂的转矩
```

3.4 驱动轴参数变量

参数变量提供了快速调节参数的方法，在模型组织后可以进行修改，主要用于系统的优化设计。参数变量的类型包括 String（字符串）、Integer（整数）、Real（实数）三种类型。

1．创建参数变量

（1）单击"Build">"Parameter Variable">"New"命令，弹出的参数变量对话框如图 3.21 所示。

（2）Parameter Variable Name（参数名称）：kinematic_flag（运动模式与动力学模式转换）。

（3）Type：single。

（4）Integer Value（整数）：数值为 0。

（5）Units：angle。

（6）Hide from standard user（是否从标准界面隐藏）：yes。

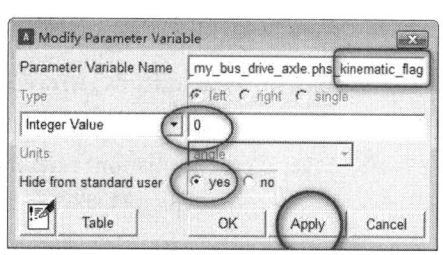

图 3.21　参数变量对话框

（7）单击 Apply 按钮，完成变量 kinematic_flag 的创建。

（8）Parameter Variable Name（参数名称）：driveline_active。

（9）Type：single。

（10）Integer Value（整数）：数值为 1。

（11）Units：no_units。

（12）Hide from standard user（是否从标准界面隐藏）：yes。

（13）单击 Apply 按钮，完成变量 driveline_active 的创建。

（14）Parameter Variable Name（参数名称）：final_drive（主减速器）。

（15）Type：single。

（16）Real　Value（整数）：7。

（17）Units：no_units。

（18）Hide from standard user（是否从标准界面隐藏）：no。

（19）单击 OK 按钮，完成变量 final_drive 的创建。

2．Toe/Camber 悬架参数

单击"Build">"Suspension Parameters">"Toe/Camber Values">"Set"命令，弹出的悬架参数 Toe/Camber 对话框如图 3.22 所示，前束角与外倾角分别输入 0，单击 OK 按钮，完成参数的创建。与此同时系统自动建立 4 个参数变量和 4 个输出通信器：

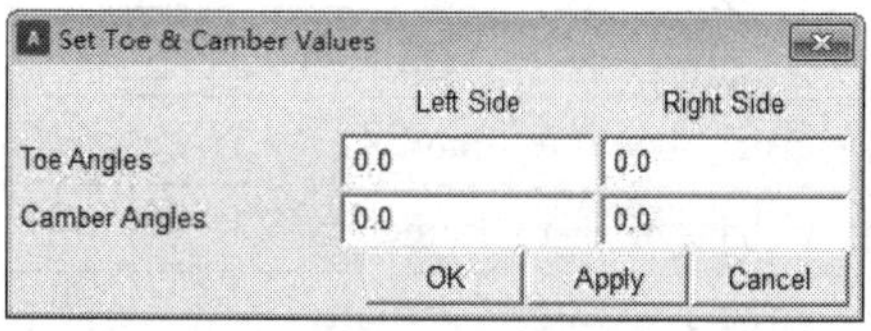

（1）._my_bus_drive_axle.pvl_toe_angle。

（2）._my_bus_drive_axle.pvr_toe_angle。

（3）._my_bus_drive_axle.pvl_camber_angle。

图 3.22　悬架参数（前束角与外倾角）

（4）._my_bus_drive_axle.pvr_camber_angle。

（5）._my_bus_drive_axle.col_toe_angle。

（6）._my_bus_drive_axle.cor_toe_angle。

（7）._my_bus_drive_axle.col_camber_angle。

（8）._my_bus_drive_axle.cor_camber_angle。

3．转向主销轴线

转向主销有两种设定方法：几何法（Geometric）与瞬时轴法（Instant Axis）。几何法以两个不同部件的两个点（结构框也可以）确定轴线；瞬时轴法是锁定悬架的垂直方向运动，转动转向节找出主销轴线。转向主销轴线必须设定，使系统以此为基础计算主销外倾、后倾等参数值。

（1）单击"Build" > "Suspension Parameters" > "Characteristics Array" > "Set"命令，弹出的悬架参数 Characteristics Array 对话框如图 3.23 所示。

（2）Steer Axis Calculation：Geometric。

（3）Suspension Type（悬架类型）：Dependent（非独立悬架）。

（4）I Part：._my_bus_drive_axle.mtl_spring_to_frame。

（5）J Part：._my_bus_drive_axle.gel_trailing_arm。

（6）I Coordinate Reference：._my_bus_drive_axle.ground.hpl_upper_spring_mount。

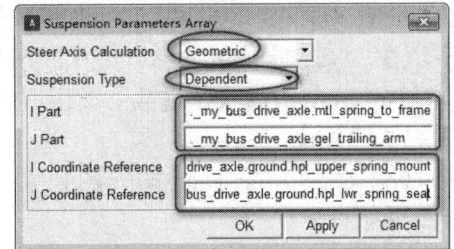

图 3.23　转向主销轴线对话框

（7）J Coordinate Reference：._my_bus_drive_axle.ground.hpl_lwr_spring_seat。

（8）单击 OK 按钮，完成转向主销轴线的创建，同时创建输出通信器：._my_bus_drive_axle.cos_suspension_parameters_ARRAY。

需要注意的是，驱动桥设定的前束与外倾角并不起作用（实际上对于客车或者商用车后轴，轮毂并没有四轮定向），但并不影响悬架系统的正常仿真。原因在于轮毂部件在定向的时候并没有以 Toe/Camber Values 为参数变量。转向主销轴线对于驱动轴来说也并不起作用，只是计算程序求解需要设定。

3.5　驱动轴通信器

驱动轴对应的通信器如表 3.1 所示。

表 3.1　驱动轴模型对应通信器

通信器名称	类型	特征
ci[lr]_shock_to_frame	mount	inherit
ci[lr]_spring_to_frame	mount	inherit
ci[lr]_tire_force	force	inherit
ci[lr]_trailing_arm_to_frame	mount	inherit
ci[lr]_tripot_to_differential	mount	inherit
cis_panhard_rod_to_frame	mount	inherit
co[lr]_camber_angle	parameter_real	inherit
co[lr]_diff_tripo	location	inherit
co[lr]_lddrv_outside_whl_mount	mount	inherit
co[lr]_lddrv_suspension_mount	mount	inherit
co[lr]_lddrv_suspension_upright	mount	inherit

续表

通信器名称	类 型	特 征
co[lr]_outside_wheel_center	location	inherit
co[lr]_toe_angle	parameter_real	inherit
co[lr]_wheel_cente	location	inherit
cos_axle_diff_mount	mount	inherit
cos_driveline_active	parameter_integer	inherit
cos_halfshaft_omega_left	solver_variable	inherit
cos_halfshaft_omega_right	solver_variable	inherit
cos_suspension_parameters_ARRAY	array	inherit

单击"Build">"Communicator">"Iutput">"New"命令，弹出的输入通信器对话框如图 3.24 所示。

1．输入通信器

（1）Iutput Communicator Name（输入通信器名称）：tire_force。

（2）Type：single。

（3）Matching Name(s)（匹配的输出通信器）：tire_force。

（4）Entity：force。

（5）From Minor Role：inherit（继承）。

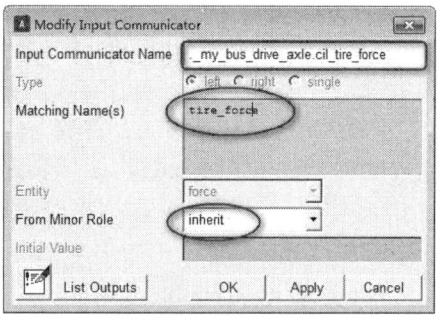

图 3.24 输入通信器对话框

（6）单击 Apply 按钮，完成通信器 cil_tire_force 的创建。

（7）Iutput Communicator Name（输入通信器名称）：tire_force_adams_id。

（8）Matching Name(s)（匹配的输出通信器）：tire_force_adams_id。

（9）Type：single。

（10）Entity：force。

（11）From Minor Role：inherit（继承）。

（12）单击 OK 按钮，完成通信器 cil_tire_force_adams_id 的创建。

2．输出通信器

（1）单击"Build">"Communicator">"Output">"New"命令，弹出的输出通信器对话框如图 3.25 所示。

（2）Output Communicator Name（输出通信器名称）：driveline_active。

（3）Matching Name(s)（匹配的输出通信器）：driveline_active。

（4）Type：single。

（5）Entity：parameter integer。

（6）To Minor Role：inherit（继承）。

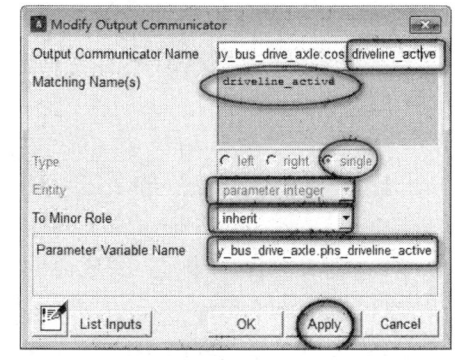

图 3.25 输出通信器对话框

（7）Parameter Variable Name：._my_bus_drive_axle.phs_driveline_active。

（8）单击 Apply 按钮，完成通信器 cos_driveline_active 的创建。

（9）Output Communicator Name（输出通信器名称）：lddrv_outside_whl_mount。

（10）Matching Name(s)（匹配的输出通信器）：outside_whl_mnt。

（11）Type：left。

（12）Entity：mount。

（13）To Minor Role：inherit（继承）。

（14）Part Name：._my_bus_drive_axle.gel_hub。

（15）单击 Apply 按钮，完成通信器 col_lddrv_outside_whl_mount 的创建。

（16）Output Communicator Name（输出通信器名称）：lddrv_suspension_mount。

（17）Matching Name(s)（匹配的输出通信器）：suspension_mount。

（18）Type：left。

（19）Entity：mount。

（20）To Minor Role：inherit（继承）。

（21）Part Name：._my_bus_drive_axle.gel_hub。

（22）单击 Apply 按钮，完成通信器 col_lddrv_suspension_mount 的创建。

（23）Output Communicator Name（输出通信器名称）：lddrv_suspension_upright。

（24）Matching Name(s)（匹配的输出通信器）：suspension_upright。

（25）Type：left。

（26）Entity：mount。

（27）To Minor Role：inherit（继承）。

（28）Part Name：._my_bus_drive_axle.gel_drive_axle。

（29）单击 Apply 按钮，完成通信器 col_lddrv_suspension_upright 的创建。

（30）Output Communicator Name（输出通信器名称）：outside_wheel_center。

（31）Matching Name(s)（匹配的输出通信器）：outside_wheel_center。

（32）Type：left。

（33）Entity：location。

（34）To Minor Role：inherit（继承）。

（35）Coordinate Rererence Name：._my_bus_drive_axle.ground.hpl_outside_whl_cntr。

（36）单击 Apply 按钮，完成通信器 col_outside_wheel_center 的创建。

（37）Output Communicator Name（输出通信器名称）：wheel_center。

（38）Matching Name(s)（匹配的输出通信器）：wheel_center。

（39）Type：left。

（40）Entity：location。

（41）To Minor Role：inherit（继承）。

（42）Coordinate Rererence Name：._my_bus_drive_axle.ground.hpl_inside_whl_cntr。

（43）单击 Apply 按钮，完成通信器 col_ wheel_center 的创建。

（44）Output Communicator Name（输出通信器名称）：halfshaft_omega_left。

（45）Matching Name(s)（匹配的输出通信器）：halfshaft_omega_left。

（46）Type：left。

（47）Entity：solver variable。
（48）To Minor Role：inherit（继承）。
（49）Solver Variable Name：._my_bus_drive_axle.halfshaft_omega_left。
（50）单击 Apply 按钮，完成通信器 cos_halfshaft_omega_left 的创建。
（51）Output Communicator Name（输出通信器名称）：diff_tripot。
（52）Matching Name(s)（匹配的输出通信器）：diff_tripot、tripot_to_differential。
（53）Type：left。
（54）Entity：location。
（55）To Minor Role：inherit（继承）。
（56）Coordinate Rererence Name：._my_bus_drive_axle.ground.cfl_diff_torque_location。
（57）单击 Apply 按钮，完成通信器.col_diff_tripot 的创建。
（58）Output Communicator Name（输出通信器名称）：diff_mount。
（59）Matching Name(s)（匹配的输出通信器）：axle_diff_mount。
（60）Type：single。
（61）Entity：mount。
（62）To Minor Role：inherit（继承）。
（63）Part Name：._my_bus_drive_axle.ges_panhard_link。
（64）单击 OK 按钮，完成通信器 cos_diff_mount 的创建。

至此，单轴系驱动桥模型建立完成。模板是子系统及装配体的基础。相似性的模型可以通过改变硬点位置实现。相关性的属性文件、参数变量等也可以通过调节实现。

（1）单击"File">"Save As"命令，弹出的保存模板对话框如图 3.26 所示。
（2）Major Role（主特征）：suspension。
（3）File Format：EDS。
（4）Database（保存数据库）：my_adams。
（5）单击 OK 按钮，完成驱动轴_my_bus_drive_axle 模型的创建并保存。

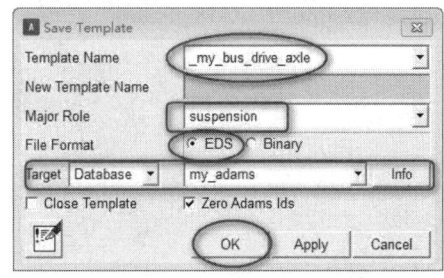

图 3.26 保存悬架模型

3.6 双轮同向跳动仿真

（1）转换到 ADAMS/Car 标准界面。
（2）单击"File">"New">"Suspension"命令，弹出子系统对话框。
（3）Subsystem Name（系统名称）：my_bus_drive_axle。
（4）Minor Role（副特征）：rear（指悬架为后悬架）。
（5）Template Name（模板路径）：mdids://my_adams/templates.tbl/_my_bus_drive_axle.tpl。
（6）单击 OK 按钮，完成驱动桥悬架子系统 my_bus_drive_axle 的创建。
（7）单击"File">"New">"Suspension Amssembly"命令，弹出的悬架装配对话框如图 3.27 所示。

（8）Amssembly Name（装配名称）：my_bus_drive_axle_asm。

（9）Suspension Subsystem（悬架子系统）：mdids://my_adams/subsystems.tbl/my_bus_drive_axle.sub。

（10）Suspension Test Rig：MDI_SUSPENSION_TESTRIG（悬架试验台）。

（11）单击 OK 按钮，完成单驱动轴非独立悬架与试验台架的装配模型如图 3.28 所示。

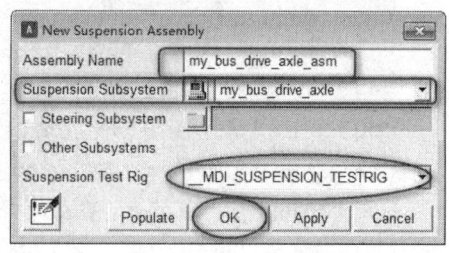

图 3.27　悬架装配模型对话框

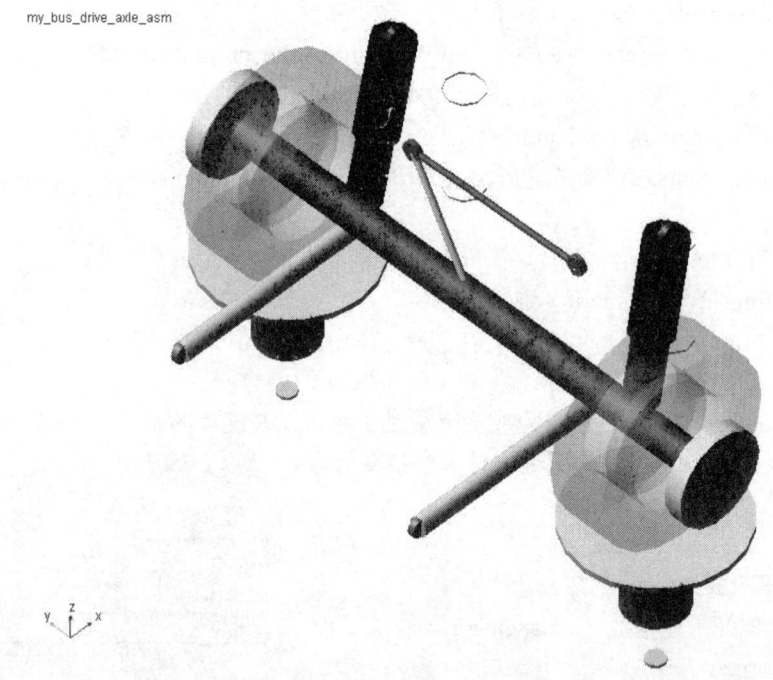

图 3.28　驱动桥悬架装配模型

（12）单击"Simulate" > "Suspension Analysis" > "Parallel Wheel Travel"命令，弹出的双轮同向激振对话框如图 3.29 所示。

（13）Output Prefix（输出别名）：PT。

（14）Number of Steps（仿真步数）：100。

（15）Bump Travel：80。

（16）Rebound Travel：-80。

（17）单击 OK 按钮，完成驱动桥非独立悬架在 C 模式下的仿真，仿真完成后驱动桥的跳动侧面如图 3.30 所示。

（18）按 F8 键，从标准模块进入后处理模块，在后处理模块中分别显示出前轮前束和外倾角的变化如图 3.31 和图 3.32 所示，前束角与外倾角的变化均较小，主要原因是驱动桥为非独立悬架。

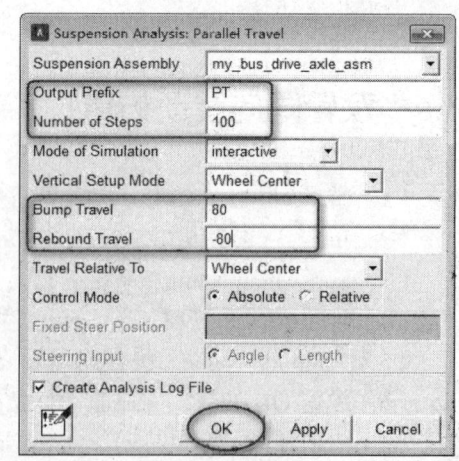

图 3.29　双轮同向跳动仿真设置对话框

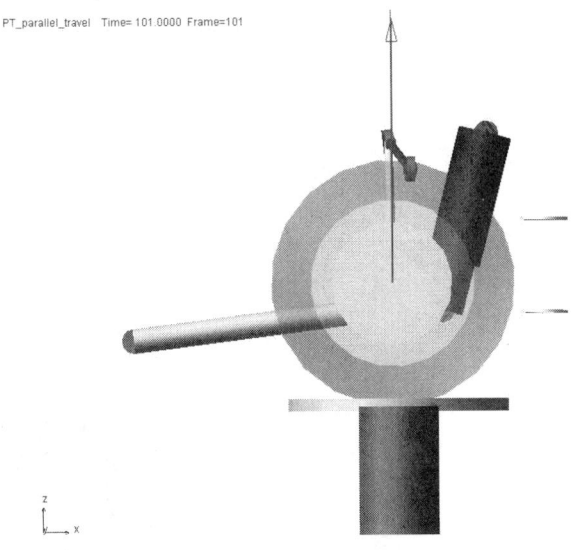

图 3.30 双轮同向跳动仿真侧视图

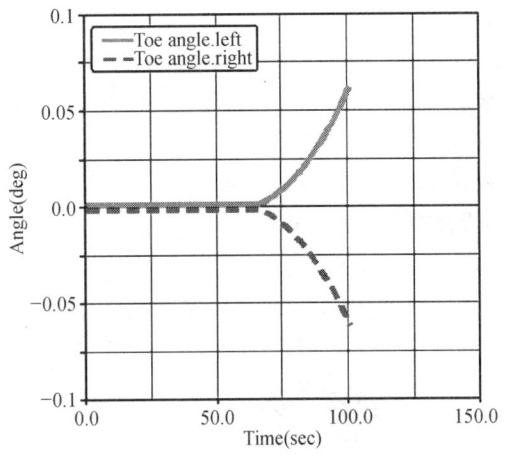

图 3.31 前束角变化曲线

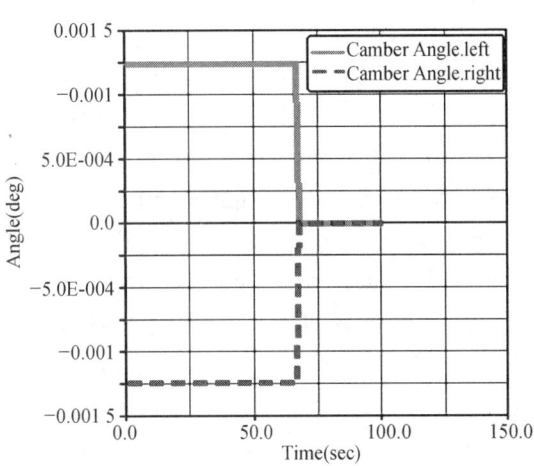

图 3.32 外倾角变化曲线

3.7 客车加速仿真

客车整车模型采用共享数据库中的整车模型，模型打开后，替换右舵转向系统、简化刚性车身系统及后驱动桥子系统，加速仿真过程中采用之前建立好的连续障碍路面模型。建立好的客车整车模型如图 3.33 所示。

（1）单击 "File" > "Open" > "Amssembly" 命令，弹出打开装配对话框。

（2）Amssembly Name（装配名称）：mdids://atruck_shared/assemblies.tbl/msc_bus_rigid.asy。

（3）单击 OK 按钮，完成客车整车模型 msc_bus_rigid 界面的打开。

（4）单击 "File" > "Manage Amssemblies" > "Replace Subsystem" 命令，弹出替换子系统对话框。

图 3.33　右舵客车整车模型

（5）Old subsystem：msc_bus_rigid.msc_bus_rigid_body。

（6）New subsystem：mdids://my_adams/subsystems.tbl/my_bus_body_2017.sub。

（7）单击 Apply 按钮，完成客车刚性车身的替换。

（8）Old subsystem：msc_bus_rigid.msc_bus_steering。

（9）New subsystem：mdids://my_adams/subsystems.tbl/my_bus_steering.sub。

（10）单击 Apply 按钮，完成客车右舵转向系统的替换。

（11）Old subsystem：msc_bus_rigid.msc_bus_rear_suspension。

（12）New subsystem：mdids://my_adams/subsystems.tbl/my_bus_drive_axle.sub。

（13）单击 OK 按钮，完成客车后驱动桥子系统的替换，完成替换后的整车模型如图 3.33 所示。

（14）单击"File" > "Save As" > "Amssembly"命令，弹出保存装配对话框。

（15）New Amssembly Name：my_bus_full。

（16）File Format：Ascii。

（17）Database（保存数据库）：my_adams。

（18）单击 OK 按钮，完成客车整车模型 my_bus_full 的创建并保存。

（19）单击"Simulate" > "Full-Vehicle Analysis" > "Straight Line Events" > "Acceleration"命令，弹出的整车加速仿真对话框如图 3.34 所示。

（20）Output Prefix（输出别名）：Acceleration_line。

（21）End Time：10。

（22）Number of Steps（仿真步数）：1000。

（23）Simulation Mode：interactive。

（24）Road Date File：mdids://FASE/roads.tbl/road_3d_

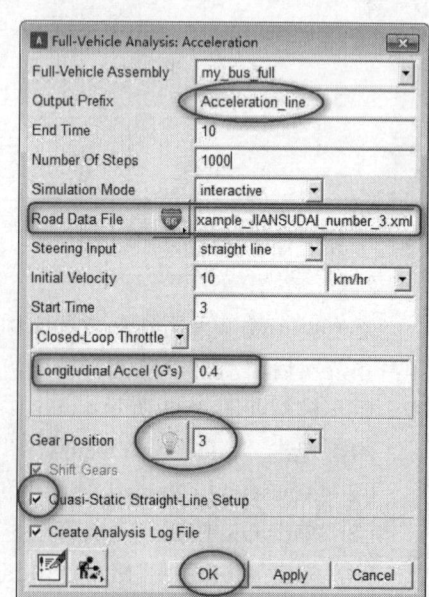

图 3.34　加速仿真设置对话框

sine_example_JIANSUDAI_number_3.xml。

（25）Steering Input：straight line。
（26）Initial Velocity：10 km/hr。
（27）Start Time：3。
（28）选择闭环控制油门：Closed-Loop Throttle。
（29）Longitudinal Accel（G's）：0.4。
（30）勾选"Quasi-Static Straight-Line Setup"。
（31）单击 OK 按钮，完成客车加速仿真设置并提交运算，运算完成后整车模型仿真图如图 3.35 所示。

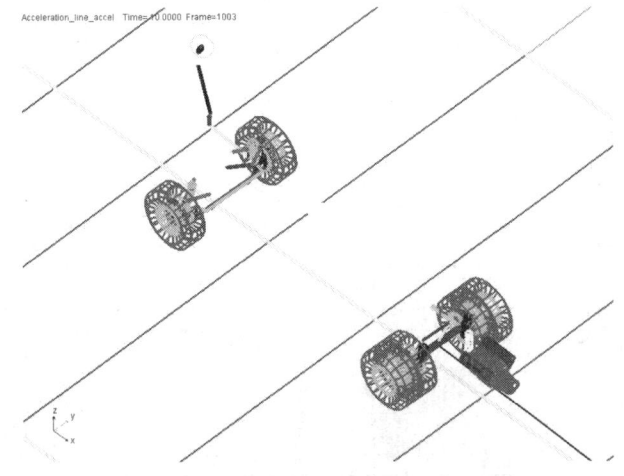

图 3.35 客车加速仿真图

转换到后处理模块，观察仿真动画，客车在过三个减速带障碍时整车的侧向偏移量较大，车身的垂向加速度、垂向加速度幅频、侧向偏移量、侧向加速度、纵向速度、侧倾角加速度、侧俯仰角加速度、横摆角加速度如图 3.36～3.43 所示。车身幅频在频率为 4.59 Hz 时幅值最大。

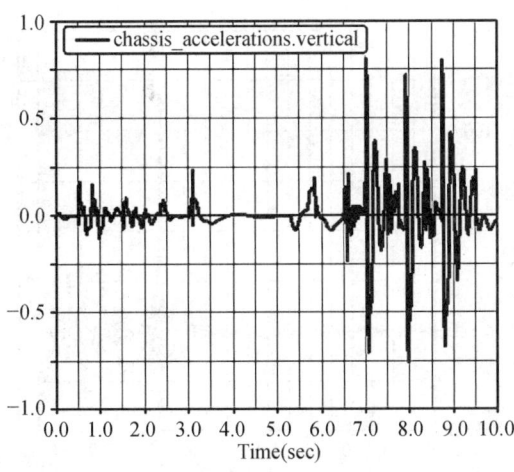

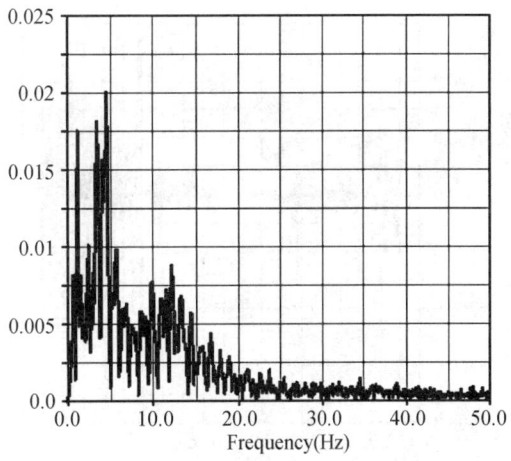

图 3.36 车身垂向加速度　　　　　图 3.37 车身垂向加速度幅频（4.59 Hz）

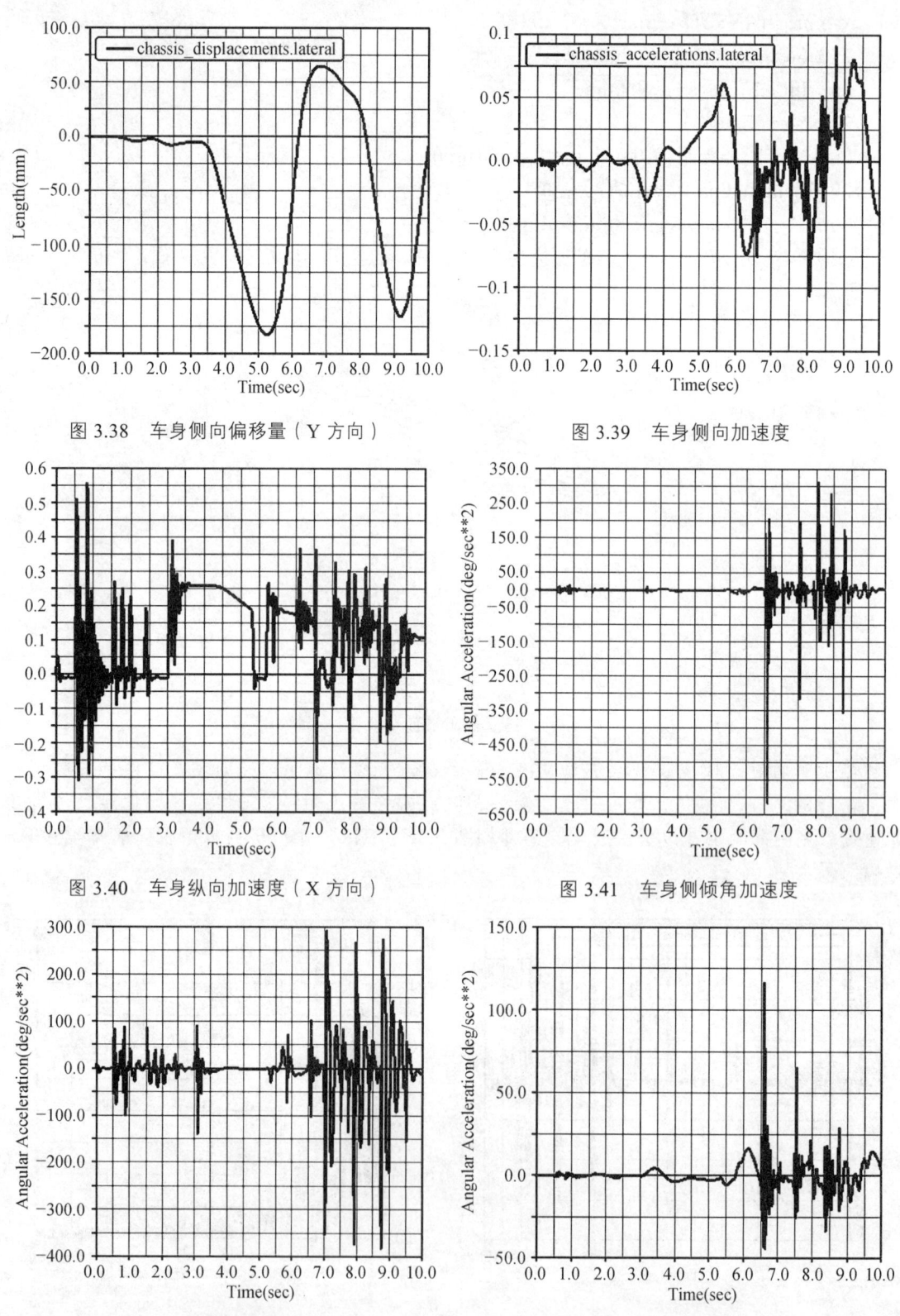

图 3.38 车身侧向偏移量（Y 方向）

图 3.39 车身侧向加速度

图 3.40 车身纵向加速度（X 方向）

图 3.41 车身侧倾角加速度

图 3.42 车身侧俯仰角加速度

图 3.43 车身横摆角加速度

第4章 右舵转向系统

汽车在行驶过程中，需按驾驶员的意志经常改变其行驶方向，即所谓汽车转向。就轮式汽车而言，实现汽车转向的方法是，驾驶员通过一套专设的机构，使汽车转向桥上的车轮相对于汽车纵轴线偏转一定角度。在汽车直线行驶时，往往转向轮也会受到路面侧向干扰力的作用，自动偏转而改变行驶方向。此时，驾驶员也可以利用这套机构使转向轮向相反方向偏转，从而使汽车恢复原来的行驶方向。这一套用来改变或恢复汽车行驶方向的专设机构被称为汽车转向系统。因此，汽车转向系统的功能是，保证汽车能按驾驶员的意志进行转向行驶。动力转向系统是兼用驾驶员体力和发动机动力为转向能源的转向系统。在正常情况下，汽车转向所需能量，只有一小部分由驾驶员提供，而大部分是由发动机通过动力转向装置提供。但在动力转向装置失效时，一般还应当能由驾驶员独立承担汽车转向任务。因此，动力转向系统是在机械转向系统的基础上加设一套动力转向装置而形成的。右舵转向系统如图4.1所示。

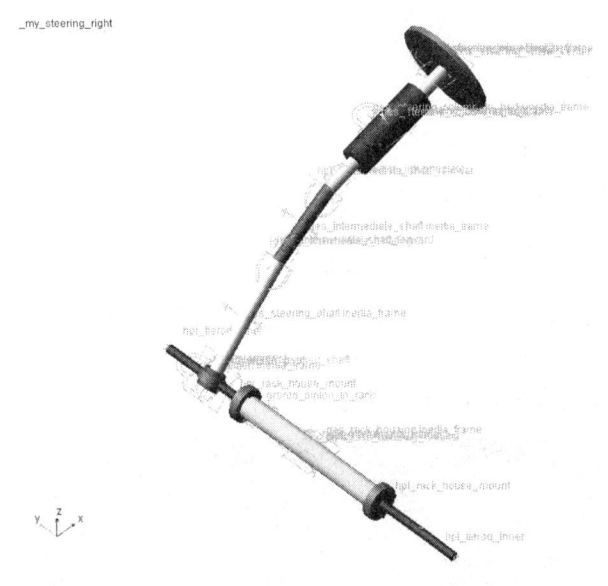

图 4.1 右舵转向系统

ADAMS/Car 中常用的转向系统包括齿轮齿条式转向系统和平行机构式转向系统，转向系统的通用性与可拓展性相对于悬架或者其他系统较强，在建模过程中可以直接在转向系统中修改硬点，修改传动比，即可以满足相关要求。整车模型中除车身与转向系统外，其他子系统与实际模型相差较大，应尽量重新建立新模型，避免在共享数据库中修改模型。同时对于四轮转向及多轮转向也可以在转向系统模板中进行拓展。

4.1 齿轮齿条式转向系统

齿轮齿条式转向器属于可逆式转向器，其正效率与逆效率都很高，自动回正能力强。齿轮齿条式转向器结构简单、加工方便、工作可靠、使用寿命长、不需要调整齿轮齿条的间隙，因而得到了广泛的应用。与其他形式转向器相比，齿轮齿条式转向器具有以下优点：① 结构简单、紧凑；② 壳体多采用铝合金或镁合金压铸而成，转向器质量比较小；③ 采用齿轮齿条传动方式，传动效率较高；④ 齿轮齿条之间因磨损产生间隙后，利用装在齿条背部、靠近主动小齿轮处的压紧力可以调节的弹簧，能自动消除齿间间隙，这不仅可以提高转向系统刚度，还可以防止工作时产生冲击和噪声；⑤ 转向器占用体积较小；⑥ 没有转向摇臂和直拉杆，所以转向轮转角可以加大，制造成本较低。但其逆效率较高，汽车在不平路面上行驶时，发生在转向轮与路面之间的大部分冲击力能传至转向盘，造成驾驶员精神紧张，并难以准确控制汽车行驶方向，转向盘突然转动又会造成打手，同时对驾驶员造成伤害。

（1）启动 ADAMS/Car、选择专家模块进入建模界面。

（2）单击“File”>“New”命令，弹出的建模对话框如图 4.2 所示。

（3）在模板名称里输入“my_steering”，主特征选择 steering，单击 OK 按钮。

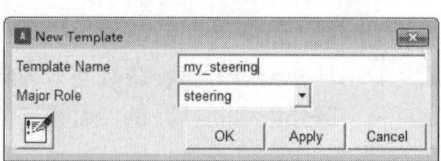

图 4.2　模板框

4.1.1 转向器硬点

（1）单击“Build”>“Hardpoind”>“New”命令，弹出的创建硬点对话框如图 4.3 所示。

（2）Hardpoint Name（硬点名称）：tierod_inner。类型选择：left。在位置文本框输入：200，－425，300。

（3）单击 Apply 按钮，完成 tierod_inner 硬点的创建。此时在屏幕上显示出左右对称的两个硬点。

（4）重复上述步骤完成图 4.4 中硬点的创建。

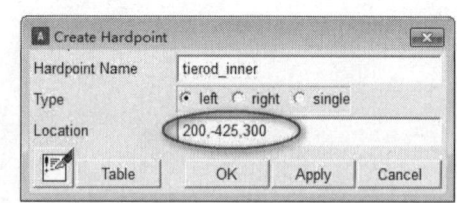

图 4.3　硬点创建对话框

Hardpoint Modification Table

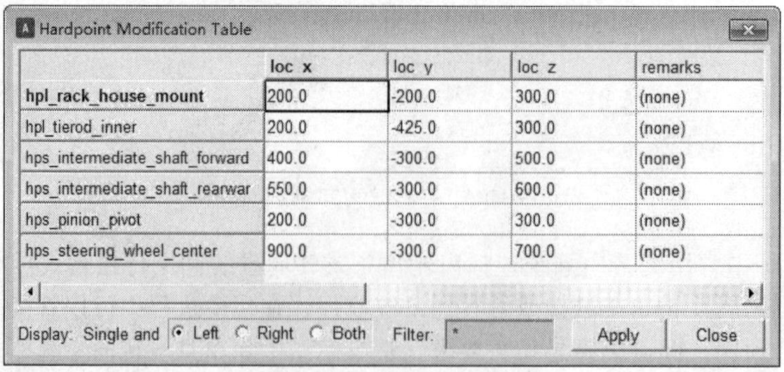

	loc x	loc y	loc z	remarks
hpl_rack_house_mount	200.0	-200.0	300.0	(none)
hpl_tierod_inner	200.0	-425.0	300.0	(none)
hps_intermediate_shaft_forward	400.0	-300.0	500.0	(none)
hps_intermediate_shaft_rearwar	550.0	-300.0	600.0	(none)
hps_pinion_pivot	200.0	-300.0	300.0	(none)
hps_steering_wheel_center	900.0	-300.0	700.0	(none)

Display: Single and Left Right Both Filter: * Apply Close

图 4.4　转向器硬点数据

4.1.2 转向器结构框

（1）单击"Build">"Constructon Frame">"New"命令，弹出的结构框创建对话框如图4.5所示。

（2）Constructon Frame（结构框名称）：steering_wheel_center。

（3）Coordinate Reference（参考坐标）：._my_steering.ground.hps_steering_wheel_center。

（4）3号方框为定向框，选择Orient axis along line（指定一条坐标轴沿两个坐标点的方向）。

（5）Coordinate Reference #1（参考坐标）：._my_steering.ground.hps_steering_wheel_center。

（6）Coordinate Reference #2（参考坐标）：._my_steering.ground.hps_intermediate_shaft_rearwar。

（7）单击Apply按钮，完成steering_wheel_center结构框的创建。

（8）Constructon Frame（结构框名称）：pinion_pivot。

（9）Coordinate Reference（参考坐标）：._my_steering.ground.hps_pinion_pivot。

（10）3号方框为定向框，选择Orient axis along line（指定一条坐标轴沿两个坐标点的方向）。

（11）Coordinate Reference #1（参考坐标）：._my_steering.ground.hps_pinion_pivot。

（12）Coordinate Reference #2（参考坐标）：._my_steering.ground.hps_intermediate_shaft_forward。

（13）单击Apply按钮，完成pinion_pivot结构框的创建。

（14）Constructon Frame（结构框名称）：rack_mount。

（15）2号方框中Centered between（坐标系之中）：Two Coordinates（两个坐标系）。

（16）Coordinate Reference #1（参考坐标）：._my_steering.ground.hpl_tierod_inner。

（17）Coordinate Reference #2（参考坐标）：._my_steering.ground.hpr_tierod_inner。

（18）3号方框为定向框，选择Orient axis along line（指定一条坐标轴沿两个坐标点的方向）。

（19）Coordinate Reference #1（参考坐标）：._my_steering.ground.hpl_tierod_inner。

（20）Coordinate Reference #2（参考坐标）：._my_steering.ground.hpr_tierod_inner。

（21）单击Apply按钮，完成rack_mount结构框的创建。

（22）Constructon Frame（结构框名称）：steering_column_to_body。

（23）2号方框中Centered between（坐标系之中）：Two Coordinates（两个坐标系）。

（24）Coordinate Reference #1（参考坐标）：._my_steering.ground.cfs_steering_wheel_center。

（25）Coordinate Reference #2（参考坐标）：._my_steering.ground.hps_intermediate_shaft_rearwar。

（26）3号方框为定向框，选择Orient axis along line（指定一条坐标轴沿两个坐标点的方向）。

（27）Coordinate Reference #1（参考坐标）：._my_steering.ground.cfs_steering_wheel_center。

（28）Coordinate Reference #2（参考坐标）：._my_steering.ground.hps_intermediate_shaft_rearwar。

（29）单击OK按钮，完成steering_column_to_body结构框的创建。创建完成的硬点与结构框如图4.6所示。

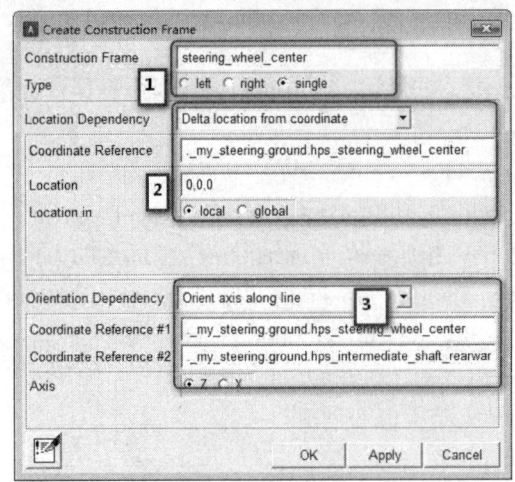
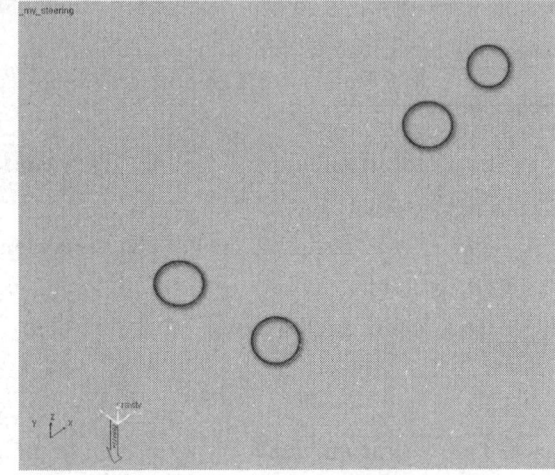

图 4.5　结构框创建　　　　　　　图 4.6　硬点与结构框图

4.1.3　转向轴部件

1．创建转向轴部件

（1）单击"Build">"Part">"General Part">"New"命令，弹出的创建转向轴部件对话框如图 4.7 所示。

（2）在 General Part 中输入：steering_shaft。

（3）Location Dependency（定位）：Located on a line（在一条直线上）。

（4）Coordinate Reference（参考坐标）：._my_steering.ground.hps_intermediate_shaft_forward。

（5）Coordinate Reference #2（参考坐标）：._my_steering.ground.cfs_pinion_pivot。

（6）Relative Location(%)：50。2 号框为定位框，部件参考点位于指定两点的连线上，相对位置百分比指相对于第一个参考点的位置，0% 指的是第一点，100% 指的是第二个参考点，150% 则位于第二点之外。

（7）2 号定向框中 Coordinate Reference（参考坐标）：._my_steering.ground.hps_intermediate_shaft_forward，选中 Z 轴。Axis：指定结构框中的 Z 轴或者 X 轴指向一点。

（8）3 号框为质量和惯量参数，预输入全部为 1。

（9）4 号框为部件材料选择，在此默认选择为钢材（steel），单击 OK 按钮，完成转向半轴的创建。

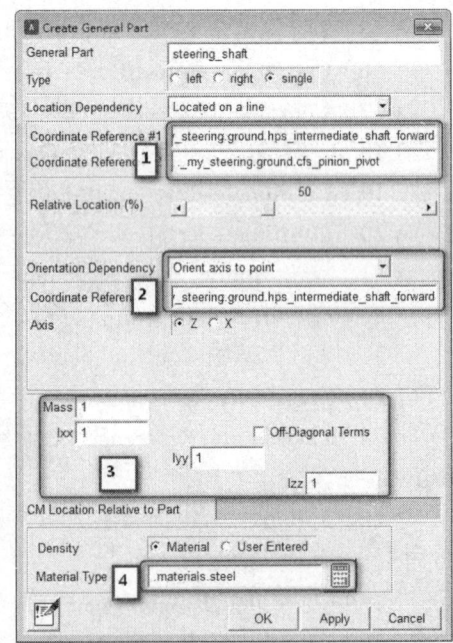

图 4.7　转向轴部件

2．创建转向轴几何体

（1）单击"Build">"Geometry">"Link">"New"命令，弹出的驱动轴几何体创建对话框如图4.8所示。

（2）在Link Name（连杆名称）中输入几何名称：steering_shaft。

（3）在General Part中输入：._my_steering.ges_steering_shaft。

（4）Coordinate Reference #1（参考标）：._my_steering.ground.hps_intermediate_shaft_forward。

（5）Coordinate Reference #2（参考坐标）：._my_steering.ground.hps_pinion_pivot。

（6）Radius（半径）：15。

（7）选择"Calculate Mass Properties of General Part"复选框，单击OK按钮，完成steering_shaft几何体的创建。

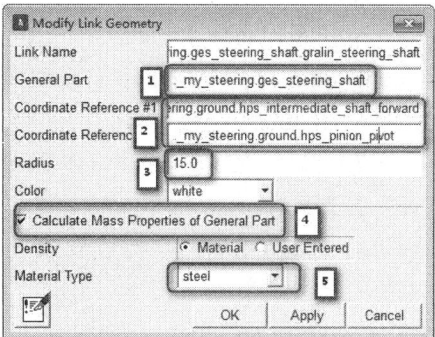

图4.8 转向轴几何体

4.1.4 齿条部件

1．创建齿条部件

（1）单击"Build">"Part">"General Part">"New"命令，弹出的创建齿条部件对话框如图4.9所示。

（2）在General Part中输入：rack。

（3）Location Dependency（定位）：Located on a line（在一条直线上）。

（4）Coordinate Reference #1（参考坐标）：._my_steering.ground.hpl_tierod_inner。

（5）Coordinate Reference #2（参考坐标）：._my_steering.ground.hpr_tierod_inner。

（6）Relative Location(%): 50。

（7）2号定向框中Coordinate Reference（参考坐标）：._my_steering.ground.hpl_tierod_inner，选中Z轴。Axis：指定结构框中的Z轴或者X轴指向一点。

（8）3号框为质量和惯量参数，预输入全部为1。

（9）单击OK按钮，完成齿条部件的创建。

2．创建齿条几何体

（1）单击"Build">"Geometry">"Link">"New"命令，弹出齿条几何体创建对话框如图4.10所示。

（2）在Link Name（连杆名称）中输入几何名称：rack。

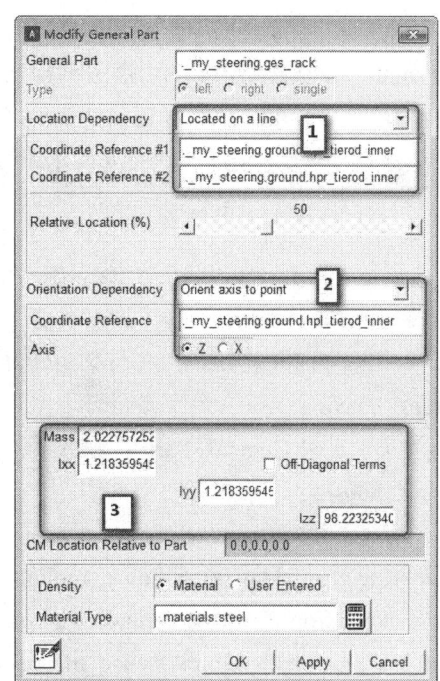

图4.9 齿条部件

（3）在 General Part 中输入：._my_steering.ges_rack。

（4）Coordinate Reference #1（参考标）：._my_steering.ground.hpl_tierod_inner。

（5）Coordinate Reference #2（参考坐标）：._my_steering.ground.hpr_tierod_inner。

（6）Radius（半径）：10。

（7）选择"Calculate Mass Properties of General Part"复选框。

（8）单击 OK 按钮，完成 rack 几何体的创建。

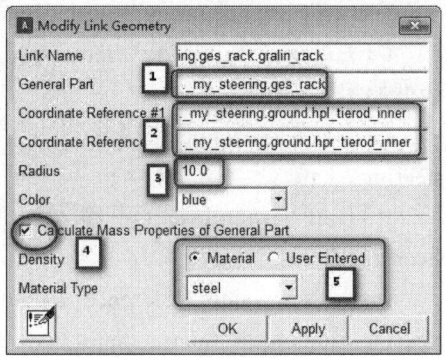

图 4.10　齿条几何体

4.1.5　齿条箱部件

1．创建齿条箱部件

（1）单击"Build" > "Part" > "General Part" > "New"命令，弹出创建齿条箱部件对话框（参考图 4.9 所示）。

（2）在 General Part 中输入：rack_housing。

（3）1 号方框中 Centered between（坐标系之中）：Two Coordinates（两个坐标系）。

（4）Coordinate Reference #1（参考坐标）：._my_steering.ground.hpl_rack_house_mount。

（5）Coordinate Reference #2（参考坐标）：._my_steering.ground.hpr_rack_house_mount。

（6）2 号定向框中 Coordinate Reference（参考坐标）：._my_steering.ground.hpl_rack_house_mount。选中 Z 轴。Axis：指定结构框中的 Z 轴或者 X 轴指向一点。

（7）3 号框为质量和惯量参数，预输入全部为 1。

（8）单击 OK 按钮，完成齿条箱部件的创建。

2．创建齿条箱几何体

（1）单击"Build" > "Geometry" > "Link" > "New"命令，弹出的齿条箱几何体创建对话框如图 4.11 所示。

（2）在 Link Name（连杆名称）中输入几何名称：rack_housing。

（3）在 General Part 中输入：._my_steering.ges_rack_housing。

（4）Coordinate Reference #1（参考标）：._my_steering.ground.hpl_rack_house_mount。

（5）Coordinate Reference #2（参考坐标）：._my_steering.ground.hpr_rack_house_mount。

（6）Radius（半径）：25。

（7）选择"Calculate Mass Properties of General Part"复选框，单击 OK 按钮，完成 rack_housing 几何体的创建。

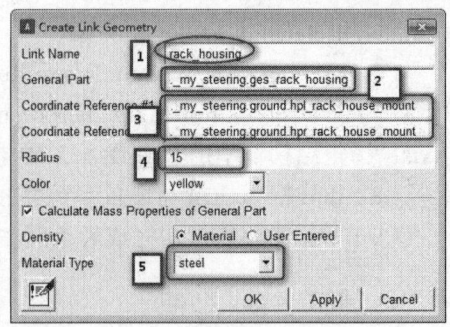

图 4.11　齿条箱几何体

4.1.6 中间轴部件

1．创建中间轴部件

(1) 单击"Build">"Part">"General Part">"New"命令,弹出创建转向中间轴部件对话框(参考图4.9)。

(2) 在 General Part 中输入:intermediate_shaft。

(3) 1号方框中 Centered between(坐标系之中):Two Coordinates(两个坐标系)。

(4) Coordinate Reference #1(参考坐标):._my_steering.ground.hps_intermediate_shaft_rearwar。

(5) Coordinate Reference #2(参考坐标):._my_steering.ground.hps_intermediate_shaft_forward。

(6) 2号定向框中 Coordinate Reference(参考坐标):._my_steering.ground.hps_intermediate_shaft_rearwar,选中 Z 轴。Axis:指定结构框中的 Z 轴或者 X 轴指向一点。

(7) 3号框为质量和惯量参数,预输入全部为1。

(8) 单击 OK 按钮,完成 intermediate_shaft 的创建。

2．创建中间轴几何体

(1) 单击"Build">"Geometry">"Link">"New"命令,弹出齿条箱几何体创建对话框(参考图4.10)。

(2) 在 Link Name(连杆名称)中输入几何名称:intermediate_shaft。

(3) General Part 输入:._my_steering.ges_intermediate_shaft。

(4) Coordinate Reference #1(参考标):._my_steering.ground.hps_intermediate_shaft_rearwar。

(5) Coordinate Reference #2(参考坐标):._my_steering.ground.hps_intermediate_shaft_forward。

(6) Radius(半径):15。

(7) 选择"Calculate Mass Properties of General Part"复选框。

(8) 单击 OK 按钮,完成 intermediate_shaft 几何体的创建。

4.1.7 转向柱部件

1．创建建向柱部件

(1) 单击"Build">"Part">"General Part">"New"命令,弹出创建转向柱部件对话框(参考图4.9)。

(2) 在 General Part 中输入:steering_column。

(3) 1号方框中 Centered between(坐标系之中):Two Coordinates(两个坐标系)。

(4) Coordinate Reference #1(参考坐标):._my_steering.ground.hps_steering_wheel_center。

(5) Coordinate Reference #2(参考坐标):._my_steering.ground.hps_intermediate_shaft_rearwar。

(6) 2号定向框中 Coordinate Reference(参考坐标):._my_steering.ground.hps_intermediate_

shaft_rearwar,选中 Z 轴。Axis:指定结构框中的 Z 轴或者 X 轴指向一点。

(7)3 号框为质量和惯量参数,预输入全部为 1。

(8)单击 OK 按钮,完成部件 steering_column 的创建。

2. 创建转向柱几何体

(1)单击"Build">"Geometry">"Link">"New"命令,弹出的转向柱支撑几何体创建对话框如图 4.12 所示。

(2)在 Link Name(连杆名称)中输入几何名称:steering_column。

(3)General Part 输入:._my_steering.ges_steering_column。

(4)Coordinate Reference #1(参考标):._my_steering.ground.hps_intermediate_shaft_rearwar。

(5)Coordinate Reference #2(参考坐标):._my_steering.ground.hps_steering_wheel_center。

(6)Radius(半径):15。

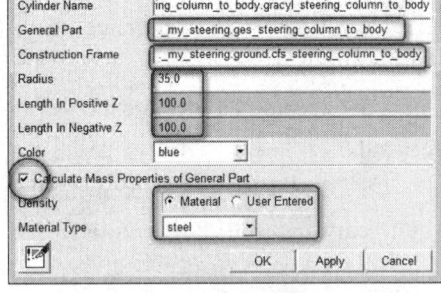

图 4.12 转向柱支撑几何体

(7)选择"Calculate Mass Properties of General Part"复选框。

(8)单击 OK 按钮,完成 steering_column 几何体的创建。

4.1.8 转向柱支撑部件

1. 创建转向柱支撑部件

(1)单击"Build">"Part">"General Part">"New"命令,弹出创建转向柱支撑部件对话框(参考图 4.9)。

(2)在 General Part 中输入:steering_column_to_body。

(3)1 号方框中 Centered between(坐标系之中):Two Coordinates(两个坐标系)。

(4)Coordinate Reference #1(参考坐标):._my_steering.ground.hps_steering_wheel_center。

(5)Coordinate Reference #2(参考坐标):._my_steering.ground.hps_intermediate_shaft_rearwar。

(6)2 号定向框中 Coordinate Reference(参考坐标):._my_steering.ground.cfs_steering_column_to_body,选中 Z 轴。

(7)3 号框为质量和惯量参数,预输入全部为 1。

(8)单击 OK 按钮,完成部件 steering_column_to_body 的创建。

2. 创建转向柱支撑几何体

(1)单击"Build">"Geometry">"Cylinder"(圆柱体)>"New"命令,弹出的转向柱支撑几何体创建对话框如图 4.12 所示。

(2)在 Cylinder Name(圆柱体名称)中输入几何名称:steering_column_to_body。

(3)在 General Part 中输入:._my_steering.ges_steering_column_to_body。

（4）Construction Frame（结构框）：._my_steering.ground.cfs_steering_column_to_body。

（5）Radius（半径）：35。

（6）Length In Postive Z（Z轴正方向长度）：100。

（7）Length In Negative Z（Z轴负方向长度）：100。

（8）选择"Calculate Mass Properties of General Part"复选框。

（9）单击 OK 按钮，完成 steering_column_to_body 几何体的创建。

4.1.9 小齿轮部件

1．创建小齿轮部件

（1）单击"Build" > "Part" > "General Part" > "New"命令，弹出的创建齿条箱部件对话框如图 4.13 所示。

（2）在 General Part 中输入：pinion。

（3）Location Dependency（定位）：Delta lacation from coordinate（坐标位置）。

（4）Coordinate Reference（参考坐标）：._my_steering.ground.hps_pinion_pivot。

（5）Construction Frame（结构框）：._my_steering.ground.cfs_pinion_pivot。

（6）3 号框为质量和惯量参数，预输入全部为 1；

（7）单击 OK 按钮，完成小齿轮部件的创建。

2．创建小齿轮几何体

（1）单击"Build" > "Geometry" > "Cylinder"（圆柱体） > "New"命令，弹出小齿轮几何体创建对话框（参考图 4.12）。

（2）在 Cylinder Name（圆柱体名称）中输入几何名称：pinion。

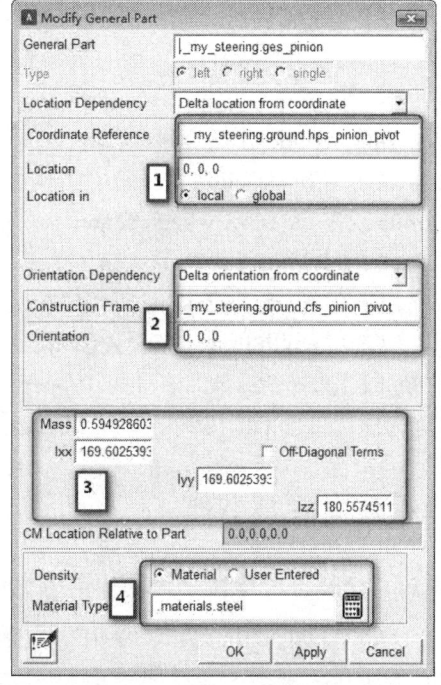

图 4.13 小齿条部件

（3）在 General Part 中输入：._my_steering.ges_pinion。

（4）Construction Frame（结构框）：._my_steering. ground.cfs_pinion_pivot。

（5）Radius（半径）：25。

（6）Length In Postive Z（Z轴正方向长度）：20。

（7）Length In Negative Z（Z轴负方向长度）：200。

（8）选择"Calculate Mass Properties of General Part"复选框。

（9）单击 OK 按钮，完成 pinion 几何体的创建。

4.1.10 方向盘部件

（1）单击"Build">"Part">"General Part">"New"命令，弹出创建方向盘部件对话框（参考图 4.13）。

（2）在 General Part 中输入：steering_wheel。

（3）Location Dependency（定位）：Delta lacation from coordinate（坐标位置）。

（4）Coordinate Reference（参考坐标）：._my_steering.ground.hps_steering_wheel_center。

（5）Construction Frame（结构框）：._my_steering.ground.cfs_steering_column_to_body。

（6）3 号框为质量和惯量参数，预输入全部为 1。

（7）单击 OK 按钮，完成 steering_wheel 部件的创建。

创建方向盘几何体：

（1）单击"Build">"Geometry">"Cylinder"（圆柱体）>"New"命令，弹出的方向盘几何体创建对话框如图 4.14 所示。

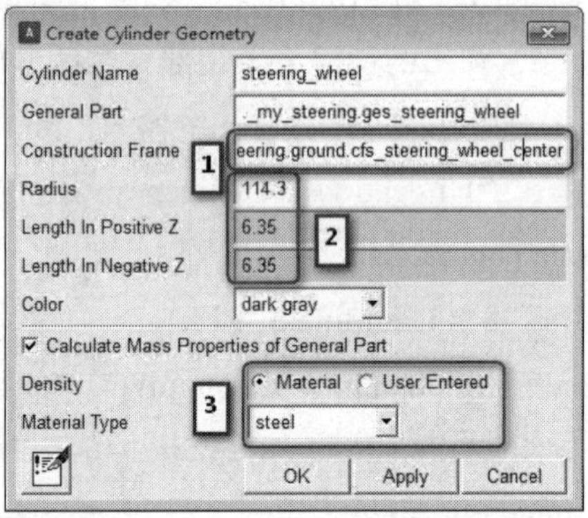

（2）在 Cylinder Name（圆柱体名称）中输入几何名称：steering_wheel。

（3）在 General Part 中输入：._my_steering.ges_steering_wheel。

（4）Construction Frame（结构框）：._my_steering.ground.cfs_steering_wheel_center。

（5）Radius（半径）：114.3。

（6）Length In Postive Z（Z 轴正方向长度）：6.35。

（7）Length In Negative Z（Z 轴负方向长度）：6.35。

（8）选择"Calculate Mass Properties of General Part"复选框，单击 OK 按钮，完成 steering_wheel 几何体的创建。

图 4.14 方向盘几何体

4.1.11 安装部件

1．齿条与车体之间的安装部件 rack_to_body

（1）单击"Build">"Part">"Mount">"New"命令，弹出的创建安装部件对话框如图 4.15 所示。

（2）Mount Name（安装部件名称）：rack_to_body。

（3）Coordinate Reference（参考坐标）：._my_steering.ground.cfs_rack_mount。

（4）安装部件此特征选择：inherit（继承特性）。

（5）单击 Apply 按钮，完成 rack_to_body 安装部件的创建。

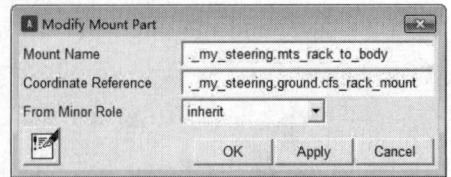

图 4.15 安装部件对话框

2．齿条箱与悬架副车架之间的安装部件 rack_housing_to_suspension_subframe

（1）Mount Name（安装部件名称）：rack_housing_to_suspension_subframe。

（2）Coordinate Reference（参考坐标）：._my_steering.ground.cfs_rack_mount。

（3）安装部件此特征选择：inherit（继承特性）。
（4）单击 Apply 按钮，完成 rack_housing_to_suspension_subframe 安装部件的创建。

3．转向柱与车体之间的安装部件 steering_column_to_body

（1）Mount Name（安装部件名称）：steering_column_to_body。
（2）Coordinate Reference（参考坐标）：._my_steering.ground.hps_intermediate_shaft_rearwar。
（3）安装部件此特征选择：inherit（继承特性）。
（4）单击 OK 按钮，完成 steering_column_to_body 安装部件的创建。
在创立安装部件的时候，系统会自动创建同名的输入通信器，创建的通信器如下：
① ._my_steering.cis_steering_column_to_body。
② ._my_steering.cis_rack_housing_to_suspension_subframe。
③ ._my_steering.cis_rack_to_body。

4.1.12 Joint 联接

单击"Build" > "Attachments" > "Joint" > "New"命令，弹出的约束副创建对话框如图 4.16 所示。

1．转向柱与中间轴之间的胡克副

（1）Joint Name（约束副名称）：column_intermediate。
（2）在 1 号方框（约束副联接不同的部件）中输入：
① I Part：._my_steering.ges_steering_column。
② J Part：._my_steering.ges_intermediate_shaft。
（3）Joint Type（约束副类型）：hooke（胡克副，约束 3 个自由度）。
（4）Active（激活）：always。
（5）Location Dependency（定位）：Delta lacation from coordinate（坐标位置）。
（6）Coordinate Reference（参考坐标）：._my_steering.ground.hps_intermediate_shaft_rearwar。
（7）Part Axis：._my_steering.ground.hps_steering_wheel_center。

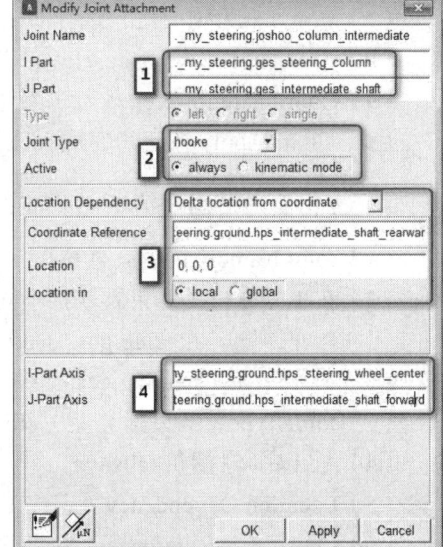

图 4.16 胡克副联接

（8）J-Part Axis：._my_steering.ground.hps_intermediate_shaft_forward。
（9）单击 Apply 按钮，完成 column_intermediate 胡克副的创建。

2．转向轴与中间轴的之间胡克副

（1）Joint Name（约束副名称）：intermediate_shaftinput。
（2）在 1 号方框（约束副联接不同的部件）中输入：
① I Part：._my_steering.ges_intermediate_shaft。
② J Part：._my_steering.ges_steering_shaft。

（3）Joint Type（约束副类型）：hooke（胡克副，约束 3 个自由度）。

（4）Active（激活）：always。

（5）Location Dependency（定位）：Delta lacation from coordinate（坐标位置）。

（6）Coordinate Reference（参考坐标）：._my_steering.ground.hps_intermediate_shaft_forward。

（7）Part Axis：._my_steering.ground.hps_intermediate_shaft_rearwar。

（8）J-Part Axis：._my_steering.ground.hps_pinion_pivot。

（9）单击 Apply 按钮，完成 intermediate_shaftinput 胡克副的创建。

3．齿条与齿条箱之间的移动副

（1）Joint Name（约束副名称）：rack_to_rackhousing。

（2）在 1 号方框（约束副联接不同的部件）中输入：

① I Part：._my_steering.ges_rack。

② J Part：._my_steering.ges_rack_housing。

（3）Joint Type（约束副类型）：translational（移动副，约束 5 个自由度）。

（4）Active（激活）：always。

（5）Location Dependency（定位）：Delta lacation from coordinate（坐标位置）。

（6）Coordinate Reference（参考坐标）：._my_steering.ground.cfs_rack_mount。

（7）4 号方框为定向框，选择 Orient axis along line。

（8）Coordinate Reference #1（参考坐标）：._my_steering.ground.hpl_tierod_inner。

（9）Coordinate Reference #2（参考坐标）：._my_steering.ground.hpr_tierod_inner。

（10）单击 Apply 按钮，完成 rack_to_rackhousing 移动副的创建。

4．方向盘与转向柱之间的固定副

（1）Joint Name（约束副名称）：steering_wheel。

（2）在 1 号方框（约束副联接不同的部件）中输入：

① I Part：._my_steering.ges_steering_wheel。

② J Part：._my_steering.ges_steering_column。

（3）Joint Type（约束副类型）：fix（固定副，约束 6 个自由度）。

（4）Active（激活）：always。

（5）Location Dependency（定位）：Delta lacation from coordinate（坐标位置）。

（6）Coordinate Reference（参考坐标）：._my_steering.ground.hps_steering_wheel_center。

（7）单击 Apply 按钮，完成 steering_wheel 固定副的创建。

5．转向柱支撑体与转向柱安装部件之间的固定副

（1）Joint Name（约束副名称）：steering_column_to_body。

（2）在 1 号方框（约束副联接不同的部件）中输入：

① I Part：._my_steering.ges_steering_column_to_body。

② J Part：._my_steering.mts_steering_column_to_body。

（3）Joint Type（约束副类型）：fix（固定副，约束 6 个自由度）。

（4）Active（激活）：always。

（5）Location Dependency（定位）：Delta lacation from coordinate（坐标位置）。

（6）Coordinate Reference（参考坐标）：._my_steering.ground.cfs_steering_column_to_body。

（7）单击 Apply 按钮，完成 steering_column_to_body 固定副的创建。

6．小齿轮与齿条箱之间的转动副

（1）Joint Name（约束副名称）：pinion。

（2）在 1 号方框（约束副联接不同的部件）中输入：

① I Part：._my_steering.ges_pinion。

② J Part：._my_steering.ges_rack_housing。

（3）Joint Type（约束副类型）：revolute（转动副，约束 5 个自由度）。

（4）Active（激活）：always。

（5）Location Dependency（定位）：Delta lacation from coordinate（坐标位置）。

（6）Coordinate Reference（参考坐标）：._my_steering.ground.hps_pinion_pivot。

（7）4 号方框为定向框，选择 Orient axis along line。

（8）Coordinate Reference #1（参考坐标）：._my_steering.ground.hps_intermediate_shaft_forward。

（9）Coordinate Reference #2（参考坐标）：._my_steering.ground.hps_pinion_pivot。

（10）单击 Apply 按钮，完成 pinion 移动副的创建。

7．齿条与齿条箱之间的移动副

（1）Joint Name（约束副名称）：rack_to_rackhousing。

（2）在 1 号方框（约束副联接不同的部件）中输入：

① I Part：._my_steering.ges_rack。

② J Part：._my_steering.ges_rack_housing。

（3）Joint Type（约束副类型）：translational（移动副，约束 5 个自由度）。

（4）Active（激活）：always。

（5）Location Dependency（定位）：Delta lacation from coordinate（坐标位置）。

（6）Coordinate Reference（参考坐标）：._my_steering.ground.cfs_rack_mount。

（7）4 号方框为定向框，选择 Orient axis along line。

（8）Coordinate Reference #1（参考坐标）：._my_steering.ground.hpl_tierod_inner。

（9）Coordinate Reference #2（参考坐标）：._my_steering.ground.hpr_tierod_inner。

（10）单击 Apply 按钮，完成 rack_to_rackhousing 移动副的创建。

8．转向输入轴部件与小齿轮部件之间的固定副

（1）Joint Name（约束副名称）：steering_input_shaft。

（2）在 1 号方框（约束副联接不同的部件）中输入：

① I Part：._my_steering.ges_steering_shaft。

② J Part：._my_steering.ges_pinion。

（3）Joint Type（约束副类型）：fix（固定副，约束 6 个自由度）。

（4）Active（激活）：always。

（5）Location Dependency（定位）：Delta lacation from coordinate（坐标位置）。

（6）Coordinate Reference（参考坐标）：._my_steering.ground.hps_pinion_pivot。

（7）单击 Apply 按钮，完成 steering_input_shaft 固定副的创建。

9．齿条箱部件与齿条箱安装部件之间的固定副

（1）Joint Name（约束副名称）：rigid_rack_housing_mount。

（2）在 1 号方框（约束副联接不同的部件）中输入：

① I Part :._my_steering.ges_rack_housing。

② J Part :._my_steering.sws_rack_house_mount。

（3）Joint Type（约束副类型）：fix（固定副，约束 6 个自由度）。

（4）Active（激活）：always。

（5）Location Dependency（定位）：Delta lacation from coordinate（坐标位置）。

（6）Coordinate Reference（参考坐标）：._my_steering.ground.cfs_rack_mount。

（7）单击 Apply 按钮，完成 rigid_rack_housing_mount 固定副的创建。

10．齿转向柱与转向柱支撑体之间的圆柱副

（1）Joint Name（约束副名称）：steering_column_to_body_1。

（2）在 1 号方框（约束副联接不同的部件）中输入：

① I Part :._my_steering.ges_steering_column。

② J Part :._my_steering.ges_steering_column_to_body。

（3）Joint Type（约束副类型）：cylindrical（圆柱副，约束 4 个自由度）。

（4）Active（激活）：always。

（5）Location Dependency（定位）： Delta lacation from coordinate（坐标位置）。

（6）Coordinate Reference（参考坐标）：._my_steering.ground.cfs_steering_column_to_body。

（7）4 号方框为定向框，选择：Delta lacation from coordinate（坐标位置）。

（8）Construction Frame（结构框）：._my_steering.ground.cfs_steering_column_to_body。

（9）Orientation（方向）：90, 180, 0。按 313 原则旋转，此处一定要填写正确，否则会导致方向向左转，车轮向右转，方向盘和车轮的转向不同。

（10）单击 OK 按钮，完成 steering_column_to_body_1 圆柱副的创建。至此，转向系统中的所有约束副创建完成。

11．减速齿轮（耦合副）

（1）单击"Build" > "Gear" > "Reduction Gear" > "New"命令，弹出的创建齿轮对话框如图 4.17 所示。减速齿轮本质上是一对耦合副,需要指定输入/输出约束及传动比。

（2）Reduction Gear Name（减速器齿轮名称）：pinion_to_rack。

（3）Input Joint（输入约束名称）：._my_steering.josrev_pinion。

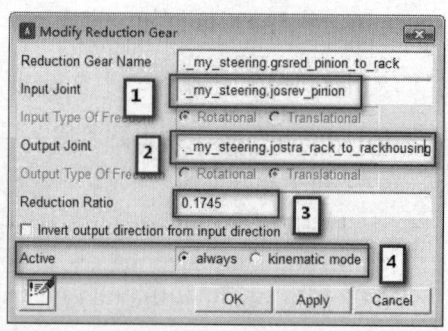

图 4.17　减速齿轮

（4）Output Joint（输出约束名称）：._my_steering.jostra_rack_to_rackhousing。

（5）Reduction Ratio（减速比）：0.1745。

（6）Active（激活）：always。

（7）单击OK按钮，完成pinion_to_rack减速齿轮的创建。

4.1.13 Bushing联接

单击"Build">"Attachments">"Bushing">"New"命令，弹出的轴套创建对话框如图4.18所示。

1．齿条箱与齿条箱安装件之间的轴套

（1）Bushing Name（约束副名称）：rack_housing_bushing。

（2）在1号方框（约束副联接不同的部件）中输入：

① I Part：._my_steering.ges_rack_housing。

② J Part：._my_steering.sws_rack_house_mount。

（3）Inactive（抑制）：kinematic mode（运动学模式）。

（4）2号方框为轴套预紧力设置和几何尺寸：

① Geometry Length（几何长度）：20。

② Geometry Radius（几何半径）：40。

（5）在3号方框输入属性文件：mdids://acar_shared/bushings.tbl/mdi_0001.bus。

（6）Coordinate Reference（参考坐标）：._my_steering.ground.hpl_rack_house_mount。

（7）5号方框为定向框，选择Orient axis to point。

（8）Coordinate Reference（参考坐标）：._my_steering.ground.hpr_rack_house_mount。

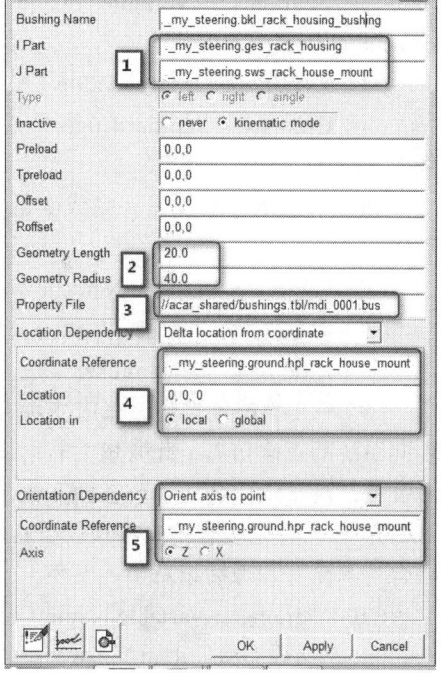

图4.18 轴套创建

（9）单击Apply按钮，完成rack_housing_bushing轴套的创建。

2．转向轴与小齿轮之间的轴套

（1）Bushing Name（约束副名称）：torsion_bar。

（2）在1号方框（约束副联接不同的部件）中输入：

① I Part：._my_steering.ges_steering_shaft。

② J Part：._my_steering.ges_pinion。

（3）Inactive（抑制）：never。

（4）2号方框为轴套预紧力设置和几何尺寸：

① Geometry Length（几何长度）：20。

② Geometry Radius（几何半径）：30。

（5）在3号方框输入属性文件：mdids://acar_shared/bushings.tbl/mdi_0001.bus。

（6）Coordinate Reference（参考坐标）：._my_steering.ground.hps_pinion_pivot。

（7）5 号方框为定向框，选择 Orient axis to point。
（8）Coordinate Reference（参考坐标）：._my_steering.ground.hps_intermediate_shaft_forward。
（9）单击 OK 按钮，完成 torsion_bar 轴套的创建。

4.2 转向参数变量

（1）单击"Build" > "Parameter Variable" > "New"命令，弹出的参数变量对话框如图 4.19 所示。
（2）Parameter Variable Name（参数名称）：kinematic_flag。
（3）参数类型：Integer Value（整数），数值为 0。
（4）Hide from standard user（是否从标准界面隐藏）：yes。
（5）单击 Apply 按钮，完成变量 kinematic_flag 的创建。

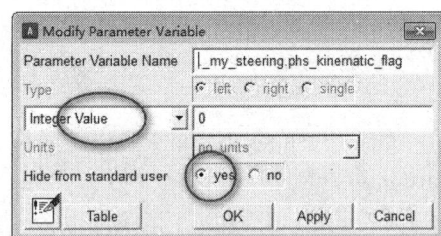

图 4.19　参数变量对话框

（6）Parameter Variable Name（参数名称）：steering_assist_active。
（7）参数类型：Integer Value（整数）：数值为 0。
（8）Hide from standard user（是否从标准界面隐藏）：no。
（9）单击 Apply 按钮，完成变量 steering_assist_active 的创建。此变量参数不建立不会影响转向系统的正确仿真，此变量为转向助力在 ADAMS 中的开关，在 ADAMS 软件中，转向助力涉及的是液压助力转向。现在轿车大多数为电子助力转向，转向助力的模型建议在 ADAMS 与 MATLAB 软件的联合仿真中模拟，在 MATLAB 软件中建立详细的电子助力参数及控制策略。联合仿真模型参考后续章节的案例。
（10）Parameter Variable Name（参数名称）：max_steering_angle。
（11）参数类型：Real Value（整数）：数值为 540。
（12）Units（单位）：angle（度）。
（13）Hide from standard user（是否从标准界面隐藏）：no。
（14）单击 Apply 按钮，完成变量 max_steering_angle 的创建。
（15）Parameter Variable Name（参数名称）：max_rack_displacement。
（16）参数类型：Real Value（整数）：数值为 100。
（17）Units（单位）：length（长度）。
（18）Hide from standard user（是否从标准界面隐藏）：no。
（19）单击 Apply 按钮，完成变量 max_rack_displacement 的创建。
（20）Parameter Variable Name（参数名称）：max_rack_force。
（21）参数类型：Real Value（整数）：数值为 500。
（22）Units（单位）：force（力）。
（23）Hide from standard user（是否从标准界面隐藏）：no。
（24）单击 Apply 按钮，完成变量 max_rack_force 的创建。
（25）Parameter Variable Name（参数名称）：max_steering_torque。

（26）参数类型：Real Value（整数）：数值为 500。
（27）Units（单位）：torque（力矩）。
（28）Hide from standard user（是否从标准界面隐藏）：no。
（29）单击 Apply 按钮，完成变量 max_steering_torque 的创建。

4.3 转向通信器

转向系统包含三个输入通信器：①._my_steering.cis_steering_column_to_body；②._my_steering.cis_rack_housing_to_suspension_subframe；③._my_steering.cis_rack_to_body。在创建安装的同时，输入通信器被创建完成。

1．创建输出通信器

（1）单击"Build" > "Communicator" > "Output" > "New"命令，弹出的输出通信器对话框如图 4.20 所示。

（2）Output Communicator Name（输出通信器名称）：tierod_to_steering。

（3）1 号方框中为与试验台匹配的输出通信器。

（4）2 号方框输出通信器的特次特征悬置：front（与前悬架匹配）。

（5）3 号方框为通信器基于部件的名称，Part Name：._my_steering.ges_rack。

（6）单击 Apply 按钮，完成通信器 col_tierod_to_steering 的创建。

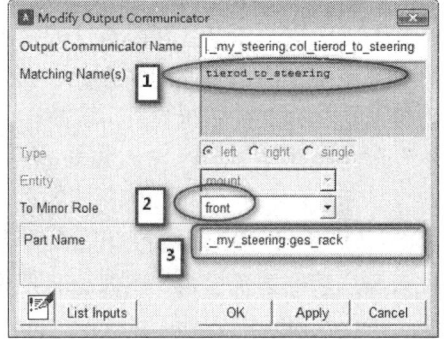

图 4.20 输出通信器对话框

（7）Output Communicator Name（输出通信器名称）：steering_wheel_joint。

（8）1 号方框中为与试验台匹配的输出通信器。

（9）2 号方框输出通信器的次特征：inherit（继承）。

（10）3 号方框为通信器基于部件的名称：._my_steering.joscyl_steering_column_to_body_1。

（11）单击 Apply 按钮，完成通信器 col_steering_wheel_joint 的创建。

（12）Output Communicator Name（输出通信器名称）：steering_rack_joint。

（13）1 号方框中为与试验台匹配的输出通信器。

（14）2 号方框输出通信器的次特征：inherit（继承）。

（15）3 号方框为通信器基于部件的名称：._my_steering.jostra_rack_to_rackhousing。

（16）单击 Apply 按钮，完成通信器 col_steering_rack_joint 的创建。

（17）Output Communicator Name（输出通信器名称）：max_steering_angle。

（18）1 号方框中为与试验台匹配的输出通信器。

（19）2 号方框输出通信器的次特征：inherit（继承）。

（20）3 号方框为通信器基于部件的名称：._my_steering.pvs_max_steering_angle。

（21）单击 Appl 按钮，完成通信器 col_max_steering_angle 的创建。

（22）Output Communicator Name（输出通信器名称）：max_rack_displacement。
（23）1号方框中为与试验台匹配的输出通信器。
（24）2号方框输出通信器的次特征：inherit（继承）。
（25）3号方框为通信器基于部件的名称：._my_steering.pvs_max_rack_displacement。
（26）单击 Apply 按钮，完成通信器 col_max_rack_displacement 的创建。
（27）Output Communicator Name（输出通信器名称）：max_rack_force。
（28）1号方框中为与试验台匹配的输出通信器。
（29）2号方框输出通信器的次特征：inherit（继承）。
（30）3号方框为通信器基于部件的名称：._my_steering.pvs_max_rack_force。
（31）单击 Apply 按钮，完成通信器 col_max_rack_force 的创建。
（32）Output Communicator Name（输出通信器名称）：max_steering_torque。
（33）1号方框中为与试验台匹配的输出通信器。
（34）2号方框输出通信器的次特征：inherit（继承）。
（35）3号方框为通信器基于部件的名称：._my_steering.pvs_max_steering_torque。
（36）单击 OK 按钮，完成通信器 col_max_steering_torque 的创建。

至此，齿轮齿条式转向系统的输入/输出通信器建立完成，转向系统在装配过程中，主要与悬架系统及车身进行匹配，因此下面对其三个部件进行通信器测试，查看其通信器匹配特性，保证通信器建立的正确性。

（1）单击"Build" > "Communicator" > "Test"命令，弹出的输出通信器测试对话框如图4.21所示。

（2）1号方框中输入要匹配的系统，可以多个输入。此处输入转向系统模板、麦弗逊悬架模板、车身模板：① ._my_steering；② _macpherson_qudongzhou；③ _rigid_chassis_lt。

（3）特征框中对应输入 any。

（4）点击勾选3号方框，对匹配结果进行保存。

（5）单击 OK 按钮，完成麦弗逊悬架和悬架试验台：① ._my_steering；② _macpherson_qudongzhou；③ _rigid_chassis_lt 的匹配测试。

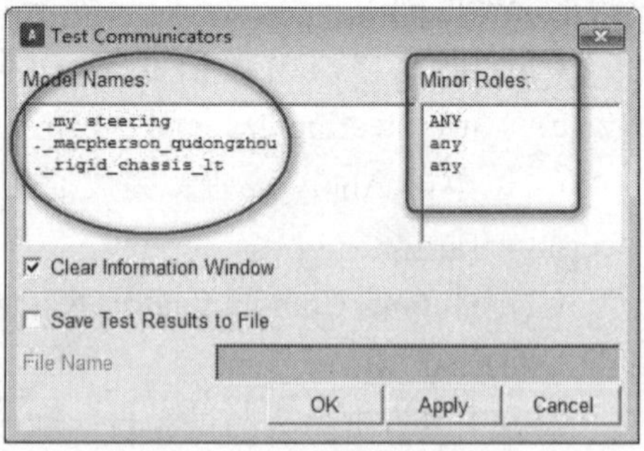

图 4.21 通信器测试对话框

匹配测试信息如下：

!------ - ------- Matched communicators: ----------------!匹配的通信器
Communicator Matching Name: rack_to_body
Input Communicator Name: cis_rack_to_body
Located in: _my_steering
Output Communicator Name: cos_rack_to_body
Output from: _rigid_chassis_lt

Communicator Matching Name: rack_housing_to_suspension_subframe
Input Communicator Name: cis_rack_housing_to_suspension_subframe
Located in: _my_steering

Output Communicator Name: cos_rack_housing_to_suspension_subframe
Output from: _macpherson_qudongzhou

Communicator Matching Name: steering_column_to_body
Input Communicator Name: cis_steering_column_to_body
Located in: _my_steering
Output Communicator Name: cos_steering_column_to_body
Output from: _rigid_chassis_lt

Communicator Matching Name: strut_to_body
Input Communicator Name: ci[lr]_strut_to_body
Located in: _macpherson_qudongzhou
Output Communicator Name: co[lr]_strut_to_body
Output from: _rigid_chassis_lt

Communicator Matching Name: subframe_to_body
Input Communicator Name: cis_subframe_to_body
Located in: _macpherson_qudongzhou
Output Communicator Name: cos_subframe_to_body
Output from: _rigid_chassis_lt

Communicator Matching Name: tierod_to_steering
Input Communicator Name: ci[lr]_tierod_to_steering
Located in: _macpherson_qudongzhou
Output Communicator Name: co[lr]_tierod_to_steering, co[lr]_tierod_to_steering
Output from: _my_steering, _rigid_chassis_lt

!------ ------ Unmatched input communicators: --------------! 不匹配的输入通信器
Input Communicator Name: ci[lr]_tripot_to_differential
Class: mount
From Minor Role: any
Matching Name(s): tripot_to_differential
In Template: _macpherson_qudongzhou

Input Communicator Name: cis_std_tire_ref
Class: location
From Minor Role: any
Matching Name(s): std_tire_ref
In Template: _rigid_chassis_lt
!------ ------- Unmatched output communicators: ------------!不匹配的输出通信器
Output Communicator Name: cos_steering_wheel_joint
Class: joint_for_motion
To Minor Role: any

Matching Name(s): steering_wheel_joint
In Template: _my_steering

Output Communicator Name: cos_steering_rack_joint
Class: joint_for_motion
To Minor Role: any
Matching Name(s): steering_rack_joint
In Template: _my_steering

通过通信器测试发现，不匹配的通信器大多在车身上，主要是因为车身是承载体，几乎所有的子系统都会与其有装配关系，因此车身结构体虽较为简单，但其承载的通信器较多，车身模板的建立主要集中在参数变量和通信器的建立。

2．转换部件

转换部件可以实现多个部件的拓扑联接，转换部件同时是一种无质量的部件。在装配过程中，转换部件会自动寻找系统同存在部件，随着系统组装的完成，转接部件会自动被删除。

（1）单击"Build"＞"Part"＞"Switch"＞"New"命令，弹出的创建转向中间轴部件对话框如图4.22所示。

（2）Switch Part Name（转换部件名称）：rack_house_mount。

（3）Coordinate Reference（参考坐标）：._my_steering.ground.cfs_rack_mount。

（4）Parts List（部件清单，可以输入一系列的可能连接的部件，最少为两个部件）：①._my_steering.mts_rack_to_body；②._my_steering.mts_rack_housing_to_suspension_subframe。

（5）Switch To Part（转接到部件，在部件清单中选择一个被转接件在当前固定的部件）：._my_steering.mts_rack_to_body。

（6）单击OK按钮，完成转接件sws_rack_house_mount的创建。

（7）单击"File"＞"Save As"命令，弹出的保存模板对话框如图4.23所示。

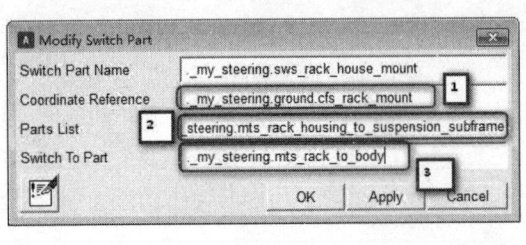
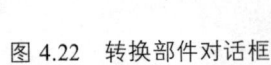
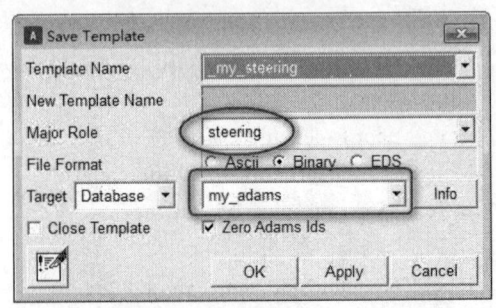

图4.22 转换部件对话框　　　　图4.23 保存转向系统模型

（8）Major Role（主特征）：steering。

（9）Database（保存数据库）：my_adams。

（10）单击OK按钮，完成左舵麦弗逊悬架模板的保存，此转向系统在我国应用较多，方向盘在左边，靠右行驶。

（11）单击"Build"＞"Hardpoind"＞"Table"命令，弹出的硬点修改对话框如图4.24所示。

（12）把方框中的参数值全部修改为300，单击Apply按钮，此时转变为右舵转向系统，如

图 4.25 所示，此转向系统在英国、日本、东南亚应用较多，车辆靠左行驶，方向盘在右边。方向盘为右舵，从整车行驶的安全性角度考虑，涉及人的因素，较为安全。

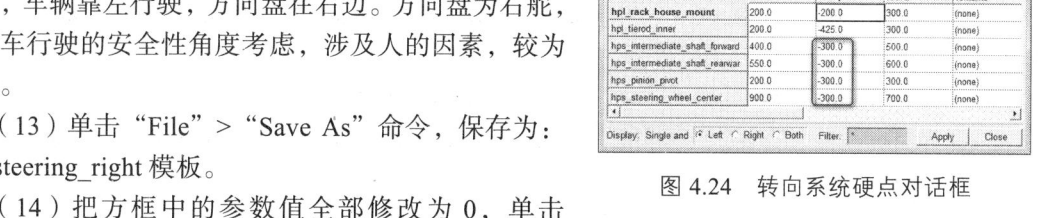

图 4.24 转向系统硬点对话框

（13）单击"File">"Save As"命令，保存为：my_steering_right 模板。

（14）把方框中的参数值全部修改为 0，单击 Apply 按钮，此时转变为中置转向系统，如图 4.26 所示，此转向系统在一些赛车上用得较多，如卡丁车、F3、F1 方程式赛车及一些比较特殊的超级跑车。

（15）单击"File">"Save As"命令，保存为：my_steering_mid 模板。

至此，齿轮齿条式转向系统的建立基本完成。此模型没有创建助力转向特性。系统共享数据库模型的转向系统助力特性是基于液压助力转向特性建立的。在 ADMAS 建立助力特性，其适用性不强，建议建立转向系统的联合仿真的模型，控制策略在 MATLAB 软件中实现，这样，其控制算法及控制细节问题可以更加精确。

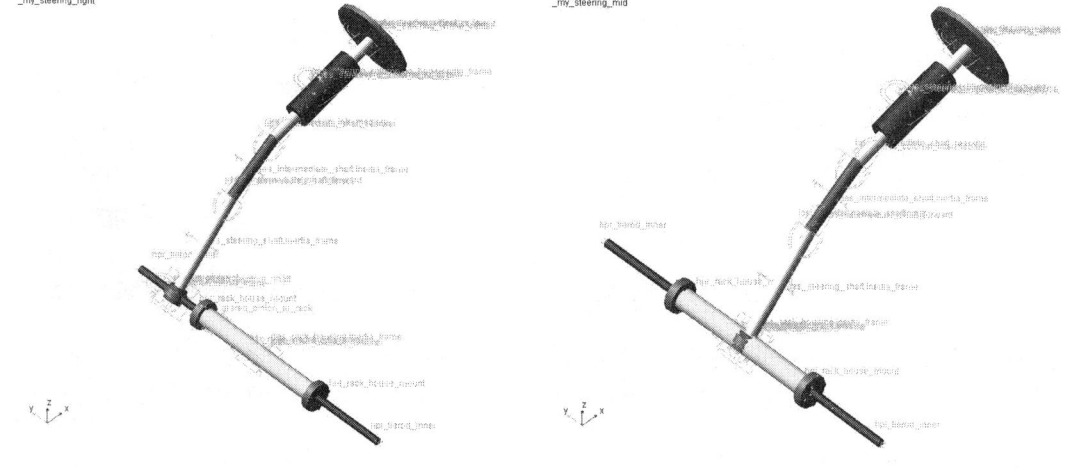

图 4.25 右舵转向系统　　　　图 4.26 中置转向系统

3．建立齿轮齿条转向子系统

（1）把模板转换到标准模式，单击"File">"New">"Subsystem"命令，弹出的子系统对话框如图 4.27 所示。

（2）Subsystem Name（系统名称）：my_steering_right。

（3）Minor Role（副特征）：front（指前轮为转向轮）。

（4）Template Name（模板路径）：mdids://my_adams/templates.tbl/_my_steering_right.tpl。

（5）单击 OK 按钮，完成齿轮齿条式转向子系统 my_steering_right 的创建。

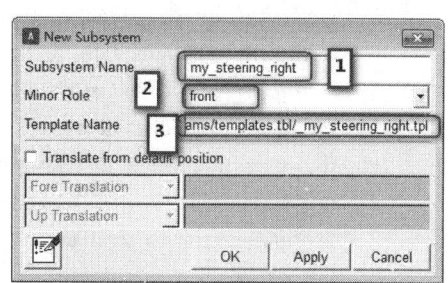

图 4.27 转向系统创建

4．转向系统与麦弗逊悬架系统装配

（1）单击"File">"New">"Suspension Amssembly"命令，弹出的转向装配对话框如图4.28所示。

（2）Amssembly Name（装配名称）：my_macpherson_steering。

（3）Suspension Subsystem（悬架子系统）：mdids://my_adams/subsystems.tbl/my_macpherson.sub。

（4）勾选Steering Subsystem，在悬架仿真中加入转向系统。

（5）Steering Subsystem（转向子系统）：mdids://my_adams/subsystems.tblmy_steering_right.sub。

（6）Suspension Test Rig：MDI_SUSPENSION_TESTRIG（悬架试验台）。

（7）单击OK按钮，完成麦弗逊悬架、转向系统、试验台架的装配创建，如图4.29所示。

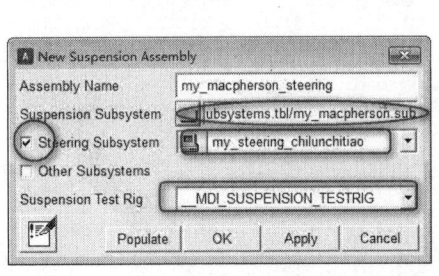
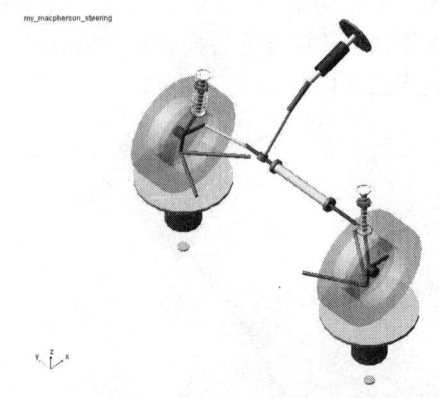

图4.28 转向系统与麦弗逊悬架装配对话框　　图4.29 转向系统与麦弗逊悬架装配模型

在创建悬架与齿轮齿条式转向系统及试验台的装配过程中，系统会弹出如下信息，信息包括装配模型子系统已经不匹配的通信器，系统间不匹配的通信器会自动与大地联接。装配信息如下：

Creating the suspension assembly: 'my_mac person_steering'...
Opening the front suspension subsystem: 'my_macpherson'...　（麦弗逊悬架系统）
Opening the front steering subsystem: 'my_steering_right'...　（右舵转向系统）
Assembling subsystems...
Assigning communicators...
WARNING: The following input communicators were not assigned during assembly:
　　testrig.cil_jack_frame (attached to ground)　　（联接到大地中的通信器）
　　testrig.cir_jack_frame (attached to ground)
　　testrig.cis_leaf_adjustment_steps
　　testrig.cis_powertrain_to_body (attached to ground)
　　my_macpherson.cil_strut_to_body (attached to ground)
　　my_macpherson.cir_strut_to_body (attached to ground)
　　my_macpherson.cis_subframe_to_body (attached to ground)
　　my_steering_right.cis_rack_to_body (attached to ground)
　　my_steering_right.cis_steering_column_to_body (attached to ground)

Assignment of communicators completed.
Assembly of subsystems completed.
　　　Suspension assembly ready.　　　（模型装配完成）

5．悬架载荷设定

（1）在悬架装配仿真模型上，右击弹簧，选择修改，弹出弹簧修改对话框如图4.30所示。

（2）点击1号圆圈图标，在弹出的菜单中输入预载荷2940（N），弹簧安装长度会自动更新为"146.905"。

（3）单击OK按钮，麦弗逊悬挂载荷定义完成。

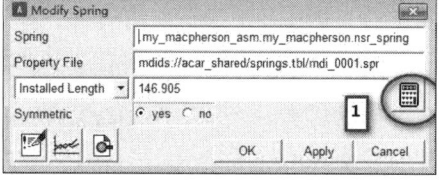

图4.30　弹簧修改对话框

6．悬架参数设置

（1）单击"Simulate"＞"Suspension Analysis"＞"Set Suspension Parametes"命令，弹出的悬架参数设置对话框如图4.31所示。

（2）Tire Model（轮胎模型）：Property File（轮胎以属性文件方式给出）。

（3）Tire Property File（轮胎属性文件）：mdids://acar_shared/tires.tbl/uat_car.tir；轮胎的相关参数可以在属性文件uat_car.tir修改后保存再引入。

（4）3号方框为簧载质量、质心高度及轴距参数，分别输入：1080、200、2670。此处大概为A+级车辆参数；

（5）Drive Ratio（% Front）：拖动滚动条为100，车辆为前轮前驱动。如果为后轮驱动汽车，则此时拖动滚动条为0；如果为四轮驱动汽车，具体应根据实际的驱动力进行分配。

（6）单击OK按钮，完成悬架转向装配系统相关参数的设置。

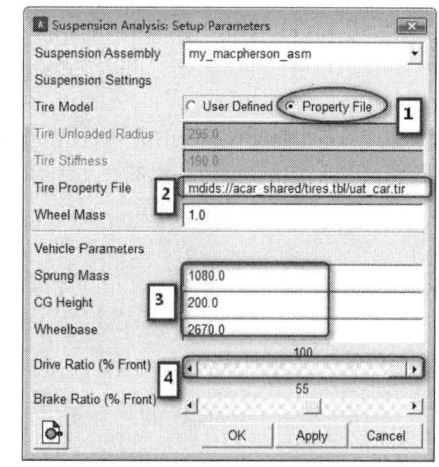

图4.31　悬架参数对话框

至此，齿轮齿条式转向系统与麦弗逊悬架系统装配模型的相关参数全部设置完成，之后可以进行装配系统的各种性能仿真实验。

4.4　转向仿真

传统的转向机构在设计过程中忽略转向机构与悬架系统之间的干涉问题，造成实际工况下的前轮定位参数变化过大，使操作稳定性下降。为提高实际工况下的转向性能，针对原地转向及车辆跳动工况进行相关仿真，检验阿克曼转角是否符合要求。

（1）单击"Simulate"＞"Suspension Analysis"＞"Steerring"命令，弹出的转向仿真对话框如图4.32所示。

（2）在1号方框中Output Prefix（输出别名）：s1。

（3）Number of Steps（仿真步数）：200。

（4）3号方框中分别输入：300、-300。分别指方向盘转动的上限与下限最大值设定，单位：度。

（5）4号方框中分别输入：50、-80。分别指左右车轮在转向时候固定的高度，负号指方向相反，若输入为0，表示左右车辆在原地进行左右转向，单位：长度（mm）。

（6）5号方框设定为Angle（方向盘转向角度）：当输入方向盘角度时，选择Angle；当转向值输入为齿轮齿条行程时，选择Length。

（7）单击OK按钮，完成转向系统与麦弗逊悬架装配体在C模式下的仿真。

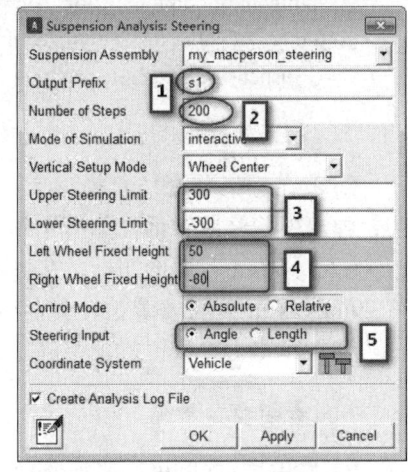

图4.32　转向仿真对话框

（8）按F8键，此时从标准进入后处理模块。

（9）Simulation（仿真结果）：s1_steering。

（10）Source（输出）：Result Set（结果设定）。

（11）Component：同时选择left\right。

（12）点击Date（数据），在弹出的对话框中选择"Request" > "steering_wheel_input"；"Component" > "steering_wheel_input"。

（13）单击OK按钮，把steering_wheel_input转向盘输入角度作为横坐标。

（14）Result Set（结果设定）：ackeerman、ackerman_angle、ackerman_error。

（15）勾选"Surf"，点击"Add Curves"。

（16）绘制左右车轮的阿克曼角、阿克曼角误差、车轮外倾角、主销后倾角如图4.33~4.36所示。

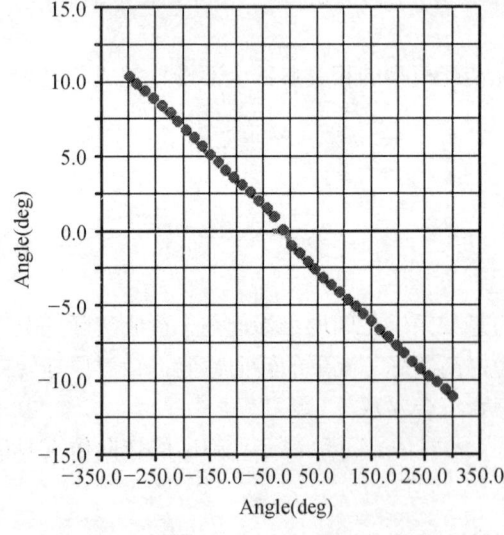

图4.33　左右阿克曼角

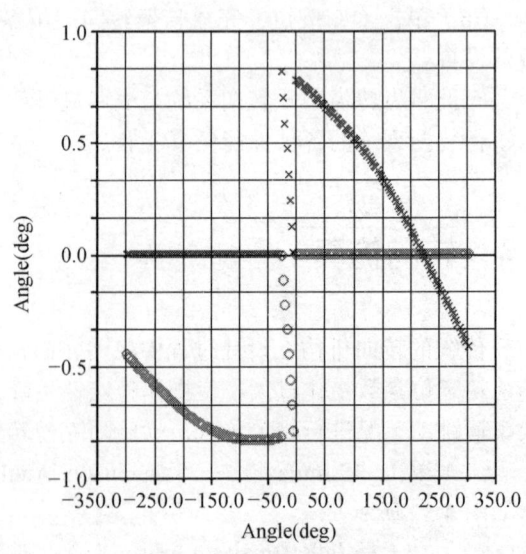

图4.34　左右阿克曼角误差

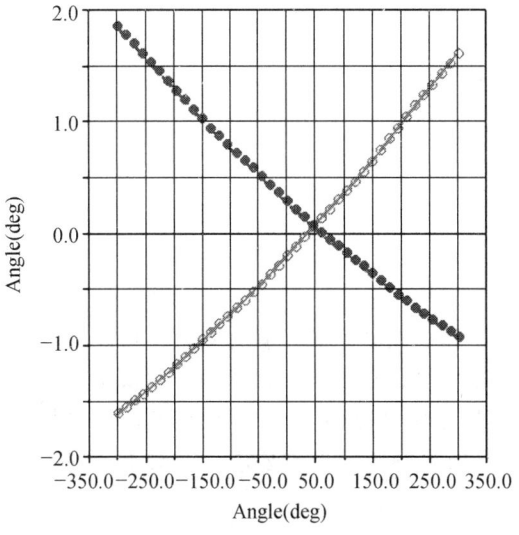 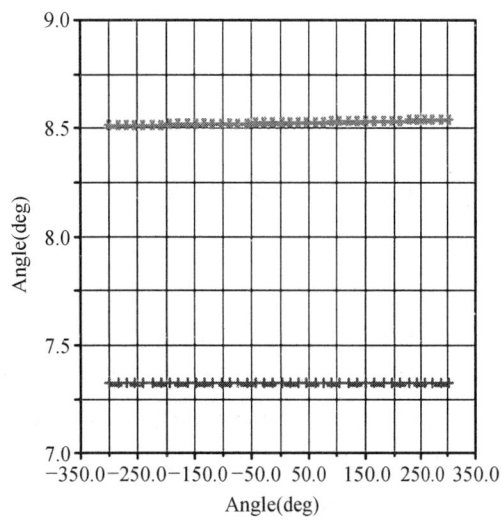

图 4.35　左右车轮外倾角　　　　　图 4.36　左右主销后倾曼角

第 5 章 路面模型

整车模型计算仿真的前提是必须在路面上进行。路面的状态类型较为繁多，可以适应不同计算工况的需要。在对整车制动系统进行评估时，需要设置对开及对接路面；对整车的平顺性计算仿真时，需要不同等级的路面及通过减速带、连续坑洼路面等。ADAMS\Car 模块共享数据库中 Road 文件夹中提供的路面文件足以满足日常所需的工况仿真要求，但对于一些特殊工况需要的路面仍需要读者自己建立。

5.1 路面类型简介

路面模型可以分为 2D 和 3D 路面模型。2D 路面接触通常采用点式跟踪法；3D 路面模型为三维轮胎-路面接触模型，用来计算路面和轮胎之间交义的体积，路面采用一系列离散的三角形片表示，而轮胎用一些列的圆柱表示。采用 3D 路面模型（或者称 3D 等效体积路面模型），可以模拟在车辆运动过程中碰到路边台阶、凹坑、粗糙路面及不规则路面上运动的情形。3D 等效体积路面模型如图 5.1 所示，此路面由 6 个节点构成 4 个三角形面单元，每个三角形单元向外的单位法向矢量如图 5.1 所示，与有限元网格中定义较为相似。ADAMS/Tire 在定义路面时，需要首先指定每个节点在路面参考坐标系下的坐标，再按顺序指定 3 个节点构成三角形单元，对应每个单元，可以指定不同的摩擦系数。除此之外还有 3D 光滑路面，用于定义停车场、赛道路面等，3D 光滑路面一般指路面的曲率小于轮胎的曲率。

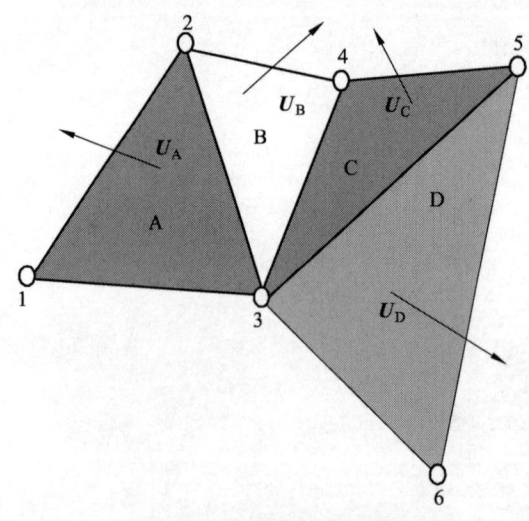

图 5.1 3D 等效体积路面模型

5.1.1 2D 路面类型

路面模型存储于共享数据库文件夹中，路径为：D:\MSC.Software\Adams_x64\2014\acar\shared_car_database.cdb\roads.tbl。2D 路面模型除平整路面 FLAT 外，其他路面在仿真时均不能显示几何图形。

DRUM：测试轮胎用转股试验台。
FLAT：平整路面。
PLANK：矩形凸块路面。
POLY_LINE：折线路面。
POT_HOLE：凹坑路面。
RAMP：斜坡路面。
ROOF：三角形凸块路面。
SINE：正弦波路面。
SINE_SWEEP：正弦波波纹路面。
STOCHASTIC_UNEVEN：随即不平路面。

（1）单击"Simulate"＞"Component Analysis"＞"consin/tiretlls"命令，弹出的 consin2014-3 插件对话框如图 5.2 所示。

（2）单击"File"＞"Open road"命令，弹出选择路面文件对话框，选择正弦波波纹路面 2d_sine_sweep.rdf。

（3）单击"打开"按钮，弹出 roadtools 工具对话框（见图 5.3）。

（4）单击显示按钮快捷方式，显示正弦波波纹路面，如图 5.4 所示，其余不同类型路面形状，读者可自行尝试打开观看。

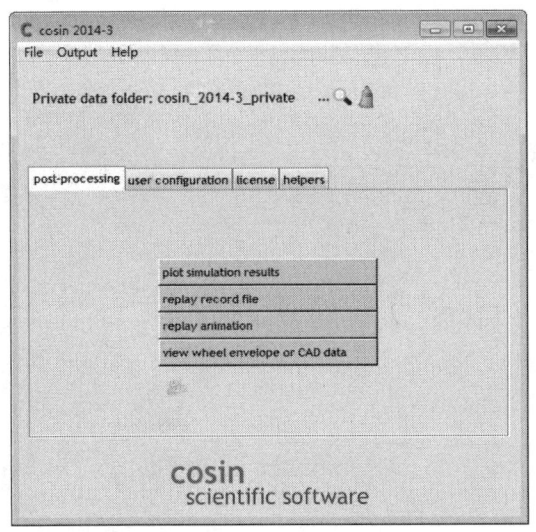

图 5.2 consin2014-3 插件

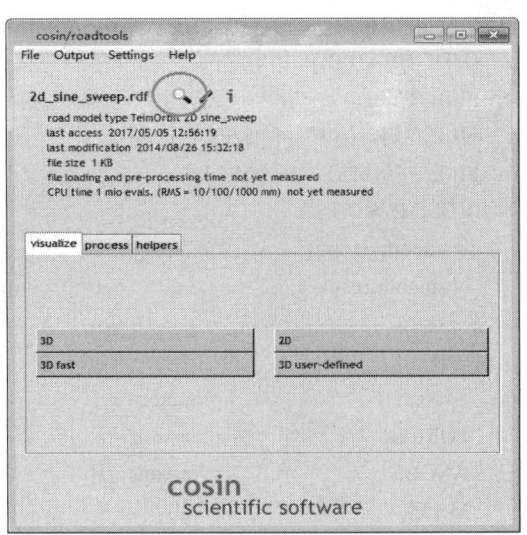

图 5.3 roadtools 工具对话框

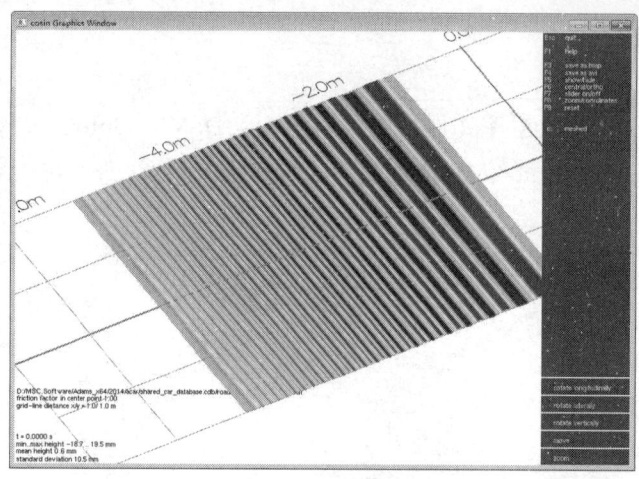

图 5.4 正弦波波纹路面

5.2 对开路面

对开路面主要用于车辆 ABS 制动状态下系统的仿真，以路面中轴线为界，左右两侧的路面摩擦系数不同。真实车辆在制动过程中，左右两侧车轮可能处在不同的路面上，可以模拟车辆在失控状态下整车的稳定性能。对开路面编辑以 3D 样条路面 mdi_3d_smooth_road.rdf 为模板，对路面左侧摩擦系数 MU_LEFT 与右侧路面摩擦系数 MU_RIGHT 进行更改；高低附路面以摩擦系数 0.5 为中间值，大于 0.5 为高附路面，小于 0.5 为低附路面，同时要求高低附路面摩擦系数比值大于等于 2。对 3D 样条路面 mdi_3d_smooth_road.rdf 进行局部修改，修改部分用下划线标注。修改好的路面另存为 mdi_3d_smooth_road_DK.rdf 文件，并将文件存放于章节文件夹中。

对开路面信息按如下方式修改：

```
$------------------------------------------------------------MDI_HEADER
[MDI_HEADER]
FILE_TYPE      =  'rdf'
FILE_VERSION   =  5.00
FILE_FORMAT    =  'ASCII'
(COMMENTS)
{comment_string}
'3d smooth road'
$------------------------------------------------------------UNITS
[UNITS]
 LENGTH              = 'meter'
 FORCE               = 'newton'
 ANGLE               = 'radians'
 MASS                = 'kg'
 TIME                = 'sec'
$------------------------------------------------------------DEFINITION
```

```
[MODEL]
 METHOD                  = '3D_SPLINE'
 FUNCTION_NAME           = 'ARC903'
 VERSION                 = 1.00
$------------------------------------------------------------ROAD_PARAMETERS
[GLOBAL_PARAMETERS]
 CLOSED_ROAD            = 'nO'
 SEARCH_ALGORITHM       = 'FaSt'
 ROAD_VERTICAL          = '0.0 0.0 1.0'
 FORWARD_DIR            =  'NORMAL'
 MU_LEFT                =  1.0
 MU_RIGHT               =  1.0
 WIDTH                  =  7.000
 BANK                   =  0.0


$------------------------------------------------------------DATA_POINTS
[DATA_POINTS]
{     X              Y              Z          WIDTH   BANK   MU_LEFT   MU_RIGHT }
 12.50000E+00   0.00000E-00    0.00000E-00    7.000   0.000    0.800     0.400
 10.50000E+00   0.00000E-00    0.00000E-00    7.000   0.000    0.800     0.400
  5.50000E+00   0.00000E-00    0.00000E-00    7.000   0.000    0.800     0.400
  0.50000E+00   0.00000E-00    0.00000E-00    7.000   0.000    0.800     0.400
  0.00000E+00   0.00000E-00    0.00000E-00    7.000   0.000    0.800     0.400
 -2.50000E+00   0.00000E-00    0.00000E-00    7.000   0.000    0.800     0.400
 -5.00000E+00   0.00000E-00    0.00000E-00    7.000   0.000    0.800     0.400
 -1.00000E+01   0.00000E-00    0.00000E-00    7.000   0.000    0.800     0.400
 -2.00000E+01   0.00000E-00    0.10000E-00    7.000   0.000    0.800     0.400
 -3.00000E+01   0.00000E-00    0.20000E-00    7.000   0.000    0.800     0.400
 -4.00000E+01   0.00000E-00    0.30000E-00    7.000   0.000    0.800     0.400
 -5.00000E+01   0.00000E-00    0.40000E-00    7.000   0.000    0.800     0.400
 -6.00000E+01   0.00000E-00    0.50000E-00    7.000   0.000    0.800     0.400
 -7.00000E+01   0.00000E-00    0.60000E-00    7.000   0.000    0.800     0.400
 -8.00000E+01   0.00000E-00    0.70000E-00    7.000   0.000    0.800     0.400
 -9.00000E+01   0.00000E-00    0.80000E-00    7.000   0.000    0.800     0.400
 -1.00000E+02   0.00000E-00    0.90000E-00    7.000   0.000    0.800     0.400
 -1.10000E+02   0.00000E-00    1.00000E+00    7.000   0.000    0.800     0.400
 -1.20000E+02   0.00000E-00    1.10000E+00    7.000   0.000    0.800     0.400
 -1.30000E+02   0.00000E-00    1.20000E+00    7.000   0.000    0.800     0.400
$------------------------------------------------------------END_DATA_POINTS
```

5.3 对接路面

对接路面同样用于车辆 ABS 制动状态下系统的仿真，对接路面以长度为单位作为一个整体，每个整体路面摩擦系数不同，以路面中轴线为界，对接路面编辑以 3D 样条路面 mdi_3d_smooth_road.rdf 为模板，经过某一个长度后（长度的大小可以对整车直线制动仿真进行估计）路面左右侧的摩擦系数同时变更，一般情况下变小；高低附路面以摩擦系数 0.5 为中间值，大于 0.5 为高附路面，小于 0.5 为低附路面，同时要求高低附路面摩擦系数比值大于等于 2；对 3D 样条路面 mdi_3d_smooth_road.rdf 进行局部修改，修改部分用下划线标注。修改好的路面另存为 mdi_3d_smooth_road_DJ.rdf 文件，将文件存放于章节文件夹中。

对接路面信息按如下方式修改：

```
$--------------------------------------------------------MDI_HEADER
[MDI_HEADER]
FILE_TYPE     =  'rdf'
FILE_VERSION  =   5.00
FILE_FORMAT   =  'ASCII'
(COMMENTS)
{comment_string}
'3d smooth road'
$--------------------------------------------------------UNITS
[UNITS]
 LENGTH              = 'meter'
 FORCE               = 'newton'
 ANGLE               = 'radians'
 MASS                = 'kg'
 TIME                = 'sec'
$--------------------------------------------------------DEFINITION
[MODEL]
 METHOD              = '3D_SPLINE'
 FUNCTION_NAME       = 'ARC903'
 VERSION             = 1.00
$--------------------------------------------------------ROAD_PARAMETERS
[GLOBAL_PARAMETERS]
 CLOSED_ROAD         = 'nO'
 SEARCH_ALGORITHM    = 'FaSt'
 ROAD_VERTICAL       = '0.0 0.0 1.0'
 FORWARD_DIR         =  'NORMAL'
 MU_LEFT             =  1.0
 MU_RIGHT            =  1.0
 WIDTH               =  7.000
 BANK                =  0.0
$--------------------------------------------------------DATA_POINTS
[DATA_POINTS]
{     X             Y             Z         WIDTH  BANK  MU_LEFT  MU_RIGHT }
12.50000E+00  0.00000E-00  0.00000E-00   3.000  0.000   0.900     0.900
```

10.50000E+00	0.00000E-00	0.00000E-00	3.000 0.000	0.900	0.900
5.50000E+00	0.00000E-00	0.00000E-00	3.000 0.000	0.900	0.900
0.50000E+00	0.00000E-00	0.00000E-00	3.000 0.000	0.900	0.900
0.00000E+00	0.00000E-00	0.00000E-00	3.000 0.000	0.900	0.900
-2.50000E+00	0.00000E-00	0.00000E-00	3.000 0.000	0.900	0.900
-5.00000E+00	0.00000E-00	0.00000E-00	3.000 0.000	0.900	0.900
-1.00000E+01	0.00000E-00	0.00000E-00	3.000 0.000	0.300	0.300
-2.00000E+01	0.00000E-00	0.10000E-00	3.000 0.000	0.300	0.300
-3.00000E+01	0.00000E-00	0.20000E-00	3.000 0.000	0.300	0.300
-4.00000E+01	0.00000E-00	0.30000E-00	3.000 0.000	0.300	0.300
-5.00000E+01	0.00000E-00	0.40000E-00	3.000 0.000	0.300	0.300
-6.00000E+01	0.00000E-00	0.50000E-00	3.000 0.000	0.300	0.300
-7.00000E+01	0.00000E-00	0.60000E-00	3.000 0.000	0.300	0.300
-8.00000E+01	0.00000E-00	0.70000E-00	3.000 0.000	0.300	0.300
-9.00000E+01	0.00000E-00	0.80000E-00	3.000 0.000	0.300	0.300
-1.00000E+02	0.00000E-00	0.90000E-00	3.000 0.000	0.300	0.300
-1.10000E+02	0.00000E-00	1.00000E+00	3.000 0.000	0.300	0.300
-1.20000E+02	0.00000E-00	1.10000E-00	3.000 0.000	0.300	0.300
-1.30000E+02	0.00000E-00	1.20000E-00	3.000 0.000	0.300	0.300

$---END_DATA_POINTS

5.4 减速带路面

减速带主要设置在路口、学校、小区门口等车流量较多、人口较为密集的地方，以提示车辆减速慢行，注意安全。减速带规格类型较多，此案例采用的减速带规格为 $250 \times 350 \times 50$（长 × 宽 × 高），其中减速带断面参数为 350×50；通过 ADAMS\Car 建立减速带模型，模拟 FSAE 赛车通过减速整车的运动状态。

（1）单击 "Simulate" > "Full-Vehicle Analyses" > "Road builder" 命令，弹出的路面构建对话框如图 5.5 所示。对话框主要包含四个部分：路面文件、标题栏、路面文件版本信息和路面单位信息。

（2）Road File：D:\MSC.Software\Adams_x64\2014\acar\shared_car_database.cdb\roads.tbl\road_3d_sine_example.xml。

（3）在路面文件中输入上述路径，路面建模器打开后默认存在，也可以点击后面的文件快捷方式输入其他路面文件。界面其余设置均保持默认设置。

（4）单击 Obstacle（障碍物，包括凸块路面、凹坑路面、三角形凸台路面等）选项卡，此时图 5.5 转换成障碍物路面设置界面，如图 5.6 所示。

（5）Obstacle Type：plank，障碍物选择凸块路面。

（6）Wtdth（路面宽度）：12，单位：m。减速带宽度与路面宽度相同，路面宽度可以用记事本打开 road_3d_sine_example.xml 查询。

（7）Length（减速带断面宽度）：0.35，单位：m。

(8) Friction（摩擦系数）: 0.9。
(9) Height（减速带高度）: 0.05，单位: m。

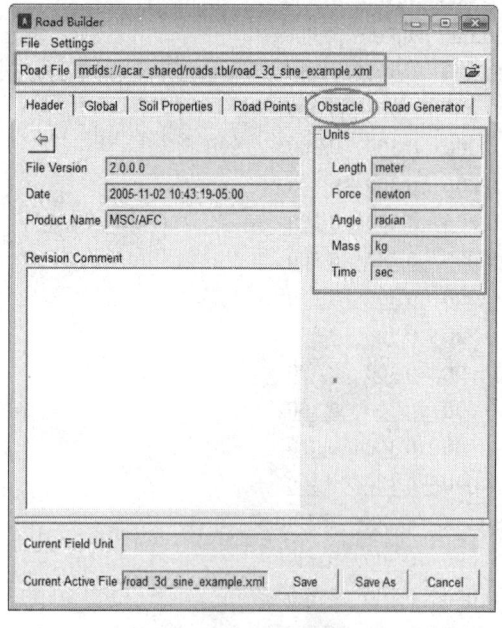

图 5.5　路面构建对话框　　　　图 5.6　路面障碍对话框

(10) Bevel Edge Length（凸块倒角变长度，默认角度为 45°）: 0，单位: m。
(11) 其余保持默认设置，单击 Save As 标签，另存为 road_3d_sine_example_ JIANSUDAI.xml。存储路径为: D:\fsae_MD_2010.cdb\roads.tbl\ road_3d_sine_example_JIANSUDAI.xml。减速带路面模型如图 5.7 所示。

5.5　单线移仿真

(1) 单击"Simulate" > "Full-Vehicle Analysis" > "Open-Loop Steering Events" > "Single Lane Change"命令，弹出的单线移仿真对话框如图 5.8 所示。

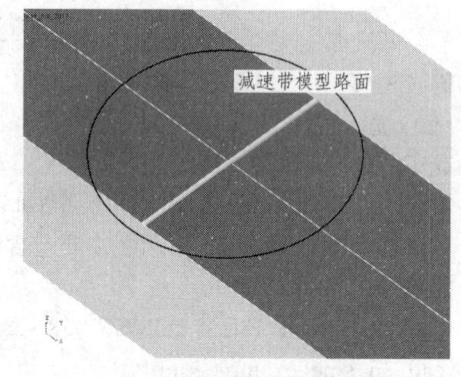

图 5.7　减速带路面模型

(2) Output Prefix（输出别名）: FSAE_single_lane。
(3) End Time: 10。
(4) Number Of Steps: 1000。
(5) Simulation Mode（仿真类型）: interactive。
(6) Road Date File: mdids://FASE/roads.tbl/road_3d_sine_example_JIANSUDAI.xml。
(7) Initial Velocity（初始速度）: 50。
(8) Gear Position（挡位）: 4 挡。
(9) Maximum Steer Value（方向盘输入最大角度）: 90，单位: 度。

（10）Start Time：2。
（11）Cycle length（转向时间）：1。
（12）Steering Input（转向输入）：Angle。
（13）其余设置保持默认，单击 OK 按钮，完成单线移仿真设置并提交软件进行计算。

仿真正确且结束后，查看车身的垂向加速度与侧向加速度，根据数据评估 FSAE 整车运行状态及稳定性。查看数据有两种方法，一种是直接在后处理模块中查询，另一种是直接在标准窗口界面建立测量函数进行测量。

（1）标准窗口界面右击选择.fsae_full_2017.FSAE_Body_2017.ges_chassis > Measure，弹出测量对话框。

（2）Measure Name：chassis_acc_Z。
（3）Characteristic：CM acceleration。
（4）Component：Z。
（5）单击 Apply 按钮，完成 FSAE 赛车的垂向加速度的测量，如图 5.9 所示。
（6）Measure Name：chassis_acc_Y。
（7）Component：Y。
（8）其余保持默认设置，单击 OK 按钮，完成 FSAE 赛车的侧向加速度的测量，如图 5.10 所示。

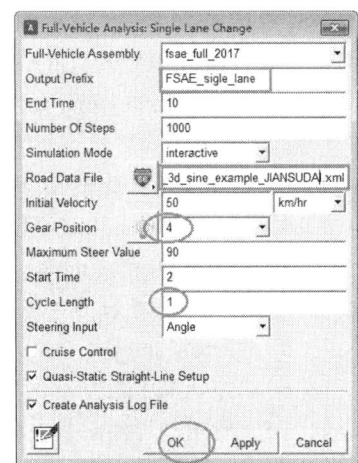

图 5.8 单线移仿真设置对话框

从仿真结果可以看出，FSAE 赛车在减速度瞬间，车身垂直方向产生剧烈振动，最大值接近 2.5g，车身侧向加速度最大值接近 1.5g，在负方向伴有高频振动趋势（线条变化并不光滑）。

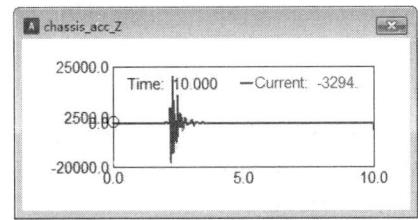 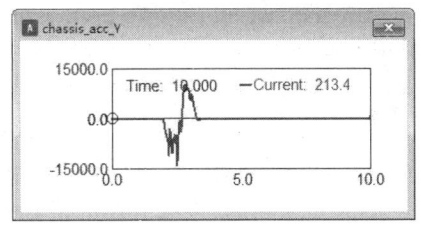

图 5.9 车身垂向加速度　　　　图 5.10 车身侧向加速度

单线移仿真应注意以下事项：
单线移在仿真时可能出现错误，但能完成仿真。出现此种问题的主要原因是：转向时间（Cycle length）设置过大，整车在转向过程中方向盘转向时间过长，整车行驶出宽度为 12 m 的路面跌落到空中。解决此问题的方法：①需要多次尝试设置不同 Cycle length 值进行仿真，并根据整车运行的动画进行评估，确定合适值；②更换平整路面 FLAT，平整路面的长宽大小值可以在路面文件中进行修改；③可以多次尝试使 FSAE 赛车从不同的角度四个车轮先后通过减速带，Cycle length 设置为 1 可以满足要求。

5.6 连续障碍路面

整车在高速路上行驶时，会存在多个连续减速带提示驾驶员与前车保持合适的车距。在整车设计量产之前，需要对整车的性能进行评估，也需要整车在随机不平路面上或者连续障碍路面上行驶。连续 3 个减速带路面创建如下，其他障碍路面创建也可参考创建。

（1）单击"Simulate"＞"Full-Vehicle Analyses"＞"Road builder"命令，弹出的路面构建对话框如图 5.5 所示。

（2）Road File：D:\fsae_MD_2010.cdb\roads.tbl\ road_3d_sine_example_JIANSUDAI.xml。

（3）单击"Obstacle"选项卡。

（4）单击"Display table view"，显示连续障碍路面设置对话框，如图 5.11 所示。

（5）Name：sine_1。

（6）单击 Add 按钮，双击列表中的 sine_1 界面转换成如图 5.6 所示的界面。

（7）Obstacle Type：plank，障碍物选择凸块路面。

（8）Wtdth（路面宽度）：12，单位：m。减速带宽度与路面宽度相同，路面宽度可以用记事本打开 road_3d_ sine_example.xml 进行查询。

（9）Length（减速带断面宽度）：0.35，单位：m。

（10）Friction（摩擦系数）：0.9。

（11）Height（减速带高度）：0.05，单位：m。

（12）Start Location：Loc X 下列方框输入 –40。

（13）Stop Location：Loc X 下列方框输入 –50。

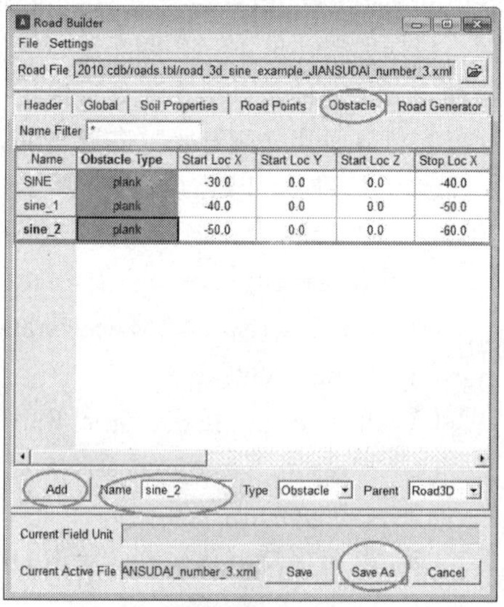

图 5.11　路面连续障碍设置对话框

（14）单击"Display table view"，重复一次上述过程。

（15）Name：sine_2。

（16）Start Location：Loc X 下列方框输入 –50。

（17）Stop Location：Loc X 下列方框输入 –60。

（18）其余保持默认设置，单击 Save As 标签，另存为 road_3d_sine_example_JIANSUDAI_number_3.xml。存储路径为 D:\fsae_MD_2010.cdb\roads.tbl\ road_3d_sine_example_JIANSUDAI_number_3.xml。连续减速带路面模型如图 5.12 所示。

5.7　匀速直线行驶仿真

（1）单击"Simulate"＞"Full-Vehicle Analysis"＞"Straight-Line Events"＞"Maintain"命令，弹出的匀速直线行驶仿真对话框如图 5.13 所示。

（2）Output Prefix（输出别名）：FSAE_ Straight_Line。

（3）End Time：10。

（4）Number Of Steps：1000。

（5）Simulation Mode（仿真类型）：interactive。

（6）Road Date File: mdids://FASE/roads.tbl/road_3d_sine_example_JIANSUDAI_number_3.xml。

（7）Initial Velocity（初始速度）：50。

第 5 章 路面模型

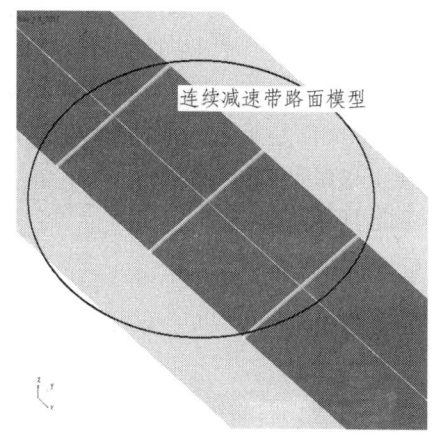

图 5.12 连续减速带路面模型

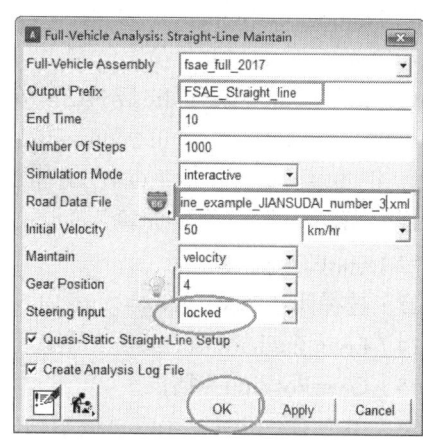

图 5.13 匀速行驶仿真对话框

（8）Gear Position（挡位）：4 挡。
（9）Steering Input（转向输入）：Locked。
（10）其余设置保持默认，单击 OK 按钮，完成匀速直线行驶仿真设置并提交软件进行计算。
（11）标准窗口界面右击选择.fsae_full_2017.FSAE_Body_2017.ges_chassis > Measure，弹出测量对话框。
（12）Measure Name：Maintain_chassis_acc_Z。
（13）Characteristic：CM acceleration。
（14）Component：Z。
（15）单击 OK 按钮，完成 FSAE 赛车在匀速仿真下垂向加速度的测量，如图 5.14 所示。

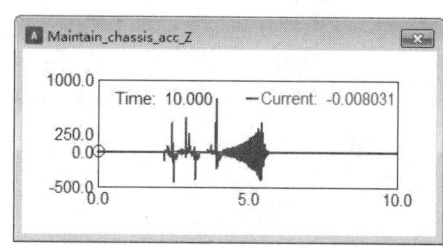

图 5.14 车身垂向加速度_Maintain

5.8 直线制动系统仿真

（1）启动 ADAMS/Car，选择 Standard 标准模块进入界面。
（2）单击 "File" > "Open" > "Assembly" 命令，弹出装配打开对话框。
（3）Assembly Name：mdids://FASE/assemblies.tbl/fsae_full_2017.asy。
（4）单击 OK 按钮，完成方程式赛车整车模型的打开。
（5）单击 "Simulate" > "Full-Vehicle Analysis" > "Straight-Line Event" > "Braking" 命令，弹出的制动仿真对话框如图 5.15 所示。
（6）Output Prefix（输出别名）：brake_line。
（7）End Time：10。

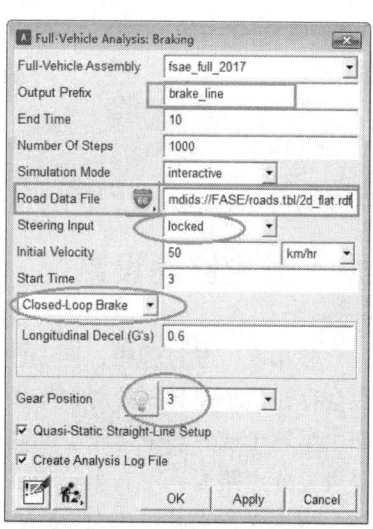

图 5.15 直线制动仿真对话框

（8）Number Of Steps：1000。

（9）Simulation Mode（仿真类型）：interactive。

（10）Road Date File: mdids://FASE/roads.tbl/2d_flat.rdf，此处也可以导入 Car 模块中共享数据库中的路面 mdids://acar_shared/roads.tbl/2d_flat.rdf，路面文件是相同的，为了方程式赛车建模方便，把共享数据库中的 ROAD 文件复制到方程式赛车数据库中即可。

（11）Steering Input（转向输入）：lock，转向时保持转向锁定。

（12）Start Time：3。

（13）选择闭环制动模式：Closed-Loop Bbrake。

（14）Longitudinal Decel(G's)（制动时侧向加速度）：0.6。

（15）Gear Position（挡位）：3 挡。

（16）单击 OK 按钮，完成直线制动仿真设置并提交软件进行计算。

（17）计算提示完成后，右击选择 General Part：FSAE_Body_2017.ges_chassis > Measure，弹出部件测量对话框。

（18）Characteristic：CM position。

（19）Component：Y。

（20）单击 OK 按钮，完成车身制动过程中侧向偏移量：.fsae_full_2017.ges_chassis_MEA_1 的设置。方程赛车制动过程中，如果车身侧向滑移量小，则说明在制动过程中车身稳定性较好，直线制动车身侧向滑移率计算结果如图 5.16 所示。

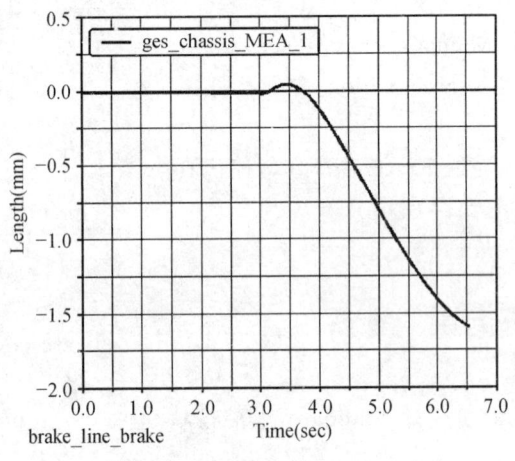

图 5.16　车身侧向滑移量_Y

5.9　分离路面设置

整车在行驶过程中，四个轮胎接触的路面不可能完全相同，即使是在良好的一级路面上，也会存在微小差异。针对整车的制动特性，在一些特殊路面（如雨地、雪地、坑洼泥泞路面），四个车轮（或者多个车轮）与路面接触不可能具有相同的摩擦系数。因此，有必要在虚拟仿真时设置分离路面，左右车轮或者四个车轮设置不同的摩擦系数。

根据文件夹路径 D:\fsae_MD_2010.cdb\roads.tbl，用记事本打开平整路面文件 2d_flat.rdf，其信息如下，在 PARAMETERS 栏修改 MU=0.5，保存文件重命名为 2d_flat_mu_0.5.rdf。

第 5 章 路面模型

平整路面信息如下：

```
$------------------------------------------------------------MDI_HEADER
[MDI_HEADER]
 FILE_TYPE       =  'rdf'
 FILE_VERSION    =  5.00
 FILE_FORMAT     =  'ASCII'
(COMMENTS)
{comment_string}
'flat 2d contact road for testing purposes'
$------------------------------------------------------------UNITS
[UNITS]
 LENGTH              = 'mm'
 FORCE               = 'newton'
 ANGLE               = 'radians'
 MASS                = 'kg'
 TIME                = 'sec'
$------------------------------------------------------------MODEL
[MODEL]
 METHOD              = '2D'
 FUNCTION_NAME       = 'ARC901'
 ROAD_TYPE           = 'flat'
$------------------------------------------------------------GRAPHICS
[GRAPHICS]
 LENGTH              = 160000.0
 WIDTH               = 80000.0
 NUM_LENGTH_GRIDS    = 16
 NUM_WIDTH_GRIDS     = 8
 LENGTH_SHIFT        = 10000.0
 WIDTH_SHIFT         = 0.0          %此栏参数也可以修改，用以改变路面的大小
$------------------------------------------------------------PARAMETERS
[PARAMETERS]
 MU                  = 0.5          %可修改的轮胎与路面的接触摩擦系数，范围在 0~1；
$------------------------------------------------------------REFSYS
[REFSYS]
 OFFSET                        = 0.0 0.0 0.0
 ROTATION_ANGLE_XY_PLANE       = 0.0
```

（1）单击"Simulate" > "Full-Vehicle Analyses" > "Vehicle Set-Up" > "Set Road for individual Tires"命令，弹出的分离轮胎路面数据文件对话框如图 5.17 所示。

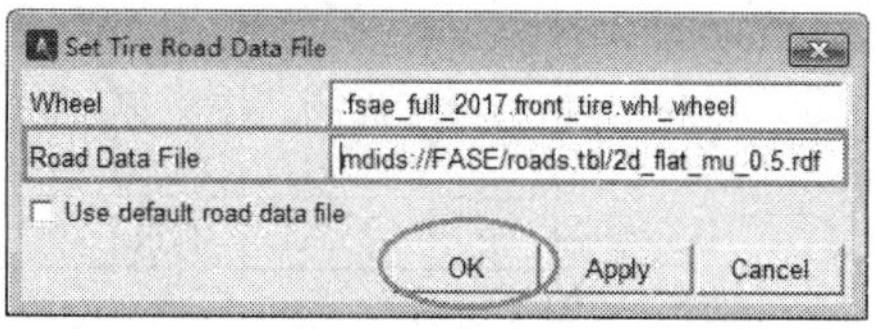

（2）Wheel：.fsae_full_2017.front_tire.whl_wheel，方框中右击"Wheel" > "Pick"进行选择。

图 5.17 分离轮胎路面设置对话框

（3）不勾选使用路面默认文件"Use default road date file"。

（4）Road Date File：mdids://FASE/roads.tbl/2d_flat_mu_0.5.rdf。

（5）单击 Apply 按钮，完成左前轮轮胎路面的设置。

（6）Wheel：.fsae_full_2017.rear_tire.whl_wheel，方框中右击"Wheel"＞"Pick"进行选择。

（7）不勾选使用路面默认文件"Use default road date file"。

（8）Road Date File：mdids://FASE/roads.tbl/2d_flat_mu_0.5.rdf。

（9）单击 OK 按钮，完成左后轮轮胎路面的设置。

5.10 分离轮胎路面直线制动仿真

（1）单击"Simulate"＞"Full-Vehicle"＞"Straight-Line Event"＞"Braking"命令，弹出的制动仿真对话框如图 5.18 所示。

（2）Output Prefix（输出别名）：brake_line_individual。

（3）其余选项保持默认设置。

（4）单击 OK 按钮，完成分离轮胎路面直线制动仿真的设置并提交软件进行计算。

（5）计算提示完成后，右击选择 General Part：FSAE_Body_2017.ges_chassis ＞ Measure，弹出部件测量对话框。

（6）Characteristic：CM position。

（7）Component：Y。

（8）单击 OK 按钮，完成分离轮胎路面直线制动车身侧向偏移量.fsae_full_2017.ges_chassis_MEA_2，把.fsae_full_2017.ges_chassis_MEA_1 与.fsae_full_2017.ges_chassis_MEA_2 在同一幅图中显示，可以看出分离轮胎路面制动时，车身已经产生严重的侧向滑移，制动稳定性丧失，如图 5.19 所示。

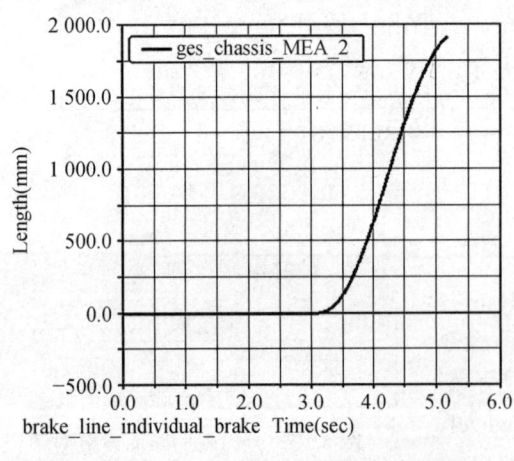 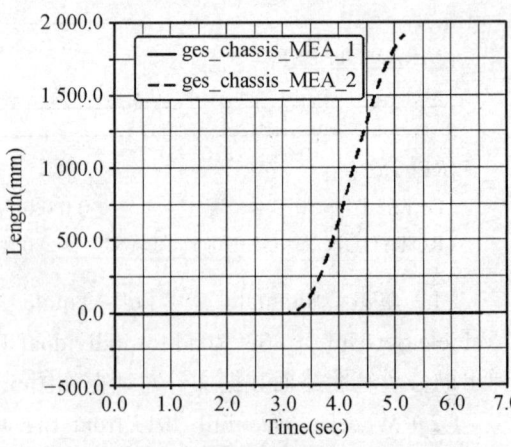

图 5.18 分离轮胎路面制动时车身侧向滑移量（Y） 　　图 5.19 车身侧向滑移量对比图（Y）

第 5 章 路面模型

5.11 弯道制动系统仿真

（1）单击"Simulate">"Full-Vehicle">"Cornering Event">"Braking-In-Turn"命令，弹出的弯道制动仿真对话框如图 5.20 所示。

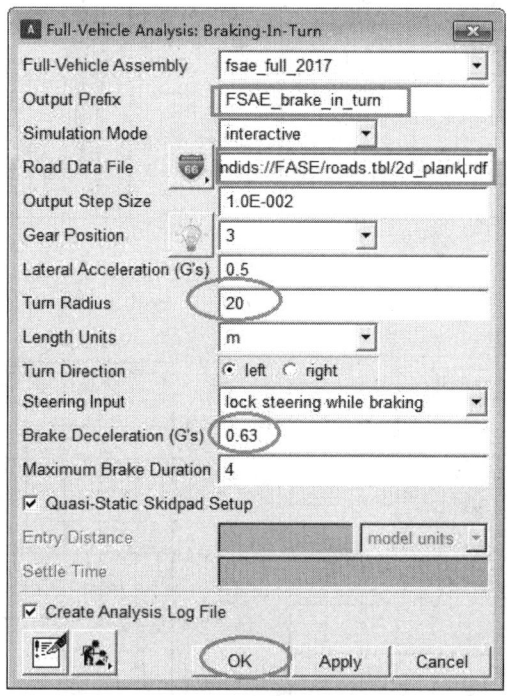

图 5.20 弯道制动仿真设置

（2）Prefix（输出别名）：abs_consimulation。
（3）Simulation Mode（仿真类型）：files_only。
（4）Road Date File: mdids://acar_shared/roads.tbl/2d_flat.rdf。路面为共享数据库中的路面，此处可以选择其他路面模型或者编写的路面模型，包括对开路面、对接路面等。
（5）Output Step Size（计算步长）：5.0E-002。
（6）Gear Position（挡位）：3 挡。
（7）Lateral Acceleration(G's)（制动时侧向加速度）：0.5。
（8）Turn Radiud（转弯半径）：15。
（9）Length Units（长度单位）：m。
（10）Steering Input（转向输入）：lock steering while braking，转向时保持转向锁定。
（11）Brake Decelaeration(G's)（制动时减速度）：0.63。
（12）Maximum Brake Duration（制动时间）：4；
（13）单击 OK 按钮，完成弯道制动的设置并提交软件进行计算。
（14）按 F8 键进入后处理模块，显示弯道制动模式下车身侧向加速度、垂向加速度如图 5.21 和图 5.22 所示。左前轮、右后轮滑移率如图 5.23 和图 5.24 所示，从滑移率可以看出，左前轮产生抱死现象，右后轮也会产生滑移，车辆失去稳定性。

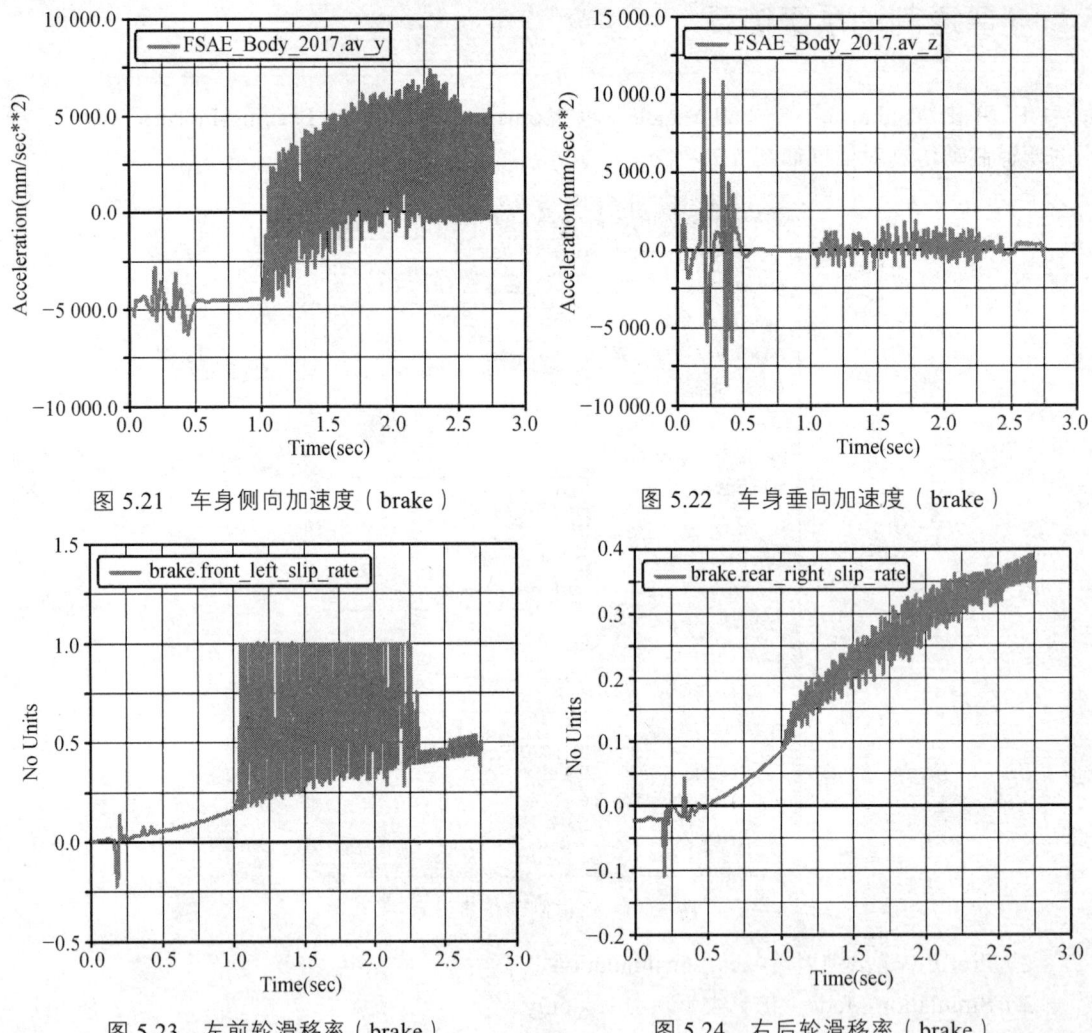

图 5.21 车身侧向加速度（brake）　　　图 5.22 车身垂向加速度（brake）

图 5.23 左前轮滑移率（brake）　　　图 5.24 右后轮滑移率（brake）

第6章 制动系统

制动系统的好坏直接关系到整车的安全特性。整车在制动过程中的制动力减速度与制动距离、制动时方向的稳定性及制动盘的抗热衰退性能是衡量制动系统的几个重要指标。制动盘的抗热衰退性能需要借助有限元软件进行模拟。制动减速度及制动距离、制动时方向的稳定性可以采用 ADAMS 多体动力学软件下的整车模型进行模拟。ABS 是现在乘用车与商用车的标准配置之一，制动系统多体模型与 MATLAB 控制软件结合可以模拟不同控制算法下制动系统的制动效能。制动系统中制动力矩的关键在于制动力矩函数的构造，可以在原有函数的基础上根据设计的要求增加或者减少状态变量项，即考虑最终制动力矩由哪些参数决定。制动盘的直径大小、接触面积、摩擦系数等参数可以通过变量参数直接修改，它们会影响制动力矩的大小。制动系统建模也推荐采用共享数据库中的制动模板，根据实际需求对制动模型中的有关参数进行修改。制动系统模型如图 6.1 所示。

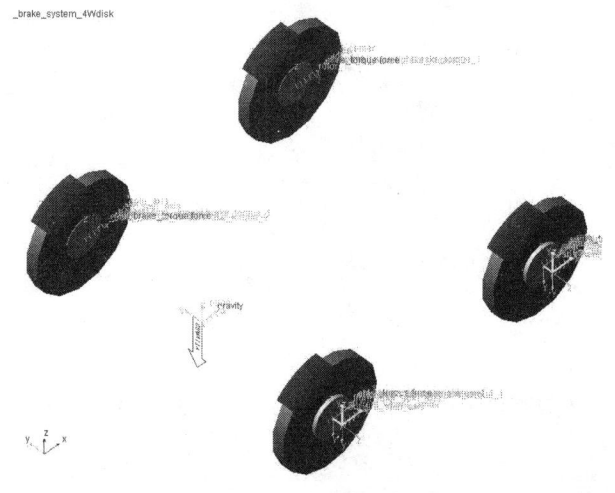

图 6.1 制动系统模型

6.1 制动系统简介

基于 ADAMS 整车环境模式下对制动系统进行研究可以取得较好的效果，其仿真结果可以作为设计制造制动器的依据，同时也可以验证不同制动控制算法的优劣。对制动系统建模的关键是要充分考虑影响制动力矩的因素，ADAMS/Car 中四轮制动系统中（左前轮）制动力矩函数如下：

2.0*._brake_system_4Wdisk.pvs_front_piston_area*._brake_system_4Wdisk.pvs_front_brake_bias*VARVAL(._brake_system_4Wdisk.cis_brake_demand_adams_id)*._brake_system_4Wdisk.force_to_pressure_cnvt*._brake_system_4Wdisk.pvs_front_brake_mu*._brake_system_4Wdisk.pvs_front_effective_piston_radius*STEP(VARVAL(._brake_system_4Wdisk.left_front_wheel_omega),-10D,1,10D,-1)

以左前轮制动力矩函数为例，式中：

（1）._brake_ABS.pvs_front_piston_area：制动缸活塞有效面积。

（2）._brake_ABS.pvs_front_brake_bias：前轴系制动力分配系数。

（3）VARVAL(._brake_ABS.cis_brake_demand_adams_id)：制动踏板力。

（4）._brake_ABS.force_to_pressure_cnvt：换算系数，将制动踏板力直接转化为制动总管液体介质压强，默认为 0.1。

（5）._brake_ABS.pvs_front_brake_mu：制动器摩擦系数。

（6）._brake_ABS.pvs_front_effective_piston_radius：制动油缸在制动盘上的作用半径。

（7）STEP(VARVAL(._brake_ABS.left_front_wheel_omega),-10D,1,10D,-1)：阶跃函数，确保制动力矩与车轮旋转方向相反。

ADAMS/Car 中商用牵引车三轴系制动系统中（6×4）制动力矩函数及牵引车附加拖车（5轴系）制动力矩函数同上述相同，其制动系统模型如图 6.2 和图 6.3 所示。

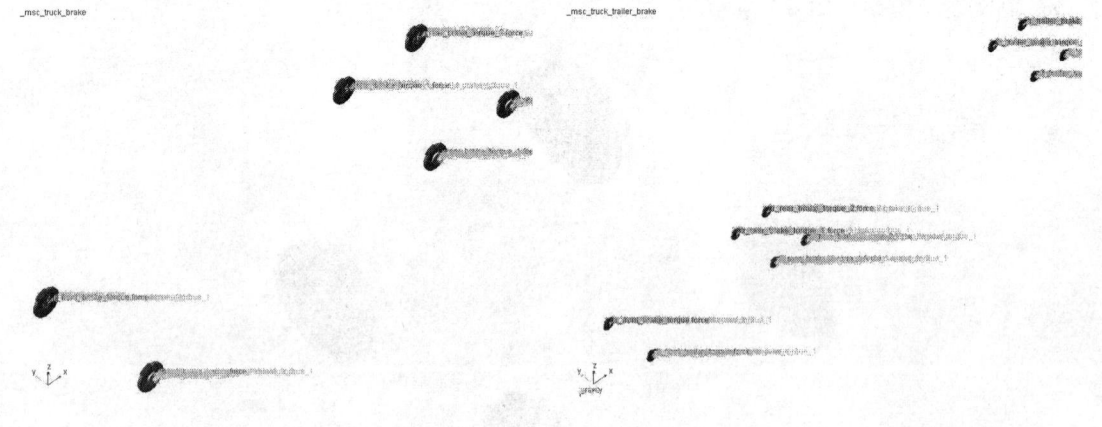

图 6.2　商用车制动系统模型　　　　图 6.3　商用车附带拖车制动系统模型

6.2　制动系统变量参数及通信器

制动系统的变量参数及输入/输出通信器如表 6.1 和表 6.2 所示，在研究制动系统时，可以根据真实的制动系统的数据更改状态量的参数值，包含制动系统的几何参数、摩擦系数等。

表 6.1　制动系统变量参数

参数名	对称性	类型	值
kinematic_flag	single	integer	0
front_brake_bias	single	real	0.6

续表

参数名	对称性	类型	值
front_brake_mu	single	real	0.4
front_effective_piston_radius	single	real	135.0
front_piston_area	single	real	2 500.0
front_rotor_hub_wheel_offset	single	real	25.0
front_rotor_hub_width	single	real	40.0
front_rotor_width	single	real	−25.0
max_brake_value	single	real	100.0
rear_brake_mu	single	real	0.4
rear_effective_piston_radius	single	real	120.0
rear_piston_area	single	real	2 500.0
rear_rotor_hub_wheel_offset	single	real	25.0
rear_rotor_hub_width	single	real	40.0
rear_rotor_width	single	real	−25.0

表 6.2 制动系统输入/输出通信器

通信器名称	类型	特征
ci[lr]_front_camber_angle	parameter_real	front
ci[lr]_front_rotor_to_wheel	mount	front
ci[lr]_front_suspension_upright	mount	front
ci[lr]_front_tire_force	force	front
ci[lr]_front_toe_angle	parameter_real	front
ci[lr]_front_wheel_center	location	front
ci[lr]_rear_camber_angle	parameter_real	rear
ci[lr]_rear_rotor_to_wheel	mount	rear
ci[lr]_rear_suspension_upright	mount	rear
ci[lr]_rear_tire_force	force	rear
ci[lr]_rear_toe_angle	parameter_real	rear
ci[lr]_rear_wheel_center	location	rear
cis_brake_demand	solver_variable	any
cos_max_brake_value	parameter_real	inherit

6.3 FSAE 赛车 Braking 文件驱动仿真

（1）启动 ADAMS/Car，选择 Standard 标准模块进入界面。

（2）单击"File">"Open">"Assembly"命令，弹出装配打开对话框。

（3）Assembly Name：mdids://FASE/assemblies.tbl/fsae_full_2017.asy。

（4）单击 OK 按钮，完成方程式赛车整车模型的打开。

（5）单击"Simulate">"Full-Vehicle Analysis">"Straight-Line Event">"Braking"命令，弹出制动仿真对话框。

（6）Output Prefix（输出别名）：B_line。

（7）End Time：10。

（8）Number Of Steps：1000。

（9）Simulation Mode（仿真类型）：interactive。

（10）Road Date File: mdids://FASE/roads.tbl/2d_flat.rdf。

（11）Steering Input（转向输入）：lock，转向时保持转向锁定。

（12）Start Time：4。

（13）选择闭环制动模式：Closed-Loop Bbrake。

（14）Longitudinal Decel(G's)（制动时侧向加速度）：0.63。

（15）Gear Position（挡位）：4 挡。

（16）单击 OK 按钮，完成直线 B_line 制动仿真设置并提交软件进行计算。

（17）仿真完成后，在计算目录存放一个文件 B_line_brake.xml，路径为 file://C:/Users/Administrator/B_line_brake.xml。此文件可以用来作为驱动控制文件进行驱动文件控制仿真。

（18）单击"Simulate">"Full-Vehicle Analysis">"File Driven Event"命令，弹出的驱动控制文件仿真对话框如图 6.4 所示。

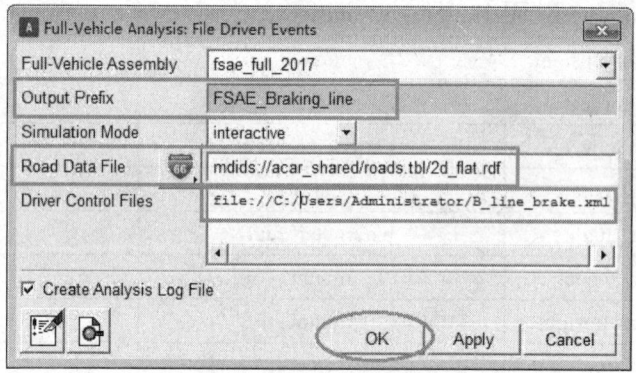

图 6.4 Braking 驱动控制仿真

（19）Output Prefix（输出别名）：FSAE_Braking_line。

（20）Simulation Mode（仿真类型）：interactive。

（21）Road Date File: mdids://acar_shared/roads.tbl/2d_flat.rdf。

（22）Driver Control Files：file://C:/Users/Administrator/B_line_brake.xml。此文件为上述 B_line 制动仿真在目录文件夹中存根。

（23）单击 OK 按钮，完成直线制动 FSAE_Braking_line 驱动控制仿真设置并提交计算，B_line 制动仿真与直线制动 FSAE_Braking_line 驱动控制仿真计算结果完全一样（见图 6.5～6.8），在此主要为了对驱动控制文件仿真进行说明。

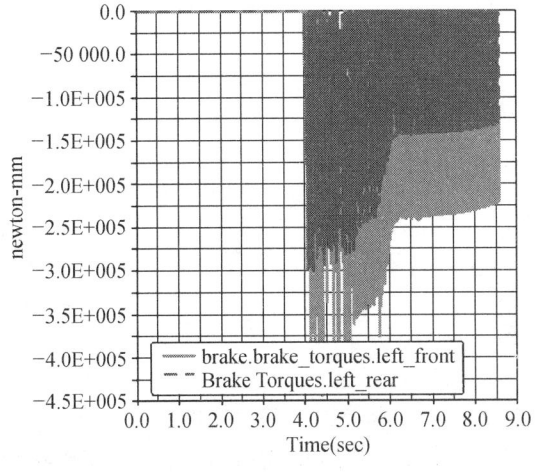

图 6.5　左前轮与左后轮制动力矩

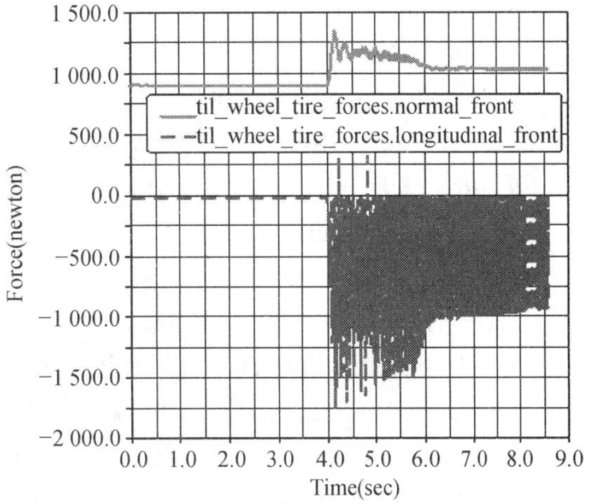

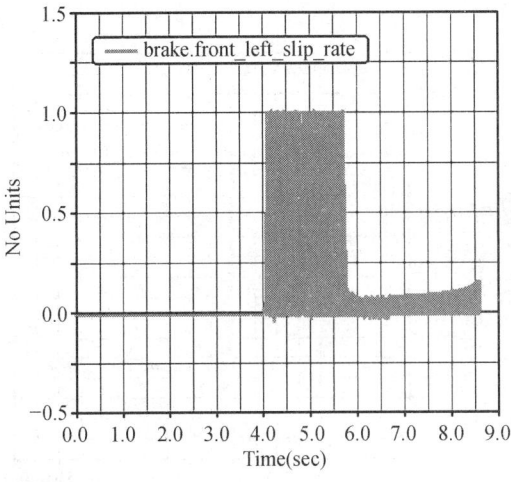

图 6.7　左前轮滑移率

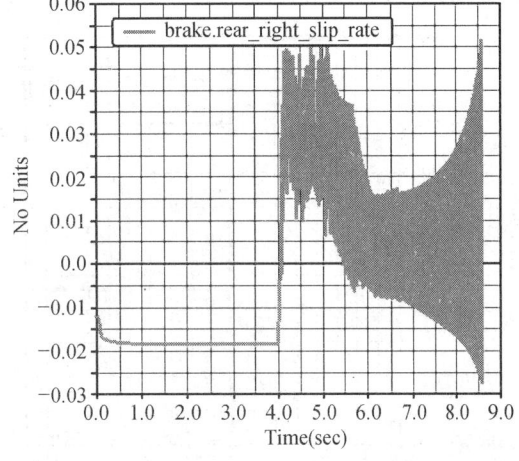

图 6.6　左前轮胎法向与纵向轮胎力

图 6.8　右后轮滑移率

6.4　客车 Braking 仿真

（1）单击"File">"Open">"Assembly"命令，弹出装配打开对话框。

（2）Assembly Name：mdids://atruck_shared/assemblies.tbl/msc_bus_rigid.asy。

（3）单击 OK 按钮，完成客车整车模型的打开，如图 6.9 所示。

（4）单击"Simulate">"Full-Vehicle Analysis">"Straight-Line Event">"Braking"命令，弹出制动仿真对话框。

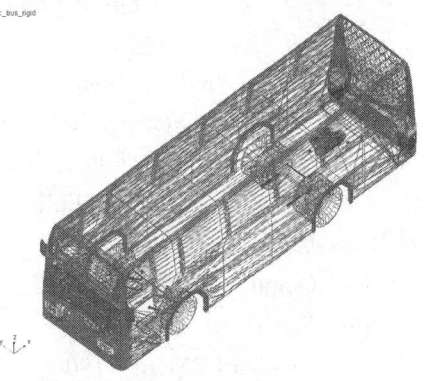

图 6.9　客车模型

（5）Output Prefix（输出别名）：Bus_Braking_line。
（6）End Time：10。
（7）Number Of Steps：1000。
（8）Simulation Mode（仿真类型）：interactive。
（9）Road Date File: mdids://FASE/roads.tbl/2d_flat.rdf。
（10）Steering Input（转向输入）：straight line。
（11）Start Time：4。
（12）选择闭环制动模式：Closed-Loop Bbrake。
（13）Longitudinal Decel(G's)（制动时侧向加速度）：0.63。
（14）Gear Position（挡位）：4挡。
（15）单击 OK 按钮，完成直线 Bus_Braking_line 制动仿真设置并提交软件进行计算。

直线 Bus_Braking_line 制动仿真计算完成后结果如图 6.10 和图 6.11 所示，客车后左后轮制动力矩相对于左前轮来说比较大，后驱动轴内外侧轮胎的纵向轮胎力大小总体相似，在第 4 秒制动后稍微有些波动，内侧轮胎相对外侧轮胎力变化稍大。

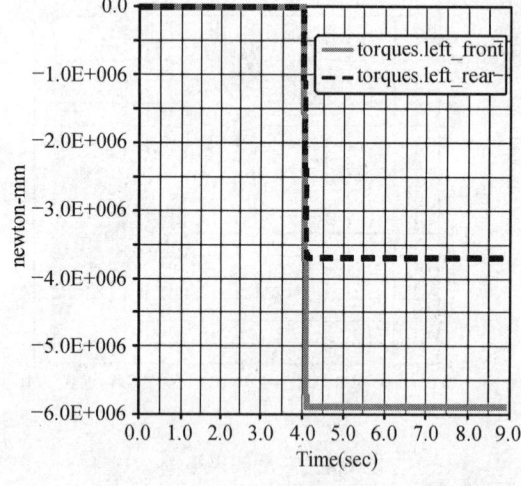 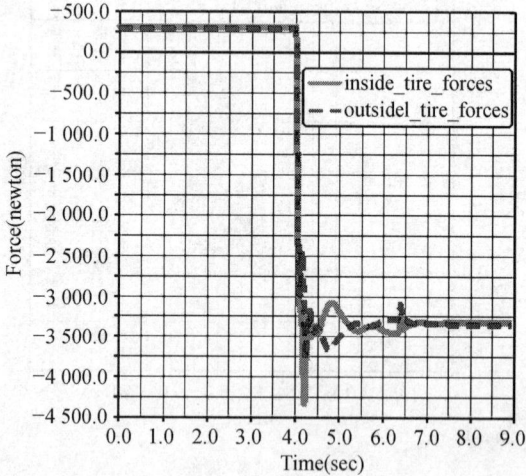

图 6.10　左前轮与左后轮制动力矩　　图 6.11　驱动轴内侧与外侧车辆纵向轮胎力（Bus）

6.5　牵引车 Braking 仿真

（1）单击 "File" > "Open" > "Assembly" 命令，弹出装配打开对话框。
（2）Assembly Name：mdids://atruck_shared/assemblies.tbl/msc_tractor_unit.asy。
（3）单击 OK 按钮，完成商用重型牵引车整车模型的打开，如图 6.12 所示。
（4）单击 "Simulate" > "Full-Vehicle Analysis" > "Straight-Line Event" > "Braking" 命令，弹出制动仿真对话框。
（5）Output Prefix（输出别名）：Tractor_Braking_line。
（6）End Time：10。
（7）Number Of Steps：1000。
（8）Simulation Mode（仿真类型）：interactive。

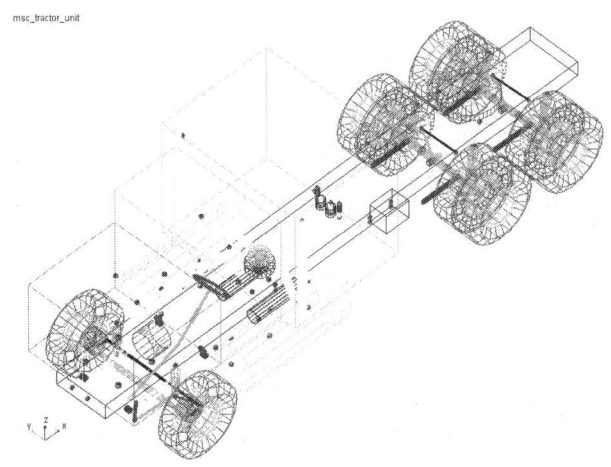

图 6.12　商用牵引车模型

（9）Road Date File: mdids://FASE/roads.tbl/2d_flat.rdf。

（10）Steering Input（转向输入）：straight line。

（11）Start Time：4。

（12）选择闭环制动模式：Closed-Loop Bbrake。

（13）Longitudinal Decel(G's)（制动时侧向加速度）：0.63。

（14）Gear Position（挡位）：4 挡。

（15）单击 OK 按钮，完成直线 Tractor_Braking_line 制动仿真设置并提交软件进行计算。

直线 Tractor_Braking_line 制动仿真计算完成后结果如图 6.13 和图 6.14 所示，牵引车前驱动轴制动力矩相对于后驱动轴制动力矩较大，驱动轴内外侧轮胎的纵向轮胎力大小总体相似，在第 4 秒制动后稍微有些波动，总体变化不大。

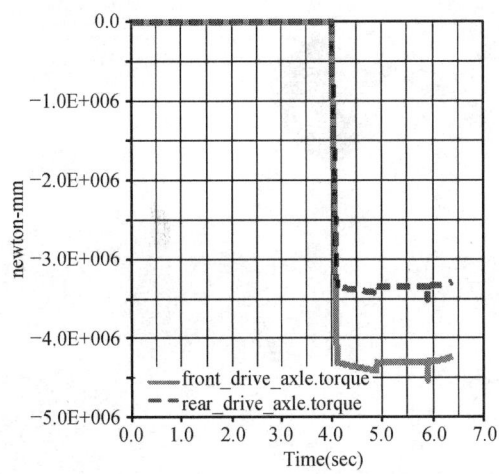

图 6.13　前后驱动轴制动力矩

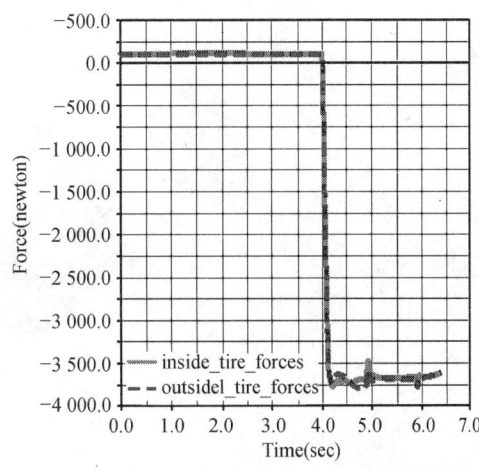

图 6.14　驱动轴内侧与外侧车辆纵向轮胎力（Tractor）

第7章 发动机系统模型

发动机模型是整车模型中的一部分,整车不包含发动机模型,依然可以进行整车部分相关工况进行仿真,但在仿真过程中不能运行准静态平衡,刚开始还会伴随有较大的振动。建立发动机模型的关键在于获取精确的发动机数据,发动机数据需要通过发动机台架试验获取。同时发动机数据还需要和其他变量参数相匹配,如换挡转速、变速器驱动轴参数等。本章提供一个 600 mL 排量四缸发动机参数,将此参数编排成一个发动机属性文件 600cc_engine_map.pwr,并替换掉通用数据单元数据曲线中发动机输出扭矩的系统默认属性文件,建模过程中参考共享数据库中的发动机模型,删除原有发动机的造型参数,重新构建发动机几何外形。发动机与车身安装需要对应的支撑点,此支撑点的轴套的参数对发动机振动影响很大,建模中采用与悬架轴套相同的参数(此参数不准确,但适用),也可以在完整的整车架构下研究发动机的振动特性,对发动机的支撑架进行轻量化、频率及支撑点轴套的精确刚度等参数进行优化。建立好发动机模型并添加到整车模型中,如图 7.1 所示,经过相关调试,基本上整车所有的工况都可以准确仿真,同时仿真前可以运行准静态平衡。

图 7.1 发动机系统模型

7.1 发动机实验数据

发动机的输出扭矩与制动系统相互关联,方程式赛车采用中置 600 mL 排量四缸发动机,点火顺序为 1→3→4→2;整车在制动过程中,由发动机经过变速器及传动系统输出到车轮上的力矩不同,尤其是在弯道制动中,内外侧车轮的力矩及所承受载荷也不一样,因此,精确的整车模型必须考虑发动机输出扭矩及传动系统和差速器等子系统的影响。发动机外特性实验采用 ET2000 发动机自动测控系统，测试过程中，发动机水温系统、燃油恒温系统正常，发动机实验条件按国家标准 GB/T 18297—2001《汽车发动机性能实验方法》的规定进行控制。发动机扭矩测量精度为 0.4%FS（Full Scale），转速测量精度为 1 r/min，转动惯量测量精度为 1 kg·m^2。测试中转速每增加 500 r/min 记录一次输出扭矩及制动力矩。发动机在 9 900 r/min 时输出最大扭矩为 56 004.1 N·mm。

方程式赛车发动机实验数据如下列信息所示，根据发动机文件编排规则编排文件，保存，重命名为 600cc_engine_map.pwr。

发动机信息，根据实验数据编排发动机文件如下：

```
$------------------------------------------------------------------MDI_HEADER
[MDI_HEADER]
 FILE_TYPE      =  'pwr'
 FILE_VERSION   =  1.0
 FILE_FORMAT    =  'ASCII'
$------------------------------------------------------------------UNITS
[UNITS]
(BASE)
{length    force      angle       mass      time}
'mm'      'newton'    'degrees'   'kg'      'sec'
(USER)
{unit_type   length   force   angle   mass   time   conversion}
'rpm'         0        0       1       0      -1      6.0
'torque'      1        1       0       0       0      1.0
$------------------------------------------------------------------ENGINE
[ENGINE]
(Z_DATA)
{throttle <no_units>}
0.0
1.00
(XY_DATA)
{engine_speed <rpm>   torque@throttle <torque>}   %以下为实验参数
0                      0                    0
1000                  -67.85               10856
2000                  -67.85               10856
2700                  -135.7               15334.1
2800                  -203.55              14519.9
2900                  -271.4               13977.1
3000                  -339.25              13705.7
3100                  -407.1               13705.7
3200                  -474.95              13841.4
3300                  -542.8               14112.8
3400                  -610.65              14248.5
```

3500	−678.5	14384.2
3600	−746.35	14519.9
3700	−814.2	14927
3800	−882.05	15605.5
3900	−949.9	16555.4
4000	−1017.75	17505.3
4100	−1085.6	18455.2
4200	−1153.45	19812.2
4300	−1221.3	21304.9
4400	−1289.15	23204.7
4500	−1357	25375.9
4600	−1424.85	30490.7
4700	−1492.7	31304.9
4800	−1560.55	32119.1
4900	−1628.4	33476.1
5000	−1696.25	34968.8
5100	−1764.1	36868.6
5200	−1831.95	39175.5
5300	−1899.8	42609.8
5400	−1967.65	43424
5500	−2035.5	44102.5
5600	−2103.35	45188.1
5700	−2171.2	45323.8
5800	−2239.05	46138
5900	−2306.9	46545.1
6000	−2374.75	46680.8
6100	−2442.6	46002.3
6200	−2510.45	44916.7
6300	−2578.3	43831.1
6400	−2646.15	42474.1
6500	−2714	41117.1
6600	−2781.85	40981.4
6700	−2849.7	40302.9
6800	−2917.55	40710
6900	−2985.4	41659.9
7000	−3053.25	42474.1
7100	−3121.1	44781
7200	−3188.95	45866.6
7300	−3256.8	47223.6
7400	−3324.65	48987.7
7500	−3392.5	50887.5
7600	−3460.35	51023.2
7700	−3528.2	52651.6

7800	−3596.05	52380.2	
7900	−3663.9	51973.1	
8000	−3731.75	51294.6	
8100	−3799.6	50073.3	
8200	−3867.45	48444.9	
8300	−3935.3	47630.7	
8400	−4003.15	47223.6	
8500	−4071	47223.6	
8600	−4138.85	47766.4	
8700	−4206.7	49259.1	
8800	−4274.55	49259.1	
8900	−4342.4	51158.9	
9000	−4410.25	51701.7	
9100	−4478.1	52108.8	
9200	−4545.95	52651.6	
9300	−4613.8	52787.3	
9400	−4681.65	53737.2	
9500	−4749.5	54687.1	
9600	−4817.35	54687.1	
9700	−4885.2	55501.3	
9800	−4953.05	55501.3	
9900	−5020.9	56044.1	%9900 r/min 是发动机输出最大扭矩
10000	−5088.75	55772.7	
10100	−5156.6	55772.7	
10200	−5224.45	55637	
10300	−5292.3	55365.6	
10400	−5360.15	55772.7	
10500	−5428	55501.3	
11000	−5500	55000	
12000	−5500	53000	
13000	−5500	51000	
14000	−5500	51000	
15000	−5500	51000	
16000	−5500	51000	
17000	−5500	51000	
18000	−5500	51000	
19000	−5500	51000	
20000	−5500	51000	

7.2 发动机扭矩图绘制程序

发动机实验数据按属性文件编排好之后，对发动机的输出扭矩及制动力矩进行图形绘制，

可以更加明确地观察发动机参数的变化趋势,如图 7.2 所示。绘图采用 MATLAB 软件编写程序,具体信息如下:

发动机输出及制动扭矩绘图程序:

a=[2000 2700 2800 2900 3000 3500 4000 4500 5000 5500 6000 6500 7000 7500 8000 8500 9000 9500 10000 10500 11000 12000 13000 14000 15000];

b=[-67.85 -135.7 -203.55 -271.4 -339.25 -678.5 -1017.75 -1357 -1696.25 -2035.5 -2374.75 -2714 -3053.25 -3392.5 -3731.75 -4071 -4410.25 -4749.5 -5088.75 -5428 -5500 -5500 -5500 -5500 -5500];

c=[10856 15334.1 14519.9 13977.1 13705.7 14384.2 17505.3 25375.9 34968.8 44102.5 46680.8 41117.1 42474.1 50887.5 51294.6 47223.6 51701.7 54687.1 55772.7 55501.3 55000 53000 51000 51000 51000];

plot(a,b,'r-',a,c,'b-')
xlabel('转速/rpm')
ylabel('扭矩/N*mm')

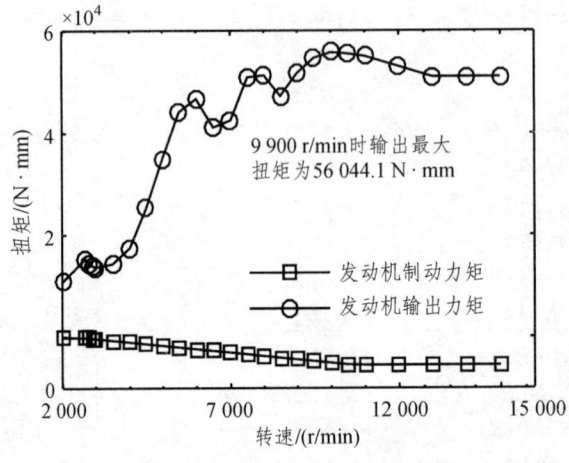

图 7.2　外特性与制动力矩曲线

7.3　发动机系统建模

发动机子系统建立完成后系统信息如下:

```
File Name       :   <FASE>/subsystems.tbl/powertrain_fsae_2017.sub
Template        :   mdids://FASE/templates.tbl/_powertrain.tpl
Comments        :
Template        :   Example of a non-spinning powertrain
Subsystem       :   *no subsystem comments found*
Major Role      :   powertrain
Minor Role      :   rear
HARDPOINTS:

hardpoint name          symmetry       x_value      y_value      z_value
--------------          --------       -------      -------      -------

graphics_reference      single         0.0          0.0          0.0
```

front_engine_mount	eft/right	950.0	-150.0	200.0
rear_engine_mount	left/right	1250.0	-150.0	200.0

PARTS:
  powertrain
    symmetry : single
    mass : 5.0
    location (dependent) : 1100.0, 0.0, 200.0
    orientation : zp_vector=0.0, 0.0, 1.0
       : xp_vector=1.0, 0.0, 0.0
    cm_location_from_part : 0.0, 0.0, 0.0
    Ixx, Iyy, Izz : 1.0 , 1.0 , 1.0
    Ixy, Izx, Iyz : 0.0 , 0.0 , 0.0
  diff_output
    symmetry : left/right
    mass : 2.0
    location (dependent) : 1500.0, -200.0, 225.0
    orientation (dependent) : zp_vector=0.0, -1.0, 0.0
       : xp_vector=1.0, 0.0, 0.0
    cm_location_from_part : 0.0, 0.0, 0.0
    Ixx, Iyy, Izz : 1.0 , 1.0 , 1.0
    Ixy, Izx, Iyz : 0.0 , 0.0 , 0.0

SWITCH PARTS:
  engine_mount_option
    symmetry : single
    switched to : chassis (general part)
    part list : chassis (general part)
       : chassis (general part)

GENERAL SPLINES:
  differential
    symmetry : single
    type : 'two_dimensional'
    property file : mdids://FASE/differentials.tbl/MSC_viscous.dif
    curve_name : 'DIFFERENTIAL'
  engine_torque
    symmetry : single
    type : 'three_dimensional'
    property file : mdids://FASE/powertrains.tbl/600cc_engine_map.pwr
    curve_name : 'ENGINE'

PARAMETERS:

parameter name	symmetry	type	value
--------------	--------	----	-----
kinematic_flag	single	integer	0
clutch_capacity	single	real	1.00E+06

clutch_close	single	real	0.25
clutch_damping	single	real	10000.0
clutch_open	single	real	0.75
clutch_stiffness	single	real	1.00E+06
clutch_tau	single	real	0.05
ems_gain	single	real	0.005
ems_max_throttle	single	real	100.0
ems_throttle_off	single	real	1.0
engine_idle_speed	single	real	10.0
engine_inertia	single	real	70000.0
engine_rev_limit	single	real	14000.0
final_drive	single	real	3.28
gear_1	single	real	3.231
gear_2	single	real	2.571
gear_3	single	real	2.125
gear_4	single	real	1.789
gear_5	single	real	1.55
gear_6	single	real	1.0
gear_r	single	real	-3.0
graphics_flag	single	integer	1
max_gears	single	integer	6
max_throttle	single	real	100.0

Listing of input communicators in '_fsae_powertrain'

Communicator Name:	Entity Class:	From Minor Role:
ci[lr]_diff_tripot	location	inherit
ci[lr]_tire_force	force	inherit
cis_clutch_demand	solver_variable	inherit
cis_engine_to_subframe	mount	inherit
cis_initial_engine_rpm	parameter_real	any
cis_powertrain_to_body	mount	inherit
cis_sse_diff1	diff	inherit
cis_throttle_demand	solver_variable	inherit
cis_transmission_demand	solver_variable	inherit

Listing of input communicators in '_fsae_powertrain'

Communicator Name:	Entity Class:	To Minor Role:
co[lr]_output_torque	force	inherit
co[lr]_tripot_to_differential	mount	inherit
cos_clutch_displacement_ic	solver_variable	inherit
cos_default_downshift_rpm	parameter_real	inherit
cos_default_upshift_rpm	parameter_real	inherit
cos_diff_ratio	parameter_real	inherit

第 7 章 发动机系统模型

cos_engine_idle_rpm	parameter_real	inherit
cos_engine_map	spline	inherit
cos_engine_max_rpm	parameter_real	inherit
cos_engine_rpm	solver_variable	inherit
cos_engine_speed	solver_variable	inherit
cos_max_engine_braking_torque	solver_variable	inherit
cos_max_engine_driving_torque	solver_variable	inherit
cos_max_gears	parameter_integer	inherit
cos_max_throttle	parameter_real	inherit
cos_powertrain_gse	general_state_equation	inherit
cos_transmission_input_omega	solver_variable	inherit
cos_transmission_spline	spline	inherit

系统信息包含相关硬点、部件、转换部件、变量参数、通信器等。建模过程中，难点在于 ADAMS Arrarys、Requests 等参数的设置，以及彼此之间的关系特性较为复杂，建议采用共享数据库中的发动机系统模型，通过发动机实验数据编制属性文件进行重新匹配。发动机外形可以进行修改（几何修改不会对发动机的性能产生任何影响，只是与整车外形大小等视觉搭配效果更好），可以通过数据对话框对外形进行删除，然后把界面转换到 ADAMS/View 通用界面，用基本的几何体构造发动机的简单外形。FSAE 赛车发动机模型通过几何重新构造、发动机属性文件替换等最终建立好的子系统如图 7.3 所示。

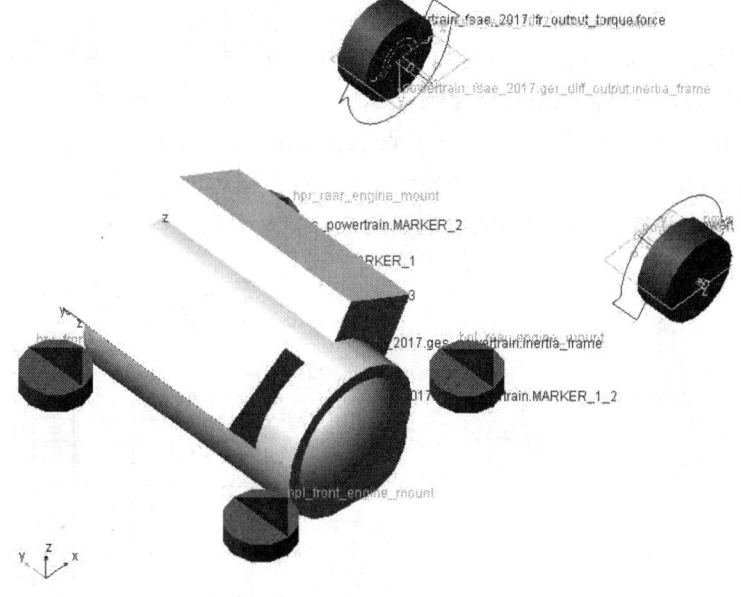

图 7.3 发动机系统模型

7.4 定半径转弯仿真 CRC

FSAE 赛车包含发动机模型后，定常数半径转弯工况才可以正常仿真。同时在仿真过程中挡位参数可以设置，准静态平衡可以在仿真计算前先计算系统的静平衡，勾选自动换挡"Shift Gears"，整车可以在运行中自动换挡。

（1）单击"Simulate" > "Full-Vehicle Analysis" > "CorneringEvents" > "Constant Radius Cornering"命令，弹出的定半径转弯仿真对话框如图7.4 所示。

（2）Output Prefix：CRC。

（3）Mode of Simulation：interactive。

（4）Road Date File：mdids: mdids://acar_shared/roads.tbl/2d_flat.rdf。

（5）Output Step Size（仿真步数）：0.01。

（6）Gear Position：3。

（7）Turn Radius：20。

（8）Length Units：m。

（9）Turn Direction：left。

（10）Duration of maneuver：10。

（11）Initial Velocity：10。

（12）Final Velocity：80。

（13）Velocity Units：km/hr。

（14）勾选"Shift Gears"，计算机在运行过程中，FSAE 赛车可以自行换挡运行。

（15）勾选"Quasi-Static Straight-Line Setup"，整车模型包含发动模型后可以运行准静态平衡。

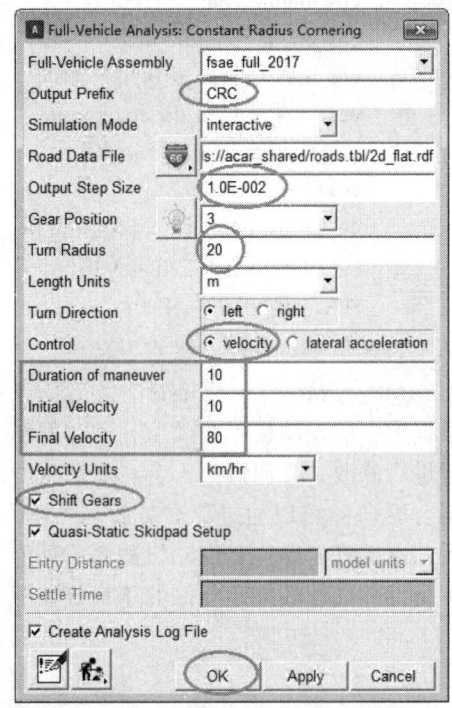

图 7.4 Constant Radius Cornering 仿真设置

（16）单击 OK 按钮，完成定半径转向 Constant Radius Cornering 仿真设置并提交运算。

仿真结束后，FSAE 赛车的运行轨迹如图 7.5 所示，在运行过程中，整车的侧向加速度、车身横摆角加速度及后驱动半轴输出的力矩如图 7.6 ~ 7.8 所示。

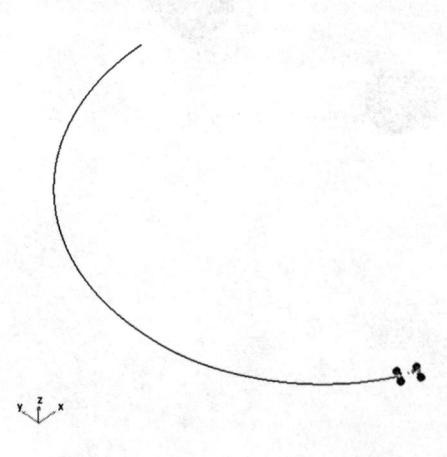

图 7.5 FSAE 赛车运行轨迹

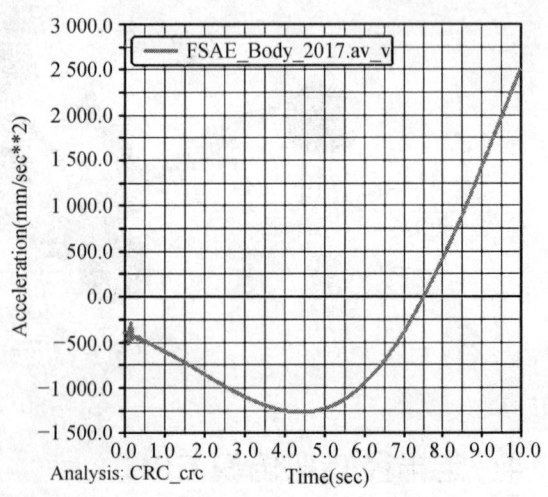

图 7.6 车身侧向加速度

第7章 发动机系统模型

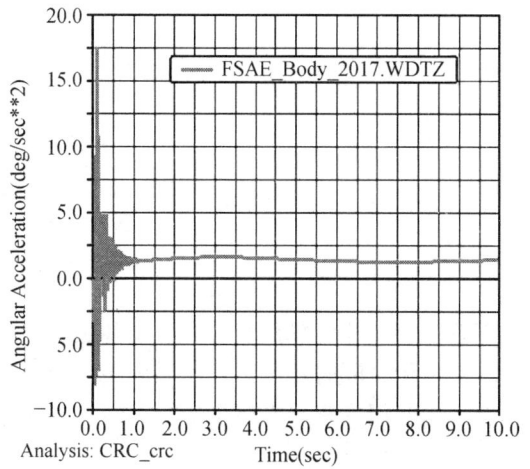

图 7.7　车身横摆角加速度

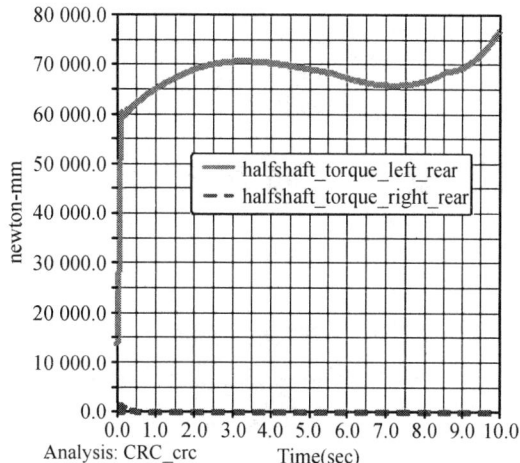

图 7.8　后驱动半轴输出力矩

第8章 钢板弹簧模型

钢板弹簧是一种比较特殊的弹簧。钢板弹簧由不等长的簧片叠加而成，由于簧片之间有摩擦存在，在钢板弹簧运动过程中同时可以起到减振器的作用，同时还可以作为导向机构保证车桥与车身之间的稳定连接。鉴于钢板弹簧的这些优点，在商用货车、农用车辆及一些特种车辆上仍在使用。

钢板弹簧建模的难点在于其非线性特性，即簧片之间的摩擦特性不能很好地确定。钢板弹簧在研究过程中主要采用三段梁法、Beam 梁法和有限元模态法。有限元模态法能较好地分析单片簧片的动态变形特性，采用模态中性文件 MNF 导入到 ADMAS 中进行相关分析，这样做虽然结果精确，但其计算量较大。需要注意的是，多片簧片叠加的钢板弹簧装配模型，装配体接触模态分析由于理论等较多原因仍不成熟，在分析中采用 MNF 的误差仍然较大，原因在于装配体本质是把不同的簧片之间采用绑定，即整个钢板弹簧装配体为一个整体，忽略了簧片之间的摩擦移动，路面较好、车身振幅过小的原则上在垂向方向可以满足要求，除此之外误差较大。虽然有不少文献采用此方法对整车性能进行分析，但我们应该谨慎考虑其使用范围。与相关有限元专家沟通，两个物体以上的装配体接触模态计算虽然有限元软件也能计算完成，但其是在初始变形状态下（后续并未继续变形）继续进行分析，结果并不能保证准确（采用 ABAQUS 软件进行相关模型验证）。SA 三段梁法是美国汽车工程学会提出的对钢板弹簧的近似算法在 ADAMS 中的应用，它将钢板弹簧看成中间的刚性钢板与两侧的简支梁构成，参数为钢板弹簧的径向扭转刚度，即采用轴套把刚性体与两端的简支梁连接起来，刚度特性可以通过实验测量。离散 Beam 梁法采用无质量的柔性梁把离散刚体连接起来，Beam 梁参数根据钢板弹簧界面形状与材料参数得出各片簧之间的接触，利用 ADAMS 中的接触力定义中性面的方法可视为离散梁法。离散梁法建立的钢板弹簧与实际钢板弹簧模型接近，其精度较高，计算经济性好，综合特性优良。钢板弹簧模型如图 8.1 所示。

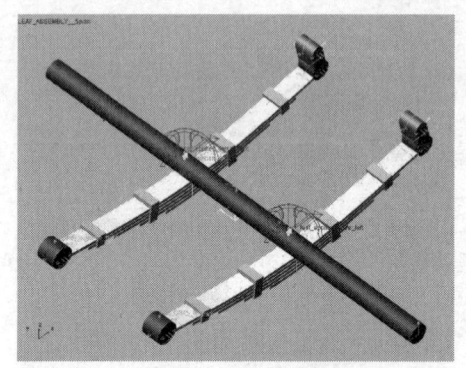

图 8.1 钢板弹簧模型

8.1 钢板弹簧工具箱介绍

Leaf Spring Toolkit 钢板弹簧工具箱是 ADAMS 2008 软件提供的一个插件。它能够建立由离散梁单元构成的高质量的钢板弹簧虚拟模型，并进行刚度分析、预加载和钢板弹簧模型装配，可以自动快速（或者手动添加相关通信器，根据需要可以不建立驱动轴组建）地转换为

ADAMS/car 模板。在装配好的钢板弹簧模型中,通过移动旋转钢板弹簧模型等可以建立双轴非独立悬架,可以添加转向系统构造前轴或者前双轴为转向轮,根据实际模型的物理结构可以自行拓展,实用性非常广阔。此插件的通用模块 View 和专业模块之间可以快速转换。本案例在 ADAMS/View 中建立钢板弹簧模型,再通过 cmd 文件转换导入到 ADAMS/Car 中进行装配和添加通信器(自动或者手动,自动添加会建立驱动轴系统,如果不考虑驱动轴部件可以删除或者手动建立)。

(1)单击菜单"Tools">"Plugin Manager"(插件管理)命令,弹出插件管理对话框。

(2)勾选 Leafspring Toolkit 后面的"Load""Load at Starup",在当前界面和启动软件时系统会自动加载插件。

(3)单击 OK 按钮,菜单栏上出现 Leaftool 菜单,在当前界面钢板弹簧工具箱加载完成。

8.2 OG Profile(初始几何轮廓)

钢板弹簧的初始几何轮廓是通过平展的钢板弹簧的弯曲角度或者高度完成定义。初始几何生成器根据输入的参数,会为每片钢板弹簧生成一组平展的梁单元,然后在弧高的测量点位置加上驱动,运行准静态分析后,平展的钢板弹簧可以变形为确定的弧高状态,即钢板弹簧前端与后端的完全形状,变形后钢板弹簧上表面内侧形状为初始几何轮廓。具体钢板弹簧初始几何尺寸设置如图 8.2 所示。

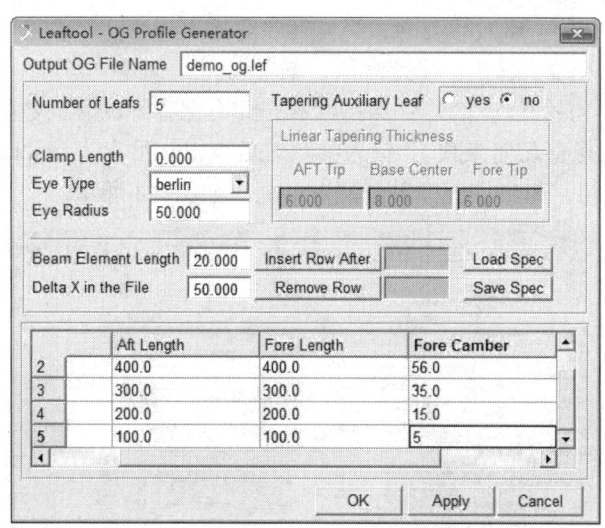

图 8.2 钢板弹簧几何尺寸创建对话框

(1)单击菜单"Leaftool">"OG Profile Generator"命令,弹出几何创建对话框。

(2)Output OG File Name(几何输出文件名):demo_og.lef。

(3)Number of Leafs(钢板弹簧的簧片数量):5。

(4)Clamp Length(钢板弹簧与车轴连接处的有效长度):0。

(5)Eye Type(卷耳类型,包括 none、berlin、up、down 四种):berlin。

(6)Eye Radius(卷耳半径):50。

（7）Tapering Auxiliary Leaf（钢板弹簧厚度渐变）：no。钢板弹簧厚度渐变，需要定义钢板弹簧安装夹持中心，前端、后端的厚度，钢板弹簧从夹持中心到钢板弹簧前后端呈线性变化厚度。

（8）Aft Camber：钢板弹簧负方向端弧高。Aft Length：钢板弹簧负方向端展开长度。Fore Length：钢板弹簧正方向端展开长度。Fore Camber：钢板弹簧正方向端弧高。Thickness：钢板弹簧厚度，需要注意钢板弹簧厚度是等厚度还是厚度渐变化。5片钢板弹簧的初始几何参数如表 8.1 所示。在创建钢板弹簧过程中，其中 Aft（Fore）Camber（钢板弹簧负方向/正方向端弧高）参数比较难确定，需要根据经验多尝试几次几何模型建立，使初始几何参数达到最理想的状态。

表 8.1　钢板弹簧几何参数

钢板弹簧	负方向端弧高	负方向端展开长度	正方向端展开长度	正方向端弧高	厚度
1	80	500	500	80	10
2	56	400	400	56	10
3	35	300	300	35	10
4	15	200	200	15	10
5	5	100	100	5	10

（9）Beam Element Length（展开状态下梁单元长度）：20。
（10）Delta X in the File（初始几何轮廓中，X 向间距数据）：50。
（11）Insert Row After（插入行）：4，第 4 行之后插入一行。
（12）Remove Row（删除行）：保持默认，不输入。
（13）Load Spec（初始几何参数）：保持默认，如有保存好的几何数据可以直接载入。
（14）Save Spec（保存几何参数）：输入参数之后点击，另存为 banhuang_5pian.def。
（15）单击 OK 按钮，弹出钢板弹簧创建对话框，如图 8.3 所示。

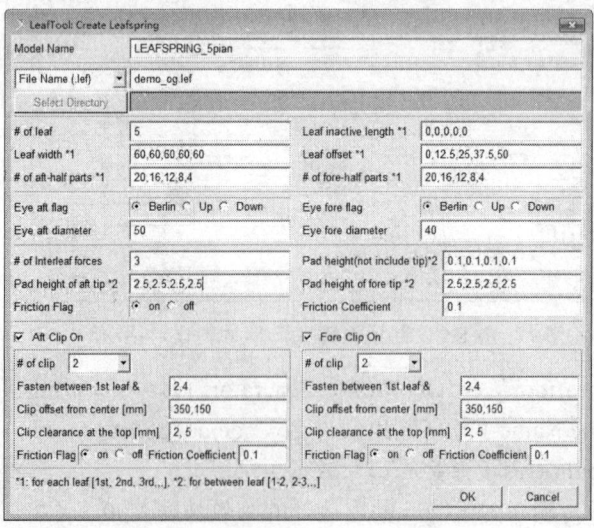

图 8.3　创建钢板弹簧对话框

（16）Model Name（钢板弹簧模型名称）：LEAFSPRING_5pian。

（17）File Name（几何轮廓文件名）：demo_og.lef，直接选择。
（18）#of leaf（钢板弹簧片数）：5。
（19）Leaf width（钢板弹簧宽度数组）：60,60,60,60,60。
（20）#of aft(fore)half parts（钢板弹簧前后端部分离散成小刚体块的数量：20,16,12,8,4。
（21）Leaf inactive length（安装长度实数组）：0,0,0,0,0，在此不考虑钢板弹簧夹持的有效长度。
（22）Leaf offset（每片钢板弹簧最高点之间的距离实数组）：0,12.5,25,37.5,50。这样设置后，夹持有限长度小区域附近簧片之间的间隙为2.5 mm。
（23）Eye fore（aft）flag（前后吊耳类型）：Berlin。
（24）Eye fore（aft）dimeter（前后吊耳内径）：50,40。
（25）#of interleaf forces（簧片之间摩擦力数量）：3。
（26）Pad height（not include tip）（簧片之间的衬垫高度）：0.1,0.1,0.1,0.1。
（27）Pad height of fore（aft）tip（簧片前后端部衬垫高度）：2.0，2.5，2.5，2.5。
（28）Friction flag（摩擦力标识）：on。
（29）Friction coefficient（摩擦力系数）：0.1。
（30）勾选"Fore（Aft）Clip ON"，在钢板弹簧模型上显示弹簧夹。
（31）#of Clip（弹簧夹数量）：2。
（32）Fastener between 1st leaf &（与主簧片，即第一片簧片绑定的钢板弹簧数量）：2,4。
（33）Clip offset from center（弹簧夹距离钢板弹簧上表面中心位置的距离）：350,150。
（34）Clip clearance at the top（弹簧夹和主簧上表面之间的间隙）：2.5。
（35）Friction flag（摩擦力标识）：on。
（36）Friction coefficient（摩擦力系数）：0.1。
（37）单击OK按钮，弹出钢板弹簧联接创建对话框，如图8.4所示。

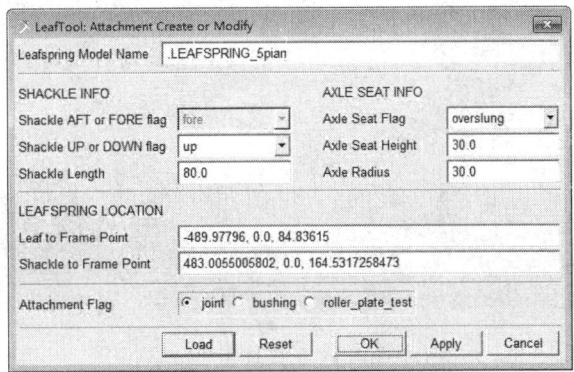

图8.4 钢板弹簧联接对话框

8.3 钢板弹簧模型

（1）Leafspring Model Name：LEAFSPRING_5pian。
（2）Shackle AFT or FORE flag（吊耳处于钢板弹簧模型正方向端还是负方向端）：fore。

（3）Shackle UP or DOWN flag（吊耳处于钢板弹簧模型压缩或拉伸状态）：up。

（4）Shackle Length（吊耳长度）：80。

（5）Axle Seat Flag（钢板弹簧正吊或反吊）：overslung。

（6）Axle Radius（车轮半径）：30。

（7）Axle Seat Height（车轴安装高度）：30。

（8）Attachment Flag（钢板弹簧、吊耳与车架联接方式）：joint，通过铰接副联接；bushing，通过轴套连接；boller_plate_test，通过实验研究定义的相关运动副。

（9）Leaf to Frame Point（卷耳与车架联接处的位置）：右击 Pick lacation 在屏幕上选择卷耳中心点；x,y,z 坐标值可以修改。

（10）Shackle to Frame Point（吊耳与车架联接处的位置）：右击 Pick lacation 在屏幕上选择吊耳中心点；x,y,z 坐标值可以修改。

（11）Load（载入当前模型数值）：推荐使用这种方式，此方式获取的参数与右击 Pick lacation 在屏幕上选择卷耳中心点的参数相同。

（12）Reset：恢复到初始状态，便于重新复制更新。

（13）单击 OK 按钮，完成单个钢板弹簧模型的创建，5 片簧模型如图 8.5 所示。

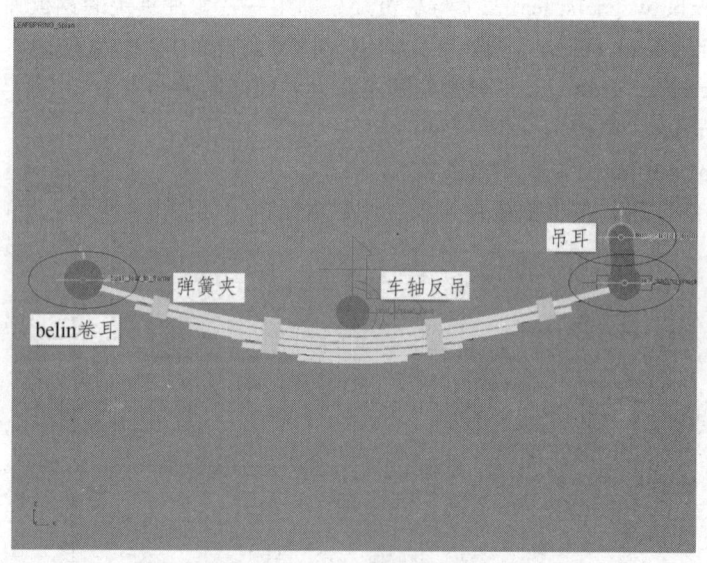

图 8.5　5 片簧模型

（14）单击菜单 "Leaftool" > "Specify Parameters"，弹出钢板弹簧参数对话框。钢板弹簧参数的设置如图 8.6 所示。勾选方框 1、2、3，可以对里面的参数进行相关修改，其中轴套参数一般通过实验获取，簧片之间的摩擦系数很难通过实验获取，一般为经验值，钢板弹簧的材料参数通过查取相关材料获取，需要对其进行修改，其他参数可以保持默认。簧片的材料是 60Si2Mn，弹性模量为 2.06×10^5 MPa，剪切模量为 7.99×10^4 MPa，泊松比为 0.29，密度为 7.74×10^{-9} tonne/mm³（7.74 g/cm³）。

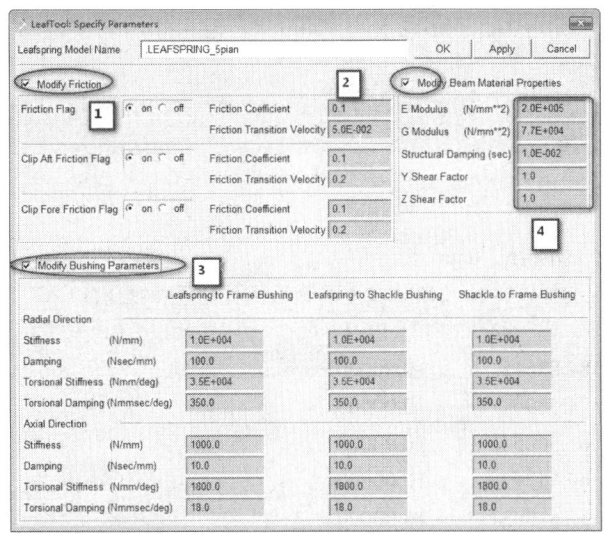

图 8.6　钢板弹簧参数修改对话框

（15）E Modulus（弹性模量）：2.06E5。
（16）G Modulus（剪切模量）：7.99E4。
（17）单击 OK 按钮，完成钢板弹簧模型的参数设置。
（18）单击"File">"Save As"命令，保存为 LEAFSPRING_5pian 模板，如图 8.7 所示。

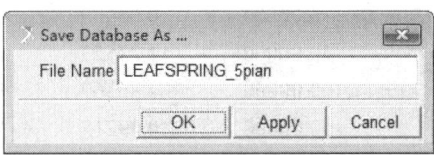

图 8.7　保存钢板弹簧模型

用记事本格式打开 banhuang_5pian.lef 文件，文件中的参数是基于 LEAFTOOL 的 GUI 操作结果，也可以直接在文件中修改相关的参数，然后保存载入软件中，其效果与在软件中修改一样。直接在文件中修改相关参数速度较快，对于熟悉文件结构的人员推荐使用。文件中包含了 5 片钢板弹簧的详细参数，具体如下：

```
$----------------------------------------MDI_HEADER（标题）
[MDI_HEADER]
 FILE_TYPE      = 'lef'
 FILE_VERSION   = 1.0
 FILE_FORMAT    = 'ASCII'
$----------------------------------------UNITS（单位）
[UNITS]
 LENGTH  =  'mm'
 ANGLE   =  'degrees'
 FORCE   =  'newton'
 MASS    =  'kg'
 TIME    =  'second'
$----------------------------------------LEAFSPRING_HEADER（钢板弹簧标题）
[LEAFSPRING_HEADER]
 NAME       = 'Administrator'
```

```
TIMESTAMP    =   '2017/10/04,21:25:20'
#_OF_LEAF    =   5
DIMENSION    =   2
HEADER_SIZE  =   10
(COMMENTS)
{comment_string}
'ADAMS/Car sample leafspring data'
$----------------------------------------LEAF_1（主簧，第一片簧参数）[LEAF_1]
{     x              z            thick}
   -489.97796     84.83615      10.00000
   -450.00000     74.36901      10.00000
   -400.00000     61.50054      10.00000
   -350.00000     49.15792      10.00000
   -300.00000     37.61883      10.00000
   -250.00000     27.14541      10.00000
   -200.00000     18.04074      10.00000
   -150.00000     10.49215      10.00000
   -100.00000      4.85369      10.00000
    -50.00000      1.23573      10.00000
      0.00000      0.00000      10.00000
     50.00000      1.23573      10.00000
    100.00000      4.85369      10.00000
    150.00000     10.49215      10.00000
    200.00000     18.04074      10.00000
    250.00000     27.14541      10.00000
    300.00000     37.61883      10.00000
    350.00000     49.15792      10.00000
    400.00000     61.50054      10.00000
    450.00000     74.36901      10.00000
    489.97796     84.83615      10.00000
$----------------------------------------LEAF_2（第二片簧参数）[LEAF_2]
{     x              z            thick}
   -394.57732     54.00000      10.00000
   -350.00000     44.83784      10.00000
   -300.00000     34.86157      10.00000
   -250.00000     25.51838      10.00000
   -200.00000     17.17774      10.00000
   -150.00000     10.10893      10.00000
   -100.00000      4.72465      10.00000
    -50.00000      1.21508      10.00000
      0.00000      0.00000      10.00000
     50.00000      1.21508      10.00000
    100.00000      4.72465      10.00000
```

150.00000	10.10893	10.00000
200.00000	17.17774	10.00000
250.00000	25.51838	10.00000
300.00000	34.86157	10.00000
350.00000	44.83784	10.00000
394.57732	54.00000	10.00000

$------------------------------------LEAF_3（第三片簧参数）[LEAF_3]

{ x	z	thick }
-345.88675	43.00000	10.00000
-300.00000	34.45419	10.00000
-250.00000	25.51248	10.00000
-200.00000	17.32221	10.00000
-150.00000	10.30768	10.00000
-100.00000	4.84019	10.00000
-50.00000	1.26356	10.00000
0.00000	0.00000	10.00000
50.00000	1.26356	10.00000
100.00000	4.84019	10.00000
150.00000	10.30768	10.00000
200.00000	17.32221	10.00000
250.00000	25.51248	10.00000
300.00000	34.45419	10.00000
345.88675	43.00000	10.00000

$------------------------------------LEAF_4（第四片簧参数）[LEAF_4]

{ x	z	thick }
-298.69873	20.00000	10.00000
-250.00000	15.14382	10.00000
-200.00000	10.44127	10.00000
-150.00000	6.27833	10.00000
-100.00000	2.98973	10.00000
-50.00000	0.78303	10.00000
0.00000	0.00000	10.00000
50.00000	0.78303	10.00000
100.00000	2.98973	10.00000
150.00000	6.27833	10.00000
200.00000	10.44127	10.00000
250.00000	15.14382	10.00000
298.69873	20.00000	10.00000

$------------------------------------LEAF_5（第五片簧参数）[LEAF_5]

{ x	z	thick }
-199.32404	10.00000	8.00000
-150.00000	6.17431	8.49500
-100.00000	2.94587	8.99683

-50.00000	0.76475	9.49847
0.00000	0.00000	10.00000
50.00000	0.76475	9.49847
100.00000	2.94587	8.99683
150.00000	6.17431	8.49500
199.32404	10.00000	8.00000

8.4 钢板弹簧分析

钢板弹簧模型创建好之后，对其进行静态分析，验证其刚度特性，通过与实验刚度对比验证模型的正确性及准确性。如果实验条件受限，可以采用现有方法验证钢板弹簧的刚度，采用 ABAQUS 有限元软件能很好地模拟部件之间的接触特性，同时由于其非线性计算能力较强，其分析结果与实验结果接近，可以代替刚度试验验证钢板弹簧的正确性。

（1）单击菜单"Leaftool">"Analysis"命令，弹出钢板弹簧分析对话框如图 8.8 所示。

（2）Leafspring Model Name：LEAFSPRING_5pian。

（3）Analysis Name（分析名称）：LEAF_ANALYSIS，勾选"Save Analysis"。

（4）Steps（准静态分析步数）：20。

（5）Attachment Flag（钢板弹簧、吊耳与车架联接方式）：joint，通过铰接副联接。

（6）Applied Load Paraments（施加载荷参数）：勾选"Vertical"，Fz (N):10 000 (N)。其余参数保持默认设置。

（7）单击"Simulation"，对钢板弹簧进行仿真，仿真完成后按 F8 键进入后处理模块。

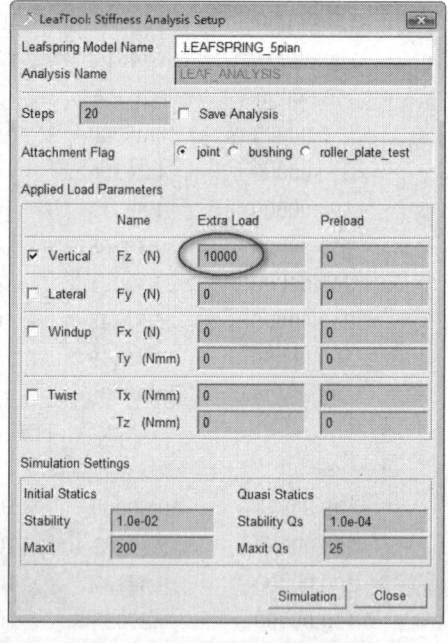

图 8.8 钢板弹簧分析对话框

（8）单击菜单"Leaftool">"Leaftool Plot"，弹出钢板弹簧图形绘制配置对话框，如图 8.9 所示，此对话框可以绘制钢板弹簧的相关四幅图形，如图 8.10~8.13 所示，分别为钢板弹簧刚度曲线、阻尼系数曲线、状态图、位移图。相对于在后处理模块单独绘图要方便快捷。

（9）View Layout（视图模式）。

（10）view_1×1：显示单条曲线，与 Curve Selection（曲线选择）配合使用，可以单个勾选下列需要绘制的曲线，点击 Apply 按钮，在视窗上显示出对应的图形。

① Vertical Force vs Displacement at Axle Center：钢板弹簧刚度曲线。

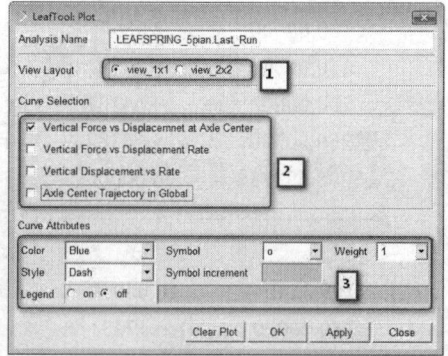

图 8.9 钢板弹簧图形绘制配置对话框

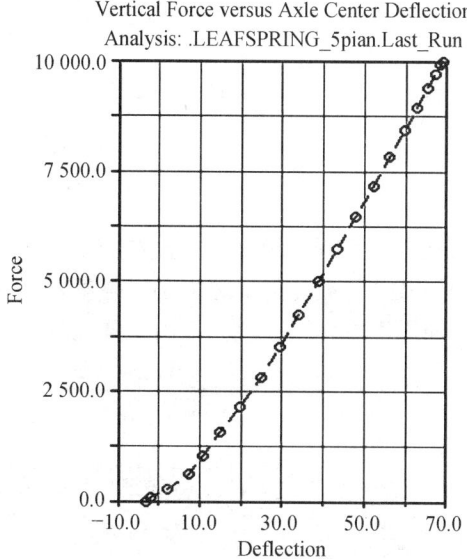

图 8.10　钢板弹簧刚度曲线

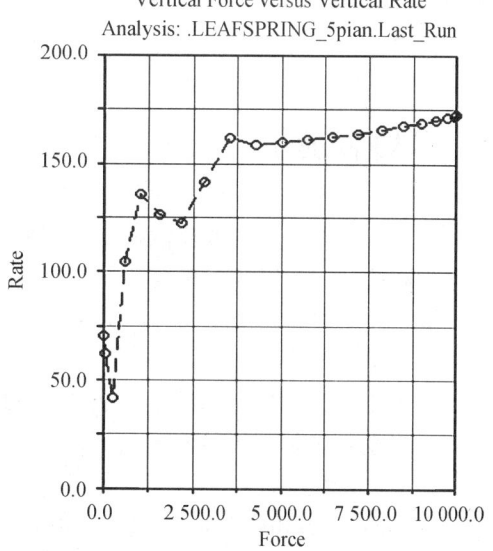

图 8.11　钢板弹簧阻尼系数曲线

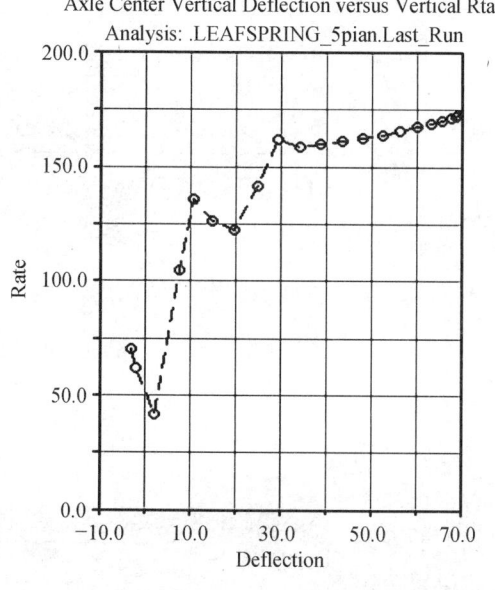

图 8.12　钢板弹簧状态曲线

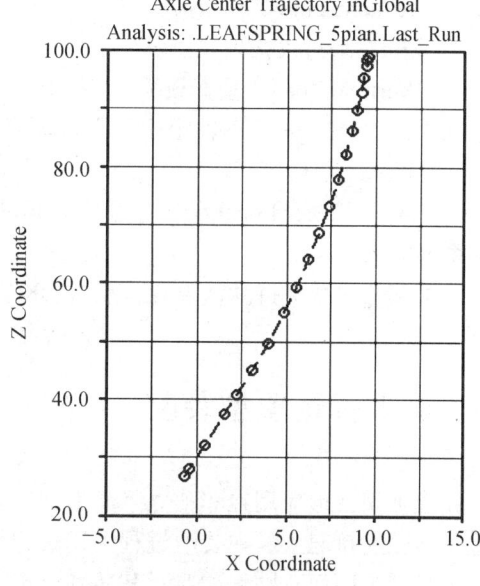

图 8.13　钢板弹簧位移曲线

② Vertical Force vs Displacement Rate：钢板弹簧阻尼系数。

③ Vertical Displacement vs Rate：钢板弹簧状态图。

④ Axle Center Trajectory in Global：钢板弹簧位移图。

（11）view_2×2：显示四条曲线；系统在绘制图形时会把四条曲线全部在视窗中显示出来。从图 8.10 中可以看出，5 片簧装配体的刚度较大，约等于 142.9 N·mm。

（12）至此，单个钢板弹簧模型分析完成。实际车辆中钢板弹簧在装配过程中会存在一定的预载，簧片在分离状态下并非图片中等曲率，在力的作用下，一般是在位移约束下装配好钢板弹簧模型本身会存在预应力。本例钢板弹簧模型在装配好后不存在内力，具有钢板弹簧的形而无其实质。

8.5 预载荷施加

如上所述，创建好的 5 片钢板弹簧模型处于自由状态，实际车辆上的钢板弹簧在装配过程中存在预载荷，因此需要对自由状态的钢板弹簧施加预载荷，载荷的实际大小以整车处于静止状态的簧载质量在车轴的精确分配为主，可以通过平面平衡方程快速计算得出，关键是要确定整车质心的位置。

（1）单击菜单"Leaftool">"Preloaded Model"命令，弹出钢板弹簧图形绘制配置对话框，如图 8.14 所示。

（2）Leafspring Model Name：LEAFSPRING_5pian。

（3）New Model Name（预加载荷模型名称）：LEAF_PRELOADED_5pian。

（4）Attachment Flag（钢板弹簧、吊耳与车架联接方式）：joint，通过铰接副联接。

（5）Vertical Load（垂直载荷）：3000。

（6）Axle Height（车轴距主簧上表面高度方向距离）：保持系统默认。

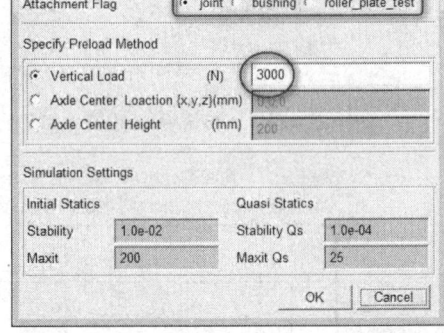

图 8.14 钢板弹簧预载对话框

（7）Axle Center Location：车轴中心移动的位置，保持系统默认。

（8）其余参数保持默认设置，点击 OK 按钮，完成钢板弹簧模型预载荷的施加。

8.6 钢板弹簧模型装配

钢板弹簧一般应用在非独立悬架上，需要将左右钢板弹簧通过一根轴连接起来。在装配过程中钢板弹簧在车轴上的安装位置因车型不同而不同，需要对其精确调整，其安装位置会影响整车的侧倾特性。

（1）单击菜单"Leaftool">"Leafspring Assembly"命令，弹出钢板弹簧装配对话框，如图 8.15 所示。

（2）Left Model: .LEAF_PRELOADED_5pian。

（3）Right Model: .LEAF_PRELOADED_5pian。

（4）左右钢板弹簧模型也可以选择自由状态钢板弹簧模型 LEAFSPRING_5pian。在此全部选择装配预载荷模型 .LEAF_PRELOADED_5pian。

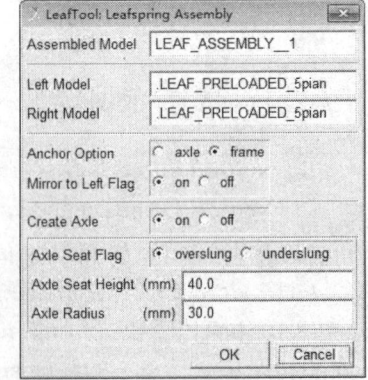

图 8.15 钢板弹簧装配对话框

（5）Anchor Option：固定方式包括两种，这里选择"Axle"（Axle：根据车轴中心和安装高度定位钢板弹簧位置；Frame：根据钢板弹簧到车架安装点和吊耳到车架安装点定位钢板弹簧位置）。

（6）Mirror to Left Flag（钢板弹簧对称）：on。

（7）Create Axle（装配中有无车轴）：on。

（8）Axle Seat Flag（钢板弹簧正吊或反吊）：overslung。

（9）Axle Radius（车轮半径）：30。

（10）点击 OK 按钮，完成钢板弹簧模型装配，如图 8.16 所示。

钢板弹簧模型装配完成之后车轮的轮距为 1 400 mm，钢板弹簧安装位置距离车轴对称中心为 200 mm，实际的钢板弹簧及车轮的轮距不同的车型不相同，因此要对车轮的轮距及钢板弹簧的安装位置进行调整。在调整过程中采用 move 命令，选择要移动的全部部件，根据实际距离进行偏移和旋转。

（11）单击"File" > "Save As"命令，保存为 LEAFSPRING_5pian.bin 模板。

（12）单击"File" > "Export"命令，File Type（文件类型）选择 cmd 格式，输出完成后，在对应的文件夹中出现 LEAF_ASSEMBLY_5pian.cmd。

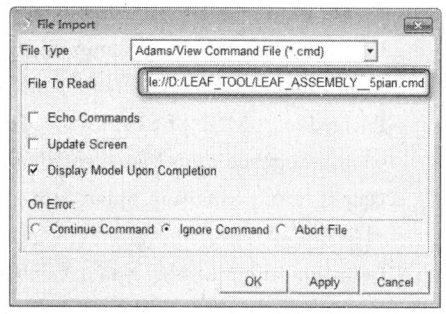

图 8.16 文件输入对话框

8.7 转换模板 ADAMS/Car

在转换过程中主要是通过添加通信器及相关约束，此过程可以手动完成，自动创建好的悬架模型包括驱动轴及显示组件。驱动轴在仿真过程中并没有实际用处，可以删除相关部件、安装部件、结构框等并不影响非独立悬架的正确仿真。

（1）启动 ADAMS/Car，转换到专家模板，单击"File" > "Import"命令，File Type（文件类型）选择 cmd 格式，File To Read（选择文件路径）：LEAF_ASSEMBLY_5pian.cmd，如图 8.16 所示。

（2）单击 OK 按钮，将 ASSEMBLY_5pian 模型导入到 ADAMS/Car 中。

（3）单击菜单"Leaftool" > "Porting ADAMS/Car"，弹出钢板弹簧转换对话框如图 8.17 所示。

（4）Template Name：ASSEMBLY_5pian_asm。

（5）Option：Add Axle，装配模型中添加驱动轴。

（6）Attament：U-bolt，车轴与钢板弹簧座采用约束连接。

（7）Wheel Gauge（轮距）：1 600 mm。

（8）Axle Seat Height（车轴安装高度）：200 mm。

（9）点击 OK 按钮，完成钢板弹簧模型转换为

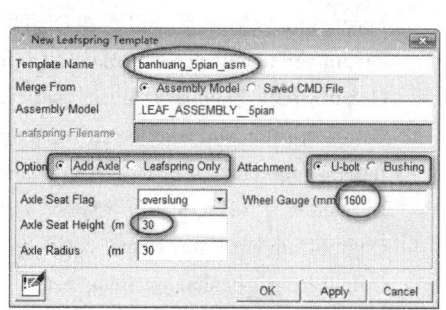

图 8.17 钢板弹簧转换对话框

ADAMS/Car 中的模型，进行子系统建立及悬架装配，可以进行悬架系统的仿真，也可以与转向系统相配仿真（需要在此悬架模型基础上建立转向的相关部件）。

非独立钢板弹簧悬架与悬架测试台通信器进行匹配，匹配结果如下（在转换过程中，对需要添加的通信器或可以删除的通信器进行了标注）：

!------------------ ----- Matched communicators: ----------------- 匹配的通信器

Input Communicator Name: ci[lr]_tripot_to_differential

Located in: _banhuang_5pian_asm

Output Communicator Name: co[lr]_tripot_to_differential

Output from: __MDI_SUSPENSION_TESTRIG

Communicator Matching Name: tripot_to_differential

Input Communicator Name: ci[lr]_diff_tripot

Located in: __MDI_SUSPENSION_TESTRIG

Output Communicator Name: co[lr]_diff_tripot

Output from: _banhuang_5pian_asm

通信器可以删除，对应三脚架到变速箱部件及安装件。

Communicator Matching Name: camber_angle

Input Communicator Name: ci[lr]_camber_angle

Located in: __MDI_SUSPENSION_TESTRIG

Output Communicator Name: co[lr]_camber_angle

Output from: _banhuang_5pian_asm

Communicator Matching Name: toe_angle

Input Communicator Name: ci[lr]_toe_angle

Located in: __MDI_SUSPENSION_TESTRIG

Output Communicator Name: co[lr]_toe_angle

Output from: _banhuang_5pian_asm

Communicator Matching Name: suspension_parameters_array

Input Communicator Name: cis_suspension_parameters_ARRAY

Located in: __MDI_SUSPENSION_TESTRIG

Output Communicator Name: cos_suspension_parameters_ARRAY

Output from: _banhuang_5pian_asm

以上通信器在设置悬架参数时自动创建。

Communicator Matching Name: wheel_center

Input Communicator Name: ci[lr]_wheel_center

Located in: __MDI_SUSPENSION_TESTRIG

Output Communicator Name: co[lr]_wheel_center

Output from: _banhuang_5pian_asm

Communicator Matching Name: suspension_mount

Input Communicator Name: ci[lr]_suspension_mount

Located in: __MDI_SUSPENSION_TESTRIG

Output Communicator Name: co[lr]_suspension_mount

Output from: _banhuang_5pian_asm

Communicator Matching Name: suspension_upright

Input Communicator Name: ci[lr]_suspension_upright
Located in: __MDI_SUSPENSION_TESTRIG
Output Communicator Name: co[lr]_suspension_upright
Output from: _banhuang_5pian_asm
以上通信器在悬架与试验台装配时起定位作用，需要添加。
Communicator Matching Name: driveline_active
Input Communicator Name: cis_driveline_active
Located in: __MDI_SUSPENSION_TESTRIG
Output Communicator Name: cos_driveline_active
Output from: _banhuang_5pian_asm
通信器可以删除，对应驱动轴的激活与抑制。
!----------- ---- Unmatched input communicators: ----------------!不匹配的输入通信器
Input Communicator Name: cis_body
Class: mount
From Minor Role: any
Matching Name(s): body
In Template: _banhuang_5pian_asm
以上通信器需要添加。
Input Communicator Name: cis_testrig_flag
Class: parameter_integer
From Minor Role: any
Matching Name(s): testrig_flag
In Template: _banhuang_5pian_asm
Input Communicator Name: ci[lr]_jack_frame
Class: mount
From Minor Role: any
Matching Name(s): jack_frame
In Template: __MDI_SUSPENSION_TESTRIG
Input Communicator Name: cis_leaf_adjustment_steps
Class: parameter_integer
From Minor Role: any
Matching Name(s): leaf_adjustment_steps
In Template: __MDI_SUSPENSION_TESTRIG
Input Communicator Name: cis_powertrain_to_body
Class: mount
From Minor Role: any
Matching Name(s): powertrain_to_body
In Template: __MDI_SUSPENSION_TESTRIG
Input Communicator Name: cis_steering_rack_joint
Class: joint_for_motion
From Minor Role: any
Matching Name(s): steering_rack_joint
In Template: __MDI_SUSPENSION_TESTRIG

Input Communicator Name: cis_steering_wheel_joint

Class: joint_for_motion

From Minor Role: any

Matching Name(s): steering_wheel_joint

In Template: __MDI_SUSPENSION_TESTRIG

!------------ -- Unmatched output communicators: ------------------!不匹配的输出通信器

Output Communicator Name: co[lr]_arb_bushing_mount

Class: mount

To Minor Role: sny

Matching Name(s): arb_bushing_mount

In Template: _banhuang_5pian_asm

Output Communicator Name: co[lr]_droplink_to_suspension

Class: mount

To Minor Role: sny

Matching Name(s): droplink_to_suspension

In Template: _banhuang_5pian_asm

Output Communicator Name: co[lr]_diff_tripot_ori

Class: orientation

To Minor Role: sny

Matching Name(s): diff_tripot_ori

In Template: _banhuang_5pian_asm

Output Communicator Name: cos_axle

Class: mount

To Minor Role: sny

Matching Name(s): axle

In Template: _banhuang_5pian_asm

Output Communicator Name: cos_leaf_adjustment_multiplier

Class: array

To Minor Role: any

Matching Name(s): leaf_adjustment_multiplier

In Template: __MDI_SUSPENSION_TESTRIG

Output Communicator Name: cos_characteristics_input_ARRAY

Class: array

To Minor Role: any

Matching Name(s): characteristics_input_array

In Template: __MDI_SUSPENSION_TESTRIG

1．建立钢板弹簧子系统

（1）把模板转换到标准模式，单击"File" > "New" > "Subsystem"命令。

（2）Subsystem Name（系统名称）：leafspring_5。

（3）Minor Role（副特征）：front（指前轮为转向轮）。

（4）Template Name（模板路径）：mdids://my_adams/templates.tbl/_banhuang_5pian_asm.tpl。

（5）单击 OK 按钮，完成 5 片钢板弹簧装配体系统 leafspring_5 创建。

2. 钢板弹簧装配模型

（1）单击"File">"New">"Suspension Amssembly"命令。

（2）Amssembly Name（装配名称）：leafspring_5_asm。

（3）Suspension Subsystem（悬架子系统）：mdids://my_adams/subsystems.tbl/leafsping_5.sub。

（4）Suspension Test Rig: MDI_SUSPENSION_TESTRIG（悬架试验台）。

（5）单击 OK 按钮，完成非独立悬架模型的装配。视窗弹出如下装配信息（包含悬架不匹配的通信器及悬架特征等）：

Creating the suspension assembly: 'leafspring_5_asm'...
Moving the front suspension subsystem: 'leafsping_5'...
Assembling subsystems...
Assigning communicators...
WARNING: The following input communicators were not assigned during assembly:
  leafsping_5.cis_body (attached to ground)
  leafsping_5.cis_testrig_flag
  testrig.cil_jack_frame (attached to ground)
  testrig.cir_jack_frame (attached to ground)
  testrig.cis_leaf_adjustment_steps
  testrig.cis_powertrain_to_body (attached to ground)
  testrig.cis_steering_rack_joint
  testrig.cis_steering_wheel_joint
Assignment of communicators completed.
Assembly of subsystems completed.
Suspension assembly ready.

8.8 钢板弹簧悬架反向激振仿真

悬架的两侧车轮在垂直方向以相反的方向运动，可以与转向系统装配仿真，仿真时可以设定转向的角度。双轮反向激振仿真主要用来模拟车辆在坑洼不平的路面上行走时悬架系统的动态特征。

（1）单击"Simulate">"Suspension Analysis">"Opposite Travel"命令，弹出仿真对话框，如图 8.18 所示。

（2）Output Prefix（输出别名）：p2。

（3）Number of Steps（仿真步数）：200。

（4）3 号方框中分别输入：80，-80，分别指上跳行程与回弹行程，其余参数保持默认设置。

（5）单击 OK 按钮，完成非独立悬架在 C 模式下的仿真。双轮反向激振模型如图 8.19 所示。

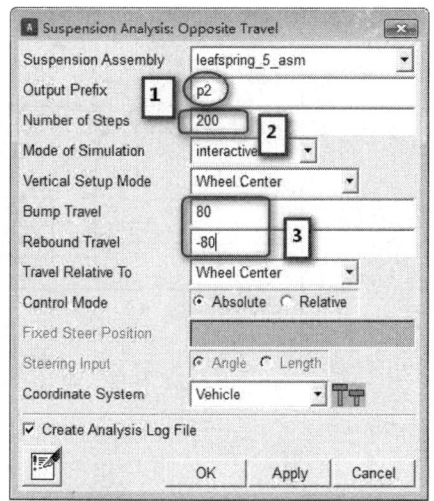

图 8.18 反向激振仿真对话框

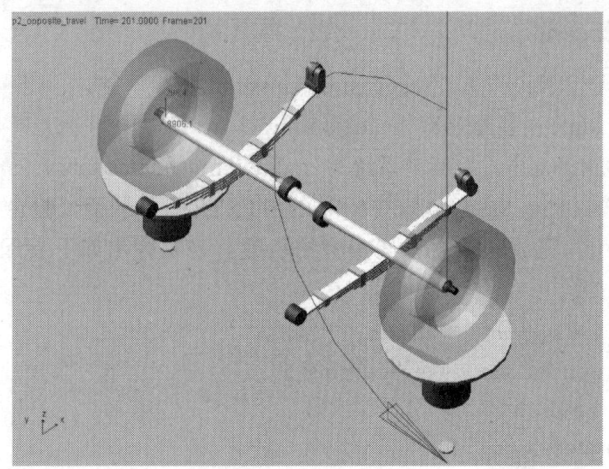

图 8.19 双轮反向激振模型

（6）按 F8 键，此时从标准进入后处理模块，绘制左右车轮上下反向跳动时定位参数的变换曲线。

（7）Simulation（仿真结果）：p2_opposite_travel。

（8）点击 Date（数据），在弹出的对话框中选择"Request" > "wheel_travel"，"Component" > "vertical left"。

（9）单击 OK 按钮，把左侧车轮垂直输入 vertical left 作为横坐标。

（10）Filter：user defined。

（11）Request：分别选择 camber_angle，caster_angle。

（12）Component：同时选择 left，right。

（13）点击"Add Curves"，绘制出 camber_angle，caster_angle 曲线如图 8.20 和图 8.21 所示。

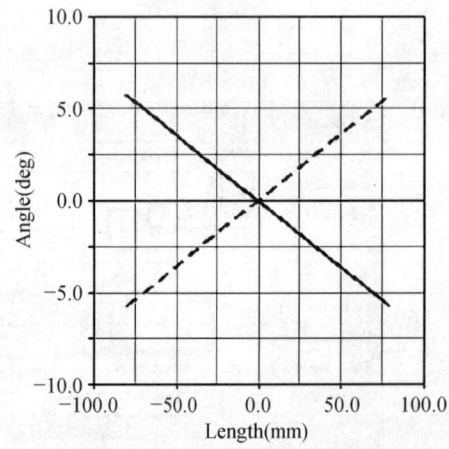

图 8.20 车轮外倾角变换

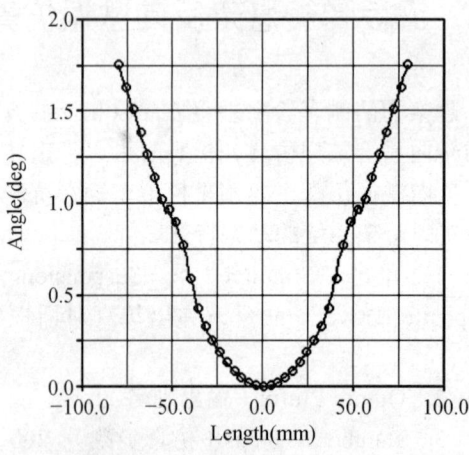

图 8.21 外主销后倾角变换

第 9 章 钢板弹簧模型——Nonlinear Beam

钢板弹簧建模方法较多，推荐采用 Beam 梁法建立钢板弹簧模型，其综合特性较好。本章通过案例介绍 4 片叠加钢板弹簧模型的建立，建模的核心是非线性梁及接触的施加，接触重复施加过程需要谨慎，务必保证接触面的准确对应关系；另外通过点面约束模拟弹簧夹，保证弹簧装配体在运动过程中接触面不产生分离，否则会导致在大载荷状态下模型计算错误。此案例主要讲解钢板弹簧的建模方法，商用车整车研发设计过程中需要保证钢板弹簧垂向刚度与实验刚度曲线准确吻合，此过程需要多次调试模型才能完成。建立好的 4 片钢板弹簧装配模型如图 9.1 所示。

图 9.1 钢板弹簧模型

9.1 非线性梁

9.1.1 钢板弹簧硬点参数

（1）启动 ADAMS/Car、选择专家模块进入建模界面。
（2）单击 "File" > "New" 命令，弹出的建模对话框如图 9.2 所示。
（3）在模板名称里输入 my_leaf_4，主特征选择 suspension，单击 OK 按钮。
（4）单击 "Build" > "Hardpoind" > "New" 命令，弹出创建硬点对话框如图 9.3 所示。

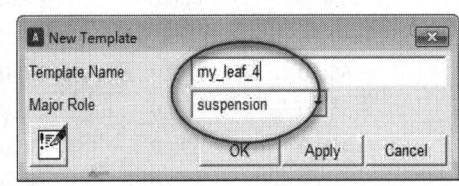

图 9.2 新建模板对话框

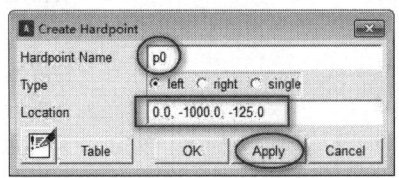

图 9.3 硬点对话框

（5）在硬点名称里输入 p0，类型选择 left；在位置文本框输入 0.0，-1000.0，-125.0。
（6）单击 Apply 按钮，完成 p0 硬点的创建。重复硬点建立，完成如下硬点参数的建立：

硬点参数：

hardpoint name	symmetry	x_value	y_value	z_value
a2	left/right	−550.0	−600.0	0.0
a3	left/right	−450.0	−600.0	0.0
a4	left/right	−350.0	−600.0	0.0
a5	left/right	−250.0	−600.0	0.0
a6	left/right	−150.0	−600.0	0.0
a7	left/right	−50.0	−600.0	0.0
a8	left/right	0.0	−600.0	0.0
a9	left/right	50.0	−600.0	0.0
a10	left/right	150.0	−600.0	0.0
a11	left/right	250.0	−600.0	0.0
a12	left/right	350.0	−600.0	0.0
a13	left/right	450.0	−600.0	0.0
a14	left/right	550.0	−600.0	0.0
b3	left/right	−450.0	−600.0	−30.0
b4	left/right	−350.0	−600.0	−30.0
b5	left/right	−250.0	−600.0	−30.0
b6	left/right	−150.0	−600.0	−30.0
b7	left/right	−50.0	−600.0	−30.0
b8	left/right	0.0	−600.0	−30.0
b9	left/right	50.0	−600.0	−30.0
b10	left/right	150.0	−600.0	−30.0
b11	left/right	250.0	−600.0	−30.0
b12	left/right	350.0	−600.0	−30.0
b13	left/right	450.0	−600.0	−30.0
c5	left/right	−250.0	−600.0	−60.0
c6	left/right	−150.0	−600.0	−60.0
c7	left/right	−50.0	−600.0	−60.0
c8	left/right	0.0	−600.0	−60.0
c9	left/right	50.0	−600.0	−60.0
c10	left/right	150.0	−600.0	−60.0
c11	left/right	250.0	−600.0	−60.0
p0	left/right	0.0	−1000.0	−125.0
p1	left/right	−650.0	−600.0	30.0
p2	left/right	−550.0	−600.0	30.0
p3	left/right	−450.0	−600.0	30.0
p4	left/right	−350.0	−600.0	30.0
p5	left/right	−250.0	−600.0	30.0
p6	left/right	−150.0	−600.0	30.0
p7	left/right	−50.0	−600.0	30.0
p8	left/right	0.0	−600.0	30.0
p9	left/right	50.0	−600.0	30.0

p10	left/right	150.0	−600.0	30.0
p11	left/right	250.0	−600.0	30.0
p12	left/right	350.0	−600.0	30.0
p13	left/right	450.0	−600.0	30.0
p14	left/right	550.0	−600.0	30.0
p15	left/right	650.0	−600.0	30.0
p16	left/right	600.0	−600.0	250.0

（7）单击"Build">"Suspension Parameters">"Toe/Camber Values">"Set"命令，弹出的悬架参数对话框如图9.4所示。前束角输入0，外倾角输入0，单击OK按钮，完成参数的创建。与此同时系统自动建立两个输出通信器：col[r]_toe_angle，col[r]_camber_angle。

（8）单击"Build">"Constructon Frame">"New"命令，弹出的创建结构框如图9.5所示。

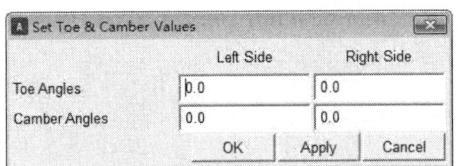
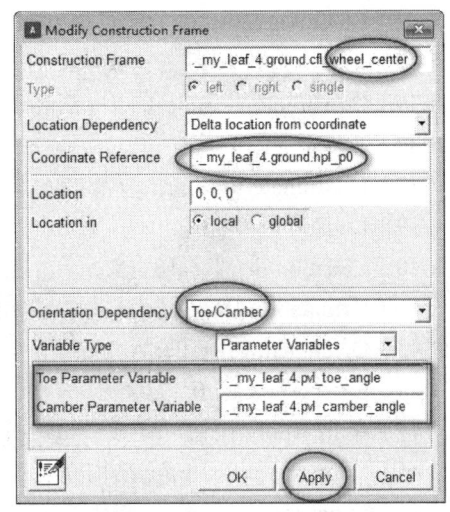

图9.4　悬架参数　　　　　　图9.5　wheel_center 结构框

（9）Constructon Frame（结构框名称）：wheel_center。

（10）Type：left。

（11）Coordinate Reference（参考坐标）：._my_leaf_4.ground.hpl_p0。

（12）Location：0,0,0。

（13）Location in：local。

（14）Orientation Dependency：User-entered values。

（15）Variable Type（变量类型）：Parameter Variable(参数变量)。

（16）Toe Parameter Values（前束变量值）：._my_leaf_4.pvl_toe_angle。

（17）Camber Parameter Values（外倾变量值）：._my_leaf_4.pvl_camber_angle。

（18）单击 Apply 按钮，完成._my_leaf_4.ground.cfl_wheel_center 结构框的创建。

（19）Constructon Frame（结构框名称）：axle_center。

（20）Type：single。

（21）Centered between：Two Coordinates。

（22）Coordinate Reference #1（参考坐标）：._my_leaf_4.ground.hpl_p0。

（23）Coordinate Reference #2（参考坐标）：._my_leaf_4.ground.hpr_p0。

（24）Orient using：Euler Angles。

（25）Euler Angles：0,0,0。

（26）单击 Apply 按钮，完成._my_leaf_4.ground.cfs_axle_center 结构框的创建。

（27）Constructon Frame（结构框名称）：p1。

（28）Type：left。

（29）Coordinate Reference（参考坐标）：._my_leaf_4.ground.hpl_p1。

（30）Location：0,0,0。

（31）Location in：local。

（32）Orientation Dependency：User-entered values。

（33）Orient using：Euler Angles。

（34）Euler Angles：0,0,0。

（35）单击 Apply 按钮，完成._my_leaf_4.ground.cfl_p1 结构框的创建。

（36）Constructon Frame（结构框名称）：p8。

（37）Type：left。

（38）Coordinate Reference（参考坐标）：._my_leaf_4.ground.hpl_p8。

（39）Location：0,0,0。

（40）Location in：local。

（41）Orientation Dependency：User-entered values。

（42）Orient using：Euler Angles。

（43）Euler Angles：0,90,0。

（44）单击 Apply 按钮，完成._my_leaf_4.ground.cfl_p8 结构框的创建。

（45）Constructon Frame（结构框名称）：p15。

（46）Type：left。

（47）Coordinate Reference（参考坐标）：._my_leaf_4.ground.hpl_p15。

（48）Location：0,0,0。

（49）Location in：local。

（50）Orientation Dependency：User-entered values。

（51）Orient using：Euler Angles。

（52）Euler Angles：0,90,0。

（53）单击 Apply 按钮，完成._my_leaf_4.ground.cfl_p15 结构框的创建。

（54）Constructon Frame（结构框名称）：p16。

（55）Type：left。

（55）Coordinate Reference（参考坐标）：._my_leaf_4.ground.hpl_p16。

（57）Location：0,0,0。

（57）Location in：local。

（59）Orientation Dependency：User-entered values。

（60）Orient using：Euler Angles。

（61）Euler Angles：0,90,0。

（62）单击 OK 按钮，完成 ._my_leaf_4.ground.cfl_p16 结构框的创建。

（63）单击"Build">"Suspension Parameters">"Characteristics Arrary">"Set"命令，此设置主要用于设置悬架的转向主销，如图 9.6 所示。

（64）Steer Axis Caculation：Instant Axis。

（65）Suspension Type： Dependent，非独立悬架。

（66）Part：._my_leaf_4.gel_spindle。

（67）Coordinate Reference：._my_leaf_4.ground.cfl_wheel_center。

（68）单击 OK 按钮，完成悬架参数变量的设置。

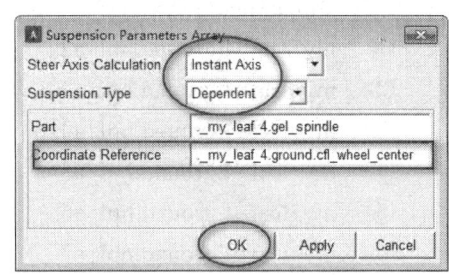

图 9.6 悬架参数变量设置

9.1.2 非线性梁部件

（1）单击"Build">"Part">"Nonlinear Beam">"New"命令，弹出的创建非线性梁对话框如图 9.7 所示。

（2）在 General Part 中输入：beam1。

（3）Coordinate Reference（参考坐标），依次输入如下硬点信息，硬点信息顺序不能乱，右击选择"Pick"进行选取：

① ._my_leaf_4.ground.hpl_p1。
② ._my_leaf_4.ground.hpl_p2。
③ ._my_leaf_4.ground.hpl_p3。
④ ._my_leaf_4.ground.hpl_p4。
⑤ ._my_leaf_4.ground.hpl_p5。
⑥ ._my_leaf_4.ground.hpl_p6。
⑦ ._my_leaf_4.ground.hpl_p7。
⑧ ._my_leaf_4.ground.hpl_p8。
⑨ ._my_leaf_4.ground.hpl_p9。
⑩ ._my_leaf_4.ground.hpl_p10。
⑪ ._my_leaf_4.ground.hpl_p11。
⑫ ._my_leaf_4.ground.hpl_p12。
⑬ ._my_leaf_4.ground.hpl_p13。
⑭ ._my_leaf_4.ground.hpl_p14。
⑮ ._my_leaf_4.ground.hpl_p15。

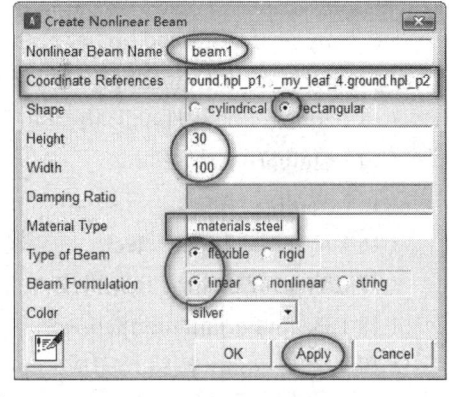

图 9.7 非线性梁部件 Beam1

（4）Shape（非线性梁形状，包括圆形和矩形两种）：rectangular。

（5）Height：30。

（6）Width：100。

（7）Material Type：steel。

（8）Type of Beam：flexible。

（9）Beam Formulation：linear。

（10）单击 Apply 按钮，完成 ._my_leaf_4.nrl_1_beam1 部件的创建，如图 9.7 所示。

（11）在 General Part 中输入：beam2。

（12）Coordinate Reference（参考坐标），依次输入如下硬点信息，硬点信息顺序不能乱，右击选择"Pick"进行选取）：

① ._my_leaf_4.ground.hpl_a2。

② ._my_leaf_4.ground.hpl_a3。

③ ._my_leaf_4.ground.hpl_a4。

④ ._my_leaf_4.ground.hpl_a5。

⑤ ._my_leaf_4.ground.hpl_a6。

⑥ ._my_leaf_4.ground.hpl_a7。

⑦ ._my_leaf_4.ground.hpl_a8。

⑧ ._my_leaf_4.ground.hpl_a9。

⑨ ._my_leaf_4.ground.hpl_a10。

⑩ ._my_leaf_4.ground.hpl_a11。

⑪ ._my_leaf_4.ground.hpl_a12。

⑫ ._my_leaf_4.ground.hpl_a13。

⑬ ._my_leaf_4.ground.hpl_a14。

（13）Shape（非线性梁形状，包括圆形和矩形两种）：rectangular。

（14）Height：30。

（15）Width：100。

（16）Material Type：steel。

（17）Type of Beam：flexible。

（18）Beam Formulation：linear。

（19）单击 Apply 按钮，完成._my_leaf_4.nrl_1_beam2 部件的创建。

（20）在 General Part 是输入：beam3。

（21）Coordinate Reference（参考坐标），依次输入如下硬点信息，硬点信息顺序不能乱，右击选择"Pick"进行选取）：

① ._my_leaf_4.ground.hpl_b3。

② ._my_leaf_4.ground.hpl_b4。

③ ._my_leaf_4.ground.hpl_b5。

④ ._my_leaf_4.ground.hpl_b6。

⑤ ._my_leaf_4.ground.hpl_b7。

⑥ ._my_leaf_4.ground.hpl_b8。

⑦ ._my_leaf_4.ground.hpl_b9。

⑧ ._my_leaf_4.ground.hpl_b10。

⑨ ._my_leaf_4.ground.hpl_b11。

⑩ ._my_leaf_4.ground.hpl_b12。

⑪ ._my_leaf_4.ground.hpl_b13。

（22）Shape（非线性梁形状，包括圆形和矩形两种）：rectangular。

（23）Height：30。

（24）Width：100。

（25）Material Type：steel。
（26）Type of Beam：flexible。
（27）Beam Formulation：linear。
（28）单击 Apply 按钮，完成 ._my_leaf_4.nrl_1_beam3 部件的创建。
（29）在 General Part 中输入：beam4。
（30）Coordinate Reference（参考坐标），依次输入如下硬点信息，硬点信息顺序不能乱，右击选择"Pick"进行选取）：

① ._my_leaf_4.ground.hpl_c5。
② ._my_leaf_4.ground.hpl_c6。
③ ._my_leaf_4.ground.hpl_c7。
④ ._my_leaf_4.ground.hpl_c8。
⑤ ._my_leaf_4.ground.hpl_c9。
⑥ ._my_leaf_4.ground.hpl_c10。
⑦ ._my_leaf_4.ground.hpl_c11。

（31）Shape（非线性梁形状，包括圆形和矩形两种）：rectangular。
（32）Height：30。
（33）Width：100。
（34）Material Type：steel。
（35）Type of Beam：flexible。
（36）Beam Formulation：linear。
（37）单击 OK 按钮，完成 ._my_leaf_4.nrl_1_beam4 部件的创建。

9.1.3 车轴 rear_axle 部件

（1）单击"Build" > "Part" > "General Part" > "New"命令，弹出的创建部件对话框如图 9.8 所示。
（2）在 General Part 中输入：rear_axle。
（3）Type：single。
（4）Location Dependency：Centered between coordinates。
（5）Centered between：Two Coordinates。
（6）Coordinate Reference #1（参考坐标）：._my_leaf_4.ground.hpl_p0。
（7）Coordinate Reference #2（参考坐标）：._my_leaf_4.ground.hpr_p0。
（8）Orient using：Euler Angles。
（9）Euler Angles：0,0,0。
（10）Mass：1。
（11）Ixx：1。

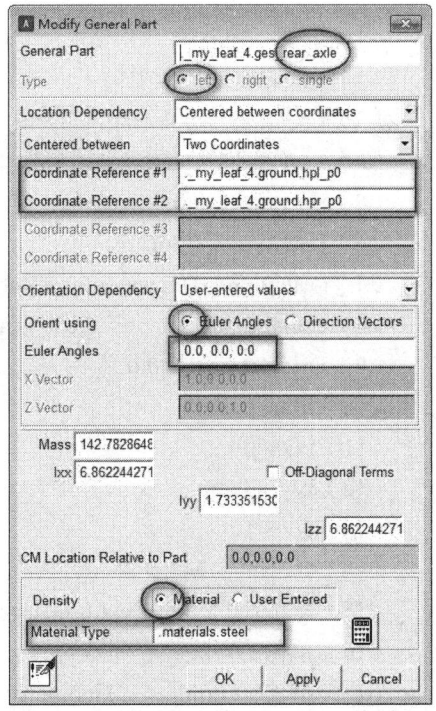

图 9.8 rear_axle 部件创建对话框

（12）Iyy：1。

（13）Izz：1。

（14）Density：Material。

（15）Material Type：.materials.steel。

（16）单击 OK 按钮，完成部件._my_leaf_4.ges_rear_axle 的创建。

（17）单击"Build" > "Geometry" > "Link" > "New"命令。

（18）在 Link Name（连杆名称）中输入几何名称：rear_axle。

（19）在 General Part 中输入：._my_leaf_4.ges_rear_axle。

（20）Coordinate Reference #1（参考坐标）：._my_leaf_4.ground.hpl_p0。

（21）Coordinate Reference #2（参考坐标）：._my_leaf_4.ground.hpr_p0。

（22）Radius（半径）：50。

（23）Color（杆件几何体颜色）：white。

（24）选择"Calculate Mass Properties of General Part"复选框，在几何体建立好之后会更新对应部件的质量和惯量参数。

（25）Density：Material。

（26）Material Type：steel。

（27）单击 OK 按钮，完成车轴._my_leaf_4.ges_rear_axle.gralin_rear_axle 几何体的创建，如图 9.9 所示。

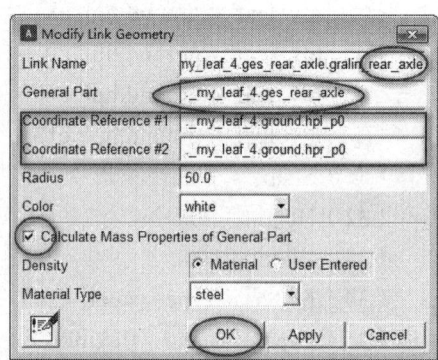

图 9.9　车轴几何体创建对话框

9.1.4　轮毂 spindle 部件

（1）单击"Build" > "Part" > "General Part" > "New"命令，弹出创建部件对话框。

（2）在 General Part 中输入：spindle。

（3）Location Dependency：Delta location from coordinate。

（4）Coordinate Reference（参考坐标）：._my_leaf_4.ground.cfl_wheel_center。

（5）Location：0,0,0。

（6）Location in：local。

（7）Orientation Dependency：Delta orientation from coordinate。

（8）Constructon Frame：._my_leaf_4.ground.cfl_wheel_center。

（9）Orientation：0,0,0。

（10）Mass：1。

（11）Ixx：1。

（12）Iyy：1。

（13）Izz：1。

（14）Density：Material。

（15）Material Type：.materials.steel。

（16）单击 OK 按钮，完成部件._my_leaf_4.gel_spindle 的创建。

（17）单击"Build" > "Geometry" > "Cylinder"（圆柱体）> "New"命令，弹出的创建几何体对话框如图 9.10 所示。

（18）在 Cylinder Name（圆柱体名称）中输入几何名称：spindle。

（19）在 General Part 中输入：._my_leaf_4.gel_spindle。

（20）Constructon Frame：._my_leaf_4.ground.cfl_wheel_center。

（21）Radius（半径）：150。

（22）Length In Postive Z（Z轴正方向长度）：30。

（23）Length In Negative Z（Z轴负方向长度）：30。

（24）Color（圆柱体几何体颜色）：blue。

（25）选择"Calculate Mass Properties of General Part"复选框。

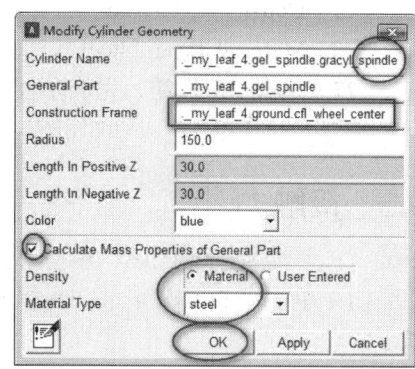

图 9.10　车轴几何体 spindle 创建对话框

（26）单击 OK 按钮，完成轮毂圆柱体._my_leaf_4.gel_spindle.gracyl_spindle 几何体的创建。

9.1.5　吊耳 shackle 部件

（1）单击"Build">"Part">"General Part">"New"命令，弹出创建部件对话框。

（2）在 General Part 中输入：shackle。

（3）Type：single。

（4）Location Dependency：Centered between coordinates。

（5）Centered between：Two Coordinates。

（6）Coordinate Reference #1（参考坐标）：._my_leaf_4.ground.hpl_p15。

（7）Coordinate Reference #2（参考坐标）：._my_leaf_4.ground.hpr_p15。

（8）Orient using：Euler Angles。

（9）Euler Angles：0,0,0。

（10）Mass：1。

（11）Ixx：1。

（12）Iyy：1。

（13）Izz：1。

（14）Density：Material。

（15）Material Type：.materials.steel。

（16）单击 OK 按钮，完成部件._my_leaf_4.gel_shackle 的创建。

（17）单击"Build">"Geometry">"Link">"New"命令。

（18）在 Link Name（连杆名称）中输入几何名称：shackle。

（19）在 General Part 中输入：._my_leaf_4.gel_shackle。

（20）Coordinate Reference #1（参考坐标）：._my_leaf_4.ground.hpl_p15。

（21）Coordinate Reference #2（参考坐标）：._my_leaf_4.ground.hpr_p15。

（22）Radius（半径）：20。

（23）Color（杆件几何体颜色）：yellow。

（24）选择"Calculate Mass Properties of General Part"复选框，在几何体建立好之后会更新对应部件的质量和惯量参数。

（25）Density：Material。
（26）Material Type：steel。
（27）单击 OK 按钮，完成车轴._my_leaf_4.gel_shackle.gralin_shackle 几何体的创建。

9.2 接触力

（1）单击"Tools">"Adams/View Interface"命令，切换到 View 通用界面，如图 9.11 所示。

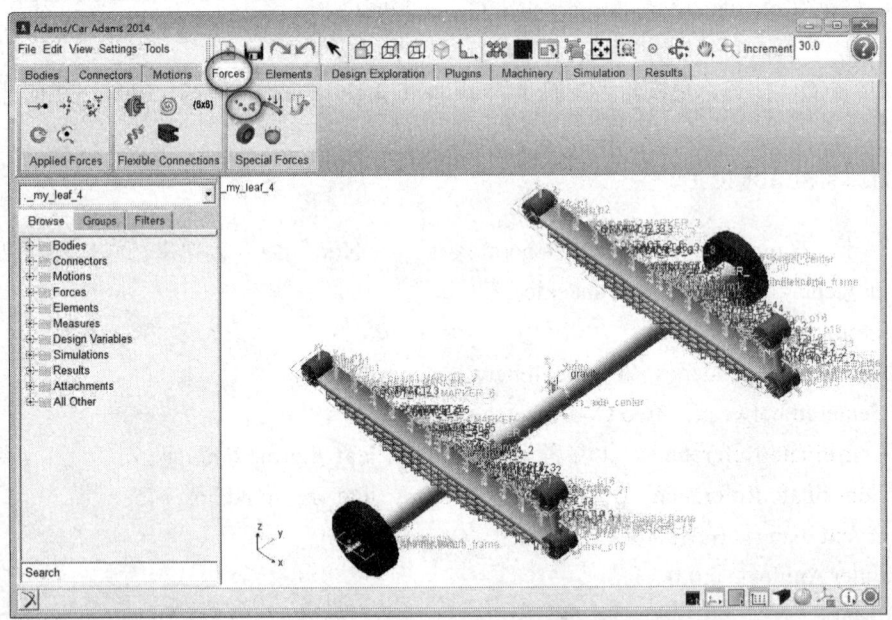

图 9.11　Adams/View Interface

（2）单击"Forces">"Create a Contact"命令，弹出的创建接触对话框如图 9.12 所示。

（3）Contant Type：Solid to Solid。
（4）I Solid（s）：._my_leaf_4.nrl_1_beam2.nrl_gra_i_29。
（5）J Solid（s）：._my_leaf_4.nrl_2_beam1.nrl_gra_i_3。
（6）Force Display：Red。
（7）Normal Force：Impact。
（8）Force Exponent：2.2。
（9）Damping：10。
（10）Coulomb Force：Coulomb。
（11）Coulomb Coulomb：On。
（12）Static Coefficient：0.3。
（13）Dynamic Coefficient：0.3。

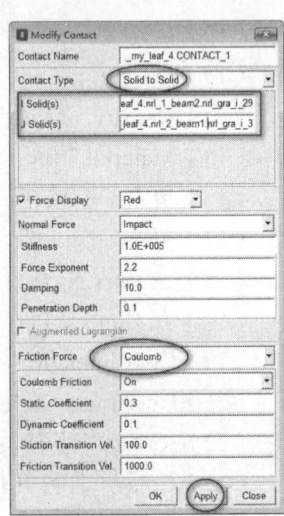

图 9.12　接触力创建对话框

（14）其余参数保持默认设置，单击 Apply 按钮，完成._my_

leaf_4.CONTACT_1 接触的设置。重复上述步骤，完成所有对应接触面的接触力设置。特别强调，接触面要一一对应，此模型包含 102 个接触。

9.3 弹簧夹

弹簧夹的主要作用是保障弹簧在上下运动过程中装配（模型中为接触）的两簧片不产生分离，通过约束关系中的点面约束抽象为弹簧夹。当钢板弹簧长度较大时，在钢板弹簧接触的端部和大概中间部位约束。在大载荷冲击下，点面约束是保障整车静平衡或者钢板弹簧计算模型收敛的必要条件。

（1）单击"Connectors"＞"Primitives"＞"Create an inplane Joint Primitive"命令。
（2）Construction：2 Bodies→1 Location。
（3）Normal To Grid。
（4）用鼠标分别选择钢板弹簧部件._my_leaf_4.nrl_1_beam2，._my_leaf_4.nrl_2_beam1 及._my_leaf_4.ground.hpl_p1 点，完成._my_leaf_4.JPRIM_1 点面约束的创建。
（5）在模型树上右击点面约束._my_leaf_4.JPRIM_1，点击 Modify 或者双击点面约束._my_leaf_4.JPRIM_1，弹出的约束对话框如图 9.13 所示。此模型建立过程共包含 12 个点面约束。本章提供钢板弹簧模型_my_leaf_4.tpl，读者可以根据模型详细查看接触与点面约束的施加。

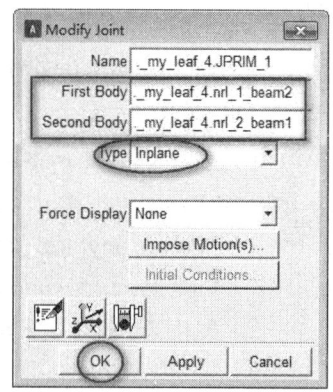

图 9.13　点面约束对话框

9.4 钢板弹簧模型约束

（1）单击"Tools"＞"Select Mode"＞"Switch To A/Car Template Biulder"命令，切换到 Adams/Car 专家界面。
（2）单击"Build"＞"Part"＞"Mount"＞"New"命令。
（3）Mount Name（安装部件名称）：leafspring_to_body。
（4）Coordinate Reference（参考坐标）：._my_leaf_4.ground.cfs_axle_center。
（5）安装部件此特征选择：inherit（继承特性）。
（6）单击 OK 按钮，完成._my_leaf_4.mts_leafspring_to_body 安装部件的创建。

1. 部件 nrl_1_beam1 与安装部件 leafspring_to_body 之间的 revolute 约束

（1）单击"Build"＞"Attachments"＞"Joint"＞"New"命令，弹出的创约束件对话框如图 9.14 所示。
（2）Joint Name（约束副名称）：p1。
（3）I Part：._my_leaf_4.nrl_1_beam1。
（4）J Part：._my_leaf_4.mts_leafspring_to_body。

（5）Joint Type：revolute。

（6）Active（激活）：kinematic mode（运动学模式）。

（7）Location Dependency：Delta location from coordinate。

（8）Coordinate Reference（参考坐标）：._my_leaf_4.ground.hpl_p1。

（9）Location: 0,0,0。

（10）Location in：local。

（11）Orientation Dependency：Delta orientation from coordinate。

（12）Construction Frame：._my_leaf_4.ground.cfl_p1。

（13）单击 Apply 按钮，完成约束副._my_leaf_4.jklrev_p1 的创建。

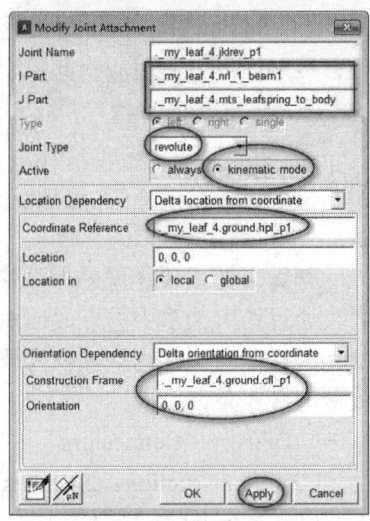

图 9.14　刚性约束对话框（revolute）

2．部件 nrl_15_beam1 与安装部件 leafspring_to_body 之间的 revolute 约束

（1）Joint Name（约束副名称）：p15。

（2）I Part：._my_leaf_4.nrl_15_beam1。

（3）J Part：._my_leaf_4.gel_shackle。

（4）Joint Type：revolute。

（5）Active（激活）：kinematic mode（运动学模式）。

（6）Location Dependency：Delta location from coordinate。

（7）Coordinate Reference（参考坐标）：._my_leaf_4.ground.hpl_p15。

（8）Location: 0,0,0。

（9）Location in：local。

（10）Orientation Dependency：Delta orientation from coordinate。

（11）Construction Frame：._my_leaf_4.ground.cfl_p15。

（12）单击 Apply 按钮，完成约束副._my_leaf_4.jklrev_p15 的创建。

3．部件 shackle 与安装部件 leafspring_to_body 之间的 revolute 约束

（1）Joint Name（约束副名称）：p16。

（2）I Part：._my_leaf_4.gel_shackle。

（3）J Part：._my_leaf_4.mts_leafspring_to_body。

（4）Joint Type：revolute。

（5）Active（激活）：kinematic mode（运动学模式）。

（6）Location Dependency：Delta location from coordinate。

（7）Coordinate Reference（参考坐标）：._my_leaf_4.ground.hpl_p16。

（8）Location: 0,0,0。

（9）Location in：local。

（10）Orientation Dependency：Delta orientation from coordinate。

（11）Construction Frame：._my_leaf_4.ground.cfl_p16。

（12）单击 Apply 按钮，完成约束副 ._my_leaf_4.jklrev_p16 的创建。

4．部件 spindle 与 rear_axle 之间的 revolute 约束

（1）Joint Name（约束副名称）：spindle。
（2）I Part：._my_leaf_4.gel_spindle。
（3）J Part：._my_leaf_4.ges_rear_axle。
（4）Joint Type：revolute。
（5）Active（激活）：always。
（6）Location Dependency：Delta location from coordinate。
（7）Coordinate Reference（参考坐标）：._my_leaf_4.ground.cfl_wheel_center。
（8）Location: 0,0,0。
（9）Location in：local。
（10）Orientation Dependency：Delta orientation from coordinate。
（11）Construction Frame：._my_leaf_4.ground.cfl_wheel_center。
（12）单击 Apply 按钮，完成约束副 ._my_leaf_4.jolrev_spindle 的创建。

5．部件 rear_axle 与 nrl_4_beam4 之间的 fixed 约束

（1）Joint Name（约束副名称）：axle。
（2）I Part：._my_leaf_4.ges_rear_axle。
（3）J Part：._my_leaf_4.nrl_4_beam4。
（4）Joint Type：fixed。
（5）Active（激活）：always。
（6）Location Dependency：Delta location from coordinate。
（7）Coordinate Reference（参考坐标）：._my_leaf_4.ground.hpl_c8。
（8）Location: 0,0,0。
（9）Location in：local。
（10）单击 Apply 按钮，完成约束副 ._my_leaf_4.jolfix_axle 的创建。

6．部件 nrl_8_beam1 与 nrl_7_beam2 之间的 fixed 约束

（1）Joint Name（约束副名称）：beam1。
（2）I Part：._my_leaf_4.nrl_8_beam1。
（3）J Part：._my_leaf_4.nrl_7_beam2。
（4）Joint Type：fixed。
（5）Active（激活）：always。
（6）Location Dependency：Delta location from coordinate。
（7）Coordinate Reference（参考坐标）：._my_leaf_4.ground.hpl_p8。
（8）Location: 0,0,0。
（9）Location in：local。
（10）单击 Apply 按钮，完成约束副 ._my_leaf_4.jolfix_beam1 的创建。

7．部件 nrl_6_beam3 与 nrl_7_beam2 之间的 fixed 约束

（1）Joint Name（约束副名称）：beam2。

（2）I Part：._my_leaf_4.nrl_7_beam2。

（3）J Part：._my_leaf_4.nrl_6_beam3。

（4）Joint Type：fixed。

（5）Active（激活）：always。

（6）Location Dependency：Delta location from coordinate。

（7）Coordinate Reference（参考坐标）：._my_leaf_4.ground.hpl_a8。

（8）Location: 0,0,0。

（9）Location in：local。

（10）单击 Apply 按钮，完成约束副._my_leaf_4.jolfix_beam2 的创建。

8．部件 nrl_6_beam3 与 nrl_4_beam4 之间的 fixed 约束

（1）Joint Name（约束副名称）：beam3。

（2）I Part：._my_leaf_4.nrl_6_beam3。

（3）J Part：._my_leaf_4.nrl_4_beam4。

（4）Joint Type：fixed。

（5）Active（激活）：always。

（6）Location Dependency：Delta location from coordinate。

（7）Coordinate Reference（参考坐标）：._my_leaf_4.ground.hpl_b8。

（8）Location: 0,0,0。

（9）Location in：local。

（10）单击 OK 按钮，完成约束副._my_leaf_4.jolfix_beam3 的创建。

9．部件 nrl_1_beam1 与 leafspring_to_body 之间的 bushing 约束

（1）单击"Build" > "Attachments" > "Bushing" > "New"命令，弹出轴套创建对话框。

（2）Bushing Name（约束副名称）：p1。

（3）I Part：._my_leaf_4.nrl_1_beam1。

（4）J Part：._my_leaf_4.mts_leafspring_to_body。

（5）Iinactive（抑制）：kinematic mode（运动学模式）。

（6）Preload：0,0,0。

（7）Tpreload:0，0，0。

（8）Offset：0，0，0。

（9）Roffset：0，0，0。

（10）Geometry Length：100。

（11）Geometry Radius：50。

（12）Property File：mdids://acar_shared/bushings.tbl/mdi_0001.bus。

（13）Location Dependency：Delta location from coordinate。

（14）Coordinate Reference（参考坐标）：._my_leaf_4.ground.hpl_p1。

（15）Location: 0,0,0。

（16）Location in：local。

（17）Orientation Dependency：Delta location from coordinate。

（18）Construction Frame：._my_leaf_4.ground.cfl_p1。

（19）Orientation: 0,0,0。

（20）单击 Apply 按钮，完成轴套._my_leaf_4.bkl_p1 的创建。

10．部件 nrl_15_beam1 与 shackle 之间的 bushing 约束

（1）Bushing Name（约束副名称）：p15。

（2）I Part :._my_leaf_4.nrl_1_beam1。

（3）J Part :._my_leaf_4.gel_shackle。

（4）Iinactive（抑制）: kinematic mode（运动学模式）。

（5）Preload：0,0,0。

（6）Tpreload: 0,0,0。

（7）Offset：0,0,0。

（8）Roffset：0,0,0。

（9）Geometry Length：100。

（10）Geometry Radius：50。

（11）Property File：mdids://acar_shared/bushings.tbl/mdi_0001.bus。

（12）Location Dependency：Delta location from coordinate。

（13）Coordinate Reference（参考坐标）：._my_leaf_4.ground.hpl_p15。

（14）Location: 0,0,0。

（15）Location in：local。

（16）Orientation Dependency：Delta location from coordinate。

（17）Construction Frame：._my_leaf_4.ground.cfl_p15。

（18）Orientation: 0,0,0。

（19）单击 Apply 按钮，完成轴套._my_leaf_4.bkl_p15 的创建。

11．部件 leafspring_to_body 与 shackle 之间的 bushing 约束

（1）Bushing Name（约束副名称）：p15。

（2）I Part :._my_leaf_4.mts_leafspring_to_body。

（3）J Part :._my_leaf_4.gel_shackle。

（4）Iinactive（抑制）: kinematic mode（运动学模式）。

（5）Preload：0,0,0。

（6）Tpreload：0,0,0。

（7）Offset：0,0,0。

（8）Roffset：0,0,0。

（9）Geometry Length：100。

（10）Geometry Radius：50。

（11）Property File：mdids://acar_shared/bushings.tbl/mdi_0001.bus。

（12）Location Dependency：Delta location from coordinate。

（13） Coordinate Reference（参考坐标）：._my_leaf_4.ground.hpl_p16。
（14） Location: 0,0,0。
（15） Location in：local。
（16） Orientation Dependency：Delta location from coordinate。
（17） Construction Frame：._my_leaf_4.ground.cfl_p16。
（18） Orientation: 0,0,0。
（19） 单击 OK 按钮，完成轴套._my_leaf_4.bkl_p16 的创建。

9.5 钢板弹簧悬架通信器

（1）单击 "Build" > "Communicator" > "Output" > "New" 命令，弹出输出通信器对话框。
（2） Output Communicator Name（输出通信器名称）：suspension_mount。
（3） Matching Name(s)：suspension_mount。
（4） Type：left。
（5） Entity：mount。
（6） To Minor Role：inherit。
（7） Part Name：._my_leaf_4.gel_spindle。
（8）单击 Apply 按钮，完成通信器._my_leaf_4.col_suspension_mount 的创建。
（9） Output Communicator Name（输出通信器名称）：wheel_center。
（10） Matching Name(s)：wheel_center。
（11） Type：left。
（12） Entity：Location。
（13） To Minor Role：inherit。
（14） Coordinate Reference Name：._my_leaf_4.ground.cfl_wheel_center。
（15）单击 Apply 按钮，完成通信器._my_leaf_4.col_wheel_center 的创建。
（16） Output Communicator Name（输出通信器名称）：suspension_upright。
（17） Matching Name(s)：suspension_upright。
（18） Type：left。
（19） Entity：mount。
（20） To Minor Role：inherit。
（21） Part Name：._my_leaf_4.ges_rear_axle。
（22）单击 OK 按钮，完成通信器._my_leaf_4.col_suspension_upright 的创建。
（23）保存模型。至此，4 片装配体钢板弹簧模型建立完成。

9.6 反向激振实验

车辆反向激振实验完成后效果如图 9.15 所示。车辆上下跳动幅值在 -30～+30 mm，由于钢板弹簧接触特性的存在，模型在计算过程中速度较为缓慢，计算完成后钢板弹簧接触力及各参数如图 9.16~9.25 所示。

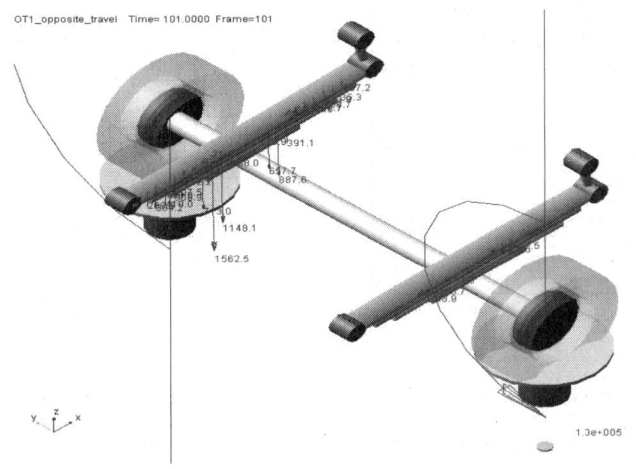

图 9.15　车轮反向激振实验

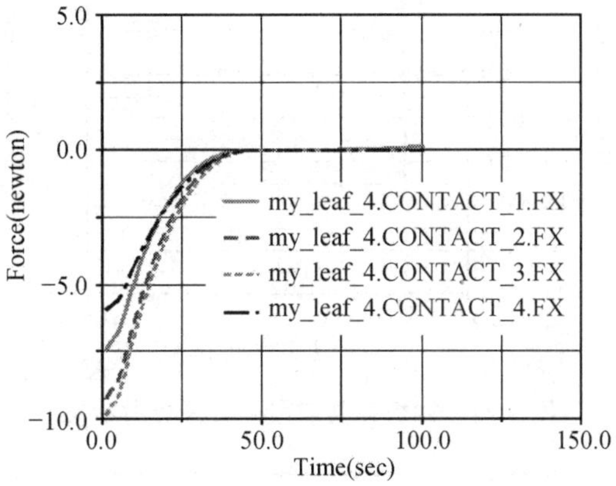

图 9.16　X 方向接触力

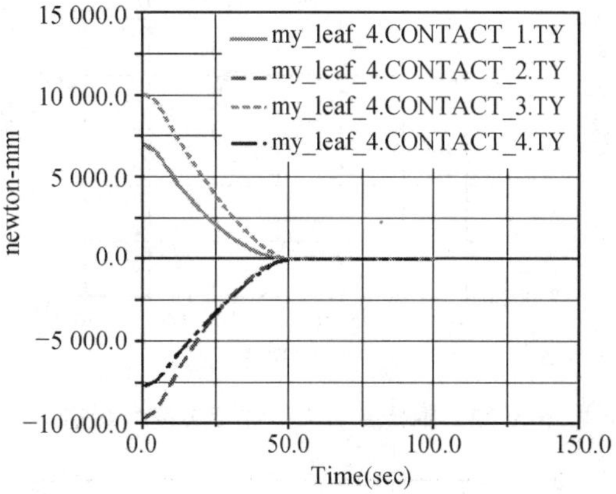

图 9.17　Y 方向接触力

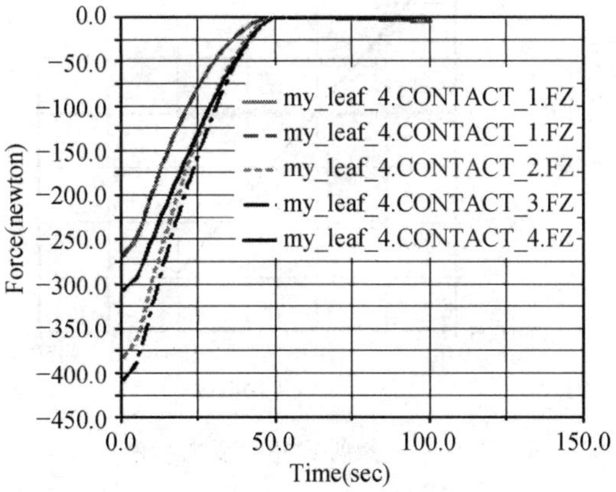

图 9.18　Z 方向接触力

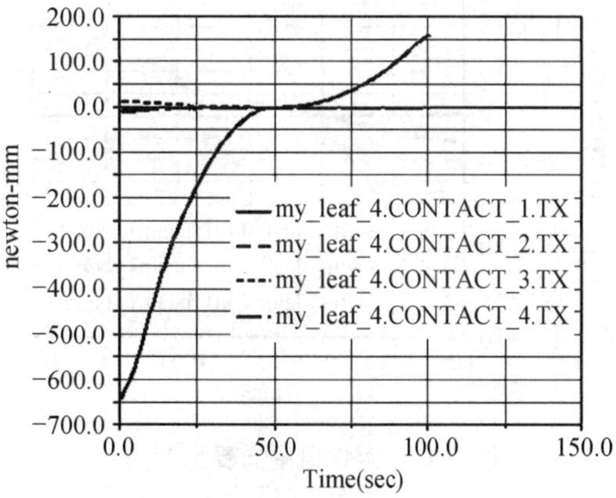

图 9.19　X 方向扭转接触力

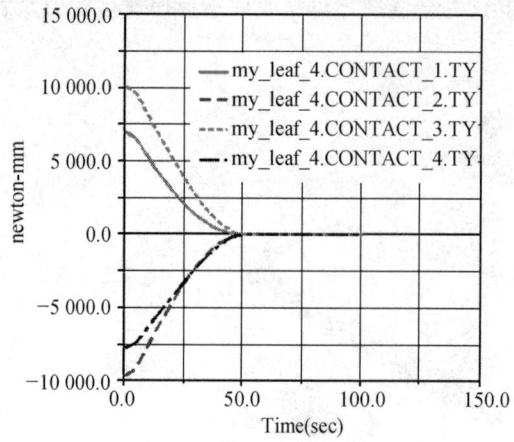

图 9.20 Y 方向扭转接触力

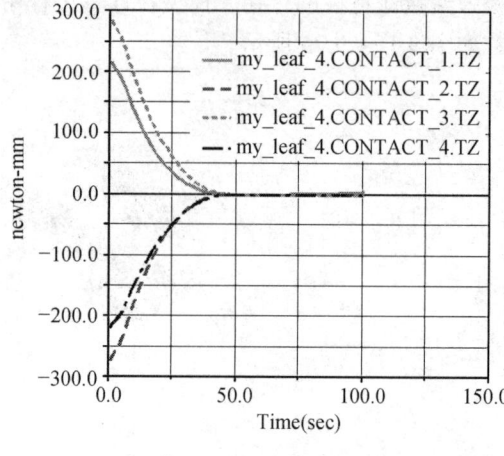

图 9.21 Z 方向扭转接触力

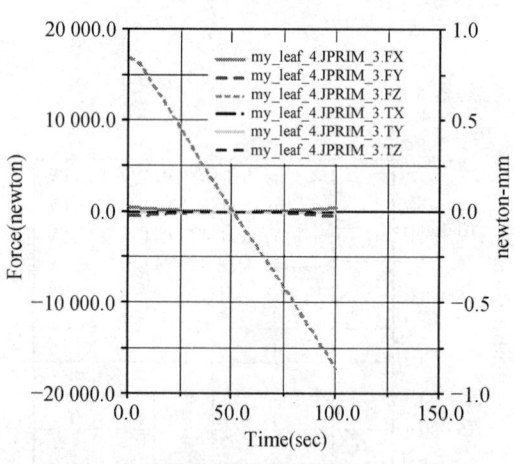

图 9.22 钢板弹簧中段弹簧夹受力状态

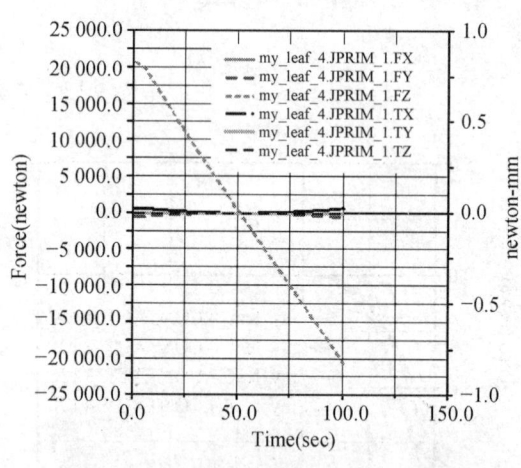

图 9.23 钢板弹簧前段弹簧夹受力状态

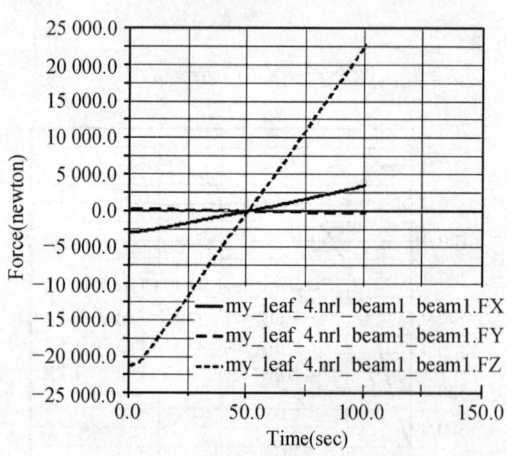

图 9.24 柔性梁垂向受力状态

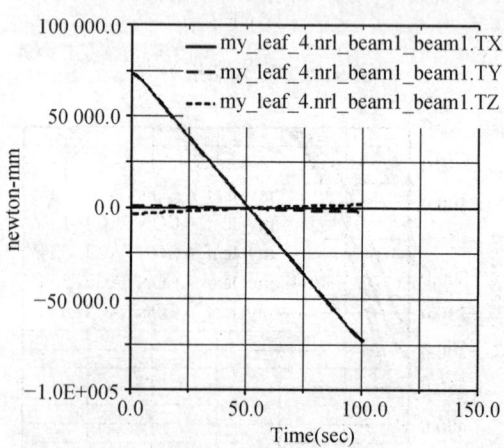

图 9.25 柔性梁扭转受力状态

第 10 章 FSAE 方程式赛车 I

方程式赛车的特殊性决定了其结构与传统的轿车有较大的区别。FSAE 赛车（见图 10.1）包括前后推力杆式双横臂悬架、中舵转向系统、前后轮胎、制动系统、后置动力总成、后轮驱动总成及车身子系统。在建模过程中，难点在于装配体整车模型的调试。各子系统参数获取的准确性及精确性会影响到整车的仿真精度。Car 模型中整车模型必须包括动力总成系统，否则不能保证整车的静平衡特性。View 模块不需要考虑动力总成系统，但其实验条件需要在编写相关函数下完成。

图 10.1 FSAE 整车模型

10.1 FSAE 方程式赛车介绍

Formula SAE（FSAE）由国际汽车工程师学会（SAE International）于 1978 年创办，其概念源于一家虚拟制作工厂，向所有大学生设计团队征集设计制造一辆小型的类似于标准方程式的赛车，要求赛车在加速、制动、操控性方面都有优异的表现并且足够稳定、耐久。

赛前车队通常用 8~12 个月的时间设计、建造、测试和准备赛车。在与来自世界各地的大学代表队的比较中，赛事给了车队证明和展示其创造力和工程技术能力的机会。为了达到比赛的目的，学生可以把自己假想成设计人员。某一制造公司聘请他们为其设计、制造和论证一辆用来评估该公司某一量产项目的原型车。预期的销售市场是周末业余汽车比赛。因此，该车必须在加速、制动和操控性能方面表现出色。该车必须成本低廉、易于维修、可靠性好。此外，考虑到市场销售的因素，该车需美观、舒适，零部件也需要有通用性。设计小组受到的挑战是设计和组装一辆满足各种要求的车。各个设计环节将作为竞赛比较和评判的内容。

随着汽车工业驱动技术的不断革新，以混合动力、纯电动汽车为主的大学生方程式赛事同样发展迅猛，势必成为今后的发展趋势。美国是首个开设混合动力 FSAE 项目的国家；而电动车 FSE 则在德国赛 Formula Student Germany 组委会的极力倡导下迅速发展起来。

赛车设计要求：① 使用排量不超过 610 mL 的四冲程汽油机；② 安装内径为 20 mm 的进气限流阀；③ 轴距不小于 1 525 mm；④ 轮辋不小于 8″；⑤ 必须能够制动全部 4 个车轮；⑥ 悬架行程不小于 50.8 mm（2″）；⑦ 大量安全和结构强度要求。比赛通过一系列静态和动态的项目来评判汽车的优劣，这些项目包括技术检验、成本分析、市场陈述、工程设计、单项性能测试、耐久测试及燃油经济性。通过给这些项目打分来评判汽车的性能。

10.2 后推力杆双横臂悬挂模型

推力杆式悬架较少见，多用于方程式赛车及超级跑车，在快速过弯过程中，可以减少车身的侧倾特性，以提升整车的操控性。另一方面，采用推力杆式悬架的赛车，有利于整车动力总成及传动系统的布置。建立好的后推力杆式双横臂悬挂如图 10.2 所示。

（1）启动 ADAMS/Car，选择专家模块进入建模界面。

（2）单击"File">"New"命令，弹出的建模对话框如图 10.3 所示。在模板名称里输入 fsae_suspension_rear_axle,主特征选择 suspension，单击 OK 按钮。

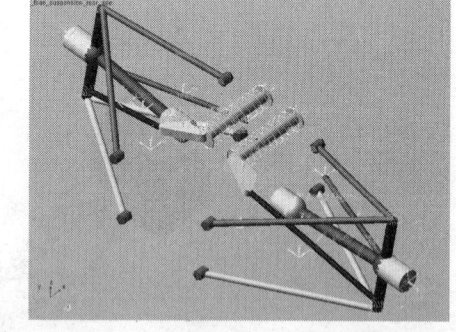

图 10.2　后推力杆式双横臂悬架

（3）单击"Build">"Hardpoind">"New"命令，弹出的创建硬点对话框如图 10.4 所示。

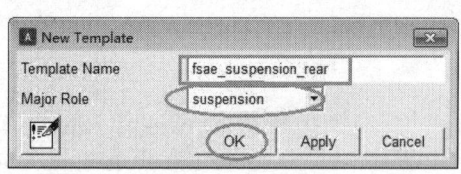

图 10.3　模板框

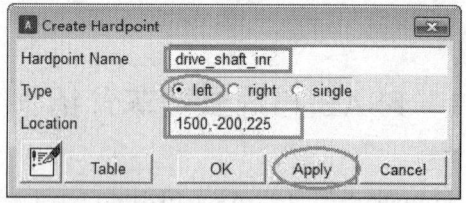

图 10.4　创建硬点对话框

（4）在硬点名称里输入 drive_shaft_inr，类型选择 left，在位置文本框输入 1500，-200.0，225.0。

（5）单击 Apply 按钮，完成 drive_shaft_inr 硬点的创建。此时在屏幕上显示出左右对称的两个硬点。以此类推，重复上述步骤，完成图 10.5 中硬点的创建，创建完成后单击 OK 按钮。

第 10 章 FSAE 方程式赛车 I

	loc_x	loc_y	loc_z
hpl_arb_bushing_mount	1651.0	-127.0	101.6
hpl_arblink_to_bellcrank	1447.8	-50.8	317.5
hpl_bellcrank_pivot	1447.8	-114.3	304.8
hpl_bellcrank_pivot_orient	1473.2	-146.05	547.3
hpl_drive_shaft_inr	1500.0	-200.0	225.0
hpl_lca_front	1270.0	-127.0	127.0
hpl_lca_outer	1498.6	-482.6	101.6
hpl_lca_rear	1651.0	-127.0	127.0
hpl_prod_outer	1498.6	-482.6	127.0
hpl_prod_to_bellcrank	1409.7	-139.7	304.8
hpl_shock_to_bellcrank	1460.5	-50.8	304.8
hpl_shock_to_chassis	1651.0	-50.8	304.8
hpl_tierod_inner	1676.4	-127.0	152.4
hpl_tierod_outer	1574.8	-457.2	152.4
hpl_uca_front	1270.0	-152.4	304.8
hpl_uca_outer	1549.4	-482.6	355.6
hpl_uca_rear	1625.6	-152.4	304.8
hpl_wheel_center	1524.0	-558.8	228.6
hps_global	1524.0	0.0	0.0

图 10.5　后推力杆式双横臂悬架硬点数据

10.2.1　上控制臂部件 UCA

（1）单击"Build">"Part">"General Part">"New"命令，弹出的创建部件对话框如图 10.6 所示。右击._fsae_suspension_rear_axle.gel_uca 部件，在弹出的快捷菜单中单击 Modify，弹出对话框。

（2）在 General Part 中输入：uca。

（3）Location Dependency：Centered between coordinates。

（4）Centered between：Three Coordinates，上控制臂部件 uca 位于三点坐标的中心位置。

（5）Coordinate Reference #1（参考坐标）：._fsae_suspension_rear_axle.ground.hpl_uca_front。

（6）Coordinate Reference #2（参考坐标）：._fsae_suspension_rear_axle.ground.hpl_uca_rear。

（7）Coordinate Reference #3（参考坐标）：._fsae_suspension_rear_axle.ground.hpl_uca_outer。

（8）Orient using：Euler Angles，部件定向采用欧拉角模式。

（9）Euler Angles：0,0,0。

（10）Mass：1；Ixx：1；Iyy：1；Izz：1。

（11）Density：Material。

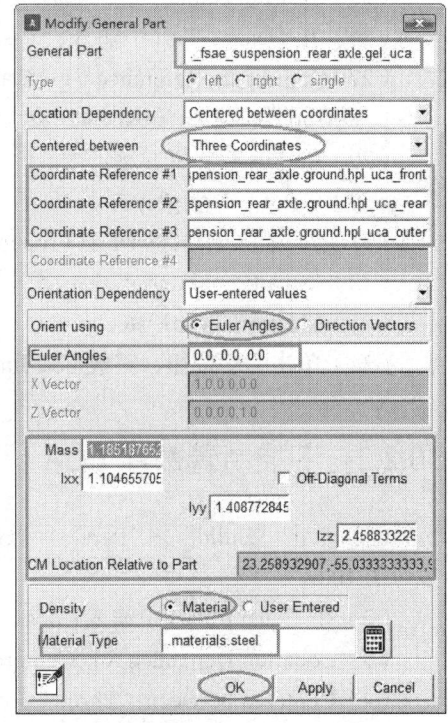

图 10.6　控制臂 UCA 部件创建对话框

（12）Material Type：.materials.steel。

（13）单击 OK 按钮，完成部件._fsae_suspension_rear_axle.gel_uca 的创建。

（14）单击"Build">"Geometry">"Link">"New"命令，弹出的创建部件对话框如图 10.7 所示。

（15）在 Link Name（连杆名称）中输入几何名称：uca_link_front。

（16）General Part 输入：._fsae_suspension_rear_axle.gel_uca。

（17）Coordinate Reference #1（参考坐标）：._fsae_suspension_rear_axle.ground.hpl_uca_front。

（18）Coordinate Reference #2（参考坐标）：._fsae_suspension_rear_axle.ground.hpl_uca_outer。

（19）Radius（半径）：8。

（20）Color：dark gray。

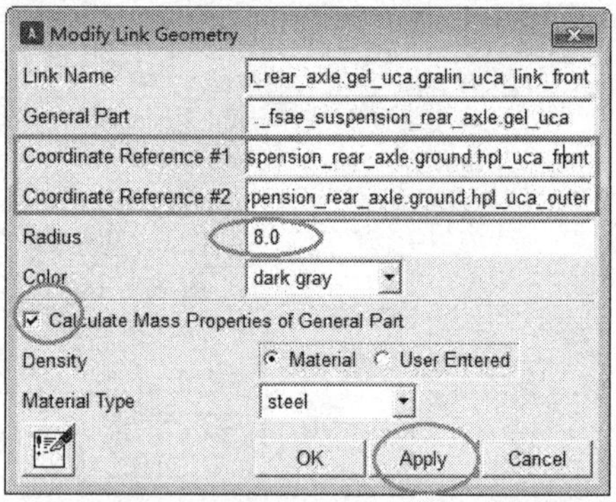

图 10.7 控制臂 UCA 几何体创建对话框

（21）选择"Calculate Mass Properties of General Part"复选框，在几何体建立好之后会更新对应部件的质量和惯量参数。

（22）Density：Material。

（23）Material Type：steel。

（24）单击 Apply 按钮，完成 uca_link_front 几何体的创建。

（25）在 Link Name（连杆名称）中输入几何名称：uca_link_rear。

（26）在 General Part 中输入：._fsae_suspension_rear_axle.gel_uca。

（27）Coordinate Reference #1（参考坐标）：._fsae_suspension_rear_axle.ground.hpl_uca_rear。

（28）Coordinate Reference #2（参考坐标）：._fsae_suspension_rear_axle.ground.hpl_uca_outer。

（29）Radius（半径）：8。

（30）Color：dark gray。

（31）勾选"Calculate Mass Properties of General Part"复选框。

（32）Density：Material。

（33）Material Type：steel。

（34）单击 OK 按钮，完成 uca_link_rear 几何体的创建。

10.2.2 下控制臂部件 LCA

（1）单击"Build">"Part">"General Part">"New"命令，弹出创建部件对话框，可参考图 10.6。

（2）在 General Part 中输入：lca。

（3）Location Dependency：Centered between coordinates。

（4）Centered between：Three Coordinates。

（5）Coordinate Reference #1（参考坐标）：._fsae_suspension_rear_axle.ground.hpl_lca_front。

（6）Coordinate Reference #2（参考坐标）：._fsae_suspension_rear_axle.ground.hpl_lca_rear。

（7）Coordinate Reference #3（参考坐标）：._fsae_suspension_rear_axle.ground.hpl_lca_outer。

（8）Orient using：Euler Angles。

（9）Euler Angles：0,0,0。

（10）Mass：1。

（11）Ixx：1。

（12）Iyy：1。

（13）Izz：1。

（14）Density：Material。

（15）Material Type：.materials.steel。

（16）单击 OK 按钮，完成部件._fsae_suspension_rear_axle.gel_lca 的创建。

（17）单击"Build">"Geometry">"Link">"New"命令。

（18）在 Link Name（连杆名称）中输入几何体名称：lca_link_front。

（19）在 General Part 中输入：._fsae_suspension_rear_axle.gel_lca。

（20）Coordinate Reference #1（参考坐标）：._fsae_suspension_rear_axle.ground.hpl_lca_front。

（21）Coordinate Reference #2（参考坐标）：._fsae_suspension_rear_axle.ground.hpl_lca_outer。

（22）Radius（半径）：8。

（23）Color：yellow。

（24）选择"Calculate Mass Properties of General Part"复选框，当几何体建立好之后会更新对应部件的质量和惯量参数。

（25）Density：Material。

（26）Material Type：steel。

（27）单击 Apply 按钮，完成 lca_link_front 几何体的创建。

（28）在 Link Name（连杆名称）中输入几何名称：lca_link_rear。

（29）在 General Part 中输入：._fsae_suspension_rear_axle.gel_lca。

（30）Coordinate Reference #1（参考坐标）：._fsae_suspension_rear_axle.ground.hpl_lca_rear。

（31）Coordinate Reference #2（参考坐标）：._fsae_suspension_rear_axle.ground.hpl_lca_outer。

（32）Radius（半径）：8。

（33）Color：yellow。

（34）勾选"Calculate Mass Properties of General Part"复选框。

（35）Density：Material。

（36）Material Type：steel。

（37）单击 OK 按钮，完成 lca_link_rear 几何体的创建。

10.2.3 转向节 upright 部件

（1）单击"Build">"Part">"General Part">"New"命令，弹出创建部件对话框，可参考图 10.6。

（2）在 General Part 中输入：upright。

（3）Location Dependency：Centered between coordinates。

（4）Centered between：Two Coordinates。

（5）Coordinate Reference #1（参考坐标）：._fsae_suspension_rear_axle.ground.hpl_uca_outer。

（6）Coordinate Reference #2（参考坐标）：._fsae_suspension_rear_axle.ground.hpl_lca_outer。

（7）Orient using：Euler Angles。

（8）Euler Angles：0,0,0。

（9）Mass：1。

（10）Ixx：1。

（11）Iyy：1。

（12）Izz：1。

（13）Density：Material。

（14）Material Type：.materials.steel。

（15）单击 OK 按钮，完成部件._fsae_suspension_rear_axle.gel_upright 的创建。

（16）单击"Build" > "Geometry" > "Link" > "New"命令。

（17）在 Link Name（连杆名称）中输入几何名称：upright。

（18）在 General Part 中输入：._fsae_suspension_rear_axle.gel_upright。

（19）Coordinate Reference #1（参考坐标）：._fsae_suspension_rear_axle.ground.hpl_uca_outer。

（20）Coordinate Reference #2（参考坐标）：._fsae_suspension_rear_axle.ground.hpl_lca_outer。

（21）Radius（半径）：13。

（22）Color（杆件几何体颜色）：blue。

（23）选择"Calculate Mass Properties of General Part"复选框，当几何体建立好之后会更新对应部件的质量和惯量参数。

（24）Density：Material。

（25）Material Type：steel。

（26）单击 OK 按钮，完成 upright 几何体的创建。

10.2.4 推力杆 prod 部件

（1）单击"Build" > "Part" > "General Part" > "New"命令，弹出创建部件对话框，可参考图 10.6。

（2）在 General Part 中输入：prod。

（3）Location Dependency：Centered between coordinates。

（4）Centered between：Two Coordinates。

（5）Coordinate Reference #1（参考坐标）：._fsae_suspension_rear_axle.ground.hpl_prod_outer。

（6）Coordinate Reference #2（参考坐标）：._fsae_suspension_rear_axle.ground.hpl_prod_to_bellcrank。

（7）Orientation Dependency（部件坐标轴方向）：Orient axis along line，结构框的轴沿两参考点方向，一般指 Z 轴。

（8）Coordinate Reference #1（参考坐标）：._fsae_suspension_rear_axle.ground.hpl_prod_outer。

（9）Coordinate Reference #2（参考坐标）：._fsae_suspension_rear_axle.ground.hpl_prod_to_bellcrank。

（10）Axis：Z。
（11）Mass：1。
（12）Ixx：1。
（13）Iyy：1。
（14）Izz：1。
（15）Density：Material。
（16）Material Type：.materials.steel。
（17）单击 OK 按钮，完成部件._fsae_suspension_rear_axle.gel_prod 的创建。
（18）单击"Build">"Geometry">"Link">"New"命令。
（19）在 Link Name（连杆名称）中输入几何名称：prod。
（20）在 General Part 中输入：._fsae_suspension_rear_axle.gel_prod。
（21）Coordinate Reference #1（参考坐标）：._fsae_suspension_rear_axle.ground.hpl_prod_outer。
（22）Coordinate Reference #2（参考坐标）：._fsae_suspension_rear_axle.ground.hpl_prod_to_bellcrank。
（23）Radius（半径）：7。
（24）Color（杆件几何体颜色）：blue。
（25）选择"Calculate Mass Properties of General Part"复选框，当几何体建立好之后会更新对应部件的质量和惯量参数。
（26）Density：Material。
（27）Material Type：steel。
（28）单击 OK 按钮，完成 prod 几何体的创建。

10.2.5 曲柄 bellcrank 部件

（1）单击"Build">"Part">"General Part">"New"命令，弹出创建部件对话框，可参考图 10.6。
（2）在 General Part 中输入：bellcrank。
（3）Location Dependency：Centered between coordinates。
（4）Centered between：T Coordinates。
（5）Coordinate Reference #1（参考坐标）：._fsae_suspension_rear_axle.ground.hpl_prod_to_bellcrank。
（6）Coordinate Reference #2（参考坐标）：._fsae_suspension_rear_axle.ground.hpl_shock_to_bellcrank。
（7）Coordinate Reference #2（参考坐标）：._fsae_suspension_rear_axle.ground.hpl_bellcrank_pivot。
（8）Coordinate Reference #2（参考坐标）：._fsae_suspension_rear_axle.ground.hpl_arblink_to_bellcrank。
（9）Orientation Dependency：User-entered values。

（10）Orient using：Euler Angles。

（11）Euler Angles：0,0,0。

（12）Mass：1。

（13）Ixx：1。

（14）Iyy：1。

（15）Izz：1。

（16）Density：Material。

（17）Material Type：.materials.steel。

（18）单击 OK 按钮，完成部件._fsae_suspension_rear_axle.gel_bellcrank 的创建。

（19）单击"Build" > "Geometry" > "Arm" > "New"命令。

（20）在 Link Name（连杆名称）中输入几何名称：bellcrank。

（21）在 General Part 中输入：._fsae_suspension_rear_axle.gel_bellcrank。

（22）Coordinate Reference #1（参考坐标）：._fsae_suspension_rear_axle.ground.hpl_prod_to_bellcrank。

（23）Coordinate Reference #2（参考坐标）：._fsae_suspension_rear_axle.ground.hpl_bellcrank_pivot。

（24）Coordinate Reference #3（参考坐标）：._fsae_suspension_rear_axle.ground.hpl_arblink_to_bellcrank。

（25）Thinkness：20。

（26）Color（杆件几何体颜色）：yellow。

（27）选择"Calculate Mass Properties of General Part"复选框，当几何体建立好之后会更新对应部件的质量和惯量参数。

（28）Density：Material。

（29）Material Type：steel。

（30）单击 OK 按钮，完成._fsae_suspension_rear_axle.gel_bellcrank.graarm_bellcrank 几何体的创建。

10.2.6　转向横拉杆 tierod 部件

（1）单击"Build" > "Part" > "General Part" > "New"命令，弹出创建部件对话框，可参考图 10.6。

（2）在 General Part 中输入：tierod。

（3）Location Dependency：Centered between coordinates。

（4）Centered between：Two Coordinates。

（5）Coordinate Reference #1（参考坐标）：._fsae_suspension_rear_axle.ground.hpl_tierod_inner。

（6）Coordinate Reference #2（参考坐标）：._fsae_suspension_rear_axle.ground.hpl_tierod_outer。

（7）Orientation Dependency：User-entered values。

（8）Orient using：Euler Angles。
（9）Euler Angles：0,0,0。
（10）Mass：1。
（11）Ixx：1。
（12）Iyy：1。
（13）Izz：1。
（14）Density：Material。
（15）Material Type：.materials.steel。
（16）单击 OK 按钮，完成部件._fsae_suspension_rear_axle.gel_tierod 的创建。
（17）单击"Build" > "Geometry" > "Link" > "New"命令。
（18）在 Link Name（连杆名称）中输入几何名称：tierod。
（19）在 General Part 中输入：._fsae_suspension_rear_axle.gel_tierod。
（20）Coordinate Reference #1（参考坐标）：._fsae_suspension_rear_axle.ground.hpl_tierod_innerr。
（21）Coordinate Reference #2（参考坐标）：._fsae_suspension_rear_axle.ground.hpl_tierod_outer。
（22）Radius（半径）：7。
（23）Color（杆件几何体颜色）：magenta。
（24）选择"Calculate Mass Properties of General Part"复选框，当几何体建立好之后会更新对应部件的质量和惯量参数。
（25）Density：Material。
（26）Material Type：steel。
（27）单击 OK 按钮，完成横拉杆._fsae_suspension_rear_axle.gel_tierod.gralin_tierod 几何体的创建。

10.2.7 阻尼器坐垫 damper_chassis 部件

（1）单击"Build" > "Part" > "General Part" > "New"命令，弹出创建部件对话框，可参考图 10.6。
（2）在 General Part 中输入：damper_chassis。
（3）Location Dependency：Delta location from coordinate。
（4）Coordinate Reference（参考坐标）：._fsae_suspension_rear_axle.ground.hpl_shock_to_chassis。
（5）Location：0,0,0。
（6）Location in：local。
（7）Orientation Dependency：User-entered values。
（8）Orient using：Euler Angles。
（9）Euler Angles：0,0,0。
（10）Mass：1。

（11）Ixx：1。
（12）Iyy：1。
（13）Izz：1。
（14）Density：Material。
（15）Material Type：.materials.steel。
（16）单击 OK 按钮，完成部件._fsae_suspension_rear_axle.gel_damper_chassis 的创建。

10.2.8 阻尼器曲柄 damper_bellcrank 部件

（1）单击"Build">"Part">"General Part">"New"命令，弹出创建部件对话框，可参考图 10.6。
（2）在 General Part 中输入：damper_bellcrank。
（3）Location Dependency：Delta location from coordinate。
（4）Coordinate Reference（参考坐标）：._fsae_suspension_rear_axle.ground.hpl_shock_to_bellcrank。
（5）Location：0,0,0。
（6）Location in：local。
（7）Orientation Dependency：User-entered values。
（8）Orient using：Euler Angles。
（9）Euler Angles：0,0,0。
（10）Mass：1。
（11）Ixx：1。
（12）Iyy：1。
（13）Izz：1。
（14）Density：Material。
（15）Material Type：.materials.steel。
（16）单击 OK 按钮，完成部件._fsae_suspension_rear_axle.gel_damper_bellcrank 的创建。

10.2.9 轮毂 spindle 部件

（1）单击"Build">"Suspension Parameters">"Toe/Camber Values">"Set"命令，弹出的悬架参数对话框如图 10.8 所示。前束角输入 0；外倾角输入 –1.5；单击 OK 按钮，完成参数创建。与此同时系统自动建立两个输出通信器：col[r]_toe_angle、col[r]_camber_angle。
（2）单击"Build">"Constructon Frame">"New"命令，弹出的创建结构框如图 10.9 所示。
（3）Constructon Frame（结构框名称）：wheel_center。
（4）Coordinate Reference（参考坐标）：_fsae_suspension_rear_axle.ground.hpl_wheel_center。
（5）Location：0,0,0。
（6）Location in：local。
（7）Orientation Dependency：User-entered values。

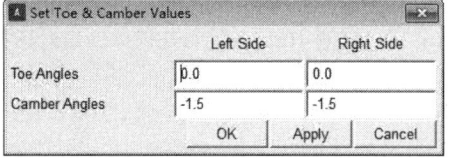

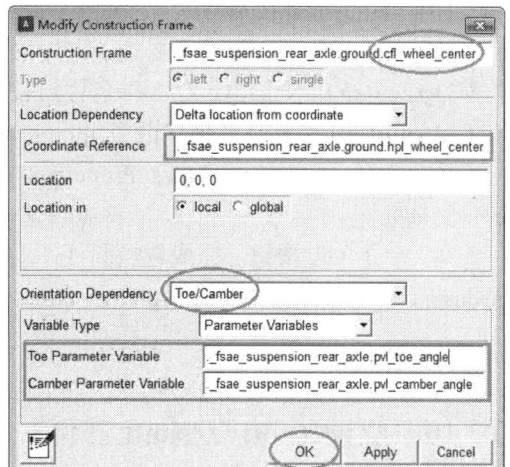

图 10.8　悬架参数　　　　　图 10.9　wheel_center 结构框

（8）Variable Type（变量类型）：Parameter Variable（参数变量）。

（9）Toe Parameter Values（前束变量值）：._fsae_suspension_rear_axle.pvl_toe_angle。

（10）Camber Parameter Values（外倾变量值）：._fsae_suspension_rear_axle.pvl_camber_angle。

（11）单击 OK 按钮，完成 ._fsae_suspension_rear_axle.ground.cfl_wheel_center 结构框的创建。

（12）单击"Build" > "Part" > "General Part" > "New"命令，弹出创建部件对话框，可参考图 10.6。

（13）在 General Part 中输入：spindle。

（14）Location Dependency：Delta location from coordinate。

（15）Coordinate Reference（参考坐标）：._fsae_suspension_rear_axle.ground.cfl_wheel_center。

（16）Location：0,0,0。

（17）Location in：local。

（18）Orientation Dependency：Delta orientation from coordinate。

（19）Constructon Frame：._fsae_suspension_rear_axle.ground.cfl_wheel_center。

（20）Orientation：0,0,0。

（21）Mass：1。

（22）Ixx：1。

（23）Iyy：1。

（24）Izz：1。

（25）Density：Material。

（26）Material Type：.materials.steel。

（27）单击 OK 按钮，完成部件 ._fsae_suspension_rear_axle.gel_spindle 的创建。

（28）单击"Build" > "Geometry" > "Cylinder"（圆柱体） > "New"命令，弹出的创建部件对话框如图 10.10 所示。

（29）在 Cylinder Name（圆柱体名称）中输入几何体名称：spindle。

（30）在 General Part 中输入：._fsae_suspension_rear_axle.gel_spindle。

（31）Radius（半径）：30。
（32）Length In Postive Z（Z 轴正方向长度）：0。
（33）Length In Negative Z（Z 轴负方向长度）：76.2。
（34）Color（圆柱体几何体颜色）：yellow。
（35）选择"Calculate Mass Properties of General Part"复选框。
（36）单击 OK 按钮，完成轮毂圆柱体._fsae_suspension_rear_axle.gel_spindle.gracyl_spindle 几何体的创建。

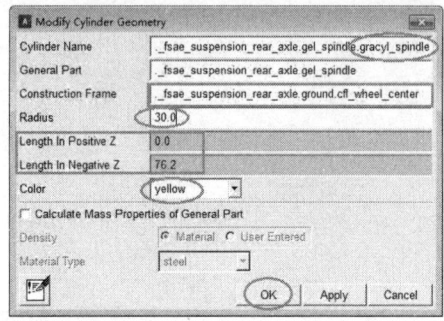

图 10.10　轮毂几何体创建对话框

10.2.10　驱动轴 drive_shaft 部件

（1）单击"Build" > "Parameter Variable" > "New"命令，弹出的参数变量对话框如图 10.11 所示。
（2）Parameter Variable Name: drive_shaft_offset。
（3）参数类型：Real　Value（实数值），数值为 75。
（4）Units：length。
（5）Hide from standard user（是否从标准界面隐藏）：no。
（6）单击 OK 按钮，完成变量._fsae_suspension_rear_axle.pvl_drive_shaft_offset 的创建。

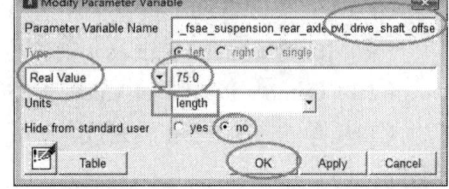

图 10.11　drive_shaft_offset 变量

（7）单击"Build" > "Constructon Frame" > "New"命令。
（8）Constructon Frame（结构框名称）：drive_shaft_otr。
（9）Location Dependency：Delta location from coordinate。
（10）Coordinate Reference（参考坐标）：._fsae_suspension_rear_axle.ground.cfl_wheel_center。
（11）Location：0.0, 0.0, (-1.0 * ._fsae_suspension_rear_axle.pvl_drive_shaft_offset)。
（12）Location in：local。
（13）Orientation Dependency：Orient axis to point。
（14）Coordinate Reference（参考坐标）：._fsae_suspension_rear_axle.ground.hpl_wheel_center。
（15）Axis：Z。
（16）单击 OK 按钮，完成._fsae_suspension_rear_axle.ground.cfl_drive_shaft_otr 结构框的创建。
（17）单击"Build" > "Part" > "General Part" > "New"命令。
（18）在 General Part 中输入：drive_shaft。
（19）Location Dependency：Delta location from coordinate。
（20）Coordinate Reference #1（参考坐标）：._fsae_suspension_rear_axle.ground.cfl_drive_shaft_otr。
（21）Coordinate Reference #2（参考坐标）：._fsae_suspension_rear_axle.ground.hpl_drive_shaft_inr。

（22）Coordinate Reference#3（参考坐标）：._fsae_suspension_rear_axle.ground.hpl_wheel_center。

（23）Axis：ZX。

（24）Mass：1。

（25）Ixx：1。

（26）Iyy：1。

（27）Izz：1。

（28）Density：Material。

（29）Material Type：.materials.steel。

（30）单击 OK 按钮，完成部件._fsae_suspension_rear_axle.gel_drive_shaft 的创建。

（31）单击"Build">"Geometry">"Link">"New"命令。

（32）在 Link Name（连杆名称）中输入几何体名称：drive_shaft。

（33）在 General Part 中输入：._fsae_suspension_rear_axle.gel_drive_shaft。

（34）Coordinate Reference #1（参考坐标）：._fsae_suspension_rear_axle.ground.hpl_drive_shaft_inr。

（35）Coordinate Reference #2（参考坐标）：._fsae_suspension_rear_axle.ground.cfl_drive_shaft_otr。

（36）Radius（半径）：15。

（37）Color（杆件几何体颜色）：red。

（38）选择"Calculate Mass Properties of General Part"复选框，当几何体建立好之后会更新对应部件的质量和惯量参数。

（39）Density：Material。

（40）Material Type：steel。

（41）单击 OK 按钮，完成._fsae_suspension_rear_axle.gel_drive_shaft.gralin_drive_shaft 几何体的创建。

（42）单击"Build">"Geometry">"Ellipsoid">"New"命令。

（43）在 Ellipsoid Name（椭圆体名称）中输入几何体名称：otr_cv_housing。

（44）Coordinate Reference（参考坐标）：._fsae_suspension_rear_axle.ground.cfl_drive_shaft_otr。

（45）Link：._fsae_suspension_rear_axle.gel_drive_shaft.gralin_drive_shaft。

（46）X Scale：2。

（47）Y Scale：2。

（48）Z Scale：2。

（49）Color（杆件几何体颜色）：red。

（50）选择"Calculate Mass Properties of General Part"复选框，当几何体建立好之后会更新对应部件的质量和惯量参数。

（51）Density：Material。

（52）Material Type：steel。

（53）单击 Apply 按钮，完成._fsae_suspension_rear_axle.gel_drive_shaft.graell_otr_cv_housing 几何体的创建。

（54）在 Ellipsoid Name（椭圆体名称）中输入几何体名称：tripot_housing。

（55）Coordinate Reference（参考坐标）：._fsae_suspension_rear_axle.ground.hpl_drive_shaft_inr。

（56）Link：._fsae_suspension_rear_axle.gel_drive_shaft.gralin_drive_shaft。

（57）X Scale：2。

（58）Y Scale：2。

（59）Z Scale：2。

（60）Color（杆件几何体颜色）：yellow。

（61）选择"Calculate Mass Properties of General Part"复选框。

（62）Density：Material。

（63）Material Type：steel。

（64）单击 OK 按钮，完成._fsae_suspension_rear_axle.gel_drive_shaft.graell_tripot_housing 几何体的创建。

10.2.11 等速万向节 tripot 部件

（1）单击"Build" > "Constructon Frame" > "New"命令。

（2）Constructon Frame（结构框名称）：drive_shaft_inr。

（3）Location Dependency：Delta location from coordinate。

（4）Coordinate Reference（参考坐标）：._fsae_suspension_rear_axle.ground.hpl_drive_shaft_inr。

（5）Location：0,0,0。

（6）Location in：local。

（7）Orientation Dependency：Orient in plane。

（8）Coordinate Reference #1（参考坐标）：._fsae_suspension_rear_axle.ground.hpl_drive_shaft_inr。

（9）Coordinate Reference #2（参考坐标）：._fsae_suspension_rear_axle.ground.hpr_drive_shaft_inr。

（10）Coordinate Reference#3（参考坐标）：._fsae_suspension_rear_axle.ground.cfl_drive_shaft_otr。

（11）Axis：ZX。

（12）单击 OK 按钮，完成._fsae_suspension_rear_axle.ground.cfl_drive_shaft_inr 结构框的创建。

（13）单击"Build" > "Part" > "General Part" > "New"命令，弹出创建部件对话框，可参考图 10.6。

（14）在 General Part 中输入：tripot。

（15）Location Dependency：Delta location from coordinate。

（16）Coordinate Reference（参考坐标）：._fsae_suspension_rear_axle.ground.hpl_drive_shaft_inr。

（17）Location：0,0,0。

（18）Location in：local。

（19）Orientation Dependency：Delta orientation from coordinate。

（20）Constructon Frame：._fsae_suspension_rear_axle.ground.cfl_drive_shaft_inr。

（21）Orientation：0,0,0。

（22）Mass：1。

（23）Ixx：1。

（24）Iyy：1。

（25）Izz：1。

（26）Density：Material。

（27）Material Type：.materials.steel。

（28）单击 OK 按钮，完成部件._fsae_suspension_rear_axle.gel_tripot 的创建。

（29）单击"Build" > "Geometry" > "Cylinder"（圆柱体）> "New"命令，可参考图 10.6。

（30）在 Cylinder Name（圆柱体名称）中输入几何体名称：tripot_housing_extention。

（31）General Part 输入：._fsae_suspension_rear_axle.gel_tripot。

（32）Radius（半径）：30。

（33）Length In Postive Z（Z轴正方向长度）：50。

（34）Length In Negative Z（Z轴负方向长度）：0。

（35）Color（圆柱体几何体颜色）：yellow。

（36）选择"Calculate Mass Properties of General Part"复选框。

（37）单击 OK 按钮，完成轮毂圆柱体._fsae_suspension_rear_axle.gel_tripot.gracyl_tripot_housing_extention 几何体的创建。

10.2.12　弹簧与减振器

（1）单击"Build" > "Force" > "Spring" > "New"命令，弹出的创建部件对话框如图 10.12 所示。

（2）Spring Name（弹簧名称）：spring。

（3）I Part：._fsae_suspension_rear_axle.gel_damper_chassis。

（4）J Part：._fsae_suspension_rear_axle.gel_damper_bellcrank。

（5）I Coordinate Reference（参考坐标）：._fsae_suspension_rear_axle.ground.hpl_shock_to_chassis。

（6）J Coordinate Reference（参考坐标）：._fsae_suspension_rear_axle.ground.hpl_shock_to_bellcrank。

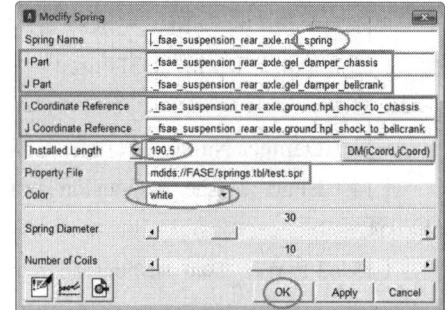

图 10.12　弹簧创建对话框

（7）Installed Length（安装长度）：单击 DM（iCoord, jCoord）自动计算弹簧的安装长度并填入到方框中，此模型的安装长度为 190.5。

（8）Property File（属性文件）：mdids://FASE/springs.tbl/test.spr，弹簧属性文件用记事本文

件打开后如下列信息所示,可以根据实际实验情况测出弹簧的参数(力与位移之间的关系,即刚度)填写到如下信息列表中,加下滑线部分为可修改部分。

弹簧属性文件信息:

```
$--------------------------------------------------------------MDI_HEADER
[MDI_HEADER]
 FILE_TYPE      =   'spr'
 FILE_VERSION   =   4.0
 FILE_FORMAT    =   'ASCII'
$--------------------------------------------------------------UNITS
[UNITS]
 LENGTH   =   'mm'
 ANGLE    =   'degrees'
 FORCE    =   'newton'
 MASS     =   'kg'
 TIME     =   'second'
$--------------------------------------------------------------SPRING_DATA
[SPRING_DATA]
 FREE_LENGTH   =   205.7
$--------------------------------------------------------------CURVE
[CURVE]
{   disp          force}
 −100.0         −100000.0
 −50.0          −50000.0
  0.0            0.0
  50.0           50000.0
  100.0          100000.0
```

(9)Spring Diameter(弹簧直径):拖动滑块选择 30 mm。

(10)Spring of Coils(弹簧圈数):拖动滑块选择 10。

(11)单击 OK 按钮,完成弹簧._fsae_suspension_rear_axle.nsl_spring 的创建。

(12)单击"Build">"Force">"Damper">"New"命令,弹出的减振器创建对话框如图 10.13 所示。

(13)Damper Name(减振器名称):damper。

(14)I Part:._fsae_suspension_rear_axle.gel_damper_chassis。

(15)J Part:._fsae_suspension_rear_axle.gel_damper_bellcrank。

(16)I Coordinate Reference(参考坐标):._fsae_suspension_rear_axle.ground.hpl_shock_to_chassis。

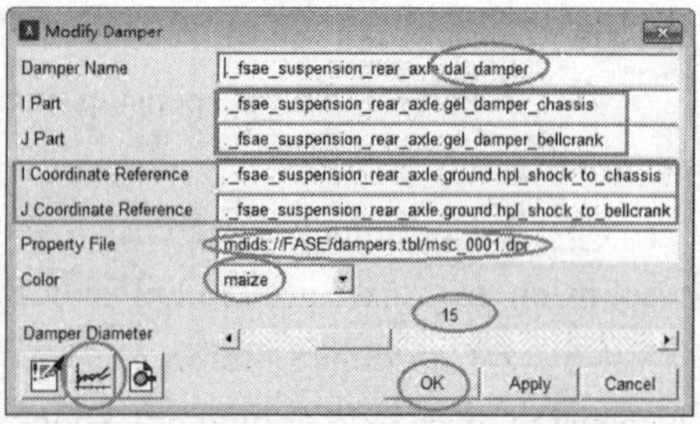

图 10.13 减振器创建对话框

(17)J Coordinate Reference(参考坐标):._fsae_suspension_rear_axle.ground.hpl_shock_to_bellcrank。

(18)Property File(属性文件):mdids://FASE/dampers.tbl/MSC_default.dpr,减振器系数曲

线如图 10.14 所示，具体数据如下：

减振器属性文件信息：

```
$--------------------------------------------------------------MDI_HEADER
[MDI_HEADER]
 FILE_TYPE       =   'dpr'
 FILE_VERSION    =   4.0
 FILE_FORMAT     =   'ASCII'
$--------------------------------------------------------------UNITS
[UNITS]
 LENGTH   =   'mm'
 ANGLE    =   'degrees'
 FORCE    =   'newton'
 MASS     =   'kg'
 TIME     =   'second'
$--------------------------------------------------------------CURVE
[CURVE]
{    vel              force}
 -4916.935           -8.889
 -1000.0             -3.0
 -500.0              -1.5
 -250.0              -0.75
 -100.0              -0.3
  0.0                 0.0
  100.0               0.3
  250.0               0.75
  500.0               1.5
  1000.0              3.0
  4914.298            9.0416
```

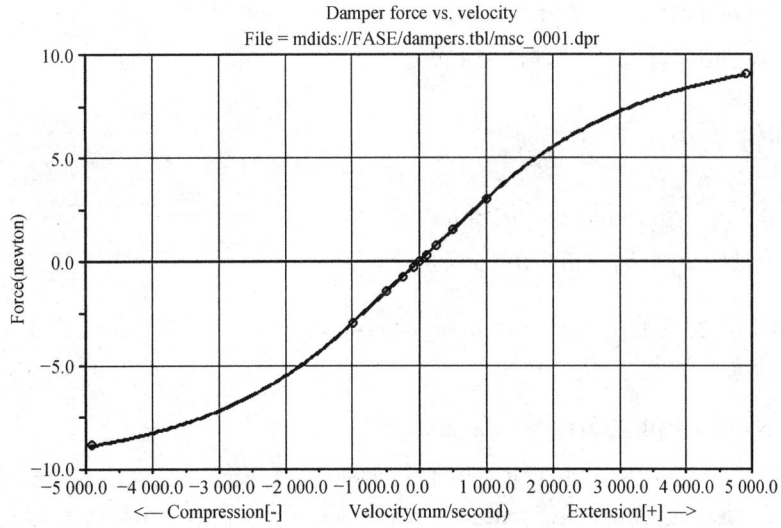

图 10.14 减振器系数曲线

(19) Damper Diameter（减振器直径）：拖动滑块选择 15 mm。

(20) Color：maize。

(21) 单击 OK 按钮，完成减振器._fsae_suspension_rear_axle.dal_damper 的创建。

10.2.13　安装部件

(1) 单击"Build">"Part">"Mount">"New"命令，弹出的创建部件对话框如图 10.15 所示。

(2) Mount name（安装部件名称）：suspension_to_chassis。

(3) Coordinate Reference（参考坐标）：._fsae_suspension_rear_axle.ground.hps_global。

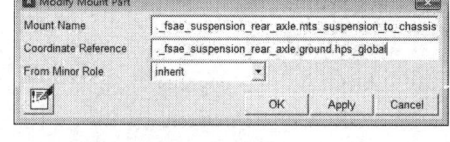

图 10.15　安装部件对话框

(4) 安装部件此特征选择：inherit（继承特性）。

(5) 单击 Apply 按钮，完成._fsae_suspension_rear_axle.mts_suspension_to_chassis 安装部件的创建。

(6) Mount name（安装部件名称）： tierod_to_steering。

(7) Coordinate Reference（参考坐标）：._fsae_suspension_rear_axle.ground.hpl_tierod_inner。

(8) 安装件此特征选择：inherit（继承特性）。

(9) 单击 Apply 按钮，完成._fsae_suspension_rear_axle.mtl_tierod_to_steering 安装部件的创建。

(10) Mount name（安装部件名称）：tripot_to_differential。

(11) Coordinate Reference（参考坐标）：._fsae_suspension_rear_axle.ground.hpl_drive_shaft_inr。

(12) 安装部件此特征选择：inherit（继承特性）。

(13) 单击 OK 按钮，完成._fsae_suspension_rear_axle.mtl_tripot_to_differential 安装部件的创建。

10.2.14　刚性约束

单击"Build">"Attachments">"Joint">"New"命令，弹出的刚性约束对话框如图 10.16 所示。

1．部件 uca 与安装部件 suspension_to_chassis 之间的 revolute 约束

(1) Joint Name（约束副名称）：uca_mid。

(2) I Part：._fsae_suspension_rear_axle.gel_uca。

(3) J Part：._fsae_suspension_rear_axle.mts_suspension_to_chassis。

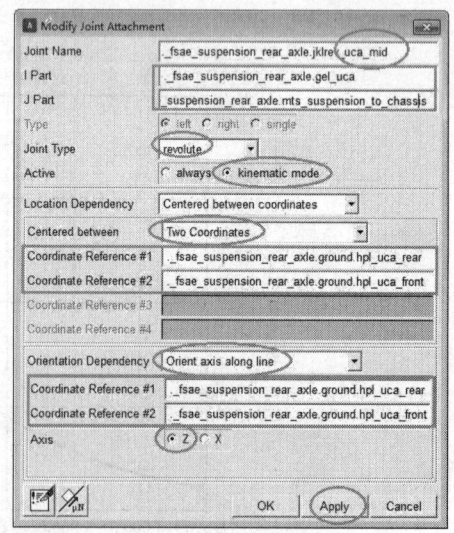

图 10.16　刚性约束对话框（revolute）

（4）Joint Type（约束副类型）：revolute，转动副，约束 5 个自由度。
（5）Active（激活）： kinematic mode（运动学模式）。
（6）Location Dependency：Centered between coordinates。
（7）Centered between：Two Coordinates。
（8）Coordinate Reference #1（参考坐标）：._fsae_suspension_rear_axle.ground.hpl_uca_rear。
（9）Coordinate Reference #2（参考坐标）：._fsae_suspension_rear_axle.ground.hpl_uca_front。
（10）Orientation Dependency：Orient axis along line。
（11）Coordinate Reference #1（参考坐标）：._fsae_suspension_rear_axle.ground.hpl_uca_rear。
（12）Coordinate Reference #2（参考坐标）：._fsae_suspension_rear_axle.ground.hpl_uca_front。
（13）单击 Apply 按钮，完成 ._fsae_suspension_rear_axle.jklrev_uca_mid 转动副的创建。

2．部件 uca 与 upright 之间的 spherical 约束

（1）Joint Name（约束副名称）：uca_outer。
（2）I Part：._fsae_suspension_rear_axle.gel_uca。
（3）J Part：._fsae_suspension_rear_axle.gel_upright。
（4）Joint Type（约束副类型）：spherical，转动副，约束 3 个自由度。
（5）Active（激活）：always。
（6）Location Dependency：Delta location from coordinate。
（7）Coordinate Reference（参考坐标）：._fsae_suspension_rear_axle.ground.hpl_uca_outer。
（8）Location: 0,0,0。
（9）Location in：local。
（10）Orientation：None。
（11）单击 Apply 按钮，完成约束副 ._fsae_suspension_rear_axle.jolsph_uca_outer 的创建。

3．部件 spindle 与 upright 之间的 revolute 约束

（1）Joint Name（约束副名称）：spindle。
（2）I Part：._fsae_suspension_rear_axle.gel_spindle。
（3）J Part：._fsae_suspension_rear_axle.gel_upright。
（4）Joint Type（约束副类型）：revolute。
（5）Active（激活）：always。
（6）Location Dependency：Delta location from coordinate。
（7）Coordinate Reference（参考坐标）：._fsae_suspension_rear_axle.ground.hpl_wheel_center。
（8）Location：0,0,0。
（9）Location in：local。
（10）Orientation Dependency：Delta orientation from coordinate。
（11）Construction Frame：._fsae_suspension_rear_axle.ground.cfl_wheel_center。
（12）单击 Apply 按钮，完成约束副 ._fsae_suspension_rear_axle.jolrev_spindle 的创建。

4．部件 damper_chassis 与安装部件 suspension_to_chassis 之间的 hook 约束

（1）单击 "Build" > "Constructon Frame" > "New" 命令。

（2）Constructon Frame（结构框名称）：damper_chassis_orient。

（3）Location Dependency：Delta location from coordinate。

（4）Coordinate Reference（参考坐标）：._fsae_suspension_rear_axle.ground.hpl_shock_to_chassis。

（5）Location：20，0，0。

（6）Location in：local。

（7）Orientation Dependency：User entered values。

（8）Orient using：Euler Angles。

（9）Euler Angles：0,0,0。

（10）单击 OK 按钮，完成 ._fsae_suspension_rear_axle.ground.cfl_damper_chassis_orient 结构框的创建。

（11）Joint Name（约束副名称）：damper_to_chassis。

（12）I Part：._fsae_suspension_rear_axle.gel_damper_chassis。

（13）J Part：._fsae_suspension_rear_axle.mts_suspension_to_chassis。

（14）Joint Type（约束副类型）：hook。

（15）Active（激活）：always。

（16）Location Dependency：Delta location from coordinate。

（17）Coordinate Reference（参考坐标）：._fsae_suspension_rear_axle.ground.hpl_shock_to_chassis。

（18）Location: 0,0,0。

（19）Location in：local。

（20）I-Part Axis：._fsae_suspension_rear_axle.ground.hpl_shock_to_bellcrank。

（21）J-Part Axis：._fsae_suspension_rear_axle.ground.cfl_damper_chassis_orient。

（22）单击 Apply 按钮，完成约束副 ._fsae_suspension_rear_axle.jolhoo_damper_to_chassis 的创建。

5．部件 damper_bellcrank 与安装部件 bellcrank 之间的 hook 约束

（1）单击"Build" > "Constructon Frame" > "New"命令。

（2）Constructon Frame（结构框名称）：damper_bellcrank_orient。

（3）Location Dependency：Delta location from coordinate。

（4）Coordinate Reference（参考坐标）：._fsae_suspension_rear_axle.ground.hpl_shock_to_bellcrank。

（5）Location：-20,0,0。

（6）Location in：local。

（7）Orientation Dependency：User entered values。

（8）Orient using：Euler Angles。

（9）Euler Angles：0,0,0。

（10）单击 OK 按钮，完成 ._fsae_suspension_rear_axle.ground.cfl_damper_bellcrank_orient 结构框的创建。

（11）Joint Name（约束副名称）：damper_to_bellcrank。

（12）I Part：._fsae_suspension_rear_axle.gel_damper_bellcrank。

（13）J Part：._fsae_suspension_rear_axle.gel_bellcrank。

（14）Joint Type（约束副类型）：hook。

（15）Active（激活）：always。

（16）Location Dependency：Delta location from coordinate。

（17）Coordinate Reference（参考坐标）：._fsae_suspension_rear_axle.ground.hpl_shock_to_bellcrank。

（18）Location：0,0,0。

（19）Location in：local。

（20）I-Part Axis：._fsae_suspension_rear_axle.ground.hpl_shock_to_chassis。

（21）J-Part Axis：._fsae_suspension_rear_axle.ground.cfl_damper_bellcrank_orient。

（22）单击 Apply 按钮，完成约束副._fsae_suspension_rear_axle.jolhoo_damper_to_bellcrank 的创建。

6．部件 lca 与安装部件 suspension_to_chassis 之间的 revolute 约束

（1）Joint Name（约束副名称）：lca_inner_mid。

（2）I Part：._fsae_suspension_rear_axle.gel_lca。

（3）J Part：._fsae_suspension_rear_axle.mts_suspension_to_chassis。

（4）Joint Type（约束副类型）：revolute，转动副，约束 5 个自由度。

（5）Active（激活）：kinematic mode（运动学模式）。

（6）Location Dependency：Centered between coordinates。

（7）Centered between：Two Coordinates。

（8）Coordinate Reference #1（参考坐标）：._fsae_suspension_rear_axle.ground.hpl_lca_rear。

（9）Coordinate Reference #2（参考坐标）：._fsae_suspension_rear_axle.ground.hpl_lca_front。

（10）Orientation Dependency：Orient axis along line。

（11）Coordinate Reference #1（参考坐标）：._fsae_suspension_rear_axle.ground.hpl_lca_rear。

（12）Coordinate Reference #2（参考坐标）：._fsae_suspension_rear_axle.ground.hpl_lca_front。

（13）Axis：Z。

（14）单击 Apply 按钮，完成._fsae_suspension_rear_axle.jklrev_lca_inner_mid 铰接副的创建。

7．部件 prod 与 bellcrank 之间的 hook 约束

（1）Joint Name（约束副名称）：prod_to_bellcrank。

（2）I Part：._fsae_suspension_rear_axle.gel_prod。

（3）J Part：._fsae_suspension_rear_axle.gel_bellcrank。

（4）Joint Type（约束副类型）：hook。

（5）Active（激活）：always。

（6）Location Dependency：Delta location from coordinate。

（7）Coordinate Reference（参考坐标）：._fsae_suspension_rear_axle.ground.hpl_prod_to_bellcrank。

（8）Location：0,0,0。

（9）Location in：local。

（10）I-Part Axis：._fsae_suspension_rear_axle.ground.hpl_prod_outer。

（11）J-Part Axis：._fsae_suspension_rear_axle.ground.hpl_bellcrank_pivot。

（12）单击 Apply 按钮，完成约束副._fsae_suspension_rear_axle.jolhoo_prod_to_bellcrank 的创建。

8．部件 bellcrank 与安装部件 suspension_to_chassis 之间的 revolute 约束

（1）单击"Build">"Constructon Frame">"New"命令。

（2）Constructon Frame（结构框名称）：bellcrank_pivot。

（3）Location Dependency：Delta location from coordinate。

（4）Coordinate Reference（参考坐标）：._fsae_suspension_rear_axle.ground.hpl_bellcrank_pivot。

（5）Location：0,0,0。

（6）Location in：local。

（7）Orientation Dependency：Orient axie to point。

（8）Coordinate Reference（参考坐标）：._fsae_suspension_rear_axle.ground.hpl_bellcrank_pivot_orient。

（9）Axis：Z。

（10）单击 OK 按钮，完成._fsae_suspension_rear_axle.ground.cfl_bellcrank_pivot 结构框的创建。

（11）Joint Name（约束副名称）：bellcrank_pivot。

（12）I Part：._fsae_suspension_rear_axle.gel_bellcrank。

（13）J Part：._fsae_suspension_rear_axle.mts_suspension_to_chassis。

（14）Joint Type（约束副类型）：revolute。

（15）Active（激活）：always。

（16）Location Dependency：Delta location from coordinate。

（17）Coordinate Reference（参考坐标）：._fsae_suspension_rear_axle.ground.hpl_bellcrank_pivot。

（18）Location：0,0,0。

（19）Location in：local。

（20）Orientation Dependency：Delta orientation from coordinate。

（21）Construction Frame：._fsae_suspension_rear_axle.ground.cfl_bellcrank_pivot。

（22）Orientation：0,0,0。

（23）单击 Apply 按钮，完成约束副._fsae_suspension_rear_axle.jolrev_bellcrank_pivot 的创建。

9．部件 lca 与 prod 之间的 spherical 约束

（1）Joint Name（约束副名称）：prod_outer，

（2）I Part：._fsae_suspension_rear_axle.gel_lca，

（3）J Part：._fsae_suspension_rear_axle.gel_prod，

（4）Joint Type（约束副类型）：spherical，转动副，约束 3 个自由度。

（5）Active（激活）：always。

（6）Location Dependency：Delta location from coordinate。

（7）Coordinate Reference（参考坐标）：._fsae_suspension_rear_axle.ground.hpl_prod_outer。

（8）Location: 0,0,0。

（9）Location in：local。

（10）Orientation：None。

（11）单击 Apply 按钮，完成约束副._fsae_suspension_rear_axle.jolsph_prod_outer 的创建。

10．部件 tierod 与安装部件 tierod_to_steering 之间的 convel 约束

（1）Joint Name（约束副名称）：tierod_inner。

（2）I Part：._fsae_suspension_rear_axle.gel_tierod。

（3）J Part：._fsae_suspension_rear_axle.mtl_tierod_to_steering。

（4）Joint Type（约束副类型）：convel，恒速副。

（5）Active（激活）：always。

（6）Location Dependency：Delta location from coordinate。

（7）Coordinate Reference（参考坐标）：._fsae_suspension_rear_axle.ground.hpl_tierod_inner。

（8）Location: 0,0,0。

（9）Location in：local。

（10）I-Part Axis：._fsae_suspension_rear_axle.ground.hpl_tierod_outer。

（11）J-Part Axis：._fsae_suspension_rear_axle.ground.hpr_tierod_inner。

（12）单击 Apply 按钮，完成约束副._fsae_suspension_rear_axle.jolcon_tierod_inner 的创建。

11．部件 tierod 与 upright 之间的 spherical 约束

（1）Joint Name（约束副名称）：tierod_outer。

（2）I Part：._fsae_suspension_rear_axle.gel_tierod。

（3）J Part：._fsae_suspension_rear_axle.gel_upright。

（4）Joint Type（约束副类型）：spherical，约束 3 个自由度。

（5）Active（激活）：always。

（6）Location Dependency：Delta location from coordinate。

（7）Coordinate Reference（参考坐标）：._fsae_suspension_rear_axle.ground.hpl_tierod_outer。

（8）Location: 0,0,0。

（9）Location in：local。

（10）Orientation：None。

（11）单击 Apply 按钮，完成约束副._fsae_suspension_rear_axle.jolsph_tierod_outer 的创建。

12．部件 lca 与 upright 之间的 spherical 约束

（1）Joint Name（约束副名称）：lca_outer。

（2）I Part：._fsae_suspension_rear_axle.gel_lca。

（3）J Part：._fsae_suspension_rear_axle.gel_upright。

（4）Joint Type（约束副类型）：spherical，约束 3 个自由度。

（5）Active（激活）：always。

（6）Location Dependency：Delta location from coordinate。

（7）Coordinate Reference（参考坐标）：._fsae_suspension_rear_axle.ground.hpl_lca_outer。

（8）Location: 0,0,0。

（9）Location in：local。

（10）Orientation：None。

（11）单击 Apply 按钮，完成约束副._fsae_suspension_rear_axle.jolsph_lca_outer 的创建。

13．部件 damper_chassis 与 damper_bellcrank 之间的 cylindrical 约束

（1）Joint Name（约束副名称）：damper_slide。

（2）I Part：._fsae_suspension_rear_axle.gel_damper_chassis。

（3）J Part：._fsae_suspension_rear_axle.gel_damper_bellcrank。

（4）Joint Type（约束副类型）：cylindrical。

（5）Active（激活）：always。

（6）Location Dependency：Centered between coordinates。

（7）Centered between：Two Coordinates。

（8）Coordinate Reference #1（参考坐标）：._fsae_suspension_rear_axle.ground.hpl_shock_to_chassis。

（9）Coordinate Reference #2（参考坐标）：._fsae_suspension_rear_axle.ground.hpl_shock_to_bellcrank。

（10）Orientation Dependency：Orient axis along line。

（11）Coordinate Reference #1（参考坐标）：._fsae_suspension_rear_axle.ground.hpl_shock_to_chassis。

（12）Coordinate Reference #2（参考坐标）：._fsae_suspension_rear_axle.ground.hpl_shock_to_bellcrank。

（13）Axis：Z。

（14）单击 Apply 按钮，完成._fsae_suspension_rear_axle.jolcyl_damper_slide 转动副的创建。

14．部件 tripot 与 drive_shaft 之间的 convel 约束

（1）Joint Name（约束副名称）：drive_sft_int_jt。

（2）I Part：._fsae_suspension_rear_axle.gel_tripot。

（3）J Part：._fsae_suspension_rear_axle.gel_drive_shaft。

（4）Joint Type（约束副类型）：convel，恒速副。

（5）Active（激活）：always。

（6）Location Dependency：Delta location from coordinate。

（7）Coordinate Reference（参考坐标）：._fsae_suspension_rear_axle.ground.hpl_drive_shaft_inr。

（8）Location: 0,0,0。

（9）Location in：local。

（10）I-Part Axis：._fsae_suspension_rear_axle.ground.hpr_drive_shaft_inr。
（11）J-Part Axis：._fsae_suspension_rear_axle.ground.cfl_drive_shaft_otr。
（12）单击 Apply 按钮，完成约束副._fsae_suspension_rear_axle.jolcon_drive_sft_int_jt 的创建。

15．部件 spindle 与 drive_shaft 之间的 convel 约束

（1）单击"Build"＞"Constructon Frame"＞"New"命令。
（2）Constructon Frame（结构框名称）：drive_shaft_otr。
（3）Location Dependency：Delta location from coordinate。
（4）Coordinate Reference（参考坐标）：._fsae_suspension_rear_axle.ground.cfl_wheel_center。
（5）Location：0.0, 0.0, (-1.0 * ._fsae_suspension_rear_axle.pvl_drive_shaft_offset)。
（6）Location in：local。
（7）Orientation Dependency：Orient axie to point。
（8）Coordinate Reference（参考坐标）：._fsae_suspension_rear_axle.ground.hpl_wheel_center。
（9）Axis：Z。
（10）单击 OK 按钮，完成._fsae_suspension_rear_axle.ground.cfl_drive_shaft_otr 结构框的创建。
（11）Joint Name（约束副名称）：drive_sft_otr。
（12）I Part：._fsae_suspension_rear_axle.gel_drive_shaft。
（13）J Part：._fsae_suspension_rear_axle.gel_spindle。
（14）Joint Type（约束副类型）：convel，恒速副。
（15）Active（激活）：always。
（16）Location Dependency：Delta location from coordinate。
（17）Coordinate Reference（参考坐标）：._fsae_suspension_rear_axle.ground.cfl_drive_shaft_otr。
（18）Location: 0,0,0。
（19）Location in：local。
（20）I-Part Axis：._fsae_suspension_rear_axle.ground.hpl_drive_shaft_inr。
（21）J-Part Axis：._fsae_suspension_rear_axle.ground.hpl_wheel_center。
（22）单击 Apply 按钮，完成约束副_fsae_suspension_rear_axle.jolcon_drive_sft_otr 的创建。

16．部件 tripot 与安装部件 tripot_to_differential 之间的 translational 约束

（1）Joint Name（约束副名称）：tripot_to_differential。
（2）I Part：._fsae_suspension_rear_axle.gel_tripot。
（3）J Part：._fsae_suspension_rear_axle.mtl_tripot_to_differential。
（4）Joint Type（约束副类型）：translational。
（5）Active（激活）：always。
（6）Location Dependency：Delta location from coordinate。
（7）Coordinate Reference #1（参考坐标）：._fsae_suspension_rear_axle.ground.hpl_drive_shaft_inr。

（8）Orientation Dependency：Orient to zpoint-xpoint。

（9）Coordinate Reference #1（参考坐标）：._fsae_suspension_rear_axle.ground.hpr_drive_shaft_inr。

（10）Coordinate Reference #2（参考坐标）：._fsae_suspension_rear_axle.ground.cfl_drive_shaft_otr。

（11）Axis：ZX。

（12）单击 OK 按钮，完成约束副._fsae_suspension_rear_axle.joltra_tripot_to_differential 的创建。

10.2.15 柔性约束

单击"Build">"Attachments">"Bushing">"New"命令，弹出轴套约束对话框如图 10.17 所示。

1．部件 uca 与 suspension_to_chassis 之间的 bushing 约束

（1）Bushing Name（约束副名称）：uca_front。

（2）I Part：._fsae_suspension_rear_axle.gel_uca。

（3）J Part：._fsae_suspension_rear_axle.mts_suspension_to_chassis。

（4）Iinactive（抑制）：kinematic mode（运动学模式）。

（5）Preload：0,0,0。

（6）Tpreload：0,0,0。

（7）Offset：0,0,0。

（8）Roffset：0,0,0。

（9）Geometry Length：25.4。

（10）Geometry Radius：12.7。

（11）Property File：mdids://FASE/bushings.tbl/fsae_control_arm_bushing.bus。用记事本文件打开轴套属性文件，用 MATLAB 软件绘制在 X、Y、Z 方向的垂向刚度及扭转刚度，如图 10.18 和 10.19 所示。

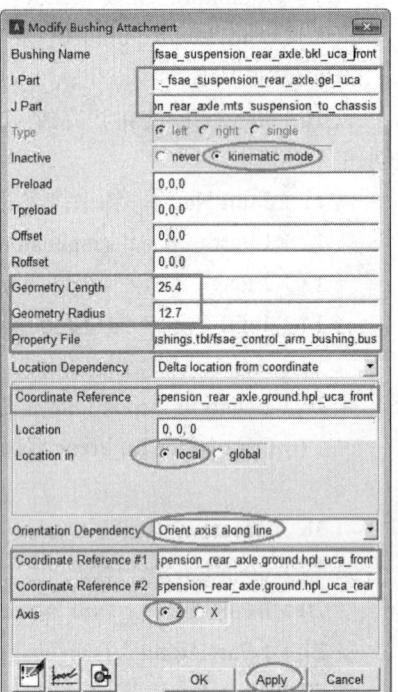

图 10.17 轴套约束对话框（bushing）

（12）Location Dependency：Delta location from coordinate。

（13）Coordinate Reference（参考坐标）：._fsae_suspension_rear_axle.ground.hpl_uca_front。

（14）Location：0,0,0。

（15）Location in：local。

（16）Orientation Dependency：Orient axis along line。

（17）Coordinate Reference #1（参考坐标）：._fsae_suspension_rear_axle.ground.hpl_uca_front。

（18）Coordinate Reference #2（参考坐标）：._fsae_suspension_rear_axle.ground.hpl_uca_rear。

（19）Axis：Z。

（20）单击 Apply 按钮，完成轴套._fsae_suspension_rear_axle.bkl_uca_front 的创建。

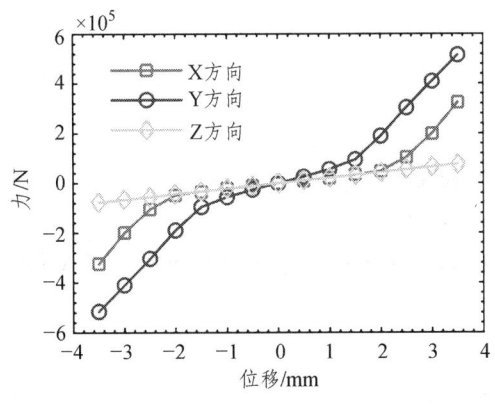

图 10.18 轴套垂向刚度　　　图 10.19 轴套扭转刚度

（21）Bushing Name（约束副名称）：uca_rear。
（22）I Part：._fsae_suspension_rear_axle.gel_uca。
（23）J Part：._fsae_suspension_rear_axle.mts_suspension_to_chassis。
（24）Iinactive（抑制）：kinematic mode（运动学模式）。
（25）Preload：0,0,0。
（26）Tpreload：0,0,0。
（27）Offset：0,0,0。
（28）Roffset：0,0,0。
（29）Geometry Length：25.4。
（30）Geometry Radius：12.7。
（31）Property File：mdids://FASE/bushings.tbl/fsae_control_arm_bushing.bus。
（32）Location Dependency：Delta location from coordinate。
（33）Coordinate Reference（参考坐标）：._fsae_suspension_rear_axle.ground.hpl_uca_rear。
（34）Location：0,0,0。
（35）Location in：local。
（36）Orientation Dependency：Orient axis along line。
（37）Coordinate Reference #1（参考坐标）：._fsae_suspension_rear_axle.ground.hpl_uca_front。
（38）Coordinate Reference #2（参考坐标）：._fsae_suspension_rear_axle.ground.hpl_uca_rear。
（39）Axis：Z。
（40）单击 Apply 按钮，完成轴套._fsae_suspension_rear_axle.bkl_uca_rear 的创建。

2．部件 lca 与 suspension_to_chassis 之间的 bushing 约束

（1）Bushing Name（约束副名称）：lca_front。
（2）I Part：._fsae_suspension_rear_axle.gel_lca。
（3）J Part：._fsae_suspension_rear_axle.mts_suspension_to_chassis。
（4）Iinactive（抑制）：kinematic mode（运动学模式）。
（5）Preload：0,0,0。
（6）Tpreload：0,0,0。

（7）Offset：0,0,0。

（8）Roffset：0,0,0。

（9）Geometry Length：25.4。

（10）Geometry Radius：12.7。

（11）Property File：mdids://FASE/bushings.tbl/fsae_control_arm_bushing.bus。

（12）Location Dependency：Delta location from coordinate。

（13）Coordinate Reference（参考坐标）：._fsae_suspension_rear_axle.ground.hpl_lca_front。

（14）Location：0,0,0。

（15）Location in：local。

（16）Orientation Dependency：Orient axis along line。

（17）Coordinate Reference #1（参考坐标）：._fsae_suspension_rear_axle.ground.hpl_lca_front。

（18）Coordinate Reference #2（参考坐标）：._fsae_suspension_rear_axle.ground.hpl_lca_rear。

（19）Axis：Z。

（20）单击 Apply 按钮，完成轴套._fsae_suspension_rear_axle.bkl_lca_front 的创建。

（21）Bushing Name（约束副名称）：lca_rear。

（22）I Part：._fsae_suspension_rear_axle.gel_lca。

（23）J Part：._fsae_suspension_rear_axle.mts_suspension_to_chassis。

（24）Iinactive（抑制）：kinematic mode（运动学模式）。

（25）Preload：0,0,0。

（26）Tpreload：0,0,0。

（27）Offset：0,0,0。

（28）Roffset：0,0,0。

（29）Geometry Length：25.4。

（30）Geometry Radius：12.7。

（31）Property File：mdids://FASE/bushings.tbl/fsae_control_arm_bushing.bus。

（32）Location Dependency：Delta location from coordinate。

（33）Coordinate Reference（参考坐标）：._fsae_suspension_rear_axle.ground.hpl_lca_rear。

（34）Location: 0，0，0。

（35）Location in：local。

（36）Orientation Dependency：Orient axis along line。

（37）Coordinate Reference #1（参考坐标）：._fsae_suspension_rear_axle.ground.hpl_lca_front。

（38）Coordinate Reference #2（参考坐标）：._fsae_suspension_rear_axle.ground.hpl_lca_rear。

（39）Axis：Z。

（40）单击 OK 按钮，完成轴套._fsae_suspension_rear_axle.bkl_lca_rear 的创建。

10.2.16 推杆式悬架参数变量

（1）单击"Build" > "Parameter Variable" > "New"命令，弹出的参数变量对话框如图10.20所示。

（2）Parameter Variable Name：driveline_active。

（3）Integer Value（实数值）：1。

（4）Units：length。

（5）Hide from standard user（是否从标准界面隐藏）：yes。

（6）单击 Apply 按钮，完成变量._fsae_suspension_rear_axle.phs_driveline_active 的创建。

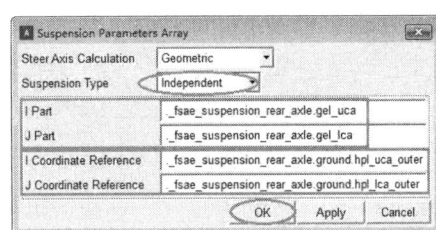

图 10.20 悬架参数变量设置

（7）Parameter Variable Name：kinematic_flag。

（8）Integer Value（实数值）：1。

（9）Units：length。

（10）Hide from standard user（是否从标准界面隐藏）：yes。

（11）单击 OK 按钮，完成变量._fsae_suspension_rear_axle.phs_kinematic_flag 的创建。

（12）单击"Build">"Suspension Parameters">"Characteristics Arrary">"Set"命令，此设置主要用于设置悬架的转向主销。

（13）Steer Axis Caculation：Geometric。

（14）Suspension Type：Independent，非独立悬架。

（15）I Part：._fsae_suspension_rear_axle.gel_uca。

（16）J Part：._fsae_suspension_rear_axle.gel_lca。

（17）I Coordinate Reference：._fsae_suspension_rear_axle.ground.hpl_uca_outer。

（18）J Coordinate Reference：._fsae_suspension_rear_axle.ground.hpl_lca_outer。

（19）单击 OK 按钮，完成悬架参数变量的设置。

10.2.17 推杆式悬架通信器建立

（1）单击"Build">"Communicator">"Output">"New"命令，弹出的输出通信器对话框如图 10.21 所示。

（2）Output Communicator Name（输出通信器名称）：driveline_active。

（3）Matching Name(s)：driveline_active。

（4）Type：single。

（5）Entity：parameter integer。

（6）To Minor Role：inherit。

（7）Parameter Variable Name：._fsae_suspension_rear_axle.phs_driveline_active。

（8）单击 Apply 按钮，完成通信器._fsae_suspension_rear_axle.cos_driveline_active 的创建。

（9）Output Communicator Name（输出通信器名称）：tripot_to_differential。

（10）Matching Name(s)：tripot_to_differential。

（11）Type：left。

（12）Entity：Location。

（13）To Minor Role：inherit。

（14）Coordinate Reference Name：._fsae_suspension_rear_axle.ground.hpl_drive_shaft_inr。

（15）单击 Apply 按钮，完成通信器 ._fsae_suspension_rear_axle.col_tripot_to_differential 的创建。

（16）Output Communicator Name（输出通信器名称）：suspension_mount。

（17）Matching Name(s)：suspension_mount。

（18）Type：left。

（19）Entity：mount。

（20）To Minor Role：inherit。

（21）Part Name：._fsae_suspension_rear_axle.gel_spindle。

（22）单击 Apply 按钮，完成通信器 ._fsae_suspension_rear_axle.col_suspension_mount 的创建。

（23）Output Communicator Name（输出通信器名称）：wheel_center。

（24）Matching Name(s)：wheel_center。

（25）Type：left。

（26）Entity：Location。

（27）To Minor Role：inherit。

（28）Coordinate Reference Name：._fsae_suspension_rear_axle.ground.hpl_wheel_center。

（29）单击 Apply 按钮，完成通信器 ._fsae_suspension_rear_axle.col_wheel_center 的创建。

（30）Output Communicator Name（输出通信器名称）：suspension_upright。

（31）Matching Name(s)：suspension_upright。

（32）Type：left。

（33）Entity：mount。

（34）To Minor Role：inherit。

（35）Part Name：._fsae_suspension_rear_axle.gel_upright。

（36）单击 OK 按钮，完成通信器 ._fsae_suspension_rear_axle.col_suspension_upright 的创建。

10.2.18 推杆式悬架通信器测试

（1）单击"Build" > "Communicator" > "Test"命令，弹出的输出通信器测试对话框如图 10.21 所示。

（2）Model Names：._fsae_suspension_rear_axle，.__MDI_SUSPENSION_TESTRIGG。

（3）Minor Roles：并列两排输入特征 any，也可以并排输入特征 front，在此两个都可以。

（4）单击 OK 按钮，完成推杆式双叉臂悬架和悬架试验台 ._fsae_suspension_rear_axle，.__MDI_SUSPENSION_TESTRIGG 的匹配测试。测试结果如下：

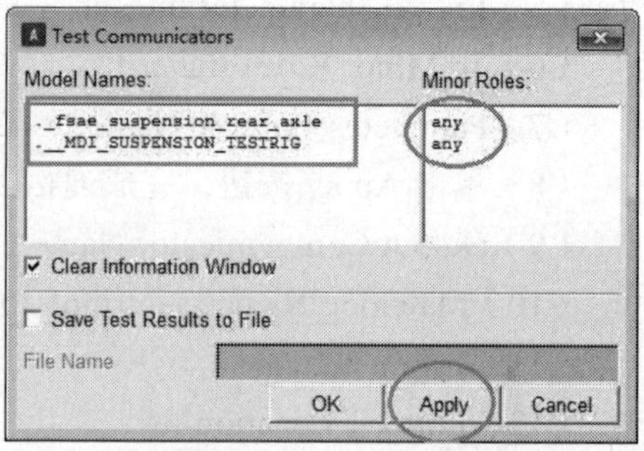

通信器匹配信息如下：

图 10.21 通信器测试对话框设置

!--- -- Matched communicators: --------!   % 以下为匹配的通信器

Communicator Matching Name: tripot_to_differential
Input Communicator Name: ci[lr]_tripot_to_differential
Located in: _fsae_suspension_rear_axle
Output Communicator Name: co[lr]_tripot_to_differential
Output from: __MDI_SUSPENSION_TESTRIG

Communicator Matching Name: camber_angle
Input Communicator Name: ci[lr]_camber_angle
Located in: __MDI_SUSPENSION_TESTRIG
Output Communicator Name: co[lr]_camber_angle
Output from: _fsae_suspension_rear_axle

Communicator Matching Name: toe_angle
Input Communicator Name: ci[lr]_toe_angle
Located in: __MDI_SUSPENSION_TESTRIG
Output Communicator Name: co[lr]_toe_angle
Output from: _fsae_suspension_rear_axle

Communicator Matching Name: wheel_center
Input Communicator Name: ci[lr]_wheel_center
Located in: __MDI_SUSPENSION_TESTRIG
Output Communicator Name: co[lr]_wheel_center
Output from: _fsae_suspension_rear_axle

Communicator Matching Name: suspension_mount
Input Communicator Name: ci[lr]_suspension_mount
Located in: __MDI_SUSPENSION_TESTRIG
Output Communicator Name: co[lr]_suspension_mount
Output from: _fsae_suspension_rear_axle

Communicator Matching Name: driveline_active
Input Communicator Name: cis_driveline_active
Located in: __MDI_SUSPENSION_TESTRIG
Output Communicator Name: cos_driveline_active
Output from: _fsae_suspension_rear_axle

Communicator Matching Name: suspension_parameters_array
Input Communicator Name: cis_suspension_parameters_ARRAY
Located in: __MDI_SUSPENSION_TESTRIG
Output Communicator Name: cos_suspension_parameters_ARRAY
Output from: _fsae_suspension_rear_axle

Communicator Matching Name: tripot_to_differential

Input Communicator Name: ci[lr]_diff_tripot
Located in: _MDI_SUSPENSION_TESTRIG
Output Communicator Name: co[lr]_tripot_to_differential
Output from: _fsae_suspension_rear_axle

Communicator Matching Name: suspension_upright
Input Communicator Name: ci[lr]_suspension_upright
Located in: _MDI_SUSPENSION_TESTRIG
Output Communicator Name: co[lr]_suspension_upright
Output from: _fsae_suspension_rear_axle

!----------Unmatched input communicators: -----------!   %以下为不匹配的输入通信器
Input Communicator Name: cis_suspension_to_chassis
Class: mount
From Minor Role: any
Matching Name(s): suspension_to_chassis
In Template: _fsae_suspension_rear_axle

Input Communicator Name: ci[lr]_tierod_to_steering
Class: mount
From Minor Role: any
Matching Name(s): tierod_to_steering
In Template: _fsae_suspension_rear_axle

Input Communicator Name: ci[lr]_jack_frame
Class: mount
From Minor Role: any
Matching Name(s): jack_frame
In Template: _MDI_SUSPENSION_TESTRIG

Input Communicator Name: cis_leaf_adjustment_steps
Class: parameter_integer
From Minor Role: any
Matching Name(s): leaf_adjustment_steps
In Template: _MDI_SUSPENSION_TESTRIG

Input Communicator Name: cis_powertrain_to_body
Class: mount
From Minor Role: any
Matching Name(s): powertrain_to_body
In Template: _MDI_SUSPENSION_TESTRIG

Input Communicator Name: cis_steering_rack_joint

Class: joint_for_motion
From Minor Role: any
Matching Name(s): steering_rack_joint
In Template: __MDI_SUSPENSION_TESTRIG

Input Communicator Name: cis_steering_wheel_joint
Class: joint_for_motion
From Minor Role: any
Matching Name(s): steering_wheel_joint
In Template: __MDI_SUSPENSION_TESTRIG

!----------Unmatched output communicators: ------------! %以下为不匹配的输出通信器
Output Communicator Name: cos_leaf_adjustment_multiplier
Class: array
To Minor Role: any
Matching Name(s): leaf_adjustment_multiplier
In Template: __MDI_SUSPENSION_TESTRIG

Output Communicator Name: cos_characteristics_input_ARRAY
Class: array
To Minor Role: any
Matching Name(s): characteristics_input_array
In Template: __MDI_SUSPENSION_TESTRIG

10.2.19 驱动轴显示组建

（1）在模型树栏，点击 Group 菜单，在模型树栏右击 New Group，弹出的创建组件对话框如图 10.22 所示。

（2）Group Name：driveline_active。

（3）Object In Group（显示组件包括部件、几何体、约束等对象），顺序输入 1~26 对象：

① ._fsae_suspension_rear_axle.gel_drive_shaft。
② ._fsae_suspension_rear_axle.ger_drive_shaft。
③ ._fsae_suspension_rear_axle.gel_tripot。
④ ._fsae_suspension_rear_axle.ger_tripot。
⑤ ._fsae_suspension_rear_axle.ground.cfl_drive_shaft_otr。
⑥ ._fsae_suspension_rear_axle.ground.cfr_drive_shaft_otr。
⑦ ._fsae_suspension_rear_axle.ground.cfl_drive_shaft_inr。
⑧ ._fsae_suspension_rear_axle.ground.cfr_drive_shaft_inr。
⑨ ._fsae_suspension_rear_axle.mtl_tripot_to_differential。
⑩ ._fsae_suspension_rear_axle.mtr_tripot_to_differential。

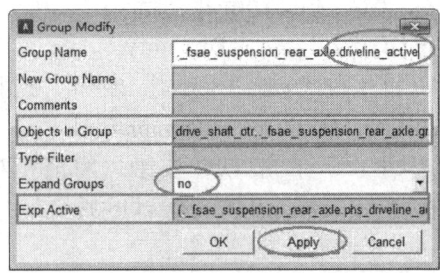

图 10.22 驱动轴显示组件对话框

⑪ ._fsae_suspension_rear_axle.jolcon_drive_sft_int_jt。
⑫ ._fsae_suspension_rear_axle.jorcon_drive_sft_int_jt。
⑬ ._fsae_suspension_rear_axle.jolcon_drive_sft_otr。
⑭ ._fsae_suspension_rear_axle.jorcon_drive_sft_otr。
⑮ ._fsae_suspension_rear_axle.joltra_tripot_to_differential。
⑯ ._fsae_suspension_rear_axle.jortra_tripot_to_differential。
⑰ ._fsae_suspension_rear_axle.gel_drive_shaft.gralin_drive_shaft。
⑱ ._fsae_suspension_rear_axle.gel_drive_shaft.graell_otr_cv_housing。
⑲ ._fsae_suspension_rear_axle.gel_drive_shaft.graell_tripot_housing。
⑳ ._fsae_suspension_rear_axle.gel_tripot.gracyl_tripot_housing_extention。
㉑ ._fsae_suspension_rear_axle.ger_drive_shaft.gralin_drive_shaft。
㉒ ._fsae_suspension_rear_axle.ger_drive_shaft.graell_otr_cv_housing。
㉓ ._fsae_suspension_rear_axle.ger_drive_shaft.graell_tripot_housing。
㉔ ._fsae_suspension_rear_axle.ger_tripot.gracyl_tripot_housing_extention。
㉕ ._fsae_suspension_rear_axle.mtl_fixed_2。
㉖ ._fsae_suspension_rear_axle.mtr_fixed_2。

（4）Expr Active：(._fsae_suspension_rear_axle.phs_driveline_active || ._fsae_suspension_rear_axle.model_class == "template" ? 1 : 0)。

（5）单击 Apply 按钮，完成组件 driveline_active 的创建。

（6）Group Name：driveline_inactive。

（7）Expr Active：(! ._fsae_suspension_rear_axle.phs_driveline_active || ._fsae_suspension_rear_axle.model_class == "template" ? 1 : 0)。

（8）单击 OK 按钮，完成组件 driveline_inactive 的创建。

（9）单击"File" > "Save As"命令，弹出的保存模板对话框如图 10.23 所示。

（10）Major Role（主特征）：suspension。

（11）File Format：Binary。

（12）Target：Directory。

（13）单击"Select"按钮，选择存储路径为：D:/fsae_MD_2010.cdb/templates.tbl。

（14）单击 OK 按钮，完成推杆式悬架模型模板._fsae_suspension_rear_axle 的保存。

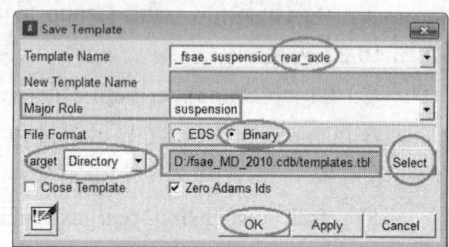

图 10.23 推杆式悬架模型保存

推杆式悬架子系统：

（1）按 F9 键，把专家模板转换到标准模式，单击"File" > "New" > "Suspension"命令，弹出的子系统对话框如图 10.24 所示。

（2）Subsystem Name（系统名称）：fsae_suspension_rear_axle。

（3）Minor Role（副特征）：rear（指悬架为后悬架）。

（4）Template Name（模板路径）：mdids://FASE/templates.tbl/_fsae_suspension_rear_axle.tpl。

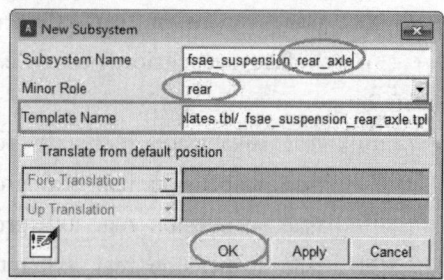

图 10.24 推杆式悬架子系统创建对话框

（5）单击 OK 按钮，完成推杆式悬架子系统 fsae_suspension_rear_axle 的创建。

10.2.20 单轮激振测试验证模型

（1）单击"Simulate"＞"Suspension Analysis"＞"Parallel Wheel Travel"命令，弹出的双轮同向激振对话框如图 10.25 所示。
　　（2）Output Prefix：single traavel。
　　（3）Number of Steps（仿真步数）：100。
　　（4）Mode of Simulation：interactive。
　　（5）Vertical Setup Mode：Wheel Center。
　　（6）Bump Travel：50。
　　（7）Rebound Travel：－50。
　　（8）Side：Left。
　　（9）Travel Relative To：Wheel Center。
　　（10）Control Mode：Absolute。
　　（11）Coordinate System：Vehicle。
　　（12）单击 Apply 按钮，完成推杆式双横臂悬架在 C 模式下的仿真。
　　（13）菜单栏单击"Review"＞"Animation Controls"命令，开始动画观看，动画结束后悬架模型变化如图 10.26 所示。

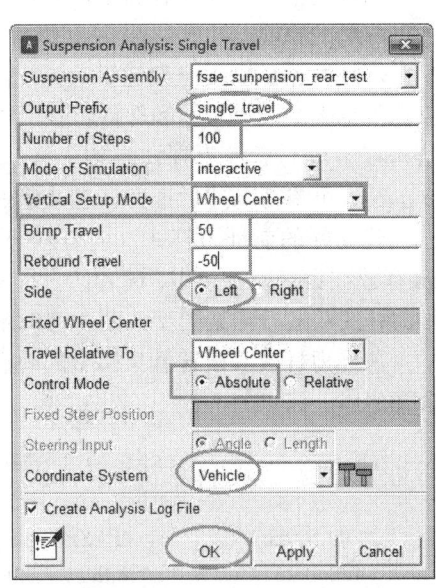

图 10.25　左单轮激振仿真设置

　　（14）按 F8 键，界面转换到后处理模块。
　　（15）Filter：user defined。
　　（16）Request：选择左前轮 toe_angle。
　　（17）Component：left。
　　（18）单击"Add Curves"，完成前束角随车轮跳动的曲线绘制，如图 10.27 所示。

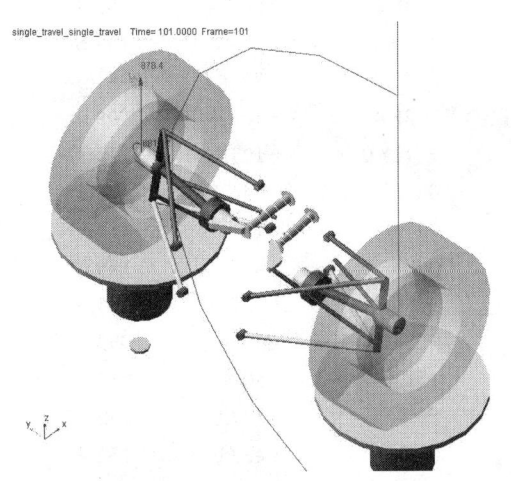

图 10.26　左单轮激振仿真动画

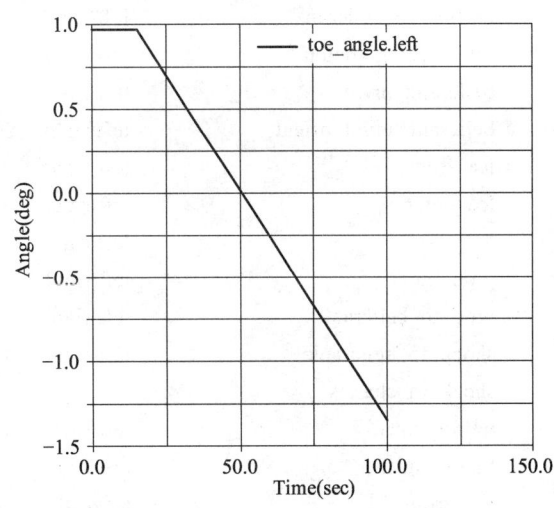

图 10.27　左单轮前束角曲线

10.3 前推力杆双横臂悬架模型

FSAE 赛车前推力杆式双横臂悬架模型与后推力杆式悬架模型构架完全相似，区别在于前悬架硬点参数不同，前束角与外倾角不同，相对后悬架设置参数较大，以保证转向后 FSAE 整车方向快速回正，同时有利于提升轮胎与地面的侧向接触力，这也是较多赛车改装车轮为"外八字"形的原因。

本小节不再重复悬架建模的详细过程与步骤，在此仅提供悬架的硬点参数和部件特性。约束关系、通信器、结构框参数与后推力杆式悬架一样，驱动轴部件不建立。读者可参考上述后推力杆悬架建模过程自行建立，已经建立好的前推力杆式双横臂悬架_FSAE_sus_front.tpl 存放在数字资源包中，读者请自行查阅。建立好的前推力杆式双横臂悬架模型如图 10.28 所示。

前推力杆式双横臂悬架模型的硬点信息与部件（包含几何体）信息如下：

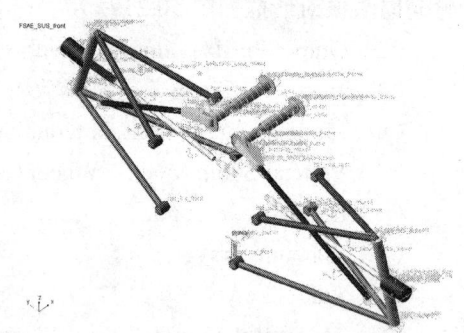

图 10.28 前推力杆式双横臂悬架模型

```
Info for subsystem:     FSAE_SUS_front

File Name       : <FASE>/subsystems.tbl/FSAE_SUS_front.sub
Template        : mdids://FASE/templates.tbl/_FSAE_sus_front.tpl
Comments        : *no comments found*
Major Role      : suspension
Minor Role      : front
HARDPOINTS:       % 前推理杆式双横臂悬架硬点参数
```

hardpoint name	symmetry	x_value	y_value	z_value
hps_global	single	0.0	0.0	0.0
arblink_to_bellcrank	left/right	−38.1	−50.8	393.7
arb_bushing_mount	left/right	127.0	−127.0	101.6
bellcrank_pivot	left/right	−25.4	−88.9	381.0
bellcrank_pivot_orient	left/right	−25.4	−101.6	508.0
lca_front	left/right	−127.0	−127.0	114.3
lca_outer	left/right	0.0	−546.1	120.65
lca_rear	left/right	127.0	−127.0	114.3
prod_outer	left/right	0.0	−457.2	139.7
prod_to_bellcrank	left/right	−50.8	−127.0	381.0
shock_to_bellcrank	left/right	−38.1	−50.8	393.7
shock_to_chassis	left/right	152.4	−50.8	381.0
tierod_inner	left/right	50.8	−127.0	152.4
tierod_outer	left/right	63.5	−482.6	152.4
uca_front	left/right	−101.6	−177.8	279.4
uca_outer	left/right	0.0	−482.6	355.6

uca_rear	left/right	101.6	−177.8	279.4
wheel_center	left/right	0.0	−558.8	241.3

PARTS: % 前推理杆式双横臂悬架模型包含的部件及几何体信息
  bellcrank   % 部件信息
    symmetry   : left/right
    mass   : 0.4303091649
    location (dependent)   : −38.1, −79.375, 387.35
    orientation   : zp_vector=0.0, 0.0, 1.0
                                : xp_vector=1.0, 0.0, 0.0
    cm_location_from_part   : −1.2343961407, −9.8079289787, −1.7680743928
    Ixx, Iyy, Izz   : 267.8253419632, 66.9012359153, 287.9369992346
    Ixy, Izx, Iyz   : 37.4724779474, −1.393718599, 38.6395993086
  bellcrank arm geometry   %几何体部件信息
    name   : bellcrank
    symmetry   : left/right
    thickness   : 20.0
  damper_bellcrank   %部件信息
    symmetry   : left/right
    mass   : 4.5E-002
    location (dependent)   : -38.1, -50.8, 393.7
    orientation   : zp_vector=0.0, 0.0, 1.0
                                : xp_vector=1.0, 0.0, 0.0
    cm_location_from_part   : 0.0, 0.0, 0.0
    Ixx, Iyy, Izz   : 29.3, 29.3, 29.3
    Ixy, Izx, Iyz   : 0.0, 0.0, 0.0
  damper_chassis   % 部件信息
    symmetry   : left/right
    mass   : 4.5E-002
    location (dependent)   : 152.4, -50.8, 381.0
    orientation   : zp_vector=0.0, 0.0, 1.0
                                : xp_vector=1.0, 0.0, 0.0
    cm_location_from_part   : 0.0, 0.0, 0.0
    Ixx, Iyy, Izz   : 29.3, 29.3, 29.3
    Ixy, Izx, Iyz   : 0.0, 0.0, 0.0
  hub   % 部件信息
    symmetry   : left/right
    mass   : 0.6739351222
    location (dependent)   : 0.0, -558.8, 241.3
    orientation (dependent): zp_vector=-1.7385994762E-002, -0.9960429728, 8.7155742748E-002
                                : xp_vector=0.9998476952, -1.7452406437E-002, 0.0
    cm_location_from_part   : 0.0, 0.0, -10.0
    Ixx, Iyy, Izz   : 346.9675330359, 346.9675330359, 130.9027075981
    Ixy, Izx, Iyz   : 0.0, 0.0, 0.0

lca	% 部件信息	
symmetry	:	left/right
mass	:	1.3340592298
location (dependent)	:	0.0, -266.7, 116.4166666667
orientation	:	zp_vector=0.0, 0.0, 1.0
	:	xp_vector=1.0, 0.0, 0.0
cm_location_from_part	:	0.0, -69.85, 1.0583333333
Ixx, Iyy, Izz	:	1.9553670638E+004 , 7216.542014375 , 2.6719796284E+004
Ixy, Izx, Iyz	:	0.0 , 0.0 , -295.5717064923
lca link geometry	% 几何体部件信息	
name	:	lca_link_front
symmetry	:	left/right
radius	:	8.0
lca link geometry	% 几何体部件信息	
name	:	lca_link_rear
symmetry	:	left/right
radius	:	8.0
prod	% 部件信息	
symmetry	:	left/right
mass	:	0.4805502724
location (dependent)	:	-25.4, -292.1, 260.35
orientation (dependent)	:	zp_vector=-0.1232667103, 0.8012336168, 0.5855168738
	:	xp_vector=0.978549785, 0.0, 0.206010481
cm_location_from_part	:	0.0, 0.0, 0.0
Ixx, Iyy, Izz	:	6807.0400103135 , 6807.0400103135 , 11.4341913516
Ixy, Izx, Iyz	:	0.0 , 0.0 , 0.0
prod link geometry	% 几何体部件信息	
name	:	prod
symmetry	:	left/right
radius	:	7.0
tierod	% 部件信息	
symmetry	:	left/right
mass	:	0.4149153199
location (dependent)	:	57.15, -304.8, 152.4
orientation (dependent)	:	zp_vector=3.5691530512E-002, -0.9993628543, 0.0
	:	xp_vector=0.0, 0.0, -1.0
cm_location_from_part	:	0.0, 0.0, 0.0
Ixx, Iyy, Izz	:	4382.7302532781 , 4382.7302532782 , 9.8724762731
Ixy, Izx, Iyz	:	0.0 , 0.0 , 0.0
tierod link geometry	% 几何体部件信息	
name	:	tierod
symmetry	:	left/right
radius	:	7.0

```
uca                              % 部件信息
    symmetry                 :   left/right
    mass                     :   1.0058005756
    location (dependent)     :   0.0, -279.4, 304.8
    orientation              :   zp_vector=0.0, 0.0, 1.0
                             :   xp_vector=1.0, 0.0, 0.0
    cm_location_from_part    :   0.0, -50.8, 12.7
    Ixx, Iyy, Izz            :   8290.6130329765 , 3976.4350863299 , 1.1264101215E+004
    Ixy, Izx, Iyz            :   0.0 , 0.0 , -1943.377634242
uca link geometry            % 几何体部件信息
    name                     :   uca_link_front
    symmetry                 :   left/right
    radius                   :   8.0
uca link geometry            % 几何体部件信息
    name                     :   uca_link_rear
    symmetry                 :   left/right
    radius                   :   8.0
upright                      % 部件信息
    symmetry                 :   left/right
    mass                     :   1.2436821378
    location (dependent)     :   0.0, -514.35, 238.125
    orientation              :   zp_vector=0.0, 0.0, 1.0
                             :   xp_vector=1.0, 0.0, 0.0
    cm_location_from_part    :   6.7620572769, 3.3810286384, -9.1287773238
    Ixx, Iyy, Izz            :   5500.1977647185 , 5396.8249016704 , 790.6725046413
    Ixy, Izx, Iyz            :   148.5279875991 , -401.0255665176 , 1006.2971411943
upright link geometry        % 几何体部件信息
    name                     :   upright
    symmetry                 :   left/right
    radius                   :   13.0
upright link geometry        % 几何体部件信息
    name                     :   upright_tierod_arm
    symmetry                 :   left/right
    radius                   :   10.0
PARAMETERS:                  % 参数变量信息
    parameter name      symmetry        type        value
    --------------      --------        ----        -----
    kinematic_flag      single          integer     0
    camber_angle        left/right      real        -5.0
    toe_angle           left/right      real        1.0
```

前推力杆式双横臂悬架模型建立完成后，转换到标准界面，建立子系统为 FSAE_SUS_front.sub，特征设置为 Front，表明建立好的悬架子系统模型为前悬架。建立好的悬架系统存储于数字资源包中。

10.4 中置转向系统

FSAE 赛车转向系统为中置转向，此模型与右舵转向系统架构相似。本小节同样提供 FSAE 转向系统的硬点、部件、参数信息，请读者参考"右舵转向系统"章节中的具体过程，完成 FSAE 赛车转向系统模型的建立，或者直接在右舵转向系统模型中修改硬点及几何尺寸完成模型建立。在建模过程中，部件之间的约束与共享数据库中的约束稍有不同，部件之间的约束可以有多种方式，建模过程中没有考虑主动转向特性，因为转向系统中的主动转向特性文件可塑性比较差，推荐采用只建立转向多体模型，主动控制可以通过 ADAMS\Control 模块外接控制算法建立联合仿真模型，可以模拟各种工况下转向系统的特性。建立好的 FSAE 赛车转向系统如图 10.29 所示，模型文件存放在章节数字资源包中，请读者自行查阅。

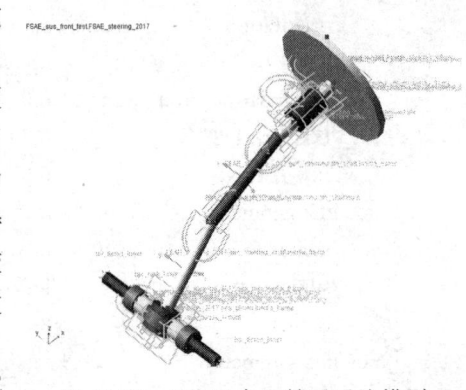

图 10.29　FSAE 中置转系系统模型

FSAE 中置转向模型中硬点、部件、几何体、变量参数的具体信息如下：

Info for subsystem:　FSAE_steering_2017

```
    File Name                :  <FASE>/subsystems.tbl/FSAE_steering_2017.sub
    Template                 :  mdids://FASE/templates.tbl/_FSAE_steering_mid.tpl
    Comments                 :  *no comments found*
    Major Role               :  steering
    Minor Role               :  front
HARDPOINTS:                     % 硬点信息
    hardpoint nam            symmetry          x_value       y_value       z_value
    -------------            --------          -------       -------       -------
    intermediate_shaft_forward   single        164.3         0.0           279.4
    intermediate_shaft_rearwar   single        316.7         0.0           355.6
    pinion_pivot             single            50.8          0.0           152.4
    steering_wheel_center    single            443.7         0.0           381.0
    rack_house_mount         left/right        50.8          -60.0         152.4
    tierod_inner             left/right        50.8          -127.0        152.4
PARTS:
    intermediate_shaft              % 部件信息
        symmetry             :  single
        mass                 :  0.4054756837
        location (dependent) :  240.5, 0.0, 317.5
        orientation (dependent) :  zp_vector=0.894427191, 0.0, 0.4472135955
                                :  xp_vector=0.4472135955, 0.0, -0.894427191
        cm_location_from_part :  0.0, 0.0, 0.0
        Ixx, Iyy, Izz         :  990.8323605963 , 990.8323605963 , 19.6895306058
```

Ixy, Izx, Iyz	:	0.0 , 0.0 , 0.0
intermediate_shaft link geometry	% 几何体部件信息	
name	:	intermediate_shaft
symmetry	:	single
radius	:	10.0
pinion	% 部件信息	
symmetry	:	single
mass	:	0.5949286036
location (dependent)	:	50.8, 0.0, 152.4
orientation (dependent)	:	zp_vector=0.6663657097, 0.0, 0.7456250673
	:	xp_vector=0.7456250673, 0.0, -0.6663657097
cm_location_from_part	:	0.0, 0.0, 0.0
Ixx, Iyy, Izz	:	169.6025393729 , 169.6025393729 , 180.5574511141
Ixy, Izx, Iyz	:	0.0 , 0.0 , 0.0
rack	% 部件信息	
symmetry	:	single
mass	:	2.0227572523
location (dependent)	:	50.8, 0.0, 152.4
orientation (dependent)	:	zp_vector=0.0, -1.0, 0.0
	:	xp_vector=1.0, 0.0, 0.0
cm_location_from_part	:	0.0, 0.0, 0.0
Ixx, Iyy, Izz	:	1.2183595453E+005 , 1.2183595453E+005 , 98.2232534061
Ixy, Izx, Iyz	:	0.0 , 5.3065426719E-011 , -3.2847982369E-011
rack link geometry	% 几何体部件信息	
name	:	rack
symmetry	:	single
radius	:	10.0
rack_housing	% 部件信息	
symmetry	:	single
mass	:	0.6425228919
location (dependent)	:	50.8, 0.0, 152.4
orientation (dependent)	:	zp_vector=0.0, -1.0, 0.0
	:	xp_vector=1.0, 0.0, 0.0
cm_location_from_part	:	0.0, 0.0, 0.0
Ixx, Iyy, Izz	:	806.1278387867 , 806.1278387867 , 70.2007369932
Ixy, Izx, Iyz	:	0.0 , 0.0 , 0.0
rack_housing link geometry	% 几何体部件信息	
name	:	rack_housing
symmetry	:	single
radius	:	15.0
steering_column	% 部件信息	
symmetry	:	single

mass	: 0.30820894
location (dependent)	: 380.2, 0.0, 368.3
orientation (dependent)	: zp_vector=-0.9805806757, 0.0, -0.1961161351
	xp_vector=-0.1961161351, 0.0, 0.9805806757
cm_location_from_part	: 0.0, 0.0, 0.0
Ixx, Iyy, Izz	: 438.3120123909 , 438.3120123909 , 14.9663459523
Ixy, Izx, Iyz	: 0.0 , 0.0 , 0.0

steering_column link geometry   % 几何体部件信息
    name   : steering_column
    symmetry   : single
    radius   : 10.0

steering_column_to_body   % 部件信息
    symmetry   : single
    mass   : 0.5711314595
    location (dependent)   : 380.2, 0.0, 368.3
    orientation (dependent) : zp_vector=-0.9805806757, 0.0, -0.1961161351
                               xp_vector=-0.1961161351, 0.0, 0.9805806757
    cm_location_from_par   : 0.0, 0.0, 0.0
    Ixx, Iyy, Izz   : 226.8066868245 , 226.8066868245 , 110.9344979645
    Ixy, Izx, Iyz   : 0.0 , 0.0 , 0.0

steering_shaft   % 部件信息
    symmetry   : single
    mass   : 0.4053293591
    location (dependent)   : 107.55, 0.0, 215.9
    orientation (dependent) : zp_vector=0.6663657097, 0.0, 0.7456250673
                               xp_vector=0.7456250673, 0.0, -0.6663657097
    cm_location_from_part   : 0.0, 0.0, 0.0
    Ixx, Iyy, Izz   : 989.7671600378 , 989.7671600378 , 19.6824252175
    Ixy, Izx, Iyz   : 0.0 , 0.0 , 0.0

steering_shaft link geometry   % 几何体部件信息
    name   : steering_shaft
    symmetry   : single
    radius   : 10.0

steering_wheel   % 部件信息
    symmetry   : single
    mass   : 3.6569071407
    location (dependent)   : 443.7, 0.0, 381.0
    orientation (dependent) : zp_vector=-0.9805806757, 0.0, -0.1961161351
                               xp_vector=-0.1961161351, 0.0, 0.9805806757
    cm_location_from_part   : 0.0, 0.0, 0.0
    Ixx, Iyy, Izz   : 1.0792505112E+004 , 1.0792505112E+004 , 2.1486706464E+004
    Ixy, Izx, Iyz   : 0.0 , 0.0 , 0.0

SWITCH PARTS: % 转换部件信息

```
rack_house_mount
    symmetry                        :   single
    switched to                     :   rack_to_body (mount part)
    part list                       :   rack_to_body (mount part)
                                    :   rack_housing_to_suspension_subframe (mount part)
PARAMETERS:                         % 参数变量信息
    parameter name              symmetry            type            value
    --------------              --------            ----            -----
    kinematic_flag              single              integer         0
    steering_assist_active      single              integer         1
    max_rack_displacement       single              real            0.0
    max_rack_force              single              real            500.0
    max_steering_angle          single              real            540.0
    max_steering_torque         single              real            500.0
```

前推力杆式悬架与 FSAE 中置转向系统通信器的匹配信息如下（匹配信息中也包含 FSAE 中置转向系统中需要建立的输入/输出通信器）：

```
!-------------------------- Matched communicators: --------------------------!
Communicator Matching Name: tierod_to_steering
Input Communicator Name: ci[lr]_tierod_to_steering
Located in: _FSAE_sus_front
Output Communicator Name: co[lr]_tierod_to_steering
Output from: _FSAE_steering_mid


!----------------------- Unmatched input communicators: -----------------------!
Input Communicator Name: cis_rack_to_body
Class: mount
From Minor Role: front
Matching Name(s): rack_to_body
In Template: _FSAE_steering_mid


Input Communicator Name: cis_rack_housing_to_suspension_subframe
Class: mount
From Minor Role: front
Matching Name(s): rack_housing_to_suspension_subframe
In Template: _FSAE_steering_mid


Input Communicator Name: cis_steering_column_to_body
Class: mount
From Minor Role: front
Matching Name(s): steering_column_to_body
In Template: _FSAE_steering_mid
```

Input Communicator Name: cis_suspension_to_chassis
Class: mount
From Minor Role: front
Matching Name(s): suspension_to_chassis
In Template: _FSAE_sus_front

!---------------------- Unmatched output communicators: ----------------------!
Output Communicator Name: cos_steering_wheel_joint
Class: joint_for_motion
To Minor Role: front
Matching Name(s): steering_wheel_joint
In Template: _FSAE_steering_mid

Output Communicator Name: cos_steering_rack_joint
Class: joint_for_motion
To Minor Role: front
Matching Name(s): steering_rack_joint
In Template: _FSAE_steering_mid

Output Communicator Name: cos_max_steering_angle
Class: parameter_real
To Minor Role: front
Matching Name(s): max_steering_angle
In Template: _FSAE_steering_mid

Output Communicator Name: cos_max_rack_displacement
Class: parameter_real
To Minor Role: front
Matching Name(s): max_rack_displacement
In Template: _FSAE_steering_mid

Output Communicator Name: cos_max_rack_force
Class: parameter_real
To Minor Role: front
Matching Name(s): max_rack_force
In Template: _FSAE_steering_mid

Output Communicator Name: cos_max_steering_torque
Class: parameter_real
To Minor Role: front
Matching Name(s): max_steering_torque
In Template: _FSAE_steering_mid

Output Communicator Name: co[lr]_toe_angle
Class: parameter_real
To Minor Role: front
Matching Name(s): toe_angle
In Template: _FSAE_sus_front

Output Communicator Name: co[lr]_camber_angle
Class: parameter_real
To Minor Role: front
Matching Name(s): camber_angle
In Template: _FSAE_sus_front

Output Communicator Name: cos_suspension_parameters_ARRAY
Class: array
To Minor Role: front
Matching Name(s): suspension_parameters_array
In Template: _FSAE_sus_front

Output Communicator Name: co[lr]_wheel_center
Class: location
To Minor Role: front
Matching Name(s): wheel_center
In Template: _FSAE_sus_front

Output Communicator Name: co[lr]_suspension_upright
Class: mount
To Minor Role: front
Matching Name(s): suspension_upright
In Template: _FSAE_sus_front

Output Communicator Name: co[lr]_suspension_mount
Class: mount
To Minor Role: front
Matching Name(s): suspension_mount
In Template: _FSAE_sus_front

1．悬架及转向系统装配

（1）单击"File" > "New" > "Suspension Amssembly"命令，弹出的悬架装配对话框如图10.30所示。

（2）Amssembly Name（装配名称）：FSAE_sus_front_test。

（3）Suspension Subsystem（悬架子系统）：mdids://FASE/subsystems.tbl/FSAE_SUS_front.sub。

（4）勾选"Steering Subsystem"。

（5）Steering Subsystem（转向子系统）：mdids://FASE/subsystems.tbl/FSAE_steering_2017.sub。

(6) Suspension Test Rig：MDI_SUSPENSION_TESTRIG（悬架试验台）。

(7) 单击 OK 按钮，完成前推杆式双横臂悬架、FSAE 中置转向系统、试验台架的装配创建，装配对话框设置如图 10.30 所示，装配好的系统如图 10.31 所示。

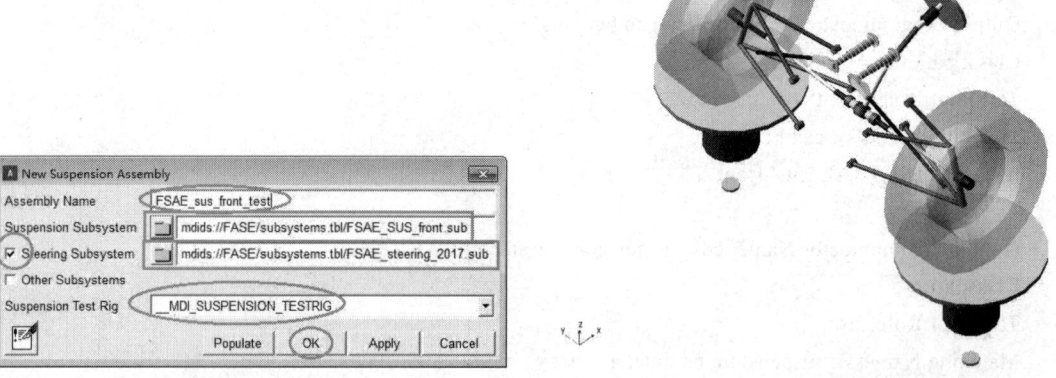

图 10.30　悬架及转向系统装配对话框　　　　图 10.31　悬架及转向系统装配图

装配过程中不匹配的通信器自动联接到大地，并不会影响仿真的正常进行，装配信息如下：

Creating the suspension assembly: 'FSAE_sus_front_test'...

Opening the front suspension subsystem: 'FSAE_SUS_front'...

Opening the front steering subsystem: 'FSAE_steering_2017'...

Assembling subsystems...

Assigning communicators...

WARNING: The following input communicators were not assigned during assembly:

　　testrig.cil_jack_frame (attached to ground)

　　testrig.cir_jack_frame (attached to ground)

　　testrig.cis_driveline_active

　　testrig.cis_leaf_adjustment_steps

　　testrig.cis_powertrain_to_body (attached to ground)

　　testrig.cil_diff_tripot

　　testrig.cir_diff_tripot

　　FSAE_SUS_front.cis_suspension_to_chassis (attached to ground)

　　FSAE_steering_2017.cis_rack_to_body (attached to ground)

　　FSAE_steering_2017.cis_rack_housing_to_suspension_subframe (attached to ground)

　　FSAE_steering_2017.cis_steering_column_to_body (attached to ground)

Assignment of communicators completed.

Assembly of subsystems completed.

Suspension assembly ready.

2．转向仿真

转向仿真需要悬架系统与转向系统同时存在，可以同时检验子系统的正确性及装配体的准确性。转向仿真可以检测四轮定位参数、阿克曼误差等。

（1）单击"Simulate" > "Suspension Analysis" > "Steering"命令，弹出的转向仿真对话框如图 10.32 所示。

（2）Output Prefix：FSAE_Steering。
（3）Number of Steps（仿真步数）：100。
（4）Mode of Simulation：interactive。
（5）Vertical Setup Mode：Wheel Center。
（6）Upper Steering Limit：180。
（7）Lower Steering Limit：-180。
（8）Left Wheel Fixed Height：50。
（9）Right Wheel Fixed Height：-50。
（10）Control Mode：Absolute。
（11）Steering Input：Angle。
（12）Coordinate System：Vehicle。
（13）单击 OK 按钮，完成前推杆式双横臂悬架的转向仿真。

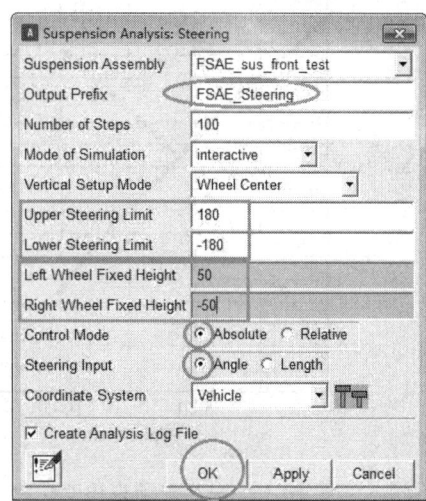

图 10.32　转向仿真设置

（14）菜单栏单击"Review" > "Animation Controls"命令，开始观看动画，动画结束后悬架模型变化如图 10.33 和图 10.34 所示。

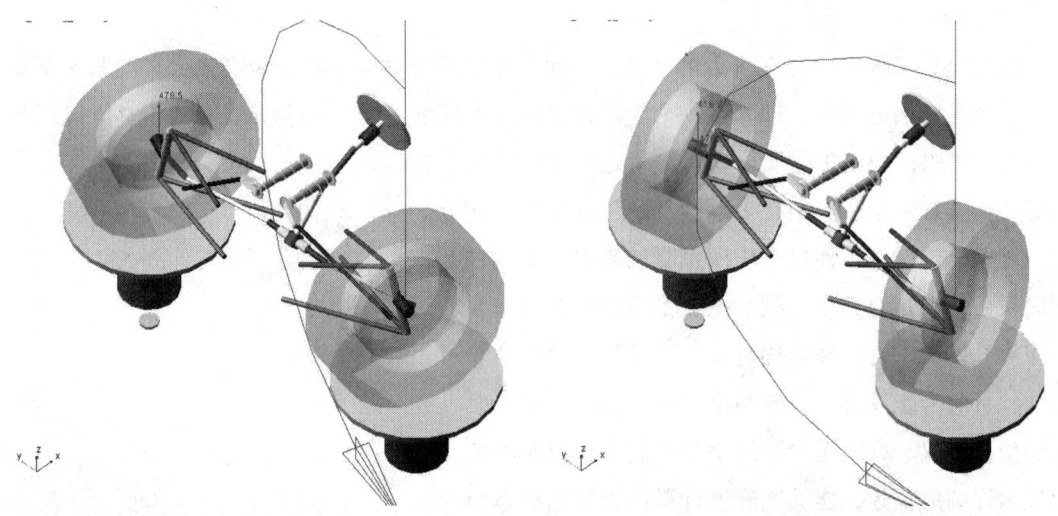

图 10.33　转向左方向 180°　　　　图 10.34　转向右方向 180°

（15）按 F8 键，界面转换到后处理模块。
（16）Filter：user defined。
（17）Request：选择左前轮 toe_angle。
（18）Component：left/right 同时选择。
（19）单击"Add Curves"，完成前束角随车轮跳动的曲线绘制，如图 10.35 所示。
（20）Request：选择左前轮 ackerman_error。
（21）Component：left，right 同时选择。
（22）单击"Add Curves"，完成阿克曼误差随车轮跳动的曲线绘制，如图 10.36 所示。

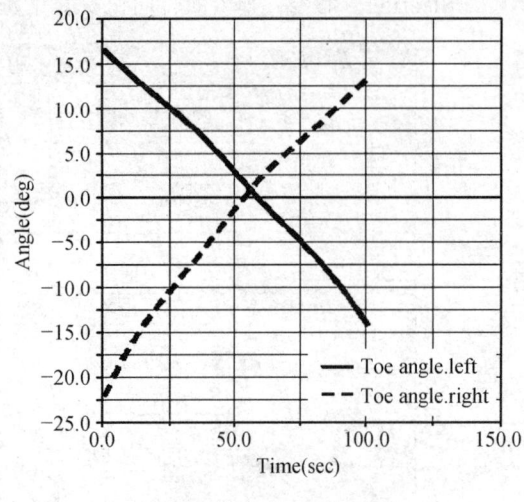
图 10.35 左右轮前束角变化曲线

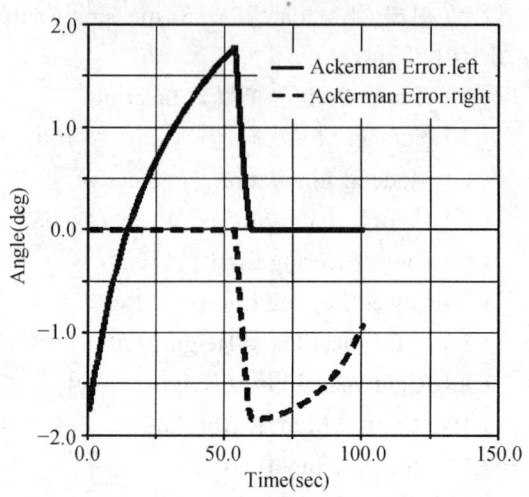
图 10.36 左右阿克曼误差曲线

10.5 FSAE 轮胎模型

轮胎是整车模型中必不可少的部件，不同的轮胎模型对应于特定仿真工况。轮胎模型是整车中最容易忽略的因素，即采用一个轮胎模型仿真不同的工况，这会导致有些仿真工况偏离实际较大，例如，SWIFT 轮胎模型操纵稳定性分析结果较好，而 FTire 轮胎模型在平顺性及耐久性分析方面较为准确。轮胎在工作过程中所承受的垂向、纵向、侧向及回正力矩对整车平顺、操纵稳定性分析有重要的作用。轮胎本身物理结构复杂，力学特性为高度非线性，目前为止没有一个轮胎模型可以适用于整车所有的仿真工况。有限元轮胎模型是目前为止对轮胎结构最为详细的描述，能够准确地计算出轮胎的稳态与动态响应，但其计算经济成本太高，主要用于轮胎的设计制造分析。ADAMS/Car 中建立好的 FSAE 轮胎模型如图 10.37 所示。

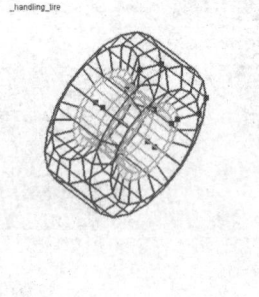

图 10.37 轮胎模型

10.5.1 轮胎模型适用性分类

ADAMS/Car 共性数据库中包含 55 个轮胎模型属性文件，需要注意的是，每个轮胎都有特定的实用性范围，不能乱用，否则会导致错误的分析结果。表 10.1 为每种轮胎的正确使用领域。表 10.2 为不同的轮胎模型使用的最佳状况。

表 10.1　轮胎使用领域查询表

Tire model		transient	gyroscopic effect	scaling factors	combined slip	camber effects	co-ordinate system	max valid frequency (Hz)	tyre enveloping effects
ADAMS/ Handling Tire	PAC2002	Y	Y	Y	Y	Y	ISO	8	N
	PAC89	N	N	limited	ellips	limited	SAE/ISO	0.5	N
	PAC94	N	N	limited	ellips	Y	SAE	0.5	N
	FIALA	N	N	N	N	N	SAE	0.5	N
	5.2.1	N	N	N	ellips	Y	SAE	0.5	N
	UA Tire	Y	Y	N	ellips	Y	SAE	8	N
Speclfic Models	PAC_MC	Y	Y	Y	Y	Y	ISO	8	N
	SWIFT-Tire	Y	Y	Y	Y	Y	ISO	60	Y
	Ftire	Y	Y	N	Y	Y	ISO	120	Y

表 10.2　轮胎模型使用的最佳状况查询表

Simulation event	ADAMS/Handling Tire						Speclfic Models		
	PAC2002	PAC89	PAC94	FIALA	5.2.1	UA Tire	PAC_MC	SWIFT-Tire	FTire
standstill	○	−	−	−	−	−	○	○	○
steady-state cornering	+	○	+	○	○	○	+	+	○
cornering over bumpy road	○	−	−	−	−	○	○	+	○
lane change	+	○	○	○	○	○	+	+	○
ABS braking	○	−	−	−	−	−	○	○	+
braking/poweer-off in a turn	+	○	○	○	○	○	+	+	○
same on bumpy road	○	−	−	−	−	−	○	+	+
shimmy	○	−	−	−	−	○	○	+	+
ride/comfort	−	−	−	−	−	−	−	+	+
chassis control system > 8 Hz	−	−	−	−	−	−	−	+	+
chassis control wiht ride	−	−	−	−	−	−	−	+	+
durability	−	−	−	−	○	○	−	○	○

注：−：not possible, not realistic；○：possible；+：best。

10.5.2　FSAE 轮胎属性文件

FSAE 赛车轮胎采用 260 干胎品牌，型号、规格分别是 hossier 43120，19.5×7.5−10，无载荷车轮半径为 247.65 mm，轮胎断面宽度为 190.5 mm，扁平率为 63.3%。

打开 D:\fsae_MD_2010.cdb\tires.tbl 文件夹中的轮胎属性文件 mdi_tire01.tir，参数在 DIMENSION 数据块中进行更改，更改完成后另存为 fsae_tire_front.tir 及 fsae_tire_rear.tir。

轮胎属性文件信息如下：

```
$--------------------------------------------------MDI_HEADER
[MDI_HEADER]
 FILE_TYPE            = 'tir'
 FILE_VERSION         = 2.0
 FILE_FORMAT          = 'ASCII'
(COMMENTS)
{comment_string}
'Tire      - XXXXXX'
'Pressure  - XXXXXX'
'Test Date - XXXXXX'
'Test tire'
'New File Format v2.1'
$--------------------------------------------------UNITS
[UNITS]
 LENGTH               = 'mm'
 FORCE                = 'newton'
 ANGLE                = 'radians'
 MASS                 = 'kg'
 TIME                 = 'sec'
$--------------------------------------------------MODEL
[MODEL]
! use mode       1    2    3    4      11   12   13   14
! -----------------------------------------------
! smoothing           X    X            X    X
! combined            X    X    X            X
! transient                          X    X    X    X
 PROPERTY_FILE_FORMAT = 'PAC89'
 USE_MODE             = 12.0
$--------------------------------------------------DIMENSION
[DIMENSION]
 UNLOADED_RADIUS      = 247.65
 WIDTH                = 190.5
 ASPECT_RATIO         = 0.633
$--------------------------------------------------PARAMETER
[PARAMETER]
 VERTICAL_STIFFNESS   = 150
 VERTICAL_DAMPING     = 9.0
 LATERAL_STIFFNESS    = 190.0
 ROLLING_RESISTANCE   = 0.01
$--------------------------------------------------shape
[SHAPE]
{radial width}
```

1.0	0.0
1.0	0.2
1.0	0.4
1.0	0.5
1.0	0.6
1.0	0.7
1.0	0.8
1.0	0.85
1.0	0.9
0.9	1.0

$---LATERAL_COEFFICIENTS

[LATERAL_COEFFICIENTS]
 a0 = 2.0
 a1 = -34.0
 a2 = 1250.00
 a3 = 3036.00
 a4 = 12.80
 a5 = 0.00501
 a6 = -0.02103
 a7 = 0.77394
 a8 = 0.0022890
 a9 = 0.013442
 a10 = 0.003709
 a11 = 19.1656
 a12 = 1.21356
 a13 = 6.26206
$---longitudinal
[LONGITUDINAL_COEFFICIENTS]
 b0 = 2.3
 b1 = -10
 b2 = 1400
 b3 = 0
 b4 = 175
 b5 = 0.1
 b6 = 0.005
 b7 = -0.1
 b8 = 1
 b9 = 0
 b10 = 0
$---aligning
[ALIGNING_COEFFICIENTS]
 c0 = 2.34000
 c1 = 1.4950

c2 = 6.416654
c3 = -3.57403
c4 = -0.087737
c5 = 0.098410
c6 = 0.0027699
c7 = -0.0001151
c8 = 0.1000
c9 = -1.33329
c10 = 0.025501
c11 = -0.02357
c12 = 0.03027
c13 = -0.0647
c14 = 0.0211329
c15 = 0.89469
c16 = -0.099443
c17 = 0.0

（1）转换到专家模板，单击"File" > "Open"命令，弹出的模板打开对话框如图 10.38 所示。

（2）Template Name：mdids://FASE/templates.tbl/_handling_tire.tpl。

（3）单击 OK 按钮，轮胎._handling_tire 在窗口中显示。

图 10.38 轮胎模板打开对话框

（4）选择轮胎（左右轮胎均可）右击 Wheel:whr_wheel > Modify，弹出轮胎修改对话框，如图 10.39 所示。

（5）Property File：mdids://FASE/tires.tbl/fsae_tire_front.tir，输入上述修改好的轮胎属性文件（fsae_tire_front.tir 或者 fsae_tire_rear.tir 均可），其余参数均保持默认设置。

（6）单击 OK 按钮，完成轮胎._handling_tire.whr_wheel 的修改，此时轮胎在窗口中的尺寸发生变化。

（7）单击"File" > "Save as"命令，弹出"Save Template"，保持默认设置，单击 OK 按钮，完成轮胎._handling_tire.whr_wheel 存储。

轮胎前后子系统：

（1）按 F9 键切换到标准模板，单击"File" > "New" > "Subsystem"命令，弹出的新建子系统对话框如图 10.40 所示。

（2）Subsystem Name：front_tire。

（3）Minor Role：front。

（4）Template Name：mdids://FASE/templates.tbl/

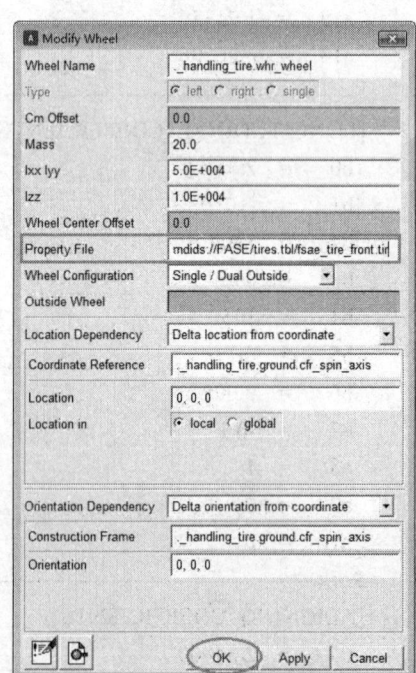

图 10.39 轮胎修改对话框

_handling_tire.tpl。

（5）单击 OK 按钮，完成轮胎子系统 front_tire 的建立。

（6）单击"File" > "Save as"命令，弹出 Save Subsystem 对话框。

（7）Subsystem Name：front_tire。

（8）Minor Role：front。

（9）File Format：TeimOrbit。

（10）Target：Database，FSAE。

（11）单击 OK 按钮，完成轮胎子系统 front_tire 的存储。

（12）单击"File" > "New" > "Subsystem"命令。

（13）Subsystem Name：rear_tire。

（14）Minor Role：rear。

（15）Template Name：mdids://FASE/templates.tbl/_handling_tire.tpl。

（16）单击 OK 按钮，完成轮胎子系统 rear_tire 的建立。

（17）单击"File" > "Save as"命令，弹出 Save Subsystem 对话框。

（18）Subsystem Name：rear_tire。

（19）Minor Role：rear。

（20）File Format：TeimOrbit。

（21）Target：Database，FSAE。

（22）单击 OK 按钮，完成轮胎子系统 rear_tire 的存储。

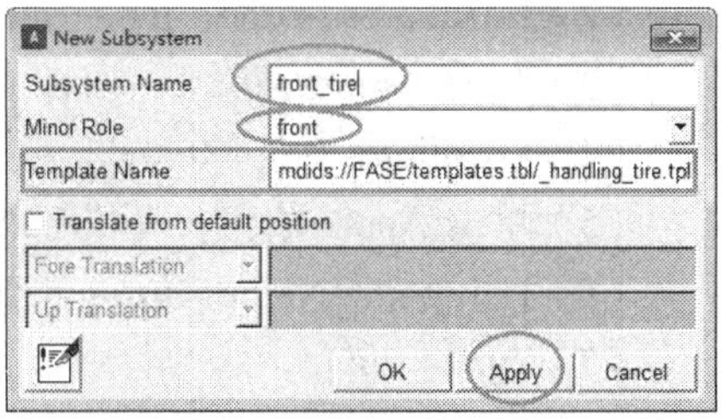

图 10.40 轮胎子系统创建对话框

10.6 车身系统

车身为整车的承载部分，同时与各个子系统之间存在着装配关系及数据交换。ADAMS 车身模型较为简单，主要是一些变量参数的设置及输出通信器。输出通信器的主要作用是与其他子系统之间建立虚拟意义上的装配，建立好的简化车身模型如图 10.41 所示。车身建模过程如下，软件界面切换到专家模式界面：

（1）单击"File" > "New"命令，弹出新建模板对话框。

（2）Template Name：fsae_chassis。

（3）Major Role：body。

（4）单击 OK 按钮，完成车身模板的创建。

1．车身硬点参数

（1）单击"Build" > "Hardpoind" > "New"命令，弹出创建硬点对话框。

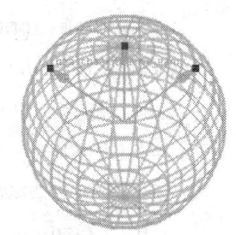

图 10.41 车身简化刚体模型

（2）Hardpoind Name：path_reference。
（3）Type：singe。
（4）Location：0.0, 0.0, 0.0。
（5）单击 Apply 按钮，完成 path_reference 硬点的创建。
（6）Hardpoind Name：ground_height_reference。
（7）Type：singe。
（8）Location：0.0, 0.0, 0.0。
（9）单击 Apply 按钮，完成 ground_height_reference 硬点的创建。

2．结构框参数

（1）单击"Build">"Constructon Frame">"New"命令。
（2）Constructon Frame（结构框名称）：path_reference。
（3）Type：single。
（4）Location Dependency：Delta location from coordinate。
（5）Coordinate Reference（参考坐标）：._fsae_chassis.ground.hps_path_reference。
（6）Location：0, 0, 0。
（7）Location in：local。
（8）Orientation Dependency：User entered values。
（9）Orient using：Euler Angles。
（10）Euler Angles：0,0,0。
（11）单击 Apply 按钮，完成._fsae_chassis.ground.cfs_path_reference 结构框的创建。
（12）Constructon Frame（结构框名称）：driver_reference。
（13）Type：single。
（14）Location Dependency：Delta location from coordinate。
（15）Coordinate Reference（参考坐标）：._fsae_chassis.ground.hps_path_reference。
（16）Location：0, 0, 0。
（17）Location in：local。
（18）Orientation Dependency：User entered values。
（19）Orient using：Euler Angles。
（20）Euler Angles：180,0,0。
（21）单击 Apply 按钮，完成._fsae_chassis.ground.cfs_driver_reference 结构框的创建。
（22）Constructon Frame（结构框名称）：aero_force_reference。
（23）Type：single。
（24）Location Dependency：Delta location from coordinate。
（25）Coordinate Reference（参考坐标）：._fsae_chassis.ground.hps_ground_height_reference。
（26）Location：0, 0, 0。
（27）Location in：local。
（28）Orientation Dependency：User entered values。
（29）Orient using：Euler Angles。
（30）Euler Angles：90, 90, 180。

（31）单击 OK 按钮，完成 ._fsae_chassis.ground.cfs_aero_force_reference 结构框的创建。

3．车身部件与几何体

（1）单击"Build">"Part">"General Part">"New"命令，弹出创建部件对话框。

（2）在 General Part 中输入：chassis。

（3）Location Dependency：User-entered lacation。

（4）Location values：0,0,0。

（5）Orientation Dependency：User-entered values。

（6）Orient using：Euler Angles。

（7）Euler Angles：0,0,0。

（8）Mass：260。

（9）Ixx：5.23E7。

（10）Iyy：1.31E8。

（11）Izz：1.57E8。

（12）Density：Material。

（13）Material Type：.materials.steel。

（14）单击 OK 按钮，完成车身部件 ._fsae_chassis.ges_chassis 的创建。

（15）单击"Build">"Geometry">"Ellipsoid">"New"命令。

（16）在 Link Name（连杆名称）中输入几何体名称：cg_graphic。

（17）Coordinate Reference #1（参考坐标）：._fsae_chassis.ground.hps_path_reference。

（18）Method：by entering size。

（19）在 General Part 中输入：._fsae_chassis.ges_chassis。

（20）X Radius：100。

（21）Y Radius：100。

（22）Z Radius：100。

（23）Color（杆件几何体颜色）：yellow。

（24）Density：Material。

（25）Material Type：steel。

（26）其余保持默认设置，单击 OK 按钮，完成 cg_graphic 几何体的创建。

4．车身参数变量

车身参数变量如表 10.3 所示。

表 10.3　车身变量参数

参数变量名称	对称特性	变量类型	变量值
kinematic_flag	Single	integer	0
aero_drag_active	Single	integer	1
aero_frontal_area	Single	real	1.8
air_density	Single	real	1.22

续表

参数变量名称	对称特性	变量类型	变量值
downforce_coefficient	single	real	0.0
drag_coefficient	single	real	0.36
lap_beacon_active	single	integer	1
lap_beacon_X	single	real	0.0
lap_beacon_Xrange	single	real	4 000.0
lap_beacon_Y	single	real	0.0
lap_beacon_Yrange	single	real	8 000.0
lap_info_file	single	string	'Lap_Data'

（1）单击"Build" > "Parameter Variable" > "New"命令，弹出参数变量对话框。

（2）Parameter Variable Name：kinematic_flag。

（3）Integer Value（实数值）：1。

（4）Units：no_units。

（5）Hide from standard user（是否从标准界面隐藏）：yes。

（6）单击 Apply 按钮，完成变量._fsae_chassis.phs_kinematic_flag 的创建。

（7）重复上述步骤，按顺序完成表格中对应的参数变量的创建。

5．输出通信器

FSAE 简化车身共包含 26 个输出通信器，具体见表 10.4。

表 10.4 车身通信器

通信器名称	类 型	特 征
co[lr]_tierod_to_steering	mount	rear
co[lr]_trod	mount	inherit
co[lr]_tv_link	mount	inherit
cos_aero_drag_force	solver_variable	inherit
cos_aero_frontal_area	parameter_real	inherit
cos_air_density	parameter_real	inherit
cos_body	mount	inherit
cos_body_subsystem	mount	inherit
cos_chassis_path_reference	marker	inherit
cos_column_support_mount	mount	inherit
cos_concept_to_body	mount	inherit
cos_diff_housing_to_body	mount	rear
cos_downforce_coefficient	parameter_real	inherit

续表

通信器名称	类 型	特 征
cos_drag_coefficient	parameter_real	inherit
cos_driver_reference	marker	inherit
cos_measure_for_distance	marker	inherit
cos_powertrain_to_body	mount	inherit
cos_propshaft_support_to_body	mount	rear
cos_rack_housing_mount	mount	inherit
cos_rack_to_body	mount	inherit
cos_steering_column_to_body	mount	inherit
cos_subframe_to_body	mount	inherit
cos_suspension_to_chassis	mount	inherit

（1）单击"Build" > "Communicator" > "Output" > "New"命令，弹出输出通信器对话框。

（2）Output Communicator Name（输出通信器名称）：subframe_to_body。

（3）Matching Name(s)：subframe_to_body。

（4）Type：single。

（5）Entity：mount。

（6）To Minor Role：inherit。

（7）Part Name：._fsae_chassis.ges_chassis。

（8）单击 Apply 按钮，完成通信器._fsae_chassis.cos_subframe_to_body 的创建。

（9）重复上述步骤，按顺序完成表格中对应输出通信器的创建。

6．车身测量函数的建立

车身测量函数主要包括 X，Y，Z 方向上的加速度及转动角加速度，这 6 个参数反映整车在运行过程中的车身状态，可以判定整车的稳定性及平顺特性。

① 车身 X 方向加速度._fsae_chassis.av_x：ACCx(._fsae_chassis.ges_chassis.inertia_frame)；

② 车身 Y 方向加速度._fsae_chassis.av_yACCY(._fsae_chassis.ges_chassis.inertia_frame)；

③ 车身 Z 方向加速度._fsae_chassis.av_zACCZ(._fsae_chassis.ges_chassis.inertia_frame)；

④ 绕车身 X 方向转动角加速度._fsae_chassis.WDTX：WDTX(._fsae_chassis.ges_chassis.inertia_frame)；

⑤ 绕车身 Y 方向转动角加速度._fsae_chassis.WDTY：WDTY(._fsae_chassis.ges_chassis.inertia_frame)；

⑥ 绕车身 Z 方向转动角加速度._fsae_chassis.WDTZ：WDTZ(._fsae_chassis.ges_chassis.inertia_frame)；

变量参数、输出通信器建立完成后，建立完成车身模型。

（1）单击"File" > "Save as"命令，弹出 Save Template 对话框。

（2）Major Role：body。

（3）File Fo：rmat：Binary。

（4）其余设置保持默认，单击 OK 按钮，完成车身 fsae_chassis 的存储。

7．车身子系统

（1）按 F9 键切换到标准模板，单击"File">"New">"Subsystem"命令，弹出新建子系统对话框。

（2）Subsystem Name：FSAE_Body_2017。

（3）Minor Role：any。

（4）Template Name：mdids://FASE/templates.tbl/_fsae_chassis.tpl。

（5）单击 OK 按钮，完成车身子系统 FSAE_Body_2017.sub 的建立。

（6）单击"File">"Save as"命令，弹出 Save Subsystem 对话框。

（7）Subsystem Name：FSAE_Body_2017。

（8）Minor Role：any。

（9）File Format：TeimOrbit。

（10）Target：Database，FSAE。

（11）单击 OK 按钮，完成轮胎子系统 FSAE_Body_2017.sub 的存储。

10.7　FSAE 整车模型装配

（1）按 F9 键切换到标准模板，单击"File">"Full-Vehicle Assembly"命令，弹出整车装配对话框如图 10.42 所示。

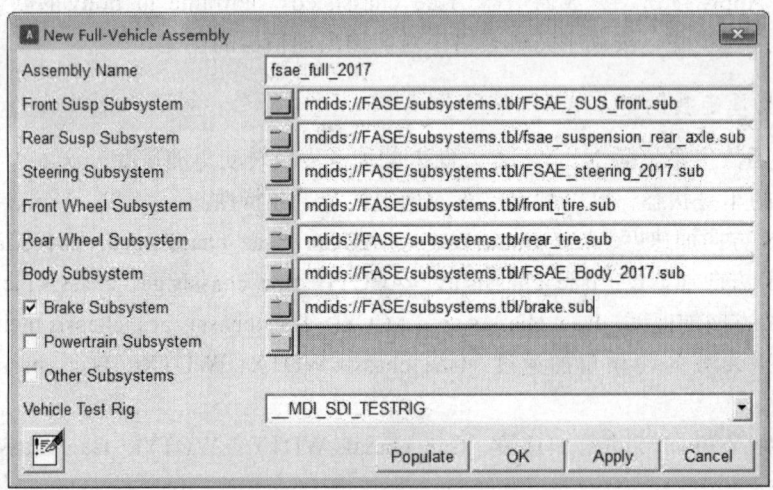

图 10.42　FSAE 整车装配对话框

（2）Assembly Name：fsae_full_2017。

（3）Front Susp Subsystem：mdids://FASE/subsystems.tbl/FSAE_SUS_front.sub。

（4）Rear Susp Subsystem：mdids://FASE/subsystems.tbl/fsae_suspension_rear_axle.sub。

（5）Steering Subsystem：mdids://FASE/subsystems.tbl/FSAE_steering_2017.sub。

（6）Front Wheel Subsystem：mdids://FASE/subsystems.tbl/front_tire.sub。

（7）Rear Wheel Subsystem：mdids://FASE/subsystems.tbl/rear_tire.sub。

（8）Body Subsystem：mdids://FASE/subsystems.tbl/FSAE_Body_2017.sub。

（9）勾选"Brake Subsystem"。mdids://FASE/subsystems.tbl/brake.sub。

（10）Vehicle Test Rig（整车实验台架）：_MDI_SDI_TESTRIG。

（11）单击 OK 按钮，完成 FSAE 整车模型 fsae_full_2017 的装配，装配好的模型如图 10.1 所示。

10.8 Fish-Hook 仿真

FSAE 赛车模型装配完成后，可以对整车进行验证仿真，观察模型正确与否，是否能够根据实验标准达到预期状态。本模型装配好之后，并没有包含发动机系统，有些仿真工况是不能仿真的，同时在仿真过程中不能预先进行静平衡，FSAE 赛车制动系统模型在"制动系统"篇章已经建立完成，装配时直接应用即可。

（1）单击"Simulate" > "Full-Vehicle Analysis" > "Open-loop Steering Events" > "Fish Hook"命令，弹出的对话框如图 10.43 所示。

（2）Output Prefix：FH。

（3）Output Step Size（仿真步数）：0.01。

（4）Mode of Simulation：interactive。

（5）Road Date File：mdids://FASE/roads.tbl/2d_flat.rdf。在仿真过程中，由于路面场地过小，可能导致整车运行中驶出场地范围，但不影响仿真的正常运行，可以打开路面属性文件，对路面的长度与宽度参数进行修改，本路面长×宽为 500 000 mm × 400 000 mm。

（6）Initial Velocity：50。

（7）First Turm Direction：right。

（8）First Steer Angle：200。

（9）Duration of First Turn：5。

（10）Second Turm Direction：left。

（11）Second Steer Angle：400。

（12）Duration of First Turn：5。

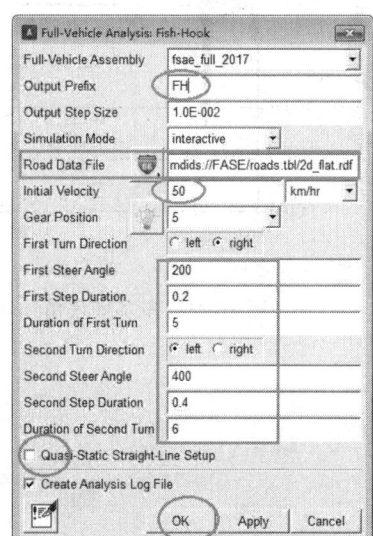

图 10.43 FSAE 整车装配对话框

（13）Quasi-Static Straight-Line Setup：不勾选，整车模型不包含发动机，不能运行准静态平衡。

（14）单击 OK 按钮，完成仿真设置并提交运算。

仿真结束后，FSAE 赛车的运行轨迹如图 10.44 所示，在运行过程中，整车的横摆角加速度与侧倾角加速度如图 10.45 和图 10.46 所示。

车辆系统动力学仿真

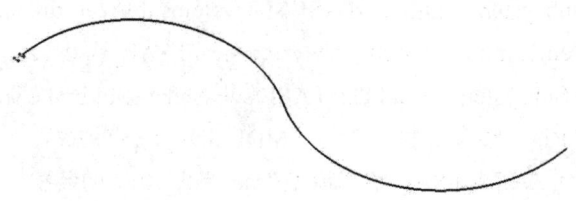

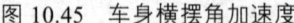

图 10.44　FSAE 运行轨迹

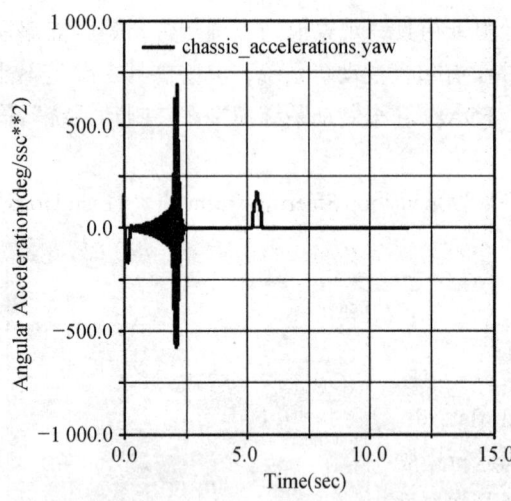 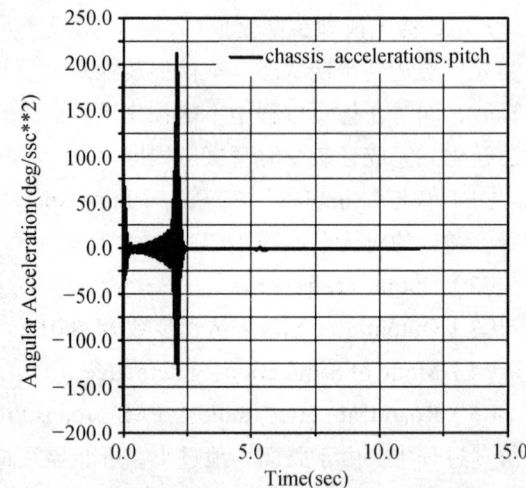

图 10.45　车身横摆角加速度　　　　图 10.46　车身侧倾角加速度

第 11 章　FSAE 方程式赛车 II

方程式赛车悬架具有多种悬架形式，目前方程式赛车大多采用推杆式独立悬架。整车操控性能取决于车辆的悬架，悬架精髓在于调教，并非采用对立悬架一定比非对立悬架车辆的操控性好。扭力梁悬架为非独立悬架，结构简单，占用空间小，尤其是拖拽臂的延伸可以缩短方程式赛车车身的长度，减轻整车质量。同时对于扭力梁悬架适当的调教可以实现随动转向，进一步提升整车的操控性并兼顾平顺性。本章通过介绍扭力梁悬架模型的建立，替换方程式赛车后推杆式独立悬架，完成整车模型的建立，如图 11.1 所示。

图 11.1　FSAE 整车模型

11.1　扭力梁悬架

（1）启动 ADAMS/Car、选择专家模块进入建模界面。

（2）单击 "File" > "New" 命令，弹出建模对话框。在模板名称里输入_torsion_beam_sus_FSAE，主特征选择 suspension，单击 OK 按钮。

（3）单击 "Build" > "Hardpoind" > "New" 命令，弹出创建硬点对话框。

（4）在硬点名称里输入 wheel_center，类型选择 left，在位置文本框里输入 1265，-550.0，3755.0。

（5）单击 Apply 按钮，完成 wheel_center 硬点的创建。重复上述步骤，完成图 11.2 中硬点的创建，创建完成后单击 OK 按钮。

	loc x	loc y	loc z
hpl_rca_outer	1265.0	-370.0	375.0
hpl_rca_outer_ref	1365.0	-370.0	375.0
hpl_rca_pivot	889.37	-370.0	375.0
hpl_rca_pivot_ref	799.37	-370.0	375.0
hpl_shaft_inner	1250.0	-100.0	350.0
hpl_shock_lower	1300.0	-320.0	375.0
hpl_shock_lower_ref	1300.0	-320.0	275.0
hpl_shock_up	1365.0	-320.0	641.0
hpl_shock_up_ref	1365.0	-320.0	841.0
hpl_spring_lower	1170.42	-320.0	375.0
hpl_spring_up	1170.42	-320.0	551.0
hpl_torsion_beam_location	989.37	-370.0	375.0
hpl_wheel_center	1265.0	-550.0	375.0

图 11.2　扭力梁悬架硬点

11.1.1 下拖拽臂部件

（1）单击"Build"＞"Part"＞"General Part"＞"New"命令，弹出的创建部件对话框如图 11.3 所示。

（2）在 General Part 中输入：rca。
（3）Location Dependency：Centered between coordinates。
（4）Centered between：Two Coordinates，拖拽臂部件 rca 位于两点坐标的中心位置。
（5）Coordinate Reference #1（参考坐标）：._torsion_beam_sus_FSAE.ground.hpl_rca_pivot。
（6）Coordinate Reference #2（参考坐标）：._torsion_beam_sus_FSAE.ground.hpl_rca_outer。
（7）Orient using：Euler Angles，部件定向采用欧拉角模式。
（8）Euler Angles：0,0,0。
（9）Mass：1；Ixx：1；Iyy：1；Izz：1。
（10）Density：Material。
（11）Material Type：.materials.steel。
（12）单击 OK 按钮，完成部件._torsion_beam_sus_FSAE.gel_rca 的创建。
（13）单击 Build＞Geometry＞Link＞New 命令，弹出的对话框如图 11.4 所示。

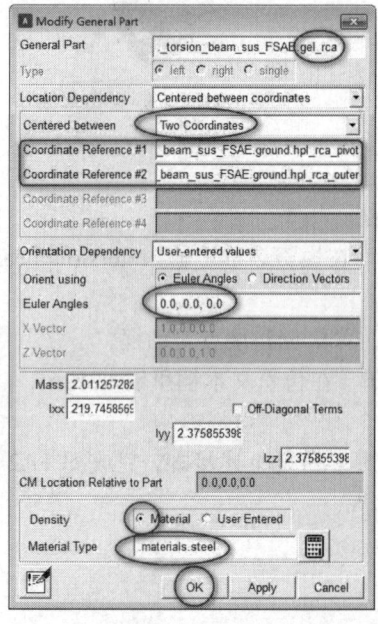

图 11.3　下拖拽臂部件对话框

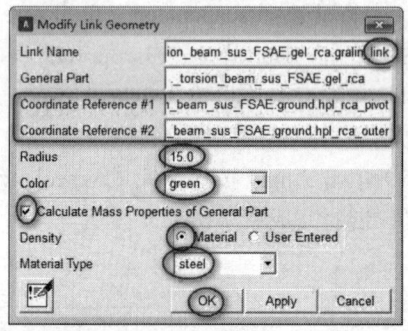

图 11.4　下拖拽臂 link 几何体

（14）在 Link Name（连杆名称）中输入几何体名称：link。
（15）General Part 输入：._torsion_beam_sus_FSAE.gel_rca。
（16）Coordinate Reference #1（参考坐标）：._torsion_beam_sus_FSAE.ground.hpl_rca_pivot。
（17）Coordinate Reference #2（参考坐标）：._torsion_beam_sus_FSAE.ground.hpl_rca_outer。
（18）Radius（半径）：15。
（19）Color：green。

（20）选择"Calculate Mass Properties of General Part"复选框，当几何体建立好之后会更新对应部件的质量和惯量参数。

（21）Density：Material。

（22）Material Type：steel。

（23）单击 OK 按钮，完成._torsion_beam_sus_FSAE.gel_rca.gralin_link 几何体的创建。

11.1.2　部件 Strut_up

（1）单击"Build" > "Part" > "General Part" > "New"命令，弹出创建部件对话框，可参考图 11.3。

（2）在 General Part 中输入：strut_up。

（3）Location Dependency：Delta location from coordinate。

（4）Coordinate Reference（参考坐标）：._torsion_beam_sus_FSAE.ground.hpl_shock_up。

（5）Location：0,0,0。

（6）Location in：local。

（7）Orientation Dependency：User-entered values。

（8）Orient using：Euler Angles。

（9）Euler Angles：0,0,0。

（10）Mass：1。

（11）Ixx：1。

（12）Iyy：1。

（13）Izz：1。

（14）Density：Material。

（15）Material Type：.materials.steel。

（16）单击 OK 按钮，完成部件._torsion_beam_sus_FSAE.gel_strut_up 的创建。

11.1.3　部件 Strut_down

（1）单击"Build" > "Part" > "General Part" > "New"命令，弹出创建部件对话框，可参考图 11.3。

（2）在 General Part 中输入：strut_up。

（3）Location Dependency：Delta location from coordinate。

（4）Coordinate Reference（参考坐标）：._torsion_beam_sus_FSAE.ground.hpl_shock_lower。

（5）Location：0,0,0。

（6）Location in：local。

（7）Orientation Dependency：User-entered values。

（8）Orient using：Euler Angles。

（9）Euler Angles：0,0,0。

（10）Mass：1。

(11) Ixx：1。
(12) Iyy：1。
(13) Izz：1。
(14) Density：Material。
(15) Material Type：.materials.steel。
(16) 单击 OK 按钮，完成部件._torsion_beam_sus_FSAE.gel_strut_down 的创建。

11.1.4 轮毂 spindle 部件

（1）单击"Build" > "Suspension Parameters" > "Toe/Camber Values" > "Set"命令，弹出的悬架参数对话框如图 11.5 所示。前束角输入 0，外倾角输入 0，单击 OK 按钮，完成参数创建。与此同时系统自动建立两个输出通信器：col[r]_toe_angle，col[r]_camber_angle。

（2）单击"Build" > "Constructon Frame" > "New"命令，弹出的创建结构框如图 11.6 所示。

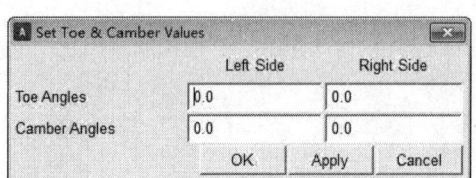
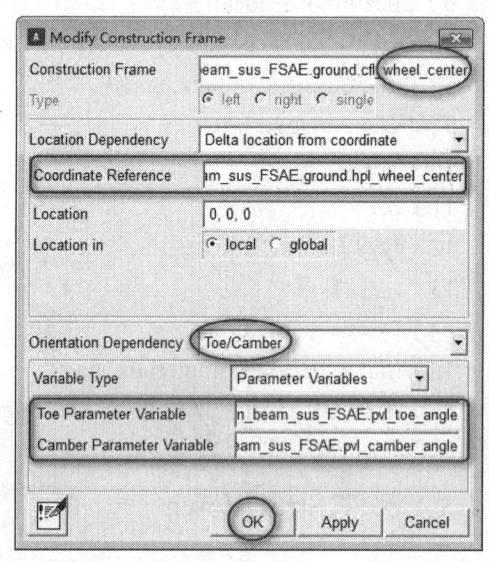

图 11.5 悬架参数　　　　　图 11.6 wheel_center 结构框

（3）Constructon Frame（结构框名称）：wheel_center。
（4）Coordinate Reference（参考坐标）：._torsion_beam_sus_FSAE.ground.hpl_wheel_center。
（5）Location：0,0,0。
（6）Location in：local。
（7）Orientation Dependency：User-entered values。
（8）Variable Type（变量类型）：Parameter Variable（参数变量）。
（9）Toe Parameter Values（前束变量值）：._torsion_beam_sus_FSAE.pvl_toe_angle。
（10）Camber Parameter Values（外倾变量值）：._torsion_beam_sus_FSAE.pvl_camber_angle。
（11）单击 OK 按钮，完成._torsion_beam_sus_FSAE.ground.cfl_wheel_center 结构框的创建。

（12）单击"Build" > "Part" > "General Part" > "New"命令，弹出创建部件对话框，可参考图 11.6。

（13）在 General Part 中输入：spindle。

（14）Location Dependency：Delta location from coordinate。

（15）Coordinate Reference（参考坐标）：._torsion_beam_sus_FSAE.ground.hpl_wheel_center。

（16）Location：0,0,0。

（17）Location in：local。

（18）Orientation Dependency：Toe/Camber。

（19）Variable Type（变量类型）：Parameter Variable。

（20）Toe Parameter Values（前束变量值）：._torsion_beam_sus_FSAE.pvl_toe_angle。

（21）Camber Parameter Values（外倾变量值）：._torsion_beam_sus_FSAE.pvl_camber_angle。

（22）Ixx：1。

（23）Iyy：1。

（24）Izz：1。

（25）Density：Material。

（26）Material Type：.materials.steel。

（27）单击 OK 按钮，完成部件._torsion_beam_sus_FSAE.gel_spindle 的创建。

（28）单击"Build" > "Geometry" > "Cylinder"（圆柱体）> "New"命令，弹出的创建部件对话框如图 11.7 所示。

（29）在 Cylinder Name（圆柱体名称）中输入几何体名称：hub。

（30）在 General Part 中输入：._torsion_beam_sus_FSAE.gel_spindle。

（31）Radius（半径）：20。

（32）Length In Postive Z（Z 轴正方向长度）：0。

（33）Length In Negative Z（Z 轴负方向长度）：180。

（34）Color（圆柱体几何体颜色）：blue。

（35）选择"Calculate Mass Properties of General Part"复选框。

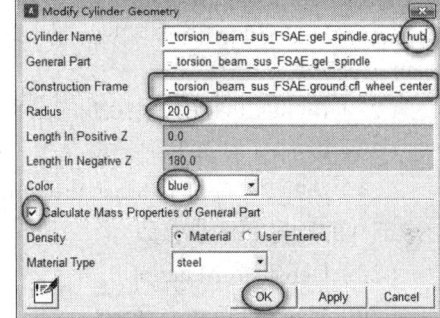

图 11.7 轮毂几何体创建对话框

（36）单击 OK 按钮，完成轮毂圆柱体._torsion_beam_sus_FSAE.gel_spindle.gracyl_hub 几何体的创建。

11.1.5 部件 torsion_beam

（1）单击"Build" > "Part" > "General Part" > "New"命令，弹出创建部件对话框，可参考图 11.3。

（2）在 General Part 中输入：torsion_beam。

（3）Type：single。

（4）Location Dependency：Centered between coordinates。

（5）Centered between：Two Coordinates。

（6）Coordinate Reference #1（参考坐标）：._torsion_beam_sus_FSAE.ground.hpl_torsion_beam_location。

（7）Coordinate Reference #2（参考坐标）：._torsion_beam_sus_FSAE.ground.hpr_torsion_beam_location。

（8）Orient using：Euler Angles。

（9）Euler Angles：0,0,0。

（10）Mass：1。

（11）Ixx：1。

（12）Iyy：1。

（13）Izz：1。

（14）Density：Material。

（15）Material Type：.materials.steel。

（16）单击 OK 按钮，完成部件._torsion_beam_sus_FSAE.ges_torsion_beam 的创建。

（17）单击"Build">"Geometry">"Link">"New"命令。

（18）在 Link Name（连杆名称）中输入几何体名称：link。

（19）General Part 输入：._torsion_beam_sus_FSAE.ges_torsion_beam。

（20）Coordinate Reference #1（参考坐标）：._torsion_beam_sus_FSAE.ground.hpl_torsion_beam_location。

（21）Coordinate Reference #2（参考坐标）：._torsion_beam_sus_FSAE.ground.hpr_torsion_beam_location。

（22）Radius（半径）：10。

（23）Color（杆件几何体颜色）：yellow。

（24）选择"Calculate Mass Properties of General Part"复选框，当几何体建立好之后会更新对应部件的质量和惯量参数。

（25）Density：Material。

（26）Material Type：steel。

（27）单击 OK 按钮，完成._torsion_beam_sus_FSAE.ges_torsion_beam.gralin_link 几何体的创建。

11.1.6 部件 tripot

（1）单击"Build">"Parameter Variable">"New"命令，弹出的参数变量对话框如图 11.8 所示。

（2）Parameter Variable Name: drive_shaft_offset。

（3）参数类型：Real Value（实数值），数值为 180。

（4）Units：length。

（5）Hide from standard user（是否从标准界面隐藏）：no。

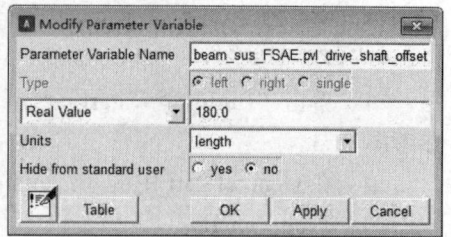

图 11.8 drive_shaft_offset 变量

第 11 章　FSAE 方程式赛车 Ⅱ

（6）单击 OK 按钮，完成变量._torsion_beam_sus_FSAE.pvl_drive_shaft_offset 的创建。

（7）单击"Build" > "Constructon Frame" > "New"命令。

（8）Constructon Frame（结构框名称）：drive_shaft_otr。

（9）Location Dependency：Delta location from coordinate。

（10）Coordinate Reference（参考坐标）：._torsion_beam_sus_FSAE.ground.cfl_wheel_center。

（11）Location：.0, 0.0, (-1.0 * ._torsion_beam_sus_FSAE.pvl_drive_shaft_offset)。

（12）Location in：local。

（13）Orientation Dependency：Orient axis to point。

（14）Coordinate Reference（参考坐标）：._torsion_beam_sus_FSAE.ground.hpl_wheel_center。

（15）Axis：Z。

（16）单击 OK 按钮，完成._fsae_suspension_rear_axle.ground.cfl_drive_shaft_otr 结构框的创建。

（17）单击"Build" > "Constructon Frame" > "New"命令。

（18）Constructon Frame（结构框名称）：drive_shaft_inr。

（19）Location Dependency：Delta location from coordinate。

（20）Coordinate Reference（参考坐标）：._torsion_beam_sus_FSAE.ground.hpl_shaft_inner。

（21）Location：0,0,0。

（22）Location in：local。

（23）Orientation Dependency：Orient in plane。

（24）Coordinate Reference #1（参考坐标）：._torsion_beam_sus_FSAE.ground.hpl_shaft_inner。

（25）Coordinate Reference #2（参考坐标）：._torsion_beam_sus_FSAE.ground.hpr_shaft_inner。

（26）Coordinate Reference#3（参考坐标）：._torsion_beam_sus_FSAE.ground.cfl_drive_shaft_otr。

（27）Axis：ZX。

（28）单击 OK 按钮，完成._torsion_beam_sus_FSAE.ground.cfl_drive_shaft_inr 结构框的创建。

（29）单击"Build" > "Part" > "General Part" > "New"命令，弹出创建部件对话框，可参考图 11.3。

（30）在 General Part 中输入：tripot。

（31）Location Dependency：Delta location from coordinate。

（32）Coordinate Reference（参考坐标）：._torsion_beam_sus_FSAE.ground.hpl_shaft_inner。

（33）Location：0,0,0。

（34）Location in：local。

（35）Orientation Dependency：Orient to zpoint-xpoint。

（36）Coordinate Reference #1（参考坐标）：._torsion_beam_sus_FSAE.ground.hpr_shaft_inner。

（37）Coordinate Reference #2（参考坐标）：._torsion_beam_sus_FSAE.ground.cfl_drive_shaft_otr。

（38）Axes：ZX。

（30）Mass：1。

（40）Ixx：1。

（41）Iyy：1。

（42）Izz：1。

（43）Density：Material。

（44）Material Type：.materials.steel。

（45）单击 OK 按钮，完成部件 ._torsion_beam_sus_FSAE.gel_tripot 的创建。

（46）单击 "Build" > "Geometry" > "Cylinder"（圆柱体）> "New" 命令，参考图 11.7。

（47）在 Cylinder Name（圆柱体名称）中输入几何体名称：tripot_housing_extention。

（48）在 General Part 中输入：._torsion_beam_sus_FSAE.gel_tripot。

（49）Radius（半径）：20。

（50）Length In Postive Z（Z 轴正方向长度）：50。

（51）Length In Negative Z（Z 轴负方向长度）：0。

（52）Color（圆柱体几何体颜色）：red。

（53）选择 "Calculate Mass Properties of General Part" 复选框。

（54）单击 OK 按钮，完成轮毂圆柱体 ._torsion_beam_sus_FSAE.gel_tripot.gracyl_tripot_housing_extention 几何体的创建。

11.1.7 部件 drive_shaft

（1）单击 "Build" > "Part" > "General Part" > "New" 命令。

（2）在 General Part 中输入：drive_shaft。

（3）Location Dependency：Delta location from coordinate。

（4）Coordinate Reference（参考坐标）：._torsion_beam_sus_FSAE.ground.hpl_shaft_inner。

（5）Location：0,0,0。

（6）Location in：local。

（7）Orientation Dependency：Orient in plane。

（8）Coordinate Reference #1（参考坐标）：._torsion_beam_sus_FSAE.ground.cfl_drive_shaft_otr。

（9）Coordinate Reference #2（参考坐标）：._torsion_beam_sus_FSAE.ground.hpl_shaft_inner。

（10）Coordinate Reference#3（参考坐标）：._torsion_beam_sus_FSAE.ground.hpl_wheel_center。

（11）Axis：ZX。

（12）Mass：1。

（13）Ixx：1。

（14）Iyy：1。

（15）Izz：1。

（16）Density：Material。

（17）Material Type：.materials.steel。

（18）单击 OK 按钮，完成部件 ._torsion_beam_sus_FSAE.gel_drive_shaft 的创建。

（19）单击"Build">"Geometry">"Link">"New"命令。

（20）在Link Name（连杆名称）中输入几何体名称：drive_shaft。

（21）在General Part中输入：._torsion_beam_sus_FSAE.gel_drive_shaft。

（22）Coordinate Reference #1（参考坐标）：._torsion_beam_sus_FSAE.ground.hpl_shaft_inner。

（23）Coordinate Reference #2（参考坐标）：._torsion_beam_sus_FSAE.ground.cfl_drive_shaft_otr。

（24）Radius（半径）：10。

（25）Color（杆件几何体颜色）：skyblue。

（26）选择"Calculate Mass Properties of General Part"复选框，当几何体建立好之后会更新对应部件的质量和惯量参数。

（27）Density：Material。

（28）Material Type：steel。

（29）单击OK按钮，完成._torsion_beam_sus_FSAE.gel_drive_shaft.gralin_drive_shaft几何体的创建。

（30）单击"Build">"Geometry">"Ellipsoid">"New"命令。

（31）在Ellipsoid Name（椭圆体名称）中输入几何体名称：tripot_housing。

（32）Coordinate Reference（参考坐标）：._torsion_beam_sus_FSAE.ground.hpl_shaft_inner。

（33）Link：._torsion_beam_sus_FSAE.gel_drive_shaft.gralin_drive_shaft。

（34）X Scale：2。

（35）Y Scale：2。

（36）Z Scale：2。

（37）Color（杆件几何体颜色）：red。

（38）选择"Calculate Mass Properties of General Part"复选框，当几何体建立好之后会更新对应部件的质量和惯量参数。

（39）Density：Material。

（40）Material Type：steel。

（41）单击Apply按钮，完成._torsion_beam_sus_FSAE.gel_drive_shaft.graell_tripot_housing几何体的创建。

（42）在Ellipsoid Name（椭圆体名称）中输入几何体名称：otr_cv_housing。

（43）Coordinate Reference（参考坐标）：._torsion_beam_sus_FSAE.ground.cfl_drive_shaft_otr。

（44）Link：._torsion_beam_sus_FSAE.gel_drive_shaft.gralin_drive_shaft。

（45）X Scale：2。

（46）Y Scale：2。

（47）Z Scale：2。

（48）Color（杆件几何体颜色）：skyblue。

（49）选择"Calculate Mass Properties of General Part"复选框，当几何体建立好之后会更新对应部件的质量和惯量参数。

（50）Density：Material。

（51） Material Type：steel。

（52）单击 OK 按钮，完成._torsion_beam_sus_FSAE.gel_drive_shaft.graell_otr_cv_housing 几何体的创建。

11.1.8 安装部件

（1）单击"Build">"Part">"Mount">"New"命令，弹出的创建部件对话框如图 11.9 所示。

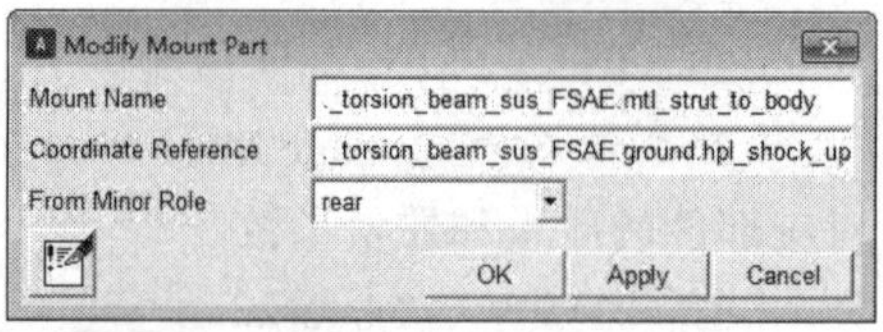

（2）Mount Name（安装部件名称）：strut_to_body。

（3）Coordinate Reference（参考坐标）：._torsion_beam_sus_FSAE.ground.hpl_shock_up。

（4）安装部件此特征选择：rear。

（5）单击 Apply 按钮，完成._torsion_beam_sus_FSAE.mtl_strut_to_body 安装部件的创建。

图 11.9 安装部件对话框

（6）Mount name（安装部件名称）：tripot_to_differential。

（7）Coordinate Reference（参考坐标）：._torsion_beam_sus_FSAE.ground.hpl_shaft_inner。

（8）安装部件此特征选择：inherit（继承特性）。

（9）单击 Apply 按钮，完成._torsion_beam_sus_FSAE.mtl_strut_to_body 安装部件的创建。

（10）Mount name（安装部件名称）：spring_to_body。

（11）Coordinate Reference（参考坐标）：._torsion_beam_sus_FSAE.ground.hpl_spring_up。

（12）安装部件此特征选择：inherit（继承特性）。

（13）单击 Apply 按钮，完成._torsion_beam_sus_FSAE.mtl_spring_to_body 安装部件的创建。

11.1.9 刚性约束

单击"Build">"Attachments">"Joint">"New"命令，弹出的刚性约束对话框如图 11.10 所示。

1. 部件 strut_up 与安装部件 strut_to_body 之间的 hooke 约束

（1）Joint Name（约束副名称）：shock_up。

（2）I Part：._torsion_beam_sus_FSAE.mtl_strut_to_body。

（3）J Part：._torsion_beam_sus_FSAE.gel_strut_up。

（4）Joint Type（约束副类型）：hooke。

（5）Active（激活）： kinematic mode（运动学模式）。

（6）Location Dependency：Delta location from coordinate。

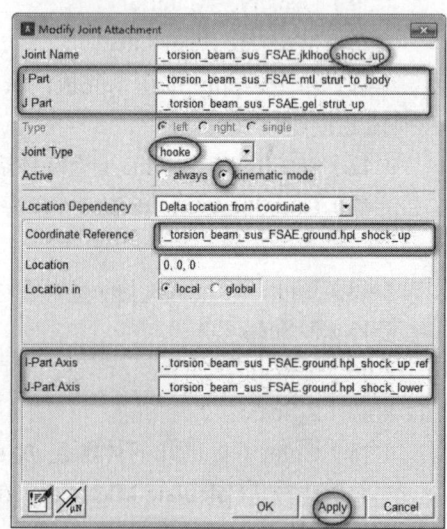

图 11.10 刚性约束对话框（hooke）

（7）Coordinate Reference（参考坐标）：._torsion_beam_sus_FSAE.ground.hpl_shock_up。

（8）Location: 0,0,0。

（9）Location in：local。

（10）I-Part Axis：._torsion_beam_sus_FSAE.ground.hpl_shock_up_ref。

（11）J-Part Axis：._torsion_beam_sus_FSAE.ground.hpl_shock_lower。

（12）单击 Apply 按钮，完成约束副._torsion_beam_sus_FSAE.jklhoo_shock_up 的创建。

2．部件 strut_down 与 rca 之间的 hooke 约束

（1）Joint Name（约束副名称）：shock_up。

（2）I Part：._torsion_beam_sus_FSAE.gel_strut_down。

（3）J Part：._torsion_beam_sus_FSAE.gel_rca。

（4）Joint Type（约束副类型）：hooke。

（5）Active（激活）：kinematic mode（运动学模式）。

（6）Location Dependency：Delta location from coordinate。

（7）Coordinate Reference（参考坐标）：._torsion_beam_sus_FSAE.ground.hpl_shock_lower。

（8）Location: 0,0,0。

（9）Location in：local。

（10）I-Part Axis：._torsion_beam_sus_FSAE.ground.hpl_shock_up。

（11）J-Part Axis：._torsion_beam_sus_FSAE.ground.hpl_shock_lower_ref。

（12）单击 Apply 按钮，完成约束副._torsion_beam_sus_FSAE.jklhoo_shock_down 的创建。

3．部件 strut_down 与 strut_up 之间的 cylindrical 约束

（1）Joint Name（约束副名称）：strut。

（2）I Part：._torsion_beam_sus_FSAE.gel_strut_down。

（3）J Part：._torsion_beam_sus_FSAE.gel_strut_up。

（4）Joint Type（约束副类型）：cylindrical。

（5）Active（激活）：always。

（6）Location Dependency：Centered between coordinates。

（7）Centered between：Two Coordinates。

（8）Coordinate Reference #1（参考坐标）：._torsion_beam_sus_FSAE.ground.hpl_shock_lower。

（9）Coordinate Reference #2（参考坐标）：._torsion_beam_sus_FSAE.ground.hpl_shock_up。

（10）Orientation Dependency：Orient axis along line。

（11）Coordinate Reference #1（参考坐标）：._torsion_beam_sus_FSAE.ground.hpl_shock_lower。

（12）Coordinate Reference #2（参考坐标）：._torsion_beam_sus_FSAE.ground.hpl_shock_up。

（13）Axis：Z。

（14）单击 Apply 按钮，完成._torsion_beam_sus_FSAE.jolcyl_strut 圆柱副的创建。

4．部件 spindle 与 rca 之间的 revolute 约束

（1）Joint Name（约束副名称）：hub。

（2）I Part：._torsion_beam_sus_FSAE.gel_spindle。

（3）J Part：._torsion_beam_sus_FSAE.gel_rca。

（4）Joint Type（约束副类型）：revolute。

（5）Active（激活）：always。

（6）Location Dependency：Delta location from coordinate。

（7）Coordinate Reference（参考坐标）：._torsion_beam_sus_FSAE.ground.hpl_wheel_center。

（8）Location：0,0,0。

（9）Location in：local。

（10）Orientation Dependency：Toe/Camber。

（11）Variable Type（变量类型）：Parameter Variable。

（12）Toe Parameter Values（前束变量值）：._torsion_beam_sus_FSAE.pvl_toe_angle。

（13）Camber Parameter Values（外倾变量值）：._torsion_beam_sus_FSAE.pvl_camber_angle。

（14）单击 Apply 按钮，完成._torsion_beam_sus_FSAE.jolrev_hub 转动副的创建。

5．部件 tripot 与 tripot_to_differential 之间的 translational 约束

（1）Joint Name（约束副名称）：_tripot_to_differential。

（2）I Part：._torsion_beam_sus_FSAE.gel_tripot。

（3）J Part：._torsion_beam_sus_FSAE.mtl_tripot_to_differential。

（4）Joint Type（约束副类型）：translational。

（5）Active（激活）：always。

（6）Location Dependency：Delta location from coordinate。

（7）Coordinate Reference（参考坐标）：._torsion_beam_sus_FSAE.ground.hpl_shaft_inner。

（8）Location：0,0,0。

（9）Location in：local。

（10）Orientation Dependency：Orient axis to point。

（11）Coordinate Reference：._torsion_beam_sus_FSAE.ground.cfr_drive_shaft_inr。

（12）Axis：Z。

（13）单击 Apply 按钮，完成._torsion_beam_sus_FSAE.joltra_tripot_to_differential 移动副的创建。

6．部件 tripot 与 drive_shaft 之间的 convel 约束

（1）Joint Name（约束副名称）：drive_sft_int_jt。

（2）I Part：._torsion_beam_sus_FSAE.gel_tripot。

（3）J Part：._torsion_beam_sus_FSAE.gel_drive_shaft。

（4）Joint Type（约束副类型）：convel。

（5）Active（激活）：always。

（6）Location Dependency：Delta location from coordinate。

（7）Coordinate Reference（参考坐标）：._torsion_beam_sus_FSAE.ground.hpl_shaft_inner。

（8）Location：0,0,0。

（9）Location in：local。

（10）I-Part Axis：._torsion_beam_sus_FSAE.ground.cfr_drive_shaft_inr。
（11）J-Part Axis：._torsion_beam_sus_FSAE.ground.cfl_drive_shaft_otr。
（12）单击 Apply 按钮，完成约束副._torsion_beam_sus_FSAE.jolcon_drive_sft_int_jt 的创建。

7．部件 spindle 与 drive_shaft 之间的 convel 约束

（1）Joint Name（约束副名称）：drive_sft_otr。
（2）I Part：._torsion_beam_sus_FSAE.gel_drive_shaft。
（3）J Part：._torsion_beam_sus_FSAE.gel_spindle。
（4）Joint Type（约束副类型）：convel。
（5）Active（激活）：always。
（6）Location Dependency：Delta location from coordinate。
（7）Coordinate Reference（参考坐标）：._torsion_beam_sus_FSAE.ground.cfl_drive_shaft_otr。
（8）Location: 0,0,0。
（9）Location in：local。
（10）I-Part Axis：._torsion_beam_sus_FSAE.ground.hpl_shaft_inner。
（11）J-Part Axis：._torsion_beam_sus_FSAE.ground.hpl_wheel_center。
（12）单击 Apply 按钮，完成约束副._torsion_beam_sus_FSAE.jolcon_drive_sft_otr 的创建。

8．部件 torsion_beam 与 rca 之间的 fixed 约束

（1）Joint Name（约束副名称）：torsion_beam。
（2）I Part：._torsion_beam_sus_FSAE.ges_torsion_beam。
（3）J Part：._torsion_beam_sus_FSAE.gel_rca。
（4）Joint Type（约束副类型）：fixed。
（5）Active（激活）：always。
（6）Location Dependency：Delta location from coordinate。
（7）Coordinate Reference（参考坐标）：._torsion_beam_sus_FSAE.ground.hpl_torsion_beam_location。
（8）Location: 0,0,0。
（9）Location in：local。
（10）单击 Apply 按钮，完成约束副._torsion_beam_sus_FSAE.jolfix_torsion_beam 的创建。

9．部件 tripot 与 tripot_to_differential 之间的 translational 约束

（1）Joint Name（约束副名称）：rca_pivot。
（2）I Part：._torsion_beam_sus_FSAE.gel_rca。
（3）J Part：._torsion_beam_sus_FSAE.mts_subframe_to_body。
（4）Joint Type（约束副类型）：revolute。
（5）Active（激活）：kinematic mode（运动学模式）。
（6）Location Dependency：Delta location from coordinate。
（7）Coordinate Reference（参考坐标）：._torsion_beam_sus_FSAE.ground.hpl_rca_pivot。
（8）Location: 0,0,0。

（9）Location in：local。

（10）Orientation Dependency：Orient axis to point。

（11）Coordinate Reference：._torsion_beam_sus_FSAE.ground.hpr_rca_pivot。

（12）Axis：Z。

（13）单击 OK 按钮，完成._torsion_beam_sus_FSAE.jklrev_rca_pivotl 转动副的创建。

11.1.10 柔性约束

单击"Build">"Attachments">"Bushing">"New"命令，弹出轴套约束对话框，如图 11.11 所示。

1．部件 rca 与 subframe_to_body 之间的 bushing 约束

（1）Bushing Name（约束副名称）：rca_pivot。

（2）I Part：._torsion_beam_sus_FSAE.gel_rca。

（3）J Part：._torsion_beam_sus_FSAE.mts_subframe_to_body。

（4）Iinactive（抑制）：kinematic mode（运动学模式）。

（5）Preload：0,0,0。

（6）Tpreload:0, 0, 0。

（7）Offset：0, 0, 0。

（8）Roffset：0, 0, 0。

（9）Geometry Length：20。

（10）Geometry Radius：30。

（11）Property File：mdids://acar_shared/bushings.tbl/mdi_0001.bus。

（12）Location Dependency：Delta location from coordinate。

（13）Coordinate Reference（参考坐标）：._torsion_beam_sus_FSAE.ground.hpl_rca_pivot。

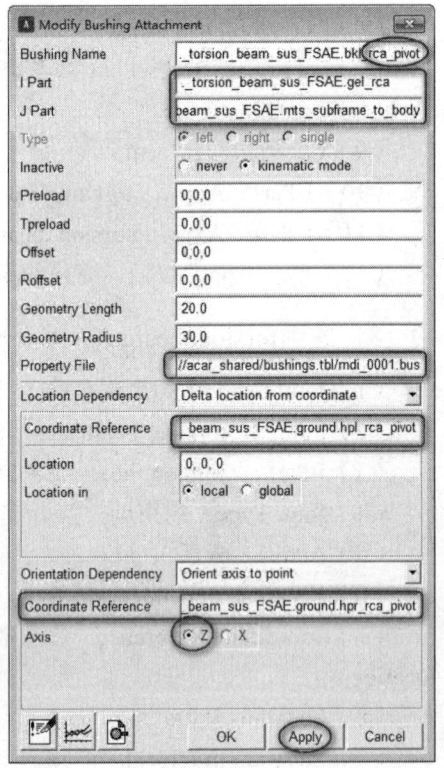

图 11.11 轴套约束对话框（bushing）

（14）Location: 0, 0, 0。

（15）Location in：local。

（16）Orientation Dependency：Orient axis to point。

（17）Coordinate Reference（参考坐标）：._torsion_beam_sus_FSAE.ground.hpr_rca_pivot。

（18）Axis：Z。

（19）单击 Apply 按钮，完成轴套._torsion_beam_sus_FSAE.bkl_rca_pivot 的创建。

2．部件 strut_up 与 strut_to_body 之间的 bushing 约束

（1）Bushing Name（约束副名称）：shock_up。

（2）I Part：._torsion_beam_sus_FSAE.gel_strut_up。

（3）J Part：._torsion_beam_sus_FSAE.mtl_strut_to_body。

（4）Iinactive（抑制）：kinematic mode（运动学模式）。

（5）Preload：0,0,0。

（6）Tpreload:0，0，0。

（7）Offset：0，0，0。

（8）Roffset：0，0，0。

（9）Geometry Length：20。

（10）Geometry Radius：30。

（11）Property File：mdids://acar_shared/bushings.tbl/mdi_0001.bus。

（12）Location Dependency：Delta location from coordinate。

（13）Coordinate Reference（参考坐标）：._torsion_beam_sus_FSAE.ground.hpl_shock_up。

（14）Location: 0，0，0。

（15）Location in：local。

（16）Orientation Dependency：Orient axis to point。

（17）Coordinate Reference（参考坐标）：._torsion_beam_sus_FSAE.ground.hpr_shock_up。

（18）Axis：Z。

（19）单击 Apply 按钮，完成轴套._torsion_beam_sus_FSAE.bkl_shock_up 的创建。

3．部件 strut_down 与 rca 之间的 bushing 约束

（1）Bushing Name（约束副名称）：shock_dowm。

（2）I Part：._torsion_beam_sus_FSAE.gel_strut_down。

（3）J Part：._torsion_beam_sus_FSAE.gel_rca。

（4）Iinactive（抑制）：kinematic mode（运动学模式）。

（5）Preload：0,0,0。

（6）Tpreload：0，0，0。

（7）Offset：0，0，0。

（8）Roffset：0，0，0。

（9）Geometry Length：20。

（10）Geometry Radius：30。

（11）Property File：mdids://acar_shared/bushings.tbl/mdi_0001.bus。

（12）Location Dependency：Delta location from coordinate。

（13）Coordinate Reference（参考坐标）：._torsion_beam_sus_FSAE.ground.hpl_shock_lower。

（14）Location: 0，0，0。

（15）Location in：local。

（16）Orientation Dependency：Orient axis to point。

（17）Coordinate Reference（参考坐标）：._torsion_beam_sus_FSAE.ground.hpr_shock_lower。

（18）Axis：Z。

（19）单击 OK 按钮，完成轴套._torsion_beam_sus_FSAE.bkl_shock_dowm 的创建。

11.1.11　扭力梁悬架参数变量

（1）单击"Build">"Parameter Variable">"New"命令，弹出的参数变量对话框如图11.12所示。

（2）Parameter Variable Name：driveline_active。

（3）Integer Value（实数值）：0。

（4）Units：length。

（5）Hide from standard user（是否从标准界面隐藏）：yes。

（6）单击Apply按钮，完成变量._torsion_beam_sus_FSAE.phs_driveline_active的创建。

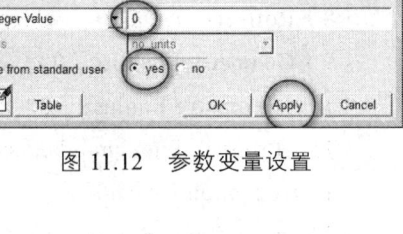

图11.12　参数变量设置

（7）Parameter Variable Name：kinematic_flag。

（8）Integer Value（实数值）：0。

（9）Units：length。

（10）Hide from standard user（是否从标准界面隐藏）：yes。

（11）单击OK按钮，完成变量._torsion_beam_sus_FSAE.phs_kinematic_flag的创建。

（12）单击"Build">"Suspension Parameters">"Characteristics Array">"Set"命令，如图11.13所示。

（13）Steer Axis Caculation：Geometric。

（14）Suspension Type：Dependent，非独立悬架。

（15）I Part：._torsion_beam_sus_FSAE.mtl_strut_to_body。

（16）J Part：._torsion_beam_sus_FSAE.gel_strut_up。

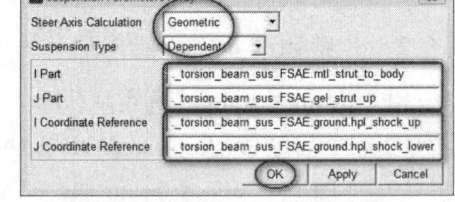

图11.13　悬架参数变量设置

（17）I Coordinate Reference：._torsion_beam_sus_FSAE.ground.hpl_shock_up。

（18）J Coordinate Reference：._torsion_beam_sus_FSAE.ground.hpl_shock_lower。

（19）单击OK按钮，完成悬架参数变量设置。

11.1.12　扭力梁悬架通信器

（1）单击"Build">"Communicator">"Output">"New"命令，弹出的输出通信器对话框如图11.14所示。

（2）Output Communicator Name（输出通信器名称）：driveline_active。

（3）Matching Name(s)：driveline_active。

（4）Type：single。

（5）Entity：parameter integer。

（6）To Minor Role：inherit。

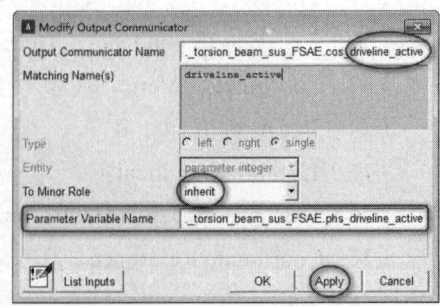

图11.14　通信器设置

(7) Parameter Variable Name：._torsion_beam_sus_FSAE.phs_driveline_active。

(8) 单击 Apply 按钮，完成通信器._torsion_beam_sus_FSAE.cos_driveline_active 的创建。

(9) Output Communicator Name（输出通信器名称）：tripot_to_differential。

(10) Matching Name(s)：tripot_to_differential。

(11) Type：left。

(12) Entity：Location。

(13) To Minor Role：inherit。

(14) Coordinate Reference Name：._torsion_beam_sus_FSAE.ground.hpl_shaft_inner。

(15) 单击 Apply 按钮，完成通信器._torsion_beam_sus_FSAE.col_tripot_to_differential 的创建。

(16) Output Communicator Name（输出通信器名称）：suspension_mount。

(17) Matching Name(s)：suspension_mount。

(18) Type：left。

(19) Entity：mount。

(20) To Minor Role：rear。

(21) Part Name：._torsion_beam_sus_FSAE.gel_spindle。

(22) 单击 Apply 按钮，完成通信器._torsion_beam_sus_FSAE.col_suspension_mount 的创建。

(23) Output Communicator Name（输出通信器名称）：wheel_center。

(24) Matching Name(s)：wheel_center。

(25) Type：left。

(26) Entity：Location。

(27) To Minor Role：rear。

(28) Coordinate Reference Name：._torsion_beam_sus_FSAE.ground.hpl_wheel_center。

(29) 单击 Apply 按钮，完成通信器._torsion_beam_sus_FSAE.col_wheel_center 的创建。

(30) Output Communicator Name（输出通信器名称）：suspension_upright。

(31) Matching Name(s)：suspension_upright。

(32) Type：left。

(33) Entity：mount。

(34) To Minor Role：rear。

(35) Part Name：._torsion_beam_sus_FSAE.gel_rca。

(36) 单击 OK 按钮，完成通信器._torsion_beam_sus_FSAE.col_suspension_upright 的创建。

11.1.13 扭力梁驱动轴显示组件

(1) 在模型树栏，点击 Group 菜单，在模型树栏右击"New Group"，弹出的创建组件对话框如图 11.15 所示。

(2) Group Name：driveline_active。

(3) Object In Group（显示组件包括部件、几何体、约束等对象），顺序输入 1~26 对象：

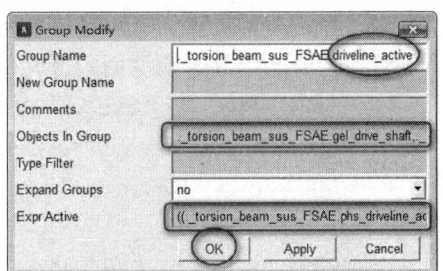

图 11.15 驱动轴显示组件对话框

① ._torsion_beam_sus_FSAE.gel_drive_shaft。
② ._torsion_beam_sus_FSAE.gel_tripot。
③ ._torsion_beam_sus_FSAE.ger_drive_shaft。
④ ._torsion_beam_sus_FSAE.ger_tripot。
⑤ ._torsion_beam_sus_FSAE.mtl_tripot_to_differential。
⑥ ._torsion_beam_sus_FSAE.mtr_tripot_to_differential。
⑦ ._torsion_beam_sus_FSAE.gel_drive_shaft.gralin_drive_shaft。
⑧ ._torsion_beam_sus_FSAE.gel_drive_shaft.graell_otr_cv_housing。
⑨ ._torsion_beam_sus_FSAE.gel_drive_shaft.graell_tripot_housing。
⑩ ._torsion_beam_sus_FSAE.gel_tripot.gracyl_tripot_housing_extention。
⑪ ._torsion_beam_sus_FSAE.ger_drive_shaft.gralin_drive_shaft。
⑫ ._torsion_beam_sus_FSAE.ger_drive_shaft.graell_otr_cv_housing。
⑬ ._torsion_beam_sus_FSAE.ger_drive_shaft.graell_tripot_housing。
⑭ ._torsion_beam_sus_FSAE.ger_tripot.gracyl_tripot_housing_extention。
⑮ ._torsion_beam_sus_FSAE.jolcon_drive_sft_int_jt。
⑯ ._torsion_beam_sus_FSAE.jolcon_drive_sft_otr。
⑰ ._torsion_beam_sus_FSAE.joltra_tripot_to_differential。
⑱ ._torsion_beam_sus_FSAE.jorcon_drive_sft_int_jt。
⑲ ._torsion_beam_sus_FSAE.jorcon_drive_sft_otr。
⑳ ._torsion_beam_sus_FSAE.jortra_tripot_to_differential。
㉑ ._torsion_beam_sus_FSAE.mtl_fixed_2。
㉒ ._torsion_beam_sus_FSAE.mtr_fixed_2。
㉓ ._torsion_beam_sus_FSAE.cil_tripot_to_differential。
㉔ ._torsion_beam_sus_FSAE.cir_tripot_to_differential。
㉕ ._torsion_beam_sus_FSAE.col_tripot_to_differential。
㉖ ._torsion_beam_sus_FSAE.cor_tripot_to_differential。

（4）Expr Active：((._torsion_beam_sus_FSAE.phs_driveline_active || ._torsion_beam_sus_FSAE.model_class == "template" ? 1 : 0) && DB_ACTIVE(._torsion_beam_sus_FSAE))。

（5）单击 Apply 按钮，完成组件._torsion_beam_sus_FSAE.driveline_active 的创建。

（6）Group Name：driveline_inactive。

（7）Expr Active：((!._torsion_beam_sus_FSAE.phs_driveline_active || ._torsion_beam_sus_FSAE.model_class == "template" ? 1 : 0) && DB_ACTIVE(._torsion_beam_sus_FSAE))。

（8）单击 OK 按钮，完成组件._torsion_beam_sus_FSAE.driveline_inactive 的创建。

此时，扭力梁悬架模型创建完成，如图 11.16 所示。

（1）单击"File" > "Save As"命令，弹出的保存模板对话框如图 11.17 所示。

（2）Major Role（主特征）：suspension。

（3）File Format：Binary。

（4）Target：Directory。

（5）单击"Select"，选择存储路径为 D:/fsae_MD_2010.cdb/templates.tbl。

（6）单击 OK 按钮，完成推杆式悬架模型模板._torsion_beam_sus_FSAE 的保存。

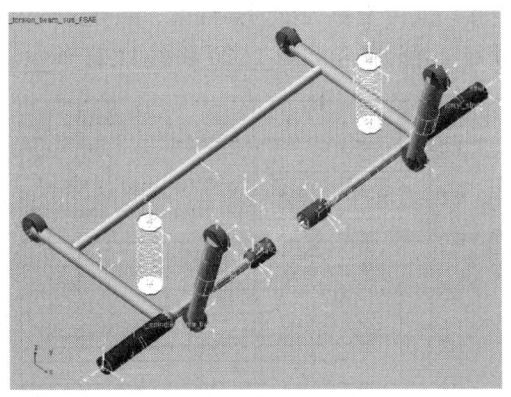

图 11.16 扭力梁悬架模型

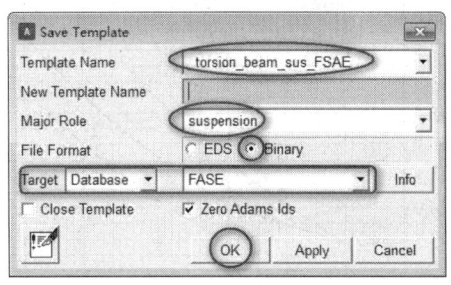

图 11.17 保存模板对话框

11.1.14 反向激振测试验证模型

（1）单击"Simulate" > "Suspension Analysis" > "Opposite Travel"命令，弹出的反向激振对话框如图 11.18 所示。

（2）Output Prefix：OT_torsion。
（3）Number of Steps（仿真步数）：1 000。
（4）Mode of Simulation：interactive。
（5）Vertical Setup Mode：Wheel Center。
（6）Bump Travel：50。
（7）Rebound Travel：-50。
（8）Travel Relative To：Wheel Center。
（9）Control Mode：Absolute。
（10）Coordinate System：Vehicle。
（11）单击 OK 按钮，完成扭力梁悬架在 C 模式下的仿真。

扭力梁激振过程如图 11.19 所示，从图中可以看出，左侧车轮悬空，主要原因在于扭力梁

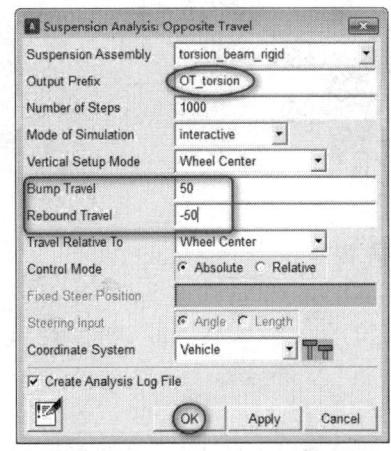

图 11.18 反向激振对话框

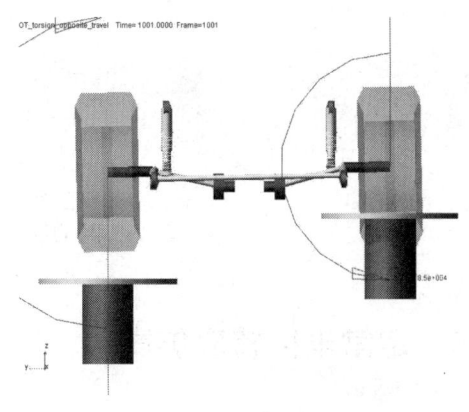

图 11.19 扭力梁激振

悬架为非对立悬架，左右拖拽臂通过扭力梁刚性连接。实际上扭力梁为柔性梁，柔性梁内容在后续柔性系统动力学篇章介绍，左右车轮主销后倾与车轮外倾角如图 11.20 和图 11.21 所示。

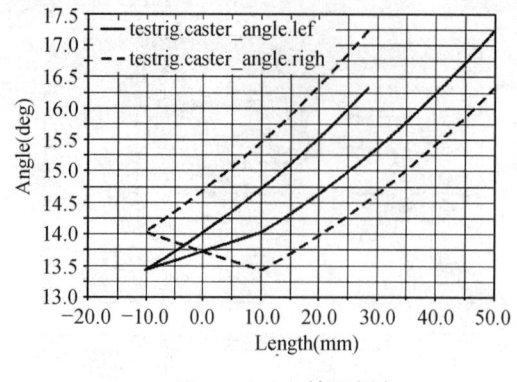
图 11.20　主销后倾角

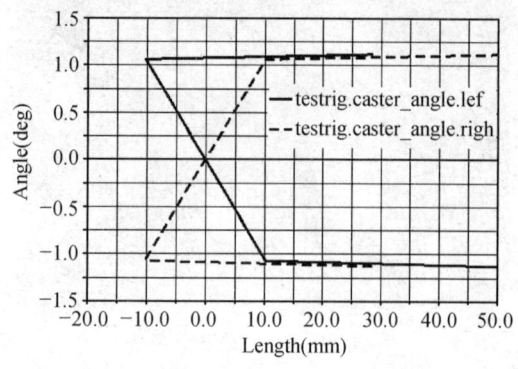
图 11.21　车轮外倾角

11.2　FSAE 整车模型

通过替换 FSAE 赛车后推力杆式双 A 臂悬架系统为扭力梁悬架系统后，移动后悬架位置，保持整车轴距为 1 524 mm。调试完成后，整车包含 58 个自由度，整车模型如图 11.22 所示。整车装配模型保存为 fsae_full_2018.asy。

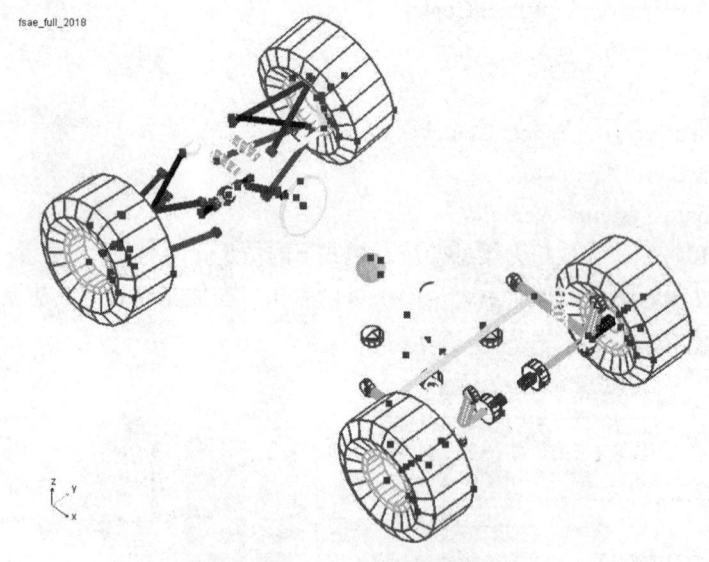
图 11.22　FSAE 整车模型

11.3　定常半径转弯仿真

定常半径转弯主要用验证整车的转向特性，包含过渡转向、不足转向、中性转向。

(1)单击"Simulate">"Full-Vehicle Analysis">"CorneringEvents">"Constant Radius Cornering"命令,弹出的定常半径转弯仿真对话框如图 11.23 所示。

(2)Output Prefix:CRC1。

(3)Mode of Simulation:interactive。

(4)Road Date File:mdids://FASE/roads.tbl/2d_flat.rdf。

(5)Output Step Size(仿真步数):0.01。

(6)Gear Position:3。

(7)Turn Radius:20。

(8)Length Units:m。

(9)Control:velocity。

(10)Duration of maneuver:20。

(11)Initial Velocity:10。

(12)Final Velocity:50。

(13)Velocity Units:km/hr。

(14)Quasi-Static Straight-Line Setup:勾选,整车模型包含发动机,能运行准静态平衡。

(15)单击 OK 按钮,完成定常半径仿真设置并提交运算。

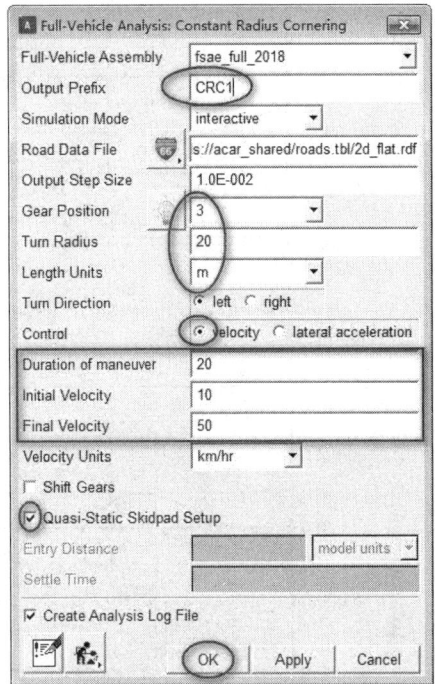

图 11.23 定常半径转弯设置

仿真结束后,FSAE 整车运行轨迹如图 11.24 所示。整车的各参数输出如图 11.25~11.30 所示。

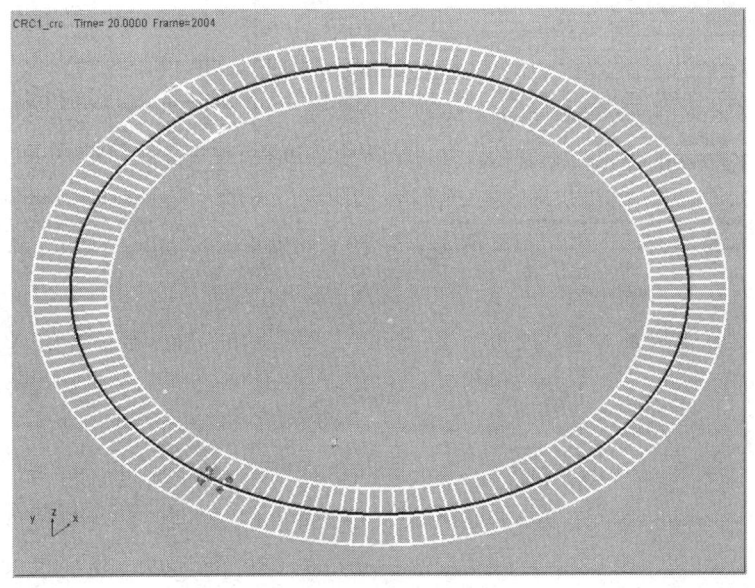

图 11.24 定常半径转弯运行轨迹

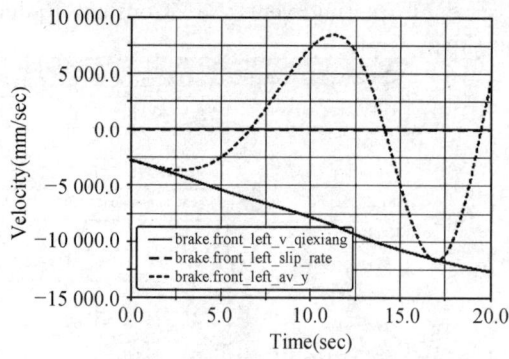

图 11.25　左前车辆切向、滑移、角速度参数

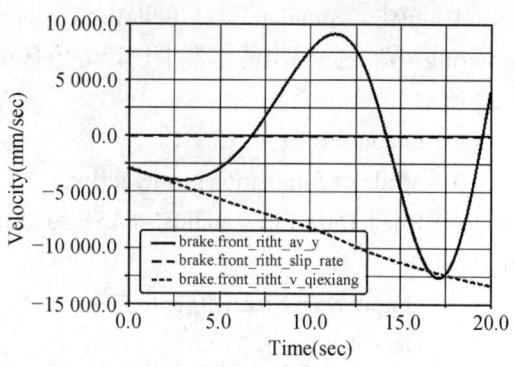

图 11.26　右前车辆切向、滑移、角速度参数

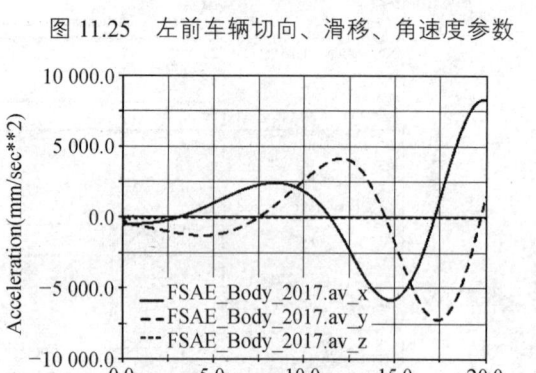

图 11.27　车身加速度 X，Y，Z

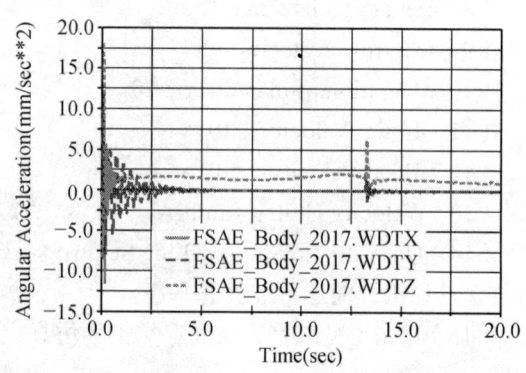

图 11.28　车身角加速度 X，Y，Z

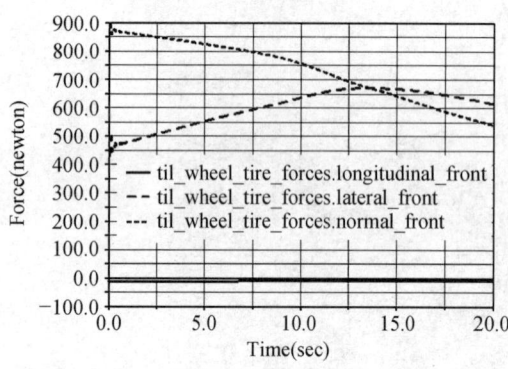

图 11.29　前轮胎 X，Y，Z 受力

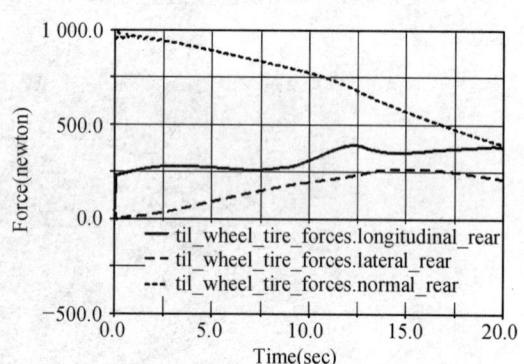

图 11.30　后轮胎 X，Y，Z 受力

第 12 章 麦弗逊悬架 PID 控制联合仿真

麦弗逊悬架应用较多，几乎所有乘用车前悬架系统均采用麦弗逊悬架，这是因为其结构简单、占用空间小。在 View 模块中建立好的麦弗逊悬架模型如图 12.1 所示。麦弗逊悬架通常由两个基本部分组成：支柱式减振器和 A 字形托臂。减振器除了减振功能外，还具有支撑整个车身的作用，其结构很紧凑，把减振器和减振弹簧集成在一起，组成一个可以上下运动的滑柱。下托臂通常是 A 字形的设计，用于给车轮提供部分横向支撑力，以及承受全部的前后方向冲击力。整车重量和汽车在运动时车轮承受的所有冲击靠这两个部件承担。占用空间小带来的直接好处就是设计师能在发动机舱布置下更大的发动机，而且发动机的放置方式也能随心所欲。在中型车上能放下大型发动机，在小型车上也能放下中型发动机，让各种发动机的匹配更灵活。经典的 PID 控制算法较为简单，PID 控制

图 12.1 麦弗逊悬架模型

器（比例-积分-微分控制器）是工业控制应用中常见的反馈回路部件，由比例单元 P、积分单元 I 和微分单元 D 组成。PID 控制的基础是比例控制；积分控制可消除稳态误差，但可能增加超调；微分控制可加快大惯性系统响应速度，以及减弱超调趋势。

12.1 主动麦弗逊悬架模型

在 ADAMS/View 模块中建立麦弗逊悬架模型，悬架的硬点参数参考 Car 模块共享数据库中麦弗逊悬架的硬点参数。通用模块与专业模块建模稍有不同。

（1）启动 ADAMS/View，选择 New Model。

（2）Model Name（模型名称）：adams_view_zhengche。

（3）单击 OK 按钮，完成新模型名称的创建，如图 12.2 所示，接下来可以在窗口中完成模型任务。

（4）单击硬点快捷方式，右击鼠标，在弹出的方框中输入 –200，150，–450。

（5）选中硬点右击鼠标选择 "Rename"：修改硬点名称为 rca_front。

（6）单击 OK 按钮，完成硬点重命名。

（7）重复以上步骤，完成图 12.3 中硬点的建立。

注意：单击硬点快捷方式，在左侧命令窗口选择硬点表格 Point Table 创建图 12.3 中的硬点，推荐采用硬点表格方式批量创建硬点，速度较快。悬架模型建立过程中，可以边建立硬点，

边建立部件、约束等,也可以批量完成硬点建立,接下来批量完成部件建立,最后建立约束。建模方法多样可行,总之模型准确无误是前提条件。

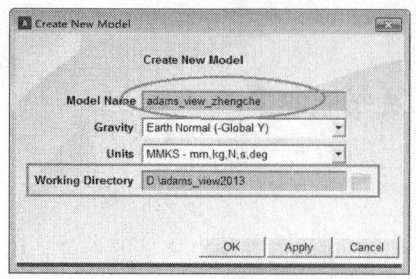

图 12.2　模型创建对话框　　　　　　　图 12.3　硬点参数

12.1.1　下控制臂部件

（1）单击"Cylinder"（圆柱体），选择"Radius",在对应方框中输入 20,单位为毫米。
（2）选择硬点 rca_front 与 rca_outer,创建 PART_2。
（3）重复上述步骤,选择硬点 rca_rear 与 rca_outer,创建 PART_3。
（4）单击 Booleans,分别选择 PART_2 与 PART_3,完成部件的布尔合并,PART_2 与 PART_3 两个部件合并一个独立的部件 PART_2。
（5）选中部件 PART_2,右击鼠标选择"Renama",在弹出的修改名称对话框中输入 lca_arm。
（6）单击 OK 按钮,完成部件名称的修改。

12.1.2　转向主销部件

（1）单击"Cylinder"（圆柱体）,选择"New Part",勾选"Radius",在对应方框中输入 20。
（2）选择硬点 r_wheel_center 与 rca_outer,创建 PART_3。
（3）选中部件 PART_3,右击鼠标选择"Renama",在弹出的修改名称对话框输入 up_right。
（4）单击 OK 按钮,完成转向节部件名称的修改。
（5）单击"Cylinder"（圆柱体）,选择"Add to Part",勾选"Radius",在对应方框中输入 20。
（6）选择硬点 r_wheel_center 与 r_spring_lower,完成几何体 up_right.CYLINDER_33 创建。
（7）选择硬点 r_wheel_center 与 r_tierod_inner,完成几何体 up_right.CYLINDER_32 创建。
至此完成转向节部件的建立。
注意：转向节部件的创建也可采用在四个硬点之间建立三个部件,最后采用布尔操纵合并三个部件为一个部件。不推荐采用此种方法,原因在于通过布尔合并后几何体的参数化失败,不能通过快捷方式调节部件的几何形状。

12.1.3　转向横拉杆部件

（1）单击"Cylinder"（圆柱体）,选择"New Part",勾选"Radius",在对应方框中输入 15。

（2）选择硬点 r_tierod_outer 与 r_tierod_inner，创建 PART_4。

（3）选中部件 PART_4，右击鼠标选择"Renama"，在弹出的修改名称对话框中输入"tierod_right"。

（4）单击 OK 按钮，完成转向横拉杆部件名称的修改。

12.1.4 转向节部件

（1）菜单栏单击"Setting"，选择"Working Grid"，弹出"Working Grid Setting"对话框。

（2）单击"Set Location"，选择"Pick"，在屏幕中选择硬点 r_wheel_center，此时主窗口中的坐标原点位于硬点 r_wheel_center。

（3）单击 Set Orientation，选择 Global YZ 方向，设置网格对话框如图 12.4 所示。

（4）单击"Cylinder"（圆柱体）；选择"New Part"，勾选"Radius"，在对应方框中输入 15。勾选"Length"，在对应方框中输入 250。

（5）在主窗口选择硬点 r_wheel_center，单击，保持圆柱体部件与 –Z 轴平行，单击鼠标左键完成部件 PART_5 的创建。

（6）选中部件 PART_5，右击鼠标选择"Renama"，在弹出的修改名称对话框中输入 knuckle_right。

（7）单击 OK 按钮，完成转向节部件名称的修改。

12.1.5 车轮部件创建

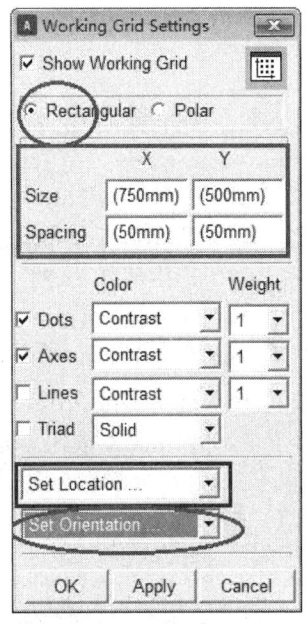

图 12.4 网格设置对话框

（1）单击"Cylinder"（圆柱体），选择"New Part"，勾选"Radius"，在对应方框中输入 350。勾选"Length"，在对应方框中输入 215。

（2）在主窗口选择方向点 MARKER_22，单击，保持圆柱体部件与 Z 轴平行，单击鼠标左键完成部件 PART_6 的创建。

（3）选中部件 PART_6，右击鼠标选择"Renama"，在弹出的修改名称对话框中输入 wheel_right。

（4）单击 OK 按钮，完成车轮部件名称的修改。

（5）菜单栏单击"Setting"，选择"Working Grid"，弹出"Working Grid Setting"对话框。

（6）单击"Set Location"，选择"Pick"，在屏幕中选择硬点 r_wheel_center，此时主窗口中的坐标原点位于硬点 r_wheel_center。

（7）单击"Set Orientation"，选择 Global XY 方向。

（8）单击 OK 按钮，完成网格位置与方向设置。

（9）单击菜单栏快捷方式"Add a hole"，左侧 Radius 中输入 325，勾选"Depth"，输入 215，选择轮胎部件 wheel_right 的侧面，接着选择方向点 MARKER_22，完成车轮部件的掏空。

12.1.6 弹簧底座部件创建

（1）单击"Cylinder"（圆柱体），选择"New Part"，勾选"Radius"，在对应方框中输入 50。
（2）选择硬点 r_spring_lower 与 r_spring_up，创建 PART_7。
（3）选中部件 PART_7 下的几何体 CYLINDER_34，右击选择 Modify。
（4）在弹出的 Geometry Modify Shape Cylinder 对话框中修改 Length 值为 10。
（5）单击 OK 按钮，完成弹簧底座部件 PART_7 的创建。
（6）选中部件 PART_7，右击鼠标选择"Renama"，在弹出的修改名称对话框输入"srping_down"。
（7）单击 OK 按钮，完成弹簧底座部件名称的修改。

12.1.7 弹簧顶座部件创建

（1）单击"Cylinder"（圆柱体），选择"New Part"，勾选"Radius"，在对应方框中输入 50。
（2）选择硬点 r_spring_up 与 r_spring_lower，创建 PART_8，在此注意选择硬点的顺序。
（3）选中部件 PART_8 下的几何体 CYLINDER_35，右击选择 Modify。
（4）在弹出的 Geometry Modify Shape Cylinder 对话框中修改 Length 值为 10。
（5）单击 OK 按钮，完成弹簧底座部件 PART_8 的创建。
（6）选中部件 PART_8，右击鼠标选择 Renama，在弹出的修改名称对话框输入 srping_up。
（7）单击 OK 按钮，完成弹簧顶座部件名称的修改。

12.1.8 车身部件

1/4 悬架模型也需要建立简化车身模型，悬架系统包含车身部件模型较为精准。
（1）单击"Sphere"（球体），选择"New Part"，勾选"Radius"，在对应方框中输入 30。
（2）选择硬点 r_spring_up，创建 PART_9。
（3）选中部件 PART_9，右击鼠标选择"Renama"，在弹出的修改名称对话框中输入 body。
（4）单击 OK 按钮，完成车身简化部件名称的修改。
（5）选中部件 body，右击选择 Modify，弹出部件修改对话框。
（6）Define Mass By：在下拉菜单中选择 User Input，手动输入 1/4 车身的质量及惯量。
（7）Mass：250。
（8）Ixx：5.0E+007。
（9）yy：1.5E+008。
（10）Izz：1.25E+008。
（11）单击 OK 按钮，完成车身部件参数的修改。

12.1.9 弹簧与减振器

（1）单击菜单栏"Force"，选择"Flexibile Connections"（柔性连接）框的"Spring"（创建

弹簧与减振器)。

（2）Properties 栏中勾选 K&C，在 K 栏中输入 17，在 C 栏中输入 1.3。

（3）选择 spring_up.cm 与 srping_down.cm 两个参考点，完成弹簧与减振器的创建。弹簧创建需要选择两个不同部件对应的点或者参考点，选择时可以右击部件，在弹出的快捷 Select 对话中选择相应点。

（4）选中 SPRING_1，右击选择 Modify，弹出的部件修改对话框如图 12.5 所示。

（5）在 Preload（预载荷，输入 1/4 车身的重力）：2450，其余保持默认设置。

（6）单击 OK 按钮，完成弹簧与减振器参数的设置。

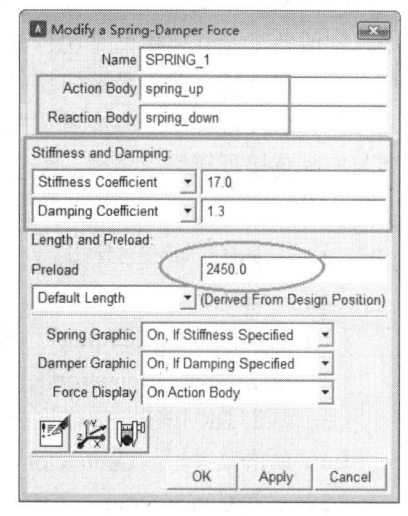

图 12.5　弹簧与减振器参数对话框

12.1.10　振动台

（1）单击"Box"（六面体），选择"New Part"，勾选"Length""Height""Depth"，分别输入 400，45，500。

（2）选择位置 0.0，-50.0，0.0，单击，创建六面体部件 PART_10。

（3）选中部件 PART_10 下的 MARKER_23，右击选择 Modify。

（4）Location：-200.0，-120.0，-1200.0。

（5）单击 OK 按钮，完成 PART_10 的位置修改。

（6）选中部件 PART_10，右击鼠标选择"Renama"，在弹出的修改名称对话框中输入 test_patch。

（7）单击 OK 按钮，完成振动台部件名称的修改。

（8）菜单栏单击"Setting"，选择"Working Grid"，弹出"Working Grid Setting"对话框。

（9）单击"Set Location"，选择"Pick"，在屏幕中选择参考点 test_patch.cm，此时主窗口中的坐标原点位于参考点 test_patch.cm 处。

（10）单击 OK 按钮，完成网格位置与方向设置。

（11）单击"Cylinder"（圆柱体），选择"Add to Part"，勾选"Length""Radius"，在对应方框中输入 350，50。

（12）选择参考点 test_patch.cm 处，方向与 -Y 轴平行重合，单击，完成圆柱体 CYLINDER_25 的创建。

悬架建模探讨：

（1）在建模过程中忽略车身部件，直接把弹簧与减振器与大地联接，这种模型对于研究车轮的运动学（狭义指车轮的运动空间）是可以满足要求的。

（2）对于研究悬架的动力学车身部件不可忽略（实际整车在运行过程中，车轮与车身部件存在相对运动，绝对不可以忽略）。

（3）对于主动悬架的研究，必学考虑车身部件。有些文献即使考虑了车身，但仍存在以下错误：下控制及转向横拉杆与大地联接而非与车身联接，这样的模型虽然能正确进行仿真，但是其运动特性与真实悬架不符。

（4）从学术上讲，对于以上建立的麦弗逊悬架模型符合研究要求。但对于汽车工程研究院中真实的整车及悬架模型来说依然存在缺陷，原因在于整车的振动与簧载质量与非簧载质量有关，以上建立的麦弗逊悬架模型控制臂等部件采用的简化的杆件而非是真实的冲压件等。除此之外，在研发过程中，对应载荷的提取结果会应用零部件的有限元、疲劳特性等研究，因此模型与实际越接近模型越精确。

12.1.11　悬架部件约束

（1）菜单栏单击"Setting"，选择"Working Grid"，弹出"Working Grid Setting"对话框。
（2）单击"Set Orientation"，选择 Global YZ 方向。
（3）单击 OK 按钮，完成网格位置与方向设置。
（4）单击菜单栏"Cennector"，选择 Joint 框中的 Revolute Joint（铰接副）。
（5）设置 Construction：2 Bodies -1 Location，Normal To Grid。
（6）顺序选择两部件 lca_arm、body，在选择硬点 rca_rear，完成铰接副 JOINT_1 的创建。铰接副约束 2 个旋转自由度，3 个移动自由度，两个部件之间存在一个旋转自由度，同时需要注意下控制臂与车身之间只建立一个铰接副，而非在控制臂前后硬点之间建立两个铰接副，实际部件的约束与理论模型之间存在差异，铰接副的创建如图 12.6 所示。

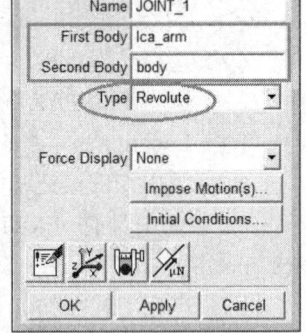

图 12.6　铰接副对话框

（7）选中铰接副 JOINT_1，右击鼠标选择"Renama"，在弹出的修改名称对话框中输入"rca_rear"。
（8）单击 OK 按钮，完成铰接副重命名为 rca_rear 的修改。
（9）单击菜单栏"Cennector"，选择 Joint 框中的 Spherical Joint（球形副）。
（10）设置 Construction：2 Bodies -1 Location、Normal To Grid。
（11）顺序选择两部件 lca_arm、up_right，在选择硬点 rca_outer，完成铰接副 JOINT_2 的创建。
（12）球形副约 3 个移动自由度，部件之间存在 3 个旋转自由度。
（13）选中铰接副 JOINT_2，右击鼠标选择"Renama"，在弹出的修改名称对话框中输入 rca_outer。
（14）单击 OK 按钮，完成球形副重命名为 rca_outer 的修改。
（15）单击菜单栏"Cennector"，选择 Joint 框中的 Spherical Joint（球形副）。
（16）设置 Construction：2 Bodies -1 Location、Normal To Grid。
（17）顺序选择两部件 lca_arm、up_right，再选择硬点 rca_outer，完成铰接副 JOINT_2 的创建。球形副约 3 个移动自由度，部件之间存在 3 个旋转自由度。
（18）选中铰接副 JOINT_2，右击鼠标选择 Renama，在弹出的修改名称对话框中输入 rca_outer。
（19）单击 OK 按钮，完成球形副重命名为 rca_outer 的修改。
（20）单击菜单栏"Cennector"，选择 Joint 框中的 Fix Joint（固定副）。
（21）设置 Construction：2 Bodies -1 Location、Normal To Grid。

（22）顺序选择两部件 up_right、knuckle_right，再选择硬点 r_wheel_center，完成铰接副 JOINT_3 的创建。固定副约束两个部件之间的 6 个自由度。

（23）选中铰接副 JOINT_3，右击鼠标选择"Renama"，在弹出的修改名称对话框中输入 r_wheel_center。

（24）单击 OK 按钮，完成固定副重命名为 r_wheel_center 的修改。

（25）单击菜单栏"Cennector"，选择 Joint 框中的 Spherical Joint（球形副）。

（26）设置 Construction：2 Bodies -1 Location、Normal To Grid。

（27）顺序选择两部件 tierod_right、body，再选择硬点 r_tierod_outer，完成铰接副 JOINT_4 的创建。

（28）选中铰接副 JOINT_4，右击鼠标选择"Renama"，在弹出的修改名称对话框输入 r_tierod_outer。

（29）单击 OK 按钮，完成球形副重命名为 r_tierod_outer 的修改。

（30）单击菜单栏"Cennector"，选择 Joint 框中的 Spherical Joint（球形副）。

（31）设置 Construction：2 Bodies -1 Location、Normal To Grid。

（32）顺序选择两部件 tierod_right、body，再选择硬点 r_tierod_outer，完成铰接副 JOINT_4 的创建。

（33）选中铰接副 JOINT_4，右击鼠标选择"Renama"，在弹出的修改名称对话框中输入 r_tierod_outer。

（34）单击 OK 按钮，完成球形副重命名为 r_tierod_outer 的修改。

（35）单击菜单栏"Cennector"，选择 Joint 框中的 Spherical Joint（球形副）。

（36）设置 Construction：2 Bodies -1 Location、Normal To Grid。

（37）顺序选择两部件 up_right、tierod_right，再选择硬点 r_tierod_inner，完成铰接副 JOINT_5 的创建。

（38）选中铰接副 JOINT_5，右击鼠标选择"Renama"，在弹出的修改名称对话框中输入 r_tierod_inner。

（39）单击 OK 按钮，完成球形副重命名为 r_tierod_inner 的修改。

（40）单击菜单栏"Cennector"，选择 Joint 框中的 Fix Joint（固定副）。

（41）设置 Construction：2 Bodies -1 Location、Normal To Grid。

（42）顺序选择两部件 wheel_right、knuckle_right，再选择参考点 MARKER_38，完成铰接副 JOINT_6 的创建。

（43）选中铰接副 JOINT_6，右击鼠标选择"Renama"，在弹出的修改名称对话框中输入 knuckle_right_fix。

（44）单击 OK 按钮，完成固定副重命名为 knuckle_right_fix 的修改。

（45）单击菜单栏"Cennector"，选择 Joint 框中的 Fix Joint（固定副）。

（46）设置 Construction：2 Bodies -1 Location、Normal To Grid。

（47）顺序选择两部件 srping_down、up_right，再选择硬点 r_spring_lower，完成铰接副 JOINT_7 的创建。

（48）选中铰接副 JOINT_7，右击鼠标选择"Renama"，在弹出的修改名称对话框中输入 r_spring_lower。

（49）单击 OK 按钮，完成固定副重命名为 r_spring_lower 的修改。

（50）单击菜单栏"Cennector"，选择 Joint 框中的 Cylindrical Joint（圆柱副）。

（51）设置 Construction：2 Bodies -1 Location、Pick Geometry Feature。

（52）顺序选择两部件 srping_down、srping_up，顺序选择硬点 r_spring_lower、r_spring_up，完成圆柱副 JOINT_8 的创建。圆柱副约束两部件之间的 3 个旋转自由度，2 个移动自由度。

（53）选中铰接副 JOINT_8，右击鼠标选择"Renama"，在弹出的修改名称对话框中输入 r_spring_lower_cylindrical。

（54）单击 OK 按钮，完成圆柱副重命名为 r_spring_lower_cylindrical 的修改。

（55）单击硬点快捷方式，右击鼠标，在弹出的方框中输入 57.5，950，−603.8。

（56）选中硬点，右击鼠标选择"Rename"，修改硬点名称为 r_spring_up_ref。

（57）单击 OK 按钮，完成硬点重命名。

（58）单击菜单栏"Cennector"，选择 Joint 框中的 Hook Joint（胡克副）。

（59）设置 Construction：2 Bodies -1 Location、Pick Geometry Feature。

（60）顺序选择两部件 spring_up、body，顺序选择硬点 r_spring_up、r_spring_lower、r_spring_up_ref，完成胡克副 JOINT_9 的创建。胡克副约束两部件之间的 1 个旋转自由度，3 个移动自由度。

（61）选中铰接副 JOINT_9，右击鼠标选择 Renama，在弹出的修改名称对话框中输入 r_spring_up。

（62）单击 OK 按钮，完成胡克副重命名为 r_spring_up 的修改。

（63）单击菜单栏"Cennector"，选择 Joint 框中的 Translational Joint（移动副）。

（64）设置 Construction：2 Bodies -1 Location、Pick Geometry Feature。

（65）顺序选择两部件 body、.adams_view_zhengche.ground，再选择硬点 r_spring_up、r_spring_up_ref，完成铰接副 JOINT_10 的创建。

（66）选中铰接副 JOINT_10，右击鼠标选择 Renama，在弹出的修改名称对话框中输入 r_spring_up_Translational。

（67）单击 OK 按钮，完成固定副重命名为 r_spring_up_Translational 的修改。

（68）单击菜单栏"Cennector"，选择 Joint 框中的 Translational Joint（移动副）。

（69）设置 Construction：2 Bodies -1 Location、Pick Geometry Feature。

（70）顺序选择两部件 test_patch、.adams_view_zhengche.ground，选择参考点 MARKER_24，然后移动鼠标，保持箭头方向与 Y 轴平行，单击，完成铰接副 JOINT_11 的创建。

（71）选中铰接副 JOINT_11，右击鼠标选择"Renama"，在弹出的修改名称对话框中输入 test_patch_Translational。

（72）单击 OK 按钮，完成固定副重命名为 test_patch_Translational 的修改。

（73）单击菜单栏"Cennector"，选择基本约束栏 Primitives 框中的 In-Plane（点面副）。点面副限制一个部件在另一个部件的某个平面内运动，减少一个自由度。

（74）设置 Construction：2 Bodies -1 Location、Pick Geometry Feature。

（75）顺序选择两部件 wheel_right、test_patch，选择参考点 MARKER_24，然后移动鼠标，保持箭头方向与 Y 轴平行，单击，完成基本点面副 JPRIM_1 的创建。

至此，麦弗逊悬架模型与振动试验台模型建立完成，接下来的工作需要把路面的振动数据添加到振动试验台上，当然也可以用简单的正余弦驱动验证模型的正确性。

通过工具菜单栏 Tool 下的 Model Topology Map 可以显示不同部件之间的连接关系，在参考共享数据库模型建模时经常需要判定部件之间的连接关系，除此之外，还用在命令窗口中用图形的方式显示部件之间的连接关系，用图形显示拓扑关系更加直观。

Topology of model: adams_view_zhengche

Ground Part: ground

Part ground
Is connected to:
test_patch   via   test_patch_Translational   (Translational Joint)
body   via   r_spring_up_Translational (Translational Joint)

Part lca_arm
Is connected to:
up_right   via   rca_outer   (Spherical Joint)
body   via   rca_rear   (Revolute Joint)

Part knuckle_right
Is connected to:
up_right   via   r_wheel_center   (Fixed Joint)
wheel_right   via   knuckle_right_fix   (Fixed Joint)

Part wheel_right
Is connected to:
test_patch   via   JPRIM_1   (Inplane Primitive_Joint)
knuckle_right via   knuckle_right_fix   (Fixed Joint)

Part srping_down
Is connected to:
spring_up   via   SPRING_1.sforce   (Single_Component_Force)
up_right   via   r_spring_lower   (Fixed Joint)
spring_up   via   r_spring_lower_cylindrical (Cylindrical Joint)
spring_up   via   zhudongli   (Single_Component_Force)

Part test_patch
Is connected to:
ground   via   test_patch_Translational   (Translational Joint)
wheel_right   via   JPRIM_1   (Inplane Primitive_Joint)

Part tierod_right
Is connected to:
up_right   via   r_tierod_inner   (Spherical Joint)
body   via   r_tierod_outer   (Spherical Joint)

Part up_right
Is connected to:
knuckle_right   via   r_wheel_center   (Fixed Joint)
lca_arm   via   rca_outer   (Spherical Joint)
tierod_right   via   r_tierod_inner   (Spherical Joint)
srping_down   via   r_spring_lower   (Fixed Joint)

Part spring_up
Is connected to:
srping_down   via   SPRING_1.sforce   (Single_Component_Force)
srping_down   via   r_spring_lower_cylindrical (Cylindrical Joint)
body   via   r_spring_up   (Hooke Joint)
srping_down   via   zhudongli   (Single_Component_Force)

Part body
Is connected to:
lca_arm   via   rca_rear   (Revolute Joint)
tierod_right   via   r_tierod_outer   (Spherical Joint)
spring_up   via   r_spring_up   (Hooke Joint)
ground   via   r_spring_up_Translational   (Translational Joint)

12.2　路面模型

对悬架性能分析时需要输入路面模型。根据国家标准将公路等级分为 8 种，在不同的路段测量，很难得到两个完全相同的路面轮廓曲线。通常是把测量得到的大量路面不平度随机数据，经数据处理得到路面功率谱密度。产生随机路面不平度时间轮廓有两种方法，由白噪声通过一个积分器产生或者由白噪声通过一个成型滤波器产生。路面时域模型可用公式（12.1）描述。根据公式在 MATLAB/SIMULINK 中建立 B 级路面不同车速的仿真模型如图 12.7 所示，B 级路面不同车速的垂直位移计算结果如图 12.8 所示。

$$\dot{q}(t) = -2\pi f_0 q(t) + 2\pi \sqrt{G_q V} w(t) \tag{12.1}$$

式中，$\dot{q}(t)$ 为路面随激励；$w(t)$ 为积分白噪声；f_0 为时间频率；G_q 为路面不平度系数；V 为汽车行驶速度。不同级别及对应不同的车速路面参数请查看相关资料。

路面模型需要添加到振动试验台上，路面模型驱动添加有两种方式，在进行联合仿真时推荐采用方案 B。

方案 A：直接把 B 级路面的仿真数据通过函数 AKISPL( ) 添加到振动试验台上。在 ADAMS 软件中可以仿真在路面条件下麦弗逊悬架运动的真实状态，当更换路面时需要重复计算路面参数及重复添加驱动函数，尤其是在进行联合仿真时，过程较为烦琐。

方案 B：在 ADAMS 中建立状态变量函数，把此状态函数通过 ADAMS\Control 模块设置为系统的输入接口，路面模型在 MATLAB/SIMULINK 模型中搭建如图 12.7 所示，输出结果直接与 ADAMS_SYS 的路面输入接口对接。此种方式的优点是可以预先建立好仿真需要的各种路面，联合仿真模型建立好后可以方便快速地更换不同路面，推荐采用此种方法。

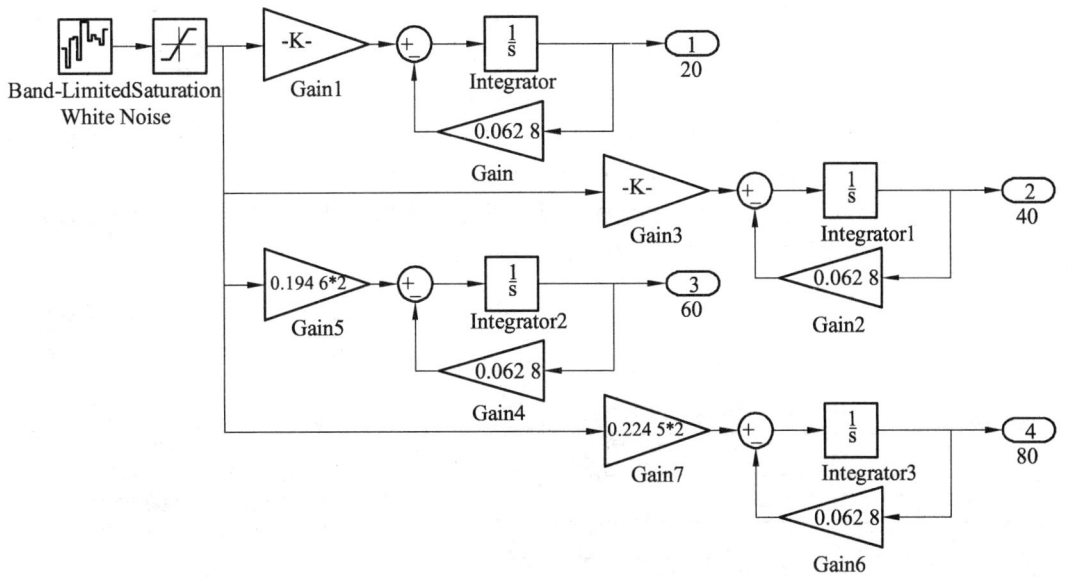

图 12.7　B 级路面不同车速时域仿真模型

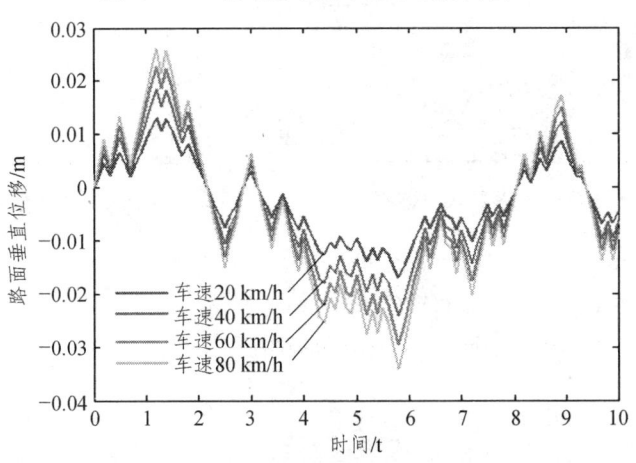

图 12.8　B 级路面各车速垂向位移

12.3　路面驱动方案 A

针对在 MATLAB/SIMULINK 中建立 B 级路面不同车速的仿真模型，仿真时间设置为 10 s，运行仿真后在 MATLAB 的工作空间 Workspace 会得到两组数据 tout，yout。在 D 盘中新建一个文本文件，命名为 road.txt。将 tout 作为第一列，yout 中的第一列复制到文本文件 road.txt 中保存。此处提供一个路面文件 road.txt 在数字资源包中，仅供参考。

（1）打开 ADAMS/View 中建立的麦弗逊悬架模型，在主菜单选择"File"→"Import"，弹出的对话框如图 12.9 所示。

（2）File Type：Test Data。

（3）点选 Create Spline。

（4）File To Read：D:\road.txt。

（5）其余保持默认设置，单击 OK 按钮，完成仿真路面数据的导入。如果要更换其他路面模型，需要重复以上仿真过程及以上步骤的重新导入，相对较为烦琐。

（6）打开 ADAMS 的数据库浏览器，如图 12.10 所示，SPLINE_2 为生成的样条曲线数据。双击打开 SPLINE_2，在弹出的 Information 窗口中显示如下信息，此信息包含的数据与路面文件 road.txt 中的数据相同。对于有多个试验振动台的整车模型，可以依次导入不同的路面模型，设置在同一个模型中不同的振动试验台有不同的振动效果。

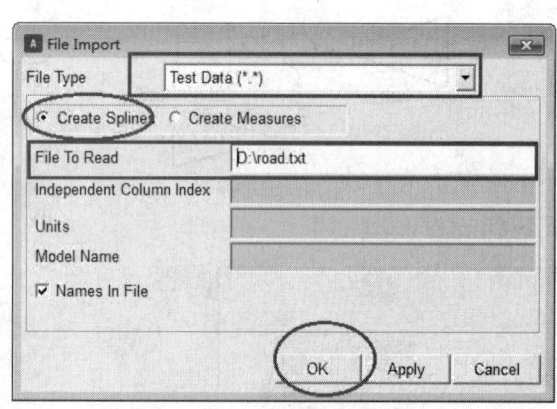 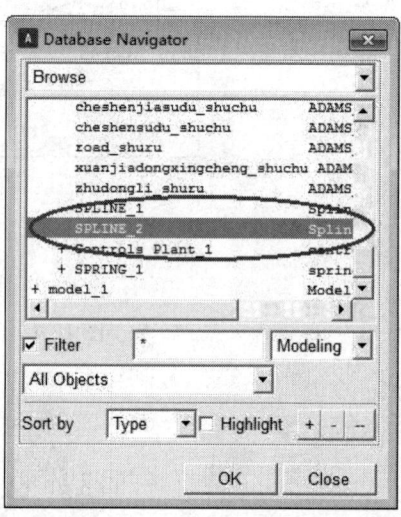

图 12.9　路面数据导入对话框　　　　　图 12.10　数据库浏览器对话框

SPLINE_2 样条数据：

Object Name　　　： .adams_view_zhengche.SPLINE_2
Object Type　　　： Spline
Parent Type　　　： Model
Adams ID　　　　： 0
Active　　　　　　： NO_OPINION
X Units　　　　　： NO UNITS
Y Units　　　　　： NO UNITS
Spline Points:
　　(X = 1.0,　Y = 0.2008942924)
　　(X = 2.0,　Y = 1.2036690038)
　　(X = 3.0,　Y = 2.2319211241)
　　(X = 4.0,　Y = 17.1592158991)
　　(X = 5.0,　Y = 11.6840101222)
　　(X = 6.0,　Y = 19.6574141868)
　　(X = 7.0,　Y = 20.7626001622)
　　(X = 8.0,　Y = 18.2043021902)

(X = 9.0,   Y = 12.3320688983)
(X = 10.0, Y = 13.1176331434)
(X = 11.0, Y = 16.6482607299)
(X = 12.0, Y = 18.1223665756)
(X = 13.0, Y = 21.2087067783)
(X = 14.0, Y = 24.1851909962)
(X = 15.0, Y = 23.165983258)
(X = 16.0, Y = 30.8669520711)
(X = 17.0, Y = 27.4372350815)
(X = 18.0, Y = 13.9764209914)
(X = 19.0, Y = 4.2068003494)
(X = 20.0, Y = 15.5260556619)
(X = 21.0, Y = 12.7388426178)
(X = 22.0, Y = 6.6497175466)
(X = 23.0, Y = 1.3583780206)
(X = 24.0, Y = −3.3223270142)
(X = 25.0, Y = −6.3246530621)
(X = 26.0, Y = −9.3619599109)
(X = 27.0, Y = −10.6419856681)
(X = 28.0, Y = −1.241284351)
(X = 29.0, Y = −0.7729604272)
(X = 30.0, Y = 7.2391497849)
(X = 31.0, Y = 12.0138478618)
(X = 32.0, Y = 14.0406498922)
(X = 33.0, Y = 10.2822107278)
(X = 34.0, Y = 7.3400461246)
(X = 35.0, Y = 5.822534108)
(X = 36.0, Y = −2.1005830571)
(X = 37.0, Y = 11.3482505873)
(X = 38.0, Y = 17.4644483624)
(X = 39.0, Y = 13.1119102857)
(X = 40.0, Y = 6.9110780294)
(X = 41.0, Y = 5.9189550731)
(X = 42.0, Y = 10.6042550475)
(X = 43.0, Y = 8.8497533756)
(X = 44.0, Y = 0.7340467417)
(X = 45.0, Y = −4.9846087554)
(X = 46.0, Y = −5.1291263)
(X = 47.0, Y = 2.1813242014)
(X = 48.0, Y = 1.8578747187)
(X = 49.0, Y = 7.6197835954)
(X = 50.0, Y = 4.3011814626)
(X = 51.0, Y = 4.1085670937)

(X = 52.0, Y = 4.9545937392)
(X = 53.0, Y = －5.3379970314)
(X = 54.0, Y = －19.5222166417)
(X = 55.0, Y = －16.8979451067)
(X = 56.0, Y = －17.751622188)
(X = 57.0, Y = －10.3357422219)
(X = 58.0, Y = －10.6740149358)
(X = 59.0, Y = －13.090919801)
(X = 60.0, Y = －16.3579177288)
(X = 61.0, Y = －12.1750299942)
(X = 62.0, Y = －8.9585917002)
(X = 63.0, Y = －3.5191306676)
(X = 64.0, Y = 8.7584919584)
(X = 65.0, Y = 12.5213179179)
(X = 66.0, Y = 1.7283436916)
(X = 67.0, Y = 2.5545743641)
(X = 68.0, Y = 11.9302113598)
(X = 69.0, Y = 5.6161232304)
(X = 70.0, Y = 5.4291102585)
(X = 71.0, Y = －3.9851221492)
(X = 72.0, Y = －1.6101060218)
(X = 73.0, Y = －4.6170343759)
(X = 74.0, Y = －14.3337974285)
(X = 75.0, Y = －10.7385528551)
(X = 76.0, Y = 2.6601640362)
(X = 77.0, Y = 6.6761759735)
(X = 78.0, Y = 5.538095211)
(X = 79.0, Y = 24.859606528)
(X = 80.0, Y = 20.5153212318)
(X = 81.0, Y = 27.3536586215)
(X = 82.0, Y = 31.9759557217)
(X = 83.0, Y = 36.5164598195)
(X = 84.0, Y = 36.7784670709)
(X = 85.0, Y = 28.0611391681)
(X = 86.0, Y = 32.1177054177)
(X = 87.0, Y = 33.3570934985)
(X = 88.0, Y = 24.3426326995)
(X = 89.0, Y = 41.814734247)
(X = 90.0, Y = 51.4731759113)
(X = 91.0, Y = 51.5084722166)
(X = 92.0, Y = 44.1394257716)
(X = 93.0, Y = 40.0990967222)
(X = 94.0, Y = 38.0502028171)

(X = 95.0, Y = 37.87671055)
(X = 96.0, Y = 32.4000817014)
(X = 97.0, Y = 26.7647784662)
(X = 98.0, Y = 23.5445126387)
(X = 99.0, Y = 17.9074381032)
(X = 100.0, Y = 25.2181669987)
(X = 101.0, Y = 19.5024043564)
(X = 102.0, Y = 23.4432401045)

（7）单击菜单栏"Motions"，选择系统单元 Joint Motions 框中的创建移动约束副驱动快捷方式图标：Translations Joint Motions。

（8）选择移动副 test_patch_Translational，完成移动副驱动 MOTION_1 的创建。

（9）右击 MOTION_1，选择 Modify，在弹出的 Joint Motion 对话框中输入 Fuction(time)：100*AKISPL(time,0,SPLINE_2,0)，AKISPL（ ）是 ADAMS 的一个函数，表示按 Akima 插值方法将样条数据"SPLINE_2"拟合成以时间为横轴的函数曲线。

（10）单击 OK 按钮，完成 MOTION_1 的修改。

（11）点击"Simulaton"，仿真时间设置为 10 s，仿真步数设置为 1000，仿真前先测量悬架系统静平衡，计算完成后测量车身 Body 部件在 Y 方向的加速度，计算结果如图 12.11 所示，从计算结果来看，车身的垂向加速度为 100 mm/s^2，效果极好。

检查麦弗逊悬架模型自由度，系统显示信息如下。所建立的悬架模型的部件数量、约束副等具体信息会显示出来，软件根据系统自由度计算公式，计算出所建立的麦弗逊悬架有 2 个自由度，模型正确无误。

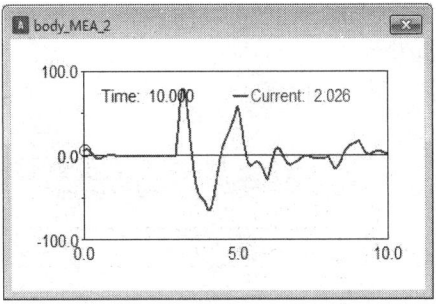

图 12.11 车身垂向加速度

VERIFY MODEL: .adams_view_zhengche

2 Gruebler Count (approximate degrees of freedom)
9 Moving Parts (not including ground)
1 Cylindrical Joints
1 Revolute Joints
3 Spherical Joints
2 Translational Joints
3 Fixed Joints
1 Hooke Joints
1 Inplane Primitive_Joints
1 Motions

2 Degrees of Freedom for .adams_view_zhengche

There are no redundant constraint equations.

Model verified successfully

12.4 路面驱动方案 B

（1）单击菜单栏"Elements"，选择系统单元 System Elements 框中的创建状态变量快捷方式图标：Create a State Variable defined by an Algebraic Equation。

（2）Name（状态变量名称）：road_shuru。

（3）Definition: Run-Time Expression。

（4）F(time, …)=：0。

（5）单击 OK 按钮，完成状态变量 road_shuru 的创建，如图 12.12 所示。

（6）单击菜单栏 Motions，选择系统单元 Joint Motions 框中的创建移动约束副驱动快捷方式图标：Translations Joint Motions。

（7）选择移动副 test_patch_Translational，完成移动副驱动 MOTION_1 的创建。

（8）右击 MOTION_1，选择 Modify。

（9）在弹出的 Joint Motion 对话框中输入 Fuction(time)：VARVAL(.adams_view_zhengche.road_shuru)。

（10）单击 OK 按钮，完成 MOTION_1 的修改，如图 12.13 所示。

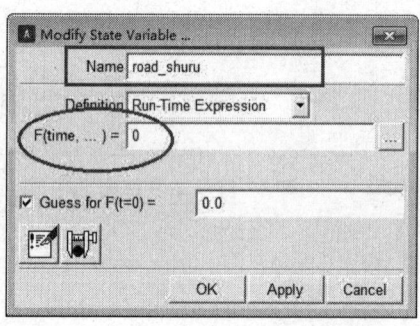
图 12.12　路面输入状态变量创建

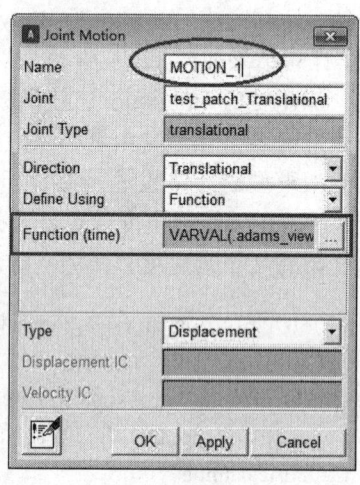
图 12.13　约束副驱动对话框

12.5　PID 控制器设计

PID 控制具有调节原理简单、参数容易整定和实用性强等优点，其控制规律如公式（12.2）所示：

$$u(t) = K_p e(t) + K_I \int_0^t e(t)\mathrm{d}t + K_d \frac{\mathrm{d}}{\mathrm{d}t}e(t) \tag{12.2}$$

式中，K_P 为比例系数；K_I 为时间极品常数，$K_I = \frac{K_P}{T_i}$；K_d 为微分时间常数，$K_d = K_P K_d$；$e(t)$ 为

实时误差，即车身速度与理想值之间差值；$u(t)$ 为实时主动控制力。根据公式（12.2）建立好的 PID 控制器模型如图 12.14 所示。

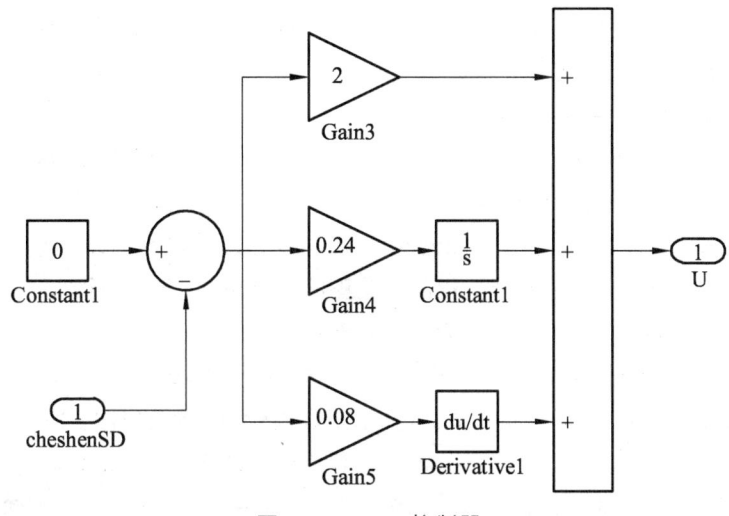

图 12.14　PID 控制器

12.6　半主动悬架联合仿真

相对于主动悬架，主要通过改变减振器的可变力输出来控制整车的振动特性，其性能与主动悬架接近。相比主动悬架，其结构简单，能耗小。上述所建立的麦弗逊多体悬架模型为被动悬架模型，要想进行半主动悬架或者主动悬架联合仿真，首先需要在被动悬架模型的基础上构造或者建立主动悬架模型。

12.6.1　半主动悬架模型

半主动悬架模型构建首先需要添加主动力，主动力主要根据控制算法计算得出。主动悬架模型可采用不同算法：模糊控制算法、PID 模糊法、神经网络法、自适应模糊法等。

（1）单击菜单栏"Elements"，选择系统单元 System Elements 框中的创建状态变量快捷方式图标：Create a State Variable defined by an Algebraic Equation。

（2）Name（状态变量名称）：zhudongli_shuru。

（3）Definition: Run-Time Expression。

（4）F(time, …)=: 0。

（5）单击 OK 按钮，完成状态变量 zhudongli_shuru 的创建，参考图 12.12。

（6）单击菜单栏"Force"，选择 Applied Forces 框的 Force 快捷方式，在两部件 srping_down、srping_up 之间创建单向主动力。

（7）Run-time Direction（主动力运行时方向）：Two Bodies。

（8）Construction：2 Bodies -2 Location。

（9）Characteristic：Custom。

（10）根据命令窗口提示顺序选择两部件 srping_down，srping_up，顺序选择参考点 spring_down.cm，spring_up.cm，完成主动力 SFORCE_1 的创建。

（11）选中主动力 SFORCE_1，右击鼠标选择"Rename"，修改名称为 zhudongli。

（12）单击 OK 按钮，完成主动力的重命名。

（13）右击 zhudongli，选择 Modify。

（14）在弹出的 Modify Force 对话框中修改 Fuction：输入 VARVAL(.adams_view_zhengche.zhudongli_shuru)，其余参数保持默认设置。

（15）单击 OK 按钮，完成主动力 zhudongli 的修改函数，如图 12.15 所示。

建立车身速度、加速度、悬架动行程及车轮侧向滑移量状态输出函数，首先需要建立车身速度、加速度、悬架动行程及车轮侧向滑移量的测量函数。

（1）单击菜单栏"Design Exploration"，选择系统单元 Measures 框中的创建状态变量快捷方式图标：Create a new Function Measures，弹出函数构建对话框如图 12.16 所示。

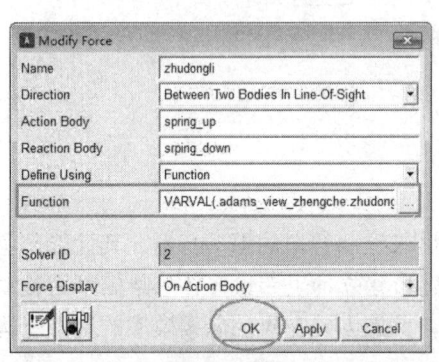 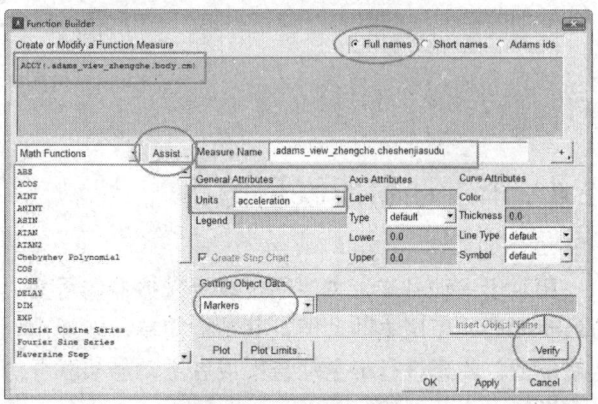

图 12.15　主动力修改对话框　　　　图 12.16　函数构建对话框

（2）Measures Name: cheshenjiasudu。

（3）Units：accelaeration。

（4）选择 Accelaeration along Y。

（5）点击"Assist"，弹出 Accelaeration along Y 对话框。

（6）在 To_Marker 框中输入 body.cm，其余 From_Marker, Along_Marker, Ref_Frame 框保持默认，不用输入，辅助对话框如图 12.17 所示，单击 OK 按钮，完成加速度函数 ACCY(.adams_view_zhengche.body.cm)的输入。

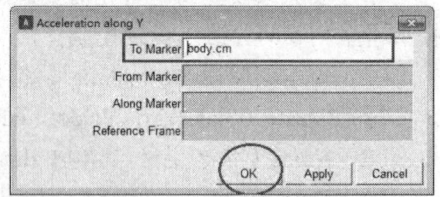

图 12.17　辅助对话框

（7）单击"Verify"，检查函数 ACCY(.adams_view_zhengche.body.cm)正确无误。

（8）单击 OK 按钮，完成函数构建。

（9）重复以上步骤，建立以下测量函数，分别为车身速度、悬架动行程、车辆侧向滑移量：

① VY(.adams_view_zhengche.body.cm)。

② DY(body.cm, wheel_right.cm)-DY(body_cm, ground.wheel_cm)+11.4。

③ DZ(MARKER_76, test_patch.cm)+0.3674。

(10) 单击菜单栏"Elements",选择系统单元 System Elements 框中的创建状态变量快捷方式图标：Create a State Variable defined by an Algebraic Equation。

(11) Name（状态变量名称）：cheshenjiasudu_shuchu。

(12) Definition：Run-Time Expression。

(13) F(time, ...)=：ACCY(.adams_view_zhengche.body.cm)。

(14) 单击 OK 按钮，完成状态变量 cheshenjiasudu_shuchu 的创建，如图 12.18 所示。

(15) 重复以上步骤，分别建立状态变量 cheshensudu_shuchu、xuanjiadongxingcheng_shuchu、cexianghuayiliang_shuchu。

(16) 单击菜单栏"Elements"，选择数据块单元 Date Elements 框中的创建输入集快捷方式图标：Create an ADAMS plant input。

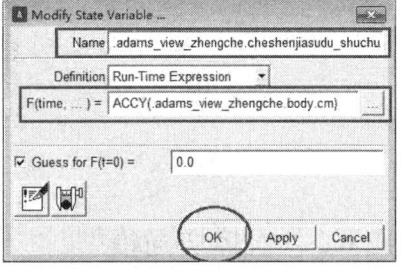

图 12.18 状态变量对话框

(17) Variable Name（变量名称，输入之前建立好的输入状态变量）：.adams_view_zhengche.zhudongli_shuru,.adams_view_zhengche.road_shuru。

(18) 单击 OK 按钮，完成输入集.adams_view_zhengche.PINPUT_1 的创建。输入集如图 12.19 所示。

(19) 单击菜单栏"Elements"，选择数据块单元 Date Elements 框中的创建输入集快捷方式图标：Create an ADAMS plant output。

(20) Variable Name（变量名称，输入之前建立好的输出状态变量）：.adams_view_zhengche.cexianghuayiliang_shuchu,.adams_view_zhengche.cheshenjiasudu_shuchu,.adams_view_zhengche.cheshensudu_shuchu,.adams_view_zhengche.xuanjiadongxingcheng_shuchu。

(21) 单击 OK 按钮，完成输出集.adams_view_zhengche.POUTPUT_1 的创建。输出集如图 12.20 所示。

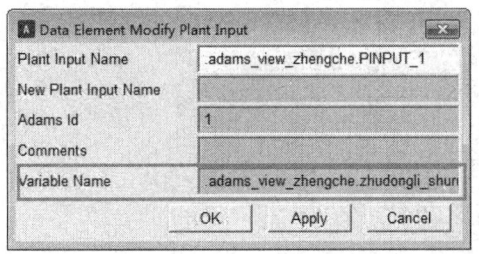

图 12.19 输入集对话框

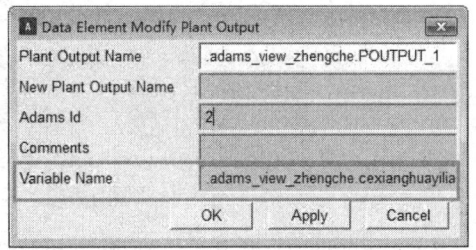

图 12.20 输出集对话框

至此，完成麦弗逊悬架被动模型到主动悬架模型的转变，建立好的主动悬架模型如图 12.21 所示，不加控制系统，主动悬架模型依然可以在方案 A 下进行仿真，仿真结果准备无误。在方案 B 下也可进行仿真，但结果不正确，原因在于振动台架不动，悬架只是在重力作用下进行的静平衡计算。

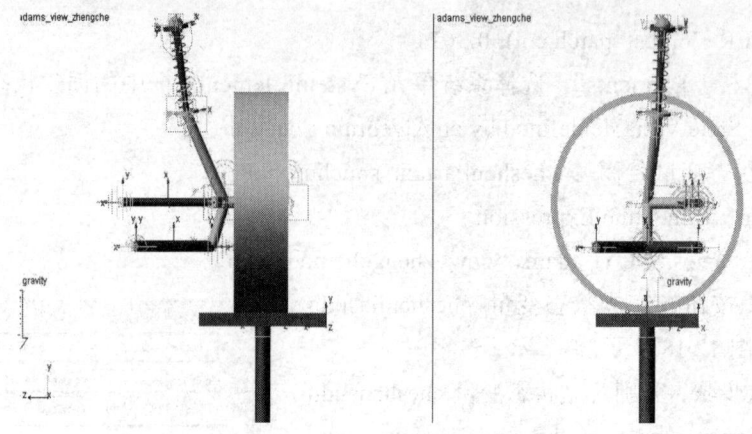

图 12.21　主动悬架模型

12.6.2　机控协同模型

通过 ADAMS/Control 模块系统机械模型与控制模型，ADMAS 与 MATLAB 软件路径统一设置为 D:\adams_view2013\adams_matlab。

（1）单击菜单栏插件"Plugins"，选择"Controls"，单击，出现下拉列表，选择"Plant Export"命令，弹出的控制接口输出对话框如图 12.22 所示。

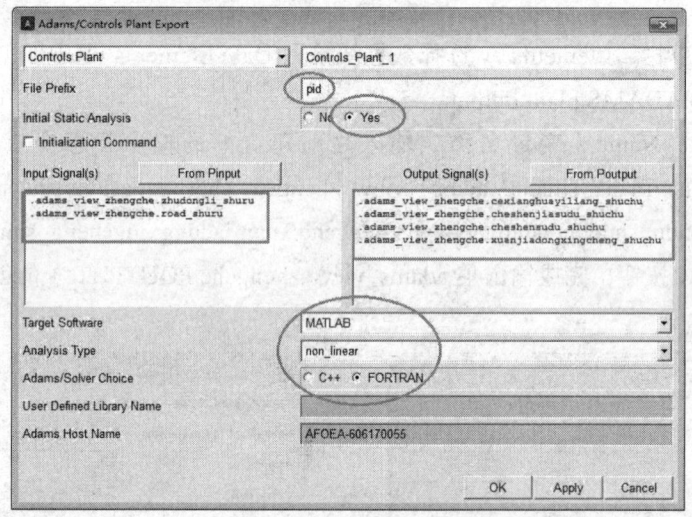

图 12.22　控制接口输出对话框

（2）File Prefix（输出文件别名）：pid。

（3）Initial Static Analysis（初始静态分析）：Yes，此处需要进行静平衡，静平衡完成之后再进行计算。

（4）单击 From Pinput，在弹出的数据命令窗口中选择子系统，双击 adams_view_zhengche 下的 PINPUT1。

（5）单击 From Poutput，在弹出的数据命令窗口中选择子系统，双击 adams_view_zhengche 下的 POUTPUT1。

(6) Target Software（目标软件或者对接软件）：MATLAB。
(7) Analysis Type（分析类型）：选择非线性 non_linear。
(8) Adams/Solver Choice：选择 FORTRAN。
(9) 其余保持默认，单击 OK 按钮，完成 ADAMS\Controls 模块下的输入/输出集的创建。
(10) 在 MATLAB 软件命令窗口中输入：Controls_Plant_1。
(11) 按 Enter 键，此时命令窗口显示出输入/输出集信息。
(12) 在命令窗口中输入 adams_sys，按 Enter 键调出 adams_plant 对话框，如图 12.23 所示。

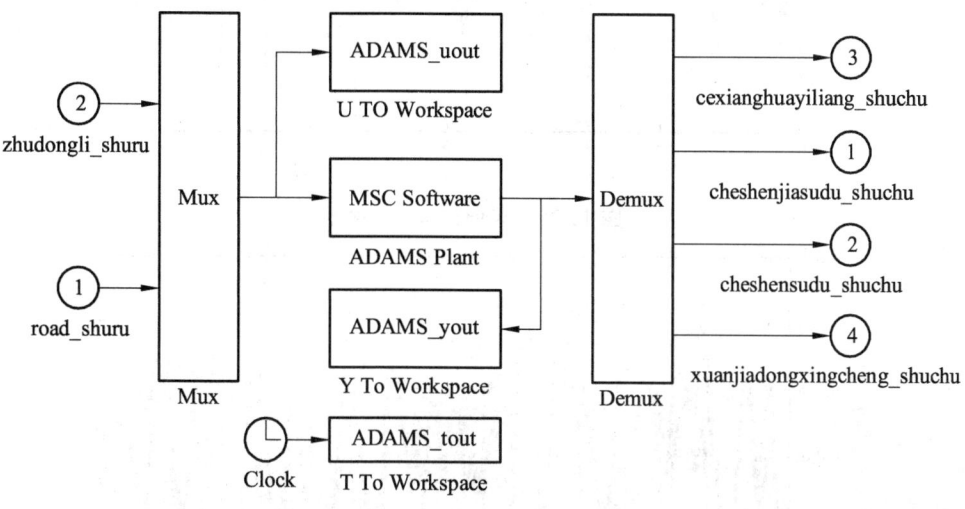

图 12.23　通信状态函数

导通 ADAMS 与 MATLAB 软件之间通信，对路面及 PID 控制器进行封装，建立 ADAMS 主动悬架联合仿真模型如图 12.24 所示。在 B 级路面上车辆分别以 20 km/h、40 km/h、60 km/h、80 km/h 的速度直线行驶，计算主被动悬架的车身加速度、悬架动行程、车轮侧向滑移量。主被动悬架计算结果如图 12.25~12.29 所示，仿真步长为 0.005 s，仿真时间为 10 s。

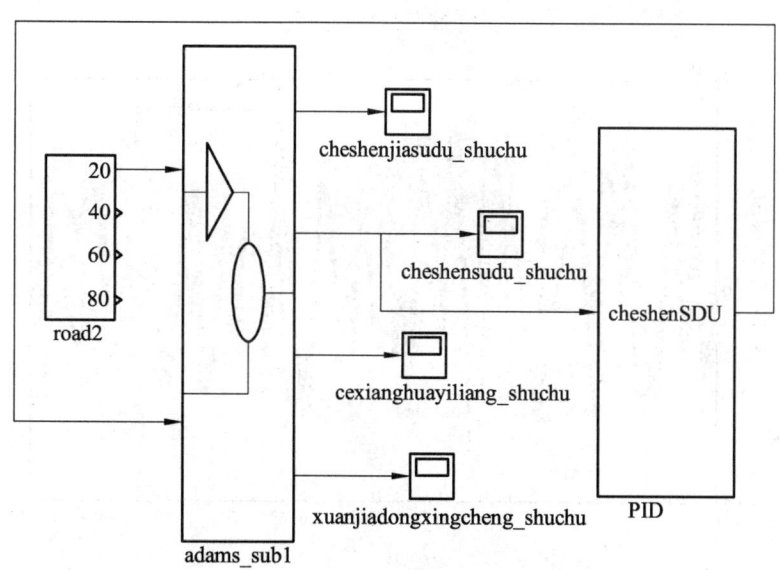

图 12.24　联合仿真模型

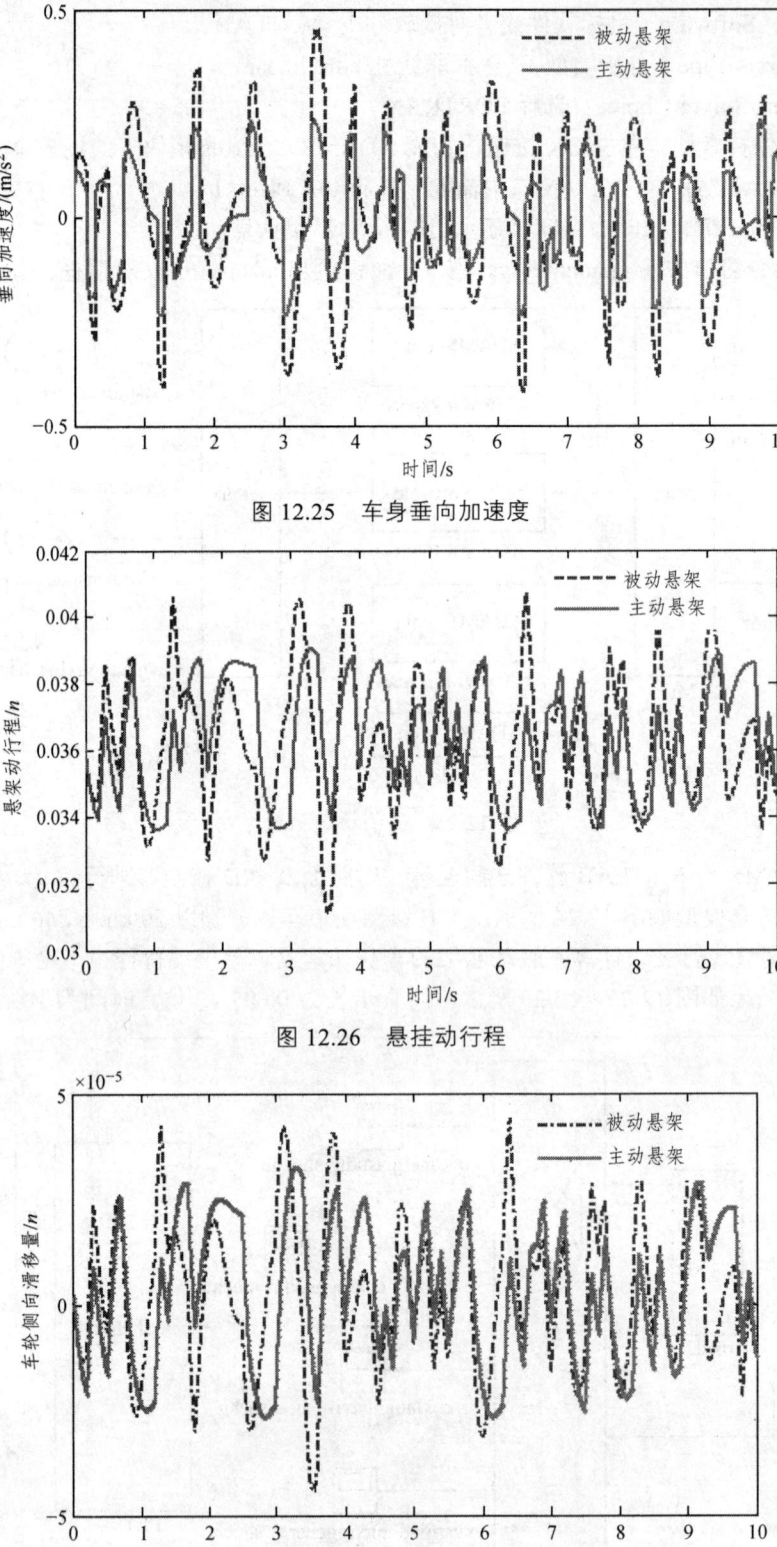

图 12.25　车身垂向加速度

图 12.26　悬挂动行程

图 12.27　车轮侧向滑移量

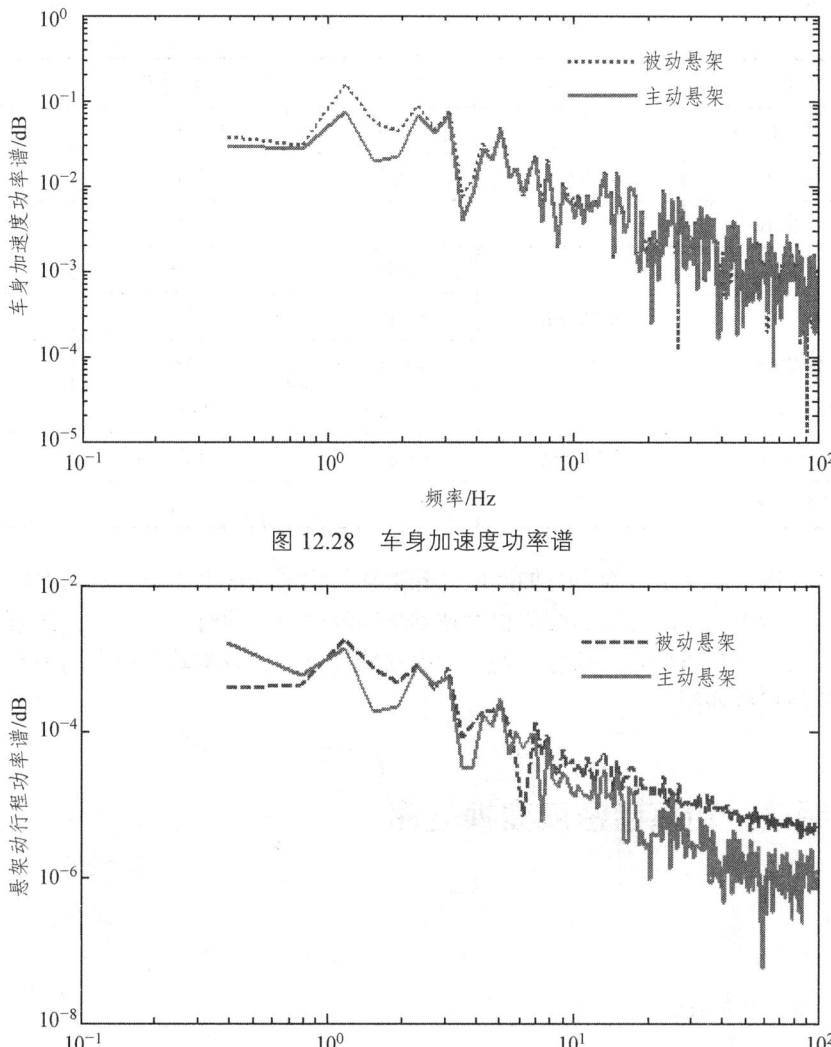

图 12.28　车身加速度功率谱

图 12.29　悬挂动行程度功率谱

从计算结果可以看出，主动悬架相对于被动悬架在性能上整体都有所提升。在各不同车速阶段，车身垂直加速度、悬架动行程、轮胎动位移性能均有改善，其中车身垂向加速度改善尤为突出，在全速范围内改善车辆行驶的乘坐舒适性。随着车速的增加，悬架动行程及侧向滑移量稍有改善，增加整车行驶过程中的操作稳定性。各个速度段的悬架性能参数变化如表 12.1 所示。

表 12.1　性能均方根值对比

均方根值	车　速	主动悬架	被动悬架	优化比
垂直加速度/(m/s^2)	20 km/h	2.33E−1	4.52E−1	48.5
悬架动行程/m		3.90E−2	4.10E−2	4.9
侧向滑移量/m		2.80E−5	4.39E−5	36.2

续表

均方根值	车速	主动悬架	被动悬架	优化比
垂直加速度/(m/s^2)	40 km/h	3.30E−1	6.40E−1	48.4
悬架动行程/m		4.02E−2	4.27E−2	5.9
侧向滑移量/m		3.85E−5	6.11E−5	37.0
垂直加速度/(m/s^2)	60 km/h	4.04E−1	7.84E−1	48.5
悬架动行程/m		4.11E−2	4.41E−2	6.8
侧向滑移量/m		4.67E−5	7.43E−5	37.1
垂直加速度/(m/s^2)	80 km/h	4.66E−1	9.04E−1	48.5
悬架动行程/m		4.18E−2	4.53E−2	7.7
侧向滑移量/m		5.35E−5	8.53E−5	37.3

图 12.28 和图 12.29 所示为车身加速度、悬架动行程的功率谱曲线。从功率谱曲线可以看出，整车运行过程中，主动悬架的幅值相对被动悬架都较小，同时可以看出，振幅最大值都出现在频率较小处，低频路面输入信息对整车的振动特性较大，悬架动行程在高频路面激励下车轮的振动得到较好的抑制。

12.7 时频域、功率谱密度变换程序

程序一：

```
k=yout(:,1);
Fs=100; %采样频率(Hz)
N=500; %采样点数
t=[0:1/Fs:N/Fs]; %采样时刻
S=k;%信号
Y = fft(S,N); %做 FFT 变换
Ayy = abs(Y); %取模
Ayy=Ayy/(N/2);    %换算成实际的幅度
F=([1:N]-1)*Fs/N; %换算成实际的频率值，Fn=(n-1)*Fs/N
plot(F(1:N/2),Ayy(1:N/2)); %显示换算后的 FFT 模值结果 title('幅度-频率曲线图');
```

程序二：

```
k=yout(:,1); k1=yout(:,2);
Fs=100; %采样频率(Hz)
N=500; %采样点数
t=[0:1/Fs:N/Fs]; %采样时刻
S=k;S1=k1;%信号
Y= fft(S,N); %做 FFT 变换
```

Y1 = fft(S1,N); %做 FFT 变换

Ayy = abs(Y); %取模

Ayy=Ayy/(N/2);   %换算成实际的幅度

Ayy1= abs(Y1); %取模

Ayy1=Ayy1/(N/2);   %换算成实际的幅度

F=([1:N]-1)*Fs/N; %换算成实际的频率值，Fn=(n-1)*Fs/N

plot(F(1:N/2),Ayy(1:N/2),F(1:N/2),Ayy1(1:N/2)); %显示换算后的 FFT 模值结果 title('幅度-频率曲线图');

程序三：

Nfft=2048;

Fs=200;

n=0:N-1;

t=n/Fs;

window=hanning(Nfft);

overlap=128;

dflag='none';

xn=yout(:,1);

Pxx=psd(xn,Nfft,Fs,window,overlap,dflag);%Create frequency vector

f=(0:Nfft/2)*Fs/Nfft;

plot(f,10*log10(Pxx));

set(gca,'XScale','log');set(gca,'YScale','log');

xlabel('Frequency (Hz)');ylabel('Power Spectrum (dB)');

% 此部分中 f 的创建方法：它与函数 psd 的输出 Pxx 的长度有关。若 x 为实序列，当 Nfft 为奇数时 f=(0:(Nfft+1)/2-1)/Nfft；% 当 Nfft 为偶数时 f=(0:(Nfft/2)/Nfft。

程序四：

Nfft=2048;

Fs=200;

n=0:N-1;

t=n/Fs;

window=hanning(Nfft);

overlap=128;

dflag='none';

xn=yout(:,1); xn1=yout(:,2);

Pxx=psd(xn,Nfft,Fs,window,overlap,dflag);%Create frequency vector

Pxx1=psd(xn1,Nfft,Fs,window,overlap,dflag);

f=(0:Nfft/2)*Fs/Nfft;

plot(f,10*log10(Pxx),f,10*log10(Pxx1));

set(gca,'XScale','log');set(gca,'YScale','log');

xlabel('频率(Hz)');ylabel('车身加速度功率谱 (dB)');

% 此部分中 f 的创建方法：它与函数 psd 的输出 Pxx 的长度有关。若 x 为实序列，当 Nfft 为奇数时 f=(0:(Nfft+1)/2-1)/Nfft；% 当 Nfft 为偶数时 f=(0:(Nfft/2)/Nfft。

第13章 双A臂悬架模糊PID控制联合仿真

双叉臂悬架拥有上下两个叉臂，横向力由两个叉臂同时吸收，支柱只承载车身重量，因此横向刚度大。双叉臂式悬架的上下两个A字形叉臂可以精确地定位前轮的各种参数，前轮转弯时，上下两个叉臂能同时吸收轮胎所受的横向力，加上两叉臂的横向刚度较大，所以转弯的侧倾较小。相比麦弗逊悬架双叉臂多了一个上控制臂，不仅需要占用较大的空间，而且其定位参数较难确定，因此小型轿车的前桥出于空间和成本考虑一般不会采用此种悬架。双A臂悬架（见图13.1）具有侧倾小、可调参数多、轮胎接地面积大、抓地性能优异等优势，因此主打运动性能型的轿车、跑车的前后悬架均选用双叉臂式悬架。本章通过在ADAMS/View中建立双A臂悬架多体动力学模型（建模硬点参数参考ADAMS/Car中共享数据库中的双A臂悬架参数），简单介绍模糊PID控制算法和自适应模糊控制理论算法，建立主动悬架联合仿真模型并对计算结果进行分析。

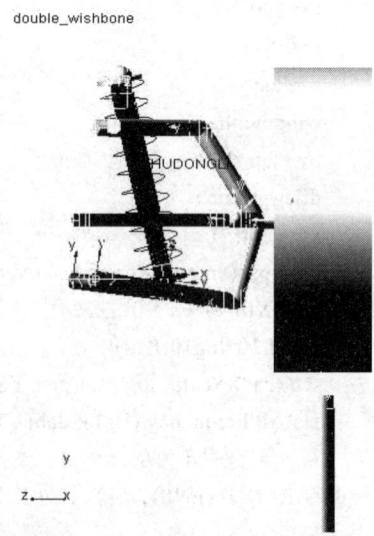

图13.1 双A臂悬架模型

13.1 双A臂悬架模型

双A臂悬架模型建模过程与麦弗逊悬架模型建模过程相似，步骤也大都相同。本节提供双A臂悬架的硬点参数，建模过程请参考"Macpherson悬架PID控制联合仿真"中的麦弗逊悬架模型建立及路面驱动输入。部件之间的约束关系由下文提供具体的约束信息，模型建立完成后应检查是否与提供的约束信息相符。建立好的双A臂悬架模型存放在数字资源包中，读者可以用ADAMS/View从文件夹中打开双A臂悬架模型，参考已经建立好的模型分别按硬点、部件、约束、路面驱动、主动悬架设置、软件系统等顺序完成建立。

（1）启动ADAMS/View，选择New Model。
（2）Model Name：double_wishbone。
（3）设置启动路径为D:\adams_view2013。
（4）单击OK按钮，完成新模型名称的创建，如图13.2所示，接下来可以在窗口中完成模型任务。
（5）单击硬点快捷方式，右击鼠标，在弹出的方框中输入-200，150，-400。

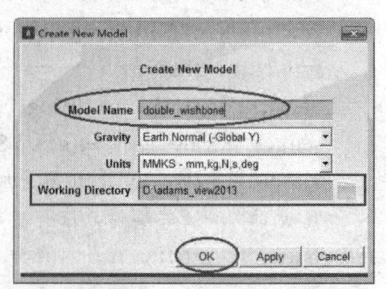

图13.2 模型创建对话框

（6）选中硬点，右击鼠标选择"Rename"，修改硬点名称为 lca_front。
（7）单击 OK 按钮，完成硬点重命名。
（8）双 A 臂悬架模型硬点参数如图 13.3 所示，重复以上步骤，完成悬架模型全部硬点的建立。

	Loc X	Loc Y	Loc Z
lca_front	-200.0	150.0	-400.0
lac_outer	0.0	100.0	-750.0
lca_rear	200.0	155.0	-450.0
tie_rod_outer	200.0	300.0	-400.0
tie_rod_inner	150.0	300.0	-750.0
uca_front	100.0	525.0	-450.0
uca_outer	40.0	525.0	-675.0
uca_rear	250.0	530.0	-490.0
wheel_center	0.0	300.0	-800.0
spring_down	0.0	150.0	-600.0
spring_up	40.0	650.0	-500.0

图 13.3　硬点参数

双 A 臂悬架部件之间的约束关系如下（模型建立完成后应检查约束关系与下列信息是否对应）：

Topology of model: double_wishbone
　　Ground Part: ground

　　Part ground
　　Is connected to:
　　test_patch　　via　　test　　　　　　　　　　(Translational Joint)
　　body　　　　　via　　body_translational　　　(Translational Joint)
　　lca　　　　　　via　　lca_rear　　　　　　　　(Revolute Joint)
　　uca　　　　　　via　　uca_rear　　　　　　　　(Revolute Joint)

　　Part lca
　　Is connected to:
　　ground　　　　via　　lca_rear　　　　　　　　(Revolute Joint)
　　upright　　　　via　　lca_outer　　　　　　　(Spherical Joint)
　　spring_down　via　　spring_down_hook　　　　(Hooke Joint)

　　Part knuckle
　　Is connected to:
　　upright　　　　via　　knuckle_fix　　　　　　(Fixed Joint)
　　wheel　　　　　via　　wheel_fix　　　　　　　(Fixed Joint)

　　Part wheel
　　Is connected to:
　　test_patch　　via　　JPRIM_1　　　　　　　　(Inplane Primitive_Joint)
　　knuckle　　　　via　　wheel_fix　　　　　　　(Fixed Joint)

Part upright
Is connected to:

tierod	via	tierod_inner	(Spherical Joint)
uca	via	uca_outer	(Spherical Joint)
knuckle	via	knuckle_fix	(Fixed Joint)
lca	via	lca_outer	(Spherical Joint)

Part test_patch
Is connected to:

ground	via	test	(Translational Joint)
wheel	via	JPRIM_1	(Inplane Primitive_Joint)

Part tierod
Is connected to:

upright	via	tierod_inner	(Spherical Joint)
body	via	tierod_outer	(Spherical Joint)

Part uca
Is connected to:

ground	via	uca_rear	(Revolute Joint)
upright	via	uca_outer	(Spherical Joint)

Part spring_down
Is connected to:

spring_up	via	SPRING_1.sforce	(Single_Component_Force)
lca	via	spring_down_hook	(Hooke Joint)
spring_up	via	spring_down_cylindrical	(Cylindrical Joint)
spring_up	via	ZHUDONGLI	(Single_Component_Force)

Part spring_up
Is connected to:

spring_down	via	SPRING_1.sforce	(Single_Component_Force)
spring_down	via	spring_down_cylindrical	(Cylindrical Joint)
body	via	spring_up_hook	(Hooke Joint)
spring_down	via	ZHUDONGLI	(Single_Component_Force)

Part body
Is connected to:

tierod	via	tierod_outer	(Spherical Joint)
spring_up	via	spring_up_hook	(Hooke Joint)
ground	via	body_translational	(Translational Joint)

13.2 双 A 臂半主动悬架

（1）单击菜单栏"Design Exploration"，选择系统单元 Measures 框中的创建状态变量快捷方式图标：Create a new Function Measures，弹出的函数构建对话框如图 13.4 所示。

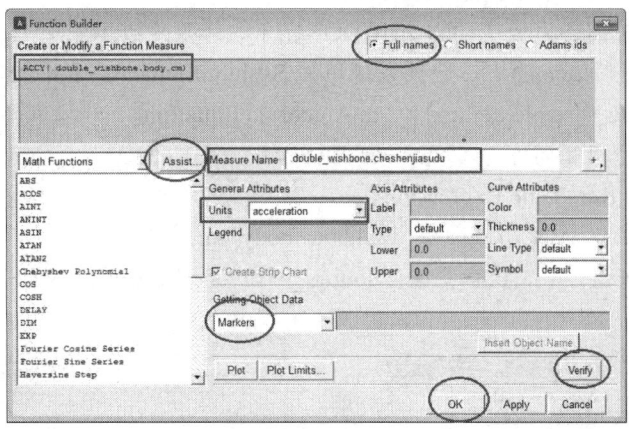

图 13.4　函数构建对话框

（2）Measures Name: .double_wishbone.cheshenjiasudu。

（3）Units：accelaeration。

（4）选择 Accelaeration along Y。

（5）点击"Assist"，弹出 Accelaeration along Y 对话框。

（6）To_Marker 框中输入 body.cm，其余 From_Marker、Along_Marker、Ref_Frame 框保持默认，不用输入，辅助对话框如图 13.5 所示，单击 OK 按钮，完成加速度函数 ACCY(.double_wishbone.body.cm)的输入。

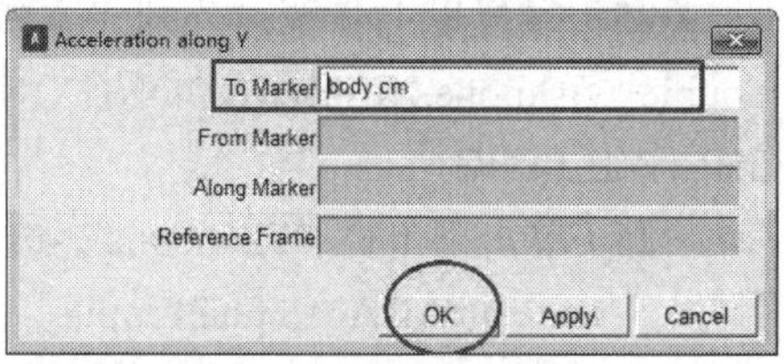

（7）单击"Verify"，检查函数 ACCY(.double_wishbone.body.cm)正确无误。

（8）单击 OK 按钮，完成函数构建。

（9）重复以上步骤，建立以下测量函数，分别为车身速度、悬架动行程、车辆侧向滑移量：

① VY(.double_wishbone.body.cm)。

② DY(.double_wishbone.body.cm, .double_wishbone.knuckle.MARKER_40)-343.6。

图 13.5　辅助对话框

③ DZ(.double_wishbone.knuckle.MARKER_84, .double_wishbone.test_patch.cm)。

构建双 A 臂半主动悬架模型首先需要添加主动力，主动力的添加过程如下：

（10）单击菜单栏"Force"，选择 Applied Forces 框的 Force 快捷方式，在两部件 srping_up、srping_down 之间创建单向主动力。

（11）Run-time Direction（主动力运行时方向）：Two Bodies。

（12）Construction：2 Bodies -2 Location。

（13）Characteristic：Custom。

（14）根据命令窗口提示顺序选择两部 srping_up、srping_down，顺序选择参考点 spring_up.cm、spring_down.cm，完成主动力 SFORCE_1 的创建。

（15）选中主动力 SFORCE_1，右击鼠标选择"Rename"，修改名称为 ZHUDONGLI。
（16）单击 OK 按钮，完成硬主动力的重命名。
（17）右击 ZHUDONGLI，选择 Modify。
（18）在弹出的 Modify Force 对话框中修改 Fuction，输入 VARVAL(.double_wishbone.ZHUDONGLI_SHURU)，其余参数保持默认。
（19）单击 OK 按钮，完成主动力 ZHUDONGLI 的修改函数，如图 13.6 所示。
（20）单击菜单栏"Elements"，选择系统单元 System Elements 框中的创建状态变量快捷方式图标：Create a State Variable defined by an Algebraic Equation。
（21）Name（状态变量名称）：CHESHENJIASUDU_SHUCHU。
（22）Definition: Run-Time Expression。
（23）F(time, …)=：ACCY(.double_wishbone.body.cm)。
（24）单击 OK 按钮，完成状态变量 c.double_wishbone.CHESHENJIASUDU_SHUCHU 的创建，如图 13.7 所示。

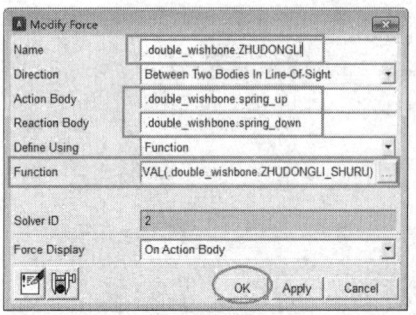

图 13.6　主动力状态变量创建对话框

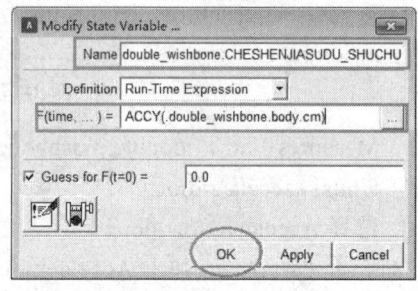

图 13.7　状态变量创建对话框

（25）重复以上步骤，分别建立状态变量.double_wishbone.CHESHENSUDU_SHUCHU，.double_wishbone.XUANJIADONGXINGCHENG_SHUCHU，.double_wishbone.CHELUNCEXINGHUAYILIANG。
（26）单击菜单栏"Elements"，选择数据块单元 Date Elements 框中的创建输入集快捷方式图标：Create an ADAMS plant input。
（27）Variable Name（变量名称，输入之前建立好的输入状态变量）：.double_wishbone.LUMIAN_SHURU,.double_wishbone.ZHUDONGLI_SHURU。
（28）单击 OK 按钮，完成输入集.double_wishbone.PINPUT_1 的创建。
（29）单击菜单栏"Elements"，选择数据块单元 Date Elements 框中的创建输入集快捷方式图标：Create an ADAMS plant output。
（30）Variable Name（变量名称，输入之前建立好的输出状态变量）：.double_wishbone.CHESHENJIASUDU_SHUCHU,.double_wishbone.CHELUNCEXINGHUAYILIANG,.double_wishbone.XUANJIADONGXINGCHENG_SHUCHU,.double_wishbone.CHESHENSUDU_SHUCHU。
（31）单击 OK 按钮，完成输出集.double_wishbone.POUTPUT_1 的创建。
（32）单击菜单栏插件"Plugins"，选择 Controls，单击，出现下拉列表，选择 Plant Export 命令，弹出的控制接口输出对话框如图 13.8 所示。
（33）File Prefix（输出文件别名）：double_wishbone。

第 13 章 双 A 臂悬架模糊 PID 控制联合仿真

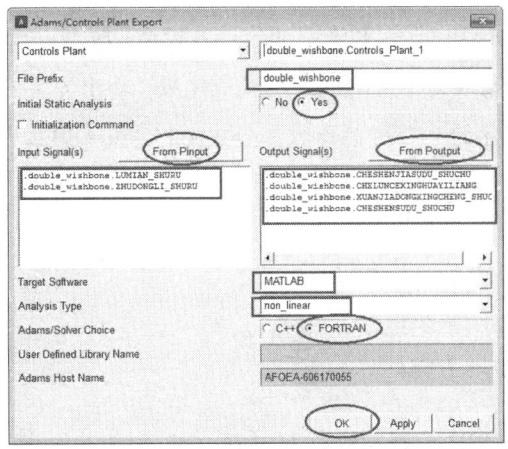

图 13.8　控制接口输出对话框

（34）Initial Static Analysis（初始静态分析）：Yes，此处需要进行静平衡，静平衡完成之后再进行计算。

（35）单击"From Pinput"，在弹出的数据命令窗口中选择子系统，双击 double_wishbone 下的 PINPUT1。

（36）单击"From Poutput"，在弹出的数据命令窗口中选择子系统，双击 double_wishbone 下的 POUTPUT1。

（37）Target Software（目标软件或者对接软件）：MATLAB。

（38）Analysis Type（分析类型）：选择非线性 non_linear。

（39）Adams/Solver Choice：选择 FORTRAN。

（40）其余保持默认设置，单击 OK 按钮，完成 ADAMS\Controls 模块下输入/输出集的创建，创建完成的半主动双 A 臂悬架模型如图 13.9 所示。

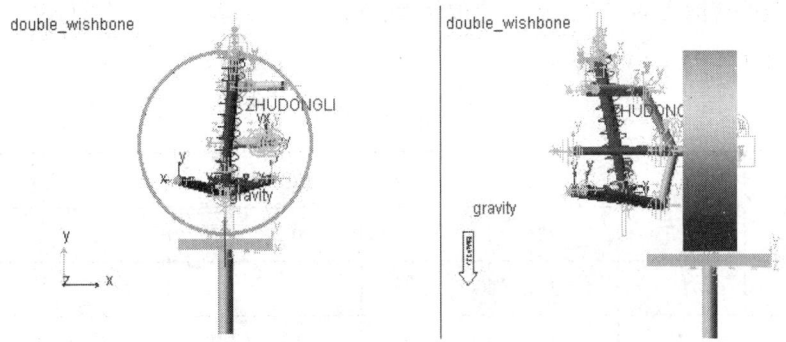

图 13.9　双 A 臂主动悬架模型

13.3　模糊 PID 控制器设计

13.3.1　PID 控制器设计

模糊 PID 复合控制器具有 PID 与模糊控制器各自的优势。PID 控制具有调节原理简单、参数容易整定和实用性强等优点,其控制规律如公式(12.2)所示。

模糊PID控制系统的输入为车身的速度及其变化量,输出为主控控制力。模糊控制器的输出为 ΔK_P、ΔK_I、ΔK_d,实际的PID控制参数如公式(13.1)、(13.2)、(13.3)描述:

$$K_{p1} = K_p + H_p \Delta K_p \tag{13.1}$$

$$K_{I1} = K_I + H_I \Delta K_I \tag{13.2}$$

$$K_{d1} = K_d + H_d \Delta K_d \tag{13.3}$$

式中:K_P、K_I、K_d 为预设PID控制参数;H_p、H_I、H_d 为比例因子。

13.3.2 模糊控制器设计

模糊控制规则是模糊控制器的核心,它用语言的方式描述了控制器输入量与输出量之间的关系。悬架的输入/输出分别采用7个语言变量规则来进行描述:负大(-3)、负中(-2)、负小(-1)、零(0),正小(1)、正中(2)、正大(3)。输入采用高斯隶属函数,保证输入参数的平缓且稳定性好;输出采用三角隶属函数,保证其较好的灵敏度。当误差较大时,K_P 取较大值,系统响应较快,模糊制系统输出较大的 ΔK_P 值,ΔK_d 取较小值,避免系统出现过大超调量线性,产生不稳定现象;当误差中等时,K_P 取较中间值,保证系统具有较小的超调量,ΔK_d 取值不变或者稍微减小,K_I 取适当值;当误差较小时,K_P 取较小值。当误差及其变化率方向一致时,说明误差有增大的趋势,此时应取较大 ΔK_P 值。误差及其变化率同 ΔK_P、ΔK_I、ΔK_d 的模糊控制规则如表13.1~13.3所示。

表 13.1 模糊控制规则 K_P

E	EC						
	-3	-2	-1	0	1	2	3
-3	3	3	2	2	1	0	0
-2	3	3	2	1	1	0	-1
-1	2	2	2	1	0	-1	-1
0	2	2	1	0	-1	-2	-2
1	1	2	0	-1	-1	-2	-2
2	1	0	-1	-2	-2	-2	-3
3	0	0	-2	-2	-2	-3	-3

表13.2 模糊控制规则 K_I

E	EC						
	-3	-2	-1	0	1	2	3
-3	-3	-3	-2	-2	-1	0	0
-2	-3	-3	-2	-1	-1	0	-1
-1	-3	-2	-1	-1	0	1	1
0	-2	-2	-1	0	1	2	2
1	-2	-1	0	1	1	2	3
2	0	0	1	1	2	3	3
3	0	0	1	2	2	3	3

表13.3 模糊控制规则 K_D

E	EC						
	-3	-2	-1	0	1	2	3
-3	1	-1	-3	-3	-3	-2	1
-2	1	-1	-3	-2	-2	-1	0
-1	0	-1	-2	-2	-1	-1	0
0	0	-1	-1	-1	-1	-1	0
1	0	0	0	0	0	0	0
2	3	-1	1	1	1	1	3
3	3	2	2	2	1	1	3

（1）启动 MATLAB 软件，设置启动路径为 D:\adams_view2013。

（2）在 MATLAB 命令窗口输入命令 fuzzy，确认 Enter，此时弹出模糊编辑 FIS Editor Untitled 窗口。

（3）点击 Edit，在弹出的下拉菜单依次选择 "Add" > "Variable" > "Input" 命令。

（4）点击 Edit，在弹出的下拉菜单依次选择 "Add" > "Variable" > "Output" 命令。

（5）点击 Edit，在弹出的下拉菜单依次选择 "Add" > "Variable" > "Output" 命令，此时模糊控制系统为2个输入、3个输出系统。

（6）单击 "File" → "Export" → "To File" 命令，选择路径为 D:\adams_view2013，文件名中输入 myexample_mohu_pid.fis，保存，模糊编辑对话框如图 13.10 所示。

（7）单击 input1，Name 框中输入：e。

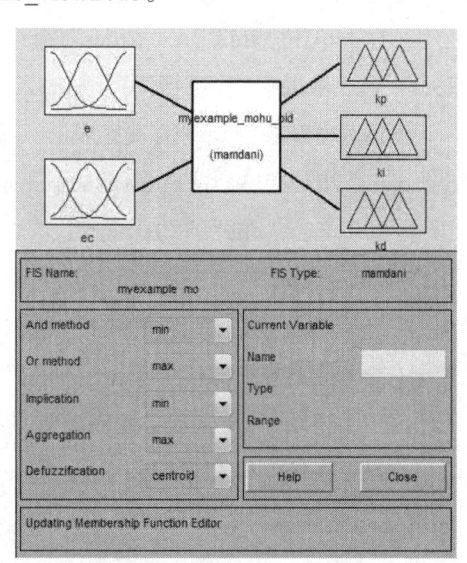

图 13.10 模糊控制编辑对话框

（8）单击 input2，Name 框中输入：ec。

（9）单击 output1，Name 框中输入：kp。

（10）单击 output2，Name 框中输入：ki。

（11）单击 output3，Name 框中输入：kd。

（12）分别双击 e\ec，弹出输入隶属函数编辑对话框，如图 13.11 所示。

（13）Type：gaussmf，隶属函数选择高斯函数。

（14）从左向右顺序选择高斯函数线条，在 Name 窗口中分别输入：NB（-3）、NM（-2）、NS（-1）、ZO（0）、PS（1）、PM（2）、PB（3）。

（15）分别双击 kp\ki\kd，弹出输出隶属函数编辑对话框，如图 13.12 所示。

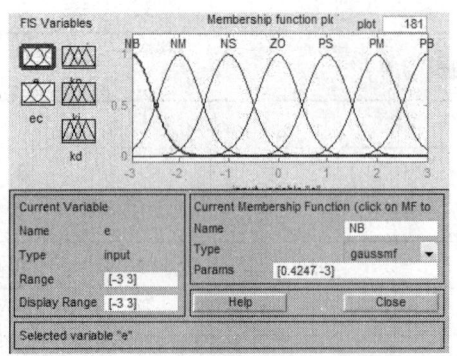
图 13.11　隶属函数编辑器\e

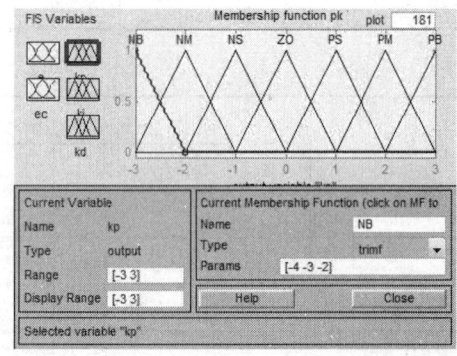
图 13.12　隶属函数编辑器\kp

（16）Type：trimf，隶属函数选择三角函数。

（17）从左向右顺序选择三角函数线条，在 Name 窗口中分别输入：NB（-3）、NM（-2）、NS（-1）、ZO（0）、PS（1）、PM（2）、PB（3）。

（18）单击 "Edit" > "Rules" 命令，弹出模糊规则编辑对话框，如图 13.13 所示，根据表 13.1~13.3 中的模糊控制规则分别输入。

（19）模糊控制规则输入完成后，单击 "File" > "Export" > "To File" 命令，选择路径为 D:\adams_view2013，选择 myexample_mohu_pid.fis，覆盖保存。

（20）单击 "File" > "Export" > "To Workspace" 命令，弹出模糊控制规则保存到 MATLAB 工作空间对话框。

（21）单击 OK 按钮，完成控制规则输入到工作空间。

（22）控制规则窗口中单击 "View" > "Rules" 命令，弹出控制规则对话框，如图 13.14 所示，它以图形的形式显示了模糊控制系统的推理过程。

（23）在控制规则窗口中单击 "View" > "Surface" 命令，弹出模糊推理系统输入/输出曲面特性图对话框，如图 13.15~13.17 所示。特性曲面变化平稳表明控制规则较好，控制规则编辑可多次调试，直到符合要求为主。

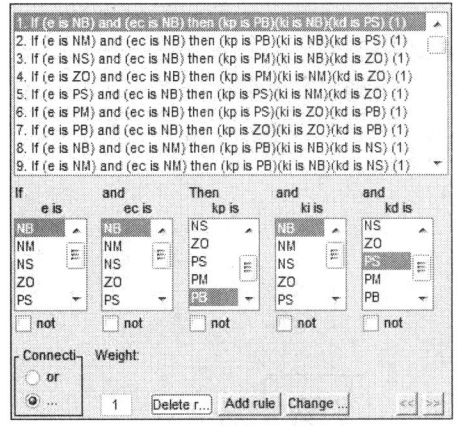

图 13.13　模糊控制规则编辑对话框

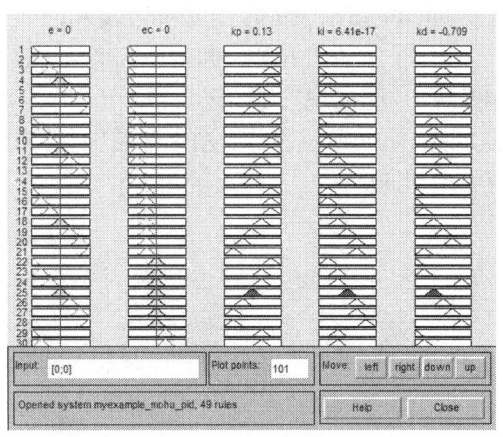

图 13.14　模糊规则推理对话框

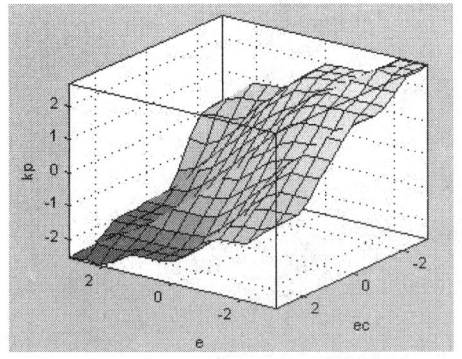

图 13.15　e，ec，kp 曲面特性

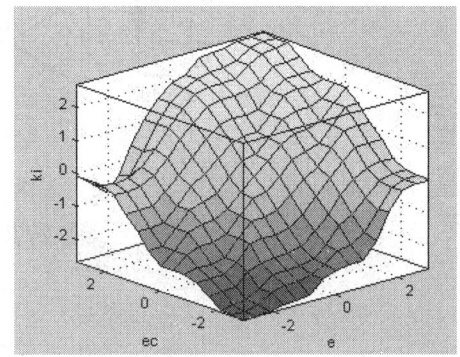

图 13.16　e，ec，ki 曲面特性

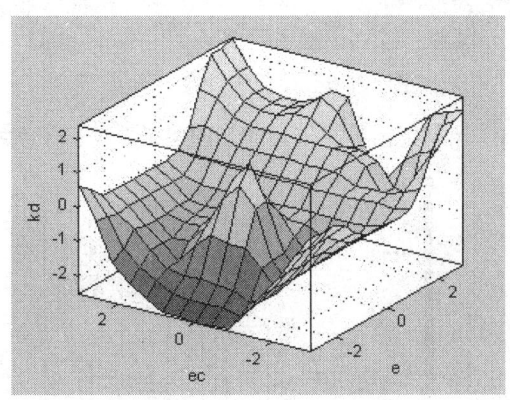

图 13.17　e，ec，kd 曲面特性

根据双输入三输出模块控制系统架构，在 MATALB/simulink 中搭建模糊控制架构，如图 13.18 所示，系统输入为误差变化量 e，e 为车身输出速度，e 与 In1 等价；误差及误差变化量的量化因子分别的 150、15；输出 Out1 为矢量，别分为 kp，ki，kd。

（24）双击模糊控制逻辑方框 Fuzzy Logic Controller2，弹出功能块参数对话框，如图 13.19 所示。

（25）FIS file or structure：myexample_mohu_pid。

（26）单击 OK 按钮，完成参数输入。

对图 13.19 进行封装，创建子系统并命名为 mohu，图 13.20 中的阴影方框即为封装的模糊控制系统。根据公式（13.1）、（13.2）、（13.3）、（13.4）及模糊控制系统建立的模糊 PID 复合控制器如图 13.20 所示，仿真图中各模块参数应保持相同，联合仿真中计算出的结果才能与本文计算结果相同。

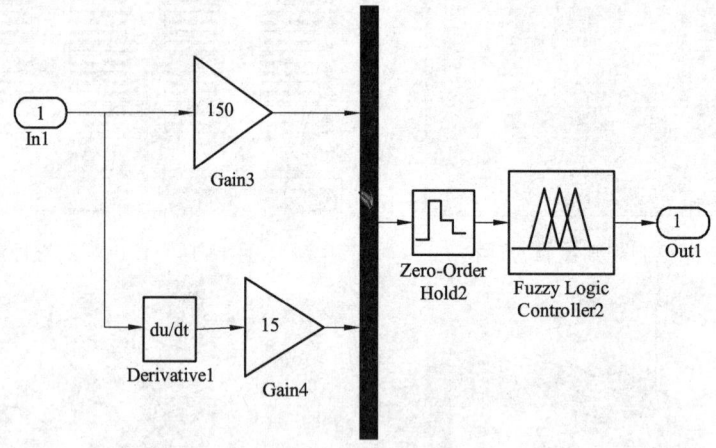

图 13.18　模块控制系统

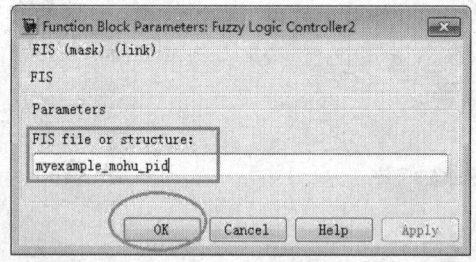

图 13.19　功能块参数对话框

对图 13.20 中的模糊 PID 控制架构再次进行封装创建子系统，子系统命名为 fuzzy-pid，保存。

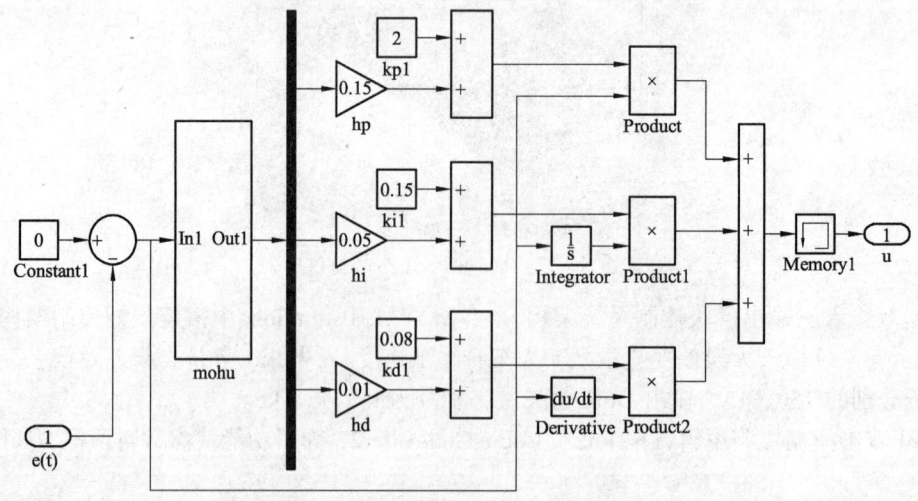

图 13.20　模糊 PID 控制器架构

13.4 双 A 臂半主动悬架联合仿真

（1）在 MATLAB 软件命令窗口中输入：double_wishbone。
（2）按 Enter 键，此时命令窗口显示出输入/输出集信息：

\>\> double_wishbone

ans =

07-Aug-2016 12:24:43

%%% INFO : ADAMS plant actuators names :
1 LUMIAN_SHURU
2 ZHUDONGLI_SHURU
%%% INFO : ADAMS plant sensors   names :
1 CHESHENJIASUDU_SHUCHU
2 CHELUNCEXINGHUAYILIANG
3 XUANJIADONGXINGCHENG_SHUCHU
4 CHESHENSUDU_SHUCHU

（3）在命令窗口中输入 adams_sys，按 Enter 键调出 adams_plant 对话框。通信状态函数如图 13.21 所示。

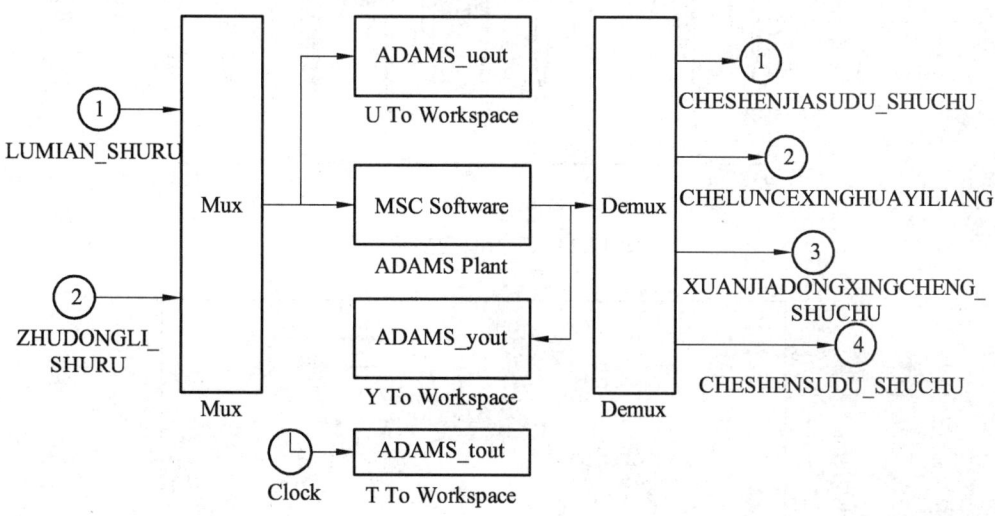

图 13.21 通信状态函数

导通 ADAMS 与 MATLAB 软件之间的通信，建立 ADAMS 主动悬架联合仿真模型，如图 13.22 所示。在 B 级路面上车辆分别以 20 km/h、40 km/h、60 km/h、80 km/h 的速度直线行驶，计算主被动悬架的车身加速度、悬架动行程、车轮侧向滑移量。主被动悬架计算结果如图 13.23 和图 13.24 所示，仿真步长为 0.005 s，仿真时间为 10 s。

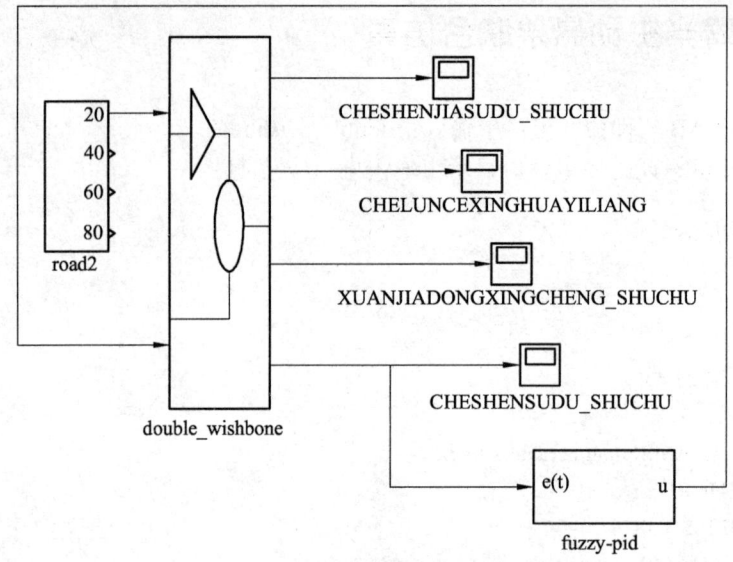

图 13.22 联合仿真模型

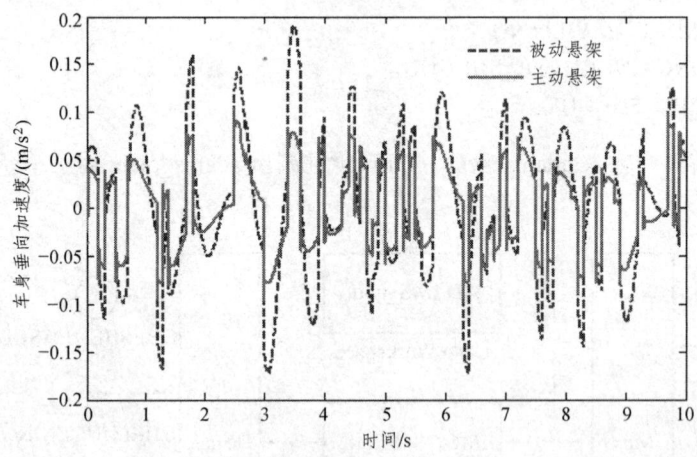

图 13.23 车身垂向加速度

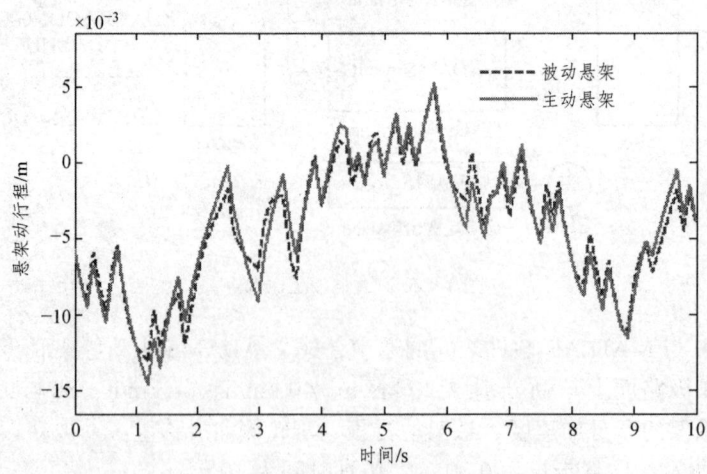

图 13.24 悬挂动行程

从计算结果可以看出，主动悬架相对于被动悬架在性能上有局部提升。在各个不同车速阶段，车身垂直加速度性能提升明显，可以增加整车行驶过程中的乘坐舒适性；悬架动行程、车轮侧向滑移保持不变或者有恶化趋势，因数量级较小，可以忽略不计。各个速度段的悬架性能参数变化如表 13.4 所示。

表 13.4 性能均方根值对比

均方根值	车速	主动悬架	被动悬架	优化比
垂直加速度/(m/s²)		1.05E−1	1.91E−1	45.0%
悬架动行程/m	20 km/h	5.20E−3	5.00E−3	−4.0%
侧向滑移量/m		4.20E−3	4.20E−3	0.0%
垂直加速度/(m/s²)		1.48E−1	2.70E−1	45.2%
悬架动行程/m	40 km/h	9.70E−3	9.40E−3	−3.2%
侧向滑移量/m		6.00E−3	6.00E−3	0.0%
垂直加速度/(m/s²)		1.81E−1	3.31E−1	45.3%
悬架动行程/m	60 km/h	1.32E−2	1.27E−2	−3.9%
侧向滑移量/m		7.30E−3	7.30E−3	0.0%
垂直加速度/(m/s²)		2.09E−1	3.82E−1	45.3%
悬架动行程/m	80 km/h	1.61E−2	1.56E−2	−3.2%
侧向滑移量/m		8.50E−3	8.50E−3	0.0%

图 13.25 和图 13.26 所示为车身加速度、悬架动行程的功率谱曲线。其从功率谱曲线可以看出，车身加速度功率谱曲线在整车运行过程中，主动悬架的幅值相对被动悬架都较小，同时可以看出，振幅最大值都出现在频率较小处，低频路面输入信息对整车的振动特性影响较大；悬架动行程功率谱曲线在全速范围内性能提升不明显，被动悬架复制较大，同时低频路面输入信息对整车的振动特性影响较大。

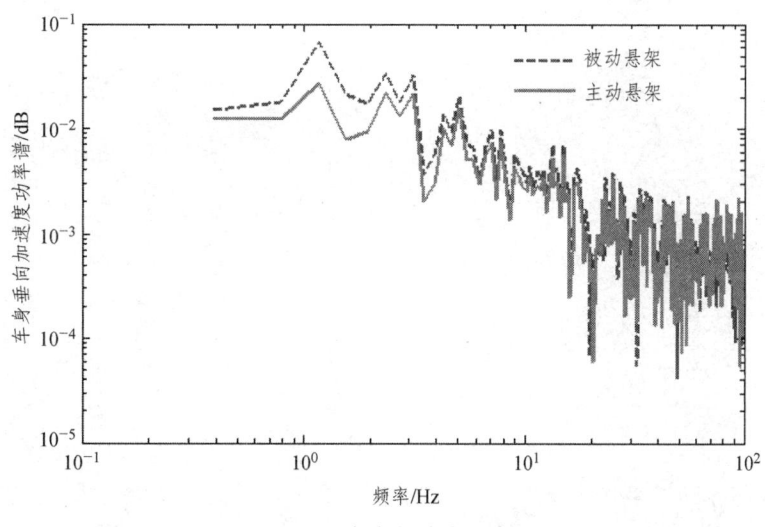

图 13.25 车身加速度功率谱

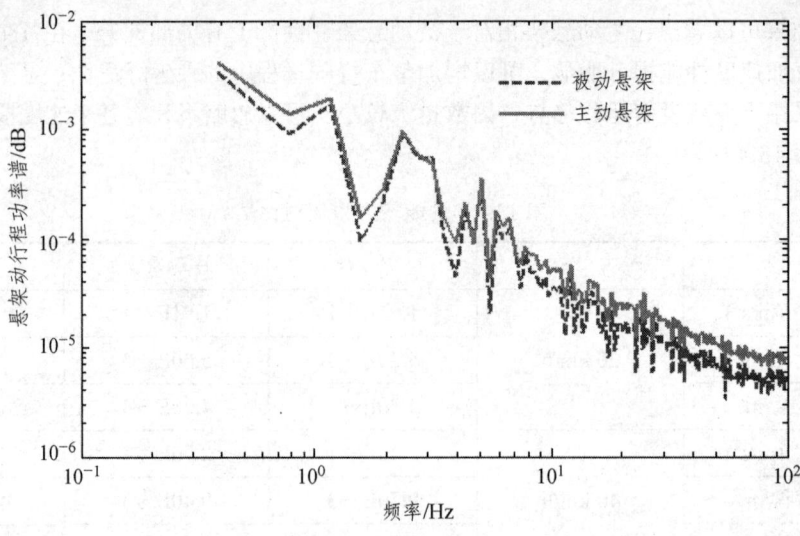

图 13.26 悬挂动行程功率谱

总结：

本章通过建立双 A 臂主动悬架联合仿真模型，采用模糊 PID 复合控制器对阻尼力进行控制，分析悬架在各个不同车速段的车速加速度、悬架动行程及车轮侧向滑移量特性，可得出如下结论：

（1）车身的垂直加速度在全速范围内均有改善，可以提升整车乘坐舒适性与操稳性；悬架动行程及车轮侧向滑移量保持不变或者有恶化趋势。

（2）车身的垂直加速度功率谱幅值在全频段相对被动悬架幅值都较小；低频状态时对悬架性能的影响显著。

（3）模糊 PID 控制器整体综合性能优越，健壮性强，满足对整车全速范围内实时最优参数控制要求。

第 14 章 弯道制动联合仿真

相对于直线制动,高速弯道制动属于极限制动工况,对于整车的底盘设计及系统之间的匹配要求极高。大学生方程式赛车属于小型方程式赛车,其设计难点是要保证整车具有良好的动态特性。在动态测试过程中,定半径弯、发卡弯、蛇形穿桩、复合赛道、高速避障等测试项目会涉及高速弯道制动过程,如果制动系统设计不符合要求,会导致整车产生严重的侧向滑移、方向盘转向失效及翻车等严重事故,涉及赛车手人身安全。

目前,制动系统的研究主要集中于乘用车及商用车,对于小型方程式赛车的制动特性研究甚少,尤其是在弯道制动模式下。在研究过程中,较多文献主要以单个制动车轮模型为基础,匹配不同的制动算法,主要目的在于验证制动控制算法的正确性,与整车制动过程实际情况不符;在整车制动过程中,各车轮的制动力大小不同,单个车轮的制动力特性也会波及整车的安全运行状态并且与发动机系统相关联,管理并控制发动机的输出转矩与各车轮所需的制动力矩相匹配。

本章主要通过实验构建包含发动机的精确整车 FSAE 多体模型,根据滑移率产生的机理,采用双模糊控制理论算法、在前悬架上增加辅助弹簧与减振器研究赛车的制动特性。制动系统联合仿真模型如图 14.1 所示。

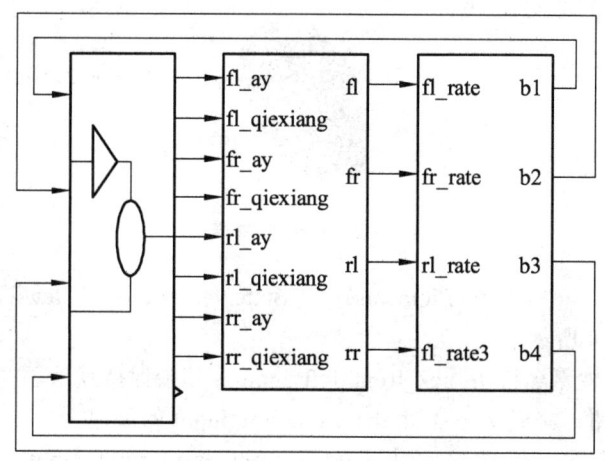

图 14.1 制动系统联合仿真模型

14.1 制动系统设置

基于制动系统最优滑移率(0.2)参数的设置,需要在制动系统模板上进行,在 View 模块与 Car 模块进行联合仿真稍有不同,具体过程会在后面介绍。

（1）启动 ADAMS/Car，选择专家模块进入建模界面。
（2）单击"File"＞"Open"命令，弹出模板打开对话框，如图 14.2 所示。

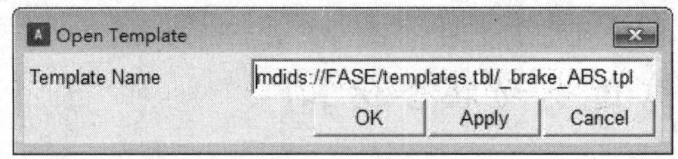

图 14.2　制动系统模板打开对话框

（3）在模板名称里输入 mdids://FASE/templates.tbl/_brake_ABS.tpl，单击 OK 按钮，打开制动系统模板，如图 14.3 所示。

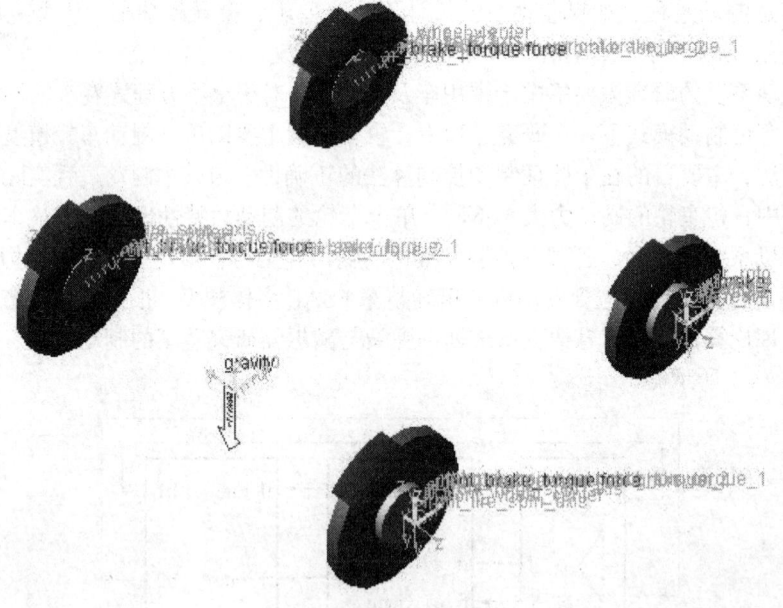

图 14.3　制动系统模板

（4）单击"Build"＞"System Elements"＞"State variable"＞"New"命令，弹出创建状态变量对话框，如图 14.4 所示。

（5）Name（状态变量名称）：abs_front_left_input，其余保持默认。

（6）单击 OK 按钮，完成状态变量 abs_front_left_input 的创建。

（7）重复上述步骤，依次建立状态变量：abs_front_right_input，abs_rear_left_input，abs_rear_right_input。建立好的 4 个状态变量分别为左前轮、右前轮、左后轮、右后轮的制动力矩变化系数；力矩变化系数由 4 个车轮输出的滑移率根据相应的算法计算得到，最终目的是通过制动力矩变化系数的调节使整车的滑移率控制在理想范围内。直线制动可以较好地控制在 0.2，弯道制动控制结果较差。

（8）单击"Build"＞"Actuator"＞"Point Torque"＞"Modify"命令，弹出修改制动力矩对话框如，图 14.5 所示。

第14章　弯道制动联合仿真

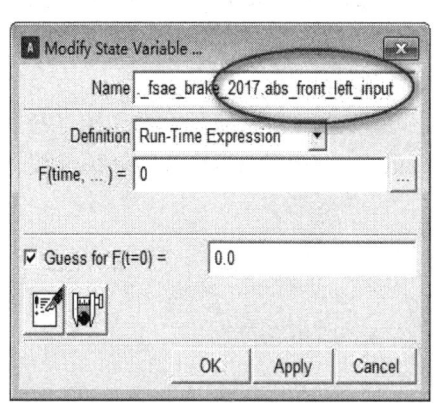
图14.4　状态变量对话框

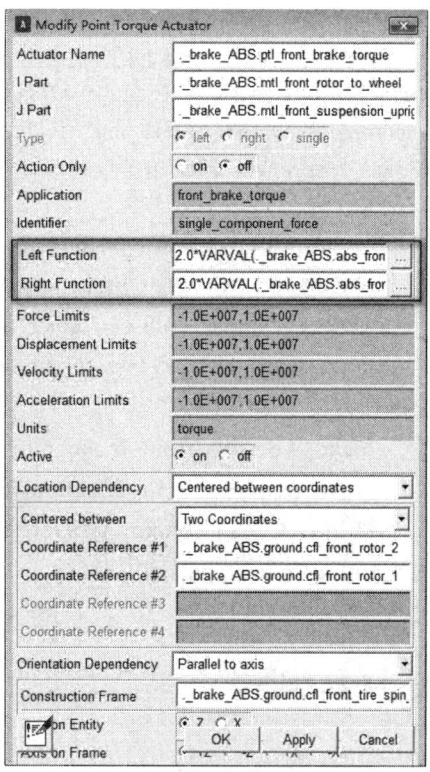
图14.5　制动力矩函数

（9）Left Function/ Right Function（制动力矩函数）：分别输入左前轮、右前轮、左后轮、右后轮的制动力矩函数，制动力矩函数如下，其余保持默认。

制动力矩函数编写注意以下情况：制动力矩函数中有下画线部分为上述建立的制动力矩变量系数，在联合仿真中，需要把此状态变量添加到制动系统力矩的公式中。添加此状态变量后，整车模型在仿真中会出现错误，原因在于模型中不能提供制动力矩，F(time=0)。

① 左前轮制动力矩函数：

2.0*VARVAL(._brake_ABS.abs_front_left_input)*._brake_ABS.pvs_front_piston_area*._brake_ABS.pvs_front_brake_bias*VARVAL(._brake_ABS.cis_brake_demand_adams_id)*._brake_ABS.force_to_pressure_cnvt*._brake_ABS.pvs_front_brake_mu*._brake_ABS.pvs_front_effective_piston_radius*STEP(VARVAL(._brake_ABS.left_front_wheel_omega),-10D,1,10D,-1)

② 右前轮制动力矩函数：

2.0*VARVAL(._brake_ABS.abs_front_right_input)*._brake_ABS.pvs_front_piston_area*._brake_ABS.pvs_front_brake_bias*VARVAL(._brake_ABS.cis_brake_demand_adams_id)*._brake_ABS.force_to_pressure_cnvt*._brake_ABS.pvs_front_brake_mu*._brake_ABS.pvs_front_effective_piston_radius*STEP(VARVAL(._brake_ABS.right_front_wheel_omega),-10D,1,10D,-1)

③ 左后轮制动力矩函数：

2.0*VARVAL(._brake_ABS.abs_rear_left_input)*._brake_ABS.pvs_rear_piston_area*(1.0-._brake_ABS.pvs_front_brake_bias)*VARVAL(._brake_ABS.cis_brake_demand_adams_id)*._brake_ABS.force_to_pressure_cnvt*._brake_ABS.pvs_rear_brake_mu*._brake_ABS.pvs_rear_effective_piston_radius*STEP(VARVAL(._brake_ABS.left_rear_wheel_omega),-10D,1,10D,-1)

④ 右后轮制动力矩函数：

2.0*VARVAL(._brake_ABS.abs_rear_right_input)*._brake_ABS.pvs_rear_piston_area*(1.0-._brake_ABS.pvs_front_brake_bias)*VARVAL(._brake_ABS.cis_brake_demand_adams_id)*._brake_ABS.force_to_pressure_cnvt*._brake_ABS.pvs_rear_brake_mu*._brake_ABS.pvs_rear_effective_piston_radius*STEP(VARVAL(._brake_ABS.right_rear_wheel_omega),-10D,1,10D,-1)

以左前轮制动力矩函数为例，式中：

① ._brake_ABS.pvs_front_piston_area：制动缸活塞有效面积。
② ._brake_ABS.pvs_front_brake_bias：前轴系制动力分配系数。
③ VARVAL(._brake_ABS.cis_brake_demand_adams_id)：制动踏板力。
④ ._brake_ABS.force_to_pressure_cnvt：换算系数，将制动踏板力直接转化为制动总管液体介质压强，默认为 0.1。
⑤ ._brake_ABS.pvs_front_brake_mu：制动器摩擦系数。
⑥ ._brake_ABS.pvs_front_effective_piston_radius：制动油缸在制动盘上的作用半径。
⑦ STEP(VARVAL(._brake_ABS.left_front_wheel_omega),-10D,1,10D,-1)：阶跃函数，确保制动力矩与车轮旋转方向相反。

14.2 函数编写

14.2.1 车轮切向速度

（1）左前轮切向速度._brake_ABS.front_left_qiexiang：

-SQRT(VX(._brake_ABS.mtl_front_rotor_to_wheel.brake_torque_2)**2+Vy(._brake_ABS.mtl_front_rotor_to_wheel.brake_torque_2)**2)。

（2）右前轮切向速度._brake_ABS.front_right_qiexiang：

-SQRT(VX(._brake_ABS.mtr_front_rotor_to_wheel.brake_torque_2)**2+Vy(._brake_ABS.mtr_front_rotor_to_wheel.brake_torque_2)**2)。

（3）左后轮切向速度._brake_ABS.rear_left_qiexiang：

-SQRT(VX(._brake_ABS.mtl_rear_rotor_to_wheel.brake_torque_2)**2+Vy(._brake_ABS.mtl_rear_rotor_to_wheel.brake_torque_2)**2)。

（4）右后轮切向速度._brake_ABS.rear_right_qiexiang：

-SQRT(VX(._brake_ABS.mtr_rear_rotor_to_wheel.brake_torque_2)**2+Vy(._brake_ABS.mtr_rear_rotor_to_wheel.brake_torque_2)**2)。

14.2.2 车轮旋转速度

（1）左前轮旋转速度._brake_ABS.front_left_av_y：

WY(._brake_ABS.mtl_front_rotor_to_wheel.brake_torque_2)*243.65

（2）右前轮旋转速度._brake_ABS.front_right_av_y：

WY(._brake_ABS.mtr_front_rotor_to_wheel.brake_torque_2)*243.65

（3）左后轮旋转速度._brake_ABS.rear_left_av_y:

WY(._brake_ABS.mtl_rear_rotor_to_wheel.brake_torque_2)*243.65

（4）右后轮旋转速度._brake_ABS.rear_right_av_y:

WY(._brake_ABS.mtr_rear_rotor_to_wheel.brake_torque_2)*243.65

14.2.3 状态变量

（1）单击"Build" > "System Elements" > "State variable" > "New"命令，弹出创建状态变量对话框，如图 14.6 所示。

（2）Name（状态变量名称）：wheel_fl_qiexiang。

（3）Definition: Run-Time Expression。

（4）F(time=0)：输入之前创建的左前轮切向速度函数 [-SQRT(VX(._brake_ABS.mtl_front_rotor_to_wheel.brake_torque_2)**2+Vy(._brake_ABS.mtl_front_rotor_to_wheel.brake_torque_2)**2)]。

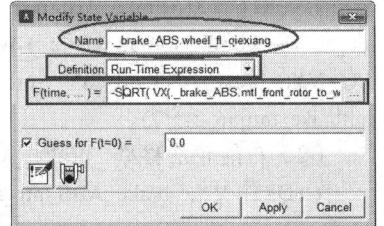

图 14.6 状态变量创建对话框

（5）单击 OK 按钮，完成状态变量 wheel_fl_qiexiang 的创建。

（6）重复上述步骤，依次完成右前轮切向速度._brake_ABS.front_right_qiexiang、左后轮切向速度._brake_ABS.rear_left_qiexiang、右后轮旋转速度._brake_ABS.rear_right_av_y、左前轮旋转速度._brake_ABS.front_left_av_y、右前轮旋转速度._brake_ABS.front_right_av_y、左后轮旋转速度._brake_ABS.rear_left_av_y、右后轮旋转速度._brake_ABS.rear_right_av_y 状态变量的建立。创建好的状态变量主要用于机械模型系统的输出，后续用于滑移率的计算。滑移率的计算也可以直接编写函数。

（7）单击"Build" > "Date Elements" > "Plant Input" > "New"命令，弹出创建状态变量对话框，如图 14.7 所示。

（8）Variable Name（变量名称，输入之前建立好的状态变量）：._brake_ABS.abs_front_left_input,._brake_ABS.abs_front_right_input,._brake_ABS.abs_rear_left_input,._brake_ABS.abs_rear_right_input。

（9）单击 OK 按钮，完成输入集._brake_ABS.POUTPUT_1 的创建。

（10）单击"Build" > "Date Elements" > "Plant Output" > "New"命令，弹出创建状态变量对话框，如图 14.8 所示。

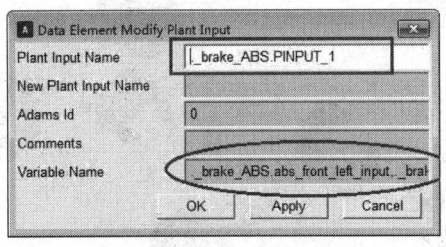

图 14.7 输入集对话框

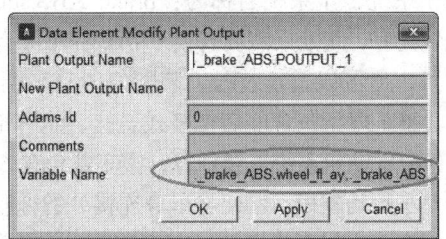

图 14.8 输出集对话框

（11）Variable Name（变量名称，输入之前建立好的状态变量）：._brake_ABS.wheel_fl_

ay,._brake_ABS.wheel_fl_qiexiang,._brake_ABS.wheel_fr_ay,._brake_ABS.wheel_fr_qiexiang,._brake_ABS.wheel_rl_ay,._brake_ABS.wheel_rl_qiexiang,._brake_ABS.wheel_rr_ay,._brake_ABS.wheel_rr_qiexiang。

（12）单击 OK 按钮，完成输出集._brake_ABS.POUTPUT_1 的创建。

14.2.4 车轮滑移率

（1）左前轮滑移率._brake_ABS.front_left_slip_rate：

(-SQRT(VX(._brake_ABS.mtl_front_rotor_to_wheel.brake_torque_2)**2+Vy(._brake_ABS.mtl_front_rotor_to_wheel.brake_torque_2)**2)-WY(._brake_ABS.mtl_front_rotor_to_wheel.brake_torque_2)*243.65)/-SQRT(VX(._brake_ABS.mtl_front_rotor_to_wheel.brake_torque_2)**2+Vy(._brake_ABS.mtl_front_rotor_to_wheel.brake_torque_2)**2)。

（2）右前轮滑移率._brake_ABS.front_right_slip_rate：

(-SQRT(VX(._brake_ABS.mtr_front_rotor_to_wheel.brake_torque_2)**2+Vy(._brake_ABS.mtr_front_rotor_to_wheel.brake_torque_2)**2)-WY(._brake_ABS.mtr_front_rotor_to_wheel.brake_torque_2)*243.65)/-SQRT(VX(._brake_ABS.mtr_front_rotor_to_wheel.brake_torque_2)**2+Vy(._brake_ABS.mtr_front_rotor_to_wheel.brake_torque_2)**2)。

（3）左后轮滑移率._brake_ABS.rear_left_slip_rate：

(-SQRT(VX(._brake_ABS.mtl_rear_rotor_to_wheel.brake_torque_2)**2+Vy(._brake_ABS.mtl_rear_rotor_to_wheel.brake_torque_2)**2)-WY(._brake_ABS.mtl_rear_rotor_to_wheel.brake_torque_2)*243.65)/-SQRT(VX(._brake_ABS.mtl_rear_rotor_to_wheel.brake_torque_2)**2+Vy(._brake_ABS.mtl_rear_rotor_to_wheel.brake_torque_2)**2)。

（4）右后轮滑移率._brake_ABS.rear_right_slip_rate：

(-SQRT(VX(._brake_ABS.mtr_rear_rotor_to_wheel.brake_torque_2)**2+Vy(._brake_ABS.mtr_rear_rotor_to_wheel.brake_torque_2)**2)-WY(._brake_ABS.mtr_rear_rotor_to_wheel.brake_torque_2)*243.65)/-SQRT(VX(._brake_ABS.mtr_rear_rotor_to_wheel.brake_torque_2)**2+Vy(._brake_ABS.mtr_rear_rotor_to_wheel.brake_torque_2)**2)。

14.3 整车模型装配

制动模板设置并保存之后转换到标准界面建立制动系统子系统，子系统名称为：brake_ABS.sub。此前整车已经装配好，此处只需要替换 FSAE 赛车原有的制动子系统即可，也可以重新装配。装配好的整车模型如图 14.9 所示，整车模型包含前后推杆式悬挂、前后轮胎、中舵转向系统、发动机系统。经计算，整车共包含 58 个自由度。对于整车精确建模，悬架与车身连接处的橡胶轴套、悬置系统刚度等应尽可能详细，轴套刚度对整车性能的影响不可忽略。对于实验条件有限制的情况，可以采用主流有限元软件（如 ABAQUS）分析橡胶轴套的刚度等。

图 14.9 整车模型

注意：在进行整车制动系统仿真时，尽量建立包含发动机的整车模型，原因在于制动过程中由于路面条件各不相同，发动机输出的转矩通过传动系统及变速箱传递到车轮上，4个车轮的输出力矩存在差异。

单击"File" > "Info" > "Subsystem"命令，在 Subsystem Name 菜单栏中下拉选中 brake_ABS 子系统，如图 14.10 所示，单击 OK 按钮，显示制动系统的相关信息。

制动系统的详细信息如下，制动系统的参数等如 PARAMETERS 下列行所示。可以通过模板设置不同参数，与真实的车辆相符合，同时在编写制动力矩函数时，根据模型的精确程度可以适当地增加或者减少某些项，越精确的制动系统涉及的因素越多。

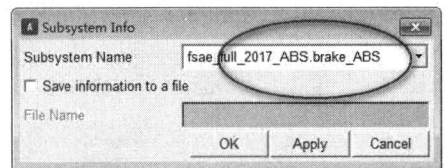

图 14.10　子系统信息对话框

```
Info for subsystem:    brake_ABS
    File Name      :   <FASE>/subsystems.tbl/brake_ABS.sub
    Template       :   mdids://FASE/templates.tbl/_brake_ABS.tpl
    Comments       :
    Template       :   4 Wheel Disk Brake System
    Subsystem      :   *no subsystem comments found*
    Major Role     :   brake_system
    Minor Role     :   any
PARAMETERS:
  parameter name                    symmetry      type       value
  --------------                    --------      ----       -----
  kinematic_flag                    single        integer    0
  front_brake_bias                  single        real       0.6
  front_brake_mu                    single        real       0.4
  front_effective_piston_radius     single        real       135.0
  front_piston_area                 single        real       2500.0
  front_rotor_hub_wheel_offset      single        real       25.0
  front_rotor_hub_width             single        real       40.0
  front_rotor_width                 single        real       -25.0
  max_brake_value                   single        real       100.0
  rear_brake_mu                     single        real       0.4
  rear_effective_piston_radius      single        real       120.0
  rear_piston_area                  single        real       2500.0
  rear_rotor_hub_wheel_offset       single        real       25.0
  rear_rotor_hub_width              single        real       40.0
  rear_rotor_width                  single        real       -25.0
```

14.4　ADAMS\Controls 设置

运用多体动力学分析软件 ADAMS 建立各个子系统及组装后的整车模型，然后在

ADAMS/Controls 模块中添加控制系统，仿真分析在各种道路条件激励下，所得到的汽车操纵稳定性的响应。ADAMS/Controls 模块可以将机械系统仿真分析工具同控制仿真软件有机地连接起来。

（1）按 F9 键快捷方式，转换到标准模块（如果在标准模块界面可忽略此步）。

（2）在 D 盘中建立文件夹 brake_cosimulation，设置 ADAMS 的工作路径为 D:\brake_cosimulation。

（3）单击"Control">"Plant Export"命令，弹出控制接口输出对话框，如图 14.11 所示。

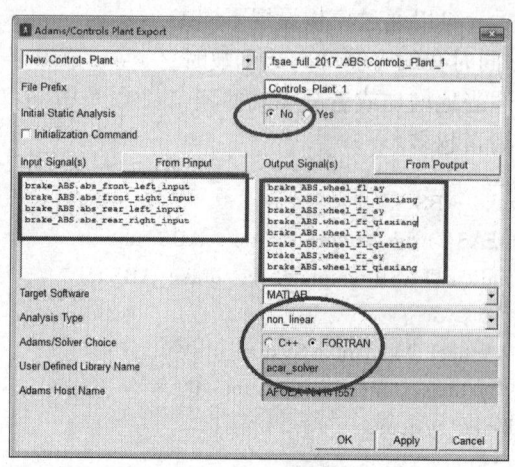

图 14.11　控制接口输出对话框

（4）Initial Static Analysis（初始静态分析）：No。

（5）单击"From Pinput"，在弹出的数据命令窗口中选择子系统，双击_brake_ABS 下的 PINPUT1。

（6）单击"From Poutput"，在弹出的数据命令窗口中选择子系统，双击_brake_ABS 下的 POUTPUT1。

（7）Target Software（目标软件或者对接软件）：MATLAB。

（8）Analysis Type（分析类型）：选择非线性 non_linear，整车模型存在轮胎模型等非线性因素。

（9）Adams/Solver Choice：选择 C++，选择 FORTRAN 语言也可以。如果是非线性计算，推荐选择 C++，所见案例较多，选择 FORTRAN 语言。

（10）其余保持默认，单击 OK 按钮，完成 ADAMS\Controls 模块下输入/输出集的创建。

注意：ADAMS/Controls 模块下的输入/输出集也可以继续添加其他系统的状态变量，例如，可以增加方程式赛车车身横摆角加速度输出.fsae_full_2017_ABS.FSAE_Body_2017.state_wdtz，其他变量根据模型需要可进行相应修改，后续控制系统可以根据横摆角加速度判断整车的稳定性情况。

14.5　ADAMS 与 MATLAB 软件协同

同时启动 ADAMS 与 MATLAB 软件，路径统一设置为 D:\brake_cosimulation。

（1）单击"Simulate" > "Full-Vehicle" > "Cornering Event" > "Braking-In-Turn"命令，弹出弯道制动仿真对话框，如图 14.12 所示。

（2）Prefix（输出别名）：abs_consimulation。

（3）Simulation Mode（仿真类型）：files_only。

（4）Road Date File: mdids://acar_shared/roads.tbl/2d_flat.rdf。路面为共享数据库中路面，此处可以选择其他路面模型或者编写的路面模型，包括对开路面、对接路面等。

（5）Output Step Size（计算步长）：5.0E-002。

（6）Gear Position（挡位）：3 挡。

（7）Lateral Acceleration(G's)（制动时侧向加速度）：0.5。

（8）Turn Radiud（转弯半径）：15。

（9）Length Units（长度单位）：m。

（10）Steering Input（转向输入）: lock steering while braking，转向时保持转向锁定。

（11）Brake Decelaeration(G's)（制动时减速度）：0.63。

（12）Maximum Brake Duration（制动时间）：4。

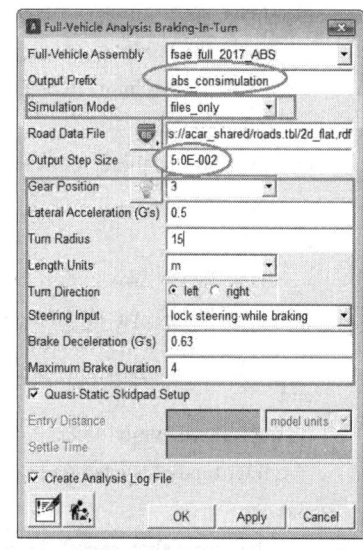

图 14.12 弯道制动仿真对话框

（13）单击 OK 按钮，完成弯道制动设置并提交软件进行计算。

ADAMS 软件计算完成后，在目标 D:\brake_cosimulation 文件夹中存在 Controls_Plant_1.m、abs_bit.m、abs_bit.acf 三个文件。在 View 模块与 Car 模块中进行联合仿真稍有不同，采用 car 模块进行联合仿真时，需要对文件中的参数稍做修改，仿真时采用两种方案均可，推荐采用方案 A。

14.5.1 方案 A

用记事本打开文件 Controls_Plant_1.m：

（1）修改 ADAMS_prefix = 'abs_bit'。

（2）修改 ADAMS_init = 'file/command=Controls_Plant_1_controls.acf'为 ADAMS_init='file/command = file/command= abs_bit_controls.acf。

具体操作过程如下（程序修改部分用下画线斜体区别）：

```
% Adams / MATLAB Interface - Release 2014.0.0
system('taskkill /IM scontrols.exe /F >NUL');clc;
global ADAMS_sysdir; % used by setup_rtw_for_adams.m
global ADAMS_host; % used by start_adams_daemon.m
machine=computer;
datestr(now)
if strcmp(machine, 'SOL2')
    arch = 'solaris32';
elseif strcmp(machine, 'SOL64')
    arch = 'solaris32';
elseif strcmp(machine, 'GLNX86')
```

```
        arch = 'linux32';
    elseif strcmp(machine, 'GLNXA64')
        arch = 'linux64';
    elseif strcmp(machine, 'PCWIN')
        arch = 'win32';
    elseif strcmp(machine, 'PCWIN64')
        arch = 'win64';
    else
        disp( '%%% Error : Platform unknown or unsupported by Adams/Controls.' ) ;
        arch = 'unknown_or_unsupported';
        return
    end
    if strcmp(arch,'win64')
        [flag, topdir]=system('adams2014_x64 -top');
    else
        [flag, topdir]=system('adams2014 -top');
    end
    if flag == 0
      temp_str=strcat(topdir, '/controls/', arch);
      addpath(temp_str)
      temp_str=strcat(topdir, '/controls/', 'matlab');
      addpath(temp_str)
      temp_str=strcat(topdir, '/controls/', 'utils');
      addpath(temp_str)
      ADAMS_sysdir = strcat(topdir, '');
    else
      addpath( 'D:\MSC~1.SOF\ADAMS_~1\2014\controls/win64' ) ;
      addpath( 'D:\MSC~1.SOF\ADAMS_~1\2014\controls/win32' ) ;
      addpath( 'D:\MSC~1.SOF\ADAMS_~1\2014\controls/matlab' ) ;
      addpath( 'D:\MSC~1.SOF\ADAMS_~1\2014\controls/utils' ) ;
      ADAMS_sysdir = 'D:\MSC~1.SOF\ADAMS_~1\2014\' ;
    end
    ADAMS_exec = 'acar_solver' ;
    ADAMS_host = 'AFOEA-704141557' ;
    ADAMS_cwd ='D:\brake_cosimulation';
    ADAMS_prefix = 'abs_bit';
    ADAMS_static = 'no' ;
    ADAMS_solver_type = 'C++' ;
    if exist([ADAMS_prefix,'.adm']) == 0
        disp( ' ' ) ;
        disp( '%%% Warning : missing ADAMS plant model file(.adm) for Co-simulation or Function Evaluation.' ) ;
```

```
disp( '%%% If necessary, please re-export model files or copy the exported plant model files into the' ) ;
disp( '%%% working directory. You may disregard this warning if the Co-simulation/Function Evaluation' ) ;
disp( '%%% is TCP/IP-based (running Adams on another machine), or if setting up MATLAB/Real-Time Workshop' ) ;
disp( '%%% for generation of an External System Library.' ) ;
disp( ' ' ) ;
end
ADAMS_init = 'file/command=abs_bit_controls.acf' ;
ADAMS_inputs  =
        'brake_ABS.abs_front_left_input!brake_ABS.abs_front_right_input!brake_ABS.abs_rear_left_input!brake_ABS.abs_rear_right_input' ;
ADAMS_outputs =
        'brake_ABS.wheel_fl_ay!brake_ABS.wheel_fl_qiexiang!brake_ABS.wheel_fr_ay!brake_ABS.wheel_fr_qiexiang!brake_ABS.wheel_rl_ay!brake_ABS.wheel_rl_qiexiang!brake_ABS.wheel_rr_ay!brake_ABS.wheel_rr_qiexiang!FSAE_Body_2017.state_av_x!FSAE_Body_2017.state_av_y!FSAE_Body_2017.state_qiexiang!FSAE_Body_2017.state_wdtz' ;
ADAMS_pinput = 'Controls_Plant_1.ctrl_pinput' ;
ADAMS_poutput = 'Controls_Plant_1.ctrl_poutput' ;
ADAMS_uy_ids   = [
                    290
                    291
                    292
                    293
                    306
                    310
                    307
                    311
                    308
                    312
                    309
                    313
                    255
                    256
                    261
                    260
                ] ;
ADAMS_mode    = 'non-linear' ;
tmp_in   = decode( ADAMS_inputs  ) ;
tmp_out = decode( ADAMS_outputs ) ;
disp( ' ' ) ;
disp( '%%% INFO : ADAMS plant actuators names :' ) ;
```

```
disp( [int2str([1:size(tmp_in,1)]'),blanks(size(tmp_in,1))',tmp_in] ) ;
disp( '%%% INFO : ADAMS plant sensors     names :' ) ;
disp( [int2str([1:size(tmp_out,1)]'),blanks(size(tmp_out,1))',tmp_out] ) ;
disp( ' ' ) ;
clear tmp_in tmp_out ;
% Adams / MATLAB Interface - Release 2014.0.0
```

14.5.2　方案 B

用记事本打开文件 abs_bit.m，下列参数与 Controls_Plant_1.m 文件对应的参数相同，可以把 Controls_Plant_1.m 中对应的参数复制过来，粘贴保存即可。

（1）修改 ADAMS_outputs = '\\\\'。

（2）修改 ADAMS_poutput = '\\\\'。

（3）修改 ADAMS_uy_ids　 = [\\\\]。

具体操作过程如下（程序修改部分用黑斜体区别，黑斜体与 Controls_Plant_1.m 文件对应的参数相同）：

```
% Adams / MATLAB Interface - Release 2014.0.0
system('taskkill /IM scontrols.exe /F >NUL');clc;
global ADAMS_sysdir; % used by setup_rtw_for_adams.m
global ADAMS_host; % used by start_adams_daemon.m
machine=computer;
datestr(now)
if strcmp(machine, 'SOL2')
    arch = 'solaris32';
elseif strcmp(machine, 'SOL64')
    arch = 'solaris32';
elseif strcmp(machine, 'GLNX86')
    arch = 'linux32';
elseif strcmp(machine, 'GLNXA64')
    arch = 'linux64';
elseif strcmp(machine, 'PCWIN')
    arch = 'win32';
elseif strcmp(machine, 'PCWIN64')
    arch = 'win64';
else
    disp( '%%% Error : Platform unknown or unsupported by Adams/Controls.' ) ;
    arch = 'unknown_or_unsupported';
    return
end
if strcmp(arch,'win64')
    [flag, topdir]=system('adams2014_x64 -top');
else
```

```
    [flag, topdir]=system('adams2014 -top');
  end
  if flag == 0
    temp_str=strcat(topdir, '/controls/', arch);
    addpath(temp_str)
    temp_str=strcat(topdir, '/controls/', 'matlab');
    addpath(temp_str)
    temp_str=strcat(topdir, '/controls/', 'utils');
    addpath(temp_str)
    ADAMS_sysdir = strcat(topdir, '');
  else
    addpath( 'D:\MSC~1.SOF\ADAMS_~1\2014\controls/win64' ) ;
    addpath( 'D:\MSC~1.SOF\ADAMS_~1\2014\controls/win32' ) ;
    addpath( 'D:\MSC~1.SOF\ADAMS_~1\2014\controls/matlab' ) ;
    addpath( 'D:\MSC~1.SOF\ADAMS_~1\2014\controls/utils' ) ;
    ADAMS_sysdir = 'D:\MSC~1.SOF\ADAMS_~1\2014\' ;
  end
  ADAMS_exec = 'acar_solver' ;
  ADAMS_host = '' ;
  ADAMS_cwd ='D:\brake_cosimulation'  ;
  ADAMS_prefix = 'abs_bit' ;
  ADAMS_static = 'no' ;
  ADAMS_solver_type = 'C++' ;
  if exist([ADAMS_prefix,'.adm']) == 0
    disp( ' ' ) ;
    disp( '%%% Warning : missing ADAMS plant model file(.adm) for Co-simulation or Function Evaluation.' ) ;
    disp( '%%% If necessary, please re-export model files or copy the exported plant model files into the' ) ;
    disp( '%%% working directory.  You may disregard this warning if the Co-simulation/Function Evaluation' ) ;
    disp( '%%% is TCP/IP-based (running Adams on another machine), or if setting up MATLAB/Real-Time Workshop' ) ;
    disp( '%%% for generation of an External System Library.' ) ;
    disp( ' ' ) ;
  end
  ADAMS_init = 'file/command=abs_bit_controls.acf' ;
  ADAMS_inputs =
          'brake_ABS.abs_front_left_input!brake_ABS.abs_front_right_input!brake_ABS.abs_rear_left_input!brake_ABS.abs_rear_right_input' ;
```

```
ADAMS_outputs =
            'brake_ABS.wheel_fl_ay!brake_ABS.wheel_fl_qiexiang!brake_ABS.wheel_fr_ay!brake_ABS.wheel
             _fr_qiexiang!brake_ABS.wheel_rl_ay!brake_ABS.wheel_rl_qiexiang!brake_ABS.wheel_rr_ay!
             brake_ABS.wheel_rr_qiexiang!FSAE_Body_2017.state_av_x!FSAE_Body_2017.state_av_y!
             FSAE_Body_2017.state_qiexiang!FSAE_Body_2017.state_wdtz' ;
ADAMS_pinput = 'Controls_Plant_1.ctrl_pinput' ;
ADAMS_poutput = 'Controls_Plant_1.ctrl_poutput' ;
ADAMS_uy_ids   = [
                    290
                    291
                    292
                    293
                    306
                    310
                    307
                    311
                    308
                    312
                    309
                    313
                    255
                    256
                    261
                    260
                 ] ;
ADAMS_mode    = 'non-linear' ;
tmp_in   = decode( ADAMS_inputs   ) ;
tmp_out = decode( ADAMS_outputs ) ;
disp( ' ' ) ;
disp( '%%% INFO : ADAMS plant actuators names :' ) ;
disp( [int2str([1:size(tmp_in,1)]'),blanks(size(tmp_in,1))',tmp_in] ) ;
disp( '%%% INFO : ADAMS plant sensors     names :' ) ;
disp( [int2str([1:size(tmp_out,1)]'),blanks(size(tmp_out,1))',tmp_out] ) ;
disp( ' ' ) ;
clear tmp_in tmp_out ;
% Adams / MATLAB Interface - Release 2014.0.0
```

在 MATLAB 软件命令窗口中输入：Controls_Plant_1。

按 Enter 键，此时命令窗口显示出如下信息（信息包含输入/输出集信息）：

命令窗口显示信息：
Controls_Plant_1

13-Jun-2018 11:22:17

```
%%% INFO : ADAMS plant actuators names :
1 brake_ABS.abs_front_left_input
2 brake_ABS.abs_front_right_input
3 brake_ABS.abs_rear_left_input
4 brake_ABS.abs_rear_right_input
%%% INFO : ADAMS plant sensors    names :
1 brake_ABS.wheel_fl_ay
2 brake_ABS.wheel_fl_qiexiang
3 brake_ABS.wheel_fr_ay
4 brake_ABS.wheel_fr_qiexiang
5 brake_ABS.wheel_rl_ay
6 brake_ABS.wheel_rl_qiexiang
7 brake_ABS.wheel_rr_ay
8 brake_ABS.wheel_rr_qiexiang
9 FSAE_Body_2017.state_wdtz
```

运行 adams_sys，调出 adams_plant 对话框，如图 14.13 所示。

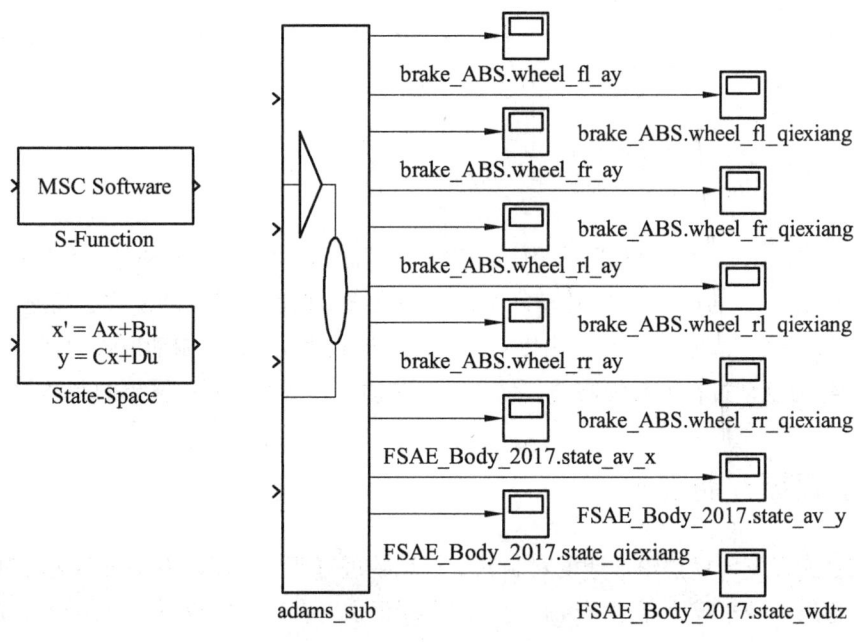

图 14.13 adams_plant 对话框

14.6 双模糊理论

实际制动过程是直线制动与弯道制动的混合模式，不存在严格意义上单一的直线制动或者弯道制动。弯道制动又可以分为低速弯道制动与高速弯道制动，如果继续细分，弯道制动可以划分为不同车速弯道制动状态，各不同车速在弯道制动中所占的权重不同，基于此提出制动系

统连续模糊控制定义公式为

$$B = k_{11} \cdot b_{11} + k_{12} \cdot b_{12} + \cdots + k_{1n} \cdot b_{1n} \tag{14.1}$$

针对方程式赛车的特殊性，只考虑直线制动、低速弯道制动与高速弯道制动三种模式，左前轮、右前轮、左后轮、右后轮四个不同车轮制动力矩，定义为式（14.2）~（14.5）。三种模式中直线制动为常态制动模式，因此式（14.2）~（14.5）定义为制动系统双模糊控制算法。

$$B_1 = k_{11} \cdot b_{11} + k_{12} \cdot b_{12} + k_{13} \cdot b_{13} \tag{14.2}$$

$$B_2 = k_{21} \cdot b_{21} + k_{22} \cdot b_{22} + k_{23} \cdot b_{23} \tag{14.3}$$

$$B_3 = k_{31} \cdot b_{31} + k_{32} \cdot b_{32} + k_{33} \cdot b_{33} \tag{14.4}$$

$$B_4 = k_{41} \cdot b_{41} + k_{42} \cdot b_{42} + k_{43} \cdot b_{43} \tag{14.5}$$

整理式（14.2）~（14.5），改写成矩阵形式：

$$\begin{bmatrix} B_1 \\ B_2 \\ B_3 \\ B_4 \end{bmatrix} = \begin{bmatrix} k_{11} & k_{12} & k_{13} \\ k_{21} & k_{22} & k_{23} \\ k_{31} & k_{32} & k_{33} \\ k_{41} & k_{42} & k_{43} \end{bmatrix} \begin{bmatrix} b_{11} & b_{21} & b_{31} & b_{41} \\ b_{12} & b_{22} & b_{32} & b_{42} \\ b_{13} & b_{23} & b_{33} & b_{43} \end{bmatrix} \tag{14.6}$$

式中，$B_i(i=1, 2, 3, 4)$ 为车轮总制动力矩，按顺序分别对应左前轮、右前轮、左后轮、右后轮；k_{i1}，k_{i2}，$k_{i3}(i=1, 2, 3, 4)$ 为方程式赛车在直线制动模式、低速弯道制动模式、高速弯道制动模式的权系数，权系数大，制动力矩输出以对应的制动模式为主，其他制动模式为辅；b_{i1}，b_{i2}，b_{i3} $(i=1, 2, 3, 4)$ 为制动过程中直线制动、低速弯道制动、高速弯道制动输出的制动力矩。

14.6.1 双模糊控制规则

方程式赛车以车身横摆角加速度对制动力权系数进行调节，即以横摆角加速度对直线制动模式、低速弯道制动模式、高速弯道制动模式进行识别，合理分配权系数。制动力权系数模糊控制规则如表 14.1 所示。直线制动模式下模糊控制规则如表 14.2 所示。弯道制动模式下模糊控制规则如表 14.3 所示。

表 14.1 制动力权系数模糊控制规则

$\ddot{\varphi}_c$	-3	-2	-1	0	1	2	3
k_{i1}	0.1	0.2	0.5	0.8	0.5	0.2	0.1
k_{i2}	0.2	0.3	0.3	0.1	0.3	0.3	0.2
k_{i3}	0.7	0.5	0.2	0.1	0.2	0.5	0.7

表 14.2　直线制动模糊控制规则

E_2	EC_2		
	-3	0	3
-3	3	2	2
-2	2	2	1
0	1	-1	-1
1	-1	-1	-2
2	-2	-2	-3
3	-2	-3	-3

表 14.3　弯道制动模糊控制规则

E_2	EC_3						
	-3	-2	-1	0	1	2	3
-3	3	3	2	2	1	1	-1
-2	3	3	2	1	-1	-1	-2
0	3	2	1	-1	-1	-1	-2
1	3	2	1	-1	-1	-2	-3
2	2	1	1	-2	-2	-3	-3
3	1	1	-1	-3	-3	-3	-3

打开 simulink，根据双模控制理论及模糊控制规则搭建系统，如图 14.14 所示。

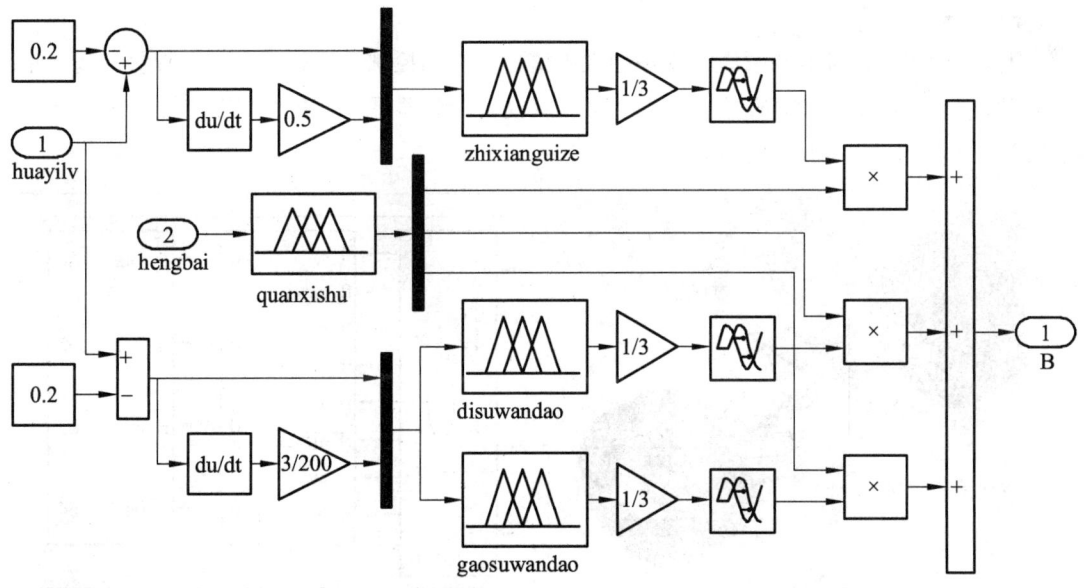

图 14.14　双模糊控制系统

14.7 悬架辅助系统

弯道制动导致的纵侧向滑移偏大及整车失稳因素较多，且不同因素之间又互为矛盾体，设计过程中较多采用折中方案。整车行驶过程中产生滑移问题主要有 4 点原因：① 轮胎的非线性因素；② 发动机输出扭矩的合理控制；③ 重心偏移及轴系侧倾刚度；④ 基于最优滑移率的控制策略。针对轮胎非线性因素，可塑性不大，通过增加轮胎断面宽度可以有效改变弯道稳定性，但整车燃油经济性及动力输出造成浪费，跑车大多采用此方案。发动机输出扭矩匹配是大多数文献忽略的因素，整车包含准确的发动机模型是制动仿真精确的关键因素，过大的功率输出使整车加速能力强，但轮胎磨损严重，过弯时侧向滑移更加严重。重心偏移及轴系刚度不同会导致内外侧轮胎的附着力不同，滑移严重，主动可控悬架可以有效改变此现象，但系统复杂，成本较高[7,8]。基于最优滑移率的控制策略是大多数文献的研究方向，可塑性强，控制架构及策略有多种形式可以探讨[9-12]。

前轴推杆式悬架设计：

针对 FSAE 方程式赛车的特殊性，只在赛道上做定半径弯、发卡弯、蛇形穿桩等特定行驶工况，结合第 3 点因素，提出在赛车前轴系增加辅助弹簧与减振器，改善过高速过弯时产生的重心偏移及侧倾刚度过低的现象。前轴推杆式悬架设计方案如图 14.15 所示，在下控制臂与钢架车身之间增加辅助减振器与弹簧。重新组装整车模型，其余保持不变，模型另存为 fsae_full_2017_fuzhu.asy。系统输入/输出集接口、软件协同等同上，步骤相同。

14.8 制动联合仿真模型

根据双模糊理论及制动系统模糊控制规则搭建双模糊控制架构如图 14.16 所示，基于此建立整车联合仿真模型。计算整车在辅助悬架、双模糊控制器下 FSAE 整车在弯道的运行状态，计算结果如图 14.17 ~ 14.19 所示。

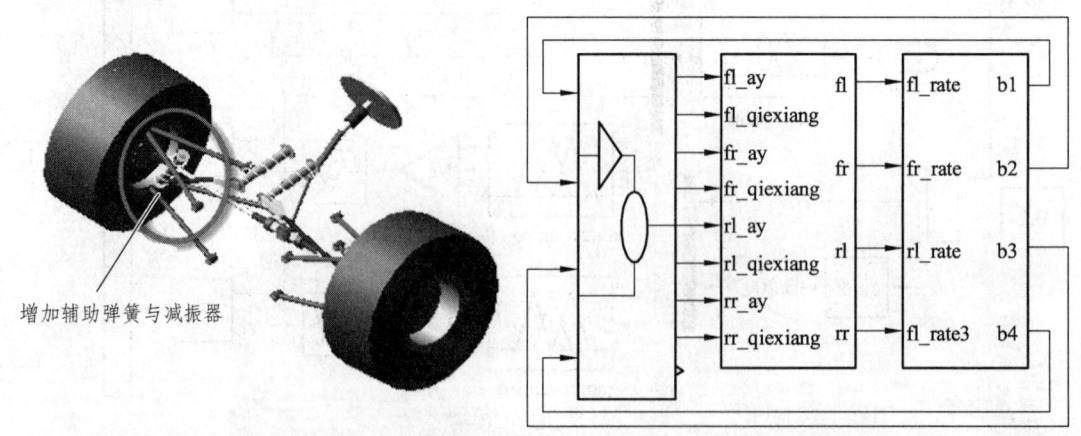

图 14.15　推杆式悬架设计方案　　　　图 14.16　双模糊控制器架构

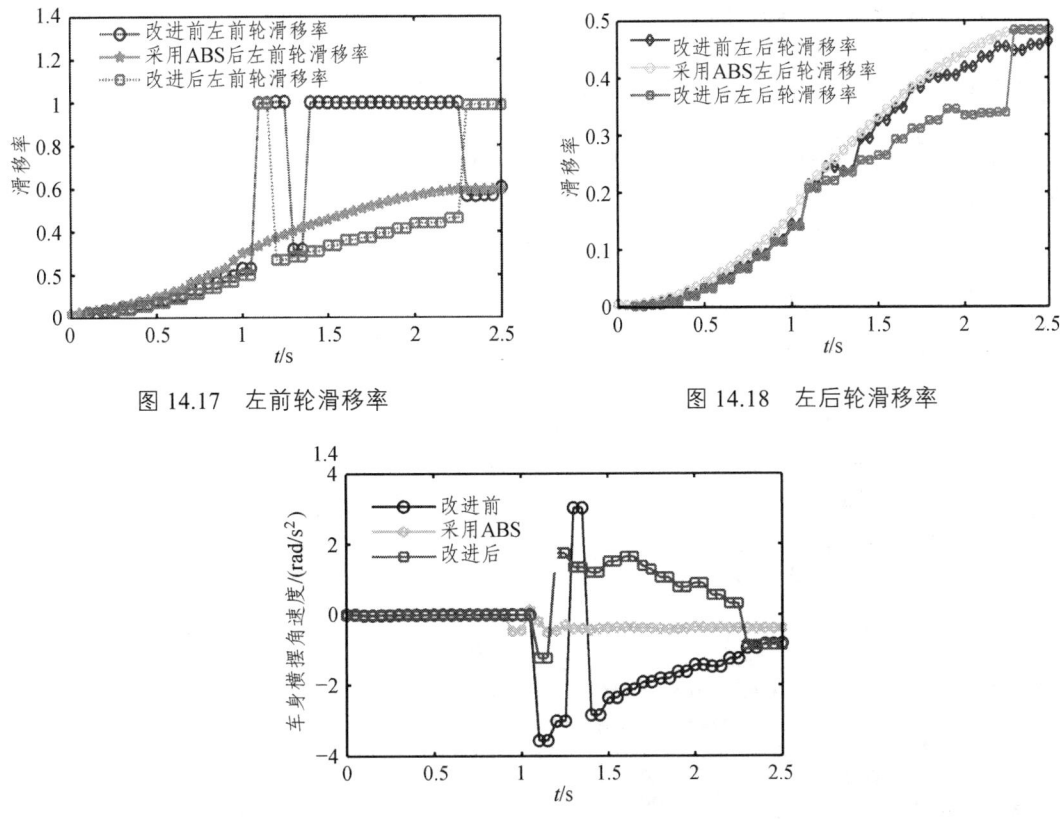

图 14.17 左前轮滑移率　　　　　图 14.18 左后轮滑移率

图 14.19 车身横摆角加速度

左前轮滑移在改进前产生抱死现象,满足方程式赛车设计要求,在制动时有瞬间抖动现象。通过增加辅助减振器与弹簧后,前轴车轮的滑移率在 1.1 s 至 1.15 s 伴随有瞬间抖动现象,从 1.2 s 至 2.25 s 抖动现象显著降低,2.3 s 开始产生抱死,依然符合赛车制动系统设计的要求,滑移改善明显。采用双模糊控制后,在制动整个过程中,滑移率变化非常平稳,但增加趋势比采用辅助减振器方案大。

右后轮滑移率在制动过程中均为产生抱死现象。其中改进后滑移率从 1.35 s 至 2.25 s 降低明显。采用双模糊控制后滑移率变化平稳,但有增加趋势。通过对比前后轴滑移率,前轴滑移率整体偏大,原因在于前轴制动力分配系数大。采用双模糊控制后,前后轴均未抱死。采用辅助减振器与弹簧后,车身横摆角加速度最大值从 3.024 rad/s² 降低 1.741 rad/s²,性能提升 42.4%;采用双模控制后,车身横摆角加速度最大值仅为 0.509 rad/s²,性能提升 83.2%,整车稳定性提升极为显著。

单击"File">"Info">"Assembly"命令,在 Assembly Name 菜单栏中下拉选中 fsae_full_2017_fuzhu 装配模型,如图 14.20 所示。

单击 OK 按钮,显示出整车信息。子系统信息及整车模型信息是了解整车(包含子系统、参数、路面、轴套、硬点等)最直接的方式,在学习过程中,包含通信器在内,经常需要查询错误。

整车模型信息如下:

图 14.20 整车装配模型信息对话框

车辆系统动力学仿真

Assembly Name : fsae_full_2017_fuzhu
Assembly Class : full_vehicle
File Name   : <FASE>/assemblies.tbl/fsae_full_2017_fuzhu.asy

SUBSYSTEM NAME	MAJOR ROLE	MINOR ROLE
front_tire	wheel	front
rear_tire	wheel	rear
brake	brake_system	any
fsae_suspension_rear_axle	suspension	rear
FSAE_Body_2017	body	any
FSAE_steering_2017	steering	any
powertrain_fsae_2017	powertrain	rear
frong_sus_fuzhu	suspension	front

************* SUBSYSTEM INFO ************* % 以上为整车模型包含的子系统信息

Info for subsystem: testrig
 File Name   : *cannot find subsystem file*
 Template   : *cannot find template file*
 Comments   :
 Template   : Driver Input Model
 Subsystem   : none
 Major Role   : analysis
 Minor Role   : any
 HARDPOINTS:

hardpoint name	symmetry	x_value	y_value	z_value
--------------	--------	-------	-------	-------
path_error_reference	single	0.0	0.0	0.0
upright_reference	left/right	0.0	0.0	0.0

Info for subsystem: front_tire   % 前轮胎子系统信息

 File Name   : <FASE>/subsystems.tbl/front_tire.sub
 Template   : mdids://FASE/templates.tbl/_handling_tire.tpl
 Comments   : *no comments found*
 Major Role   : wheel
 Minor Role   : front

Info for subsystem: rear_tire   % 后轮胎子系统信息

 File Name   : <FASE>/subsystems.tbl/rear_tire.sub
 Template   : mdids://FASE/templates.tbl/_handling_tire.tpl

Comments	:	*no comments found*
Major Role	:	wheel
Minor Role	:	rear
Info for subsystem:	brake	%制动系统系统信息

File Name	:	<FASE>/subsystems.tbl/brake.sub
Template	:	mdids://FASE/templates.tbl/_brake_system_4Wdisk.tpl
Comments	:	
Template	:	4 Wheel Disk Brake System
Subsystem	:	*no subsystem comments found*
Major Role	:	brake_system
Minor Role	:	any

Info for subsystem: fsae_suspension_rear_axle   % 后推杆式双横臂悬架子系统信息

File Name	:	<FASE>/subsystems.tbl/fsae_suspension_rear_axle.sub
Template	:	mdids://FASE/templates.tbl/_fsae_suspension_rear_axle.tpl
Comments	:	*no comments found*
Major Role	:	suspension
Minor Role	:	rear

HARDPOINTS:

hardpoint name	symmetry	x_value	y_value	z_value
--------------	--------	-------	-------	-------
global	single	1524.0	0.0	0.0
arblink_to_bellcrank	left/right	1447.8	-50.8	317.5
arb_bushing_mount	left/right	1651.0	-127.0	101.6
bellcrank_pivot	left/right	1447.8	-114.3	304.8
bellcrank_pivot_orient	left/right	1473.2	-146.05	547.3117386416
drive_shaft_inr	left/right	1500.0	-200.0	225.0
lca_front	left/right	1270.0	-127.0	127.0
lca_outer	left/right	1498.6	-482.6	101.6
lca_rear	left/right	1651.0	-127.0	127.0
prod_outer	left/right	1498.6	-482.6	127.0
prod_to_bellcrank	left/right	1409.7	-139.7	304.8
shock_to_bellcrank	left/right	1460.5	-50.8	304.8
shock_to_chassis	left/right	1651.0	-50.8	304.8
tierod_inner	left/right	1676.4	-127.0	152.4
tierod_outer	left/right	1574.8	-457.2	152.4
uca_front	left/right	1270.0	-152.4	304.8
uca_outer	left/right	1549.4	-482.6	355.6
uca_rear	left/right	1625.6	-152.4	304.8
wheel_center	left/right	1524.0	-558.8	228.6

Info for subsystem: FSAE_Body_2017   % FSAE 赛车车身子系统信息

    File Name   : <FASE>/subsystems.tbl/FSAE_Body_2017.sub
    Template   : mdids://FASE/templates.tbl/_fsae_chassis.tpl
    Comments   :
    Template   : Simple One Part Rigid Chassis
    Subsystem   : *no subsystem comments found*
    Major Role   : body
    Minor Role   : any

    HARDPOINTS:

hardpoint name	symmetry	x_value	y_value	z_value
ground_height_reference	single	289.432	0.0	-30.0
path_reference	single	289.432	0.0	-30.0

Info for subsystem: FSAE_steering_2017   % 中置转向子系统信息

    File Name   : <FASE>/subsystems.tbl/FSAE_steering_2017.sub
    Template   : mdids://FASE/templates.tbl/_FSAE_steering_mid.tpl
    Comments   : *no comments found*
    Major Role   : steering
    Minor Role   : any

HARDPOINTS:

hardpoint name	symmetry	x_value	y_value	z_value
intermediate_shaft_forward	single	164.3	0.0	279.4
intermediate_shaft_rearwar	single	316.7	0.0	355.6
pinion_pivot	single	50.8	0.0	152.4
steering_wheel_center	single	443.7	0.0	381.0
rack_house_mount	left/right	50.8	-60.0	152.4
tierod_inner	left/right	50.8	-127.0	152.4

Info for subsystem: powertrain_fsae_2017   % 动力总成子系统信息

    File Name   : <FASE>/subsystems.tbl/powertrain_fsae_2017.sub
    Template   : mdids://FASE/templates.tbl/_powertrain.tpl
    Comments   :
    Template   : Example of a non-spinning powertrain
    Subsystem   : *no subsystem comments found*
    Major Role   : powertrain

Minor Role   :   rear

HARDPOINTS:

hardpoint name	symmetry	x_value	y_value	z_value
graphics_reference	single	0.0	0.0	0.0
front_engine_mount	left/right	950.0	-150.0	200.0
rear_engine_mount	left/right	1250.0	-150.0	200.0

Info for subsystem: frong_sus_fuzhu   % 前推杆式双横臂悬架子系统信息

File Name	:	<FASE>/subsystems.tbl/frong_sus_fuzhu.sub
Template	:	mdids://FASE/templates.tbl/_FSAE_sus_front_gaijin.tpl
Comments	:	*no comments found*
Major Role	:	suspension
Minor Role	:	front

HARDPOINTS:

hardpoint name	symmetry	x_value	y_value	z_value
hps_global	single	0.0	0.0	0.0
arblink_to_bellcrank	left/right	-38.1	-50.8	393.7
arb_bushing_mount	left/right	127.0	-127.0	101.6
bellcrank_pivot	left/right	-25.4	-88.9	381.0
bellcrank_pivot_orient	left/right	-25.4	-101.6	508.0
danmper_up	left/right	0.0	-330.2	317.5
lca_front	left/right	-127.0	-127.0	114.3
lca_outer	left/right	0.0	-546.1	120.65
lca_rear	left/right	127.0	-127.0	114.3
prod_outer	left/right	0.0	-457.2	139.7
prod_to_bellcrank	left/right	-50.8	-127.0	381.0
shock_to_bellcrank	left/right	-38.1	-50.8	393.7
shock_to_chassis	left/right	152.4	-50.8	381.0
tierod_inner	left/right	50.8	-127.0	152.4
tierod_outer	left/right	63.5	-482.6	152.4
uca_front	left/right	-101.6	-177.8	279.4
uca_outer	left/right	0.0	-482.6	355.6
uca_rear	left/right	101.6	-177.8	279.4
wheel_center	left/right	0.0	-558.8	241.3

第 15 章 操纵稳定性仿真

操纵稳定性仿真指整车在受到路面凸块或者侧向风等不稳定因素影响后能够快速恢复稳定状态的能力。本章主要用 ADAMS/View 通用模块建立整车模型，通用整车模型与采用 Car 专业模块建立的整车模型区别较大，主要体现在集成度后者好，整车调试较为烦琐。在整车模型的基础上通过添加主动力函数实现悬架主动可调，主动控制算法采用模糊控制理论。整车各种仿真由编写函数实现，包含整车的驱动力调节。整车模型如图 15.1 所示。

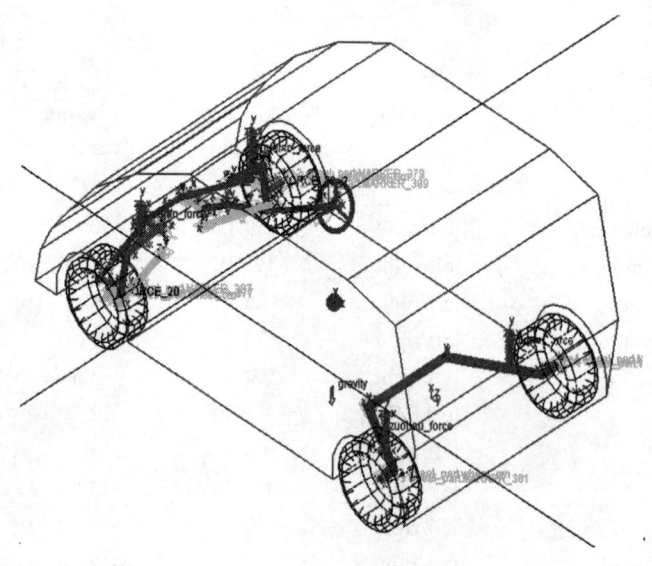

图 15.1 整车模型

15.1 整车模型（ADAMS/View）

整车模型的建立是进行整车操作稳定性分析和平顺性分析的前提，在建模的过程中，对各子系统进行简化处理。整车系统包括前后悬架、前后轮胎、车身与转向系统，除此之外，还有路面模型。整车有 25 个移动部件、1 个圆柱副、13 个转动副、7 个球副、2 个恒速副、4 个固定副、3 个胡克副、1 个驱动副和 1 个耦合副，因此整车有 13 个自由度。整车参数如表 15.1 所示。

表 15.1　整车参数表

名　称	数　值	单　位
车身质量	1 000	kg
前轮距	1 650	mm
后轮距	1 650	mm
轴距	2 600	mm
阻力系数	0.297	—
前悬挂弹簧刚度	22	N/mm
后悬挂弹簧刚度	34	N/mm
前悬挂阻尼系数	1 200	N/(s/m)
后悬挂阻尼系数	1 200	N/(s/m)
前轮前束	0.1	d
前轮外倾	−1	d
前后轮胎型号	215/55R16	—

15.1.1　车身模型

现代轿车大多数都具有作为整车骨架的车架，其作用是支撑连接汽车的各个零部件，并承受来自车内外的各种载荷。车架是整个汽车的基体，汽车的绝大多数部件和总成都是通过车架来固定其位置的[23]。在进行整车建模时，我们把车身简化成刚体，如图 15.2 所示。

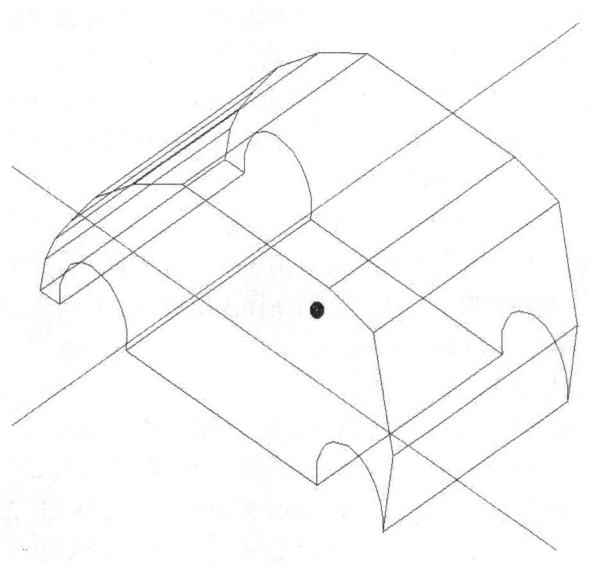

图 15.2　车身模型

建立的车身的测量函数有：
车身垂直加速度：ACCY(chassis.cm)。

车身纵向加速度：ACCX(chassis.cm)。

车身侧向加速度：ACCZ(chassis.cm)。

车身切向加速度：SQRT(ACCX(chassis.cm)**2+ACCz(chassis.cm)**2)。

车身切向速度：SQRT(vX(chassis.cm)**2+vz(chassis.cm)**2)。

侧倾角加速度：WDTX(chassis.cm)。

俯仰角加速度：WDTz(chassis.cm)。

横摆角加速度：WDTz(chassis.cm)。

侧倾角速度：WX(chassis.cm)。

俯仰角速度：Wz(chassis.cm)。

横摆角速度：Wz(chassis.cm)。

左前轮与车身连接处加速度：ACCY(MARKER_47)。

左后轮与车身连接处加速度：ACCY(MARKER_226)。

右前轮与车身连接处加速度：ACCY(MARKER_49)。

右后轮与车身连接处加速度：ACCY(MARKER_228)。

左前轮与车身连接处速度：VY(MARKER_47)。

左后轮与车身连接处速度：VY(MARKER_226)。

右前轮与车身连接处速度：VY(MARKER_49)。

右后轮与车身连接处速度：VY(MARKER_228)。

15.1.2 悬架模型

悬挂系统是汽车的车架与车桥之间一切传力的连接装置的总称，其作用是把地面作用于车轮上的垂直反力、纵向反力和侧向反力及这些反力造成的力矩都传递到车架上，以保证汽车的正常行驶[23]。在建立悬架模型前，必须先对悬架系统进行合理简化。从汽车动力学的角度出发，对建立的模型做如下简化和假设：悬架为一个多刚体系统，系统每个刚体在各个方向的惯性力（假想力）均为零；由于某些铰链在一些方向的力的约束真值比较小，对整车动力学的影响可以忽略不计，假设其为零；各运动副内的摩擦力忽略不计[24]。

前悬架采用双横臂悬架，由上横臂、下横臂、主销、拉臂、转向横拉杆、转向节及弹簧组成。其中，上下横臂及转向横拉杆与车架用旋转副连接；上下横臂与主销之间、转向横拉杆与拉臂之间用球铰连接；拉臂和转向节与主销之间用固定副连接；转向横拉杆与转向系统用胡克副连接[25]。建好的模型如图 15.3 所示。

建立的左侧悬架的测量函数有：

主销内倾：ATAN(DZ(MARKER_29, MARKER_31)/Dy(MARKER_29, MARKER_31))。

主销后倾：ATAN(Dx(MARKER_29, MARKER_31)/Dy(MARKER_29, MARKER_31))。

前轮外倾：ATAN(DY(MARKER_232, MARKER_36)/Dz(MARKER_232, MARKER_36))。

前轮前束：ATAN(DY(MARKER_232, MARKER_36)/Dz(MARKER_232, MARKER_36))。

悬架动行程位移：DY(MARKER_47, MARKER_232)-DY(MARKER_234, MARKER_233)。

悬架动行程速度：vY(MARKER_47, MARKER_232)-vY(MARKER_234, MARKER_233)。

轮胎侧向滑移量：DZ(MARKER_232)-DZ(MARKER_290)。

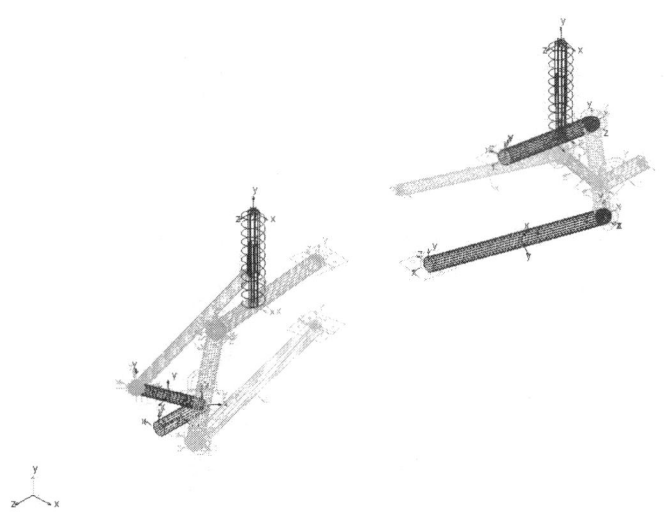

图 15.3　前悬架模型

车轮跳动量：DY(MARKER_232)-DY(MARKER_233)。
建立的右侧悬架的测量函数有：
主销内倾：ATAN(Dz(MARKER_20, MARKER_111)/Dy(MARKER_20, MARKER_111))。
主销后倾：ATAN(Dx(MARKER_20, MARKER_111)/Dy(MARKER_20, MARKER_111))。
前轮外倾：ATAN(DY(MARKER_22, MARKER_235)/Dz(MARKER_22, MARKER_235))。
前轮前束：ATAN(Dx(MARKER_22, MARKER_235)/Dz(MARKER_22, MARKER_235))。
悬架动行程位移：DY(MARKER_49, MARKER_235)-DY(MARKER_236, MARKER_237)。
悬架动行程速度：vY(MARKER_49, MARKER_235)-vY(MARKER_236, MARKER_237)。
轮胎侧向滑移量：DZ(MARKER_235)-DZ(MARKER_291)。
车轮跳动量：Dy(MARKER_235, MARKER_237)。

后悬架采用扭力梁半独立悬架，其中扭力梁需要进行柔性化处理，这种悬架是单横臂和单纵臂独立悬架的折中方案。其摆臂绕与汽车纵轴线具有一定交角的轴线摆动，选择合适的交角可以满足汽车操纵稳定性要求。扭力梁悬架模型如图 15.4 所示。

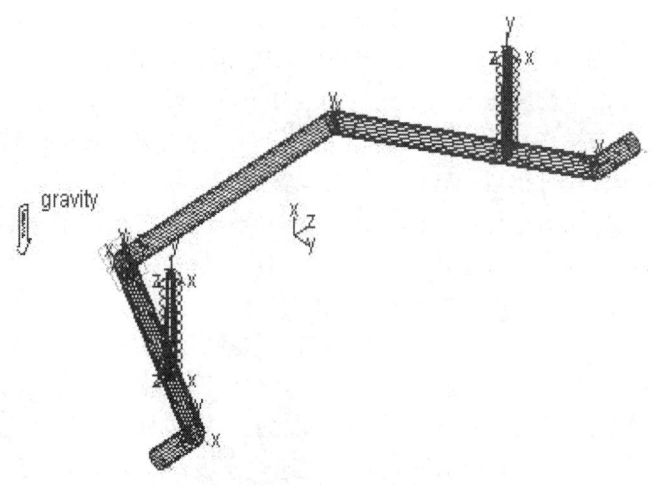

图 15.4　后扭力梁悬架

建立的测量函数有：

左侧后轮前束：ATAN(Dx(MARKER_242, MARKER_223)/Dz(MARKER_242, MARKER_223))。

左侧后轮外倾：ATAN(DY(MARKER_242, MARKER_223)/Dz(MARKER_242, MARKER_223))。

右侧后轮前束：ATAN(DX(MARKER_243, MARKER_224)/Dz(MARKER_243, MARKER_224))。

右侧后轮外倾：ATAN(Dy(MARKER_243, MARKER_224)/Dz(MARKER_243, MARKER_224))。

悬架左侧动行程位移：DY(MARKER_226, MARKER_242)-DY(MARKER_239, MARKER_238)。

悬架左侧动行程速度：vY(MARKER_226, MARKER_242)-vY(MARKER_239, MARKER_238)。

悬架右侧动行程位移：DY(MARKER_228, MARKER_243)-DY(MARKER_241, MARKER_240)。

悬架右侧动行程速度：vY(MARKER_228, MARKER_243)-vY(MARKER_241, MARKER_240)。

左侧轮胎侧向滑移量：DZ(MARKER_242)-DZ(MARKER_292)。

右侧轮胎侧向滑移量：DZ(MARKER_243)-DZ(MARKER_293)。

左侧轮胎跳动量：DY(MARKER_242)-DY(MARKER_238)。

右侧轮胎跳动量：DY(MARKER_243)-DY(MARKER_240)。

15.1.3 转向系统模型

汽车在行驶过程中，经常需要改变行驶方向。就轮式汽车而言，改变行驶方向的方法是，驾驶员通过一套专设的机构，使汽车转向桥上的车轮相对于汽车纵轴线偏转一定角度。此时路面作用于转向轮上向后的反力就有了垂直于车轮平面的分量，并成为汽车做曲线运动的向心力。在汽车直线行驶时，往往转向轮也会受到路面侧向干扰力的作用，自动偏转而改变行驶方向。此时，驾驶员也可以利用这套机构使转向轮向相反方向偏转，从而使汽车恢复原来的行驶方向。这一套用来改变或恢复汽车行驶方向的专设机构被称为汽车转向系统。

转向系统一般由转向操作机构、转向器和转向传动机构组成。其中，转向操纵机构主要由转向盘、转向轴、转向管柱等组成；转向器将转向盘的转动变为转向摇臂的摆动或齿条轴的直线往复运动，并对转向操纵力进行放大的机构，转向器一般固定在汽车车架或车身上；转向操纵机构力通过转向器后一般还会改变传动方向。转向传动机构将转向器输出的力和运动传给车轮（转向节），并使左右车轮按一定关系进行偏转的机构。

在建好的模型中，左右转向拉杆与转向横拉杆、空摇臂与车架之间用胡克副连接；转向横拉杆与摇臂、转向摇臂与车架、转向机与车架之间用转动副连接，其中转向机和底盘之间的转动副、转向摇臂与车架之间的转动副设置为耦合副；转向横拉杆与空摇臂之间用球副连接；转向盘与转向传动轴、转向机与转向传动轴之间用恒速副连接；转向盘与车架之间用圆柱副连接。右舵转向模型如图 15.5 所示。

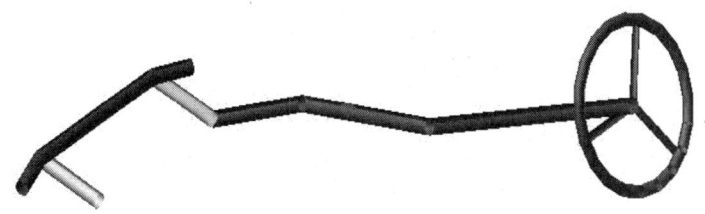

图 15.5　右舵转向模型

15.1.4　轮胎模型

在高速公路行驶的车辆，受到的控制与挠动力，除了空气动力以外，其余均来自轮胎与地面的接触区。因此，有这样的说法：决定一辆汽车如何转向、制动和加速的关键控制力产生于四块不大于人手掌大小的接触区。轮胎、轮胎的工作状况、接触区内产生的力和力矩，以及三者之间的关系是整车动力学的一个基本方面。轮胎有三个基本功能：

（1）支撑垂直载荷，同时缓冲路面引起的冲击。

（2）提供加速和制动所需的纵向力。

（3）提供转向所需的转向力。

在平整的路面上进行车辆操纵性能研究，几乎所有 ADAMS 所支持的轮胎模型都有足够的精度。本模型用 UA 轮胎模型，UA 模型是目前应用较多的模型，它采用的是 SAE 坐标系，考虑了非稳态效应，侧偏和纵滑的相互影响是通过摩擦椭圆考虑的，考虑了外倾，但不计算翻转力矩，轮胎的特性参数如表 15.2 所示。轮胎与转向节之间用转动副连接。建好的模型如图 15.6 所示。

表 15.2　UA 轮胎特性参数

参数名称	数据	单位
自由半径	375	mm
胎冠半径	107.5	mm
径向刚度	261.3	N/mm
纵向滑移刚度	30 000	N/mm
侧偏刚度	46 000	N/rad
外倾刚度	4 000	N/rad
滚动阻力系数	0.015	—
径向相对阻尼系数	0.75	—
静摩擦系数	0.94	—
动摩擦系数	0.74	—

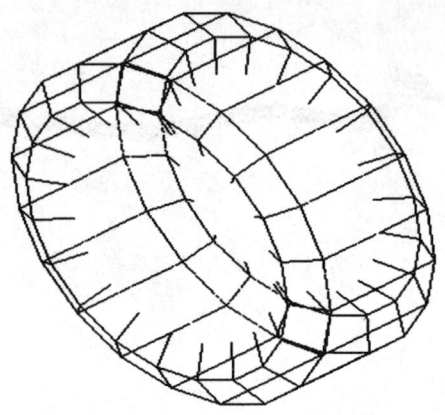

图 15.6　ADAMS 轮胎模型

15.1.5　道路模型

在 ADAMS 里面，道路模型是通过编制路面谱实现的。路面谱的编制要满足轮胎的要求：① 地面谱的位置要处于轮胎的下方；② 地面谱向上的方向要指向轮胎所处的一侧；③ 地面谱的大小要根据仿真的需要确定。本模型使用 ADAMS/Car 共享数据库里自带的路面模型文件 2d_flat.rdf 并进行参数修改。路面模型如图 15.7 所示。

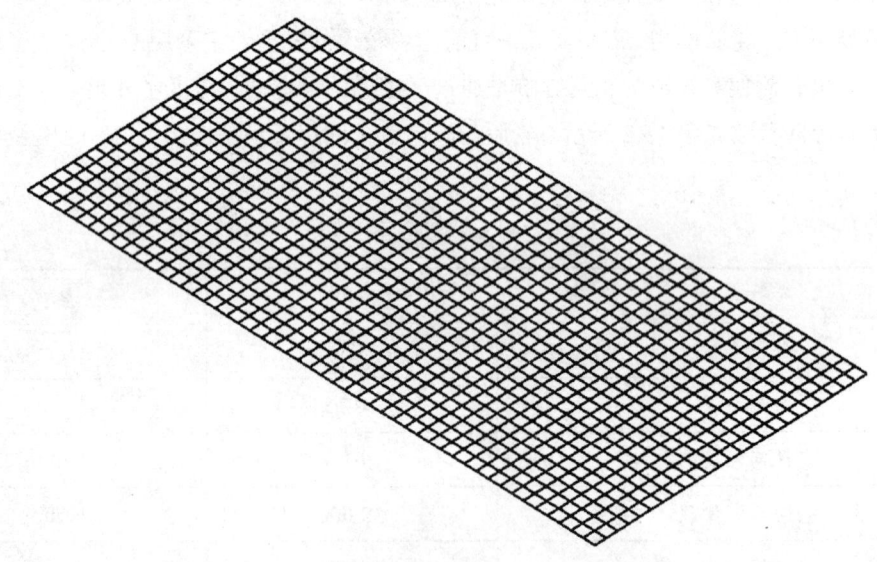

图 15.7　路面模型

15.1.6　主动悬架的实现

主动悬架的实现有多种方式，在这里我们给减振器的上下指定施加相互作用的反作用力，作用在车身和悬架两个不同的部件上。在 Characteristic 下拉菜单里面选择 Custom，表示作用力用函数表述。

15.1.7 驱动力矩

本车为前置前驱轿车,驱动力矩施加在两前轮上,在两前轮施加力矩函数,此力矩函数保证了此车在行驶过程中车速保持在 40~45 km/h,根据 GB/T 6323—2014 对操纵稳定性做出的规定,不同的实验车速有较大的变化。在此我们考虑到计算经济性的问题,同时在此我们主要注重方法的研究,对于所有的仿真实验都把车速调到 40~45 km/h,如图 15.8 和图 15.9 所示。

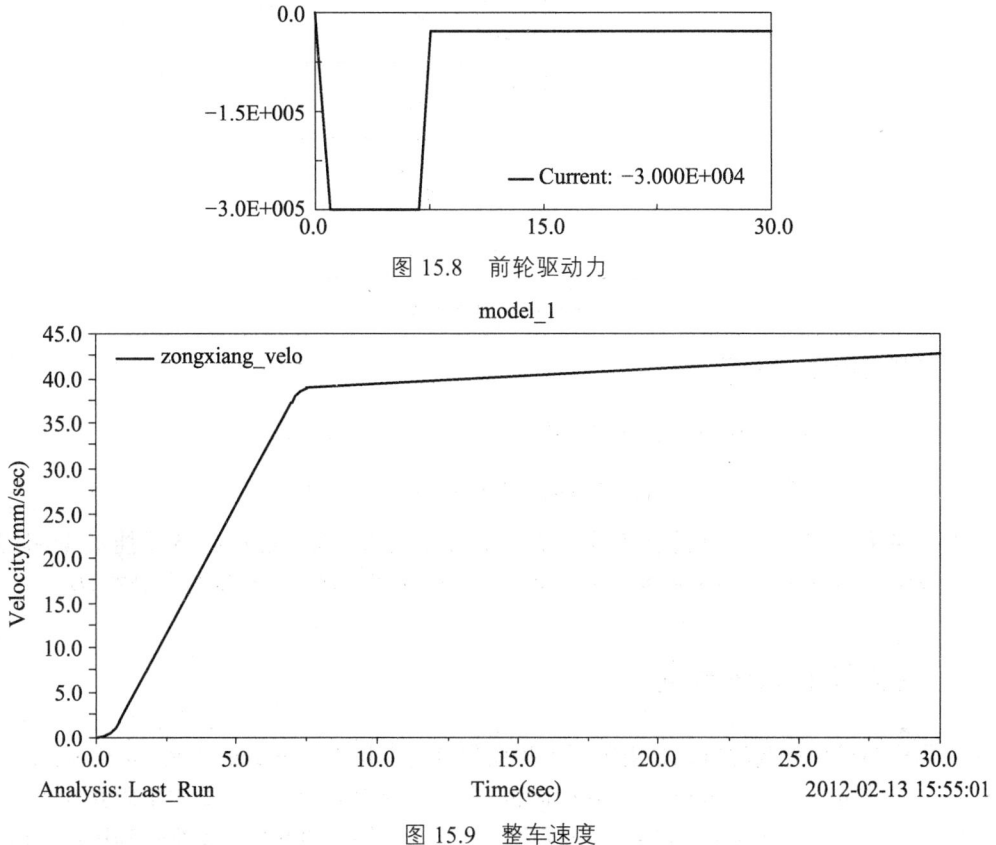

图 15.8 前轮驱动力

图 15.9 整车速度

车轮力矩函数:
-STEP(time , 0 , 0 , 1 , 300000)-STEP(time , 1 , 0 , 7 , 0)-STEP(time , 7 , 0 , 7.5 , -270000)

15.2 模糊控制策略

汽车的主动悬架系统是在普通悬架系统中附加一个可以控制阻尼作用力的装置,由执行机构、测量系统、反馈控制系统和能源系统四部分组成。主动悬架能够根据汽车的运动状态和路面状况,适时地调节悬架的刚度和阻尼,使悬架系统处于最佳减振状态,使车辆在各种路面状况下都会有良好的舒适性。主动悬架的关键部位是其执行机构,也就是可以调节的悬架阻尼系统。主动悬架有作为直接力发生器的动作器,可以根据输入与输出进行最优的反馈控制,使悬架有最好的减振特性,以提高汽车的平顺性和操纵稳定性。主动悬架的一个重要特点就是,它要求动作器所产生的力能够很好地跟踪任何力控制信号。因此，它为控制规律的选择提供了一个广泛的设计空间，即如何确定控制规律以使系统能够让车辆达到最佳的总体性能。本章节将采用最简单的智能控制——模糊控制规律。主动悬架模型如图 15.10 所示。

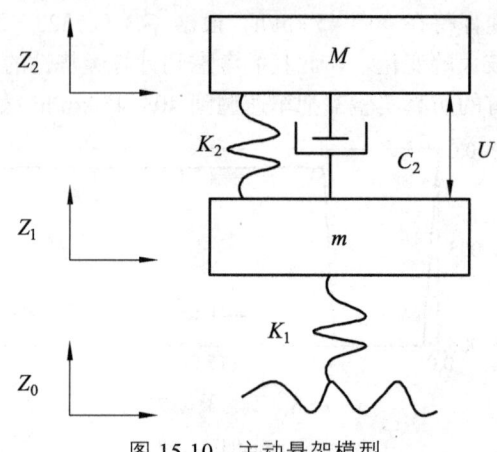

图 15.10　主动悬架模型

主动悬架的动力学方程：

$$M\ddot{Z}_2 = K_2(Z_2 - Z_1) + C_2(\dot{Z}_2 - \dot{Z}_1) + U$$

$$m\ddot{Z}_1 = K_1(Z_1 - Z_0) - K_2(Z_2 - Z_1) - C_2(\dot{Z}_2 - \dot{Z}_1) - U$$

式中，M 为悬挂质量；m 为非悬挂质量；K_2 为悬挂系统的弹簧刚度；C_2 为悬挂系统的阻尼系数；K_1 为轮胎的刚度；U 为主动控制力；Z_0、Z_1、Z_2 分别为路面、车轴与车身的位移。

15.2.1　模糊控制系统概述

模糊集合与模糊控制的概念是由美国加州大学著名教授 I. A. Zadeh 在其 *Fuzzy Sets*，*Fuzzy Algorithm*，*A Rationale for Fuzzy Control* 等著作中首先提出来的。它主要用于研究现实世界中一些模糊不清的问题，并使之清晰化。模糊集合的引入可将人的判断、思维过程用比较简单的数学形式直接表达出来，从而使对复杂系统做出符合实际和人类思维方式的处理成为可能，为模糊控制的形成奠定了基础。

汽车悬架是一个非常复杂的多变量、时变、非线性系统。虽然经过各种简化可以建立其数学模型，但并不是精确的数学模型描述。传统的 PID 控制及最优控制方法，都是必须建立在确定的数学模型的基础上的，这必然会与实际情况产生很大的误差。而模糊控制器不需要有精确的数学模型作为基础，也可以设计出较为优良的控制器。因此，近些年来模糊控制器在汽车领域得到越来越广泛的应用。

15.2.2　模糊控制器的结构

模糊控制器由知识库、推理机制、模糊器、反模糊器 4 个基本要素组成。知识库包含了对每一个模糊集的定义，并保持一套算子以实现基本的逻辑，同时用一个规则信度矩阵表示模糊规则的映射。推理单元与模糊器和反模糊器一起，从真实的输入值计算出真实的输出值。模糊器将输入表示为一个模糊集，使得推理单元在存储于知识库中的规则下与之匹配。然后推理单元计算每一个规则的作用强度，并输出一个模糊分布，该模糊分布真实地输出模糊估计，最后，这些信息被反模糊化压缩为单值。

结构的选择将直接影响模糊控制器的性能，常用的有一维、二维和多维结构，在这里我们采用二维控制器，如图 15.11 所示。控制器的输入为车身的加速度 a 和速度 v。输出为控制量 u。

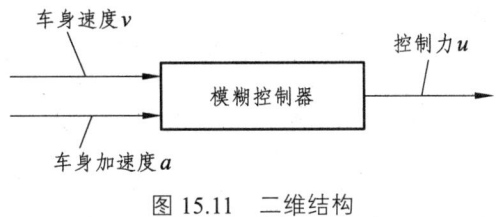

图 15.11　二维结构

15.2.3　模糊控制规则

模糊控制规则是模糊控制器的核心，它用语言的方式描述了控制器输入量与输出量之间的关系。模糊控制规则是根据专家或者熟练操作人员的控制经验，以逻辑推理的方式给出的。或者首先给出一种模糊控制规则，然后经过不断地分析调整，得到最终的模糊控制规则。模糊控制规则的选取过程可以分为 3 个部分：选择适当的模糊语言的变量、确定各语言变量的隶属函数和建立控制规则。

15.2.4　模糊语言变量的选择

输入变量是各悬架与车身安装处的加速度 a 和车轮与车身的相对速度 v，我们采用 7 个控制变量规则来进行描述：负大（−3）、负中（−2）、负小（−1）、零（0）、正小（1）、正中（2）、正大（3）。输出变量控制力 u 同样采取 7 个语言模糊集来进行描述：负大（−3）、负中（−2）、负小（−1）、零（0），正小（1）、正中（2）、正大（3）。其中误差和误差变化的精确量与模糊量分别取：

$$e = [-20, 20]$$

$$ec = [-500, 500]$$

$$E = [-3, -2, -1, 0, 1, 2, 3]$$

$$EC = [-3, -2, -1, 0, 1, 2, 3]$$

$$u = [-3, -2, -1, 0, 1, 2, 3]$$

因此，量化因子分别为

$$K_E = 3/20 = 0.15$$

$$K_{EC} = 3/500 = 0.006$$

15.2.5 隶属函数的确定

在模糊控制中，模糊语言变量的隶属函数可以用列表的形式表示，也可以用三角形与梯形等形状分布，在这里我们采用三角形分布。车身加速度 a、车轮与车身的相对速度 v 与控制力 u 的隶属函数曲线如图 15.12～15.14 所示。

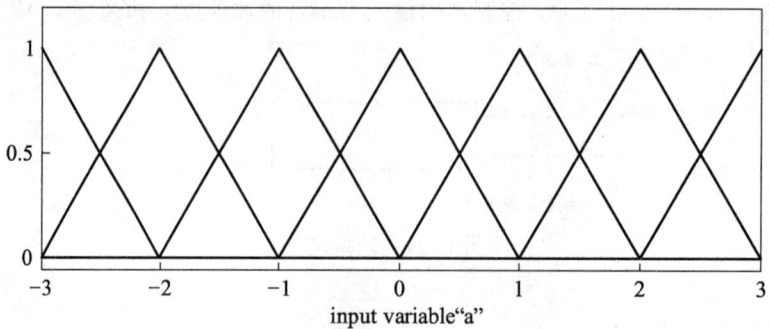

图 15.12　车身加速度 a 隶属函数曲线

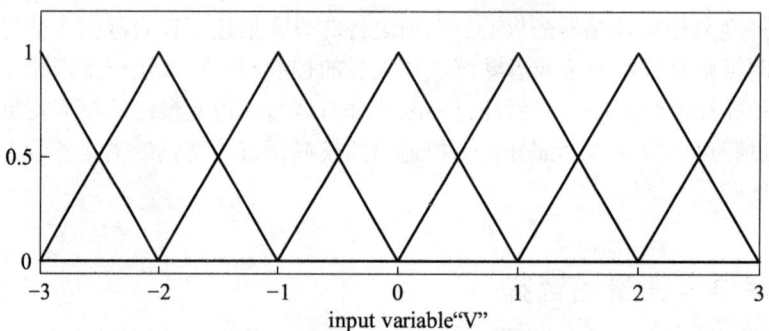

图 15.13　车身与车轮相对速度 v 隶属函数曲线

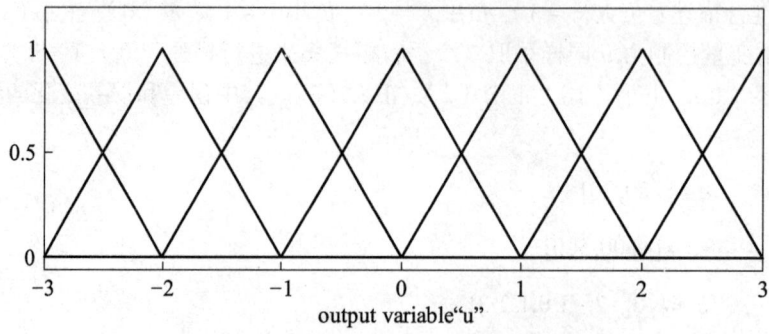

图 15.14　控制力 u 输出隶属函数曲线

15.2.6 模糊控制规则的建立

根据专家经验，对于一个连续函数，当误差 e 为正时，实际值大于目标值；当误差 e 为负时，实际值小于目标值；当误差变化率 ec 为正时，实际值的变化趋势是逐步增大；当误差变化率 ec 为负时，实际值有逐步减小的趋势。当输出变量 u 为正时，有使实际值增大的趋势，当 u

为负时,有使实际值减小的趋势,如图 15.15 所示。

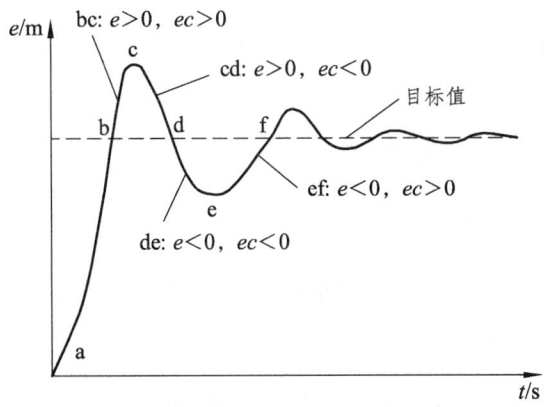

图 15.15 偏差及偏差变化率曲线

当误差大或较大时,选择控制量以尽快消除误差为主;而误差较小时,选择控制量时应注意防止超调,以系统的稳定性为主要考量。当误差为负而误差变化率为正时,系统本身已有减小这种误差的趋势,所以为尽快消除误差且又不引起超调,应取较小的控制量。

由于车身加速度 a 和车身车速度 v 在控制过程中都是需要减小的,所以形成的 49 个控制规则如表 15.3 所示,模糊控制规则曲面如图 15.16 所示。

表 15.3 模糊控制规则

a	v						
	-3	-2	-1	0	1	2	3
-3	3	3	2	1	1	-1	-2
-2	3	3	2	1	0	-1	-2
-1	3	2	1	1	-1	-2	-3
0	3	2	1	0	-1	-2	-3
1	3	2	1	-1	-1	-2	-3
2	2	1	0	-1	-2	-3	-3
3	2	1	-1	-1	-2	-3	-3

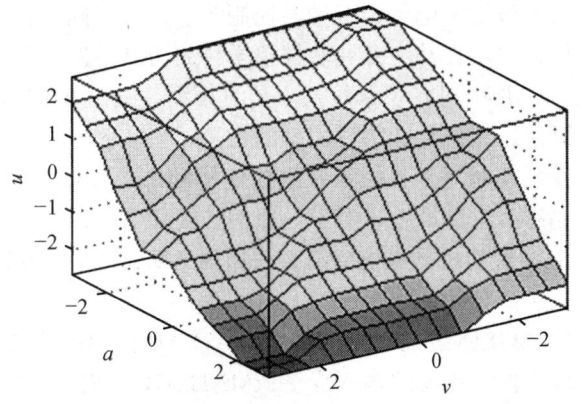

图 15.16 模糊控制规则曲面

15.2.7 模糊推理

每一个模糊控制规则将形成一个模糊子关系 R：

$$R_1 = a(-3) \times v(-3) \times u(3)$$
$$R_2 = a(-3) \times v(-1) \times u(3)$$
$$\vdots$$
$$R_{49} = a(3) \times v(3) \times u(-1)$$

所有模糊子关系的总和即为模糊控制输入与输出之间的模糊关系：

$$R = R_1 \cup R_2 \cup R_3 \cup \cdots \cup R_{49}$$

对于任意一组模糊输入 a 和 v，就能得到相应的模糊输出：

$$u = (a \times v) \cdot R$$

15.2.8 模糊判决

利用模糊关系 R，对于任意一组模糊输入 a 和 v，所求的控制力输出 u 是一个模糊子集，对于被控对象只能接受精确的控制量，这就需要进行输出信息的模糊判决，即将模糊量转化为精确量。在转化过程中常用的方法有最大隶属度法、取中位数法和重心法。最大隶属度法是模糊子集 u 中隶属度最大的元素作为输出量，它完全排除了其他一切隶属度较小的元素的影响和作用；取中位数法是求出把隶属函数曲线和横坐标之间包含面积平分为两部分，以此作为输出；重心法是求出隶属函数曲线和横坐标之间包含的重心位置，以此得出控制量的精确量。本书采用重心法进行模糊判决。

15.3 机控联合仿真

近年来，多学科联合仿真是整个 CAE 行业发展的方向，因为只有对关键学科之间复杂交互作用的准确表述才能保证真实地模拟物理现象，如何通过使用一个模型实现不同学科之间的交互作用和耦合、优化不确定因素和利用高性能处理器提高计算速度是目前仿真领域亟待解决的问题。机电产品通常是由液压、电子、机械与控制等子系统共同协作发挥其功能的，复合系统仿真问题要求我们不可以局限在某一专业软件单学科的仿真。然而我们可以很方便地在相应的物理领域及恰当的仿真工具中对各子系统建立仿真模型，通过 TCP/IP 等方式实现不同仿真工具之间的数据交换和调用，完成复杂物理模型的仿真。

ADAMS 控制系统设计是对复杂机械系统进行建模和仿真分析的基本环节之一。ADAMS 尽快控制系统的设计主要有两个途径：① 对于一般的控制环节可以使用自带的控制工具箱进行处理；② 对于复杂的控制装置的机械系统，则必须利用 ADAMS/Control 模块进行设计和建模，使用控制系统进行交互式仿真分析[30, 42-45]。

在数据的传递过程中，ADAMS 的输出变量为 MATLAB 控制系统的输入变量，即悬架与车身连接处的速度与加速度为控制系统的输入变量；MATLAB 的输出变量为 ADAMS 的输入变量，即 MATLAB 控制的主动力变量为 ADAMS 的输入量。

15.3.1 确定整车系统的输入输出变量

主动悬架控制力是一个可变的力,在本系统中,它是一个由模糊控制规则控制的实时可变力,它由 VARVAL( )函数实现。整车模型中建立的控制力函数为

VARVAL(.model_1.zuoqianforce)
VARVAL(.model_1.youqianforce)
VARVAL(.model_1.zuohouforce)
VARVAL(.model_1.youhouforce)

VARVAL( )函数是一个 ADAMS 里面的函数,它返回变量.model_1.zuoqianforce,通过函数把主动力与输出的位移及加速度函数联系起来,如图 15.17 所示。输出系统的变量函数在前述整车模型的建立过程中已经实现,经验证正确。

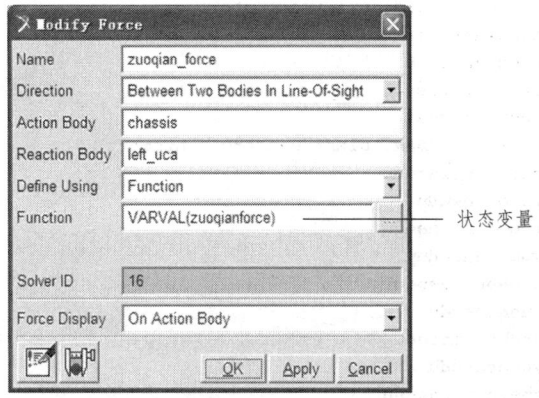

图 15.17 主动力控制变量

在 ADAMS/Control 模块中,导出输入/输出变量,如图 15.18 所示,以备在 MATLAB 中的应用,同时我们对输入/输出变量进行检查,确认无误。

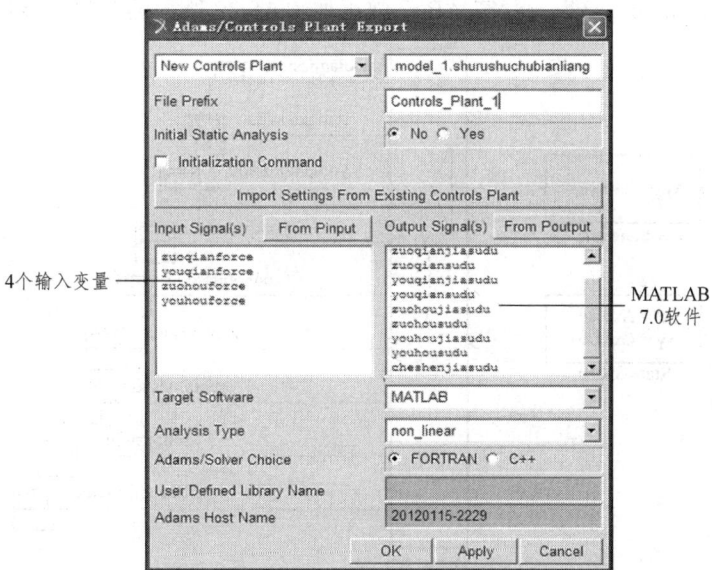

图 15.18 输入与输出系统状态变量

15.3.2 导出 ADAMS_sys

整车系统模型建立并检查无误后经过 ADAMS/Control 模块导出系统的输出变量,下面我把 ADAMS 软件与 MATLAB 软件导通,并在 MATLAB 里面进行控制系统模型的建立,以保证整车联合仿真系统的顺利实现。在 MATLAB 中输入 Controls_Plant_1,如图 15.19 所示,软件导通。在软件的命令窗口出现整车系统的输入/输出变量,同时会显示出导通的时间。

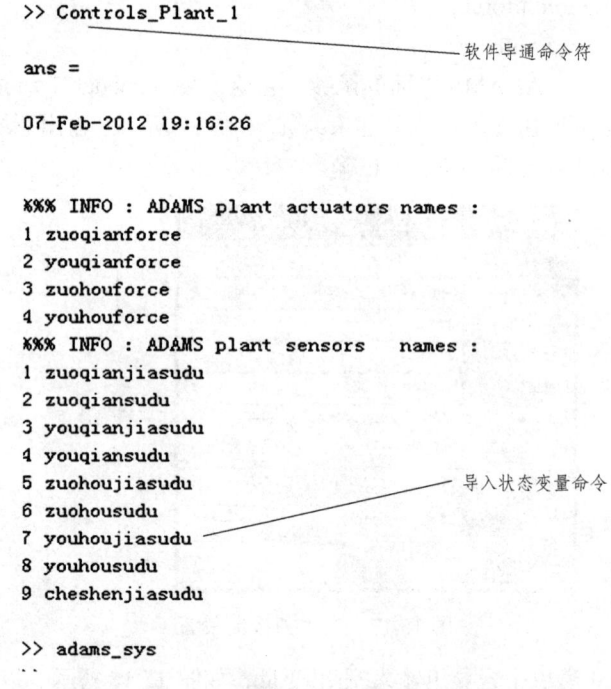

图 15.19 ADAMS 与 MATLAB 导通界面

接着输入命令 adams_sys,MATLAB 会弹出如图 15.20 所示的窗口,该窗口是 MATLAB/

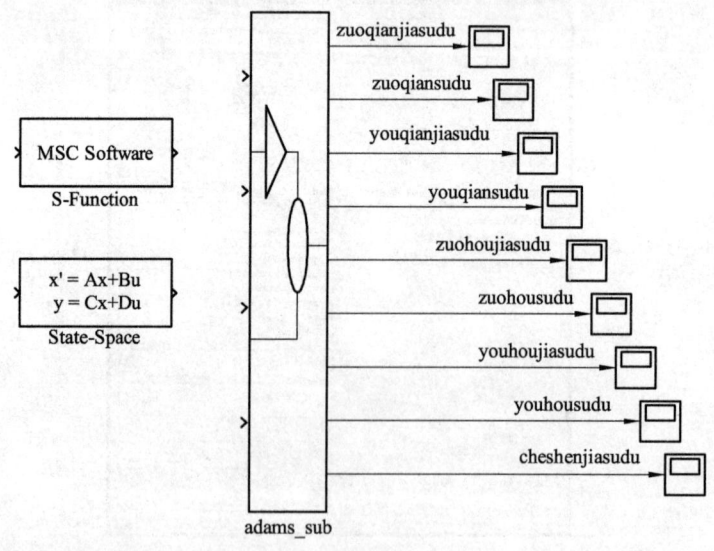

图 15.20 ADAMS_sys 窗口

- 332 -

Simulink 的选择窗口,其中 S-Function 方框表示 ADAMS 模型的非线性模型,即进行动力学计算的模型,State-Space 表示 ADAMS 模型的线性化模型,在 ADAMS_sub 包含有非线性方程,也包含许多有用的变量。

双击 ADAMS_sub 窗口,会弹出其子系统,在子系统中会更形象地显示出整车系统的状态变量构造,如图 15.21 所示。

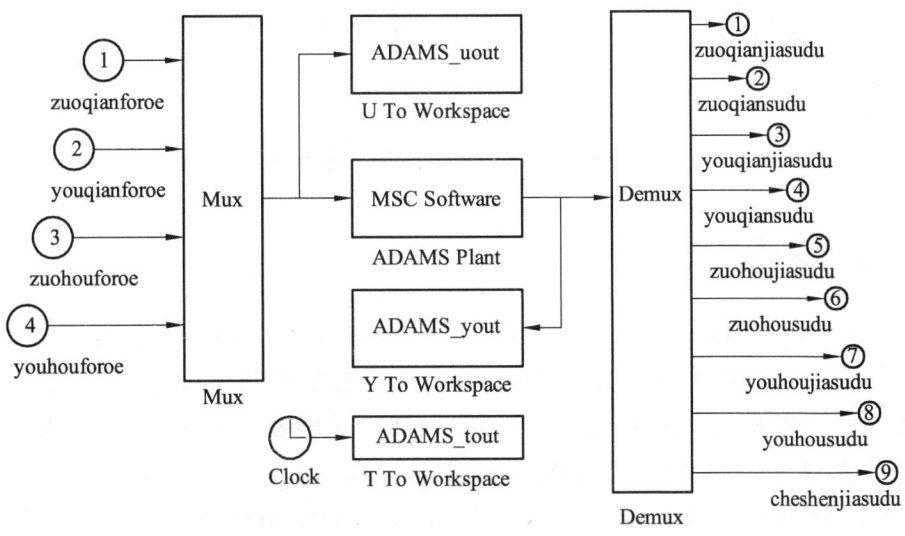

图 15.21　Adams_sub

15.3.3　控制方案

在 MATLAB/Simulink 选择窗口中,单击菜单"File"→"New"→"Model"后,弹出一个新的窗口,将 ADAMS_sub 方框拖拽到新窗口中,完成如图 15.22 所示的整车控制系统的搭建。其中,二维模糊控制子系统结构如图 15.23 所示。

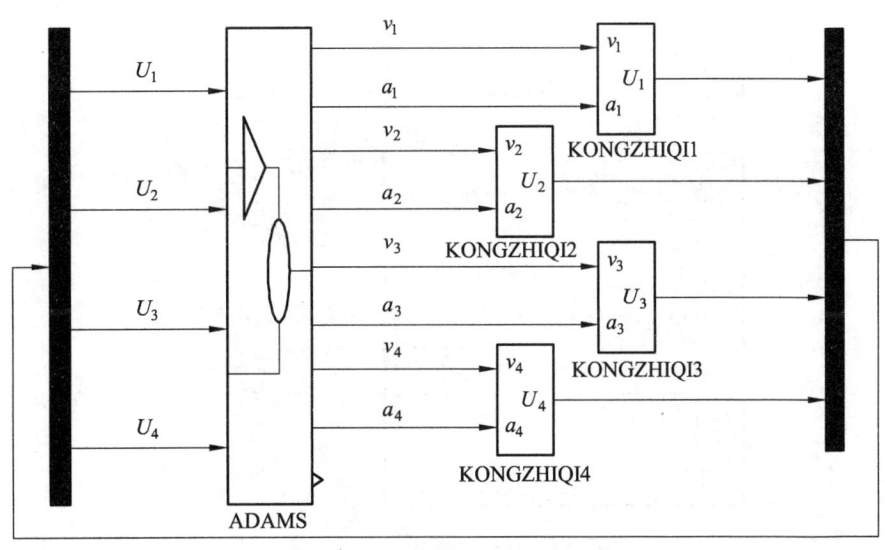

图 15.22　整车控制系统

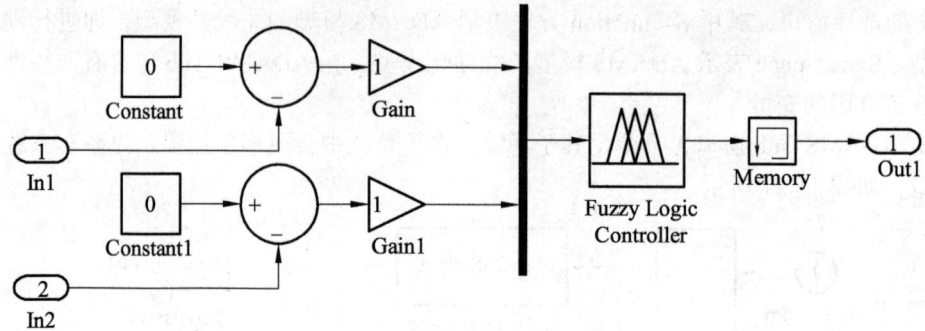

图 15.23　二维模糊控制结构子系统

15.3.4　数据交换

在窗口中双击 ADAMS_sub 方框，在弹出的新窗口中双击"MSCSDoftware"，弹出数据交换参数设置对话框，如图 15.24 所示，将 Interprocess 设置为 PIPE(DDE)，如果不是在一台计算机上，则选择 TCP/IP，在 Communication Interval 输入框中输入 0.005，表示每隔 0.005 s 在 MATLAB 和 ADAMS 之间进行一次数据交换，若仿真过慢，可以适当改大该参数，将 Simulation Mode 设置为 continuous，Animation mode 设置成 interactive，表示交互式计算，在计算过程中会自动启动 ADAMS/View，以便观察仿真动画，如果设置成 batch，则用批处理的形式，看不到仿真动画，其他使用默认设置即可。

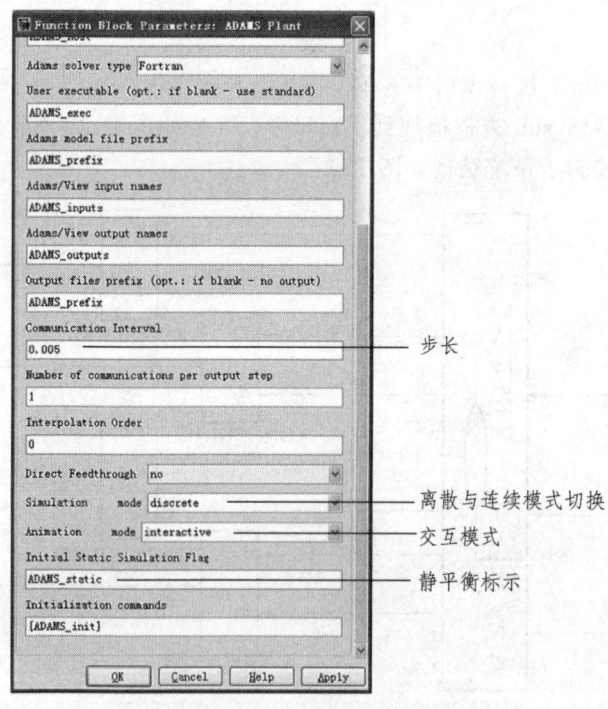

图 15.24　数据交换参数设置对话框

15.3.5 静平衡问题

在机械系统模型建立好后，在求解前先进行静平衡求解，否则会出现车身加速度严重的振荡现象。即使这样，我们在联合仿真模型的求解过程中依然会出现车身加速的振荡现象，这主要是 MATLAB 的输出 M 文件没有进行修改。

在 MATLAB 窗口输入命令 ADAMS_static：

ADAMS_static = No，表明没有静平衡。

对 M 文件进行修改：

ADAMS_static = 'yes'。

在 MATLAB 窗口输入命令 ADAMS_static：

ADAMS_static = Yes，表明已经进行初始静平衡。

这时在进行求解的过程中，由于初始静平衡的作用，车身不会出现严重的振荡现象。

15.3.6 仿真计算

单击窗口中菜单 "Simulation" → "Simulation Parameters"，弹出仿真设置对话框，在 Solver 页中将 Start time 设置为 0，在 Stop time 中输入结束仿真的时间，将 Type 设置为 Variable-step，其他使用默认选项，单击 OK 按钮。最后单击开始按钮，开始仿真。

15.4 角阶跃转向仿真实验

在进行角阶跃仿真时，车速保持在 40~45 km/h，方向盘右转 100°，起跃时间为 0.6 s，如图 15.25 所示。在仿真过程中车辆的循迹如图 15.26 所示。试验记录了车身垂直加速度、车身侧向加速度、横摆角速度、侧倾角加速度，仿真结果分别如图 15.27~15.30 所示。其中红色线为被动悬架，蓝色线为主动悬架。角阶跃性能均方根值对比如表 15.4 所示。

转向盘角位移函数：

STEP(time , 0 , 0 , 10 ,0d)+STEP(time , 11 , 0 , 11.6 ,100d)

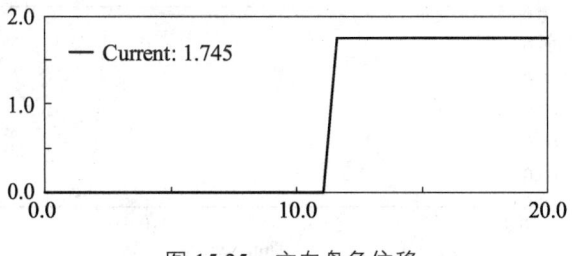

角阶跃转向仿真结果（彩图）

图 15.25 方向盘角位移

车辆系统动力学仿真

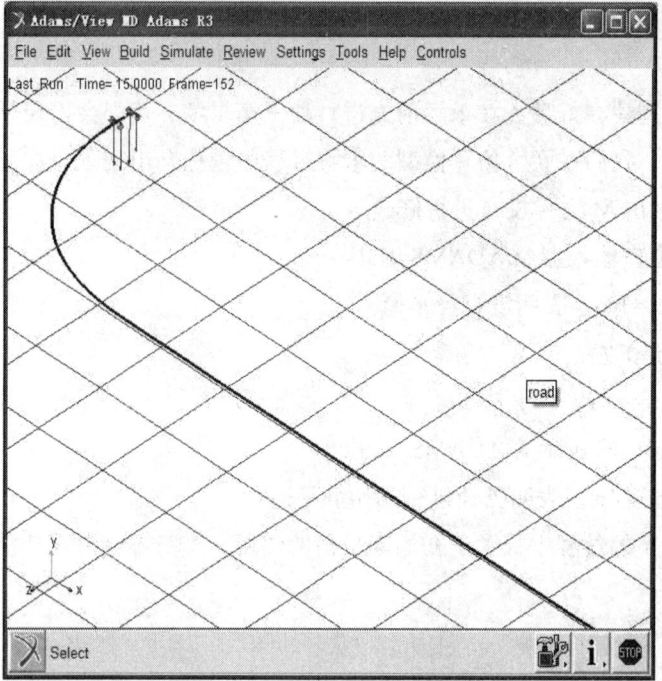

图 15.26 车辆循迹

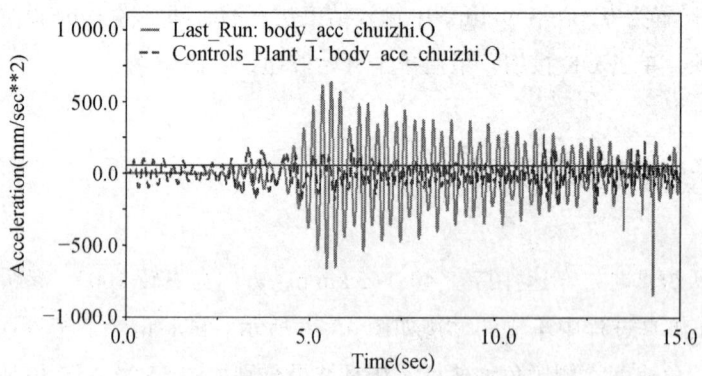

图 15.27 车身垂直加速度

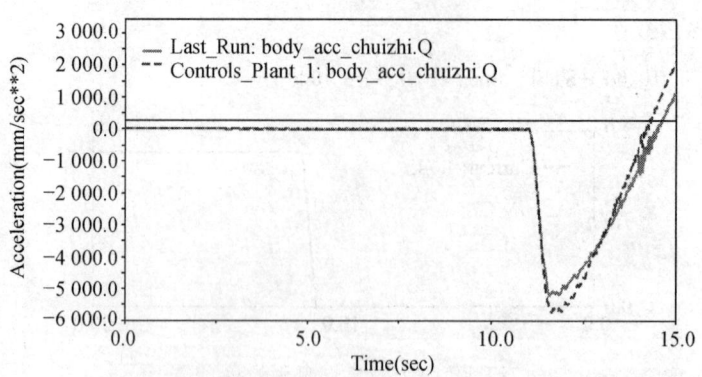

图 15.28 车身侧向加速度

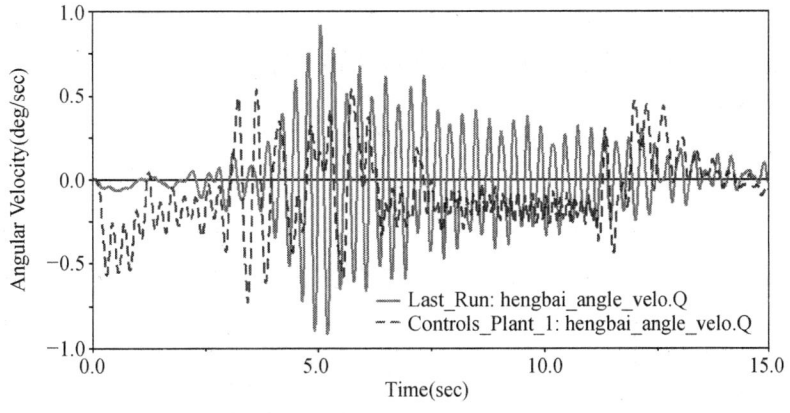

图 15.29　车身横摆角速度

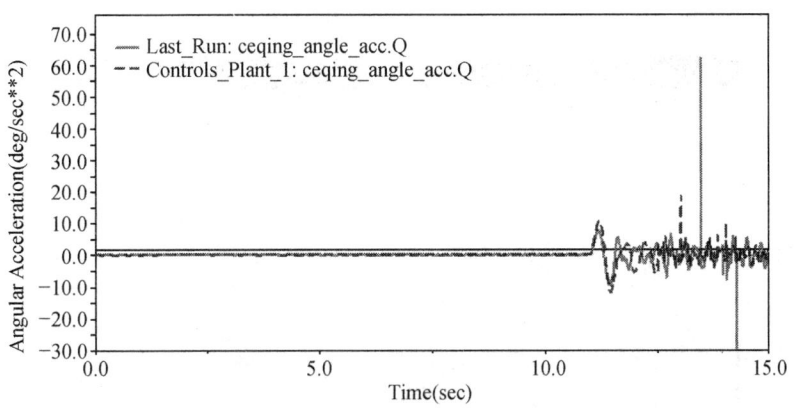

图 15.30　车身侧倾角加速度

表 15.4　角阶跃性能均方根值

均方根值 RMS	主动悬架	被动悬架	性能优化比
车身垂直加速度/(mm/s^2)	71.062 9	197.053	63.94%
车身侧向加速度/(mm/s^2)	1 779.573	1 655.340 5	−7.50%
车身横摆角速度/(deg/s)	0.237 7	0.253 4	6.53%
车身侧倾角加速度/(deg/s^2)	1.947 2	2.450 5	20.54%

从角阶跃仿真结果可以看出：主动悬架可以明显地改变整车的性能参数，尤其是车身的垂直加速度得到了很好的抑制，同时横摆角速度与侧倾角加速度也得到了明显提高，但是车身侧向加速度有扩大的趋势。

15.5　角脉冲仿真实验

车速保持在 40～45 km/h，方向盘右转 150°后快速回正，角脉冲时间为 0.5 s，如图 15.31 所示。在仿真过程中，车辆的循迹如图 15.32 所示。试验记录了车身垂直加速度、车身侧向加速度、横摆角速度、侧倾角加速度，仿真结果如图 15.33~15.36 所示。其中红色线为被动悬架，蓝色线为主动悬架。角脉冲性能均方根值对比如表 15.5 所示。

转向盘角位移函数：

STEP(time , 0 , 0 , 8 , 0d)+STEP(time , 8 , 0 , 8.25 , 150d)+STEP(time , 8.25 , 0 , 8.5 , -150d)

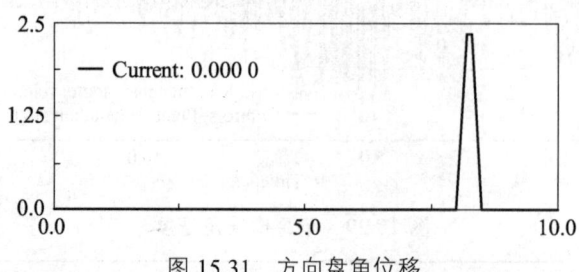

角脉冲仿真结果
（彩图）

图 15.31 方向盘角位移

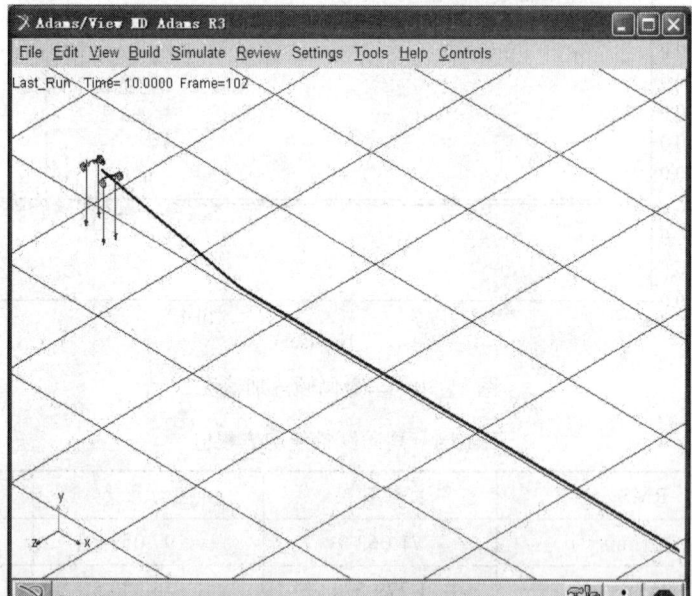

图 15.32 车辆循迹

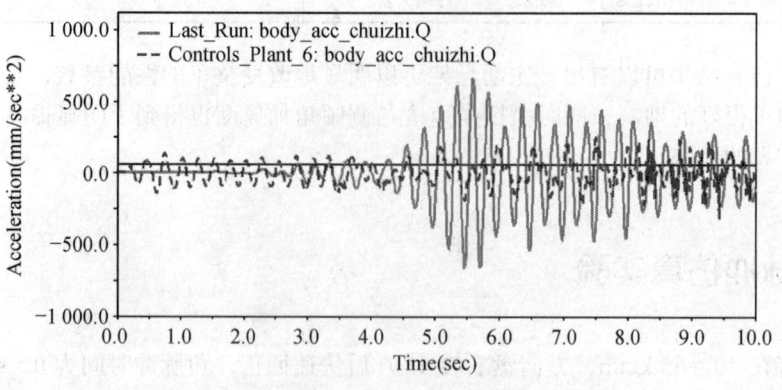

图 15.33 车身垂直加速度

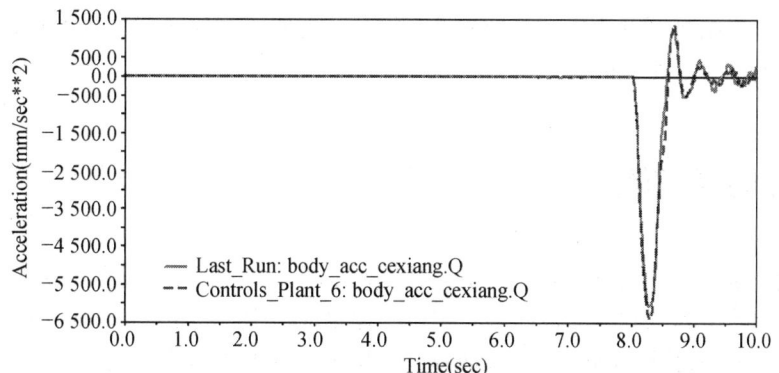

图 15.34 车身侧向加速度

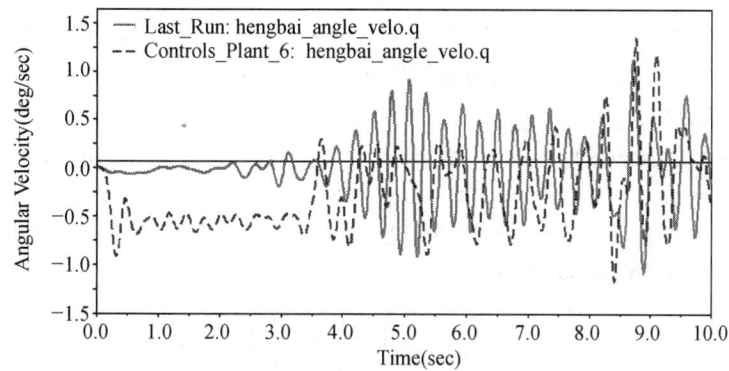

图 15.35 车身横摆角速度

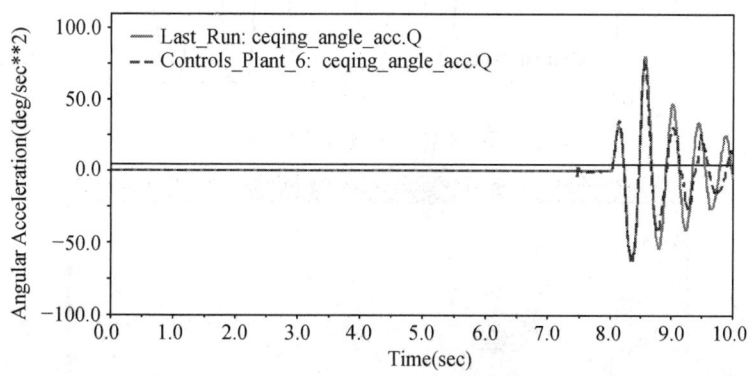

图 15.36 车身侧倾角加速度

表 15.5 角脉冲性能均方根值

均方根值 RMS	主动悬架	被动悬架	性能优化比
车身垂直加速度/(mm/s^2)	85.866	208.069 3	58.73%
车身侧向加速度/(mm/s^2)	1 005.174 2	950.926 8	-5.70%
车身横摆角速度/(deg/s)	0.485 9	0.352 3	-39.27%
车身侧倾角加速度/(deg/s^2)	12.988 3	14.959 2	13.18%

从角脉冲仿真结果可以看出，车身的垂直加速度与侧倾角加速度得到明显的改善，但车身侧向加速度与横摆角速度有扩大的趋势。

15.6 蛇形仿真实验

蛇形试验方法是研究汽车瞬态闭环响应特性的一种重要试验方法，可以考核汽车在接近侧滑或侧翻工况下的操纵性能，综合评价汽车行驶稳定性及乘坐舒适性。GB/T 6323—2014 对试验做出相关规定：蛇形实验基准，标桩间距为 30 m，基准车速为 65 km/h。仿真车速依次为 40 km/h、55 km/h、65 km/h、75 km/h，在此我们以 40 km/h 进行仿真，方向盘角位移如图 15.37 所示。在仿真过程中，车辆的循迹如图 15.38 所示。试验记录了车身垂直加速度、车身侧向加速度、横摆角速度、侧倾角加速度，仿真结果分别如图 15.39 ~ 15.42 所示。其中红色线为被动悬架，蓝色线为主动悬架。蛇形性能均方根值对比如表 15.6 所示。

转向盘角位移函数：

STEP(time , 0 , 0 , 7 , 0d)+STEP(time , 07 , 0 , 8 , 200d)+STEP(time , 9 , 0 , 10 , -400d)+STEP(time , 11 , 0 , 12 , 400d)+STEP(time , 13 , 0 , 14 , -400d)+STEP(time , 15 , 0 , 16 , 400d)+STEP(time , 17 , 0 , 18 ,-400d)+STEP(time , 19 , 0 , 20 , 400d)+STEP(time , 21 , 0 , 22 , -400d)+STEP(time , 23 , 0 , 24 , 400d)+STEP(time , 25 , 0 , 26 , -400d)+STEP(time , 27 , 0 , 28 , 200d)

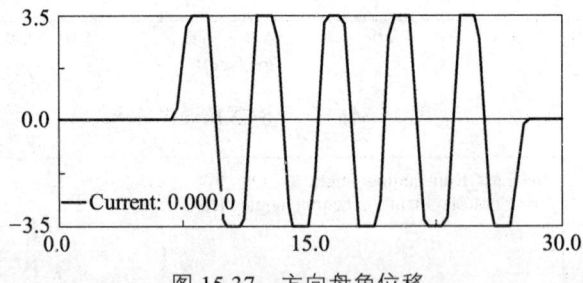

蛇形仿真结果（彩图）

图 15.37 方向盘角位移

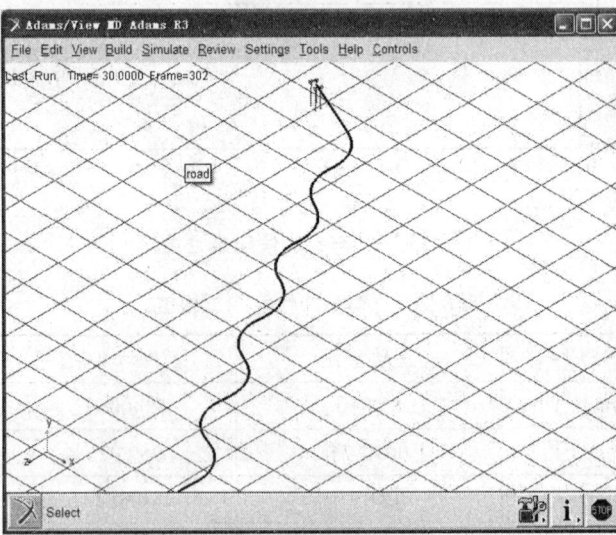

图 15.38 车辆循迹

第 15 章 操纵稳定性仿真

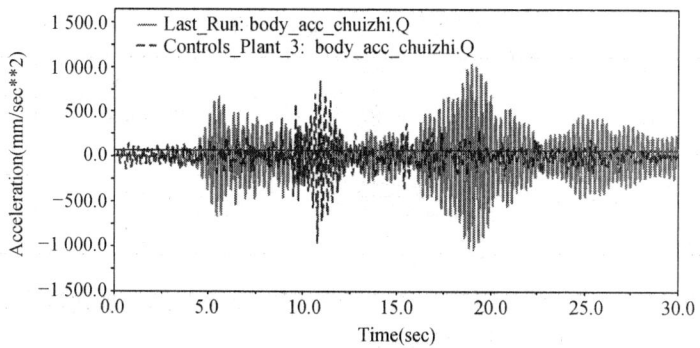

图 15.39 架车身垂直加速度

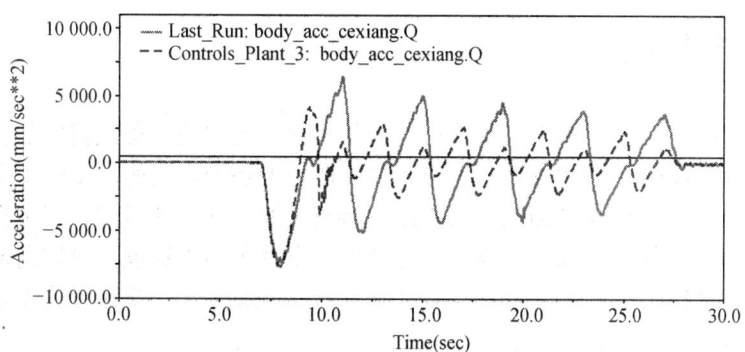

图 15.40 车身侧向加速度

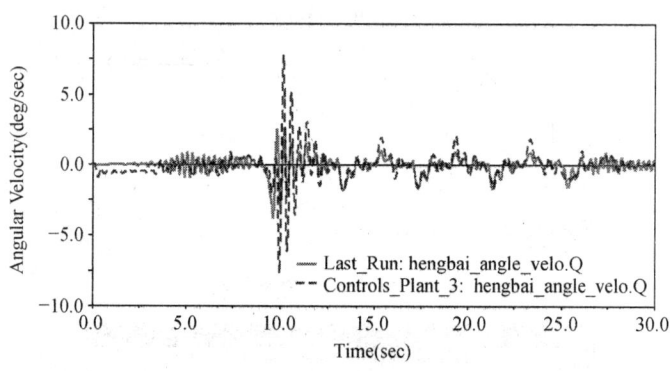

图 15.41 车身横摆角速度

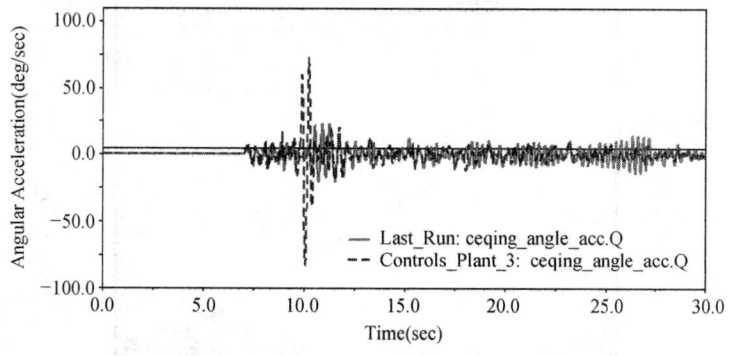

图 15.42 车身侧倾角加速度

表 15.6 蛇形性能均方根值

均方根值 RMS	主动悬架	被动悬架	性能优化比
车身垂直加速度/(mm/s^2)	136.306	272.164 8	49.92%
车身侧向加速度/(mm/s^2)	1 765.384 4	2 506.202 4	29.56%
车身横摆角速度/(deg/s)	1.056 7	0.625 8	−68.86%
车身侧倾角加速度/(deg/s^2)	8.145 7	5.393 9	−51.02%

从蛇形（穿杆）仿真结果可以看出，车身的垂直加速度与侧向加速度得到明显的改善，但车身侧倾角加速度与横摆角速度有扩大的趋势。

15.7 漂移仿真实验

在漂移仿真时，首先我们用 10 s 左右的时间使车辆达到初始状态，包括设定的初始转向角、初始油门开度和初始速度；以线性增长的方式将转向角增加到设定值，转向时间为 5 s，方向盘角位移如图 15.43 所示。汽车在横向力的作用下将滑出原来的运动轨迹，在仿真过程中车辆的循迹如图 15.44 所示。试验记录了车身垂直加速度、车身侧向加速度、横摆角速度、侧倾角加速度，仿真结果如图 15.45～15.48 所示。其中红色线为被动悬架，蓝色线为主动悬架。蛇形性能均方根值对比如表 15.7 所示。

转向盘角位移函数：

STEP(time , 0 , 0 , 8 , 0d)+STEP(time , 8 , 0 , 13 , 360d)

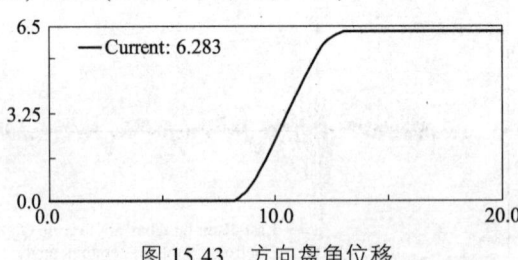

图 15.43　方向盘角位移

漂移仿真结果（彩图）

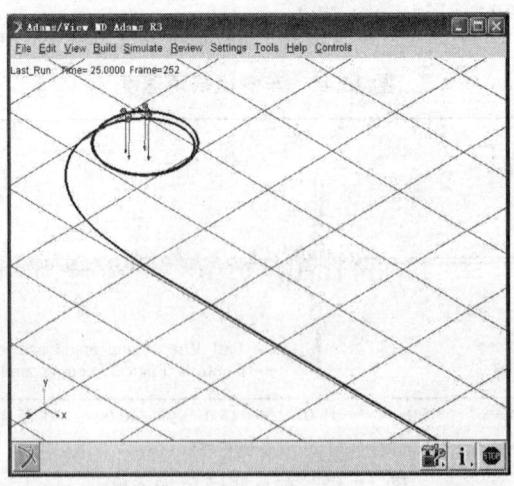

图 15.44　车辆循迹

第 15 章 操纵稳定性仿真

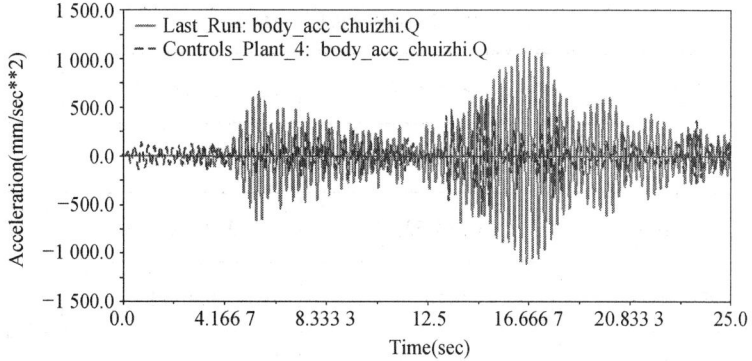

图 15.45 被动悬架车身垂直加速度

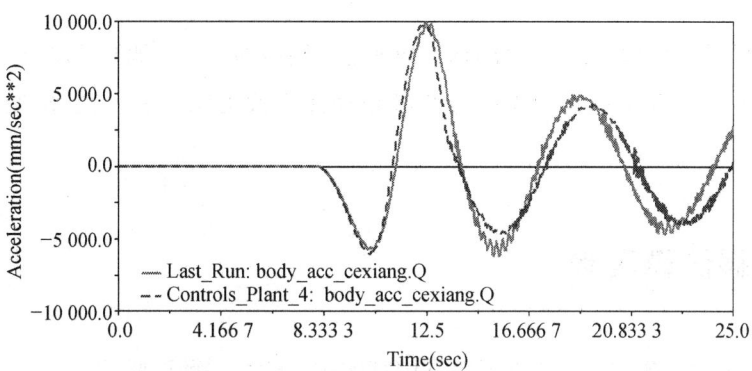

图 15.46 被动悬架车身侧向加速度

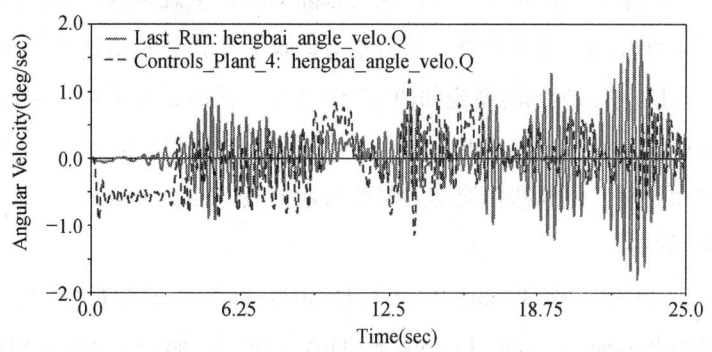

图 15.47 被动悬架车身横摆角速度

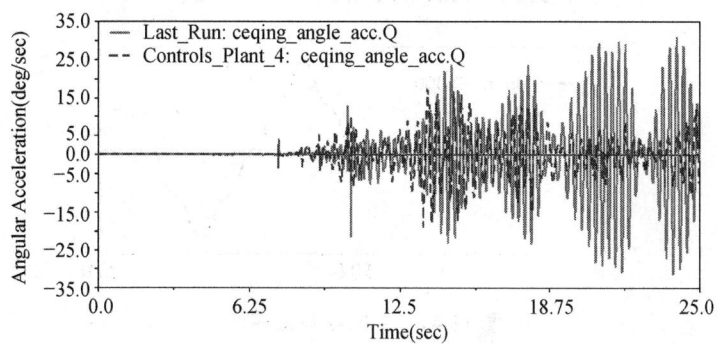

图 15.48 车身侧倾角加速度

表 15.7 漂移性能均方根值表

均方根值 RMS	主动悬架	被动悬架	性能优化比
车身垂直加速度/(mm/s^2)	120.619 3	325.069 7	62.89%
车身侧向加速度/(mm/s^2)	3 184.525 2	3 390.021 4	6.06%
车身横摆角速度/(deg/s)	0.421 6	0.453 8	7.10%
车身侧倾角加速度/(deg/s^2)	4.293 2	9.125 5	52.95%

从漂移仿真结果可以看出，车身的垂直加速度、侧向加速度、侧倾角加速度与横摆角速度都有很好的改善，尤其是垂直加速度与侧倾角加速度改善明显，性能分别提高 62.89% 和 52.95%。

15.8 单线移仿真实验

单线移试验方法是研究汽车超车时瞬态闭环响应特性的一种重要试验方法，由于闭环试验的复杂性，实际中常用单正弦角输入代替，从而排除驾驶员主观因数的影响。一般让汽车以最高车速的 70%（或 100 km/h）直线行驶，然后给方向盘一个正弦转角输入，方向盘角位移如图 15.49 所示。在仿真过程中，车辆的循迹如图 15.50 所示。试验记录了车身垂直加速度、车身侧向加速度、横摆角速度、侧倾角加速度，仿真结果如图 15.51 ~ 15.54 所示。其中红色线为被动悬架，蓝色线为主动悬架。单线移性能均方根值对比如表 15.8 所示。

转向盘角位移函数：

STEP(time , 0 , 0 , 10 ,0d)+STEP(time , 10 , 0d , 11 ,50d)+STEP(time , 11 , 0d , 12 ,50d)+STEP(time , 12 , 0d , 13 ,-50d)+STEP(time , 13 , 0d , 14 ,-50d)+STEP(time , 14, 0d , 15 ,-50d)+STEP(time , 15 , 0d , 16 ,-50d)+STEP(time , 16 , 0d , 17 ,50d)+STEP(time , 17 , 0d , 18 ,50d)

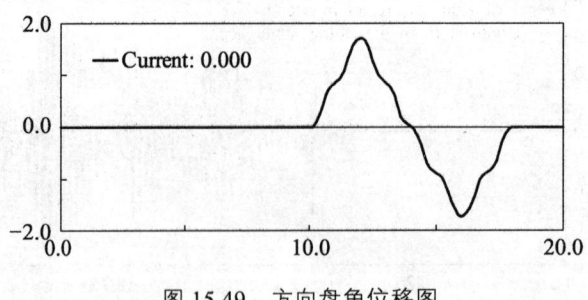

单线移仿真结果（彩图）

图 15.49 方向盘角位移图

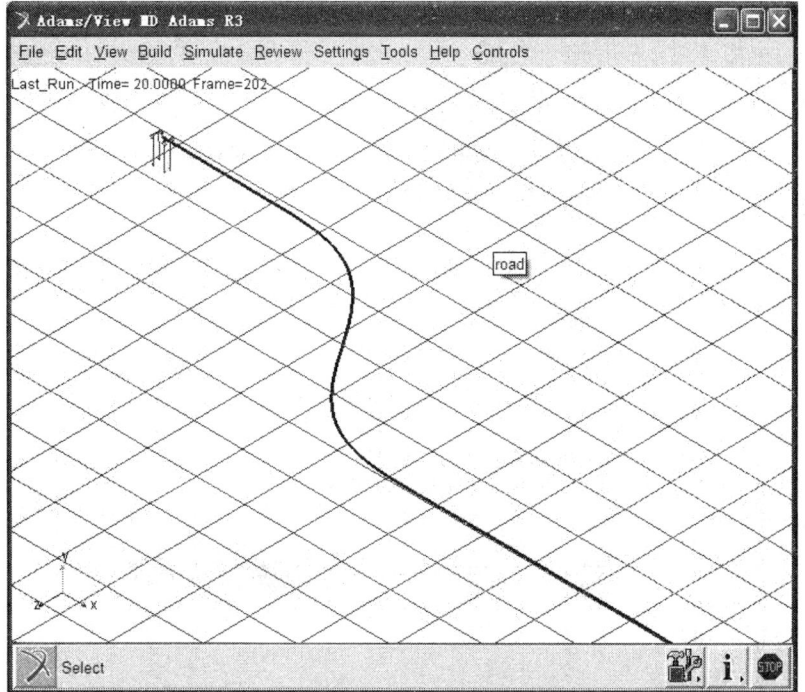

图 15.50 车辆循迹图

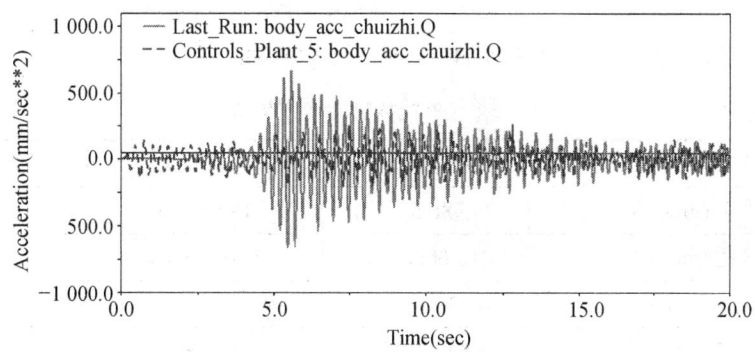

图 15.51 车身垂直加速度

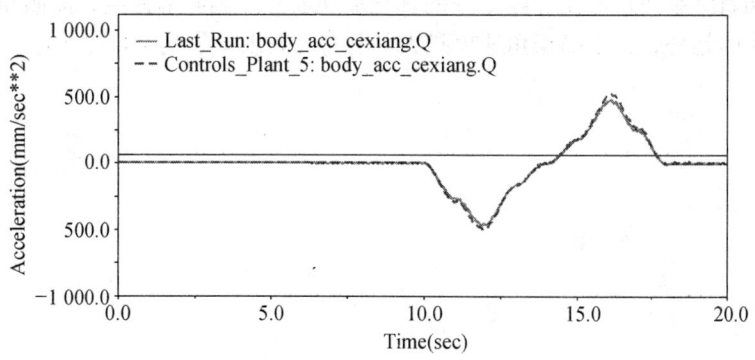

图 15.52 车身侧向加速度

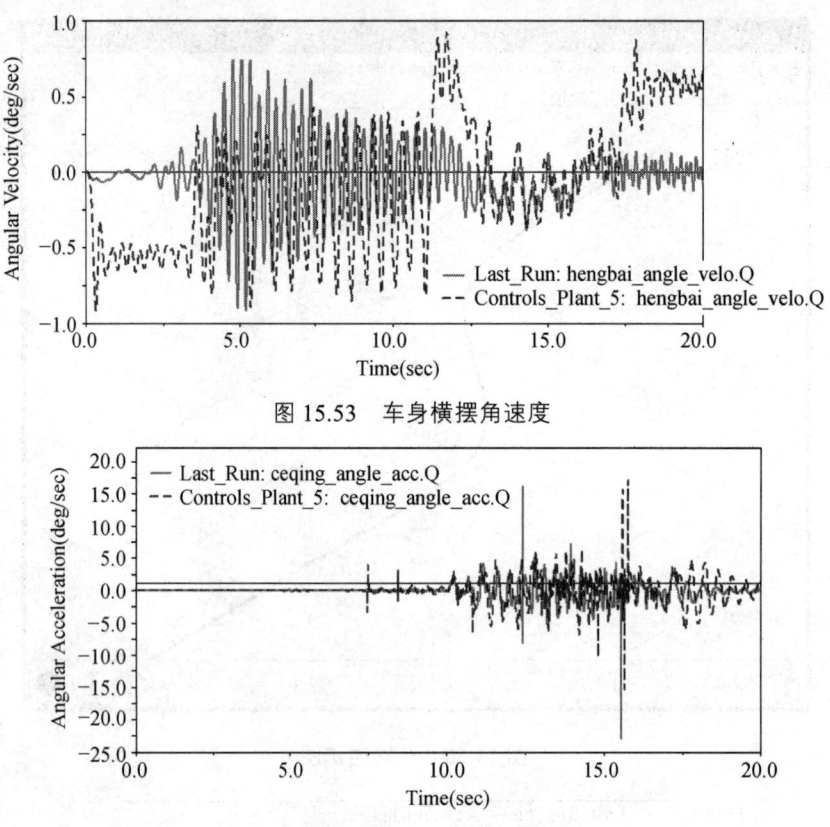

图 15.53　车身横摆角速度

图 15.54　车身侧倾角加速度

表 15.8　单线移性能均方根值

均方根值 RMS	主动悬架	被动悬架	性能优化比
车身垂直加速度/(mm/s²)	79.986 6	172.191 4	53.55%
车身侧向加速度/(mm/s²)	1 810.006 5	1 686.799 9	-7.30%
车身横摆角速度/(deg/s)	0.436 9	0.230 7	-89.38%
车身侧倾角加速度/(deg/s²)	1.822 7	1.335 9	-36.44%

从单线移仿真结果可以看出，除车身的垂直加速度外，侧向加速度、侧倾角加速度与横摆角速度都有扩大的趋势，其中横摆角速度扩大的趋势非常明显，为 -89.38%。

第 16 章 4×2 客货车模型

4×2 底盘驱动模式较为常见，商用牵引车、大中型客车及工程车辆等均采用此种底盘布置模式。采用钢板弹簧悬架的大型客车与牵引车很相似，区别主要在轴距大小及动力传动系统布置上。本章主要讨论 4×2 整车模型（见图 16.1）的构建，包括牵引车和客车。

16.1 驱动轴悬架模型

第 9 章 "钢板弹簧——Nonlinear Beam" 建立了钢板弹簧模型_my_leaf_4.tpl，在此模型基础上增加外侧车轮与发动机相关通信器即可完成驱动轴模型的创建。

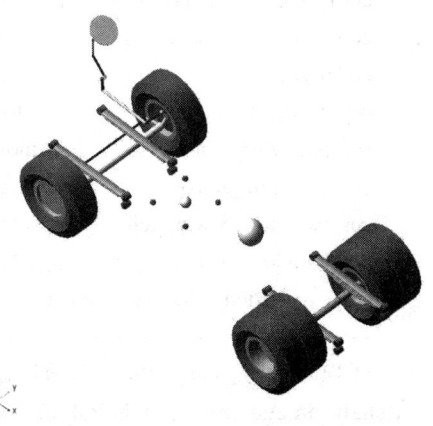

图 16.1 4×2 客货车整车

钢板弹簧模型_my_leaf_4.tpl 包含的通信器如下：

Listing of input communicators in '_my_leaf_4'

Communicator Name:	Entity Class:	From Minor Role:	Matching Name:
cis_leafspring_to_body	mount	any	leafspring_to_body

Listing of output communicators in '_my_leaf_4'

Communicator Name:	Entity Class:	To Minor Role:	Matching Name:
co[lr]_camber_angle	parameter_real	inherit	camber_angle
co[lr]_suspension_mount	mount	inherit	suspension_mount
co[lr]_suspension_upright	mount	inherit	suspension_upright
co[lr]_toe_angle	parameter_real	inherit	toe_angle
co[lr]_wheel_center	location	inherit	wheel_center
cos_suspension_parameters_ARRAY	array	inherit	suspension_parameters_array

---
建立完成后的驱动轴模型_my_bus_sus_r_leaf4.tpl 包含通信器如下：

Listing of input communicators in '_my_bus_sus_r_leaf4'

Communicator Name:	Entity Class:	From Minor Role:	Matching Name:
ci[lr]_tire_force	force	rear	tire_force
ci[lr]_tripot_to_differential	mount	rear	tripot_to_differential

| cis_leafspring_to_body | mount | any | leafspring_to_body |

Listing of output communicators in '_my_bus_sus_r_leaf4'

Communicator Name:	Entity Class:	To Minor Role:	Matching Name:
co[lr]_camber_angle	parameter_real	rear	camber_angle
co[lr]_diff_tripot	location	rear	tripot_to_differential
co[lr]_lddrv_outside_whl_mount	mount	rear	outside_whl_mnt
co[lr]_lddrv_suspension_mount	mount	rear	suspension_mount
co[lr]_lddrv_suspension_upright	mount	rear	suspension_upright
co[lr]_outside_wheel_center	location	rear	outside_wheel_center
co[lr]_toe_angle	parameter_real	rear	toe_angle
co[lr]_wheel_center	location	rear	wheel_center
cos_axle_diff_mount	mount	rear	axle_diff_mount
cos_driveline_active	parameter_integer	front	driveline_active
cos_halfshaft_omega_left	solver_variable	rear	halfshaft_omega_left
cos_halfshaft_omega_right	solver_variable	rear	halfshaft_omega_right
cos_suspension_parameters_ARRAY	array	rear	suspension_parameters_array

在模型_my_leaf_4.tpl 中添加斜体标记的通信器即可完成模型建立。其中通信器 cos_halfshaft_omega_left、cos_halfshaft_omega_right 需要建立对应的变量，变量建模相对较为烦琐，请参考"驱动轴"章节。驱动轴模型建立完成后如图 16.2 所示。

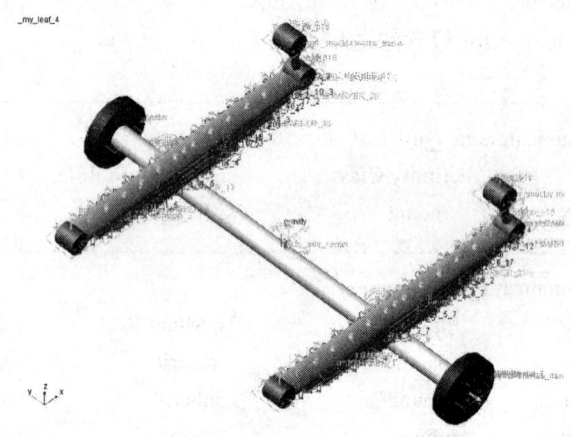

图 16.2 驱动轴悬架模型

16.2　4×2 牵引车模型

驱动轴悬架模型建立完成后构建牵引车整车模型见图 16.1，调整轴距与实际车辆保持一致。整车装配完成后出现动力传动系统与轮胎力不匹配的现象，整车不能正确仿真。

发动机通信器调节如下：

（1）修改通信器名称 cil_tire_force 为 cil_tire_force_f，Matchiing Name 保持 tire_force 不变。

(2) 添加通信器 cil_tire_force_r，Matchiing Name 保持 tire_force 不变。

发动机通信器修改完成，重新替换动力传动子系统，整车装配正确，仿真正确。

16.3 谐波脉冲转向仿真

谐波脉冲转向仿真设置如下：

(1) 单击 "Simulate" > "Full-Vehicle Analysis" > "Open-loop Steering Events" > "Ramp Steer" 命令，弹出脉冲仿真对话框。

(2) Output Prefix：BS。

(3) End Time：10。

(4) Output Step Size（仿真步数）：1000。

(5) Mode of Simulation：interactive。

(6) Road Date File：mdids://FASE/roads.tbl/2d_flat.rdf。

(7) Initial Velocity：50。

(8) Gear Position：5。

(9) Ramp：10。

(10) Start Time：2。

(11) Quasi-Static Straight-Line Setup：勾选，整车模型包含发动机运行准静态平衡。

(12) 单击 OK 按钮，完成谐波脉冲仿真设置并提交运算，如图 16.3 所示。

仿真完成后，谐波脉冲仿真下整车运动轨迹如图 16.4 所示。前轴钢板弹簧 P1 轴套受力如图 16.5 和图 16.6 所示。后轴钢板弹簧 P1 轴套受力如图 16.7 和图 16.8 所示。车垂向加速度与侧向加速度如图 16.9 和图 16.10 所示。通过结果可以看出，前后轴轴套受力变化趋势一样，后轴受力大，同时伴有高频微小振荡现象。车身侧向加速度大，也伴有振荡现象。

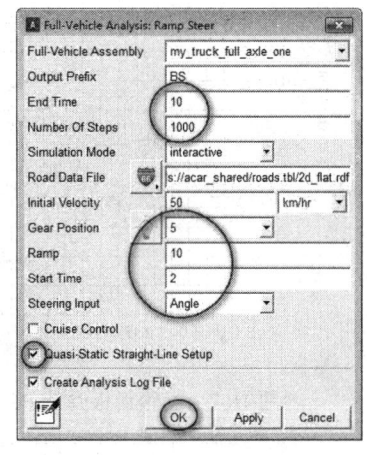

图 16.3 谐波脉冲仿真设置

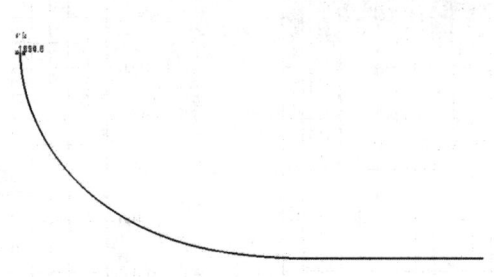

图 16.4 谐波脉冲转向整车运动轨迹

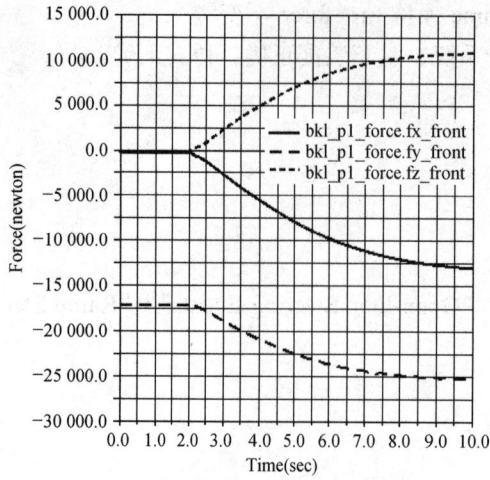

图 16.5 前轴钢板弹簧 P1 轴套受力

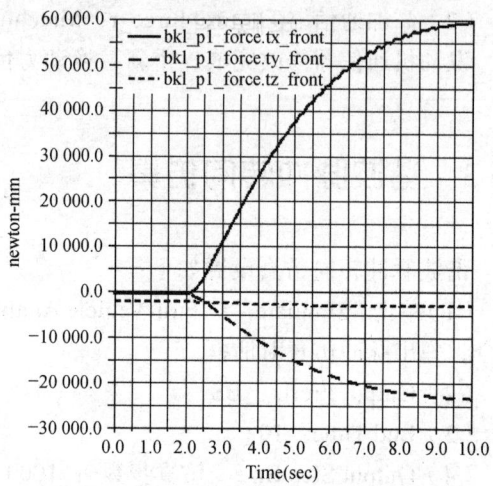

图 16.6 前轴钢板弹簧 P1 轴套扭转受力

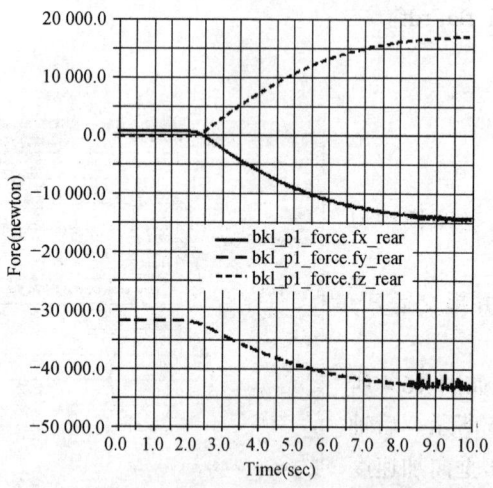

图 16.7 后轴钢板弹簧 P1 轴套受力

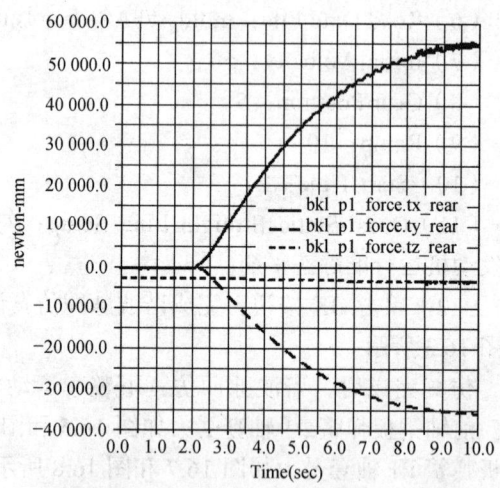

图 16.8 后轴钢板弹簧 P1 轴套扭转受力

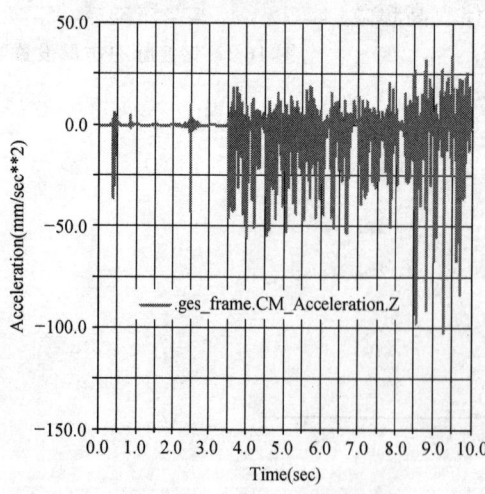

图 16.9 车身垂向加速度

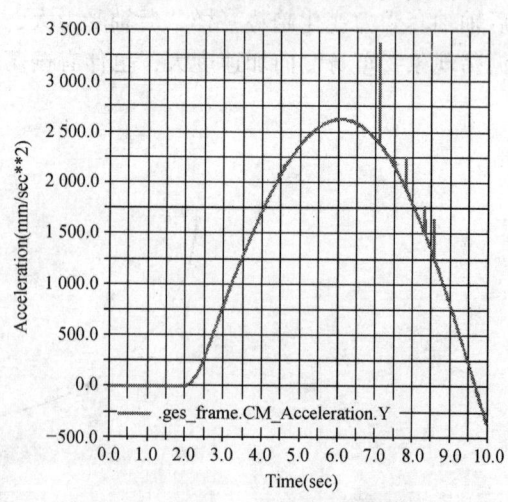

图 16.10 车身侧向加速度

16.4　4×2 客车模型

客车后轴驱动悬架与牵引车后悬架保持一致，4 片钢板弹簧替换为 3 片钢板弹簧，调节后轴驱动悬架与动力传动系统的位置，完成客车 4×2 整车的建立。

客车整车前悬相对牵引车要长，因此导致客车转向系统拉缸长度较大，具体长度因不同车型而定。模型调整完成后如图 16.11 所示。

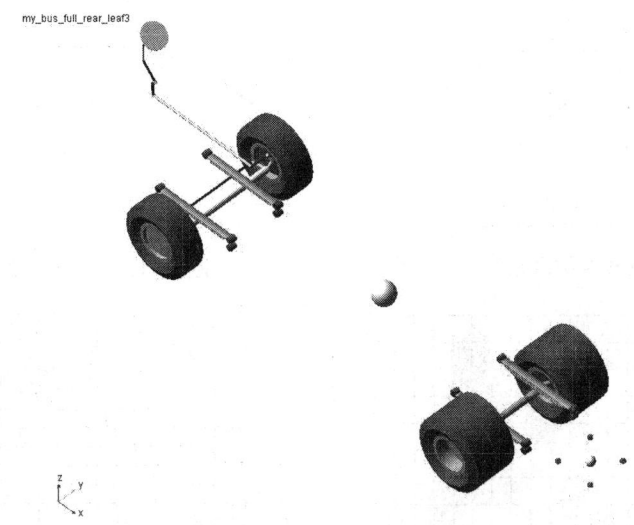

图 16.11　客车整车模型

16.5　超车仿真

超车转向仿真设置如下：

（1）单击 "Simulate" > "Full-Vehicle Analysis" > "Open-loop Steering Events" > "Single Line Change" 命令。
（2）Output Prefix：SLC。
（3）End Time：10。
（4）Output Step Size（仿真步数）：1000。
（5）Mode of Simulation：interactive。
（6）Road Date File：mdids://FASE/roads.tbl/2d_flat.rdf。
（7）Initial Velocity：50。
（8）Gear Position：5。
（9）Maximum Steer Value：200。
（10）Cycle Length：6。
（11）Start Time：2。
（12）Quasi-Static Straight-Line Setup：勾选，整车模型包含发动机运行准静态平衡。
（13）单击 OK 按钮，完成超车仿真设置并提交运算，如图 16.12 所示。

仿真完成后,超车仿真下整车运动轨迹如图 16.13 所示。发动机 X、Y、Z 三方向受力如图 16.14 ~ 16.19 所示。变速箱输入/输出转速变化如图 16.20 所示。变速箱输入/输出扭矩变化如图 16.21 所示。

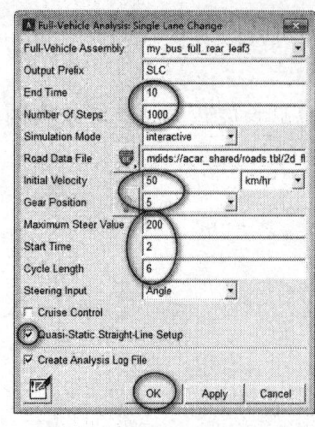

图 16.12 谐波脉冲仿真设置

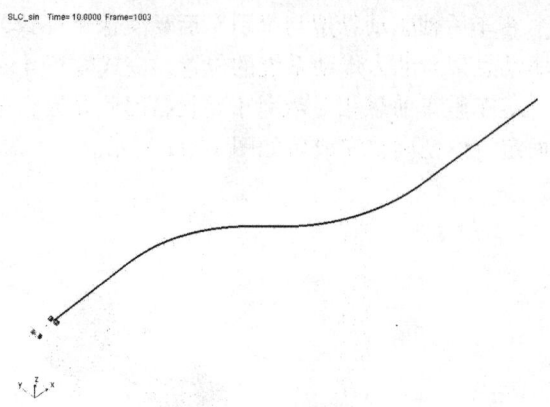

图 16.13 超车运动轨迹

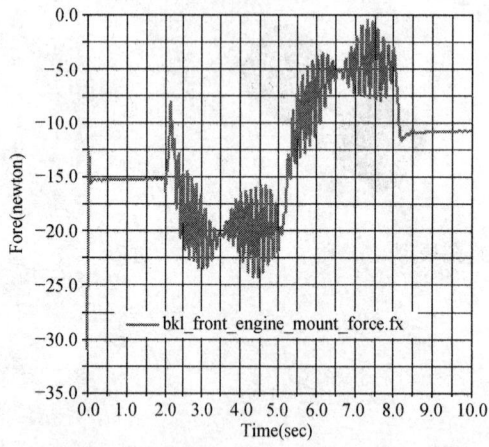

图 16.14 发动机 X 方向受力

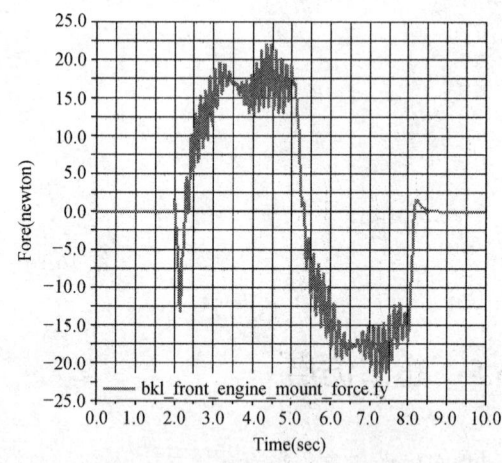

图 16.15 发动机 Y 方向受力

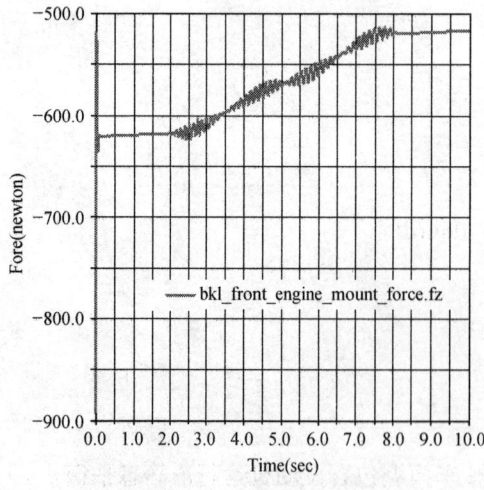

图 16.16 发动机 Z 方向受力

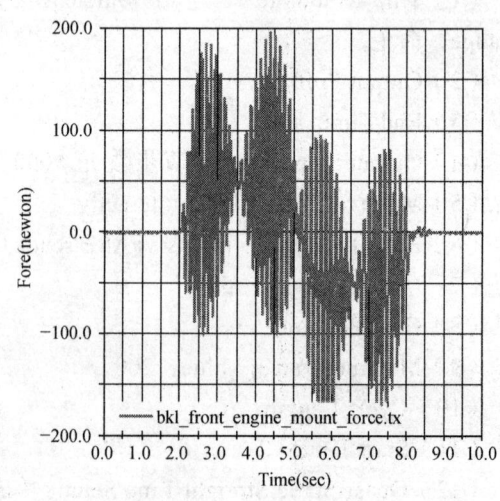

图 16.17 发动机 X 方向扭转受力

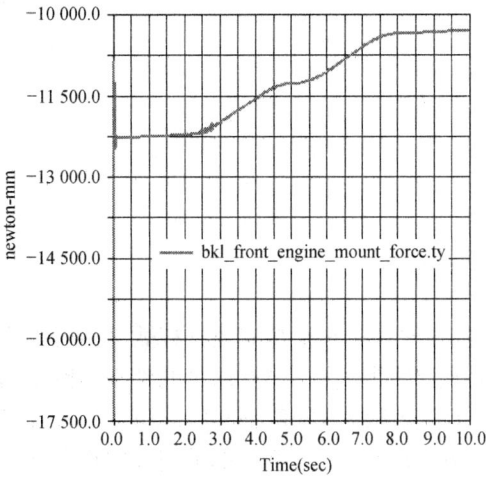

图 16.18　发动机 Y 方向扭转受力

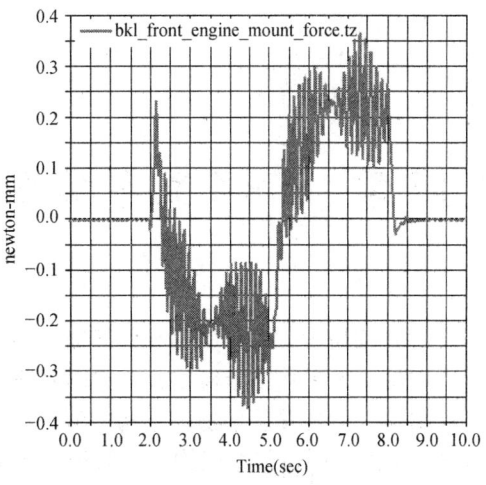

图 16.19　发动机 Z 方向扭转受力

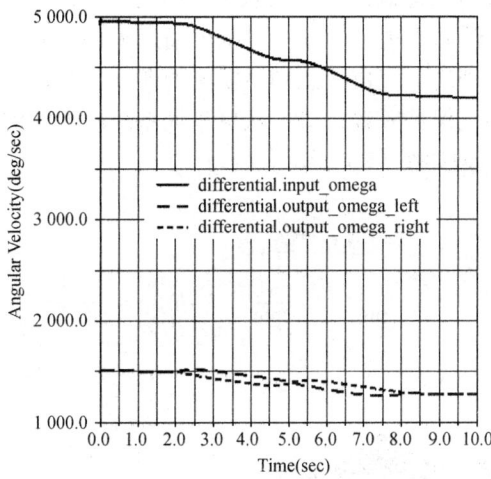

图 16.20　变速箱输入/输出转速

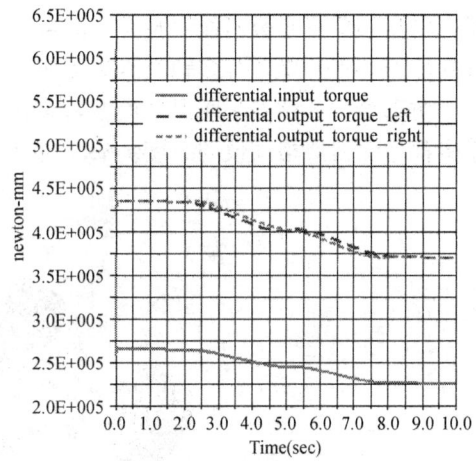

图 16.21　变速箱输入/输出扭矩

第 17 章 6×4 整车模型 I

文献查询显示，目前商用车整车模型较少，基于导向杆式平衡悬架或推杆式平衡悬架的整车模型更少。大多数整车模型都用自带数据库中的公版模型替代，虽然通过调整垂向刚度与实际车辆相同，但是其悬架物理结构、低高频率振动特性及系统匹配等都与实际整车仍存在较大的差异。国内商用车整车架构与公版模型差异较大，6×4 牵引车后桥大都采用导向杆式平衡悬架，挂车采用推杆式平衡悬架。平衡悬架模型建立最大的难点包含两方面：① 钢板弹簧模型的建立；② 双轴及多轴悬挂悬架参数的整合。专家模板只能满足单轴系悬架模型的建立，对于多轴系车辆悬架集成参数不能够整合（前束、外倾、转向主销）。通过在 View 通用模块中的模型合并功能能够很好地整合多轴系悬架集成参数，从理论上完成任意轴系模型的建立。车辆系统动力学仿真最大的难点是要保证模型与实际物理系统保持一致，对于从事车辆系统动力学仿真的学者都应保持严格谨慎的态度。6×4 重卡整车模型如图 17.1 所示。

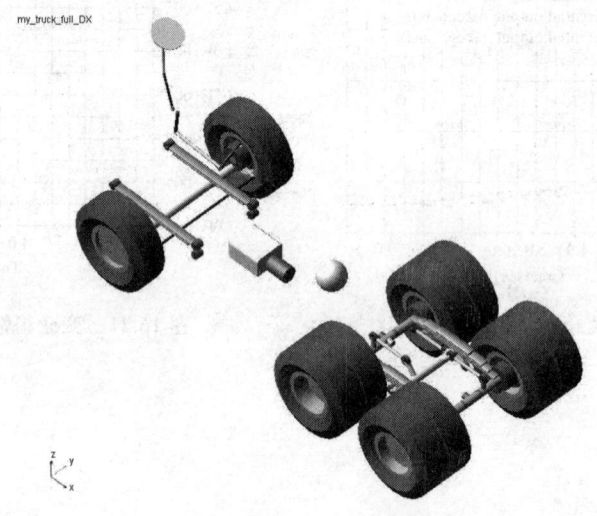

图 17.1 6×4 重卡整车模型

17.1 两片白钢板弹簧模型

白钢板弹簧指模型仅包含钢板弹簧的基本特性（包含接触、弹簧夹），不附加悬架变量等参数。白钢板弹簧作为系统模块化中的一个环节，主要作用是与其他子系统通过模型合并组合成更加复杂的系统，参考 Beam 梁法建立好的两片装配体钢板弹簧模型如图 17.2 所示，白钢板弹簧包含 K、C 两种动力学模式，其垂向刚度可以通过簧片横截面积不断重复调试以满足要求，也可通过参数变量设置改变刚度。两片装配体白钢板弹簧的硬点、部件、约束及变量信息如下，读者可以参考信息建立白钢板弹簧模型。

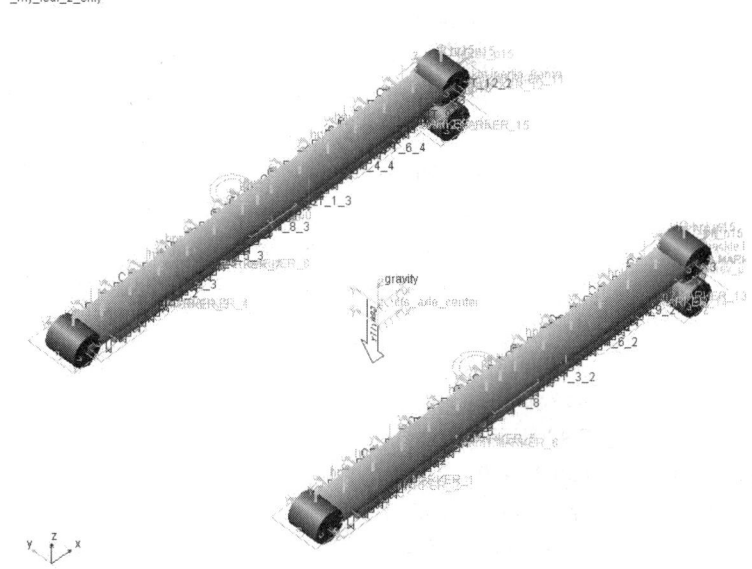

图 17.2 两片白钢板弹簧模型

两片装配体白钢板弹簧模型信息（_my_leaf_2_only.tpl）：

HARDPOINTS:

hardpoint name	symmetry	x_value	y_value	z_value
a2	left/right	-550.0	-430.0	0.0
a3	left/right	-450.0	-430.0	0.0
a4	left/right	-350.0	-430.0	0.0
a5	left/right	-250.0	-430.0	0.0
a6	left/right	-150.0	-430.0	0.0
a7	left/right	-50.0	-430.0	0.0
a8	left/right	0.0	-430.0	0.0
a9	left/right	50.0	-430.0	0.0
a10	left/right	150.0	-430.0	0.0
a11	left/right	250.0	-430.0	0.0
a12	left/right	350.0	-430.0	0.0
a13	left/right	450.0	-430.0	0.0
a14	left/right	550.0	-430.0	0.0
p0	left/right	0.0	-430.0	-70.0
p1	left/right	-650.0	-430.0	30.0
p2	left/right	-550.0	-430.0	30.0
p3	left/right	-450.0	-430.0	30.0
p4	left/right	-350.0	-430.0	30.0
p5	left/right	-250.0	-430.0	30.0

p6		left/right	-150.0	-430.0	30.0
p7		left/right	-50.0	-430.0	30.0
p8		left/right	0.0	-430.0	30.0
p9		left/right	50.0	-430.0	30.0
p10		left/right	150.0	-430.0	30.0
p11		left/right	250.0	-430.0	30.0
p12		left/right	350.0	-430.0	30.0
p13		left/right	450.0	-430.0	30.0
p14		left/right	550.0	-430.0	30.0
p15		left/right	650.0	-430.0	30.0
p16		left/right	650.0	-430.0	-100.0

PARTS:
shackle

symmetry	:	left/right
mass	:	2.4268420472
location (dependent)	:	650.0, -430.0, -35.0
orientation	:	zp_vector=0.0, 0.0, 1.0
	:	xp_vector=1.0, 0.0, 0.0
cm_location_from_part	:	0.0, 0.0, 0.0
Ixx, Iyy, Izz	:	1.2884557836E+004 , 1.338108491E+004 , 967.9080493034
Ixy, Izx, Iyz	:	0.0 , -2482.6353721348 , 0.0

shackle link geometry

name	:	shackle
symmetry	:	left/right
radius	:	20.0

NRODS:
beam1

symmetry	:	left/right
height	:	30.0
width	:	100.0
damping ratio	:	2.0E-003
material type	:	steel
formulation	:	linear

beam2

symmetry	:	left/right
height	:	30.0
width	:	100.0
damping ratio	:	2.0E-003
material type	:	steel
formulation	:	linear

BUSHINGS:
p1

definition	:	.ACAR.attachments.ac_bushing
symmetry	:	left/right
orientation (dependent)	:	zp_vector=0.0, -1.0, 0.0
	:	xp_vector=1.0, 0.0, 0.0
t preload x	:	0.0
t preload y	:	0.0
t preload z	:	0.0
r preload x	:	0.0
r preload y	:	0.0
r preload z	:	0.0
t offset x	:	0.0
t offset y	:	0.0
t offset z	:	0.0
r offset x	:	0.0
r offset y	:	0.0
r offset z	:	0.0
fx scaling factor	:	1.0
fy scaling factor	:	1.0
fz scaling factor	:	1.0
tx scaling factor	:	1.0
ty scaling factor	:	1.0
tz scaling factor	:	1.0
tx damping force scale	:	1.0
ty damping force scale	:	1.0
tz damping force scale	:	1.0
rx damping force scale	:	1.0
ry damping force scale	:	1.0
rz damping force scale	:	1.0
property file	:	mdids://acar_shared/bushings.tbl/mdi_0001.bus

p15

definition	:	.ACAR.attachments.ac_bushing
symmetry	:	left/right
orientation (dependent)	:	zp_vector=0.0, -1.0, 0.0
	:	xp_vector=1.0, 0.0, 0.0
t preload x	:	0.0
t preload y	:	0.0
t preload z	:	0.0
r preload x	:	0.0
r preload y	:	0.0
r preload z	:	0.0
t offset x	:	0.0
t offset y	:	0.0
t offset z	:	0.0

r offset x	:	0.0
r offset y	:	0.0
r offset z	:	0.0
fx scaling factor	:	1.0
fy scaling factor	:	1.0
fz scaling factor	:	1.0
tx scaling factor	:	1.0
ty scaling factor	:	1.0
tz scaling factor	:	1.0
tx damping force scale	:	1.0
ty damping force scale	:	1.0
tz damping force scale	:	1.0
rx damping force scale	:	1.0
ry damping force scale	:	1.0
rz damping force scale	:	1.0
property file	:	mdids://acar_shared/bushings.tbl/mdi_0001.bus
p16		
definition	:	.ACAR.attachments.ac_bushing
symmetry	:	left/right
orientation (dependent)	:	zp_vector=0.0, -1.0, 0.0
	:	xp_vector=1.0, 0.0, 0.0
t preload x	:	0.0
t preload y	:	0.0
t preload z	:	0.0
r preload x	:	0.0
r preload y	:	0.0
r preload z	:	0.0
t offset x	:	0.0
t offset y	:	0.0
t offset z	:	0.0
r offset x	:	0.0
r offset y	:	0.0
r offset z	:	0.0
fx scaling factor	:	1.0
fy scaling factor	:	1.0
fz scaling factor	:	1.0
tx scaling factor	:	1.0
ty scaling factor	:	1.0
tz scaling factor	:	1.0
tx damping force scale	:	1.0
ty damping force scale	:	1.0
tz damping force scale	:	1.0
rx damping force scale	:	1.0

```
ry damping force scale      :   1.0
rz damping force scale      :   1.0
property file               :   mdids://acar_shared/bushings.tbl/mdi_0001.bus
PARAMETERS:
parameter name                      symmetry        type        value
--------------                      --------        ----        -----
kinematic_flag                      single          integer     0
```

17.2 白前桥悬架模型

白前桥非独立悬架模型如图 17.3 所示。此模型包含转向横拉杆、轮毂、车轴、转向节部件，同时包含悬架参数等变量。读者可参考白前桥信息建立前悬架模型。

图 17.3 白前桥悬架模型

白前桥悬架信息（_my_truck_steer_sus_white.tpl）：

```
HARDPOINTS:
    hardpoint name              symmetry        x_value     y_value     z_value
    --------------              --------        -------     -------     -------
    axle_center                 single          0.0         -0.32       575.0
    origin                      single          -2100.0     0.0         0.0
    tie_rod                     single          210.4       838.4       585.0
    leafspring_front_axle       left/right      -0.61       -405.09     714.03
    lower_kingpin_axis          left/right      0.0         -875.0      600.0
    tie_rod_arm                 left/right      250.0       -850.0      575.0
    upper_kingpin_axis          left/right      20.0        -855.0      880.0
```

wheel_center		left/right	10.6	-1010.0	735.0

PARTS:
  axle
    symmetry　　　　　　　　　　:　single
    mass　　　　　　　　　　　　:　66.6320036053
    location (dependent)　　　　　　:　0.0, 0.0, 600.0
    orientation (dependent)　　　　　:　zp_vector=0.0, -1.0, 0.0
    　　　　　　　　　　　　　　　:　xp_vector=1.0, 0.0, 0.0
    cm_location_from_part　　　　　:　0.0, 0.0, 0.0
    Ixx, Iyy, Izz　　　　　　　　　:　1.7030927303E+007 , 1.7030927303E+007 , 5.1769432383E+004
    Ixy, Izx, Iyz　　　　　　　　　:　1.1055002036E-009 , 2.1756628365E-009 , -2.9565245101E-009
  axle link geometry
    name　　　　　　　　　　　　:　axle
    symmetry　　　　　　　　　　:　single
    radius　　　　　　　　　　　:　40.0
  tie_rod
    symmetry　　　　　　　　　　:　single
    mass　　　　　　　　　　　　:　9.1024076354
    location (dependent)　　　　　　:　210.4, 838.4, 585.0
    orientation (dependent)　　　　　:　zp_vector=0.0, 0.0, 1.0
    　　　　　　　　　　　　　　　:　xp_vector=1.0, 0.0, 0.0
    cm_location_from_part　　　　　:　39.6, -838.41075, -10.01
    Ixx, Iyy, Izz　　　　　　　　　:　2.1926604274E+006 , 994.5104407366 , 2.1926604274E+006
    Ixy, Izx, Iyz　　　　　　　　　:　1.7763568394E-009 , 7.5460471205E-011 , -5.8286708793E-010
  tie_rod link geometry
    name　　　　　　　　　　　　:　tie_rod
    symmetry　　　　　　　　　　:　single
    radius　　　　　　　　　　　:　15.0
  spindle
    symmetry　　　　　　　　　　:　left/right
    mass　　　　　　　　　　　　:　1.0
    location (dependent)　　　　　　:　10.6, -1010.0, 735.0
    orientation (dependent)　　　　　:　zp_vector=0.0, -1.0, 0.0
    　　　　　　　　　　　　　　　:　xp_vector=1.0, 0.0, 0.0
    cm_location_from_part　　　　　:　0.0, 0.0, 0.0
    Ixx, Iyy, Izz　　　　　　　　　:　1000.0 , 1000.0 , 1000.0
    Ixy, Izx, Iyz　　　　　　　　　:　0.0 , 0.0 , 0.0
  upright
    symmetry　　　　　　　　　　:　left/right
    mass　　　　　　　　　　　　:　5.1943935587
    location (dependent)　　　　　　:　10.6, -1010.0, 735.0
    orientation　　　　　　　　　　:　zp_vector=0.0, 0.0, 1.0
    　　　　　　　　　　　　　　　:　xp_vector=1.0, 0.0, 0.0

```
            cm_location_from_part  :  29.74683819, 92.21439302, -33.8142207429
            Ixx, Iyy, Izz          :  6.1859961209E+004 , 6.9680095301E+004 , 3.3458179721E+004
            Ixy, Izx, Iyz          :  9374.8881639913 , -1.6509950357E+004 , -9201.357473684
        upright link geometry
            name                   :  link_1
            symmetry               :  left/right
            radius                 :  20.0
        upright link geometry
            name                   :  link_2
            symmetry               :  left/right
            radius                 :  20.0
        upright link geometry
            name                   :  link_3
            symmetry               :  left/right
            radius                 :  15.0
        PARAMETERS:
            parameter name              symmetry            type        value
            --------------              --------            ----        -----
            kinematic_flag              single              integer     0
            camber_angle                left/right          real        0.0
            toe_angle                   left/right          real        0.0
```

17.3 货车前桥转向悬架系统

前桥转向悬架总成的建模思路如下：

（1）准备好白钢板弹簧模型，将与安装部件 mts_leafspring_to_body 之间的刚性与柔性约束全部删除。

（2）准备好白前桥悬架模型，删除所有约束。

（3）切换到通用 Adams/View 界面进行模型合并。

注意：理论上不用删除约束或者删除部分约束模型可以直接进行合并，但模型中可能存在重复约束行为，因此为保证在合并过程中软件有可能会提示错误，在合并之前就必须删除相关重复约束。为了保证模型的准确及精确性，删除相关全部刚性及柔性约束（不包含钢板弹簧簧片之间的接触与点面约束行为），模型合并后再重新建立约束，此过程虽较为烦琐，但可以保证模型的准确性及正确性。

模型合并过程如下：

（1）在 Adams/Car 专家界面同时打开_my_leaf_4_only.tpl 与_my_truck_steer_sus_white.tpl 两个模型。

（2）单击"Tools" > "Adams/View Interface"命令，切换到 View 通用界面。

（3）单击"Tools" > "Merge Two Models"命令，弹出合并模型界面，如图 17.4 所示。

（4）Base Model Name：._my_leaf_2_only。

（5）Model to be merged：.my_truck_steer_sus_white。基本模型与被合并模型存在主次之分，顺序不能乱，主要原因在于两片白钢板弹簧模型存在 K、C 模式，如果更换合并顺序，在合并之后的新模型上会导致 K、C 模式不能正常切换，只会有一种运动模式存在。

（6）Translate：0.0, 0.0, 0.0（被合并模型需要移动的距离）。建议模型在被合并之前先通过 Adams/Car 专家界面下的 Shift 命令把部件移动到合并之后的新位置，然后再进行合并，此处可以保持默认为 0 的设置。

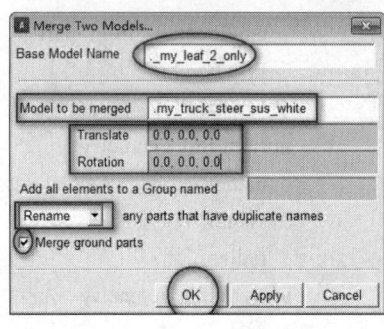

图 17.4　合并模型界面

（7）Rotation：0.0, 0.0, 0.0。

（8）选择 Rename，对于重复的部件名称软件自动重新命名。

（9）勾选 "Merge ground parts"，两个模型都存在大地部件，合并为一个大地部件。

（10）单击 OK 按钮，模型合并完成，合并过程中软件并没有弹出界面提示可能存在的问题，说明合并之后的新模型正确。重新添加完约束后的模型如图 17.5 所示。

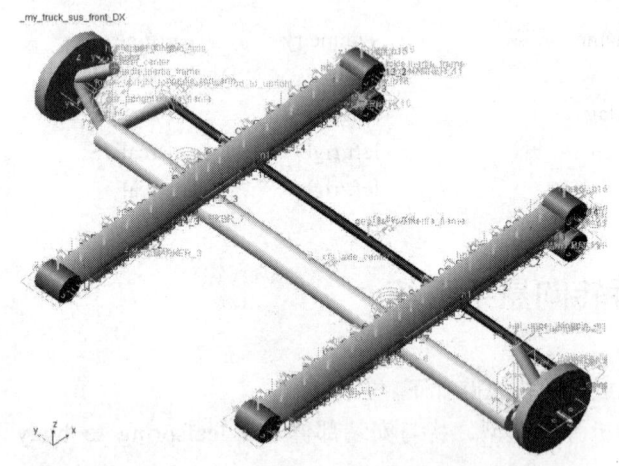

图 17.5　前转向悬架系统

添加约束过程如下：

单击 "Tools" > "Select Mode" > "Switch To A/Car Template Biulder" 命令，切换到 Adams/Car 专家界面。

单击 "File" > "Save as" 命令，另存为文件 _my_truck_sus_front_DX.tpl。

1. 部件 nrl_1_beam1 与安装部件 leafspring_to_body 之间的 revolute 约束

（1）单击 "Build" > "Attachments" > "Joint" > "New" 命令，弹出的创约束件对话框如图 17.6 所示。

（2）Joint Name（约束副名称）：p1。

（3）I Part：._my_truck_sus_front_DX.nrl_1_beam1。

（4）J Part：._my_truck_sus_front_DX.mts_leafspring_to_body。

（5）Joint Type：revolute。

（6）Active（激活）：kinematic mode（运动学模式）。

（7）Location Dependency：Delta location from coordinate。

（8）Coordinate Reference（参考坐标）：._my_truck_sus_front_DX.ground.hpl_p1。

（9）Location：0,0,0。

（10）Location in：local。

（11）Orientation Dependency：Delta orientation from coordinate。

（12）Construction Frame：._my_truck_sus_front_DX.ground.cfl_p1。

（13）单击 Apply 按钮，完成约束副._my_truck_sus_front_DX.jklrev_p1 的创建。

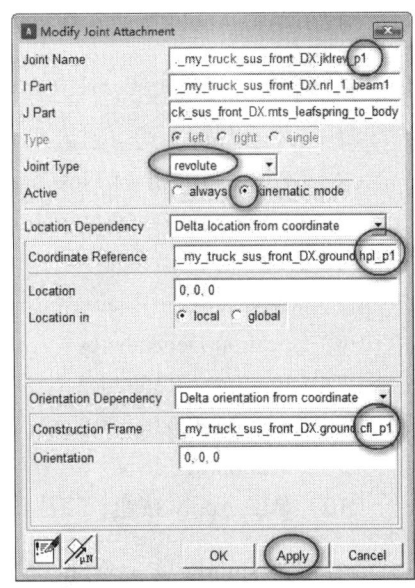

图 16.6　revolute 约束

2．部件 nrl_15_beam1 与安装部件 leafspring_to_body 之间的 revolute 约束

（1）Joint Name（约束副名称）：p15。

（2）I Part：._my_truck_sus_front_DX.nrl_15_beam1。

（3）J Part：._my_truck_sus_front_DX.gel_shackle。

（4）Joint Type：revolute。

（5）Active（激活）：kinematic mode（运动学模式）。

（6）Location Dependency：Delta location from coordinate。

（7）Coordinate Reference（参考坐标）：._my_truck_sus_front_DX.ground.hpl_p15。

（8）Location：0,0,0。

（9）Location in：local。

（10）Orientation Dependency：Delta orientation from coordinate。

（11）Construction Frame：._my_truck_sus_front_DX.cfl_p15。

（12）单击 Apply 按钮，完成约束副._my_truck_sus_front_DX.jklrev_p15 的创建。

3．部件 shackle 与安装部件 leafspring_to_body 之间的 revolute 约束

（1）Joint Name（约束副名称）：p16。

（2）I Part：._my_truck_sus_front_DX.gel_shackle。

（3）J Part：._my_truck_sus_front_DX.mts_leafspring_to_body。

（4）Joint Type：revolute。

（5）Active（激活）：kinematic mode（运动学模式）。

（6）Location Dependency：Delta location from coordinate。

（7）Coordinate Reference（参考坐标）：._my_truck_sus_front_DX.ground.hpl_p16。

（8）Location：0,0,0。

（9）Location in：local。

（10）Orientation Dependency：Delta orientation from coordinate。

（11）Construction Frame：._my_truck_sus_front_DX.ground.cfl_p16。

（12）单击 Apply 按钮，完成约束副 ._my_truck_sus_front_DX.jklrev_p16 的创建。

4．部件 rear_axle 与 nrl_7_beam2 之间的 fixed 约束

（1）Joint Name（约束副名称）：axle。

（2）I Part：._my_truck_sus_front_DX.ges_rear_axle。

（3）J Part：._my_truck_sus_front_DX.nrl_7_beam2。

（4）Joint Type：fixed。

（5）Active（激活）：always。

（6）Location Dependency：Delta location from coordinate。

（7）Coordinate Reference（参考坐标）：._my_truck_sus_front_DX.ground.hpl_a8。

（8）Location: 0,0,0。

（9）Location in：local。

（10）单击 Apply 按钮，完成约束副 ._my_truck_sus_front_DX.jolfix_axle 的创建。

5．部件 spindle 与 upright 之间的 revolute 约束

（1）Joint Name（约束副名称）：hub。

（2）I Part：._my_truck_sus_front_DX.gel_spindle。

（3）J Part：._my_truck_sus_front_DX.gel_upright。

（4）Joint Type：revolute。

（5）Active（激活）：always。

（6）Location Dependency：Delta location from coordinate。

（7）Coordinate Reference（参考坐标）：._my_truck_sus_front_DX.ground.cfl_wheel_center。

（8）Location: 0,0,0。

（9）Location in：local。

（10）Orientation Dependency：Delta orientation from coordinate。

（11）Construction Frame：._my_truck_sus_front_DX.ground.cfl_wheel_center。

（12）单击 Apply 按钮，完成约束副 ._my_truck_sus_front_DX.jolrev_hub 的创建。

6．部件 rear_axle 与 upright 之间的 revolute 约束

（1）Joint Name（约束副名称）：upright_to_axle。

（2）I Part：._my_truck_sus_front_DX.gel_upright。

（3）J Part：._my_truck_sus_front_DX.ges_rear_axle。

（4）Joint Type：revolute。

（5）Active（激活）：always。

（6）Centered between：Two Coordinates。

（7）Coordinate Reference #1（参考坐标）：._my_truck_sus_front_DX.ground.hpl_p0。

（8）Coordinate Reference #2（参考坐标）：._my_truck_sus_front_DX.ground.hpl_upper_kingpin_axis。

（9）Orientation Dependency：Orient axis to point。

（10）Construction Frame：._my_truck_sus_front_DX.ground.hpl_upper_kingpin_axis。

（11）单击 Apply 按钮，完成约束副._my_truck_sus_front_DX.jolrev_upright_to_axle 的创建。

7．部件 tie_rod 与 upright 之间的 spherical 约束

（1）Joint Name（约束副名称）：tie_rod_to_upright。

（2）I Part：._my_truck_sus_front_DX.ges_tie_rod。

（3）J Part：._my_truck_sus_front_DX.gel_upright。

（4）Joint Type：spherical。

（5）Active（激活）：always。

（6）Location Dependency：Delta location from coordinate。

（7）Coordinate Reference（参考坐标）：._my_truck_sus_front_DX.ground.hpl_tie_rod_arm。

（8）Location: 0,0,0。

（9）Location in：local。

（10）单击 Apply 按钮，完成约束副._my_truck_sus_front_DX.jolsph_tie_rod_to_upright 的创建。

8．部件 tie_rod 与 upright 之间的 perpendicular 约束

（1）Joint Name（约束副名称）：tie_rod_ori。

（2）I Part：._my_truck_sus_front_DX.ges_tie_rod。

（3）J Part：._my_truck_sus_front_DX.gel_upright。

（4）Joint Type：perpendicular。

（5）Active（激活）：always。

（6）Location Dependency：Delta location from coordinate。

（7）Coordinate Reference（参考坐标）：._my_truck_sus_front_DX.ground.hpl_tie_rod_arm。

（8）Location: 0,0,0。

（9）Location in：local。

（10）I-Part Axis：._my_truck_sus_front_DX.ground.hpr_tie_rod_arm。

（11）J-Part Axis：._my_truck_sus_front_DX.ground.cfs_axle_center。

（12）单击 Apply 按钮，完成约束副._my_truck_sus_front_DX.josper_tie_rod_ori 的创建。

9．部件 nrl_1_beam1 与 leafspring_to_body 之间的 bushing 约束

（1）单击"Build" > "Attachments" > "Bushing" > "New"命令，弹出轴套创建对话框。

（2）Bushing Name（约束副名称）：p1。

（3）I Part：._my_truck_sus_front_DX.nrl_1_beam1。

（4）J Part：._my_truck_sus_front_DX.mts_leafspring_to_body。

（5）Iinactive（抑制）：kinematic mode（运动学模式）。

（6）Preload：0,0,0。

（7）Tpreload:0, 0, 0。

（8）Offset：0, 0, 0。

（9）Roffset：0, 0, 0。

（10）Geometry Length：100。

（11）Geometry Radius：50。

（12）Property File：mdids://acar_shared/bushings.tbl/mdi_0001.bus。

（13）Location Dependency：Delta location from coordinate。

（14）Coordinate Reference（参考坐标）：._my_truck_sus_front_DX.ground.hpl_p1。

（15）Location：0，0，0。

（16）Location in：local。

（17）Orientation Dependency：Delta location from coordinate。

（18）Construction Frame：._my_truck_sus_front_DX.ground.cfl_p1。

（19）Orientation：0，0，0。

（20）单击 Apply 按钮，完成轴套._my_truck_sus_front_DX.bkl_p1 的创建。

10．部件 nrl_15_beam1 与 shackle 之间的 bushing 约束

（1）Bushing Name（约束副名称）：p15。

（2）I Part：._my_truck_sus_front_DX.nrl_1_beam1。

（3）J Part：._my_truck_sus_front_DX.gel_shackle。

（4）Iinactive（抑制）：kinematic mode（运动学模式）。

（5）Preload：0,0,0。

（6）Tpreload：0，0，0。

（7）Offset：0，0，0。

（8）Roffset：0，0，0。

（9）Geometry Length：100。

（10）Geometry Radius：50。

（11）Property File：mdids://acar_shared/bushings.tbl/mdi_0001.bus。

（12）Location Dependency：Delta location from coordinate。

（13）Coordinate Reference（参考坐标）：._my_truck_sus_front_DX.ground.hpl_p15。

（14）Location：0，0，0。

（15）Location in：local。

（16）Orientation Dependency：Delta location from coordinate。

（17）Construction Frame：._my_truck_sus_front_DX.ground.cfl_p15。

（18）Orientation：0，0，0。

（19）单击 Apply 按钮，完成轴套._my_truck_sus_front_DX.bkl_p15 的创建。

11．部件 leafspring_to_body 与 shackle 之间的 bushing 约束

（1）Bushing Name（约束副名称）：p15。

（2）I Part：._my_truck_sus_front_DX.mts_leafspring_to_body。

（3）J Part：._my_truck_sus_front_DX.gel_shackle。

（4）Iinactive（抑制）：kinematic mode（运动学模式）。

（5）Preload：0,0,0。

（6）Tpreload：0，0，0。

（7）Offset：0，0，0。

(8) Roffset: 0, 0, 0。
(9) Geometry Length: 100。
(10) Geometry Radius: 50。
(11) Property File: mdids://acar_shared/bushings.tbl/mdi_0001.bus。
(12) Location Dependency: Delta location from coordinate。
(13) Coordinate Reference(参考坐标):._my_truck_sus_front_DX.ground.hpl_p16。
(14) Location: 0, 0, 0。
(15) Location in: local。
(16) Orientation Dependency: Delta location from coordinate。
(17) Construction Frame:._my_truck_sus_front_DX.ground.cfl_p16。
(18) Orientation: 0, 0, 0。
(19) 单击 OK 按钮,完成轴套._my_truck_sus_front_DX.bkl_p16 的创建。

17.4　6×4 转向系统

转向系统建模参考转向系统章节,其建模过程与齿轮齿条转向系统相似,建模过程中不建立助力转向,推荐采用联合仿真模型研究转向助力特性。模型建立完成后建立转向子系统,通过调节转向系统的硬点参数可以改变转向系统的外在形状,调整后的模型如图 17.7 所示。

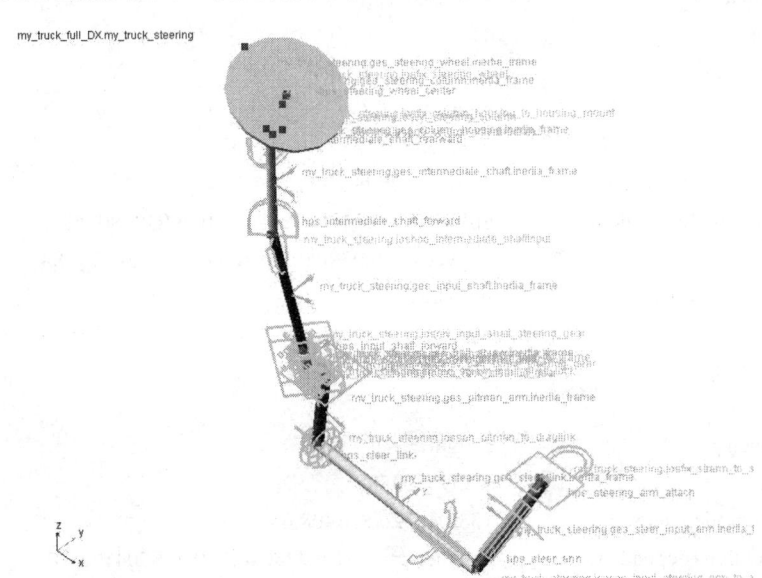

图 17.7　右舵转向系统模型

右舵转向系统信息:
　　HARDPOINTS:

hardpoint name	symmetry	x_value	y_value	z_value
--------------	--------	-------	-------	-------
input_shaft_forward	single	1397.1	526.8	1204.8

intermediate_shaft_forward	single	1263.7	526.8	1612.5
intermediate_shaft_rearward	single	1203.9	571.9	1988.6
origin_ref	single	0.0	0.0	0.0
pitman_axis	single	1445.0	570.0	1120.0
steering_arm_attach	single	2120.9	858.6	924.8
steering_wheel_center	single	1280.1	571.9	2196.8
steer_arm	single	2110.0	565.0	750.0
steer_link	single	1415.0	565.0	800.0

PARTS:
  ball_screw
    symmetry : single
    mass : 0.2677178716
    location (dependent) : 1404.8744451208, 526.8, 1181.0395706465
    orientation (dependent) : zp_vector=-0.3109778048, 0.0, 0.9504171741
        : xp_vector=0.9504171741, 0.0, 0.3109778048
    cm_location_from_part : 0.0, 0.0, 0.0
    Ixx, Iyy, Izz : 70.3997101295 , 70.3997101295 , 29.2503070805
    Ixy, Izx, Iyz : 0.0 , 0.0 , 0.0
  ball_screw link geometry
    name : ball_screw
    symmetry : single
    radius : 15.0
  column_housing
    symmetry : single
    mass : 3.8075430632
    location (dependent) : 1242.0, 571.9, 2092.7
    orientation (dependent) : zp_vector=0.3436979584, 0.0, 0.9390802486
        : xp_vector=0.9390802486, 0.0, -0.3436979584
    cm_location_from_part : 0.0, 0.0, 0.0
    Ixx, Iyy, Izz : 4652.0791921612 , 4652.0791921612 , 2958.2532790538
    Ixy, Izx, Iyz : 0.0 , 0.0 , 0.0
  input_shaft
    symmetry : single
    mass : 1.5395509539
    location (dependent) : 1330.4, 526.8, 1408.65
    orientation (dependent) : zp_vector=-0.3109778048, 0.0, 0.9504171741
        : xp_vector=0.9504171741, 0.0, 0.3109778048
    cm_location_from_part : 0.0, 0.0, 0.0
    Ixx, Iyy, Izz : 1.0690949443E+004 , 1.0690949443E+004 , 168.2081883253
    Ixy, Izx, Iyz : 0.0 , 0.0 , 0.0
  input_shaft link geometry
    name : input_shaft
    symmetry : single

    radius : 15.0
intermediate_shaft
    symmetry : single
    mass : 3.2572861028
    location (dependent) : 1233.8, 549.35, 1800.55
    orientation (dependent) : zp_vector=-0.1559380297, 0.1176054372, 0.9807406854
    : xp_vector=0.9875941925, 0.0, 0.1570277392
    cm_location_from_part : 0.0, 0.0, 0.0
    Ixx, Iyy, Izz : 1.0063298763E+005 , 1.0063298763E+005 , 355.8844173383
    Ixy, Izx, Iyz : 0.0 , 1.5435463028E-011 , -1.2222099755E-011
intermediate_shaft link geometry
    name : intermediate_shaft
    symmetry : single
    radius : 15.0
pitman_arm
    symmetry : single
    mass : 3.0597612449
    location (dependent) : 1430.0, 567.5, 960.0
    orientation (dependent) : zp_vector=9.3329415885E-002, 1.5554902647E-002, 0.9955137694
    : xp_vector=0.9956342261, 0.0, -9.3340708693E-002
    cm_location_from_part : 0.0, 0.0, 0.0
    Ixx, Iyy, Izz : 2.6642977669E+004 , 2.6642977669E+004 , 594.316898446
    Ixy, Izx, Iyz : 0.0 , 0.0 , 0.0
pitman_arm link geometry
    name : pitman
    symmetry : single
    radius : 20.0
rack
    symmetry : single
    mass : 0.4759428829
    location (dependent) : 1404.8744451208, 526.8, 1181.0395706465
    orientation (dependent) : zp_vector=-0.3109778048, 0.0, 0.9504171741
    : xp_vector=0.9504171741, 0.0, 0.3109778048
    cm_location_from_part : 0.0, 0.0, 0.0
    Ixx, Iyy, Izz : 145.377474755 , 145.377474755 , 92.4454149704
    Ixy, Izx, Iyz : 0.0 , 0.0 , 0.0
rack link geometry
    name : rack
    symmetry : single
    radius : 20.0
steering_column
    symmetry : single
    mass : 4.6054150195

location (dependent)	:	1242.0, 571.9, 2092.7
orientation (dependent)	:	zp_vector=-0.3436979584, 0.0, -0.9390802486
	:	xp_vector=-0.9390802486, 0.0, 0.3436979584
cm_location_from_part	:	0.0, 0.0, 0.0
Ixx, Iyy, Izz	:	2.8418098227E+005 , 2.8418098227E+005 , 503.1782254018
Ixy, Izx, Iyz	:	1.290539313E-011 , -3.4339542441E-011 , -1.7447092497E-011

steering_column link geometry

name	:	steering_column
symmetry	:	single
radius	:	15.0

steering_wheel

symmetry	:	single
mass	:	4.3520217212
location (dependent)	:	1280.1, 571.9, 2196.8
orientation (dependent)	:	zp_vector=-0.3436979584, 0.0, -0.9390802486
	:	xp_vector=-0.9390802486, 0.0, 0.3436979584
cm_location_from_part	:	0.0, 0.0, 0.0
Ixx, Iyy, Izz	:	1.5274270539E+004 , 1.5274270539E+004 , 3.0431551482E+004
Ixy, Izx, Iyz	:	0.0 , 0.0 , 0.0

steer_input_arm

symmetry	:	single
mass	:	3.2542078734
location (dependent)	:	2115.45, 711.8, 837.4
orientation (dependent)	:	zp_vector=-3.1883503608E-002, -0.858807033, -0.5113060946
	:	xp_vector=-0.9980614551, 0.0, 6.2236097601E-002
cm_location_from_part	:	0.0, 0.0, 0.0
Ixx, Iyy, Izz	:	3.2010619994E+004 , 3.2010619994E+004 , 632.0855045091
Ixy, Izx, Iyz	:	0.0 , 0.0 , 0.0

steer_input_arm link geometry

name	:	steer_input_arm
symmetry	:	single
radius	:	20.0

steer_link

symmetry	:	single
mass	:	6.6327042246
location (dependent)	:	1762.5, 565.0, 775.0
orientation (dependent)	:	zp_vector=-0.9974221446, 0.0, 7.1756988821E-002
	:	xp_vector=7.1756988821E-002, 0.0, 0.9974221446
cm_location_from_part	:	0.0, 0.0, 0.0
Ixx, Iyy, Izz	:	2.6900613273E+005 , 2.6900613273E+005 , 1288.3123510291
Ixy, Izx, Iyz	:	0.0 , 2.4202770437E-011 , 1.4162484132E-011

steer_link link geometry

name	:	steer_link

```
            symmetry                       :   single
            radius                         :   20.0
        GEARS:
            ball_screw_rack
                symmetry                   :   single
                reduction ratio            :   10.0
                invert input               :   no
            pitman_arm_rack
                symmetry                   :   single
                reduction ratio            :   0.8
                invert input               :   no
            screw_input_shaft_lock
                symmetry                   :   single
                reduction ratio            :   1.0
                invert input               :   yes
        PARAMETERS:
            parameter name          symmetry        type        value
            --------------          --------        ----        -----
            kinematic_flag          single          integer     0
            max_rack_displacement   single          real        100.0
            max_rack_force          single          real        500.0
            max_steering_angle      single          real        720.0
            max_steering_torque     single          real        500.0
```

17.5 白驱动轴模型

白驱动轴模型的主要特征是模型包含悬架参数（前束、外倾、主销），Adams/Car 专家界面只能够建立单轴系悬架系统参数，通过模型合并功能可以建立任意轴系悬架集成参数。白驱动轴模型可以通过自建立模型获取。图 17.8 所示的白驱动轴模型是通过公版模型_msc_truck_drive_axle.tpl 获取，通过专家界面打开模型，删除除驱动轴和轮毂部件以外的其他所有部件、安装部件及关联的硬点和结构框。通过 Shift Template 命令把驱动轴向前移动 7 405.9 mm，保证驱动轴质心在原点位置。

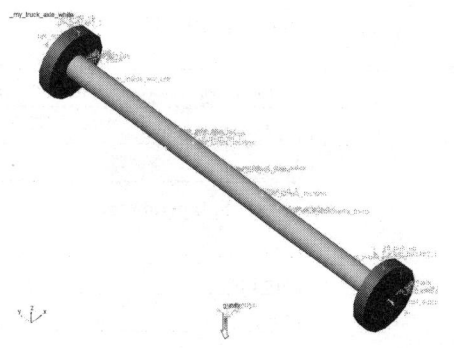

Template：_msc_truck_drive_axle 公版驱动轴模型，红色下滑部件保留，其余部件全部删除

图 17.8 白驱动轴模型

```
        PARTS:
            panhard_link
```

symmetry	:	single
mass	:	1.0
location (dependent)	:	7405.86, 0.0, 758.41
orientation (dependent)	:	zp_vector=0.0, 0.0, 1.0
	:	xp_vector=1.0, 0.0, 0.0
cm_location_from_part	:	0.0, 0.0, 0.0
Ixx, Iyy, Izz	:	100.0 , 100.0 , 100.0
Ixy, Izx, Iyz	:	0.0 , 0.0 , 0.0

panhard_link link geometry

name	:	panhard_link
symmetry	:	single
radius	:	10.0

panhard_rod

symmetry	:	single
mass	:	6.0
location (dependent)	:	7437.61, -60.2196, 1112.99
orientation (dependent)	:	zp_vector=0.0, 2.5653525392E-002, 0.9996708942
	:	xp_vector=0.0, -0.9996708942, 2.5653525392E-002
cm_location_from_part	:	0.0, 0.0, 0.0
Ixx, Iyy, Izz	:	1040.0 , 2.0E+005 , 2.0E+005
Ixy, Izx, Iyz	:	0.0 , 0.0 , 0.0

panhard_rod link geometry

name	:	panhard_rod
symmetry	:	single
radius	:	10.0

drive_axle

symmetry	:	left/right
mass	:	175.0
location (dependent)	:	7459.0, -305.73, 753.054
orientation (dependent)	:	zp_vector=0.0, 0.0, 1.0
	:	xp_vector=0.0, -1.0, 0.0
cm_location_from_part	:	0.0, 0.0, 0.0
Ixx, Iyy, Izz	:	7.25E+006 , 3.25E+006 , 4.25E+006
Ixy, Izx, Iyz	:	0.0 , 0.0 , 0.0

drive_axle link geometry

name	:	drive_axle
symmetry	:	left/right
radius	:	50.0

hub

symmetry	:	left/right
mass	:	1.0
location (dependent)	:	7405.9, -904.1, 758.4
orientation (dependent)	:	zp_vector=0.0, 0.0, 1.0

	:	xp_vector=0.0, -1.0, 0.0
cm_location_from_part	:	0.0, 0.0, 0.0
Ixx, Iyy, Izz	:	1000.0 , 1000.0 , 1000.0
Ixy, Izx, Iyz	:	0.0 , 0.0 , 0.0

lower_shock
- symmetry : left/right
- mass : 1.0
- location (dependent) : 7546.525, -518.35, 808.725
- orientation (dependent) : zp_vector=-0.1968141168, -1.4578823463E-002, -0.9803324239
- : xp_vector=-0.9804366215, 0.0, 0.1968350357
- cm_location_from_part : 0.0, 0.0, 0.0
- Ixx, Iyy, Izz : 1.0 , 1.0 , 1.0
- Ixy, Izx, Iyz : 0.0 , 0.0 , 0.0

trailing_arm
- symmetry : left/right
- mass : 34.0
- location (dependent) : 7082.25, -523.9, 784.9
- orientation : zp_vector=0.0, 0.0, 1.0
- : xp_vector=1.0, 0.0, 0.0
- cm_location_from_part : 0.0, 0.0, 0.0
- Ixx, Iyy, Izz : 1.3525277301E+007 , 2.1467216057E+005 , 1.3406829359E+007
- Ixy, Izx, Iyz : 0.0 , 0.0 , 0.0

trailing_arm link geometry
- name : trailing_arm
- symmetry : left/right
- radius : 30.0

upper_shock
- symmetry : left/right
- mass : 1.0
- location (dependent) : 7599.175, -514.45, 1070.975
- orientation (dependent) : zp_vector=-0.1968141168, -1.4578823463E-002, -0.9803324239
- : xp_vector=-0.9804366215, 0.0, 0.1968350357
- cm_location_from_part : 0.0, 0.0, 0.0
- Ixx, Iyy, Izz : 1.0 , 1.0 , 1.0
- Ixy, Izx, Iyz : 0.0 , 0.0 , 0.0

删除其他所有部件后，转向主销参数也会被删除，原因在于公版模型的主销参数在部件._msc_truck_drive_axle.mtl_spring_to_frame 与._msc_truck_drive_axle.gel_trailing_arm 之间通过几何关系建立。重新构建转向主销参数方法如下：

1．建立结构框 hub_up

（1）单击"Build" > "Constructon Frame" > "New"命令，弹出的创建结构框如图17.9所示。

（2）在 Constructon Frame（结构框名称）中输入：hub_up。

（3）Coordinate Reference（参考坐标）：._my_truck_axle_white.ground.cfl_hub。

（4）Location：0，-200，0。

（5）Orientation Dependency（参考方向）：Delta orientation from coordinate。

（6）在 Constructon Frame（结构框名称）中输入：._my_truck_axle_white.ground.cfl_hub。

（7）Orientation（参考方向）：0，0，0。

（8）单击 OK 按钮，完成 ._my_truck_axle_white.ground.cfl_hub_up 结构框的创建。

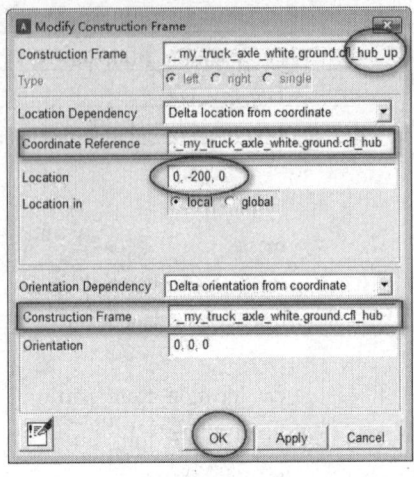

图 17.9　结构框 hub_up

2．建立主销参数

（1）单击"Build"＞"Suspension Parameters"＞"Characteristics Array"＞"Set"命令，弹出的转向主销参数对话框如图 17.10 所示。

（2）Steer Axis Calculation：Geometric。

（3）Suspension Type：Dependent（非独立悬架）。

（4）I Part：._my_truck_axle_white.gel_drive_axle。

（5）J Part：._my_truck_axle_white.gel_hub。

（6）I Coordinate Reference：._my_truck_axle_white.ground.cfl_hub。

（7）J Coordinate Reference：._my_truck_axle_white.ground.cfl_hub_up。

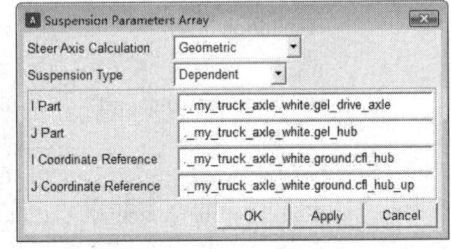

图 17.10　转向主销参数设置

（8）单击 OK 按钮，完成转向主销轴线的创建。同时创建输出通信器：._my_truck_axle_white.cos_suspension_parameters_ARRAY。

（9）保存模型，完成白驱动轴模型的创建。

3．构造双驱动轴模型

（1）白驱动轴模型：._my_truck_axle_white 另存为 Q1，修改输入/输出通信器的特征，此特征全部为 rear。

（2）白驱动轴模型：._my_truck_axle_white 另存为 Q2，修改输入/输出通信器的特征，此特征全部为 rear_2。

（3）通过 Shift Template 命令，把模型 Q2 后移动 1 300 mm。

（4）单击"Tools"＞"Adams/View Interface"命令，切换到 View 通用界面。

（5）单击"Tools"＞"Merge Two Models"命令，弹出的合并模型界面如图 17.11 所示。

（6）Base Model Name：._Q1。

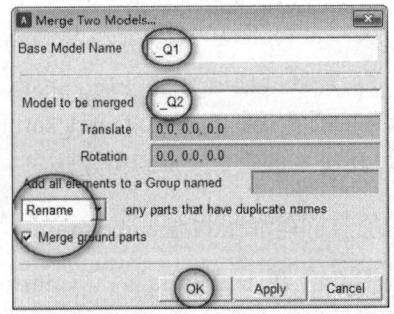

图 17.11　模型合并设置

(7) Model to be merged：._Q2。
(8) Translate：0.0, 0.0, 0.0。
(9) Rotation：0.0, 0.0, 0.0。
(10) 选择 Rename。
(11) 勾选"Merge ground parts"。
(12) 单击 OK 按钮，模型合并完成，模型._Q1 此时变成双轴系模型。
(13) 单击"Tools"＞"Select Mode"＞"Switch To A/Car Template Biulder"命令，切换到 Adams/Car 专家界面。
(14) 单击"File"＞"Save as"命令，另存为文件 my_truck_axle_two_white。合并完成后的白双轴驱动模型如图 17.12 所示。

图 17.12　白双轴驱动模型

白双轴驱动模型建立完成后，悬架集成参数整合完成，具体信息如下：

Listing of input communicators in '_my_truck_axle_two_white'

Communicator Name:	Entity Class:	From Minor Role:	Matching Name:
ci[lr]_tire_force	force	rear	tire_force
ci[lr]_tire_force_2	force	rear_2	tire_force
ci[lr]_tripot_to_differential	mount	rear	tripot_to_differential
ci[lr]_tripot_to_differential_2	mount	rear_2	tripot_to_differential

8 input communicators were found in '_my_truck_axle_two_white'

Listing of output communicators in '_my_truck_axle_two_white'

Communicator Name:	Entity Class:	To Minor Role:	Matching Name:
co[lr]_camber_angle	parameter_real	rear	camber_angle
co[lr]_camber_angle_2	parameter_real	rear_2	camber_angle
co[lr]_diff_tripot	location	rear	diff_tripot
co[lr]_diff_tripot_2	location	rear_2	diff_tripot
co[lr]_lddrv_outside_whl_mount	mount	rear	outside_whl_mnt
co[lr]_lddrv_outside_whl_mount_2	mount	rear_2	outside_whl_mnt
co[lr]_lddrv_suspension_mount	mount	rear	suspension_mount
co[lr]_lddrv_suspension_mount_2	mount	rear_2	suspension_mount
co[lr]_lddrv_suspension_upright	mount	rear	suspension_upright
co[lr]_lddrv_suspension_upright_2	mount	rear_2	suspension_upright
co[lr]_outside_wheel_center	location	rear	outside_wheel_center
co[lr]_outside_wheel_center_2	location	rear_2	outside_wheel_center
co[lr]_toe_angle	parameter_real	rear	toe_angle
co[lr]_toe_angle_2	parameter_real	rear_2	toe_angle
co[lr]_wheel_center	location	rear	wheel_center
co[lr]_wheel_center_2	location	rear_2	wheel_center
cos_axle_diff_mount	mount	rear	axle_diff_mount
cos_axle_diff_mount_2	mount	rear_2	axle_diff_mount
cos_driveline_active	parameter_integer	rear	driveline_active
cos_driveline_active_2	parameter_integer	rear_2	driveline_active
cos_halfshaft_omega_left	solver_variable	rear	halfshaft_omega_left
cos_halfshaft_omega_left_2	solver_variable	rear_2	halfshaft_omega_left
cos_halfshaft_omega_right	solver_variable	rear	halfshaft_omega_right
cos_halfshaft_omega_right_2	solver_variable	rear_2	halfshaft_omega_right
cos_suspension_parameters_ARRAY	array	rear	suspension_parameters_array
cos_suspension_parameters_ARRAY_2	array	rear_2	suspension_parameters_array

----
42 output communicators were found in '_my_truck_axle_two_white'

17.6 导向杆式平衡悬架模型

为提升建模速度，本书在此提供一个白平衡悬架模型（见图17.13），通过合并功能把白导向杆式平衡悬架模型与白双轴驱动模型合并，合并后的模型添加刚性约束与柔性约束可以快速完成导向杆式平衡悬架模型的建立。白平衡悬架信息如下：

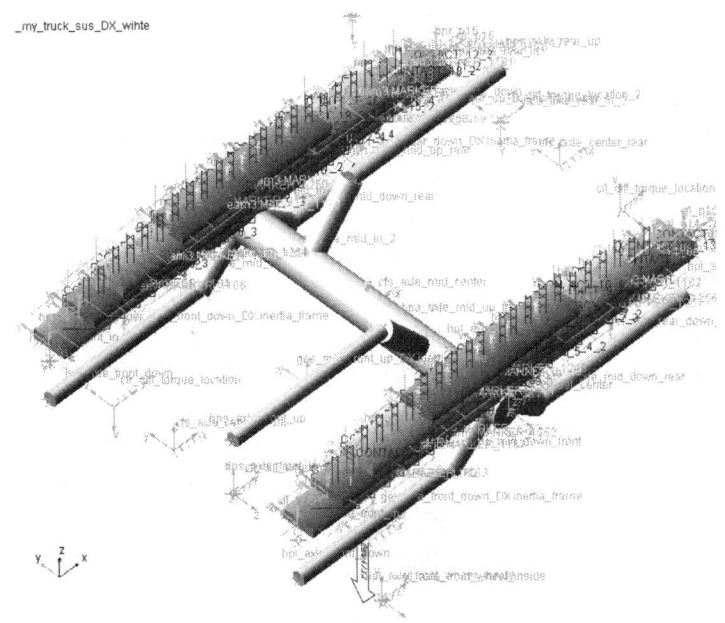

图 17.13 白导向杆式平衡悬架模型

HARDPOINTS:

hardpoint name	symmetry	x_value	y_value	z_value
axle_front_in_2	single	-650.0	-200.0	758.4
axle_front_up	single	-650.0	-200.0	933.4
axle_mid_up_front	single	-150.0	-200.0	933.4
axle_mid_up_rear	single	150.0	200.0	933.4
axle_rear_in_2	single	650.0	200.0	758.4
axle_rear_up	single	650.0	200.0	933.4
a2	left/right	-550.0	-415.0	843.4
a3	left/right	-450.0	-415.0	843.4
a4	left/right	-350.0	-415.0	843.4
a5	left/right	-250.0	-415.0	843.4
a6	left/right	-150.0	-415.0	843.4
a7	left/right	-50.0	-415.0	843.4
a8	left/right	0.0	-415.0	843.4
a9	left/right	50.0	-415.0	843.4
a10	left/right	150.0	-415.0	843.4
a11	left/right	250.0	-415.0	843.4
a12	left/right	350.0	-415.0	843.4
a13	left/right	450.0	-415.0	843.4
a14	left/right	550.0	-415.0	843.4
anxle_mid_down_front	left/right	-150.0	-415.0	633.4
anxle_mid_down_rear	left/right	150.0	-415.0	633.4

axle_front_down	left/right	-650.0	-415.0	633.4
axle_front_in	left/right	-650.0	-415.0	758.4
axle_front_wheel_inside	left/right	-650.0	-693.5	758.4
axle_front_wheel_outside	left/right	-650.0	-1041.0	758.4
axle_mid_in	left/right	0.0	-415.0	758.4
axle_mid_in_2	left/right	0.0	-200.0	758.4
axle_rear_down	left/right	650.0	-415.0	633.4
axle_rear_in	left/right	650.0	-415.0	758.4
axle_rear_wheel_inside	left/right	650.0	-693.5	758.4
axle_rear_wheel_outside	left/right	650.0	-1041.0	758.4
b3	left/right	-450.0	-415.0	873.4
b4	left/right	-350.0	-415.0	873.4
b5	left/right	-250.0	-415.0	873.4
b6	left/right	-150.0	-415.0	873.4
b7	left/right	-50.0	-415.0	873.4
b8	left/right	0.0	-415.0	873.4
b9	left/right	50.0	-415.0	873.4
b10	left/right	150.0	-415.0	873.4
b11	left/right	250.0	-415.0	873.4
b12	left/right	350.0	-415.0	873.4
b13	left/right	450.0	-415.0	873.4
c5	left/right	-250.0	-415.0	903.4
c6	left/right	-150.0	-415.0	903.4
c7	left/right	-50.0	-415.0	903.4
c8	left/right	0.0	-415.0	903.4
c9	left/right	50.0	-415.0	903.4
c10	left/right	150.0	-415.0	903.4
c11	left/right	250.0	-415.0	903.4
p0	left/right	0.0	-470.0	758.4
p1	left/right	-650.0	-415.0	813.4
p2	left/right	-550.0	-415.0	813.4
p3	left/right	-450.0	-415.0	813.4
p4	left/right	-350.0	-415.0	813.4
p5	left/right	-250.0	-415.0	813.4
p6	left/right	-150.0	-415.0	813.4
p7	left/right	-50.0	-415.0	813.4
p8	left/right	0.0	-415.0	813.4
p9	left/right	50.0	-415.0	813.4
p10	left/right	150.0	-415.0	813.4
p11	left/right	250.0	-415.0	813.4
p12	left/right	350.0	-415.0	813.4
p13	left/right	450.0	-415.0	813.4
p14	left/right	550.0	-415.0	813.4

p15	left/right	650.0	-415.0	813.4

PARTS:
  axle_front_up_DX
    symmetry : single
    mass : 4.759428829
    location (dependent) : -400.0, -200.0, 933.4
    orientation : zp_vector=0.0, 0.0, 1.0
        : xp_vector=1.0, 0.0, 0.0
    cm_location_from_part : 0.0, 0.0, 0.0
    Ixx, Iyy, Izz : 924.4541497043 , 9.9616994345E+004 , 9.9616994345E+004
    Ixy, Izx, Iyz : 0.0 , 0.0 , 0.0
  axle_front_up_DX link geometry
    name : axle_front_up
    symmetry : single
    radius : 20.0
  axle_mid
    symmetry : single
    mass : 115.1251112865
    location (dependent) : 0.0, 0.0, 758.4
    orientation : zp_vector=0.0, 0.0, 1.0
        : xp_vector=1.0, 0.0, 0.0
    cm_location_from_part : 0.0, 0.0, -3.943009184
    Ixx, Iyy, Izz : 2.2371399487E+007 , 7.6923522486E+005 , 2.2189586742E+007
    Ixy, Izx, Iyz : 2.646461238E+005 , 6.6131006653E-010 , 1.979578607E-010
  axle_mid link geometry
    name : axle_mid
    symmetry : single
    radius : 50.0
  axle_mid link geometry
    name : axle_mid_down_left_font
    symmetry : single
    radius : 30.0
  axle_mid link geometry
    name : axle_mid_down_left_rear
    symmetry : single
    radius : 30.0
  axle_mid link geometry
    name : axle_mid_down_right_font
    symmetry : single
    radius : 30.0
  axle_mid link geometry
    name : axle_mid_down_right_rear

symmetry	: single
radius	: 30.0

axle_mid link geometry

name	: axle_mid_up_left
symmetry	: single
radius	: 30.0

axle_mid link geometry

name	: axle_mid_up_right
symmetry	: single
radius	: 30.0

axle_rear_up_DX

symmetry	: single
mass	: 4.759428829
location (dependent)	: 400.0, 200.0, 933.4
orientation	: zp_vector=0.0, 0.0, 1.0
	: xp_vector=1.0, 0.0, 0.0
cm_location_from_part	: 0.0, 0.0, 0.0
Ixx, Iyy, Izz	: 924.4541497043 , 9.9616994345E+004 , 9.9616994345E+004
Ixy, Izx, Iyz	: -2.1049036204E-011 , 0.0 , 0.0

axle_rear_up_DX link geometry

name	: axle_rear_up
symmetry	: single
radius	: 20.0

axle_front_down_DX

symmetry	: left/right
mass	: 4.759428829
location (dependent)	: -400.0, -415.0, 633.4
orientation	: zp_vector=0.0, 0.0, 1.0
	: xp_vector=1.0, 0.0, 0.0
cm_location_from_part	: 0.0, 0.0, 0.0
Ixx, Iyy, Izz	: 924.4541497043 , 9.9616994345E+004 , 9.9616994345E+004
Ixy, Izx, Iyz	: 0.0 , 0.0 , 0.0

axle_front_down_DX link geometry

name	: axle_front_down
symmetry	: left/right
radius	: 20.0

axle_rear_down_DX

symmetry	: left/right
mass	: 4.759428829
location (dependent)	: 400.0, -415.0, 633.4
orientation	: zp_vector=0.0, 0.0, 1.0
	: xp_vector=1.0, 0.0, 0.0
cm_location_from_part	: 0.0, 0.0, 0.0

Ixx, Iyy, Izz	:	924.4541497043 , 9.9616994345E+004 , 9.9616994345E+004
Ixy, Izx, Iyz	:	-2.1049036204E-011 , 0.0 , 0.0

axle_rear_down_DX link geometry
    name   : axle_rear_down
    symmetry   : left/right
    radius   : 20.0

NRODS:
  beam1
    symmetry   : left/right
    height   : 30.0
    width   : 100.0
    damping ratio   : 2.0E-003
    material type   : steel
    formulation   : linear
  beam2
    symmetry   : left/right
    height   : 30.0
    width   : 100.0
    damping ratio   : 2.0E-003
    material type   : steel
    formulation   : linear
  beam3
    symmetry   : left/right
    height   : 30.0
    width   : 100.0
    damping ratio   : 2.0E-003
    material type   : steel
    formulation   : linear
  beam4
    symmetry   : left/right
    height   : 30.0
    width   : 100.0
    damping ratio   : 2.0E-003
    material type   : steel
    formulation   : linear

PARAMETERS:

parameter name	symmetry	type	value
--------------	--------	----	-----
driveline_active	single	integer	1
kinematic_flag	single	integer	0
kinematic_flag_2	single	integer	0

final_drive	single	real	7.0
final_drive_2	single	real	7.0
camber_angle	left/right	real	0.0
toe_angle	left/right	real	0.0
toe_angle_2	left/right	real	0.0

钢板弹簧前后端与驱动轴采用移动副连接，其余约束均为球副约束和轴套约束，特别需要强调的是轴套的刚度属性文件。刚度过低可能导致模型计算过程不收敛，本模型的轴套属性文件是采用公版数据库提供的 mdids://atruck_shared/bushings.tbl/msc_truck_trailing_arm_to_frame.bus，添加完刚性约束与柔性约束后，平衡悬架模型如图 17.14 所示。

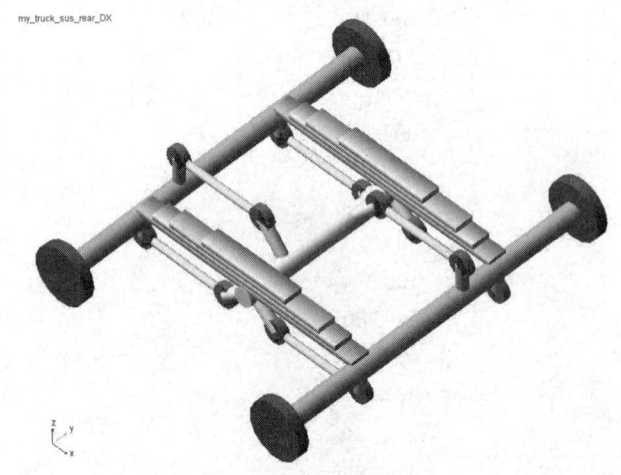

图 17.14 平衡悬架模型

17.7 6×4 整车模型

整车模型建立包含两种方法：① 直接装配建立整车模型；② 通过公版模型替换自建系统逐步完成整车模型。推荐采用第二种方法建立整车模型，虽然过程较为复杂，但建模过程中可以发现自建模型本身存在问题并逐步解决问题，通过逐步替换子系统完成整车模型建立不失为初学者学习复杂模型建立的一种有效手段。如果熟悉模型及装配，则推荐采用第一种方法快速建立整车模型，总之建模手段"不拘一格"，但前提条件是子系统和整车装配必须准确无误。整车模型中前后轮胎、制动系统及动力传动系统均采用公版模型。

建立好的基于导向杆式的平衡悬架整车模型如图 17.15 所示，整车包含 840 个自由度，模型较为复杂，建议采用服务器或者工作站进行运算。整车模型建立完成之后首先需要进行静平衡分析，静平衡成功是模型能够正确运算的必要前提条件，否则模型在运算过程中会出现不收敛的现象。

（1）单击 "Simulate" > "Full-Vehicle Analysis" > "Static and Quasi-Static Maneuvers" > "Static Equilibrium" 命令，弹出的整车加速仿真对话框如图 17.16 所示。

（2）Output Prefix（输出别名）：SE。

（3）其余参数保持默认设置，单击 OK 按钮，完成静平衡计算。

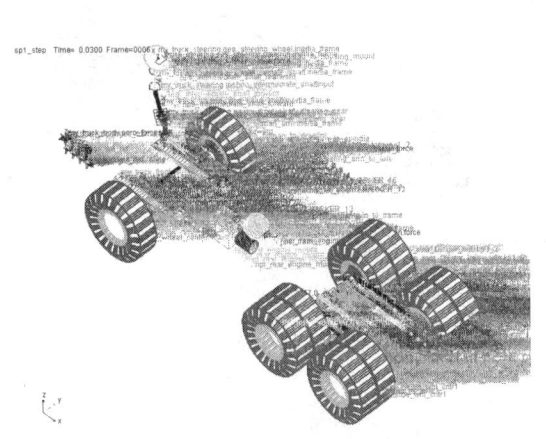

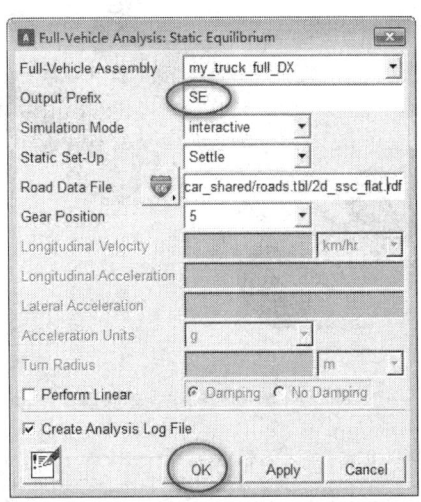

图 17.15　右舵整车模型　　　　　　图 17.16　整车静平衡模型

17.8　6×4 整车制动仿真

（1）单击"Simulate" > "Full-Vehicle Analysis" > "Straight Line Events" > "Acceleration"命令，弹出制动仿真对话框，如图 17.17 所示。
（2）Output Prefix（输出别名）：brake。
（3）End Time：10。
（4）Number of Steps（仿真步数）：1000。
（5）Simulation Mode：interactive。
（6）Road Date File：mdids://FASE/roads.tbl/road_3d_sine_example_JIANSUDAI_number_3.xml。
（7）Steering Input：locked。
（8）Initial Velocity：50 km/hr。
（9）Start Time：4。
（10）选择闭环控制制动：Closed-Loop Brake。
（11）Longitudinal Accel（G's）：0.6。
（12）单击 OK 按钮，完成制动过程通过三个减速带路面的

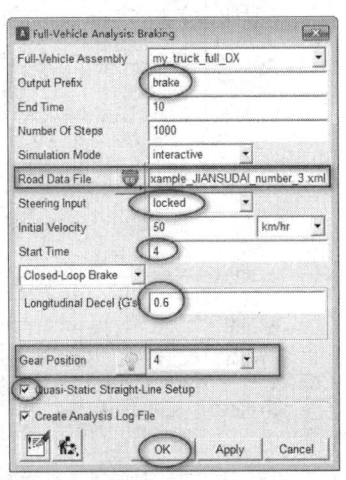

图 17.17　制动仿真

仿真，整个仿真过程较为缓慢。仿真完成后如图 17.18 和图 17.19 所示，分别显示的是中轴与后轴通过减速带时整车及前后钢板弹簧的受力状态。

图 17.20 和图 17.21 所示为车身制动过程中垂向与侧向加速度曲线，通过观察曲线发现振动幅值范围符合预期，也从侧面反映整车模型的正确性。图 17.22 ~ 17.27 所示为轴套在三个方向的垂向受力及扭转受力，其中 X 方向及 Y 方向扭转受力大，符合轴套安装方向下的受力预期。图 17.28 ~ 17.30 所示为钢板弹簧模型接触对受力状态，接触力成对出现，大小相等，方向相反，其中 Z 方向受力大，Y 方向受力极小，同样符合受力预期。如果有实验条件，读者可进行实验验证。

图 17.18 第二轴过减速度

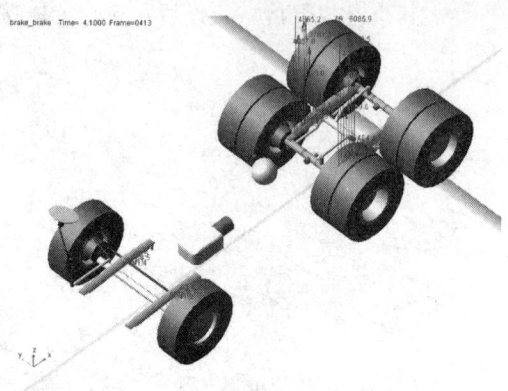

图 17.19 第三轴过减速度

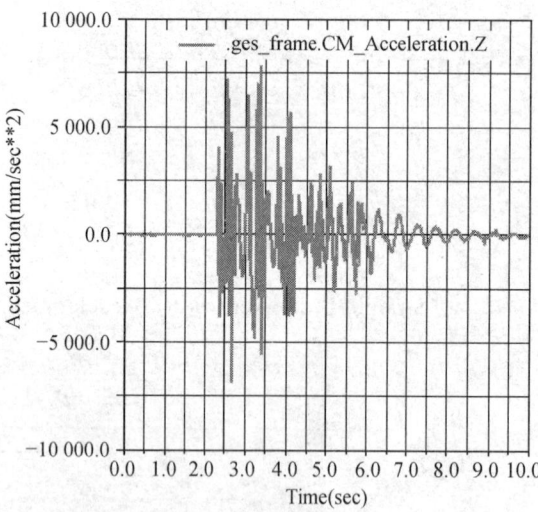

图 17.20 车身垂向加速度

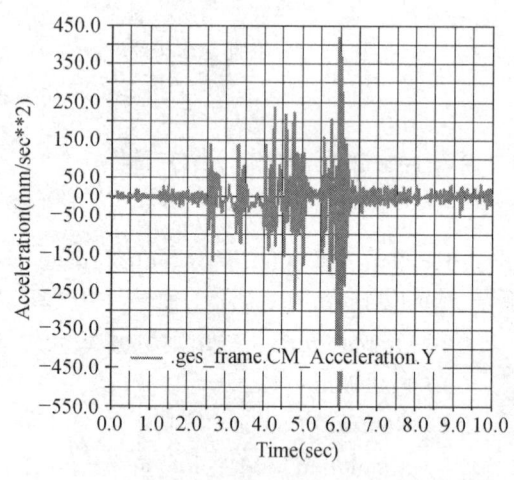

图 17.21 车身侧向加速度

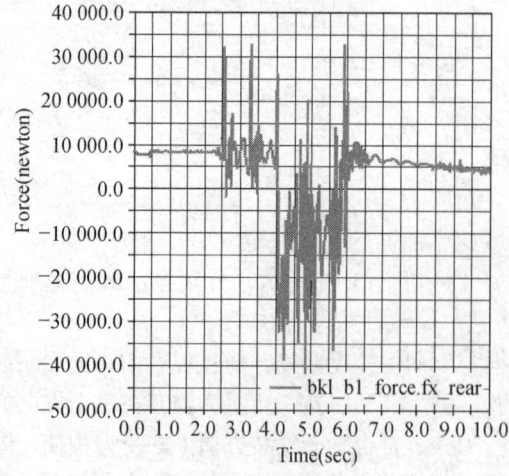

图 17.22 平衡悬架推杆轴套 X 方向受力

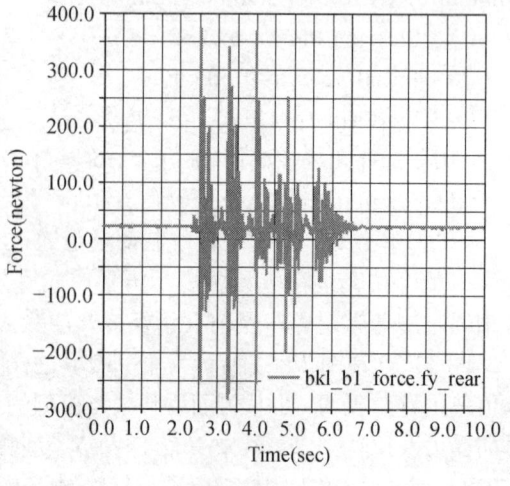

图 17.23 平衡悬架推杆轴套 Y 方向受力

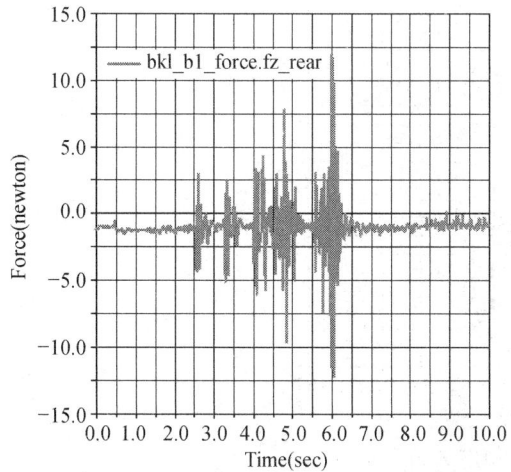

图 17.24 平衡悬架推杆轴套 Z 方向受力

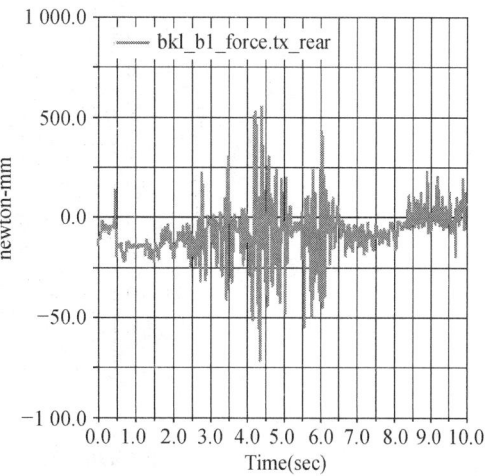

图 17.25 平衡悬架推杆轴套 X 方向扭转受力

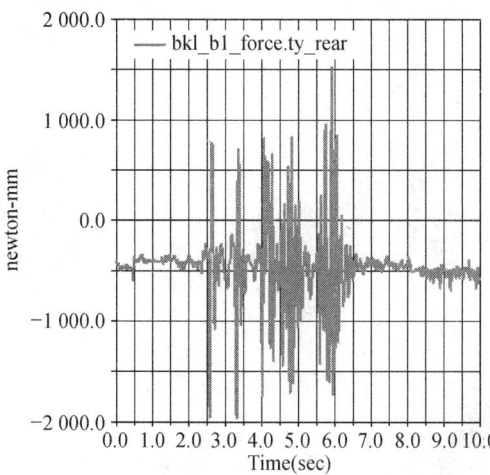

图 17.26 平衡悬架推杆轴套 Y 方向扭转受力

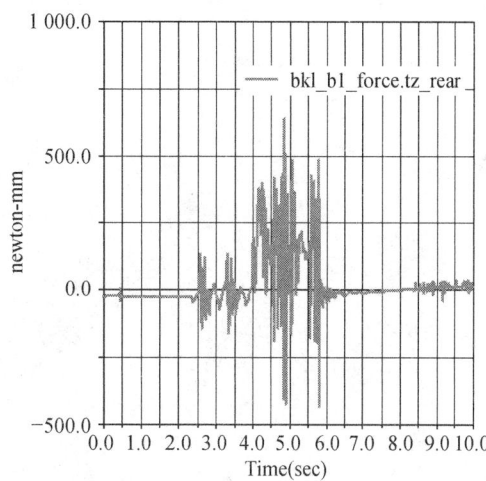

图 17.27 平衡悬架推杆轴套 Z 方向扭转受力

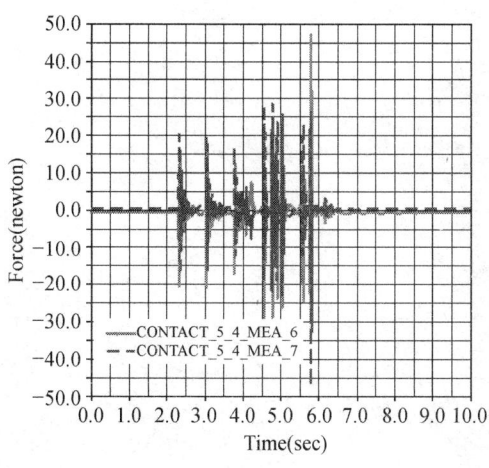

图 17.28 钢板弹簧接触对 X 方向受力

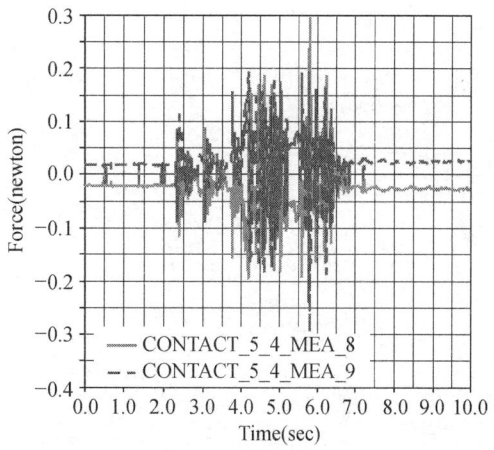

图 17.29 钢板弹簧接触对 Y 方向受力

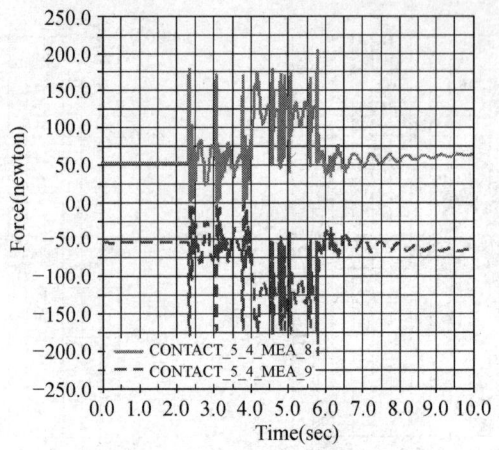

图 17.30　钢板弹簧接触对 Z 方向受力

4 片白钢板弹簧装配体_my_leaf_4.tpl（见图 17.31）存储在数字资源包中，读者可以自行参考练习。

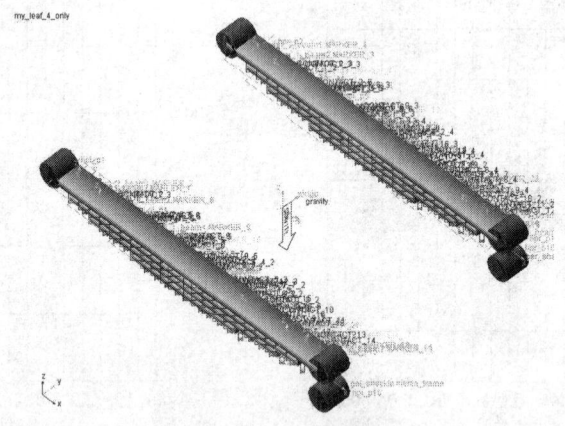

图 17.31　4 片白钢板弹簧

第 18 章　6×4 整车模型 II

推杆式平衡悬架主要应用在挂车上，推杆式悬架主要包括二轴系、三轴系、四轴系。大于四轴系的挂车由于转向困难及轮胎磨损严重，在公路运输中较为少见，特种车辆有应用。二轴系推杆式平衡悬架既可以应用在牵引车上，也可以应用在挂车上。本章以二轴系推杆平衡悬架为基础，介绍 6×4 整车模型的建立。通过模型合并功能可快速创建三轴系、四轴系及 n 轴系平衡悬架。基于二轴系推杆式平衡悬架的 6×4 整车模型如图 18.1 所示。整车模型建立中为了验证悬架的正确性不考虑动力传动系统，整车仿真不能进行静平衡，但这并不影响整车仿真解算过程的收敛。

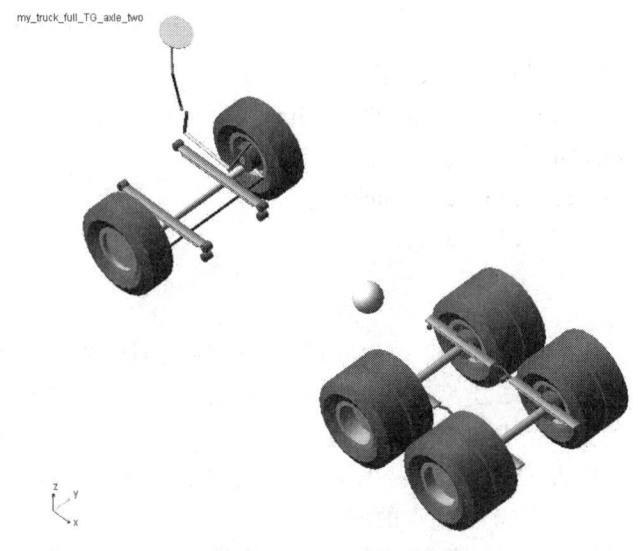

图 18.1　6×4 重卡整车模型

18.1　双轴推杆式平衡悬架

推杆式平衡悬架也可以起到导向杆式平衡悬架的作用，在通过坑洼路面时，可以保证轮胎与路面的贴合，增强整车的纵向及侧向稳定性。同时，推杆式平衡悬架可以方便拓展到多轴系，因此多用于大吨位的挂车。推杆式平衡悬架的建模思路：依然采用模型合并功能，把两个单轴系的钢板弹簧非独立悬架合并成双轴系，前后钢板弹簧之间采用平衡梁连接即可。图 18.2 所示为两片钢板弹簧装配体，建模过程与前面建模过程完全相同，区别在于钢板弹簧的长度不同，此装配体钢板弹簧的长度为 1 m，平衡梁的长度为 0.3 m。

图 18.2 两片钢板弹簧装配体

模型文件 _my_truck_axle_one_TG_white.tpl 存储于数字资源包中，读者可参阅此文件建立多轴系平衡悬架。

1．删除约束

（1）启动 Adams/Car，切换到专家界面。
（2）打开模型：_my_truck_axle_one_TG_white.tpl。
（3）删除部件：shackle。
（4）删除刚性约束：a1、a13、a14、hub。
（5）删除柔性约束：a1、a13、a14。

2．创建硬点

（1）单击"Build" > "Hardpoind" > "New"命令，弹出创建硬点对话框。
（2）在硬点名称里输入 c1，类型选择 left，在位置文本框输入 -450.0，-430.0，770.0。
（3）单击 Apply 按钮，完成 c1 硬点的创建。
（4）在硬点名称里输入 c2，类型选择 left，在位置文本框输入 -100.0，-430.0，758.4。
（5）单击 Apply 按钮，完成 c2 硬点的创建。
（6）在硬点名称里输入：c4，类型选择 left，在位置文本框输入 680.0，-430.0，770.0。
（7）单击 Apply 按钮，完成 c4 硬点的创建。
（8）模型另存为 _axle_TG_White。

3．创建结构框

（1）单击"Build" > "Constructon Frame" > "New"命令，弹出创建结构框。
（2）Constructon Frame（结构框名称）：c1。
（3）Type：left。
（4）Coordinate Reference（参考坐标）：_axle_TG_White.ground.hpl_c1。
（5）Location：0,0,0。
（6）Location in：local。

(7) Orientation Dependency: Orient axis to point。
(8) Coordinate Reference(参考坐标):._axle_TG_White.ground.hpl_c1。
(9) Axis: Z。
(10) 单击 Apply 按钮,完成._axle_TG_White.ground.cfl_c1 结构框的创建。
(11) Constructon Frame(结构框名称): c2。
(12) Type: left。
(13) Coordinate Reference(参考坐标):._axle_TG_White.ground.hpl_c2。
(14) Location: 0,0,0。
(15) Location in: local。
(16) Orientation Dependency: Orient axis to point。
(17) Coordinate Reference(参考坐标):._axle_TG_White.ground.hpl_c2。
(18) Axis: Z。
(19) 单击 Apply 按钮,完成._axle_TG_White.ground.cfl_c2 结构框的创建。
(20) Constructon Frame(结构框名称): c3。
(21) Type: left。
(22) Coordinate Reference(参考坐标):._axle_TG_White.ground.hpl_c3。
(23) Location: 0,0,0。
(24) Location in: local。
(25) Orientation Dependency: Orient axis to point。
(26) Coordinate Reference(参考坐标):._axle_TG_White.ground.hpl_c3。
(27) Axis: Z。
(28) 单击 Apply 按钮,完成._axle_TG_White.ground.cfl_c3 结构框的创建。
(29) Constructon Frame(结构框名称): c4。
(30) Type: left。
(31) Coordinate Reference(参考坐标):._axle_TG_White.ground.hpl_c4。
(32) Location: 0,0,0。
(33) Location in: local。
(34) Orientation Dependency: Orient axis to point。
(35) Coordinate Reference(参考坐标):._axle_TG_White.ground.hpl_c4。
(36) Axis: Z。
(37) 单击 Apply 按钮,成._axle_TG_White.ground.cfl_c4 结构框的创建。

4. 创建部件

(1) 单击 "Build" > "Part" > "General Part" > "New" 命令,弹出创建部件对话框,如图 18.3 所示。
(2) 在 General Part 中输入: pull_rod。
(3) Type: left。
(4) Location Dependency: Centered between coordinates。
(5) Centered between: Two Coordinates。
(6) Coordinate Reference #1(参考坐标):._axle_TG_White.ground.hpl_c2。

（7）Coordinate Reference #2（参考坐标）：._axle_TG_White.ground.hpl_c1。

（8）Orient using：Euler Angles。

（9）Euler Angles：0,0,0。

（10）Mass：1。

（11）Ixx：1。

（12）Iyy：1。

（13）Izz：1。

（14）Density：Material。

（15）Material Type：.materials.steel。

（16）单击 OK 按钮，完成部件._axle_TG_White.gel_pull_rod 的创建。

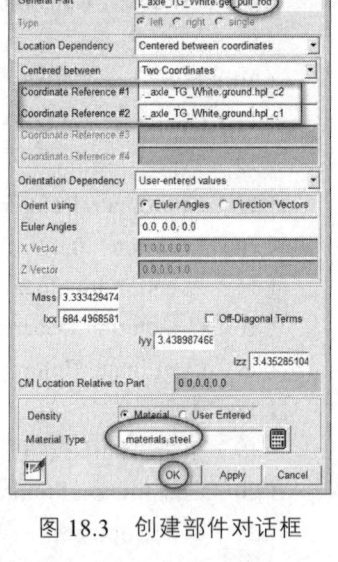

图 18.3 创建部件对话框

5．创建几何体

（1）单击"Build">"Geometry">"Link">"New"命令，弹出创建几何体对话框，如图 18.4 所示。

（2）在 Link Name（连杆名称）中输入几何体名称：pull_rod。

（3）在 General Part 中输入：._axle_TG_White.gel_pull_rod。

（4）Coordinate Reference #1（参考坐标）：._axle_TG_White.ground.hpl_c2。

（5）Coordinate Reference #2（参考坐标）：._axle_TG_White.ground.hpl_c1。

（6）Radius（半径）：10。

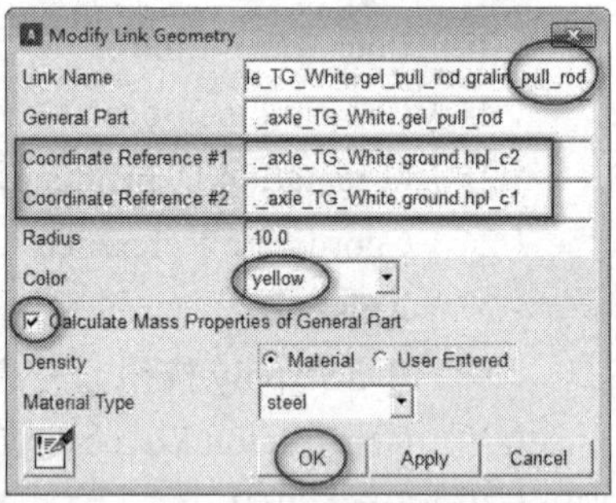

（7）Color（杆件几何体颜色）：yellow。

（8）选择"Calculate Mass Properties of General Part"复选框。

（9）Density：Material。

（10）Material Type：steel。

（11）单击 OK 按钮，完成车轴._axle_TG_White.gel_pull_rod.gralin_pull_rod 几何体的创建。

图 18.4 创建几何体对话框

6．合并模型

（1）更改安装部件、输入/输出通信器所有的副特征为 rear，模型另存为._B1。

（2）通过 Shift Template 命令后移._B1 模型 1 300 mm。更改安装部件、输入/输出通信器所有的副特征为 rear_2，模型另存为：._B2。

（3）切换到 View 界面，合并模型，如图 18.5 所示，模型合并完成后切换到 Adams/Car 专家界面，另存为 _axle_two_white.tpl。

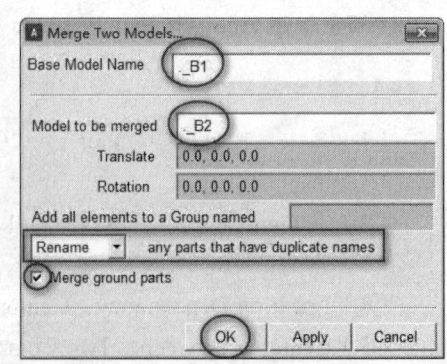

图 18.5 合并模型对话框

7．创建部件

（1）单击"Build" > "Part" > "General Part" > "New"命令，弹出创建部件对话框，可参考图18.3。

（2）单击"Build" > "Part" > "General Part" > "New"命令，弹出创建部件对话框。

（3）在General Part中输入：Balance_beam。

（4）Location Dependency：Delta location from coordinate。

（5）Coordinate Reference（参考坐标）：._axle_two_white.ground.hpl_c3。

（6）Location：0,0,0。

（7）Location in：local。

（8）Orientation Dependency：Delta orientation from coordinate。

（9）Constructon Frame：._axle_two_white.ground.cfl_c3。

（10）Orientation：0,0,0。

（11）Mass：1。

（12）Ixx：1。

（13）Iyy：1。

（14）Izz：1。

（15）Density：Material。

（16）Material Type：.materials.steel。

（17）单击OK按钮，完成部件._axle_two_white.gel_Balance_beam的创建。

8．创建几何体

（1）单击"Build" > "Geometry" > "Link" > "New"命令。

（2）在Link Name（连杆名称）中输入几何体名称：link1。

（3）General Part输入：._axle_two_white.ger_Balance_beam。

（4）Coordinate Reference #1（参考坐标）：._axle_two_white.ground.hpr_c3。

（5）Coordinate Reference #2（参考坐标）：._axle_two_white.ground.hpr_a13。

（6）Radius（半径）：15。

（7）Color（杆件几何体颜色）：red。

（8）选择"Calculate Mass Properties of General Part"复选框。

（9）Density：Material。

（10）Material Type：steel。

（11）单击Apply按钮，完成车轴._axle_two_white.ger_Balance_beam.gralin_link1几何体的创建。

（12）在Link Name（连杆名称）中输入几何体名称：link2。

（13）在General Part中输入：._axle_two_white.ger_Balance_beam。

（14）Coordinate Reference #1（参考坐标）：._axle_two_white.ground.hpr_c3。

（15）Coordinate Reference #2（参考坐标）：._axle_two_white.ground.hpr_a15。

（16）Radius（半径）：15。

（17）Color（杆件几何体颜色）：red。

（18）选择"Calculate Mass Properties of General Part"复选框。

（19）Density：Material。

（20）Material Type：steel。

（21）单击 OK 按钮，完成车轴._axle_two_white.ger_Balance_beam.gralin_link2 几何体的创建。

9．部件 nrl_1_beam1 与安装部件 leafspring_to_body_1 之间的 revolute 约束

（1）单击"Build">"Attachments">"Joint">"New"命令。

（2）Joint Name（约束副名称）：a1。

（3）I Part：._axle_two_white.nrl_1_beam1。

（4）J Part：._axle_two_white.mts_leafspring_to_body_1。

（5）Joint Type：revolute。

（6）Active（激活）：always。

（7）Location Dependency：Delta location from coordinate。

（8）Coordinate Reference（参考坐标）：._axle_two_white.ground.hpl_a1。

（9）Location：0,0,0。

（10）Location in：local。

（11）Orientation Dependency：Delta orientation from coordinate。

（12）Construction Frame：._axle_two_white.ground.cfl_a1。

（13）单击 Apply 按钮，完成约束副._axle_two_white.jolrev_a1 的创建。

10．部件 pull_rod 与安装部件 leafspring_to_body_1 之间的 revolute 约束

（1）Joint Name（约束副名称）：c1。

（2）I Part：._axle_two_white.gel_pull_rod。

（3）J Part：._axle_two_white.mts_leafspring_to_body_1。

（4）Joint Type：revolute。

（5）Active（激活）：always。

（6）Location Dependency：Delta location from coordinate。

（7）Coordinate Reference（参考坐标）：._axle_two_white.ground.hpl_c1。

（8）Location：0,0,0。

（9）Location in：local。

（10）Orientation Dependency：Delta orientation from coordinate。

（11）Construction Frame：._axle_two_white.ground.cfl_c1。

（12）单击 Apply 按钮，完成约束副._axle_two_white.jolrev_c1 的创建。

11．部件 pull_rod 与 drive_axle 之间的 revolute 约束

（1）Joint Name（约束副名称）：c2。

（2）I Part：._axle_two_white.gel_pull_rod。

（3）J Part：._axle_two_white.gel_drive_axle。

（4）Joint Type：revolute。

（5）Active（激活）：always。
（6）Location Dependency：Delta location from coordinate。
（7）Coordinate Reference（参考坐标）：._axle_two_white.ground.hpl_c2。
（8）Location：0,0,0。
（9）Location in：local。
（10）Orientation Dependency：Delta orientation from coordinate。
（11）Construction Frame：._axle_two_white.ground.cfl_c2。
（12）单击 Apply 按钮，完成约束副._axle_two_white.jolrev_c2 的创建。

12．部件 hub 与 drive_axle 之间的 revolute 约束

（1）Joint Name（约束副名称）：hub。
（2）I Part：._axle_two_white.gel_hub。
（3）J Part：._axle_two_white.gel_drive_axle。
（4）Joint Type：revolute。
（5）Active（激活）：always。
（6）Location Dependency：Delta location from coordinate。
（7）Coordinate Reference（参考坐标）：._axle_two_white.ground.hpl_hub_to_axle。
（8）Location：0,0,0。
（9）Location in：local。
（10）Orientation Dependency：Delta orientation from coordinate。
（11）Construction Frame：._axle_two_white.ground.cfl_hub_to_axle。
（12）单击 Apply 按钮，完成约束副._axle_two_white.jolrev_hub 的创建。

13．部件 nrl_13_beam1 与 Balance_beam 之间的 revolute 约束

（1）Joint Name（约束副名称）：a13。
（2）I Part：._axle_two_white.nrl_13_beam1。
（3）J Part：._axle_two_white.gel_Balance_beam。
（4）Joint Type：translational。
（5）Active（激活）：always。
（6）Location Dependency：Delta location from coordinate。
（7）Coordinate Reference（参考坐标）：._axle_two_white.ground.hpl_a13。
（8）Location：0,0,0。
（9）Location in：local。
（10）Orientation Dependency：Delta orientation from coordinate。
（11）Construction Frame：._axle_two_white.ground.cfl_hub_to_axle。
（12）Orientation：90,90,0。
（13）单击 Apply 按钮，完成约束副._axle_two_white.joltra_a13 的创建。

14．部件 nrl_1_beam1_2 与 Balance_beam 之间的 revolute 约束

（1）Joint Name（约束副名称）：a1_2。

（2）I Part：._axle_two_white.nrl_1_beam1_2。

（3）J Part：._axle_two_white.gel_Balance_beam。

（4）Joint Type：revolute。

（5）Active（激活）：always。

（6）Location Dependency：Delta location from coordinate。

（7）Coordinate Reference（参考坐标）：._axle_two_white.ground.hpl_a15。

（8）Location：0,0,0。

（9）Location in：local。

（10）Orientation Dependency：Delta orientation from coordinate。

（11）Construction Frame：._axle_two_white.ground.cfl_a11。

（12）单击 Apply 按钮，完成约束副._axle_two_white.jolrev_a1_2 的创建。

15．部件 Balance_beam 与 leafspring_to_body 之间的 revolute 约束

（1）Joint Name（约束副名称）：c3。

（2）I Part：._axle_two_white.mts_leafspring_to_body。

（3）J Part：._axle_two_white.gel_Balance_beam。

（4）Joint Type：revolute。

（5）Active（激活）：always。

（6）Location Dependency：Delta location from coordinate。

（7）Coordinate Reference（参考坐标）：._axle_two_white.ground.hpl_c3。

（8）Location：0,0,0。

（9）Location in：local。

（10）Orientation Dependency：Delta orientation from coordinate。

（11）Construction Frame：._axle_two_white.ground.cfl_c3。

（12）单击 Apply 按钮，完成约束副._axle_two_white.jolrev_c3 的创建。

16．部件 pull_rod_2 与 leafspring_to_body_2 之间的 revolute 约束

（1）Joint Name（约束副名称）：c4。

（2）I Part：._axle_two_white.gel_pull_rod_2。

（3）J Part：._axle_two_white.mts_leafspring_to_body_2。

（4）Joint Type：revolute。

（5）Active（激活）：always。

（6）Location Dependency：Delta location from coordinate。

（7）Coordinate Reference（参考坐标）：._axle_two_white.ground.hpl_c4。

（8）Location：0,0,0。

（9）Location in：local。

（10）Orientation Dependency：Delta orientation from coordinate。

（11）Construction Frame：._axle_two_white.ground.cfl_c4。

（12）单击 Apply 按钮，完成约束副._axle_two_white.jolrev_c4 的创建。

第18章 6×4整车模型Ⅱ

17．部件 pull_rod_2 与 drive_axle_2 之间的 revolute 约束

（1）Joint Name（约束副名称）：c2_2。

（2）I Part：._axle_two_white.gel_pull_rod_2。

（3）J Part：._axle_two_white.gel_drive_axle_2。

（4）Joint Type：revolute。

（5）Active（激活）：kinematic mode。

（6）Location Dependency：Delta location from coordinate。

（7）Coordinate Reference（参考坐标）：._axle_two_white.ground.hpl_c21。

（8）Location：0,0,0。

（9）Location in：local。

（10）Orientation Dependency：Delta orientation from coordinate。

（11）Construction Frame：._axle_two_white.ground.cfl_c21。

（12）单击 Apply 按钮，完成约束副 ._axle_two_white.jklrev_c2_2 的创建。

18．部件 hub_2 与 leafspring_to_body_2 之间的 revolute 约束

（1）Joint Name（约束副名称）：hub_2。

（2）I Part：._axle_two_white.gel_hub_2。

（3）J Part：._axle_two_white.gel_drive_axle_2。

（4）Joint Type：revolute。

（5）Active（激活）：always。

（6）Location Dependency：Delta location from coordinate。

（7）Coordinate Reference（参考坐标）：._axle_two_white.ground.hpl_hub_to_axle1。

（8）Location：0,0,0。

（9）Location in：local。

（10）Orientation Dependency：Delta orientation from coordinate。

（11）Construction Frame：._axle_two_white.ground.cfl_hub_to_axle1。

（12）单击 Apply 按钮，完成约束副 ._axle_two_white.jolrev_hub_2 的创建。

19．部件 nrl_13_beam1_2 与 leafspring_to_body_2 之间的 revolute 约束

（1）Joint Name（约束副名称）：a13_2。

（2）I Part：._axle_two_white.nrl_13_beam1_2。

（3）J Part：._axle_two_white.mts_leafspring_to_body_2。

（4）Joint Type：revolute。

（5）Active（激活）：always。

（6）Location Dependency：Delta location from coordinate。

（7）Coordinate Reference（参考坐标）：._axle_two_white.ground.hpl_a131。

（8）Location：0,0,0。

（9）Location in：local。

（10）Orientation Dependency：Delta orientation from coordinate。

（11）Construction Frame：._axle_two_white.ground.cfl_a131。

（12）Orientation：90,90,0。

（13）单击 OK 按钮，完成约束副._axle_two_white.joltra_a13_2 的创建。

20．部件 pull_rod 与 leafspring_to_body_1 之间的 bushing 约束

（1）Bushing Name（约束副名称）：c1。

（2）I Part：._axle_two_white.gel_pull_rod。

（3）J Part：._axle_two_white.mts_leafspring_to_body_1。

（4）Iinactive（抑制）：kinematic mode（运动学模式）。

（5）Preload：0,0,0。

（6）Tpreload：0，0，0。

（7）Offset：0，0，0。

（8）Roffset：0，0，0。

（9）Geometry Length：100。

（10）Geometry Radius：30。

（11）Property File：mdids://atruck_shared/bushings.tbl/msc_truck_trailing_arm_to_frame.bus。

（12）Location Dependency：Delta location from coordinate。

（13）Coordinate Reference（参考坐标）：._axle_two_white.ground.hpl_c1。

（14）Location：0，0，0。

（15）Location in：local。

（16）Orientation Dependency：Delta location from coordinate。

（17）Construction Frame：._axle_two_white.ground.cfl_c1。

（18）Orientation：0，0，0。

（19）单击 Apply 按钮，完成轴套._axle_two_white.bkl_c1 的创建。

21．部件 pull_rod 与 drive_axle 之间的 bushing 约束

（1）Bushing Name（约束副名称）：c2。

（2）I Part：._axle_two_white.gel_pull_rod。

（3）J Part：._axle_two_white.gel_drive_axle。

（4）Iinactive（抑制）：kinematic mode（运动学模式）。

（5）Preload：0,0,0。

（6）Tpreload：0，0，0。

（7）Offset：0，0，0。

（8）Roffset：0，0，0。

（9）Geometry Length：100。

（10）Geometry Radius：30。

（11）Property File：mdids://atruck_shared/bushings.tbl/msc_truck_trailing_arm_to_frame.bus。

（12）Location Dependency：Delta location from coordinate。

（13）Coordinate Reference（参考坐标）：._axle_two_white.ground.hpl_c2。

（14）Location：0，0，0。

（15）Location in：local。

（16）Orientation Dependency：Delta location from coordinate。

（17）Construction Frame：._axle_two_white.ground.cfl_c2。

（18）Orientation：0，0，0。

（19）单击 Apply 按钮，完成轴套._axle_two_white.bkl_c2 的创建。

22．部件 pull_rod_2 与 leafspring_to_body_2 之间的 bushing 约束

（1）Bushing Name（约束副名称）：c4。

（2）I Part：._axle_two_white.gel_pull_rod_2。

（3）J Part：._axle_two_white.mts_leafspring_to_body_2。

（4）Iinactive（抑制）：kinematic mode（运动学模式）。

（5）Preload：0,0,0。

（6）Tpreload：0，0，0。

（7）Offset：0，0，0。

（8）Roffset：0，0，0。

（9）Geometry Length：100。

（10）Geometry Radius：30。

（11）Property File：mdids://atruck_shared/bushings.tbl/msc_truck_trailing_arm_to_frame.bus。

（12）Location Dependency：Delta location from coordinate。

（13）Coordinate Reference（参考坐标）：._axle_two_white.ground.hpl_c4。

（14）Location：0，0，0。

（15）Location in：local。

（16）Orientation Dependency：Delta location from coordinate。

（17）Construction Frame：._axle_two_white.ground.cfl_c4。

（18）Orientation：0，0，0。

（19）单击 Apply 按钮，完成轴套._axle_two_white.bkl_c4 的创建。

23．部件 pull_rod_2 与 drive_axle_2 之间的 bushing 约束

（1）Bushing Name（约束副名称）：c2_2。

（2）I Part：._axle_two_white.gel_pull_rod_2。

（3）J Part：._axle_two_white.gel_drive_axle_2。

（4）Iinactive（抑制）：kinematic mode（运动学模式）。

（5）Preload：0,0,0。

（6）Tpreload：0，0，0。

（7）Offset：0，0，0。

（8）Roffset：0，0，0。

（9）Geometry Length：100。

（10）Geometry Radius：30。

（11）Property File：mdids://atruck_shared/bushings.tbl/msc_truck_trailing_arm_to_frame.bus。

（12）Location Dependency：Delta location from coordinate。

（13）Coordinate Reference（参考坐标）：._axle_two_white.ground.hpl_c21。

（14）Location：0，0，0。

（15）Location in：local。

（16）Orientation Dependency：Delta location from coordinate。

（17）Construction Frame：._axle_two_white.ground.cfl_c21。

（18）Orientation：0，0，0。

（19）单击 OK 按钮，完成轴套._axle_two_white.bkl_c2_2 的创建。

至此，推杆式双轴平衡悬架建立完成，模型如图 18.6 所示。

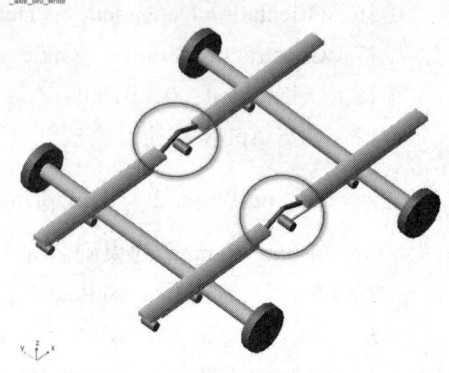

图 18.6　推杆式双轴平衡悬架模型

18.2　6×4 整车模型（推杆式）

切换到 Adams/Car 标准界面，打开 my_truck_full_DX.asy 整车模型，通过替换导向杆平衡悬架为推杆式平衡悬架，移除发动机传动子系统，调整平衡悬架位置，完成整车模型的建立，如图 18.7 所示。计算拉杆轴套力及车身垂向与侧向加速度，如图 18.8 ~ 18.13 所示。

图 18.7　6×4 整车模型

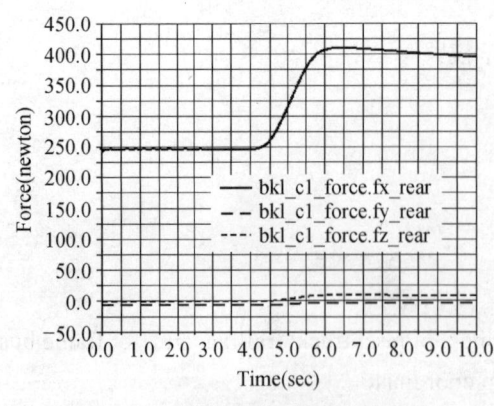

图 18.8　第二轴左侧拉杆轴套受力

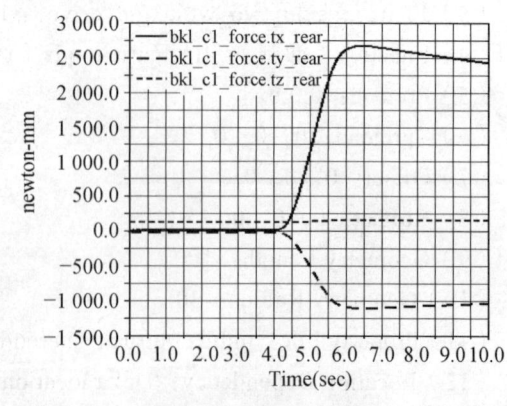

图 18.9　第二轴左侧拉杆轴套扭转受力

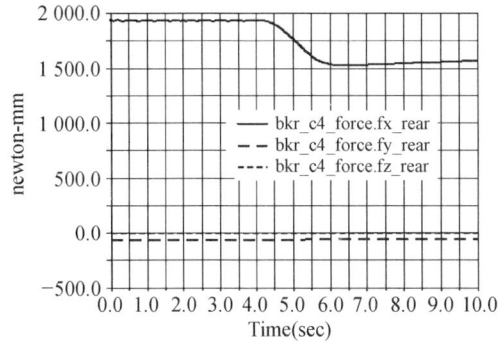
图 18.10　第三轴右侧拉杆轴套受力

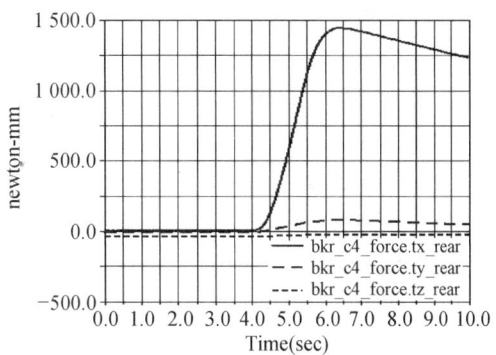
图 18.11　第三轴右侧拉杆轴套扭转受力

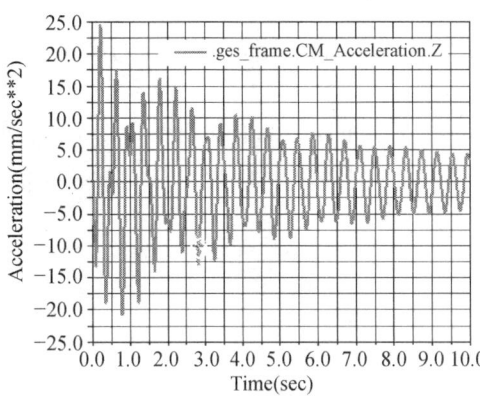
图 18.12　车身垂向加速度

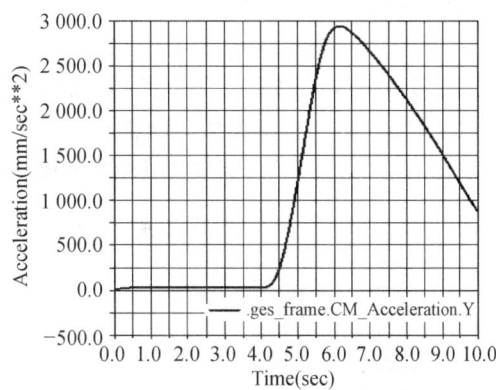
图 18.13　车身侧向加速度

18.3　8×6 整车模型

在模型 ._axle_two_white 的基础上继续合并悬架，获得三轴平衡悬架如图 18.14 所示。在三轴平衡悬架的基础上建立 8×6 整车模型，如图 18.15 所示。

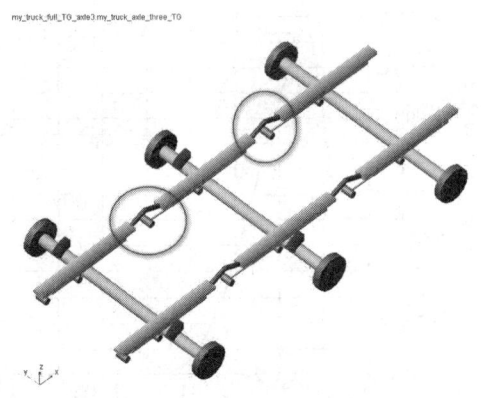
图 18.14　三轴平衡悬架

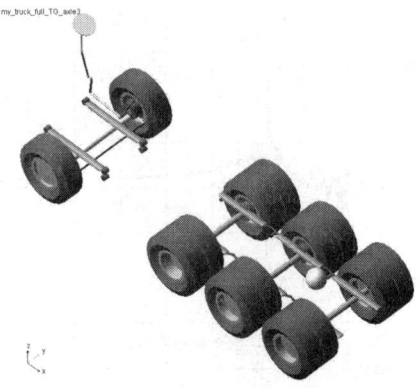
图 18.15　8×6 整车模型

漂移仿真设置如下：

（1）单击"Simulate" > "Full-Vehicle Analysis" > "Open-loop Steering Events" > "Drift"命令，弹出漂移仿真对话框，如图 18.16 所示。

（2）Output Prefix：AD。

（3）End Time：20。

（4）Output Step Size（仿真步数）：2000。

（5）Mode of Simulation：interactive。

（6）Road Date File：mdids://FASE/roads.tbl/2d_flat.rdf。

（7）Initial Velocity：50。

（8）Throttle Ramp：20。

（9）Steer Value：360。

（10）Quasi-Static Straight-Line Setup：不勾选，整车模型不包含发动机，不能运行准静态平衡。

（11）单击 OK 按钮，完成漂移仿真设置并提交运算。

仿真完成后，整车漂移运动轨迹如图 18.17 所示。车身垂向、侧向加速度如图 18.18 和图 18.19 所示。其对应功率谱如图 18.20 和图 18.21 所示。钢板弹簧端口接触力如图 18.22 所示。

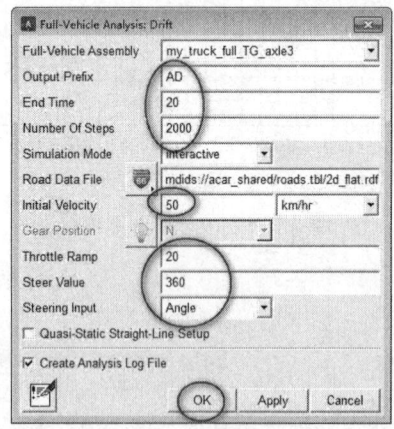

图 18.16　漂移仿真设置

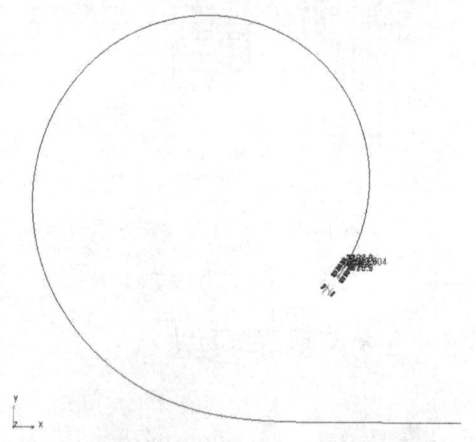

图 18.17　漂移运动轨迹

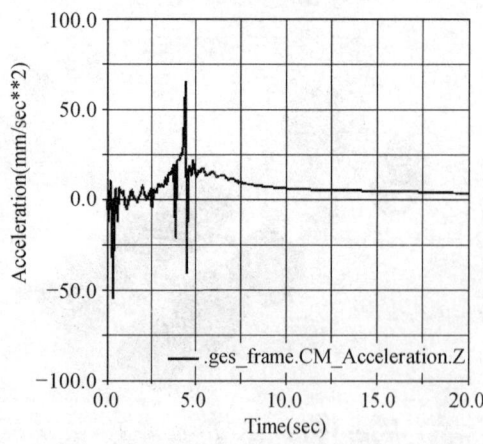

图 18.18　车身垂向加速度

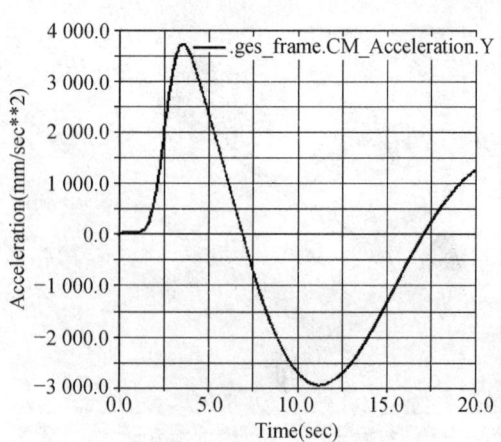

图 18.19　车身侧向加速度

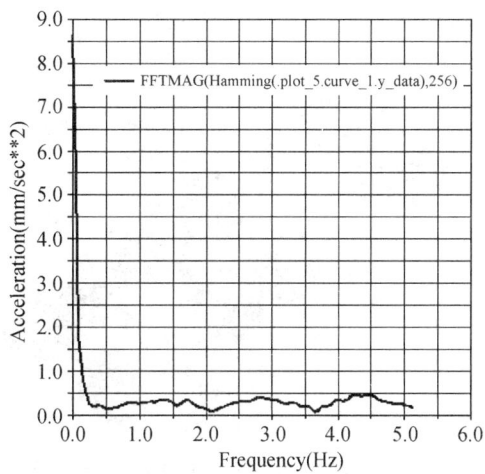
图 18.20　车身垂向加速度功率谱

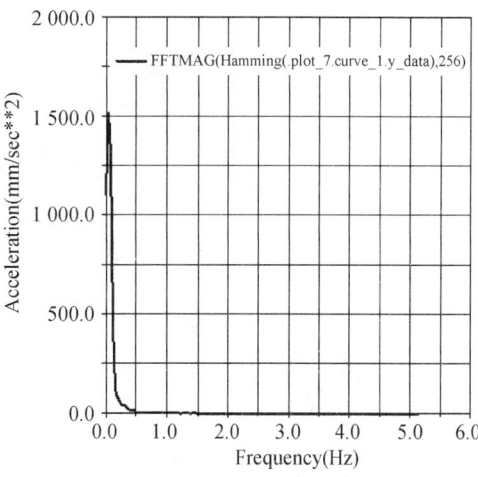
图 18.21　车身侧向加速度功率谱

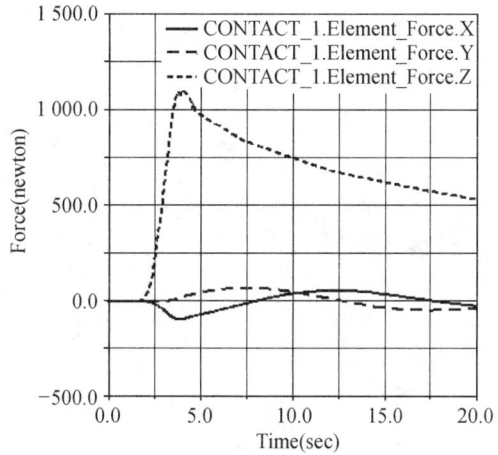
图 18.22　钢板弹簧前端口接触力

18.4　四轴推杆式平衡悬架

在三轴平衡悬架上继续合并单轴悬架，获得四轴平衡悬架，基于此建立五轴系车辆，如图 18.23 和图 18.24 所示。

脉冲转向仿真设置如下：

（1）单击"Simulate" > "Full-Vehicle Analysis" > "Open-loop Steering Events" > "Impulse Steer"命令，弹出脉冲仿真对话框，如图 18.25 所示。

（2）Output Prefix：IS。

（3）End Time：10。

（4）Output Step Size（仿真步数）：200。

（5）Mode of Simulation：interactive。

（6）Road Date File：mdids://FASE/roads.tbl/2d_flat.rdf。

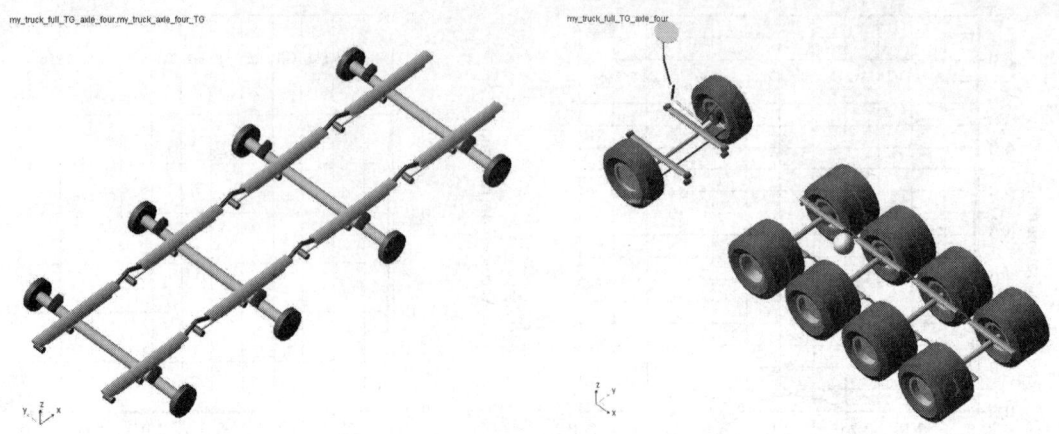

图 18.23　四轴平衡悬架　　　　图 18.24　5 轴系整车

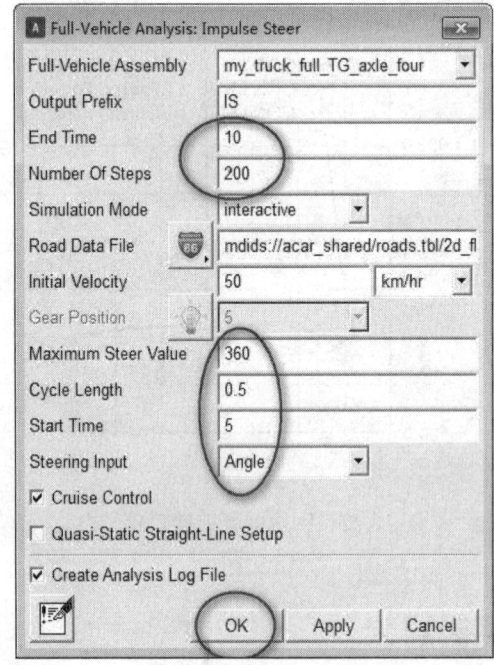

图 18.25　脉冲仿真设置

（7）Initial Velocity：50。
（8）Maximum Steer Value：360。
（9）Cycle Length：0.5。
（10）Start Time：5。
（11）Quasi-Static Straight-Line Setup：不勾选，整车模型不包含发动机，不能运行准静态平衡。
（12）单击 OK 按钮，完成脉冲仿真设置并提交运算。

仿真完成后，角脉冲仿真下五轴系整车运动轨迹如图 18.26 所示。车身侧向加速度、垂向加速度如图 18.27 和图 18.28 所示。俯仰角与横摆角加速度如图 18.29 和图 18.30 所示。

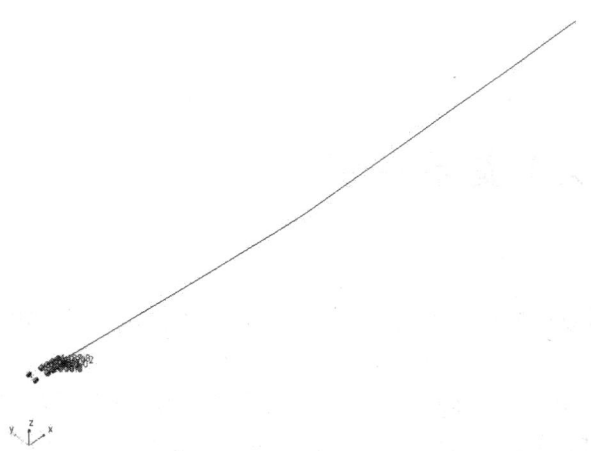

图 18.26 脉冲仿真整车运动轨迹

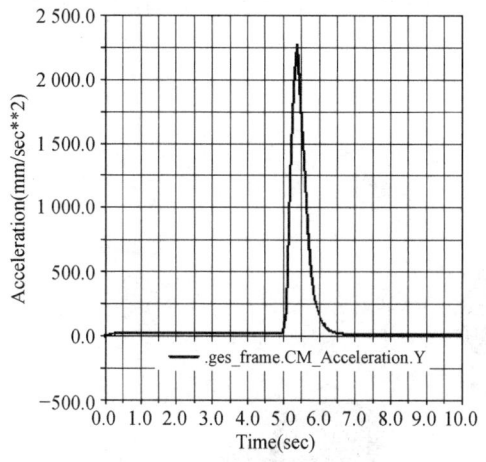

图 18.27 车身侧向加速度

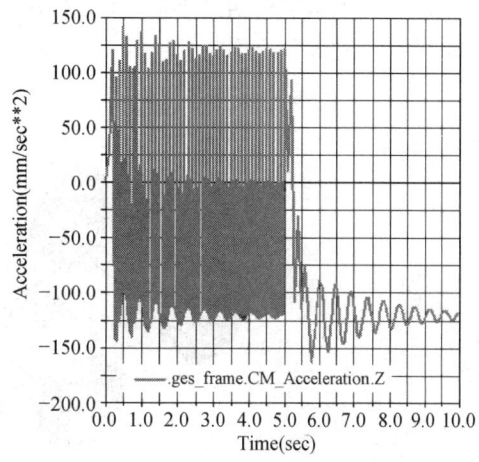

图 18.28 车身垂向加速度

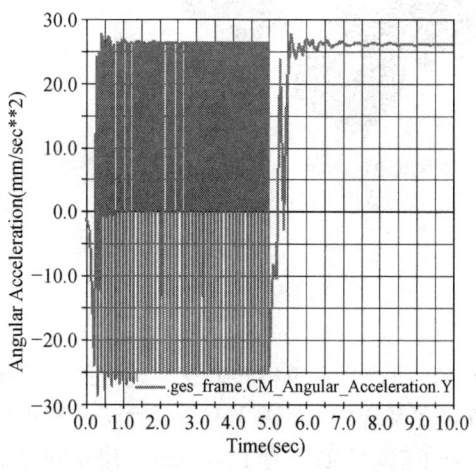

图 18.29 车身俯仰角加速度

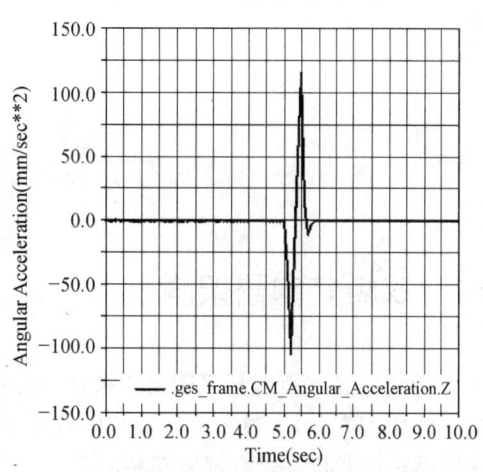

图 18.30 车身横摆角加速度

第19章 8×4整车模型

本章主要介绍前双桥转向悬架系统、转向系统及 8×4 整车模型的建立。8×4 整车模型（见图 19.1）主要应用在工程车辆及长轴距整体式货车。建模的重心是双桥悬架系统，通过替换 6×4 整车中的前悬架，添加 tag_axle 特征轮胎模型完成整车模型的建立。双桥转向悬架模型依然通过 View 中的模型合并功能完成模型的建立。双桥转向悬架模型也可以采用推杆式平衡悬架模型，本模型采用独立桥模型。模型信息中 Orientation（Dependent）为装配后子系统中的方向信息，与模型中的信息不同。6×2 整车模型与 8×4 整车模型相似，整车模型及蛇形仿真参考附录 C、附录 D。

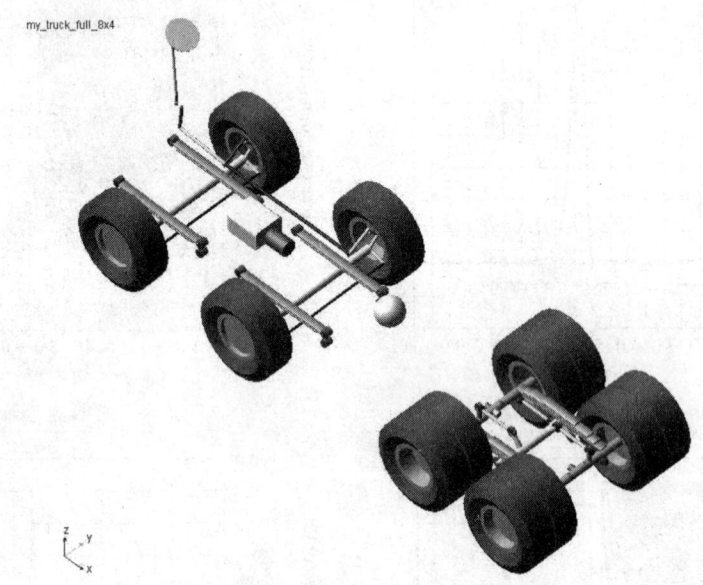

图 19.1　8×4 重卡整车模型

19.1　双桥转向悬架模型

双桥转向悬架模型是采用通用模块 View 中的合并功能合并单桥转向悬架建立的，前单桥转向系统模型在 6×4 整车模型篇章中有介绍。双桥转向系统中轴距视具体车型而定，法规中只有规定整车的长度，没有规定车桥的距离。本模型双轴之间的轴距为 1 900 mm。建立好的双桥转向悬架模型如图 19.2 所示，双桥转向悬架模型_my_truck_sus_f_doubleaxle.tpl 存储于数字资源包中，请读者查阅。

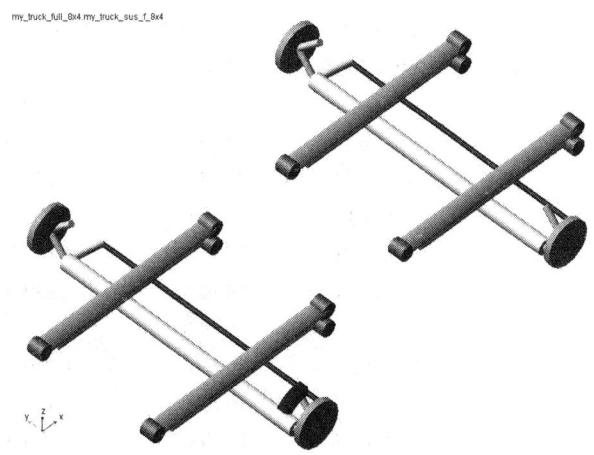

图 19.2 双桥转向悬架模型

双桥转向悬架模型信息如下：

File Name	:	<FASE>/subsystems.tbl/my_truck_f_sus_6x2.sub
Template	:	mdids://FASE/templates.tbl/_my_truck_sus_f_doubleaxle.tpl
Comments	:	*no comments found*
Major Role	:	suspension
Minor Role	:	front

HARDPOINTS:

hardpoint name	symmetry	x_value	y_value	z_value
--------------	--------	-------	-------	-------
a2	left/right	1550.0	-430.0	700.0
a3	left/right	1650.0	-430.0	700.0
a4	left/right	1750.0	-430.0	700.0
a5	left/right	1850.0	-430.0	700.0
a6	left/right	1950.0	-430.0	700.0
a7	left/right	2050.0	-430.0	700.0
a8	left/right	2100.0	-430.0	700.0
a9	left/right	2150.0	-430.0	700.0
a10	left/right	2250.0	-430.0	700.0
a11	left/right	2350.0	-430.0	700.0
a12	left/right	2450.0	-430.0	700.0
a13	left/right	2550.0	-430.0	700.0
a14	left/right	2650.0	-430.0	700.0
a21	left/right	3450.0	-430.0	700.0
a31	left/right	3550.0	-430.0	700.0
a41	left/right	3650.0	-430.0	700.0
a51	left/right	3750.0	-430.0	700.0
a61	left/right	3850.0	-430.0	700.0
a71	left/right	3950.0	-430.0	700.0
a81	left/right	4000.0	-430.0	700.0

a91	left/right	4050.0	−430.0	700.0
a101	left/right	4150.0	−430.0	700.0
a111	left/right	4250.0	−430.0	700.0
a121	left/right	4350.0	−430.0	700.0
a131	left/right	4450.0	−430.0	700.0
a141	left/right	4550.0	−430.0	700.0
p0	left/right	2100.0	−875.0	600.0
p1	left/right	1450.0	−430.0	730.0
p01	left/right	4000.0	−875.0	600.0
p2	left/right	1550.0	−430.0	730.0
p3	left/right	1650.0	−430.0	730.0
p4	left/right	1750.0	−430.0	730.0
p5	left/right	1850.0	−430.0	730.0
p6	left/right	1950.0	−430.0	730.0
p7	left/right	2050.0	−430.0	730.0
p8	left/right	2100.0	−430.0	730.0
p9	left/right	2150.0	−430.0	730.0
p10	left/right	2250.0	−430.0	730.0
p11	left/right	2350.0	−430.0	730.0
p12	left/right	2450.0	−430.0	730.0
p13	left/right	2550.0	−430.0	730.0
p14	left/right	2650.0	−430.0	730.0
p15	left/right	2750.0	−430.0	730.0
p16	left/right	2750.0	−430.0	595.0
p17	left/right	3350.0	−430.0	730.0
p21	left/right	3450.0	−430.0	730.0
p31	left/right	3550.0	−430.0	730.0
p41	left/right	3650.0	−430.0	730.0
p51	left/right	3750.0	−430.0	730.0
p61	left/right	3850.0	−430.0	730.0
p71	left/right	3950.0	−430.0	730.0
p81	left/right	4000.0	−430.0	730.0
p91	left/right	4050.0	−430.0	730.0
p101	left/right	4150.0	−430.0	730.0
p111	left/right	4250.0	−430.0	730.0
p121	left/right	4350.0	−430.0	730.0
p131	left/right	4450.0	−430.0	730.0
p141	left/right	4550.0	−430.0	730.0
p151	left/right	4650.0	−430.0	730.0
p161	left/right	4650.0	−430.0	595.0
tie_rod_arm	left/right	2350.0	−850.0	575.0
tie_rod_arm1	left/right	4250.0	−850.0	575.0
upper_kingpin_axis	left/right	2120.0	−855.0	880.0

upper_kingpin_axis1	left/right	4020.0	−855.0	880.0
wheel_center	left/right	2110.6	−1010.0	735.0
wheel_center1	left/right	4010.6	−1010.0	735.0

PARTS:
  rear_axle
    symmetry   : single
    mass   : 142.7828648685
    location (dependent)   : 2100.0, 0.0, 600.0
    orientation   : zp_vector=0.0, 0.0, 1.0
                            : xp_vector=1.0, 0.0, 0.0
    cm_location_from_part   : 0.0, 0.0, 0.0
    Ixx, Iyy, Izz   : 6.8622442713E+007 , 1.7333515307E+005 , 6.8622442713E+007
    Ixy, Izx, Iyz   : 1.551256599E-008 , -1.0281560545E-009 , -2.6474517099E-009
  rear_axle link geometry
    name   : rear_axle
    symmetry   : single
    radius   : 50.0
  rear_axle_2
    symmetry   : single
    mass   : 142.7828648685
    location (dependent)   : 4000.0, 0.0, 600.0
    orientation   : zp_vector=0.0, 0.0, 1.0
                            : xp_vector=1.0, 0.0, 0.0
    cm_location_from_part   : 0.0, 0.0, 0.0
    Ixx, Iyy, Izz   : 6.8622442713E+007 , 1.7333515307E+005 , 6.8622442713E+007
    Ixy, Izx, Iyz   : 1.551256599E-008 , -1.0281560545E-009 , -2.6474517099E-009
  rear_axle_2 link geometry
    name   : rear_axle
    symmetry   : single
    radius   : 50.0
  tie_rod
    symmetry   : single
    mass   : 9.1024076354
    location (dependent)   : 2350.0, 0.0, 575.0
    orientation (dependent) : zp_vector=0.0, 0.0, 1.0
                            : xp_vector=1.0, 0.0, 0.0
    cm_location_from_part   : 0.0, 0.0, 0.0
    Ixx, Iyy, Izz   : 2.1926604274E+006 , 994.5104407366 , 2.1926604274E+006
    Ixy, Izx, Iyz   : 1.8106260398E-009 , 7.6018684028E-011 , -5.9473847434E-010
  tie_rod link geometry
    name   : tierod
    symmetry   : single
    radius   : 15.0

tie_rod_2
- symmetry : single
- mass : 9.1024076354
- location (dependent) : 4250.0, 0.0, 575.0
- orientation (dependent) : zp_vector=0.0, 0.0, 1.0
- : xp_vector=1.0, 0.0, 0.0
- cm_location_from_part : 0.0, 0.0, 0.0
- Ixx, Iyy, Izz : 2.1926604274E+006 , 994.5104407366 , 2.1926604274E+006
- Ixy, Izx, Iyz : 1.8106260398E-009 , 7.6018684028E-011 , -5.9473847434E-010

tie_rod_2 link geometry
- name : tierod
- symmetry : single
- radius : 15.0

shackle
- symmetry : left/right
- mass : 2.4268420472
- location (dependent) : 2750.0, -430.0, 662.5
- orientation : zp_vector=0.0, 0.0, 1.0
- : xp_vector=1.0, 0.0, 0.0
- cm_location_from_part : 0.0, 0.0, 0.0
- Ixx, Iyy, Izz : 1.2884557836E+004 , 1.338108491E+004 , 967.9080493034
- Ixy, Izx, Iyz : 0.0 , -2482.6353721348 , 0.0

shackle link geometry
- name : shackle
- symmetry : left/right
- radius : 20.0

shackle_2
- symmetry : left/right
- mass : 2.4268420472
- location (dependent) : 4650.0, -430.0, 662.5
- orientation : zp_vector=0.0, 0.0, 1.0
- : xp_vector=1.0, 0.0, 0.0
- cm_location_from_part : 0.0, 0.0, 0.0
- Ixx, Iyy, Izz : 1.2884557836E+004 , 1.338108491E+004 , 967.9080493034
- Ixy, Izx, Iyz : 0.0 , -2482.6353721348 , 0.0

shackle_2 link geometry
- name : shackle
- symmetry : left/right
- radius : 20.0

spindle
- symmetry : left/right
- mass : 10.7087148651
- location (dependent) : 2110.6, -1010.0, 735.0

orientation (dependent)	:	zp_vector=0.0, -1.0, 0.0
	:	xp_vector=1.0, 0.0, 0.0
cm_location_from_part	:	0.0, 0.0, 0.0
Ixx, Iyy, Izz	:	5.8857571323E+004 , 5.8857571323E+004 , 1.1700122832E+005
Ixy, Izx, Iyz	:	0.0 , 0.0 , 0.0

spindle_2
symmetry	:	left/right
mass	:	10.7087148651
location (dependent)	:	4010.6, -1010.0, 735.0
orientation (dependent)	:	zp_vector=0.0, -1.0, 0.0
	:	xp_vector=1.0, 0.0, 0.0
cm_location_from_part	:	0.0, 0.0, 0.0
Ixx, Iyy, Izz	:	5.8857571323E+004 , 5.8857571323E+004 , 1.1700122832E+005
Ixy, Izx, Iyz	:	0.0 , 0.0 , 0.0

upright
symmetry	:	left/right
mass	:	6.2458783235
location (dependent)	:	2110.6, -1010.0, 735.0
orientation	:	zp_vector=0.0, 0.0, 1.0
	:	xp_vector=1.0, 0.0, 0.0
cm_location_from_part	:	-52.2011122145, 101.5216466104, -52.9530605778
Ixx, Iyy, Izz	:	7.6260328134E+004 , 1.007502892E+005 , 5.5899152227E+004
Ixy, Izx, Iyz	:	-1.6084293607E+004 , 3.3808427241E+004 , -1.4750758166E+004

upright link geometry
name	:	link1
symmetry	:	left/right
radius	:	20.0

upright link geometry
name	:	link2
symmetry	:	left/right
radius	:	20.0

upright link geometry
name	:	link3
symmetry	:	left/right
radius	:	20.0

upright_2
symmetry	:	left/right
mass	:	6.2458783235
location (dependent)	:	4010.6, -1010.0, 735.0
orientation	:	zp_vector=0.0, 0.0, 1.0
	:	xp_vector=1.0, 0.0, 0.0
cm_location_from_part	:	-52.2011122145, 101.5216466104, -52.9530605778
Ixx, Iyy, Izz	:	7.6260328134E+004 , 1.007502892E+005 , 5.5899152227E+004

Ixy, Izx, Iyz	:	-1.6084293607E+004 , 3.3808427241E+004 , -1.4750758166E+004

upright_2 link geometry
    name : link1
    symmetry : left/right
    radius : 20.0
upright_2 link geometry
    name : link2
    symmetry : left/right
    radius : 20.0
upright_2 link geometry
    name : link3
    symmetry : left/right
    radius : 20.0

NRODS:
  beam1
    symmetry : left/right
    height : 30.0
    width : 100.0
    damping ratio : 2.0E-003
    material type : steel
    formulation : linear
  beam1_2
    symmetry : left/right
    height : 30.0
    width : 100.0
    damping ratio : 2.0E-003
    material type : steel
    formulation : linear
  beam2
    symmetry : left/right
    height : 30.0
    width : 100.0
    damping ratio : 2.0E-003
    material type : steel
    formulation : linear
  beam2_2
    symmetry : left/right
    height : 30.0
    width : 100.0
    damping ratio : 2.0E-003
    material type : steel
    formulation : linear

BUSHINGS:

p1
- definition : .ACAR.attachments.ac_bushing
- symmetry : left/right
- orientation (dependent) : zp_vector=0.0, -1.0, 0.0
- : xp_vector=1.0, 0.0, 0.0
- t preload x : 0.0
- t preload y : 0.0
- t preload z : 0.0
- r preload x : 0.0
- r preload y : 0.0
- r preload z : 0.0
- t offset x : 0.0
- t offset y : 0.0
- t offset z : 0.0
- r offset x : 0.0
- r offset y : 0.0
- r offset z : 0.0
- fx scaling factor : 1.0
- fy scaling factor : 1.0
- fz scaling factor : 1.0
- tx scaling factor : 1.0
- ty scaling factor : 1.0
- tz scaling factor : 1.0
- tx damping force scale : 1.0
- ty damping force scale : 1.0
- tz damping force scale : 1.0
- rx damping force scale : 1.0
- ry damping force scale : 1.0
- rz damping force scale : 1.0
- property file : mdids://acar_shared/bushings.tbl/mdi_0001.bus

p1_2
- definition : .ACAR.attachments.ac_bushing
- symmetry : left/right
- orientation (dependent) : zp_vector=0.0, -1.0, 0.0
- : xp_vector=1.0, 0.0, 0.0
- t preload x : 0.0
- t preload y : 0.0
- t preload z : 0.0
- r preload x : 0.0
- r preload y : 0.0
- r preload z : 0.0
- t offset x : 0.0
- t offset y : 0.0

t offset z	:	0.0
r offset x	:	0.0
r offset y	:	0.0
r offset z	:	0.0
fx scaling factor	:	1.0
fy scaling factor	:	1.0
fz scaling factor	:	1.0
tx scaling factor	:	1.0
ty scaling factor	:	1.0
tz scaling factor	:	1.0
tx damping force scale	:	1.0
ty damping force scale	:	1.0
tz damping force scale	:	1.0
rx damping force scale	:	1.0
ry damping force scale	:	1.0
rz damping force scale	:	1.0
property file	:	mdids://acar_shared/bushings.tbl/mdi_0001.bus

p15

definition	:	.ACAR.attachments.ac_bushing
symmetry	:	left/right
orientation (dependent)	:	zp_vector=0.0, -1.0, 0.0
		xp_vector=1.0, 0.0, 0.0
t preload x	:	0.0
t preload y	:	0.0
t preload z	:	0.0
r preload x	:	0.0
r preload y	:	0.0
r preload z	:	0.0
t offset x	:	0.0
t offset y	:	0.0
t offset z	:	0.0
r offset x	:	0.0
r offset y	:	0.0
r offset z	:	0.0
fx scaling factor	:	1.0
fy scaling factor	:	1.0
fz scaling factor	:	1.0
tx scaling factor	:	1.0
ty scaling factor	:	1.0
tz scaling factor	:	1.0
tx damping force scale	:	1.0
ty damping force scale	:	1.0
tz damping force scale	:	1.0

rx damping force scale	:	1.0
ry damping force scale	:	1.0
rz damping force scale	:	1.0
property file	:	mdids://acar_shared/bushings.tbl/mdi_0001.bus

p15_2
definition	:	.ACAR.attachments.ac_bushing
symmetry	:	left/right
orientation (dependent)	:	zp_vector=0.0, -1.0, 0.0
	:	xp_vector=1.0, 0.0, 0.0
t preload x	:	0.0
t preload y	:	0.0
t preload z	:	0.0
r preload x	:	0.0
r preload y	:	0.0
r preload z	:	0.0
t offset x	:	0.0
t offset y	:	0.0
t offset z	:	0.0
r offset x	:	0.0
r offset y	:	0.0
r offset z	:	0.0
fx scaling factor	:	1.0
fy scaling factor	:	1.0
fz scaling factor	:	1.0
tx scaling factor	:	1.0
ty scaling factor	:	1.0
tz scaling factor	:	1.0
tx damping force scale	:	1.0
ty damping force scale	:	1.0
tz damping force scale	:	1.0
rx damping force scale	:	1.0
ry damping force scale	:	1.0
rz damping force scale	:	1.0
property file	:	mdids://acar_shared/bushings.tbl/mdi_0001.bus

p16
definition	:	.ACAR.attachments.ac_bushing
symmetry	:	left/right
orientation (dependent)	:	zp_vector=0.0, -1.0, 0.0
	:	xp_vector=1.0, 0.0, 0.0
t preload x	:	0.0
t preload y	:	0.0
t preload z	:	0.0
r preload x	:	0.0

r preload y	:	0.0
r preload z	:	0.0
t offset x	:	0.0
t offset y	:	0.0
t offset z	:	0.0
r offset x	:	0.0
r offset y	:	0.0
r offset z	:	0.0
fx scaling factor	:	1.0
fy scaling factor	:	1.0
fz scaling factor	:	1.0
tx scaling factor	:	1.0
ty scaling factor	:	1.0
tz scaling factor	:	1.0
tx damping force scale	:	1.0
ty damping force scale	:	1.0
tz damping force scale	:	1.0
rx damping force scale	:	1.0
ry damping force scale	:	1.0
rz damping force scale	:	1.0
property file	:	mdids://acar_shared/bushings.tbl/mdi_0001.bus

p16_2

definition	:	.ACAR.attachments.ac_bushing
symmetry	:	left/right
orientation (dependent)	:	zp_vector=0.0, -1.0, 0.0
	:	xp_vector=1.0, 0.0, 0.0
t preload x	:	0.0
t preload y	:	0.0
t preload z	:	0.0
r preload x	:	0.0
r preload y	:	0.0
r preload z	:	0.0
t offset x	:	0.0
t offset y	:	0.0
t offset z	:	0.0
r offset x	:	0.0
r offset y	:	0.0
r offset z	:	0.0
fx scaling factor	:	1.0
fy scaling factor	:	1.0
fz scaling factor	:	1.0
tx scaling factor	:	1.0
ty scaling factor	:	1.0

```
    tz scaling factor            :    1.0
    tx damping force scale       :    1.0
    ty damping force scale       :    1.0
    tz damping force scale       :    1.0
    rx damping force scale       :    1.0
    ry damping force scale       :    1.0
    rz damping force scale       :    1.0
    property file                :    mdids://acar_shared/bushings.tbl/mdi_0001.bus
PARAMETERS:
    parameter name            symmetry       type       value
    --------------            --------       ----       -----
    kinematic_flag            single         integer    0
    kinematic_flag_2          single         integer    0
    camber_angle              left/right     real       0.0
    camber_angle_2            left/right     real       0.0
    toe_angle                 left/right     real       0.0
    toe_angle_2               left/right     real       0.0
```

19.2 双桥转向系统模型

双桥转向模型（见图19.3）通过在单桥转向模型上拓展部件完成，模型文件_my_steering_double.tpl 存储于数字资源包中，请读者查阅学习。需要注意的是，此转向模型依然存在如下问题：第一转向轴与第二转向轴保持相同的转向节角，实际整车第一轴转向角与第二轴转向角并不相同，此问题并不影响整车模型仿真。

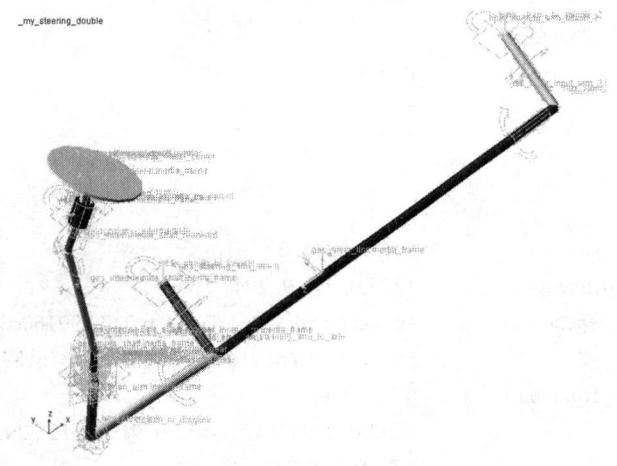

图 19.3 双桥转向模型

双桥转向模型信息如下：

```
File Name    :    <FASE>/subsystems.tbl/my_steer_6x2.sub
Template     :    mdids://FASE/templates.tbl/_my_steering_double.tpl
```

Comments   :   *no comments found*
Major Role   :   steering
Minor Role   :   front

HARDPOINTS:

hardpoint name	symmetry	x_value	y_value	z_value
input_shaft_forward	single	1397.	526.8	1204.8
intermediate_shaft_forward	single	1400.0	526.8	1312.5
intermediate_shaft_rearward	single	1300.0	571.9	1888.6
origin_ref	single	0.0	0.0	0.0
pitman_axis	single	1445.0	570.0	1120.0
steering_arm_attach	single	2120.9	858.6	924.8
steering_arm_attach_2	single	4020.9	858.6	924.8
steering_wheel_center	single	1450.0	571.9	2196.8
steer_arm	single	2110.0	565.0	750.0
steer_arm_2	single	4010.0	565.0	750.0
steer_link	single	1415.0	565.0	800.0

PARTS:
ball_screw
  symmetry   :   single
  mass   :   0.2677178716
  location (dependent)   :   1396.4270777026, 526.8, 1179.8090581294
  orientation (dependent)   :   zp_vector=2.6916891894E-002, 0.0, 0.9996376748
                               :   xp_vector=0.9996376748, 0.0, -2.6916891894E-002
  cm_location_from_part   :   0.0, 0.0, 0.0
  Ixx, Iyy, Izz   :   70.3997101295 , 70.3997101295 , 29.2503070805
  Ixy, Izx, Iyz   :   0.0 , 0.0 , 0.0
ball_screw link geometry
  name   :   ball_screw
  symmetry   :   single
  radius   :   15.0
column_housing
  symmetry   :   single
  mass   :   3.8075430632
  location (dependent)   :   1375.0, 571.9, 2042.7
  orientation (dependent)   :   zp_vector=0.4376187369, 0.0, 0.8991606314
                               :   xp_vector=0.8991606314, 0.0, -0.4376187369
  cm_location_from_part   :   0.0, 0.0, 0.0
  Ixx, Iyy, Izz   :   4652.0791921612 , 4652.0791921612 , 2958.2532790538
  Ixy, Izx, Iyz   :   0.0 , 0.0 , 0.0
input_shaft
  symmetry   :   single
  mass   :   1.5395509539
  location (dependent)   :   1398.55, 526.8, 1258.65
  orientation (dependent)   :   zp_vector=2.6916891894E-002, 0.0, 0.9996376748

	:	xp_vector=0.9996376748, 0.0, -2.6916891894E-002
cm_location_from_part	:	0.0, 0.0, 0.0
Ixx, Iyy, Izz	:	1.0690949443E+004 , 1.0690949443E+004 , 168.2081883253
Ixy, Izx, Iyz	:	0.0 , 0.0 , 0.0

input_shaft link geometry
  name   : input_shaft
  symmetry   : single
  radius   : 15.0

intermediate_shaft
  symmetry   : single
  mass   : 3.2572861028
  location (dependent)   : 1350.0, 549.35, 1600.55
  orientation (dependent)   : zp_vector=-0.1705171197, 7.6903220984E-002, 0.9823491266
                : xp_vector=0.9852669333, 0.0, 0.1710235954
  cm_location_from_part   : 0.0, 0.0, 0.0
  Ixx, Iyy, Izz   : 1.0063298763E+005 , 1.0063298763E+005 , 355.8844173383
  Ixy, Izx, Iyz   : 0.0 , 1.5435463028E-011 , -1.2222099755E-011

intermediate_shaft link geometry
  name   : intermediate_shaft
  symmetry   : single
  radius   : 15.0

pitman_arm
  symmetry   : single
  mass   : 3.0597612449
  location (dependent)   : 1430.0, 567.5, 960.0
  orientation (dependent)   : zp_vector=9.3329415885E-002, 1.5554902647E-002, 0.9955137694
                : xp_vector=0.9956342261, 0.0, -9.3340708693E-002
  cm_location_from_part   : 0.0, 0.0, 0.0
  Ixx, Iyy, Izz   : 2.6642977669E+004 , 2.6642977669E+004 , 594.316898446
  Ixy, Izx, Iyz   : 0.0 , 0.0 , 0.0

pitman_arm link geometry
  name   : pitman
  symmetry   : single
  radius   : 20.0

rack
  symmetry   : single
  mass   : 0.4759428829
  location (dependent)   : 1396.4270777026, 526.8, 1179.8090581294
  orientation (dependent)   : zp_vector=2.6916891894E-002, 0.0, 0.9996376748
                : xp_vector=0.9996376748, 0.0, -2.6916891894E-002
  cm_location_from_part   : 0.0, 0.0, 0.0
  Ixx, Iyy, Izz   : 145.377474755 , 145.377474755 , 92.4454149704
  Ixy, Izx, Iyz   : 0.0 , 0.0 , 0.0

rack link geometry
  name   : rack

        symmetry   : single
        radius   : 20.0
    steering_column
        symmetry   : single
        mass   : 4.6054150195
        location (dependent)   : 1375.0, 571.9, 2042.7
        orientation (dependent)   : zp_vector=-0.4376187369, 0.0, -0.8991606314
                                        : xp_vector=-0.8991606314, 0.0, 0.4376187369
        cm_location_from_part   : 0.0, 0.0, 0.0
        Ixx, Iyy, Izz   : 2.8418098227E+005 , 2.8418098227E+005 , 503.1782254018
        Ixy, Izx, Iyz   : 1.290539313E-011 , -3.4339542441E-011 , -1.7447092497E-011
    steering_column link geometry
        name   : steering_column
        symmetry   : single
        radius   : 15.0
    steering_wheel
        symmetry   : single
        mass   : 4.3520217212
        location (dependent)   : 1450.0, 571.9, 2196.8
        orientation (dependent)   : zp_vector=-0.4376187369, 0.0, -0.8991606314
                                        : xp_vector=-0.8991606314, 0.0, 0.4376187369
        cm_location_from_part   : 0.0, 0.0, 0.0
        Ixx, Iyy, Izz   : 1.5274270539E+004 , 1.5274270539E+004 , 3.0431551482E+004
        Ixy, Izx, Iyz   : 0.0 , 0.0 , 0.0
    steer_input_arm
        symmetry   : single
        mass   : 3.2542078734
        location (dependent)   : 2115.45, 711.8, 837.4
        orientation (dependent)   : zp_vector=-3.1883503608E-002, -0.858807033, -0.5113060946
                                        : xp_vector=-0.9980614551, 0.0, 6.2236097601E-002
        cm_location_from_part   : 0.0, 0.0, 0.0
        Ixx, Iyy, Izz   : 3.2010619994E+004 , 3.2010619994E+004 , 632.0855045091
        Ixy, Izx, Iyz   : 0.0 , 0.0 , 0.0
    steer_input_arm link geometry
        name   : steer_input_arm
        symmetry   : single
        radius   : 20.0
    steer_input_arm_2
        symmetry   : single
        mass   : 3.2542078734
        location (dependent)   : 4015.45, 711.8, 837.4
        orientation (dependent)   : zp_vector=-3.1883503608E-002, -0.858807033, -0.5113060946
                                        : xp_vector=-0.9980614551, 0.0, 6.2236097601E-002
        cm_location_from_part   : 0.0, 0.0, 0.0
        Ixx, Iyy, Izz   : 3.2010619994E+004 , 3.2010619994E+004 , 632.0855045091

Ixy, Izx, Iyz	:	0.0 , 0.0 , 0.0

steer_input_arm_2 link geometry
   name : steer_input_arm_2
   symmetry : single
   radius : 20.0

steer_link
   symmetry : single
   mass : 20.9109907114
   location (dependent) : 2712.5, 565.0, 775.0
   orientation (dependent) : zp_vector=-0.9998144272, 0.0, 1.9264247152E-002
                                             : xp_vector=1.9264247152E-002, 0.0, 0.9998144272
   cm_location_from_part : -17.079851797, 0.0, 0.2243439694
   Ixx, Iyy, Izz : 8.4034515568E+006 , 8.4054826836E+006 , 6092.8015732103
   Ixy, Izx, Iyz : 1.1006219404E-010 , -4.7811568003E+004 , -1.8295569489E-009

steer_link link geometry
   name : steer_link1
   symmetry : single
   radius : 20.0

steer_link link geometry
   name : steer_link2
   symmetry : single
   radius : 20.0

GEARS:
  ball_screw_rack
   symmetry : single
   reduction ratio : 18.0
   invert input : no
  pitman_arm_rack
   symmetry : single
   reduction ratio : 1.0
   invert input : no
  screw_input_shaft_lock
   symmetry : single
   reduction ratio : 1.0
   invert input : yes

PARAMETERS:

parameter name	symmetry	type	value
--------------	--------	----	-----
kinematic_flag	single	integer	0
max_rack_displacement	single	real	100.0
max_rack_force	single	real	500.0
max_steering_angle	single	real	720.0
max_steering_torque	single	real	500.0

双桥转向系统通信器如下：

Communicator Name:	Entity Class:	From Minor Role:	Matching Name:
cis_pitman_mount	mount	inherit	pitman_mount
cis_steering_column_to_body	mount	inherit	steering_column_to_body
cis_strarm_to_spindle	mount	front	strarm_to_spindle
cis_strarm_to_spindle_2	mount	tag_axle	strarm_to_spindle

4 input communicators were found in '_my_steering_double'

Communicator Name:	Entity Class:	To Minor Role:	Matching Name:
cos_max_rack_displacement	parameter_real	inherit	max_rack_displacement
cos_max_rack_force	parameter_real	inherit	max_rack_force
cos_max_steering_angle	parameter_real	inherit	max_steering_angle
cos_max_steering_torque	parameter_real	inherit	max_steering_torque
cos_steering_rack_joint	joint_for_motion	inherit	steering_rack_joint
cos_steering_wheel_joint	joint_for_motion	inherit	steering_wheel_joint

6 output communicators were found in '_my_steering_double'

19.3　tag_axle 轴轮胎

替换单桥悬架模型后，单桥悬架模型转换为双桥转向悬架模型，缺少第二轴轮胎。建模时特别需要注意，转向桥与轮胎的此特征要一一对应，否则装配过程中会出现错误。tag_axle 轮胎模型如图 19.4 所示。

图 19.4　tag_axle 轮胎模型

轮胎信息如下：
　　File Name　　　：<FASE>/subsystems.tbl/my_wheel_tag_axle.sub
　　Template　　　：mdids://FASE/templates.tbl/_my_wheel_tag_axle.tpl

```
    Comments        :   *no comments found*
    Major Role      :   wheel
    Minor Role      :   tag_axle
WHEELS:
    wheel
        symmetry        :   left/right
        mass            :   135.0
        Ixx, Iyy, Izz   :   9.0E+006 , 9.0E+006 , 1.7E+006
        cm offset       :   25.0
        whl ctr offset  :   75.0
        definition      :   .ACAR.forces.ac_tire
        property file   :   mdids://atruck_shared/tires.tbl/msc_truck_pac2002.tir
        contact type    :   handling
PARAMETERS:
        parameter name              symmetry        type        value
        --------------              --------        ----        -----
        kinematic_flag              single          integer     0
```

轮胎模型通信器如下:

Communicator Name:	Entity Class:	From Minor Role:	Matching Name:
ci[lr]_camber_angle	parameter_real	tag_axle	camber_angle
ci[lr]_suspension_mount	mount	tag_axle	suspension_mount
ci[lr]_suspension_upright	mount	tag_axle	suspension_upright
ci[lr]_toe_angle	parameter_real	tag_axle	toe_angle
ci[lr]_wheel_center	location	tag_axle	wheel_center

10 input communicators were found in '_my_wheel_tag_axle'

Communicator Name:	Entity Class:	To Minor Role:	Matching Name:
co[lr]_rotor_to_wheel	mount	tag_axle	rotor_to_wheel
co[lr]_tire_force	force	tag_axle	tire_force
co[lr]_wheel_orientation	orientation	tag_axle	wheel_orientation
cos_tire_forces_array_left	array	tag_axle	tire_forces_array_left
cos_tire_forces_array_right	array	tag_axle	tire_forces_array_right

8 output communicators were found in '_my_wheel_tag_axle'

19.4 8×4 整车模型

8×4 整车模型建立完成后如图 19.5 所示,整车包含双转向桥悬架系统、转向系统、动力传动系统、导向杆平衡悬架系统、轮胎及车身模型等,模型包含 1 160 个自由度。有条件的读者可采用服务器或者工作站进行运算。

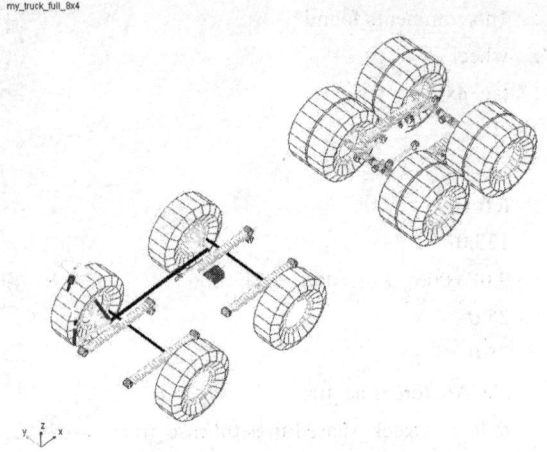

图 19.5　8×4 整车模型

19.5　8×4 整车速度保持仿真

对整车进行直线速度保持（匀速直线）仿真，设置如下：

（1）单击"Simulate" > "Full-Vehicle Analysis" > "Straight-line Events" > "Straight-line Maintain"命令。

（2）Output Prefix：SLM。

（3）End Time：10。

（4）Output Step Size（仿真步数）：1000。

（5）Mode of Simulation：interactive。

（6）Road Date File：mdids://FASE/roads.tbl/road_3d_sine_example_JIANSUDAI.xml。

（7）Initial Velocity：50。

（8）Gear Position：3。

（9）Steering Input：locked。

（10）Quasi-Static Straight-Line Setup：勾选，整车模型包含发动机，能运行准静态平衡。

（11）单击 OK 按钮，完成速度保持仿真设置并提交运算，如图 19.6 所示。

仿真完成后，速度仿真下整车运动状态如图 19.7 所示，运动过程中前后钢板弹簧及轮胎力会显示出来。图 19.8~19.13 所示为车身纵向、侧向及垂向加速度曲线及对应的功率谱曲线。从图中可以看出，在 2.5 s 左右时整车经过减速度，各方向都伴有较大的振动；从功率谱也可看出在低频范围内振动较大，其中侧向振动衰减较慢。图 19.14~19.19 为轮胎纵向、侧向及垂向力及对应的功率谱曲线，其中垂向力较大。

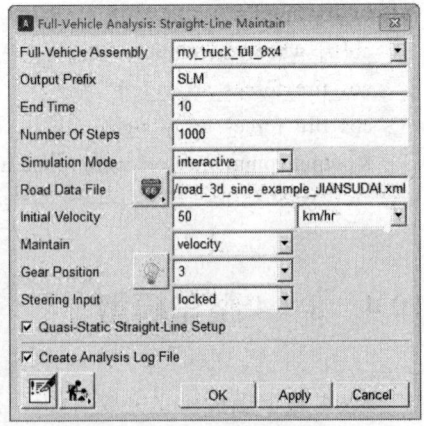

图 19.6　直线速度保持仿真设置

第19章 8×4整车模型

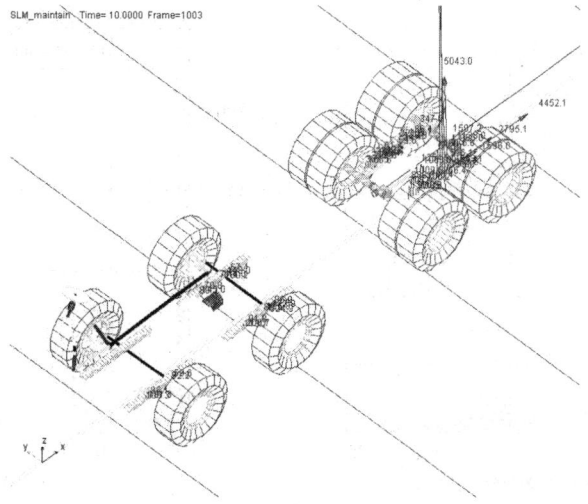

图 19.7 速度保持运行过程

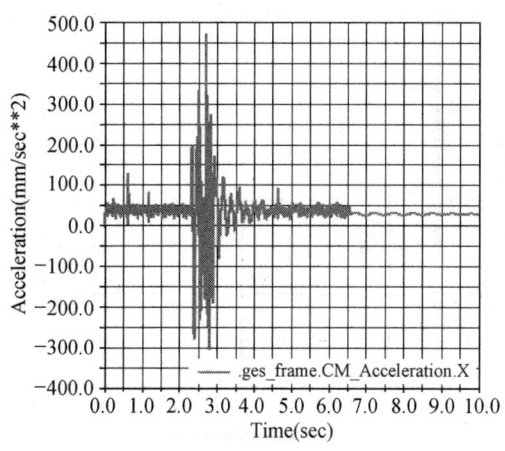

图 19.8 车身纵向加速度

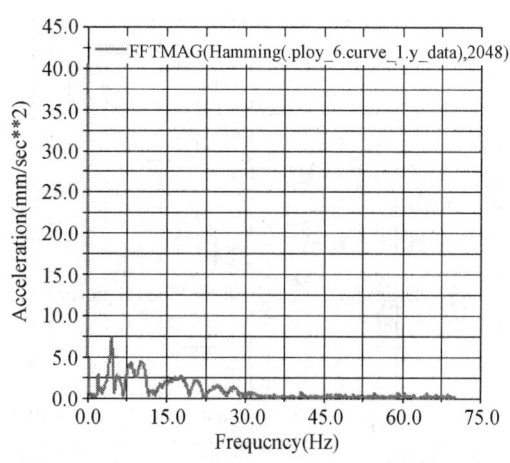

图 19.9 车身纵向加速度功率谱

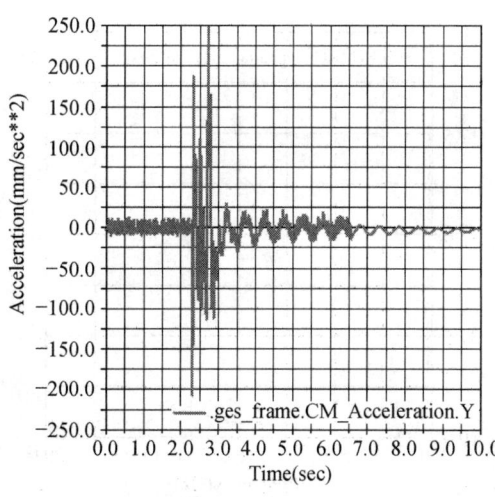

图 19.10 车身侧向加速度

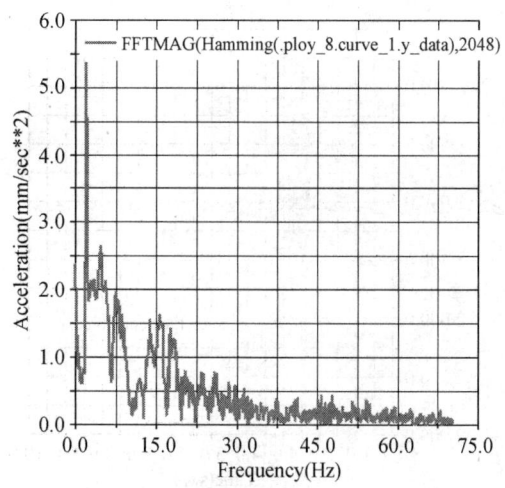

图 19.11 车身侧向加速度功率谱

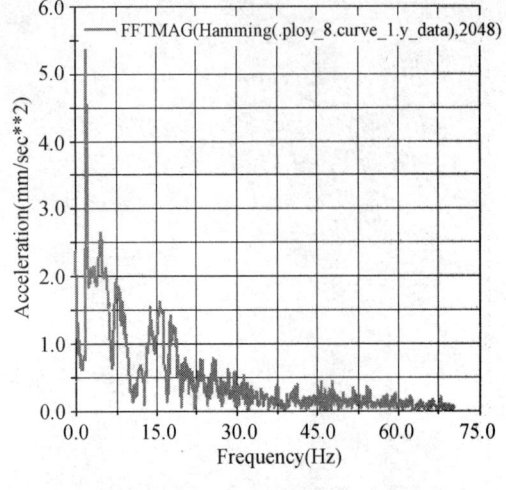

图 19.12 车身侧向加速度功率谱

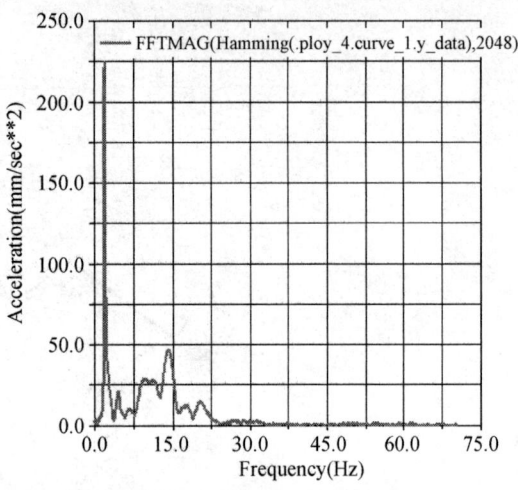

图 19.13 车身垂向加速度功率谱

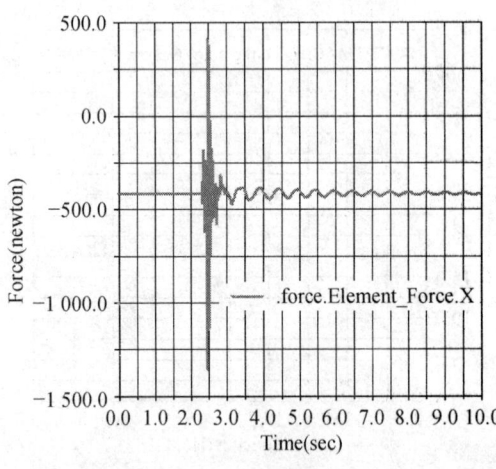

图 19.14 轮胎纵向力

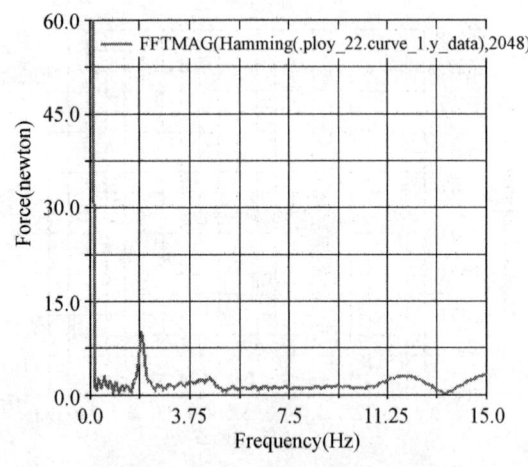

图 19.15 轮胎纵向力功率谱

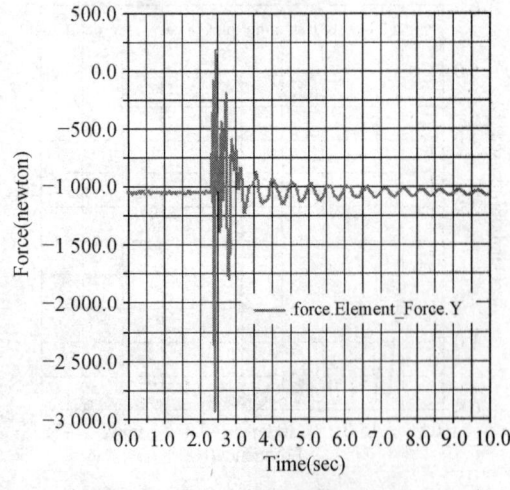

图 19.16 轮胎侧向力

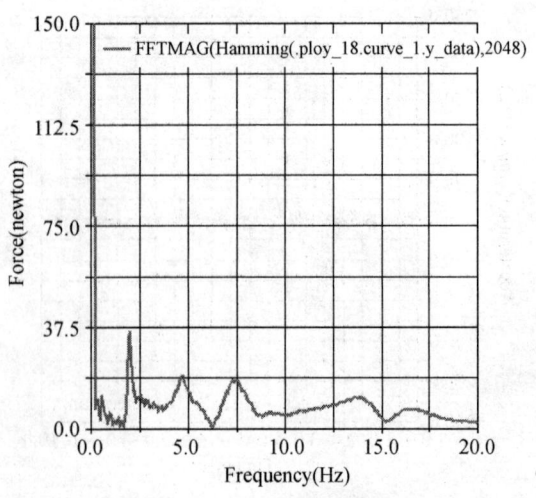

图 19.17 轮胎侧向力功率谱

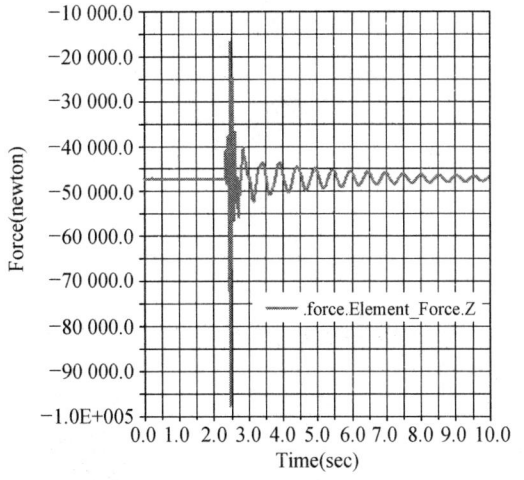
图 19.18 轮胎垂向力

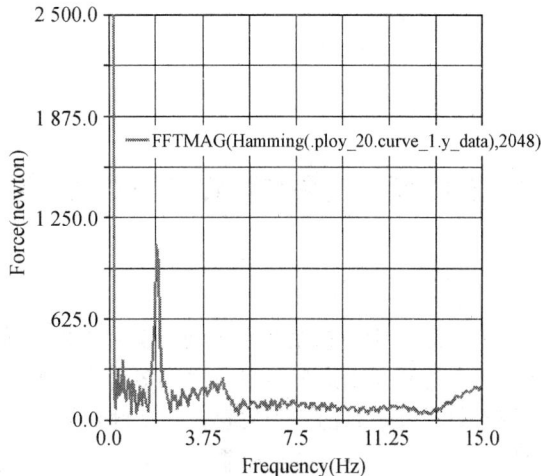
图 19.19 轮胎垂向力功率谱

第 20 章 柔体系统动力学

系统动力学包括刚体系统动力学和柔体系统动力学。刚体系统动力学较为成熟，在系统位移变化不大的状态下大都可以简化成多刚体模型。多柔体系统动力学理论目前仍不成熟，如接触、碰撞等。目前柔性体创建有多种方法，如非线性梁法、有限元法、模态法等。非线性梁法可参考钢板弹簧章节，模态中性文件 MNF 可用 NASTRAN、MARC、ANSYS、ABAQUS、Hypermesh 等软件建立。本章主要介绍采用 ABAQUS 软件建立模态中性文件实现刚体转换为柔性体。横置钢板弹簧柔性体双 A 臂悬架如图 20.1 所示。

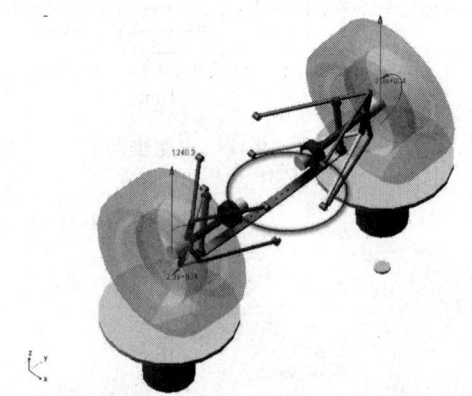

图 20.1 横置钢板弹簧柔性体双 A 臂悬架

20.1 柔性四连杆

对于柔性体的介绍，先从一个简单的四连杆案例开始讨论。

（1）启动 ABAQUS/CAE，切换到草图界面绘制如图 20.2 所示的草图，草图绘制完成后通过拉伸厚度为 5 mm 完成几何体的创建，如图 20.3 所示。

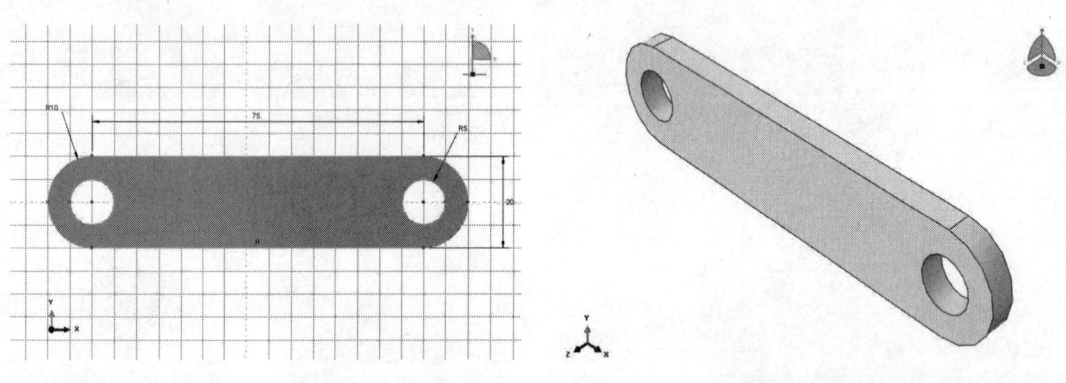

图 20.2 连杆草图　　　　　　　图 20.3 连杆几何体

（2）切换到 Property 界面，创建材料属性。弹性模量：2.1e5；泊松比：0.3；密度：7.9e-9。

特别需要注意的是，材料属性参数一定要保持正确，不同软件的单位制不同，本案例在 ABAQUS 软件中采用毫米制，材料参数输入错误会导致连杆模态参数计算结果错误。

（3）材料参数创建完成后建立截面属性 Section-1，如图 20.4 所示，并把截面属性赋予给连杆部件，如图 20.5 所示，此时连杆颜色变为蓝色，表明材料赋予成功。

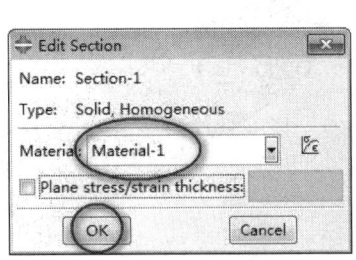
图 20.4　材料截面属性

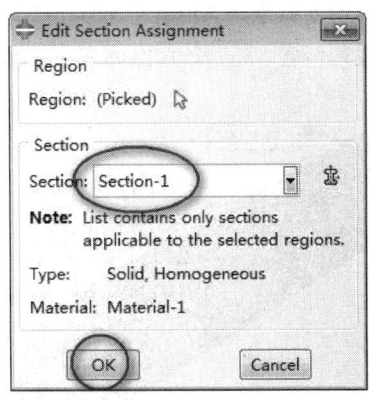
图 20.5　分配截面属性

（4）切换到 Assembly 界面，完成单体部件的装配。

（5）切换到分析步 Step 界面，完成 2 个分析步的创建，如图 20.6 所示，Step-1 为模态分析步，设置提取前 20 阶模态，Step-2 为子结构生成，子结构即把整个连杆作为一个单一部件。

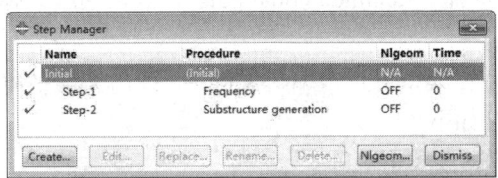
图 20.6　分析步设置

（6）Step-2 子结构在 Basic 选项卡中设置子结构标示（Substructure identifier:Z101），点选 Whole model，在后续方框中选择整个模型。切换到 Options 选项卡，勾选 "Specify retained eigenmodes by:"，点选 Mode range，在 Date 方框中输入 1,20,1。Step-2 的设置如图 20.7 和图 20.8 所示。

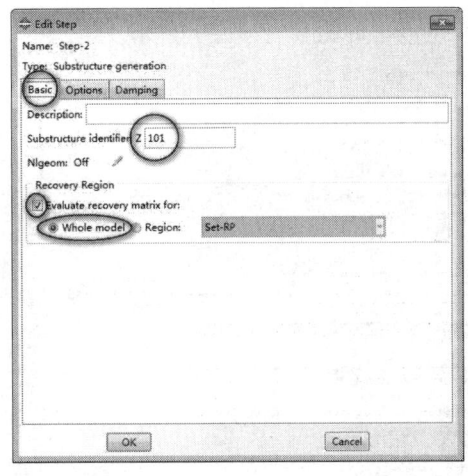
图 20.7　Basic 选项卡设置

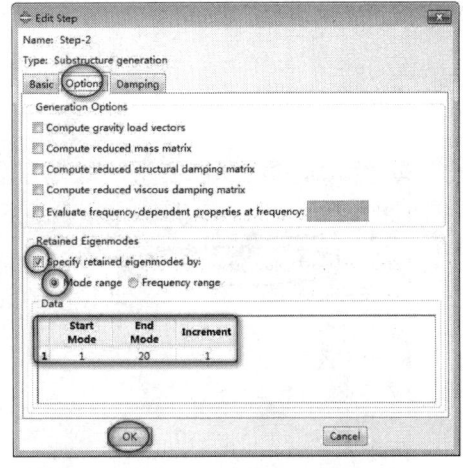
图 20.8　Options 选项卡设置

（7）切换到相互作用 Interaction 界面，在连杆两圆孔中心创建 RP 参考点，建立 RP 点与孔内表面的 MPC 多点约束，如图 20.9 所示。

（8）切换到网格划分 Mesh 界面，设置网格全局尺寸为 2 mm，网格划分完成后如图 20.10 所示，该模型共包含 1587 个六面体单元，经检查，网格全部符合要求。

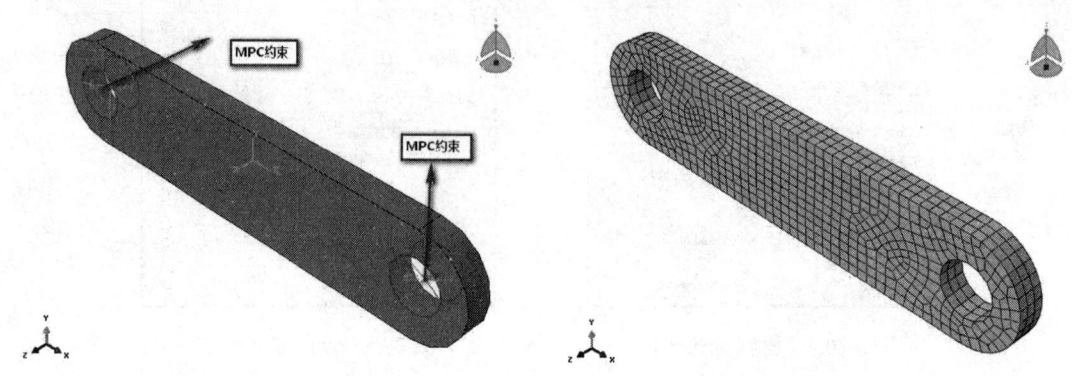

图 20.9　MPC 多点约束　　　　　　　　　图 20.10　网格划分

（9）切换到 Load 界面，在 Step-1 分析步下约束 RP-1、RP-2 两个参考点完全固定。

（10）Step-2 分析步下选择"Retained nodal dofs"，点击继续，弹出编辑界面对话框，如图 20.11 所示，勾选全部约束。

（11）切换到 Job 界面，在模型下点击编辑关键字，弹出关键字命令窗口，如图 20.12 所示，在图片位置处添加关键字符如下：

① MASS MATRIX=YES：质量矩阵。

② *FLEXIBLE BODY,TYPE=ADAMS：转换为 ADAMS 关键字。

③ *ELEMENT RECOVERY MATRIX, POSITION=AVERAGED AT NODES：计算结果中显示应力应变。

④ S。

⑤ E。

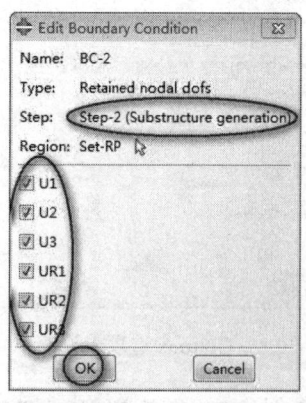
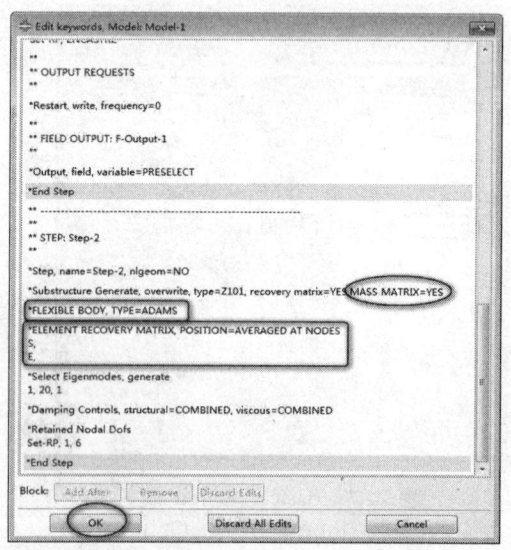

图 20.11　约束设置　　　　　　　　　　图 20.12　模型关键字编辑

（12）创建分析作业并提交运算，运算完成后可以在后处理模块中显示连杆的模态变形及对应的频率结果，如图 20.13~20.16 所示。

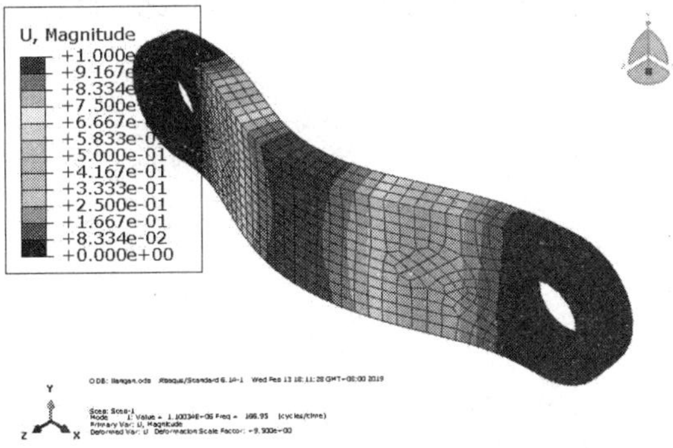

图 20.13　一阶模态

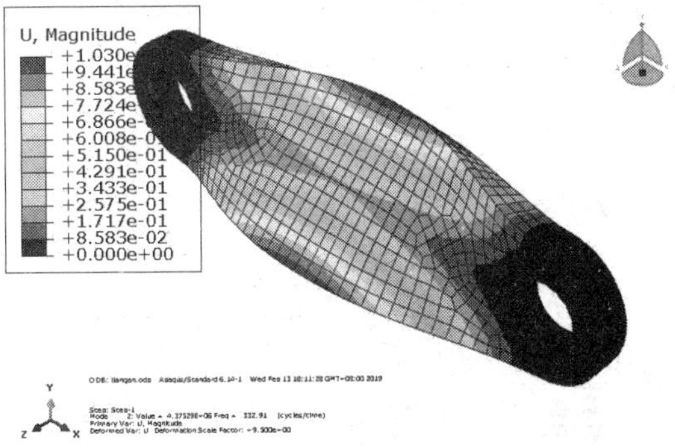

图 20.14　二阶模态

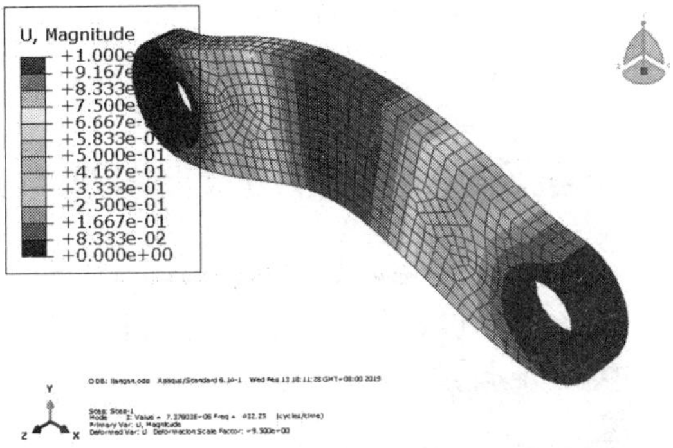

图 20.15　三阶模态

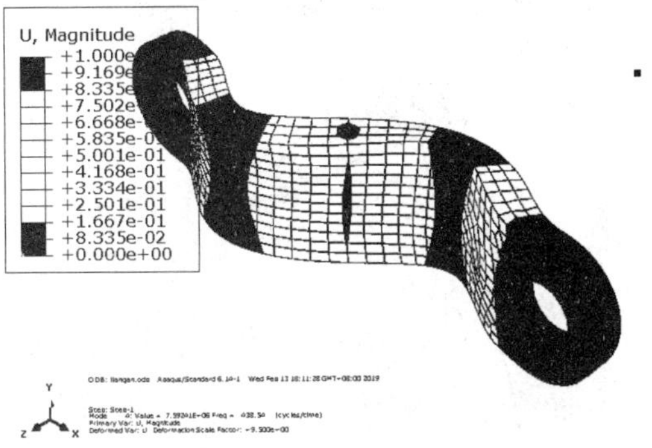

图 20.16　四阶模态

（13）打开 ABAQUS Command，输入 cd D:\ADAMS_MNF，切换命令至 ADAMS_MNF 文件夹。

（14）继续输入以下命令：abaqus adams job=liangan substructure_sim=liangan_Z101 model_odb=liangan length=mm mass=tonne time=sec force=N，命令输入完成后，在 ABAQUS Command 中完成提交并运算，生产 liangan.mnf 中性文件如图 20.17 所示。

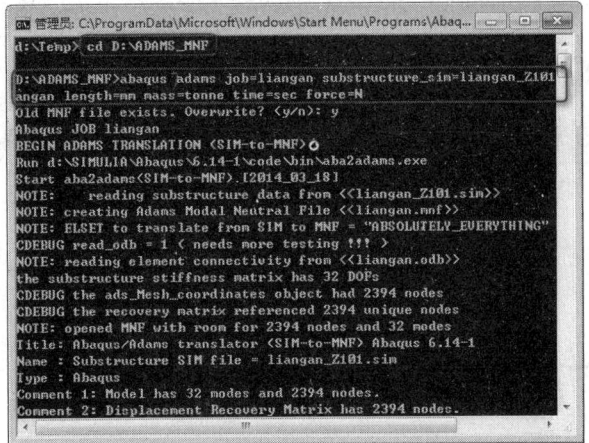

图 20.17　生产 MNF 中心文件命令

（15）启动 ADAMS/View，导入连杆柔性体模型，如图 20.18 所示。

（16）模型导入完成后建立四连杆模型，如图 20.19 所示，仿真运行 1 s，如图 20.20 所示。

模型仿真完成后，通过测量柔性体在 Z 方向上的加速度如图 20.21 所示，如果仿真模型为刚形体四连杆机构，Z 方向的加速度恒为 0。

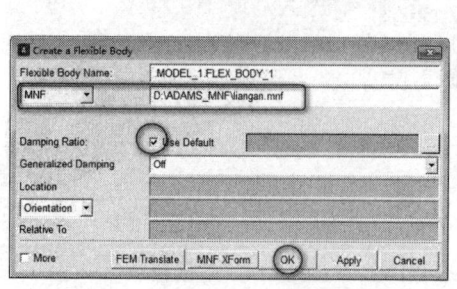

图 20.18　导入 MNF 中性文件

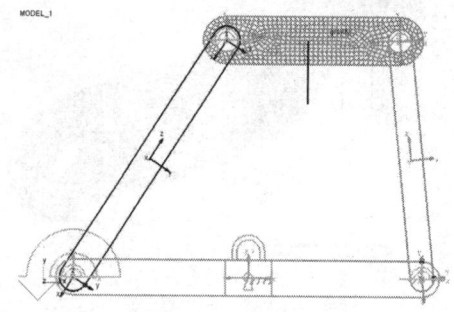

图 20.19　四连杆模型

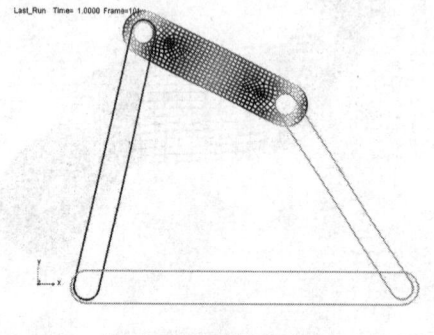

图 20.20　四连杆仿真

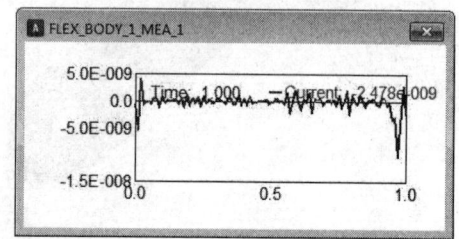

图 20.21　柔性体 Z 方向加速度

20.2　柔性扭力梁悬架

参考柔性连杆 MNF 中性文件生成方法，对扭力梁悬架模型中的扭力梁进行柔性化，扭力梁模态变形如图 20.22 ~ 20.25 所示。柔性化完成后对刚形体进行替换，然后进行车轮反向激振实验，如图 20.26 所示。

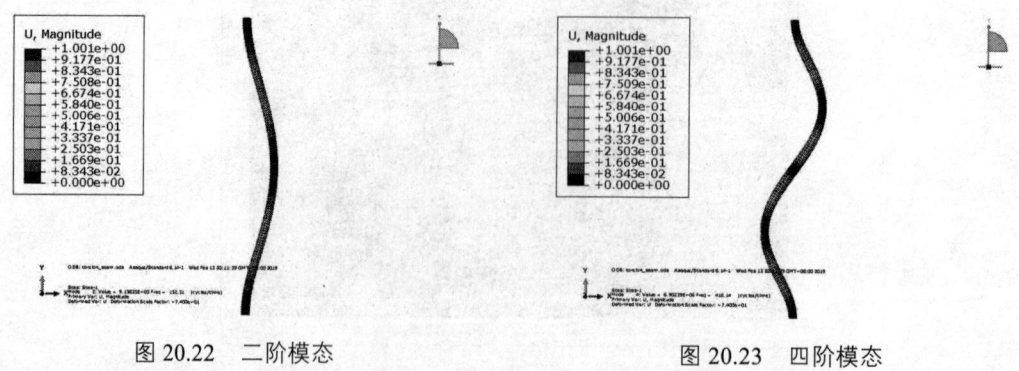

图 20.22　二阶模态　　　　　　　　图 20.23　四阶模态

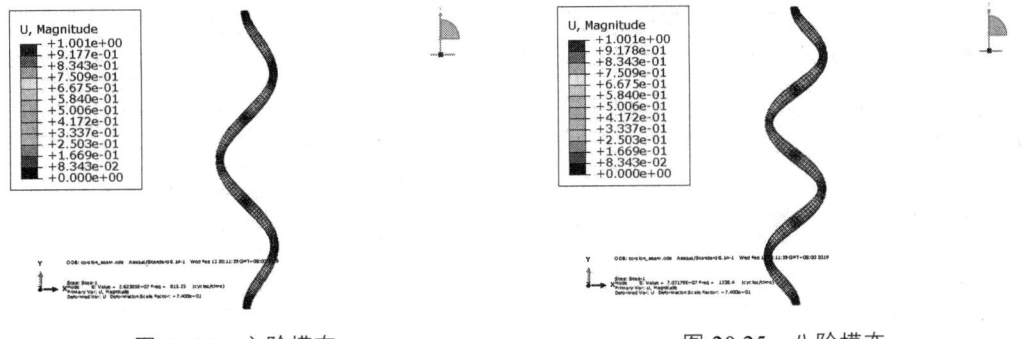

图 20.24 六阶模态　　　　　图 20.25 八阶模态

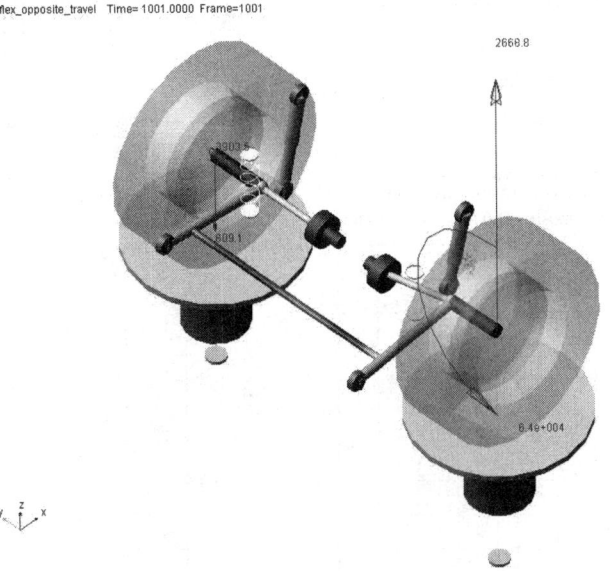

图 20.26 柔性扭力梁悬架

（1）单击"Simulate" > "Suspension Analysis" > "Opposite Travel"命令，弹出反向激振对话框。

（2）Output Prefix：OT_flex。

（3）Number of Steps（仿真步数）：1000。

（4）Mode of Simulation：interactive。

（5）Vertical Setup Mode：Wheel Center。

（6）Bump Travel：50。

（7）Rebound Travel：-50。

（8）Travel Relative To：Wheel Center。

（9）Control Mode：Absolute。

（10）Coordinate System：Vehicle。

（11）单击 OK 按钮，完成柔性扭力梁悬架在 C 模式下的仿真。

打开扭力梁刚性体装配模型，进行相同参数状态下仿真，仿真完成后进行结果对比，其中红实线为柔性体扭力梁悬架计算结果，蓝虚线为刚性扭力梁悬架计算结果，如图 20.27~20.30。

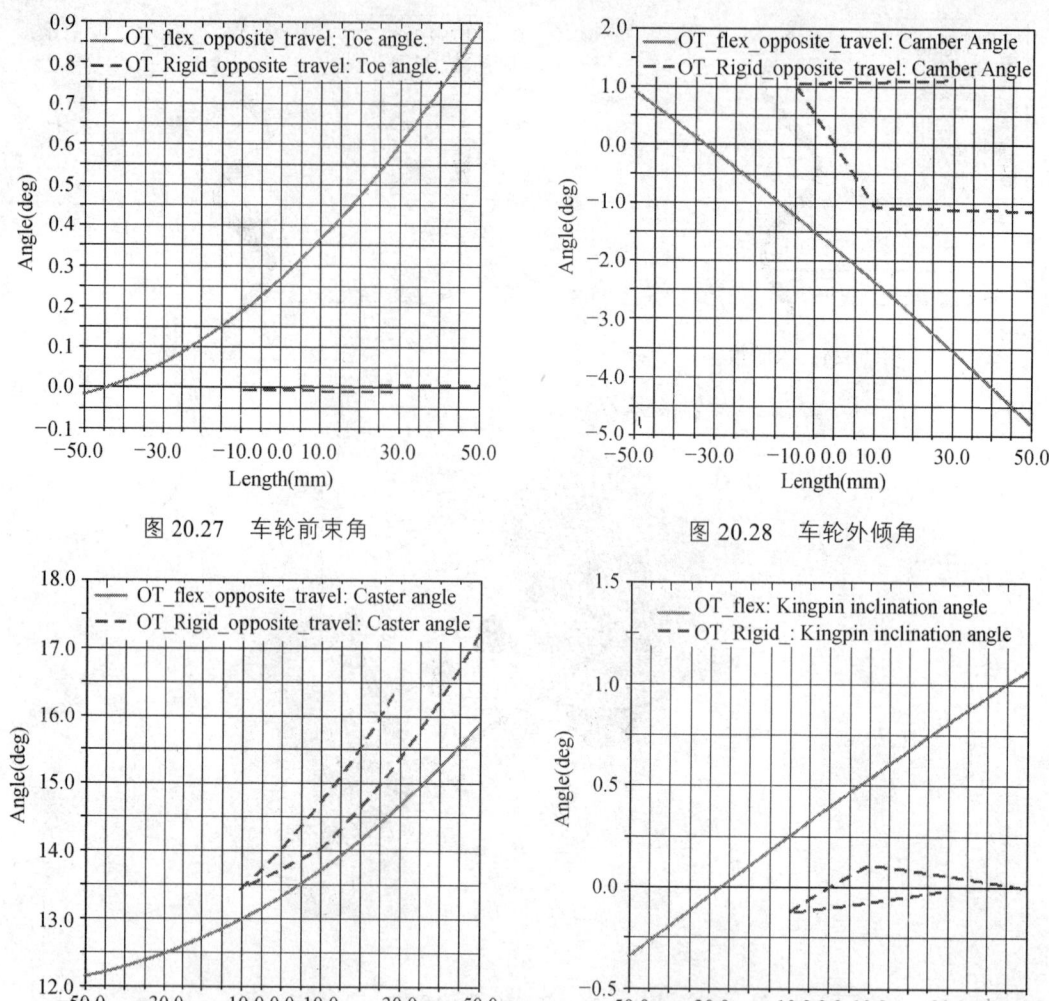

图 20.27　车轮前束角

图 20.28　车轮外倾角

图 20.29　主销后倾角

图 20.30　主销内倾角

20.3　柔性钢板弹簧

在 ABAQUS 中建立 5 片装配体钢板弹簧模型，其中，簧片之间采用绑定约束；两个卷耳中心处建立 RP 参考点，参考点与内孔表面采用 MPC（多点约束）；底部螺栓孔约束处的 MPC（多点约束）需要注意，选择螺栓内孔表面会导致与绑定面之间产生重复约束点，因此表面选择最底部与车轴接触 MPC（可以通过面切割画出一片小范围接触面）。ABAQUS 中钢板弹簧模型如图 20.31 和图 20.32 所示。

钢板弹簧中性文件建立方法与前述相同，MNF 完成后倒入 ADAMS 中，如图 20.33 所示，两卷耳处建立移动副，钢板弹簧螺栓孔处建立移动副，方向与网格面垂直。约束建立完成后，在螺栓孔处建立驱动，进行 2 s 仿真，如图 20.34 所示。

第 20 章 柔体系统动力学

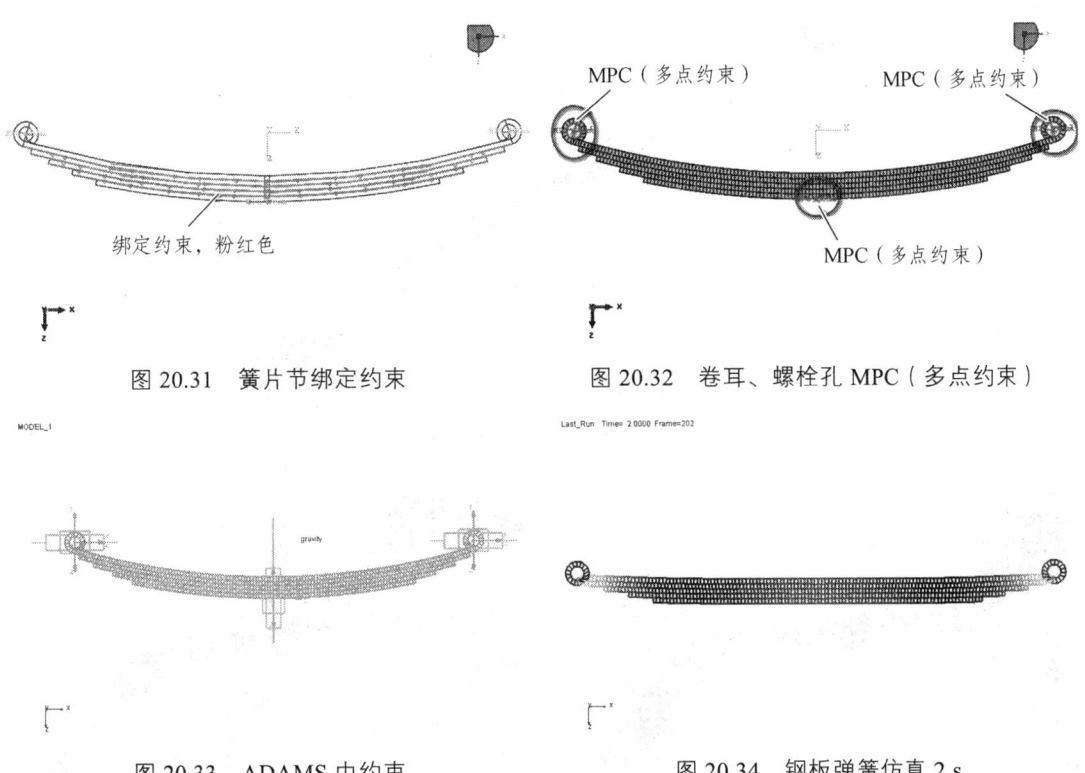

图 20.31 簧片节绑定约束

图 20.32 卷耳、螺栓孔 MPC（多点约束）

图 20.33 ADAMS 中约束

图 20.34 钢板弹簧仿真 2 s

注意：钢板弹簧装配体 MNF 中性文件能够计算成功，同时也能在 ADAMS 中仿真成功，但不意味着钢板弹簧中性文件是正确的。原因在于钢板弹簧模型簧片之间采用绑定约束，绑定约束使得簧片之间不能产生移动，与实际钢板弹簧运动状态不符。如果钢板弹簧变形范围较小且变化速度非常慢，可以近似采用绑定约束进行处理或者将钢板弹簧模型在装配体中合并成一个整体进行处理。

网格划分时钢板弹簧厚度为一个单元厚度，如果厚度增加为两个或者三个单元厚度，此时模型计算量较大，建议采用服务器或者工作站会大幅提升计算速度。

20.4 柔性横置钢板弹簧双横臂悬架

悬架采用横置钢板弹簧的车辆较少，目前能查到的车型有科尔维特跑车、沃尔沃系列车型，采用横置钢板弹簧后可以取消螺旋弹簧，同时钢板弹簧也可以起到横向拉杆的作用。钢板弹簧的刚度也可以调节，如图 20.35 所示，钢板弹簧中间有 7 个孔，4 挡可调节，通过固定不同孔位置可以改变钢板弹簧的刚度，相对螺旋弹簧的固定刚度也具有优势。注意：美洲地区与我国的沃尔沃钢板弹簧的固定位置不同，虽为同一车型但底盘特性不一样。

横置钢板弹簧中性文件制作过程中 9 个孔全部采用 MPC（多点约束），前四阶模态如图 20.36～20.39 所示。钢板弹簧中性文件制作完成后通过导入到后推杆式悬架模型中，删除相关部件及螺旋弹簧，添加新约束后完成横置钢板弹簧双 A 臂悬架模型（见图 20.1）。此处只介绍模型建立过程思路，具体步骤不再详述。

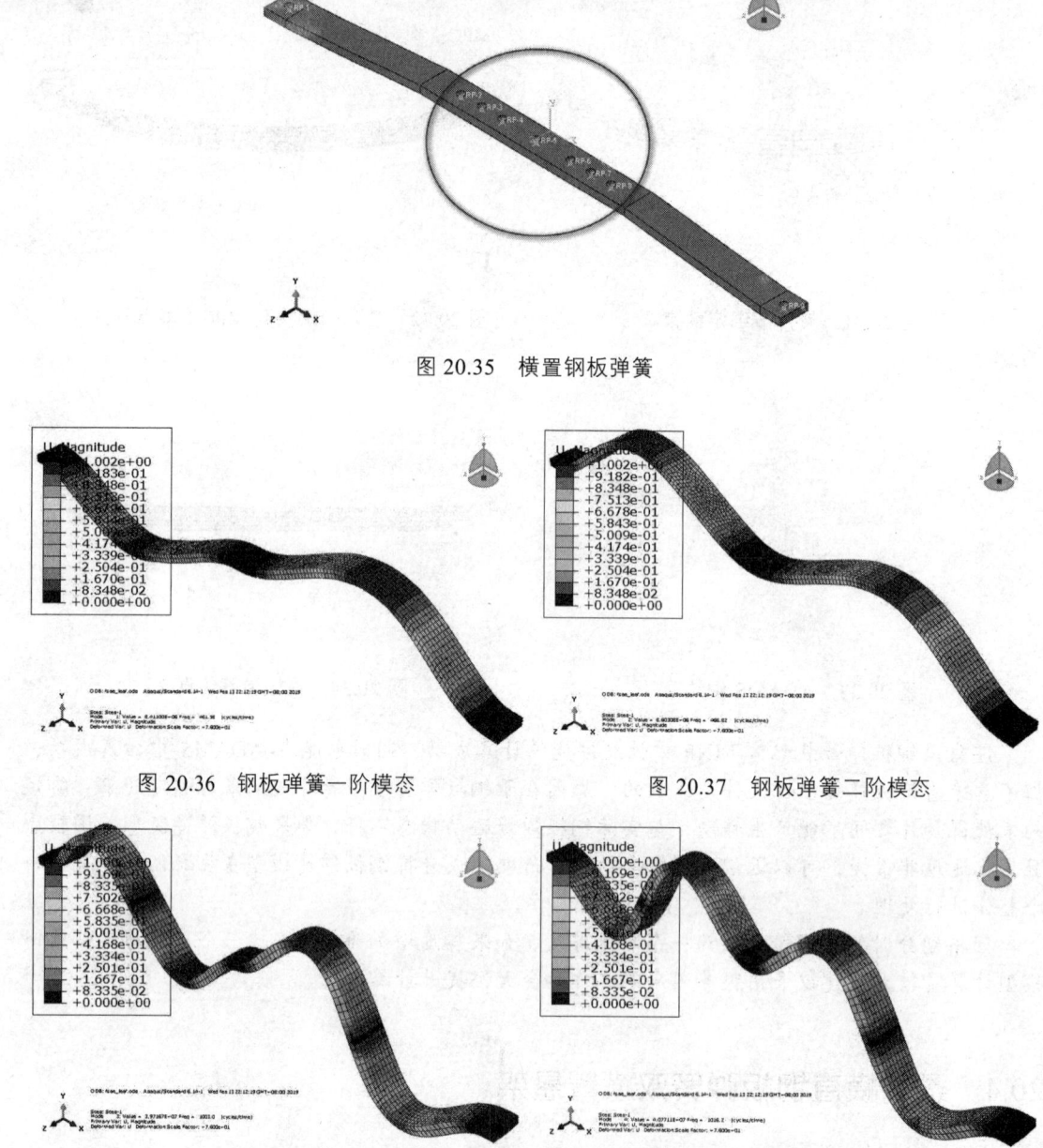

图 20.35　横置钢板弹簧

图 20.36　钢板弹簧一阶模态　　　　图 20.37　钢板弹簧二阶模态

图 20.38　钢板弹簧三阶模态　　　　图 20.39　钢板弹簧四阶模态

20.5　多柔性 FSAE 赛车

横置钢板弹簧双 A 臂悬架模型建立完成后，通过替换 FSAE 赛车前后悬架模型，替换完后的柔性 FSAE 赛车整车模型，如图 20.40 所示。整车模型建立完成后进行角阶跃转向仿真，整车运行轨迹如图 20.41 所示。与替换之前的整车模型仿真对比结果，如图 20.42～20.49 所示。

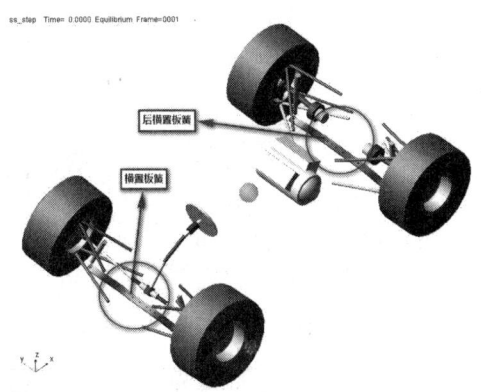

图 20.40　FSAE 柔性整车模型

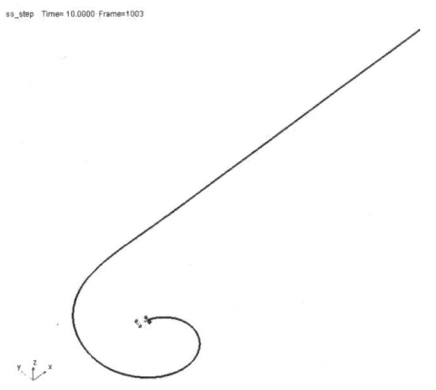

图 20.41　阶跃转向运行轨迹

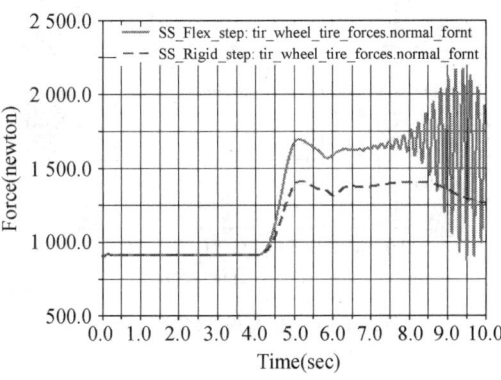

图 20.42　轮胎垂向力

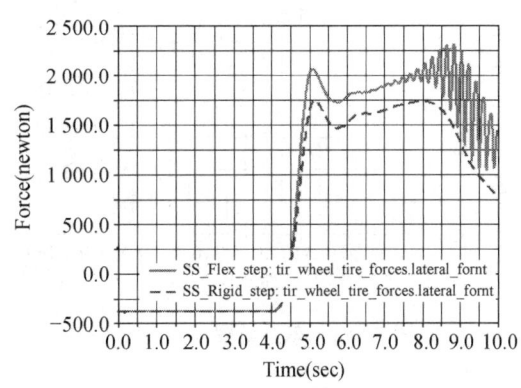

图 20.43　轮胎侧向力

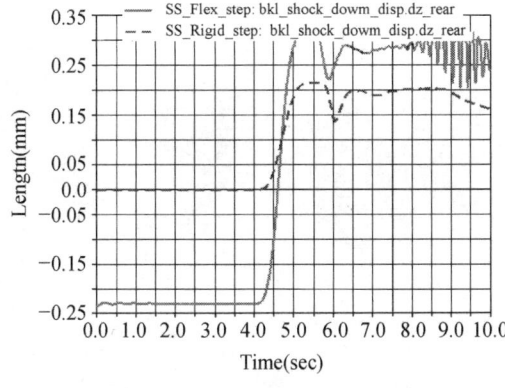

图 20.44　减振器下轴套 Z 方向位移

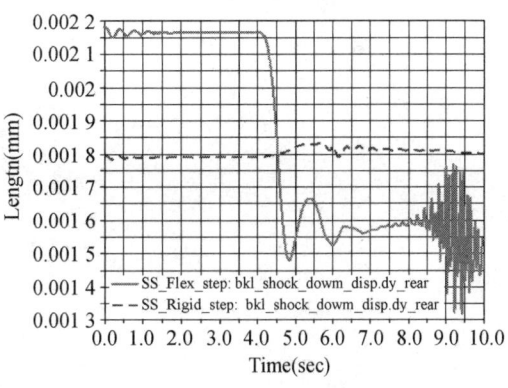

图 20.45　减振器下轴套 Y 方向位移

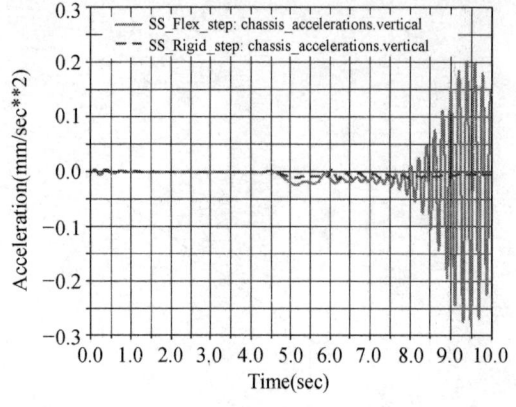

图 20.46　车身垂向加速度

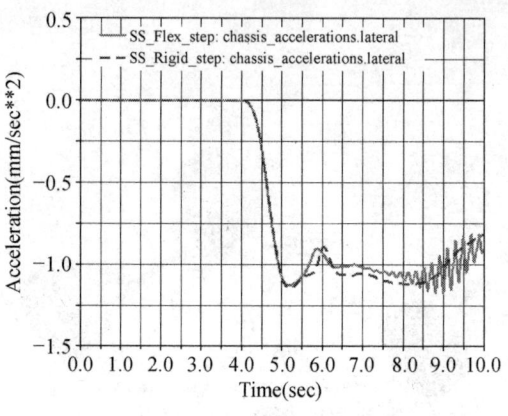

图 20.47　车身侧向加速度

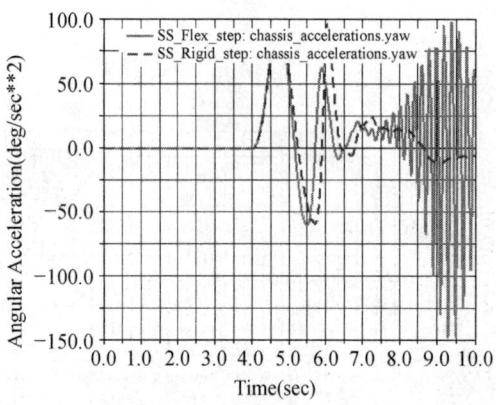

图 20.48　车身横摆角加速度

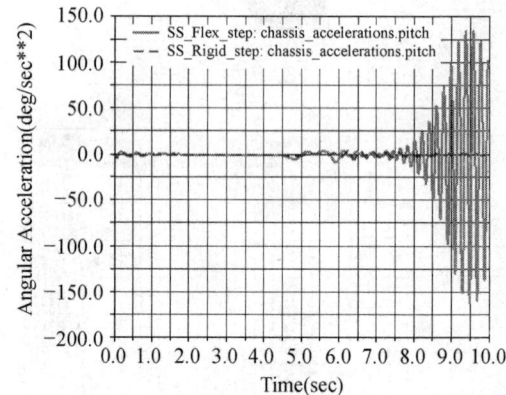

图 20.49　车身俯仰角加速度

第21章 2自由度悬架模型

悬架是车身与车轮之间的传力装置,在整车的行驶过程中只有在特定的行驶条件下,被动悬架状态才能达到最优状态,当路面的条件或者行驶的速度发生变化,悬架的最优状态会发生破坏,因此被动悬架的设计只能采取折中的方法进行。半主动悬架是近些年研究的一个趋势,相对主动悬架,主要通过调节减振器的可变力输出来控制整车的震动特性,其性能与主动悬架接近。相比主动悬架,其结构简单,能耗小。在实现主动力控制策略中,模糊智能控制与其他控制相比:① 使用语言方法,不需要精确的数学模型;② 健壮性好,适合解决过程控制中的高度非线性、强耦合时变滞后等问题;③ 有较强的容错能力,具有适应受控对象动力学、环境特征和行驶条件变化的能力;④ 操作人员易于通过人的自然语言进行人机界面联系。2自由度悬架模型能较好地反映系统在垂直方向的振动特性,本章以半主动悬架为例,采用带修正因子的模糊控制器对2自由度悬架在不同车速下的路面进行仿真研究并与被动悬架的性能对比。

21.1 悬架数学模型

2自由度悬架模型简单,能较好地反映系统的垂直振动特性,与悬架在行驶过程中的动态特性接近。在2自由度悬架模型的建立过程中,可做如下假设:① 左右车轮受到的不平度垂直激励是一样的,车辆对其纵轴线左右对称,即车辆不存在侧倾振动,没有侧向位移,没有偏航角振动[6];② 车轴与其相联的车轮视为非簧载质量,车轮在中心线上与路面为点接触;③ 由于轮胎阻尼相对于车辆减振器的阻尼来说,小到可以忽略,因此只考虑轮胎的刚度作用;④ 对于常见的四轮车辆,车辆悬架的质量分配系数为1,即前后轴非簧载质量相等[7],则车身简化后的前后两部分质量是彼此独立的。经过上述的假设后,整车模型即可转化为2自由度1/4车辆悬架模型来进行研究。简化后的2自由度悬架模型如图21.1所示。悬架参数如表21.1所示。

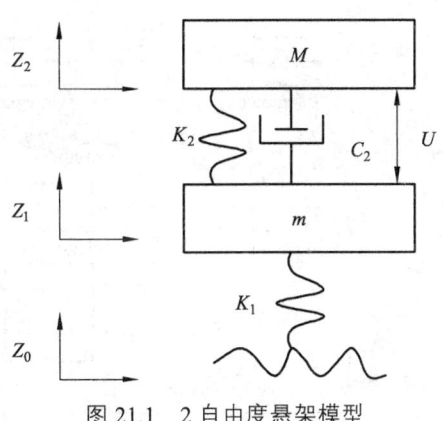

图21.1 2自由度悬架模型

表 21.1　2 自由度悬架参数

模型参数	符号	数值	单位
簧载质量	M	345	kg
非簧载质量	m	40.5	kg
悬架刚度	K_2	21	kN/m
阻尼系数	C_2	1 300	N·m/s
轮胎刚度	K_1	264.8	kN/m

主动悬架的动力学方程：

$$M\ddot{Z}_2 = K_2(Z_2 - Z_1) + C_2(\dot{Z}_2 - \dot{Z}_1) - U \tag{21.1}$$

$$m\ddot{Z}_1 = K_1(Z_1 - Z_0) - K_2(Z_2 - Z_1) - C_2(\dot{Z}_2 - \dot{Z}_1) - U \tag{21.2}$$

主动力计算方程：

$$U = K_1(Z_1 - Z_0) - K_2(Z_2 - Z_1) - C_2(\dot{Z}_2 - \dot{Z}_1) - m\ddot{Z}_1 \tag{21.3}$$

式中：M 为悬挂质量；m 为非悬挂质量；K_2 为悬挂系统的弹簧刚度；C_2 为悬挂系统的阻尼系数；K_1 为轮胎的刚度；U 为主动控制力；Z_0、Z_1、Z_2 分别为路面、车轮与车身的位移。

根据式（21.1）、(21.2），令主动力输入 U 等于零，建立被动悬架仿真模型如图 21.2 所示，在 B 级路面垂向位移输入下计算被动悬架模型的车身速度、车身加速度。悬架速度及其变化量作为控制器的输入变量。根据式（21.3），用车身速度及其变化量计算预控主动力 U 的大小，对主动力 U 的变化范围进行计算。

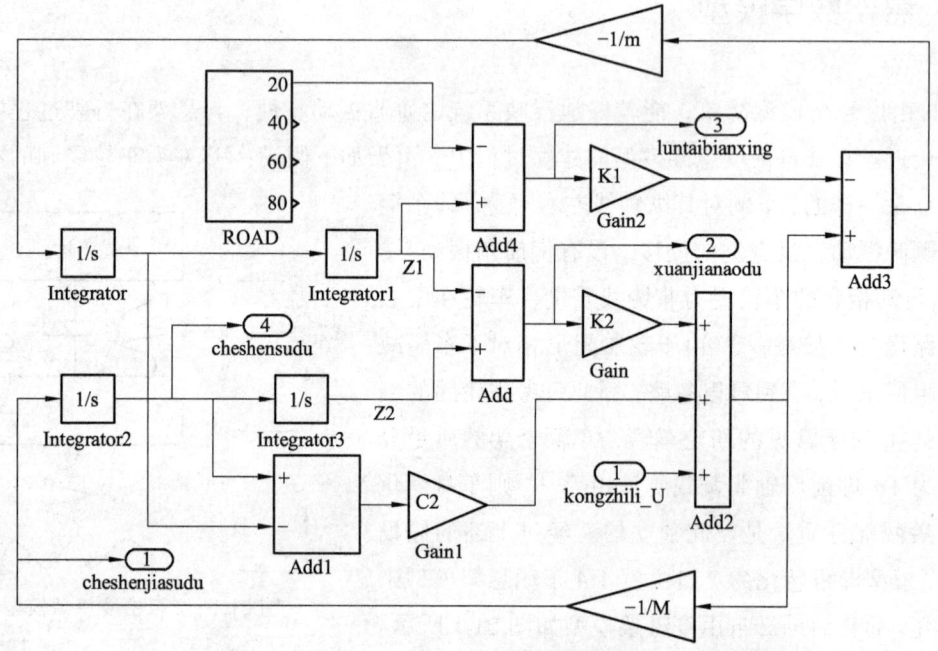

图 21.2　被动悬架仿真模型

21.2 路面模型

对悬架性能分析时需要输入路面模型。根据国家标准将公路等级分为 8 种，在不同的路段测量，很难得到两个完全相同的路面轮廓曲线。通常是把测量得到的大量路面不平度随机数据，经数据处理得到路面功率谱密度。产生随机路面不平度时间轮廓有两种方法，由白噪声通过一个积分器产生或者由白噪声通过一个成型滤波器产生。路面时域模型可用式（21.4）进行描述。B 级路面各阶段车速垂直位移计算结果如图 21.3 所示。

$$\dot{q}(t) = -2\pi f_0 q(t) + 2\pi \sqrt{G_q} v w(t) \tag{21.4}$$

式中，$q(t)$ 为路面随激励；$w(t)$ 为积分白噪声；f_0 为时间频率；G_q 为路面不平度系数；v 为汽车行驶速度。

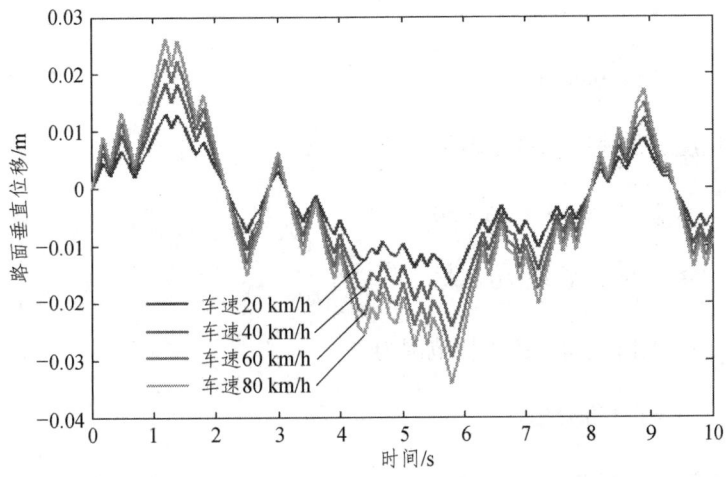

图 21.3 B 级路面各车速垂向位移

21.3 控制器设计

模糊控制规则是模糊控制器的核心，它用语言的方式描述了控制器输入量与输出量及修正因子 k 之间的关系。悬架的输入/输出分别采用 7 个语言变量规则来进行描述：负大（-3）、负中（-2）、负小（-1）、零（0）、正小（1）、正中（2）、正大（3）。修正因子 k 采取 4 个语言模糊集来进行描述：零（0）、正小（1）、正中（2）、正大（3）。

采用带修正因子的模糊控制器对主动控制力 U 进行控制。在控制过程中，以车身的速度 v 与期望值的误差及其变化率作为模糊控制器的输入量，用修正因子 k 控制簧载质量的速度与加速度的输入的权重，用式（21.5）表示。其中修正因子 k 的大小由簧载质量的速度在线进行实时调节。

$$U = [k \cdot E + (1-k) \cdot EC] \tag{21.5}$$

式中，k 为修正因子系数；通过对 k 值的调节，可以控制簧载质量的速度与加速度对输出控制力 U 的加权程度。在初始状态，系统误差比较大，控制的主要目标是消除误差，因此误差 E 的权重 k 应取较大值；当系统趋于稳定时，系统本身误差已经减小，此时控制系统的主要控制目标是减小超调量，使系统尽快稳定，此时取 k 为较小值。在不同的误差控制范围取不同的加权因子 k，以实现控制规则在线实时调整。修正因子 k 的模糊控制规则如表 21.2 所示。

表 21.2　修正因子 k 模糊控制规则

E	−3	−2	−1	0	1	2	3
k	3	2	1	0	1	2	3

簧载质量的速度、加速度的基本论域为

$$E = [-0.06, 0.06]$$

$$EC = [-0.6, 0.6]$$

簧载质量的速度、加速度的量化因子分别为

$$K_E = 3/E = 3/0.06 = 50$$

$$K_{EC} = 3/EC = 3/0.6 = 5$$

根据式（21.3），求出主动力的预控范围为

$$U = [-150, 150]$$

主动力的基本语言变量范围为

$$E = [-3, 3]$$

主控力 U 的比例因子分别为

$$K_{U1} = U_1/E = 150/3 = 50$$

当误差 E 为正时，实际值大于目标值；当误差 E 为负时，实际值小于目标值；当误差变化率 EC 为正时，实际值的变化趋势是逐步增大；当误差变化率 EC 为负时，实际值有逐步减小的趋势。当输出变量 U 为正时，有使实际值增大的趋势；当 U 为负时，有使实际值减小的趋势[3]。当误差大或较大时，选择控制量以尽快消除误差为主；而误差较小时，选择控制量时应注意防止超调，以系统的稳定性为主要考量。当误差为负而误差变化率为正时，系统本身已有减小这种误差的趋势，所以为尽快消除误差且又不引起超调，应取较小的控制量[7, 8]。模糊化时各输入/输出均采用三角形隶属函数，模糊推理采用 Mandain 法，解模糊采用重心法。在 MATLAB 模糊控制模块输入模糊控制规则并搭建二维模糊控制结构子系统，模糊控制规则如表 21.3 所示。根据式（21.5）搭建带修正因子的模糊控制器如图 21.4 所示。

表 21.3　模糊控制规则

E	EC						
	-3	-2	-1	0	1	2	3
-3	3	3	3	3	3	3	3
-2	3	3	3	3	2	1	1
-1	3	3	2	2	0	0	-1
0	3	2	1	0	-1	-2	-3
1	2	0	0	-2	-2	-3	-3
2	-1	-1	-2	-3	-3	-3	-3
3	-3	-3	-3	-3	-3	-3	-3

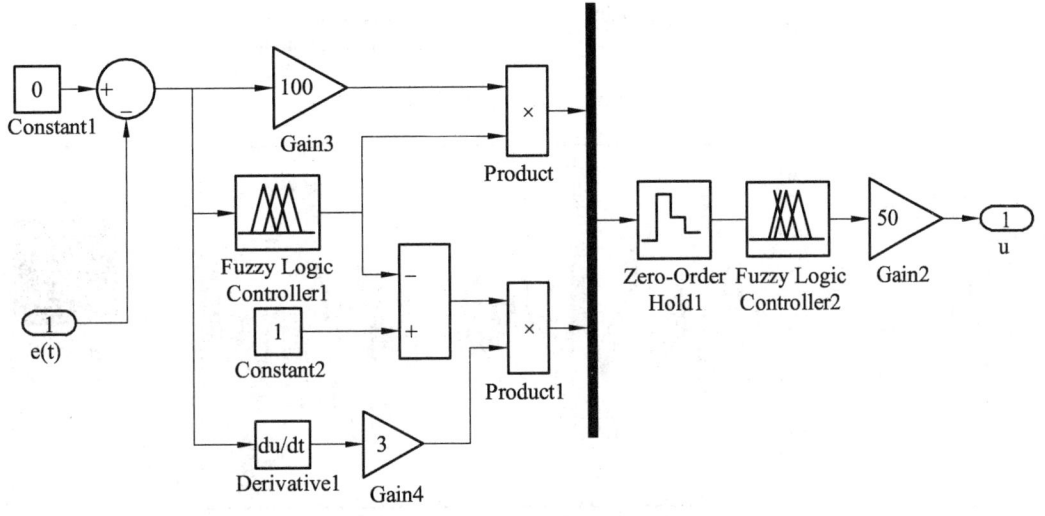

图 21.4　修正因子模糊控制器

21.4　振动分析

根据 2 自由度被动悬架仿真模型与带修正因子的模糊控制器模型，搭建 2 自由度主动悬架仿真模型如图 21.5 所示。在 B 级路面上车辆分别以 20 km/h、40 km/h、60 km/h、80 km/h 的速度直线行驶，计算主被动悬架的车身加速度、悬架动行程、轮胎动位移。主被动悬架计算结果如图 21.6 ~ 21.8 所示，其中蓝线为被动悬架计算结果，红线为主动悬架计算结果。仿真步长为 0.005 s，仿真时间为 10 s。

从计算结果可以看出，主动悬架相对于被动悬架在性能上整体都有所提升。在低速阶段，车身垂直加速度、悬架动行程、轮胎动位移性能提升明显，在轮胎动位移减小，即轮胎的动载荷减小，提升轮胎与地面之间的接触特性，增加整车行驶过程中的操作稳定性。在车速大于 40 km/h 时，随着车速的增加，轮胎动位移有增大的趋势。具体性能参数变化如表 21.4 所示。

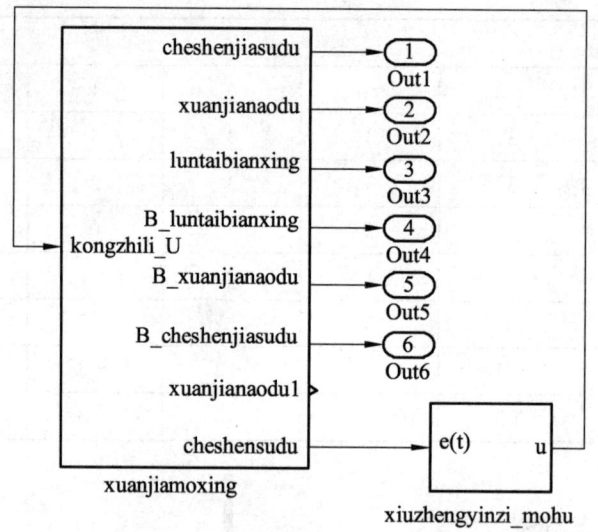

图 21.5 主动悬架仿真模型

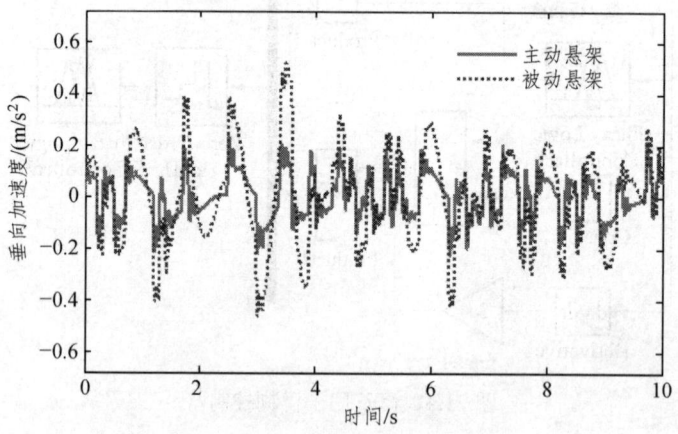

图 21.6 车身垂向加速度

振动分析计算
结果（彩图）

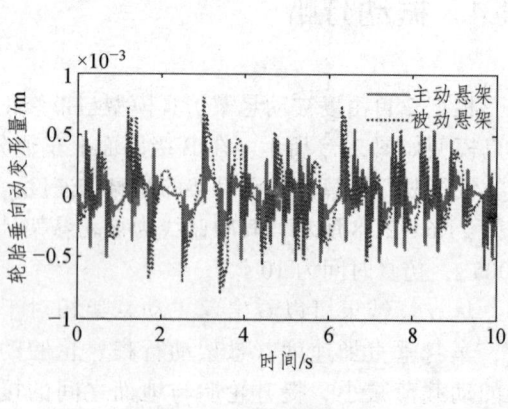

图 21.7 悬挂动行程

图 21.8 轮胎动变形图

表 21.4 性能均方根值对比

均方根值	车速	主动悬架	被动悬架	优化比
垂直加速度/(m/s^2)	20 km/h	7.95×10^{-2}	1.20×10^{-1}	33.8%
悬架动行程/m		1.16×10^{-3}	1.45×10^{-3}	20.0%
轮胎动行程/m		2.46×10^{-4}	2.66×10^{-4}	7.5%
垂直加速度/(m/s^2)	40 km/h	1.25×10^{-1}	1.70×10^{-1}	26.5%
悬架动行程/m		1.62×10^{-3}	2.05×10^{-3}	20.1%
轮胎动行程/m		3.54×10^{-4}	3.79×10^{-4}	6.6%
垂直加速度/(m/s^2)	60 km/h	1.64×10^{-1}	2.09×10^{-1}	21.5%
悬架动行程/m		2.54×10^{-3}	2.51×10^{-3}	−1.2%
轮胎动行程/m		4.46×10^{-4}	4.64×10^{-4}	3.9%
垂直加速度/(m/s^2)	80 km/h	1.93×10^{-1}	2.41×10^{-1}	19.9%
悬架动行程/m		1.24×10^{-3}	1.40×10^{-3}	11.4%
轮胎动行程/m		3.27×10^{-4}	2.60×10^{-4}	−25.8%

图 21.9 ~ 21.11 所示为车身的加速度、悬架动行程及轮胎动位移对应的功率谱曲线。其中绿点线为被动悬架计算结果，蓝实线为主动悬架计算结果。从功率谱曲线可以看出，整车运行过程中，主动悬架的幅值相对被动悬架都较小，同时可以看出，振幅最大值都出现在频率较小处，低频路面输入信息对整车振动特性的影响较大。

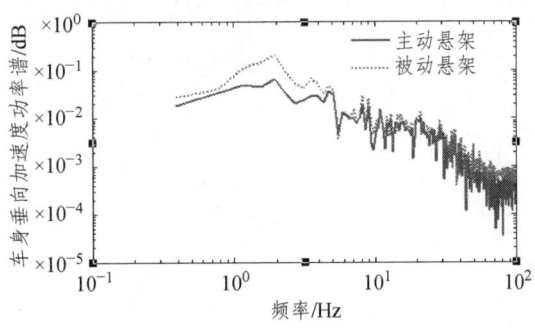

图 21.9 车身加速度功率谱

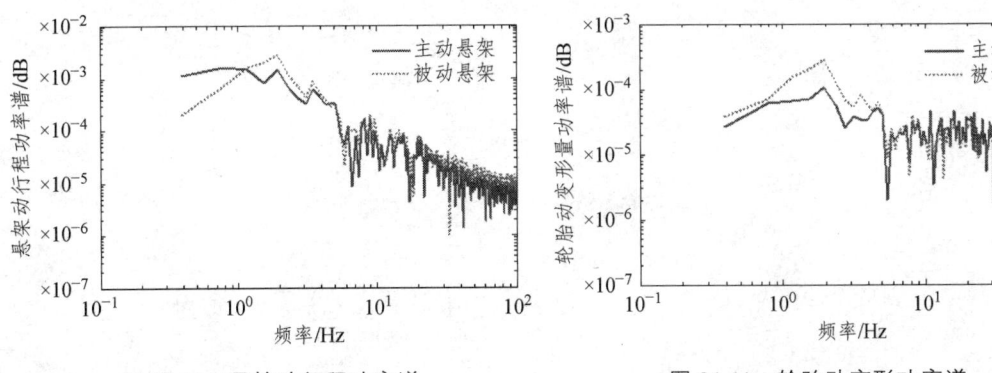

图 21.10 悬挂动行程功率谱　　图 21.11 轮胎动变形功率谱

结　论

本章通过建立 2 自由度半主动悬架模型，采用带修正因子的模糊控制器对各阶段车速进行控制。通过计算分析，可得出如下结论：

（1）车身的垂直加速度、悬架动行程在全速范围内提升明显，轮胎动位移在低速阶段改善明显，随着速度的增加，轮胎动位移有增加的趋势。

（2）车身的垂直加速度、悬架动行程、前轮动位移功率谱幅值在全频段相对被动悬架幅值都较小；低频状态时对悬架性能的影响显著。

（3）模糊控制器相对悬架参数不敏感，采用带修正因子的模糊控制器整体综合性能优越，健壮性强。

第 22 章 "摩托车"主动悬架仿真

1/2 整车即半车（摩托车）模型具有 4 个自由度，分别为车身的垂直振动、车身俯仰运动及前后车辆的垂向运动。在建模过程中做如下假设：① 在低频路面的激励下，左右两个车辆的路面模型输入具有较高的相关性，可认为左右轮路面输入基本一致，再考虑车辆的几何尺寸及质量分布通常为左右对称（车辆设计是允许各悬架支撑点存在 10 kg 误差），则可以认为车辆左右两侧以完全相同的方式运动；② 在高频激励下，车辆所受到的激励实际上大多只涉及车轮的跳动，对车身的影响较小，车身两边的相对运动可以忽略。经过简化建立的半车模型如图 22.1 所示。图 22.1 中各参数的解释见下文半车数学模型。

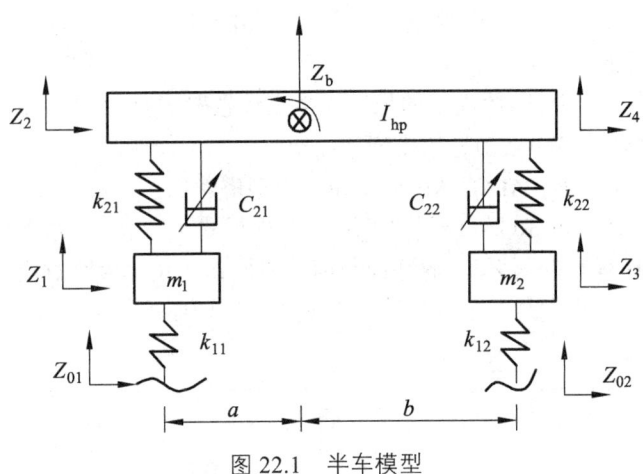

图 22.1 半车模型

22.1 半车数学模型建立

根据简化的半车模型，半车各运动方程如下：
车身垂向运动：

$$m\ddot{z}_b = F_f + F_r \tag{22.1}$$

前轮垂向运动：

$$m_1\ddot{z}_1 = K_{11}(z_{01} - z_1) - K_{21}(z_1 - z_2) - C_{21}(\dot{z}_1 - \dot{z}_2) - U_1 \tag{22.2}$$

后轮垂向运动：

$$m_3\ddot{z}_3 = K_{12}(z_{02}-z_3) - K_{22}(z_3-z_4) - C_{21}(\dot{z}_3-\dot{z}_4) - U_2 \quad (22.3)$$

车身俯仰运动：

$$I_{hp}\ddot{\theta}_b = -aF_f + bF_r \quad (22.4)$$

其中

$$F_f = K_{21}(z_1-z_2) + C_{21}(\dot{z}_1-\dot{z}_2) + U_1 \quad (22.5)$$

$$F_r = K_{22}(z_3-z_4) + C_{21}(\dot{z}_3-\dot{z}_4) + U_2 \quad (22.6)$$

车身质心、俯仰角加速度、前后悬架簧载质量存在如下关系：

$$\ddot{z}_2 = \ddot{z}_b - a\ddot{\theta}_b \quad (22.7)$$

$$\ddot{z}_4 = \ddot{z}_b + b\ddot{\theta}_b \quad (22.8)$$

式中，m_{hb} 为半车身质量；I_{hp} 为半车身转动惯量；m_1 为前轮非簧载质量；m_3 为后轮非簧载质量；K_{11} 为前轮胎刚度；K_{12} 为后轮胎刚度；K_{21} 为前悬架弹簧刚度；K_{22} 为后悬架弹簧刚度；C_{21} 为前悬架阻尼系数；C_{22} 为后悬架阻尼系数；a 为质心到前轴距离；b 为质心到后轴距离；U_1 为前轴主动力；U_2 为后轴主动力。

以上为半车整车数学模型，此模型的悬架为半主动悬架模型，令 U_1、U_2 前后轴主动力为 0，此时半主动悬架模型则转换为被动悬架模型。

根据 4 自由度半车模型，MATLAB/Simulink 模型搭建如上，根据式（22.2）、（22.5）建立系统如图 22.2 所示，图中的 ROAD 模块即为 Z_{01}。根据式（22.3）、（22.6）建立系统如图 22.3 所示，图中的 ROAD1 模块即为 Z_{02}，后路面与前轮路面输入相比会有对应的延迟，延迟的时间根据车速进行计算，计算出的结果输入到延迟模块中，本车轴距为 2.76 m，行车速度为 20 km/h，经计算后轮延迟 0.138 s。

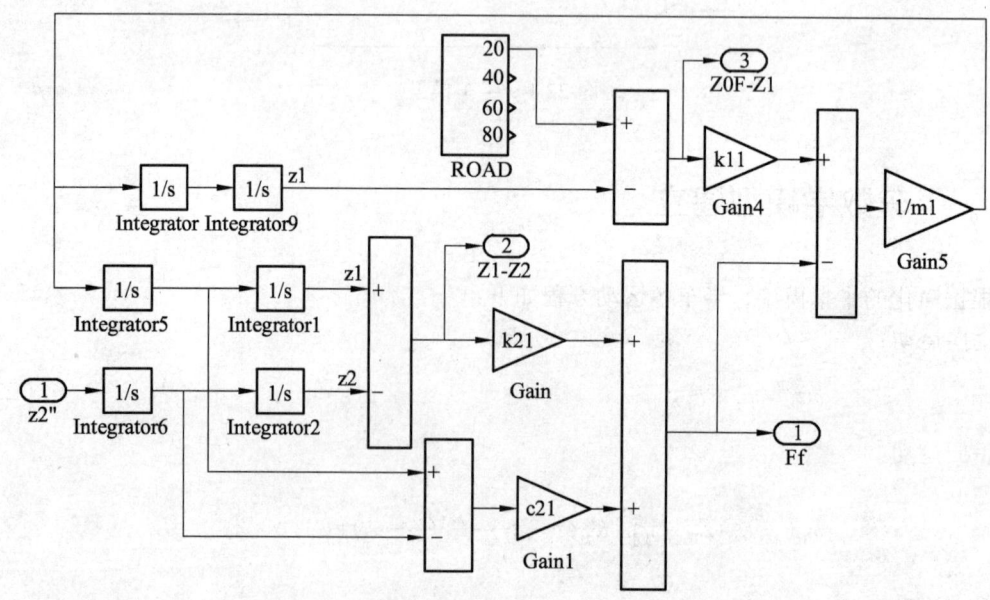

图 22.2 式（22.2）、（22.5）系统

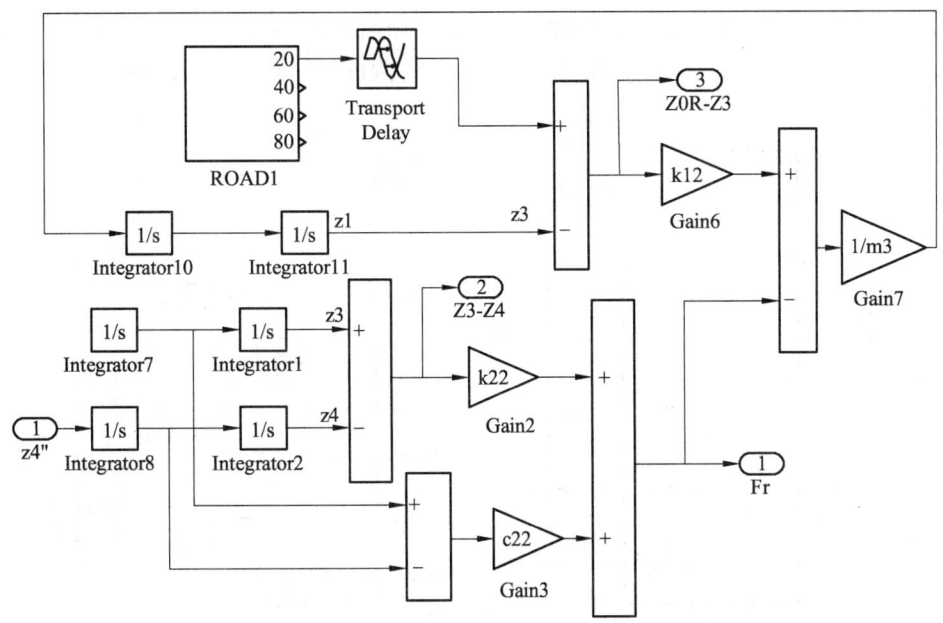

图 22.3 式（22.3）、（22.6）系统

后轮路面延迟输入有两种建立方法：① 直接在路面模型中建立，然后封装创建子系统，如图 22.2 所示；② 路面系统模型建立完成后封装，然后把延迟模块放在对应的速度接口后面，如图 22.3 所示。推荐采用第二种方法。

根据式（22.1）、（22.7）、（22.8）建立系统，如图 22.4 所示，图中接口 3→5、4→6、5→7、6→8 为接口桥路，桥路的主要作用是保证整体系统图美观。当系统比较复杂时，整体系统图中的线路对接非常复杂，且不同线路之间会有交叉，如果模型仿真时存在问题，检查时没有头绪，较难理顺，建议建模时大量使用桥路，并调整桥路与后续模块的对接顺序，使系统模型简单整洁有序。

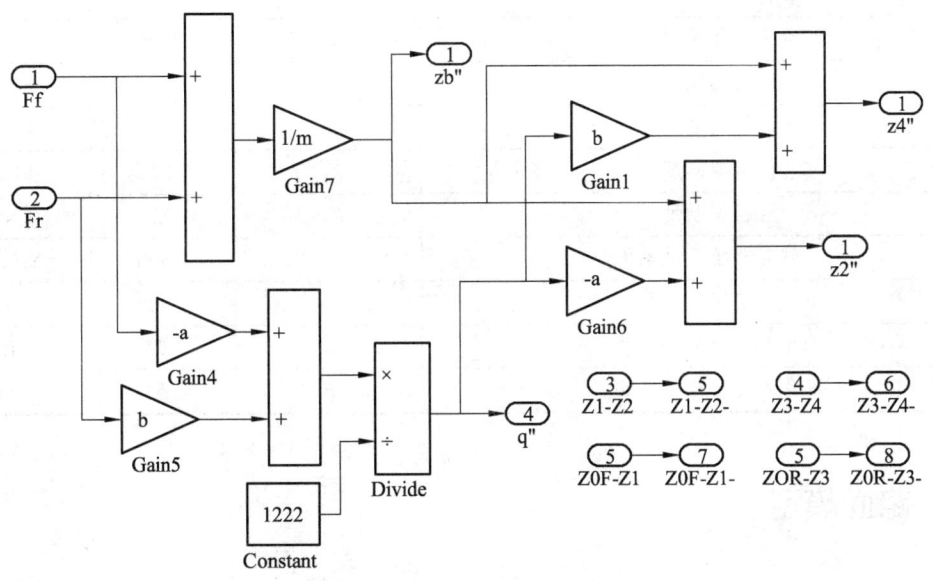

图 22.4 式（22.1）、（22.7）、（22.8）系统

对图 22.2 与图 22.3 进行封装，创建子系统，并命名为 F_f-F_f。对图 22.4 进行封装，创建子系统，命名为 Z_1-Z_2；把子系统 F_f-F_f、Z_1-Z_2 进行对接，创建半车被动悬架整车模型，如图 22.5 所示。

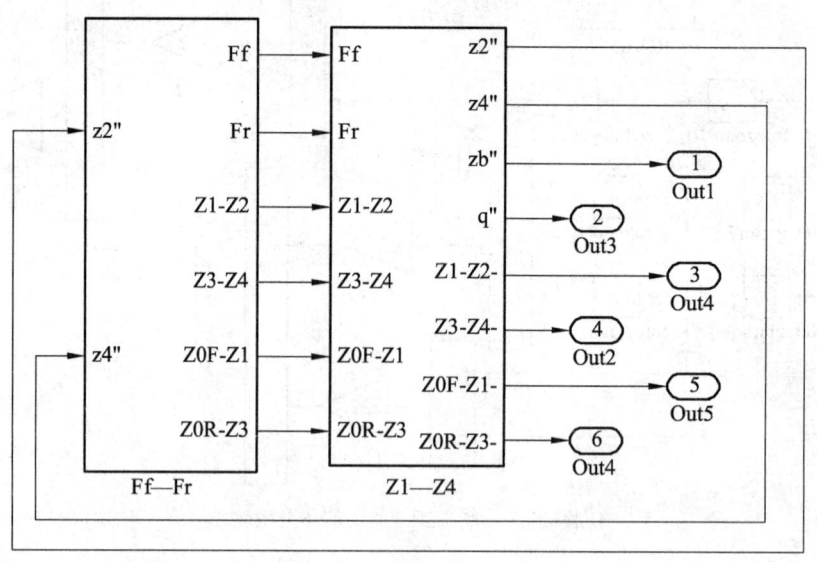

图 22.5 半车被动悬架仿真模型

整车参数如表 22.1 所示。

表 22.1 整车参数

模型参数	符号	数值	单位
1/2 车身质量	m_{hb}	690	kg
1/2 转动惯量	I_{hp}	1 222	kg·m²
前轮非簧载质量	m_1	40.5	kg
后轮非簧载质量	m_3	45.4	kg
前轮胎刚度	K_{11}	192	kN/m
后轮胎刚度	K_{12}	192	kN/m
前悬架刚度	K_{21}	17	kN/m
后悬架刚度	K_{22}	22	kN/m
前悬架阻尼系数	C_{21}	1 500	N/(s/m)
后悬架阻尼系数	C_{22}	1 500	N/(s/m)
车身质心至前轴距离	a	1.25	m
车身质心至后轴距离	b	1.51	m

22.2 路面模型

路面时域模型可用式（22.9）描述：

$$\dot{q}(t) = -2\pi f_0 q(t) + 2\pi \sqrt{G_q v} w(t) \tag{22.9}$$

式中，$q(t)$ 为路面随激励；$w(t)$ 为积分白噪声；f_0 为时间频率；G_q 为路面不平度系数；v 为汽车行驶速度。

在整车行驶过程中，由于前后轮轴距的存在，后车轮的路面输入相对于前车轮要有相对的时间滞后。本车轴距为 2.76 m，行车速度为 20 km/h，经计算后轮延迟 0.138 s。根据式（22.9）搭建路面 Simulink 仿真及延迟路面模型如图 22.6 所示。仿真时间为 10 s，经计算后得到前后轮输入路面如图 22.7 所示；行车速度为 20 km/h、40 km/h、60 km/h 前后轮路面输入垂直位移如图 22.8 所示。

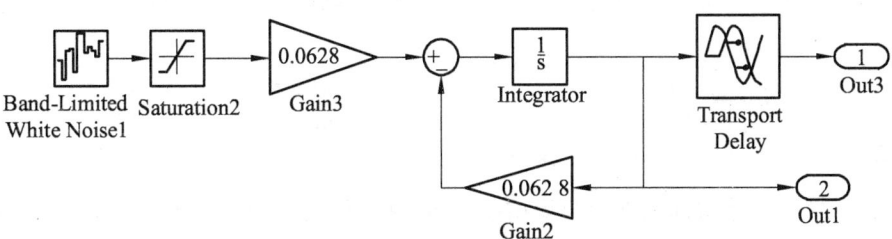

图 22.6　路面 Simulink 及延迟模型

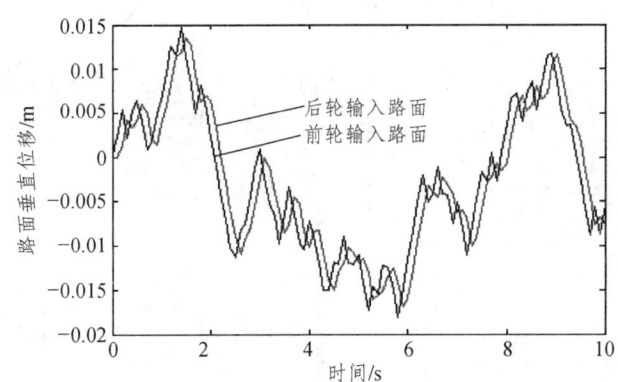

图 22.7　20 km 路面垂向位移

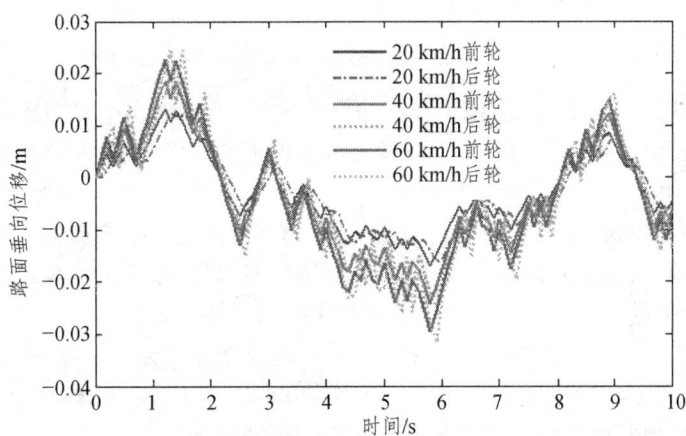

图 22.8　20 km/h、40 km/h、60 km/h 路面输入垂直位移

22.3 双模糊控制器设计

采用双模糊控制器分别对前后悬架的主动控制力 U_1、U_2 进行控制。对于前悬架：在控制过程中，以车身的速度与期望值的误差及其变化率作为模糊控制器的输入量，U_{11} 作为模糊控制器的一个输出量；以车身俯仰角速度与期望值的误差及其变化率作为另一个模糊控制器的输入量，U_{12} 作为模糊控制器的另外一个输出量。对于后悬架：在控制过程中，以车身的速度与期望值的误差及其变化率作为模糊控制器的输入量，U_{21} 作为模糊控制器的一个输出量；以车身和车身之间的动行程与期望值的误差及其变化率作为另一个模糊控制器的输入量，U_{22} 作为模糊控制器的另外一个输出量。其中，前后悬架总控制力分别为模糊控制器输出量之和，公式如下：

$$U_1 = U_{11} + U_{12} \tag{22.10}$$

$$U_2 = U_{21} + U_{22} \tag{22.11}$$

根据式（22.10）搭建前悬架双模糊控制器输出控制力的仿真计算模型，如图 22.9 所示。

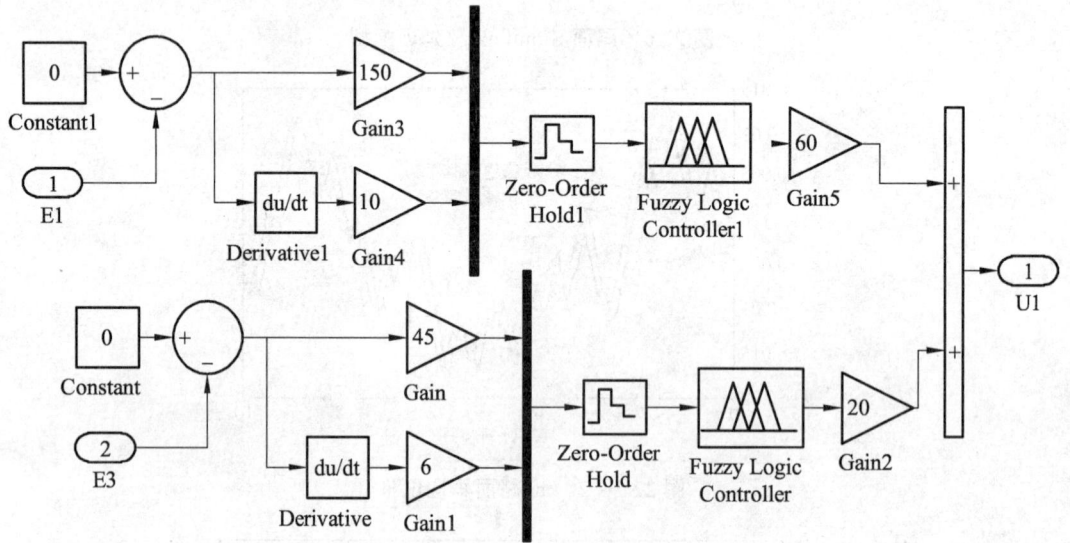

图 22.9 前悬架双模糊控制器

模糊控制器的特点是：① 不依赖于精确的数学模型，健壮性好，适合解决过程控制中的高度非线性、强耦合时变滞后等问题；② 有较强的容错能力；③ 操作人员易于通过人机交互界面联系。

模糊控制规则是模糊控制器的核心，它用语言的方式描述了控制器输入量与输出量之间的关系。前后悬架的输入变量分别为车身质心速度及其变化量、车身俯仰角速度及其变化量、后悬架动行程及其变化量。采用 7 个语言变量规则来进行描述：负大（-3）、负中（-2）、负小（-1）、零（0）、正小（1）、正中（2）、正大（3）。输出变量控制力 U 同样采取 7 个语言模糊集来进行描述：负大（-3）、负中（-2）、负小（-1）、零（0）、正小（1）、正中（2）、正大（3）。其中各模糊控制器输入量的误差和误差变化的论域如下：

前悬架与车身连接处的速度与期望值的误差及其变化率、量化因子分别为

$$E = [-0.06, 0.06]$$

$$EC = [-0.6, 0.6]$$

$$K_E = 3/0.006 = 50$$

$$K_{EC} = 3/0.6 = 5$$

车身俯仰角速度与期望值误差及其变化率、量化因子分别为

$$E = [-0.025, 0.025]$$

$$EC = [-0.25, 0.25]$$

$$K_E = 3/0.025 = 120$$

$$K_{EC} = 3/0.25 = 12$$

后悬架与车身连接处的速度与期望值的误差及其变化率、量化因子分别为

$$E = [-0.08, 0.08]$$

$$EC = [-0.8, 0.8]$$

$$K_E = 3/0.08 = 37.5$$

$$K_{EC} = 3/0.8 = 3.75$$

后悬架车身和车身之间的动行程与期望值的误差及其变化率、量化因子分别为

$$E = [-0.000\,8, 0.000\,8]$$

$$EC = [-0.008, 0.008]$$

$$K_E = 3/0.000\,8 = 3\,750$$

$$K_{EC} = 3/0.008 = 375$$

当误差 E 为正时，实际值大于目标值；当误差 E 为负时，实际值小于目标值；当误差变化率 EC 为正时，实际值的变化趋势是逐步增大；当误差变化率 EC 为负时，实际值有逐步减小的趋势。当输出变量 U 为正时，有使实际值增大的趋势；当 U 为负时，有使实际值减小的趋势。当误差大或较大时，选择控制量以尽快消除误差为主；而误差较小时，选择控制量时应注意防止超调，以系统的稳定性为主要考量。当误差为负而误差变化率为正时，系统本身已有减小这种误差的趋势，所以为尽快消除误差且又不引起超调，应取较小的控制量。模糊化时各输入/输出均采用三角形隶属函数，模糊推理采用 Mandain 法，解模糊采用重心法。在 MATLAB 模糊控制模块输入模糊控制规则并搭建二维模糊控制结构子系统，模糊控制规则如表 22.2 所示。根据半车被动悬架仿真模型与双模糊控制器模型，搭建半车主动悬架仿真模型如图 22.10 所示。在 B 级路面上车辆以 20 km/h 的速度直线行驶，计算主被动悬架的车身加速度、俯仰角、前后悬架动行程、前后轮胎动行程。主被动悬架计算结果如图 22.11～22.16 所示，其中蓝线为被动悬架计算结果，红线为主动悬架计算结果。仿真步长为 0.005 s，仿真时间为 10 s。

表 22.2 模糊控制规则

$\dot{z}_2/\dot{\theta}/\dot{z}_4-\dot{z}_3$	$z_2/\theta/z_4-z_3$						
	-3	-2	-1	0	1	2	3
-3	3	3	2	1	1	-1	-2
-2	3	3	2	1	0	-1	-2
-1	3	2	1	0	-1	-2	-3
0	3	2	1	0	-1	-2	-3
1	3	2	1	-1	-1	-2	-3
2	2	1	0	-1	-2	-3	-3
3	2	1	-1	-1	-2	-3	-3

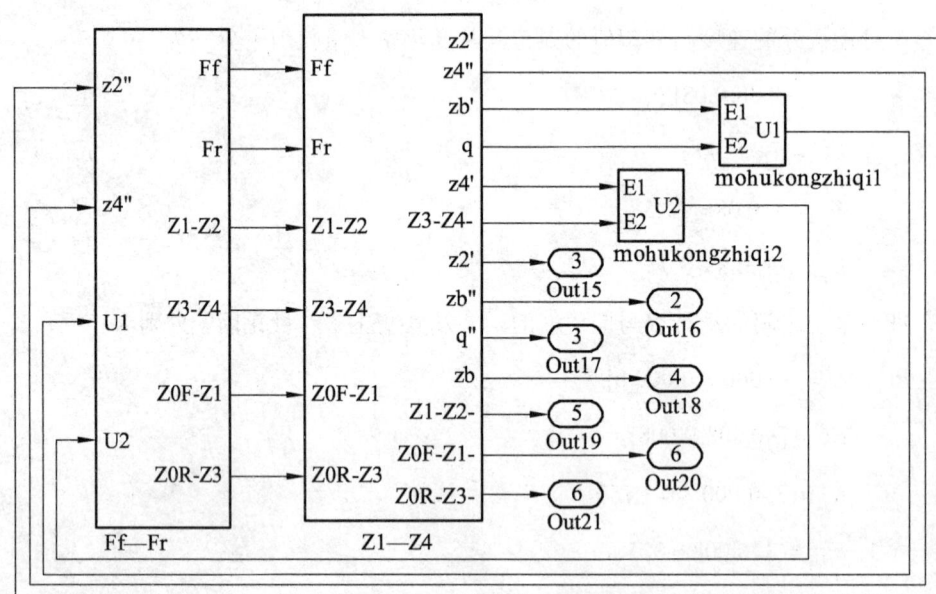

双模糊控制悬架仿真结果（彩图）

图 22.10 半车双模糊控制主动悬架仿真模型

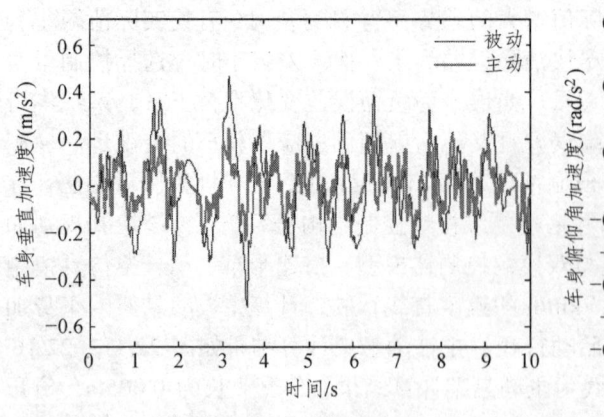

图 22.11 车身垂直加速度

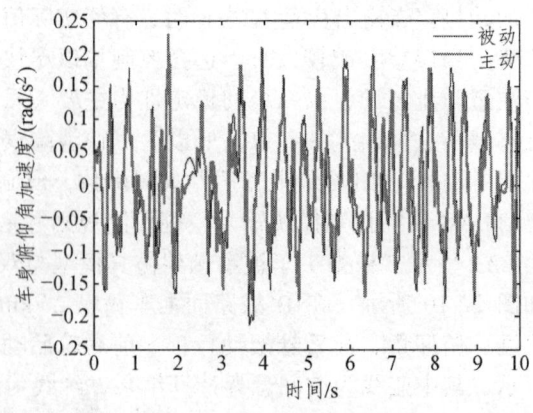

图 22.12 车身俯仰角加速度

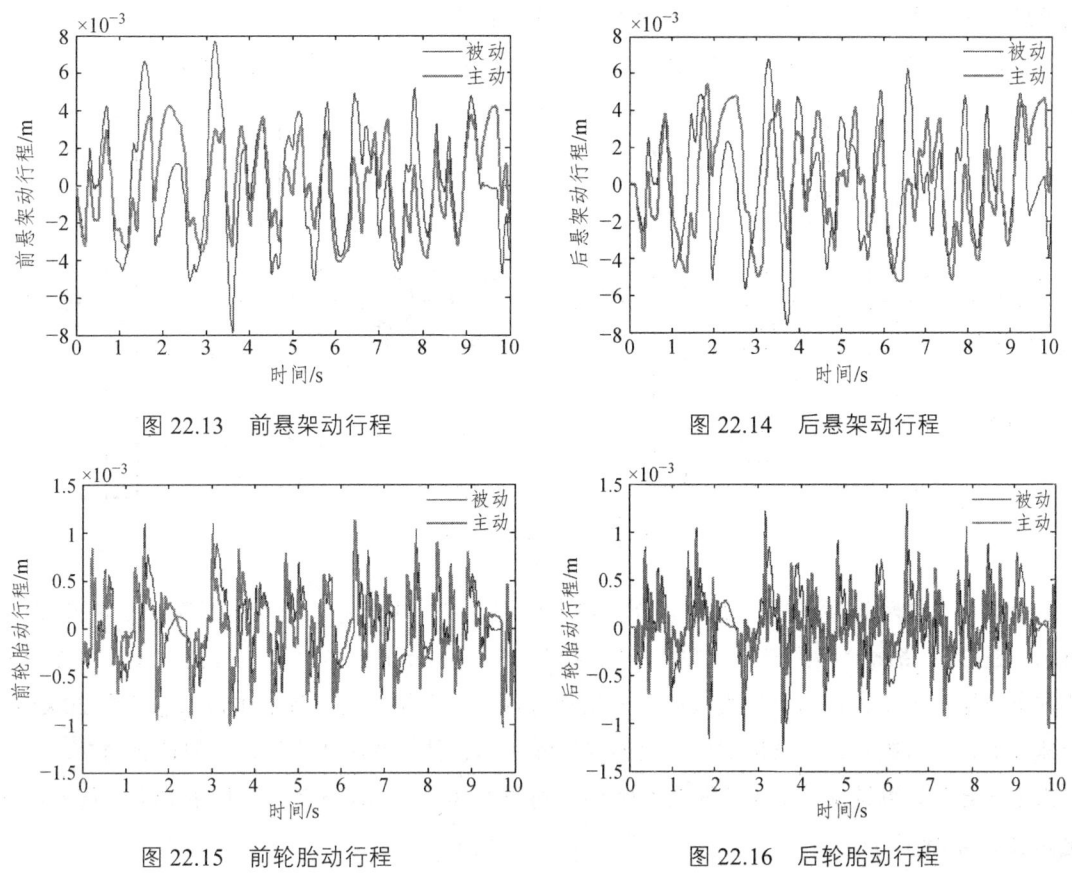

图 22.13 前悬架动行程　　　　图 22.14 后悬架动行程

图 22.15 前轮胎动行程　　　　图 22.16 后轮胎动行程

从计算结果可以看出，主动悬架相对于被动悬架在性能上整体都有所提升。其中车身垂直加速度，前后悬架动行程性能提升明显，但后轮胎动行程有恶化的倾向，由于变化量为 10^{-3} 量级（变化量极小），可忽略。具体性能参数变化如表 22.3 所示。

表 22.3　性能均方根值对比

均方根值	被动	主动	优化比
垂直加速度/(m/s²)	4.49×10^{-2}	3.42×10^{-2}	23.8%
俯仰角加速度/(rad/s²)	1.07×10^{-1}	9.74×10^{-2}	8.97%
前悬架动行程/m	3.51×10^{-3}	1.86×10^{-3}	47.0%
后悬架动行程/m	2.03×10^{-3}	6.63×10^{-4}	67.3%
前轮胎动行程/m	3.96×10^{-4}	3.84×10^{-4}	3.03%
后轮胎动行程/m	2.79×10^{-5}	6.84×10^{-5}	-130.3%

22.4　PID 控制器设计

模糊 PID 复合控制器具有 PID 与模糊控制器各自的优势。PID 控制具有调节原理简单、参数容易整定和实用性强等优点，其控制规律如式（12.2）所示。

根据式（12.2）建立好的前后轴主动力控制 PID 控制器模型如图 22.17 所示。

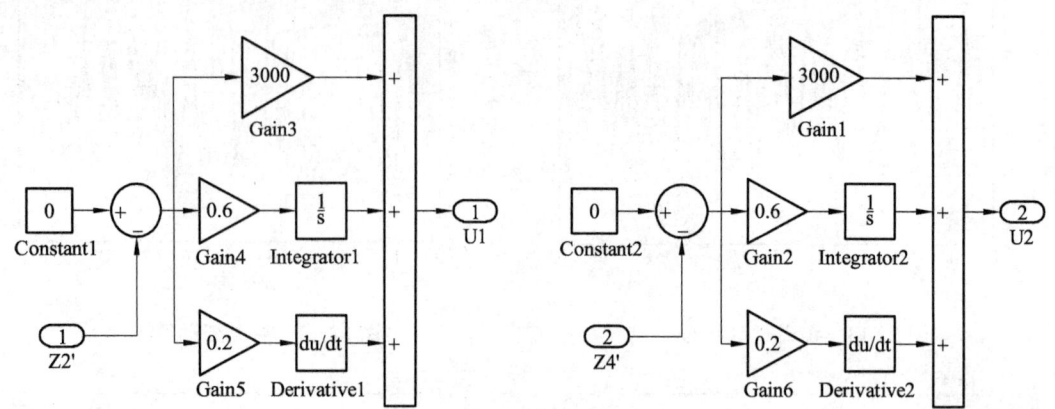

图 22.17　PID 控制器

根据半车被动悬架仿真模型与 PID 控制器模型，搭建半车主动悬架仿真模型，如图 22.18 所示。在 B 级路面上车辆分别以 20 km/h、40 km/h、60 km/h 的速度直线行驶，计算主被动悬架的车身加速度、俯仰角加速度、前后悬架动行程、前后轮胎动行程。主被动悬架在 20 km/h 的速度下直线行驶，计算结果如图 22.19～22.24 所示，其中蓝虚线为被动悬架计算结果，红实线为主动悬架计算结果。仿真步长为 0.005 s，仿真时间为 10 s。各个速度段的悬架性能参数变化如表 22.4 所示。

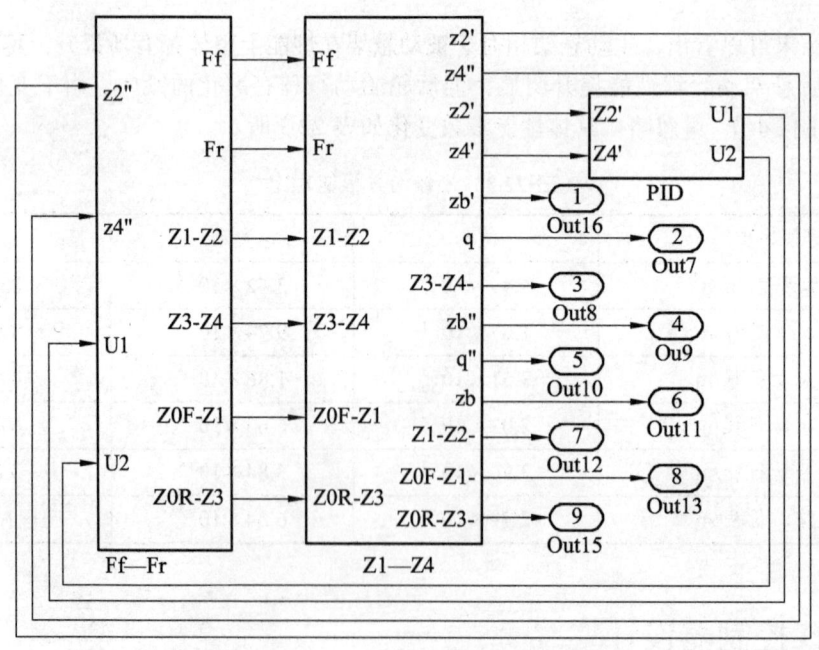

图 22.18　半车 PID 控制主动悬架仿真模型

- 454 -

第 22 章 "摩托车"主动悬架仿真

表 22.4 性能均方根值对比

均方根值	车速	被动	主动	优化比
垂向加速度/(m/s^2)	20 km/h	4.23×10^{-1}	1.82×10^{-1}	58.6%
俯仰角加速度/(rad/s^2)		1.60×10^{-1}	1.22×10^{-1}	23.6%
前悬挂动行程/m		6.30×10^{-3}	4.00×10^{-3}	36.5%
后悬挂动行程/m		6.30×10^{-3}	3.60×10^{-3}	42.9%
前车胎动行程/m		7.62×10^{-4}	7.40×10^{-4}	2.9%
后车胎动行程/m		1.00×10^{-3}	7.75×10^{-4}	22.5%
垂向加速度/(m/s^2)	40 km/h	6.00×10^{-1}	2.57×10^{-1}	57.2%
俯仰角加速度/(rad/s^2)		2.26×10^{-1}	1.73×10^{-1}	23.5%
前悬挂动行程/m		9.00×10^{-3}	5.70×10^{-3}	36.7%
后悬挂动行程/m		8.90×10^{-3}	5.10×10^{-3}	42.7%
前车胎动行程/m		1.10×10^{-3}	1.00×10^{-3}	9.1%
后车胎动行程/m		1.40×10^{-3}	1.10×10^{-3}	21.4%
垂向加速度/(m/s^2)	60 km/h	7.34×10^{-1}	3.14×10^{-1}	57.2%
俯仰角加速度/(rad/s^2)		2.77×10^{-1}	2.11×10^{-1}	23.8%
前悬挂动行程/m		1.10×10^{-2}	7.00×10^{-3}	36.4%
后悬挂动行程/m		1.09×10^{-2}	6.20×10^{-3}	43.1%
前车胎动行程/m		1.30×10^{-3}	1.30×10^{-3}	0.0%
后车胎动行程/m		1.80×10^{-3}	1.30×10^{-3}	27.8%

PID 控制悬架仿真结果(彩图)

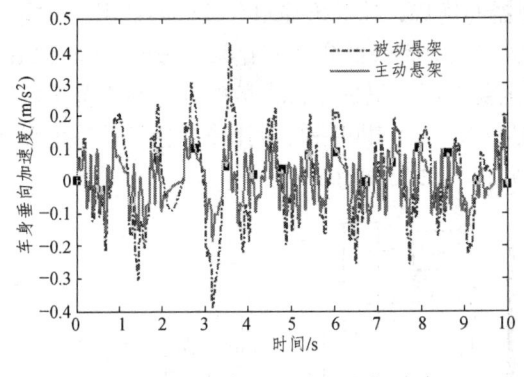

图 22.19 车身质心处垂直加速度 　　　　图 22.20 车身质心处俯仰角加速度

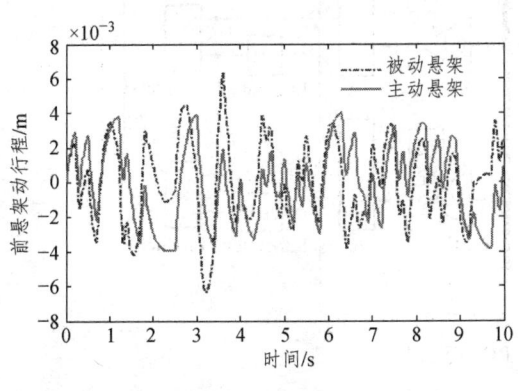　　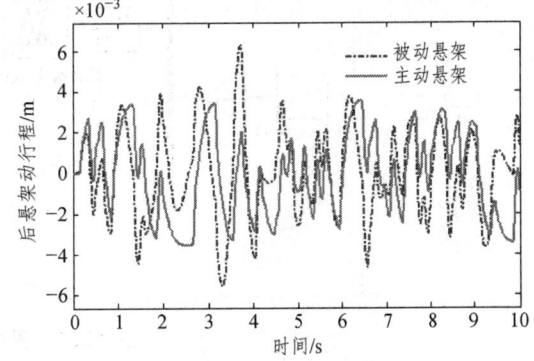

图 22.21 前悬挂动行程 　　　　　　　　图 22.22 后悬挂动行程

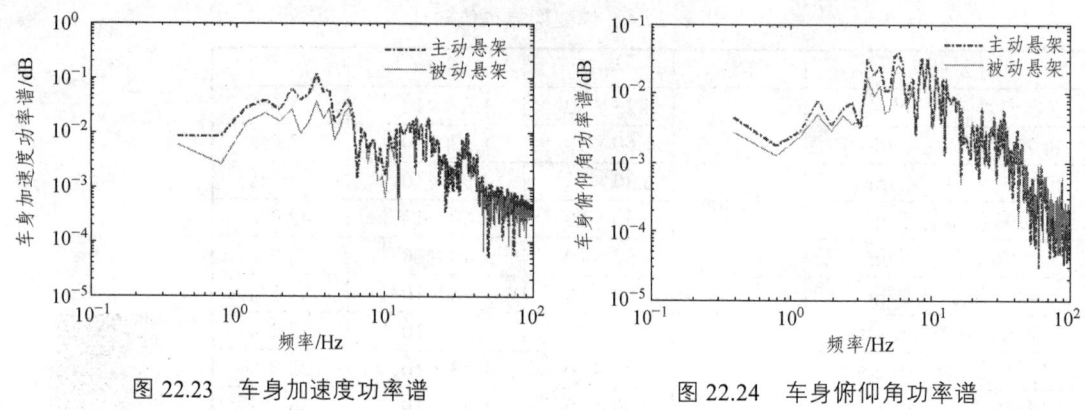

图 22.23　车身加速度功率谱　　　　图 22.24　车身俯仰角功率谱

从计算结果可以看出，主动悬架相对于被动悬架在性能上整体都有所提升。在不同车速阶段，车身垂直加速度、俯仰角加速度、前后悬架动行程、轮胎动位移性能均有改善，其中车身垂向加速度改善尤为突出，前后悬架动行程在全速范围内改善车辆行驶的乘坐舒适性与操纵稳定性。

22.5　模糊 PID 控制器设计

模糊 PID 控制器结合模糊控制器与 PID 控制器的优势，对系统控制有较好的效果。模糊控制的特点是健壮性好，PID 控制的特点是快速灵敏，但对系统的参数变化特别敏感，模糊 PID 控制起主导作用的还是 PID 控制器，模糊算法的主要作用是根据系统参数的变化在小范围内调节 PID 的参数，计算结果与单独采用 PID 算法结果相似，读者可进行对比或者进行计算仿真体会。模糊 PID 控制器系统在 MATLAB 中搭建完成如图 22.25 所示。

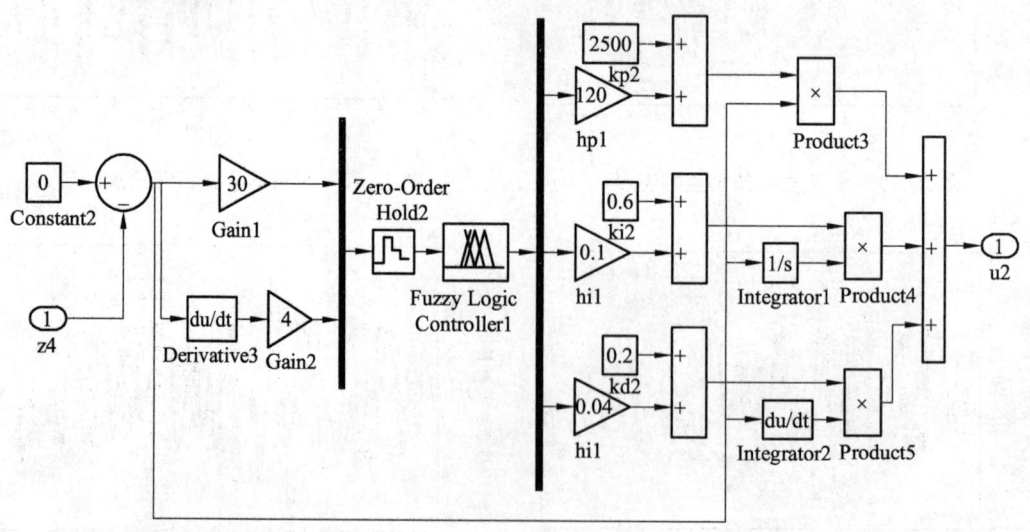

图 22.25　模糊 PID 控制器

对模糊 PID 控制器进行封装，创建子系统，命名为 fuzzy-pid，搭建半车模糊 PID 控制器主动悬架系统如图 22.26 所示。从计算结果图 22.27~22.32 中可以看出，主动悬架相对于被动悬架在性能上整体都有所提升。在各不同车速阶段，车身垂直加速度、俯仰角加速度、前后悬架动行程、轮胎动位移性能均有改善，其中车身垂向加速度改善尤为突出，前后悬架动行程在全速范围内改善车辆行驶的乘坐舒适性与操纵稳定性。各个速度段的悬架性能参数变化如表 22.5 所示。

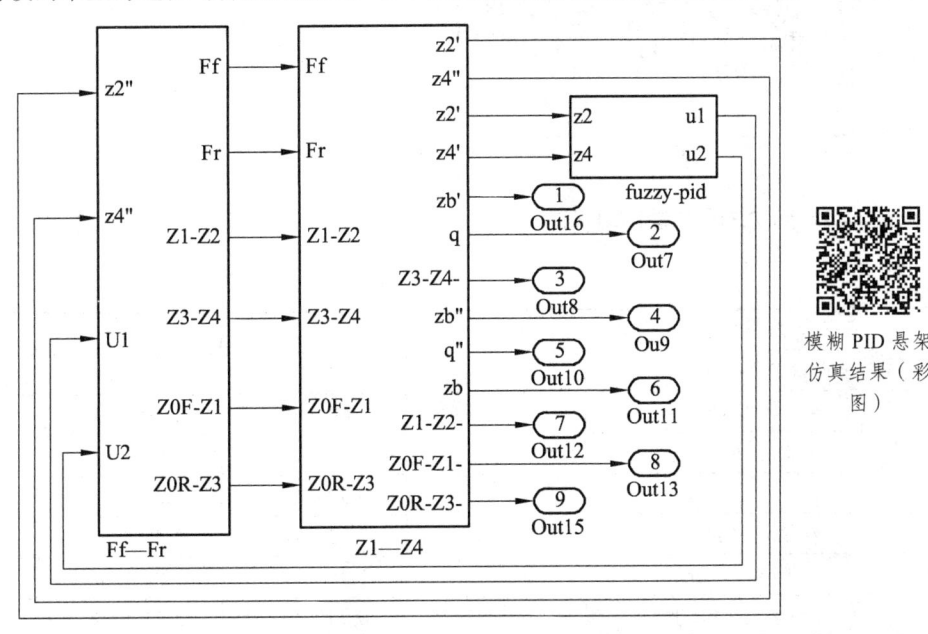

图 22.26 半车模糊 PID 主动悬架仿真模型

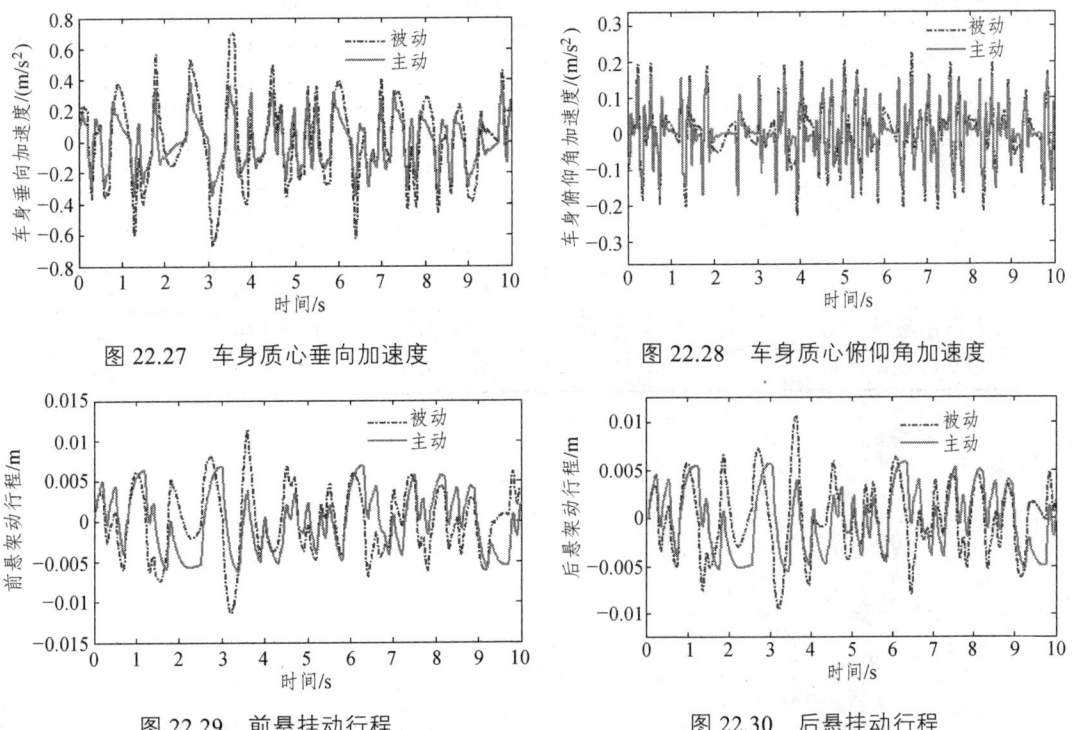

图 22.27 车身质心垂向加速度　　　　图 22.28 车身质心俯仰角加速度

图 22.29 前悬挂动行程　　　　图 22.30 后悬挂动行程

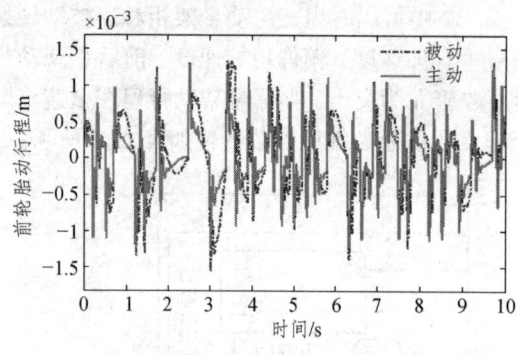
图 22.31 前轮胎动行程

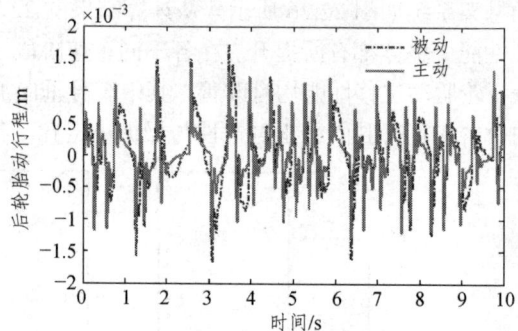
图 22.32 后轮胎动行程

表 22.5 性能均方根值对比

均方根值	车速	被动	主动	优化比
垂向加速度/(m/s^2)	20 km/h	4.23×10^{-1}	1.97×10^{-1}	53.4%
俯仰角加速度/(rad/s^2)		1.60×10^{-1}	1.30×10^{-1}	18.7%
前悬挂动行程/m		6.30×10^{-3}	3.90×10^{-3}	38.1%
后悬挂动行程/m		6.30×10^{-3}	3.30×10^{-3}	47.6%
前车胎动行程/m		7.62×10^{-4}	7.45×10^{-4}	2.2%
后车胎动行程/m		1.00×10^{-3}	7.88×10^{-4}	21.2%
垂向加速度/(m/s^2)	40 km/h	6.00×10^{-1}	3.11×10^{-1}	48.2%
俯仰角加速度/(rad/s^2)		2.26×10^{-1}	1.78×10^{-1}	21.2%
前悬挂动行程/m		9.00×10^{-3}	5.60×10^{-3}	37.8%
后悬挂动行程/m		8.90×10^{-3}	4.80×10^{-3}	46.1%
前车胎动行程/m		1.10×10^{-3}	1.10×10^{-3}	0.0%
后车胎动行程/m		1.40×10^{-3}	1.10×10^{-3}	21.4%
垂向加速度/(m/s^2)	60 km/h	7.01×10^{-1}	3.91×10^{-1}	44.2%
俯仰角加速度/(rad/s^2)		2.23×10^{-1}	1.65×10^{-1}	26.0%
前悬挂动行程/m		1.14×10^{-2}	6.80×10^{-3}	40.4%
后悬挂动行程/m		1.07×10^{-3}	5.90×10^{-4}	44.9%
前车胎动行程/m		1.30×10^{-3}	1.30×10^{-3}	0.0%
后车胎动行程/m		1.70×10^{-3}	1.30×10^{-3}	23.5%

第23章 7自由度整车仿真

7自由度模型包括刚性车身的垂向运动、俯仰运动、侧倾运动及四个车轮的垂向运动。采用7自由度整车模型,整车的运动特性能较全面体现。在建模过程中,可做如下假设:① 左右车轮受到的不平度垂直激励是不同的,左侧车轮的垂向位移为右侧车轮的两倍,用来模拟整车行驶过程中的侧倾角特性,车辆对其纵轴线左右对称[6];② 车轴与其相联的车轮视为非簧载质量,车轮在中心线上与路面为点接触;③ 轮胎阻尼相对于车辆减振器的阻尼来说,小到可以忽略,因此只考虑轮胎的刚度作用。经过上述的假设简化后,7自由度整车模型如图23.1所示。

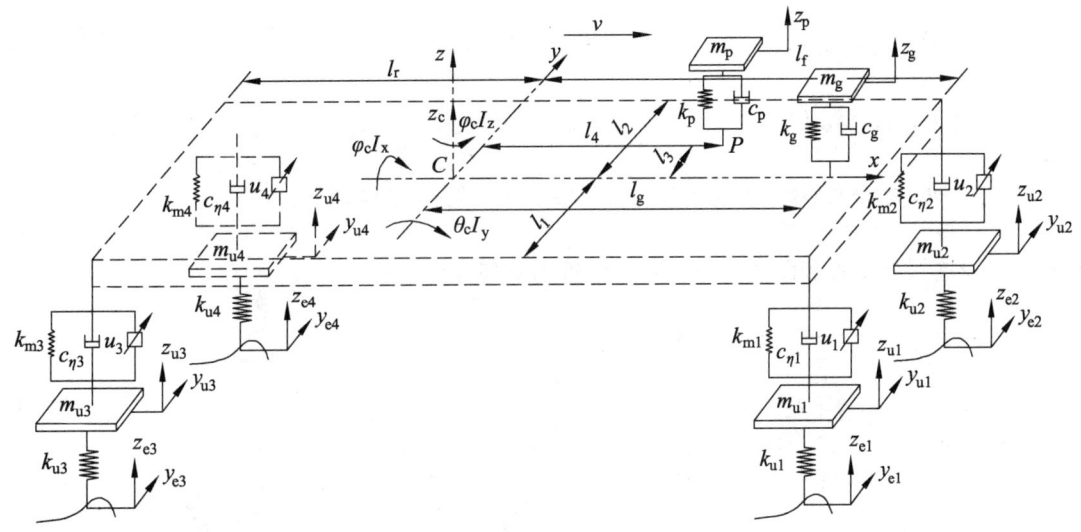

图 23.1 7 自由度整车模型

23.1 7 自由度整车数学模型

根据整车模型,建立7自由度整车动力学微分方程。
车身垂向、俯仰、侧倾动力学方程:

$$m_c \ddot{z}_c = u_1^2 - k_{m1}^2(z_{c1} - z_{u1}) - c_{\eta1}^z(\dot{z}_{c1} - \dot{z}_{u1}) - k_{m2}^z(z_{c2} - z_{u2}) - c_{\eta2}^z(\dot{z}_{c2} - \dot{z}_{u2}) + u_2^z - $$
$$k_{m3}^z(z_{c3} - z_{u3}) - c_{\eta3}^z(\dot{z}_{c3} - \dot{z}_{u3}) + u_3^z - $$
$$k_{m4}^z(z_{c4} - z_{u4}) - c_{\eta4}^z(\dot{z}_{c4} - \dot{z}_{u4}) + u_4^z \tag{23.1}$$

$$I_y\ddot{\theta}_c = k^z_{m1}(z_{c1}-z_{u1})l_f + c^z_{\eta 1}(\dot{z}_{c1}-\dot{z}_{u1})l_f - u^z_1 l_f + k^z_{m2}(z_{c2}-z_{u2})l_f + c^z_{\eta 2}(\dot{z}_{c2}-\dot{z}_{u2})l_f -$$
$$u^z_2 l_f - k^z_{m3}(z_{c3}-z_{u3})l_r - c^z_{\eta 3}(\dot{z}_{c3}-\dot{z}_{u3})l_r + u^z_3 l_r -$$
$$k^z_{m4}(z_{c4}-z_{u4})l_r - c^z_{\eta 4}(\dot{z}_{c4}-\dot{z}_{u4})l_r + u^z_4 l_r \tag{23.2}$$

$$I_x\ddot{\Phi} = -k^z_{m1}(z_{c1}-z_{u1})l_1 - c^z_{\eta 1}(\dot{z}_{c1}-\dot{z}_{u1})l_f + u^z_1 l_1 + k^z_{m2}(z_{c2}-z_{u2})l_2 + c^z_{\eta 2}(\dot{z}_{c2}-\dot{z}_{u2})l_2 -$$
$$u^z_2 l_2 - k^z_{m3}(z_{c3}-z_{u3})l_1 - c^z_{\eta 3}(\dot{z}_{c3}-\dot{z}_{u3})l_1 + u^z_3 l_1 + k^z_{m4}(z_{c4}-z_{u4})l_2 +$$
$$c^z_{\eta 4}(\dot{z}_{c4}-\dot{z}_{u4})l_2 - u^z_4 l_2 \tag{23.3}$$

车轮垂向动力学方程：

$$m_{u1}\ddot{z}_{u1} = k^z_{m1}(z_{c1}-z_{u1}) + c^z_{\eta 1}(\dot{z}_{c1}-\dot{z}_{u1}) - u^z_1 - k_{u1}(z_{u1}-z_{e1}) \tag{23.4}$$

$$m_{u2}\ddot{z}_{u2} = k^z_{m2}(z_{c2}-z_{u2}) + c^z_{\eta 2}(\dot{z}_{c2}-\dot{z}_{u2}) - u^z_2 - k_{u2}(z_{u2}-z_{e2}) \tag{23.5}$$

$$m_{u1}\ddot{z}_{u3} = k^z_{m3}(z_{c3}-z_{u3}) + c^z_{\eta 3}(\dot{z}_{c3}-\dot{z}_{u3}) - u^z_3 - k_{u3}(z_{u3}-z_{e3}) \tag{23.6}$$

$$m_{u1}\ddot{z}_{u4} = k^z_{m4}(z_{c4}-z_{u4}) + c^z_{\eta 4}(\dot{z}_{c4}-\dot{z}_{u4}) - u^z_4 - k_{u4}(z_{u4}-z_{e4}) \tag{23.7}$$

车轮与车身连接处位置和刚性车身质心处位置用下列方程描述：

$$z_{c1} = z_c - l_f\theta_c + l_1\phi_c \tag{23.8}$$

$$z_{c2} = z_c - l_f\theta_c - l_2\phi_c \tag{23.9}$$

$$z_{c3} = z_c + l_r\theta_c + l_1\phi_c \tag{23.10}$$

$$z_{c4} = z_c + l_r\theta_c - l_2\phi_c \tag{23.11}$$

式中，z_c 为簧载质量在三个不同坐标方向的位移；I_x，I_y 为簧载质量分别绕三个不同坐标的转动惯量；θ_c，ϕ_c，φ_c 为簧载质量俯仰、侧倾、横摆角位移；$z_{u1} \sim z_{u4}$ 为编号从第 1~4 个轮系处的非簧载质量位移；$z_{e1} \sim z_{e4}$ 为车轮底部的路面激励；$k_{u1} \sim k_{u4}$ 为编号从第 1~4 个轮胎刚度；$k_{m1} \sim k_{m4}$ 为编号从第 1~4 个轮系处的簧载质量刚度；$c_{\eta 1} \sim c_{\eta 4}$ 为编号从第 1~4 个轮系处的簧载质量阻尼系数；$m_{u1} \sim m_{u4}$ 为编号从第 1~4 个轮系处的非簧载质量；$u_1 \sim u_4$ 为编号从第 1~4 个轮系处的半主动动器的输出力。

根据式（23.1）~式（23.11），令动作器的输出控制力 u_1-u_4 为零，此时半主动悬架转化成被动悬架模型。

整车参数如表 23.1 所示。

表 23.1　整车参数

名　称	数　值	单　位
簧载质量 m_c	1 380	Kg
俯仰转动惯量 I_y	2 440	kg·m²
侧倾转动惯量 I_x	380	kg·m²
1#～2#非簧载质量 m_{ui}	40.5	kg
3#～4#非簧载质量 m_{ui}	45.4	kg
1#～4#悬架阻尼系数 $c_{\eta i}$	17 000	N·s/m
质心至前轴距离 l_f	1.25	m
质心至后轴距离 l_r	1.51	m
1#～2#悬架刚度 k_{mi}	17 000	N/m
3#～4#悬架刚度 k_{mi}	22 000	N/m
1#～4#轮胎刚度 k_{ui}	192 000	N/m

23.2　整车 SIMULINK 系统模型

7 自由度以上的整车 SIMULINK 系统模型搭建较为复杂，通常需要创建 3～4 级子系统并同时有接口桥路的配合才能搭建成美观的系统图。单级子系统也可以搭建完成，但系统过于复杂，当系统出现错误，检查等便是很大的问题。数字资源包中存放有 7 自由度整车 SIMULINK 模型 qiziyoudu_zhengche_banzhudong.mdl，读者可以自行查看。

根据式（23.1）搭建车身垂向运动系统图，创建子系统并命名为 chuizhi。

根据式（23.2）搭建车身俯仰运动系统图，创建子系统并命名为 fuyang。

根据式（23.3）搭建车身侧倾运动系统图，创建子系统并命名为 ceqing。

根据式（23.4）～（23.7）搭建非簧载质量运动系统图，创建子系统并命名为 feihuangzaizhiliang。

根据式（23.1）～（23.7）搭建完成的系统如图 23.2 所示，对图 23.2 再次创建子系统，封装命名为 7ziyoudu_zhengche。封装后的系统如图 23.3 所示。

根据式（23.8）～（23.12）悬架与车身连接处与车身质心处之间的运动关系系统图，创建子系统并自命名为 Subsystem2，在 Subsystem2 中搭建输入/输出接口桥路。

将系统 7ziyoudu_zhengche、Subsystem2 及路面模块对接整合完成整车模型的搭建，整车模型如图 23.4 所示。

车辆系统动力学仿真

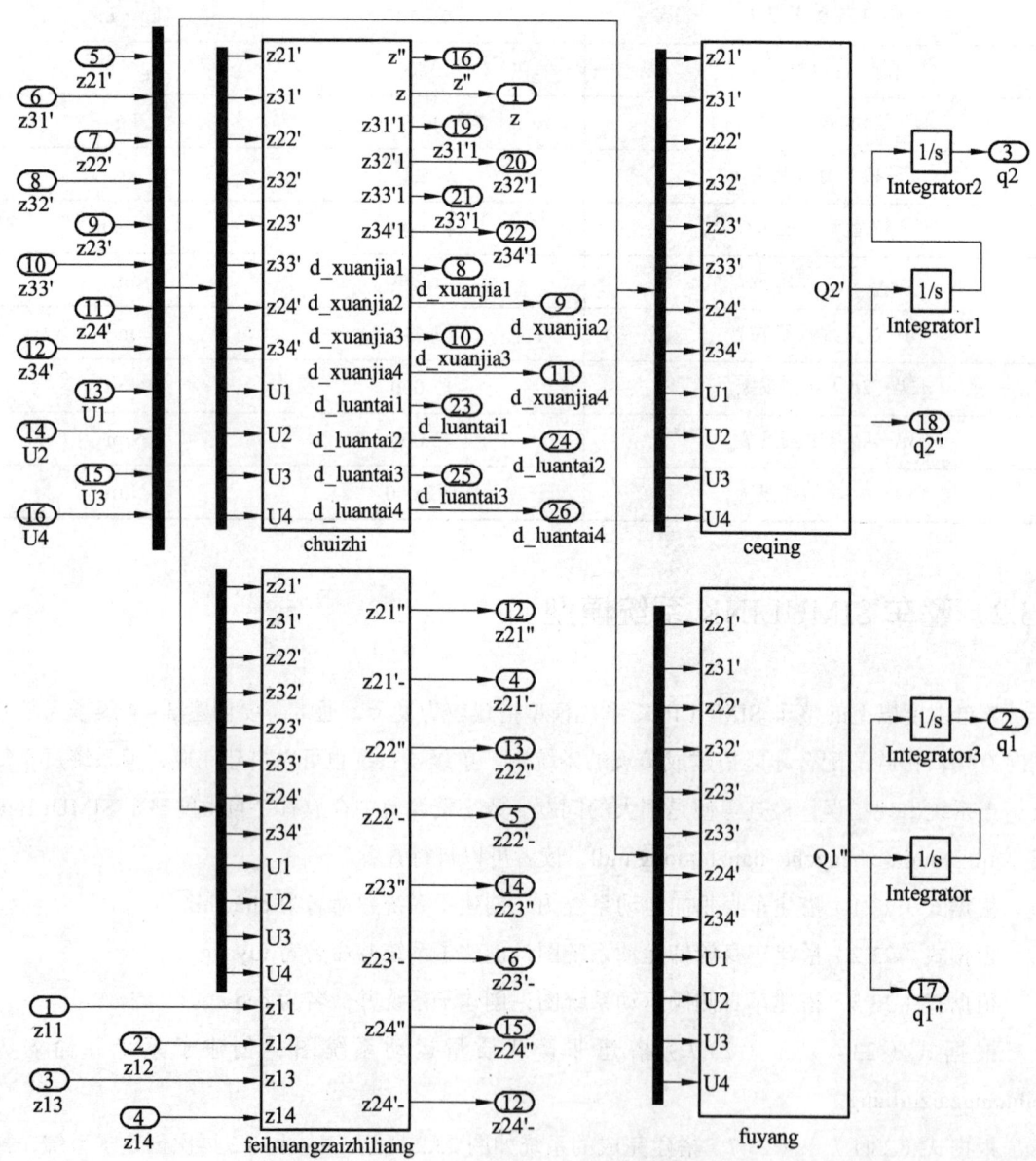

图 23.2 式(23.1)~(23.7) SIMULINK 系统图

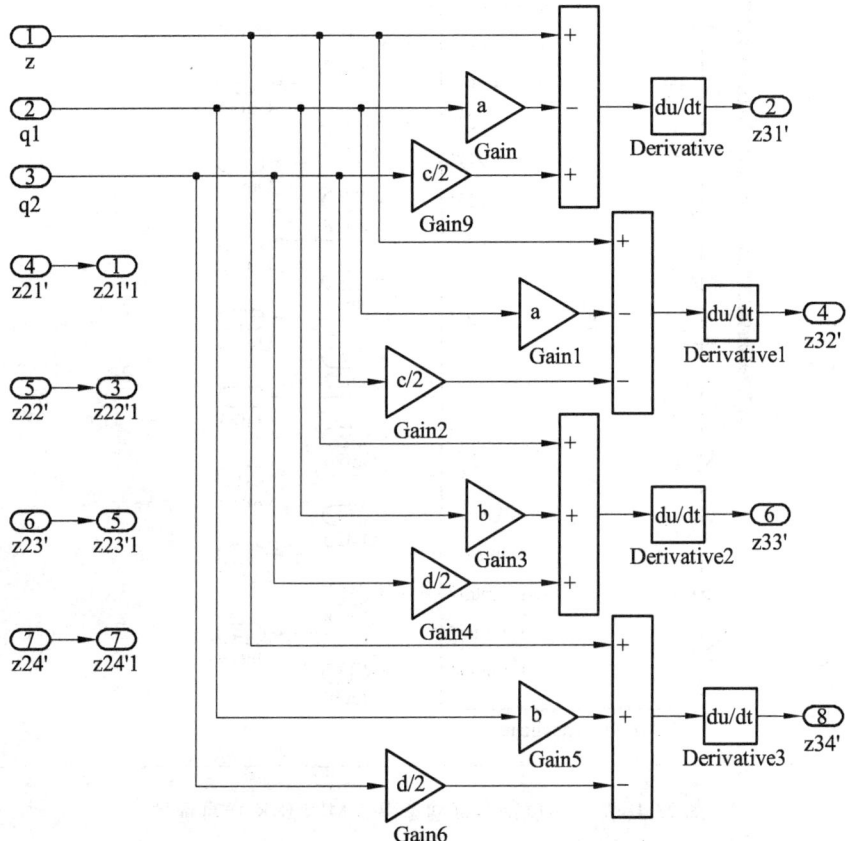

图 23.3　式（23.8）~（23.12）SIMULINK 系统

车辆系统动力学仿真

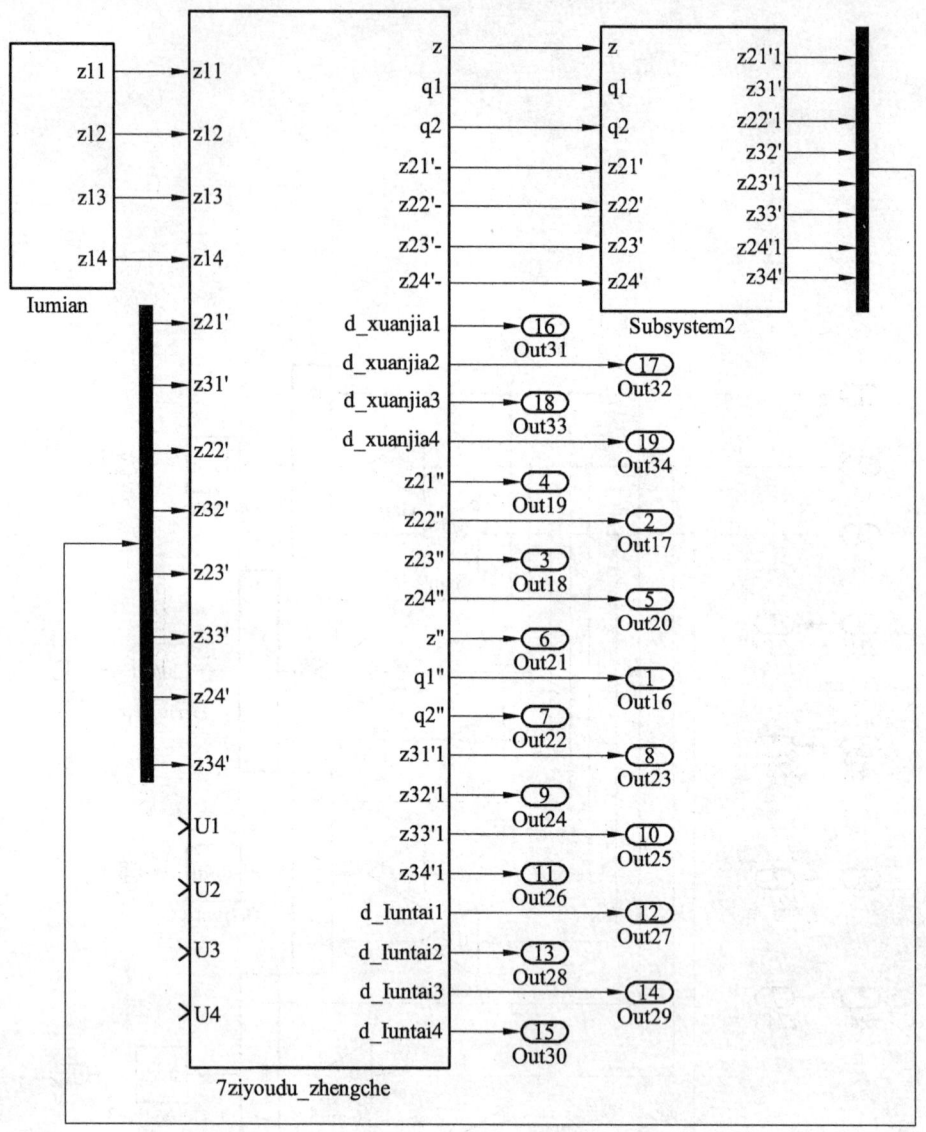

图 23.4　7 自由度整车被动悬架 SIMULINK 仿真模型

23.3　车轮#1～#4 路面模型

路面时域模型可用式（23.13）描述。考虑在实际行驶过程中，轮 3 与轮 4 和轮 1 与轮 2 接受到路面激励的时间都有相对延迟。因此，对轮 3 与轮 4 加入时间延迟输入。延迟时间为 $t=l/v$。根据公式建立级路面仿真模型如图 23.5 所示，路面垂直位移计算结果如图 23.6 所示。

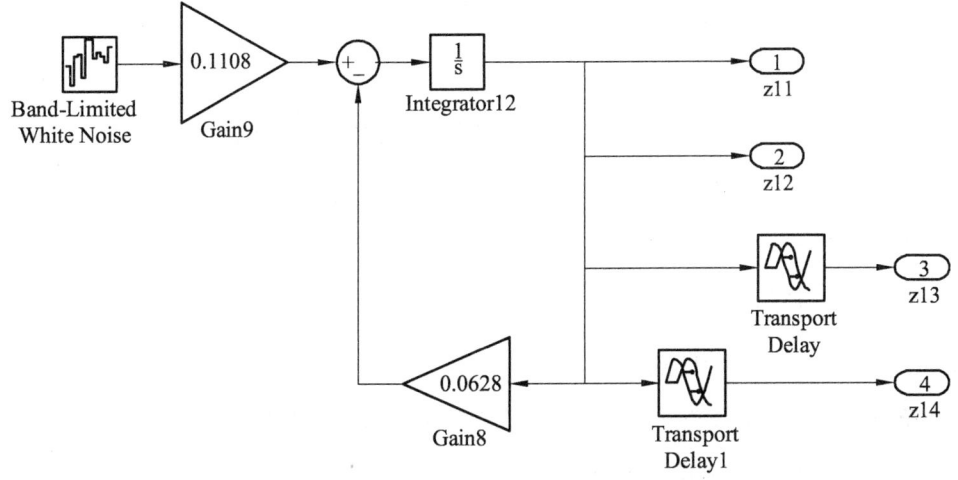

图 23.5　路面#1~#4SIMULINK 仿真模型

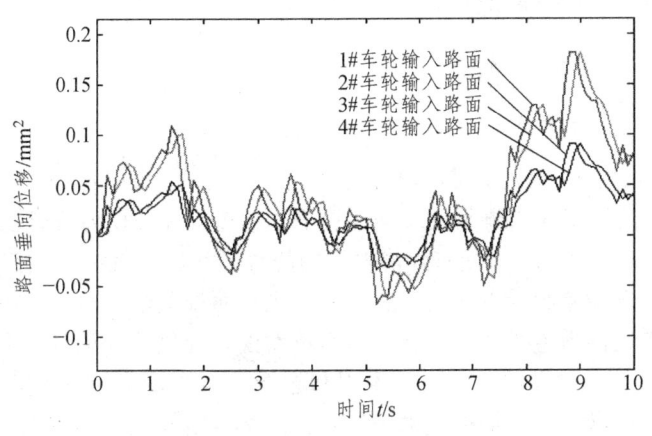

图 23.6　路面#1~#4 垂向位移

23.4　基于整车半主动悬架模糊控制算法

前轴左右车轮悬架与车身连接处的速度与期望值的误差及其变化率范围、量化因子分别为

$$E = [-0.06, 0.06]$$

$$EC = [-0.6, 0.6]$$

$$K_E = 3/0.006 = 50$$

$$K_{EC} = 3/0.6 = 5$$

车身俯仰角速度与期望值误差及其变化率范围、量化因子分别为

$$E = [-0.025, 0.025]$$

$$EC = [-0.25, 0.25]$$

$$K_E = 3/0.025 = 120$$

$$K_{EC} = 3/0.25 = 12$$

后轴左右车轮悬架与车身连接处的速度与期望值的误差及其变化率、量化因子分别为

$$E = [-0.08, 0.08]$$

$$EC = [-0.8, 0.8]$$

$$K_E = 3/0.08 = 37.5$$

$$K_{EC} = 3/0.8 = 3.75$$

后轴左右车轮悬架车身和车身之间的动行程与期望值的误差及其变化率、量化因子分别为

$$E = [-0.000\,8, 0.000\,8]$$

$$EC = [-0.008, 0.008]$$

$$K_E = 3/0.000\,8 = 375$$

$$K_{EC} = 3/0.008 = 375$$

当误差 E 为正时，实际值大于目标值；当误差 E 为负时，实际值小于目标值。当误差变化率 EC 为正时，实际值的变化趋势是逐步增大；当误差变化率 EC 为负时，实际值有逐步减小的趋势。当输出变量 U 为正时，有使实际值增大的趋势；当 U 为负时，有使实际值减小的趋势。当误差大或较大时，选择控制量以尽快消除误差为主；而误差较小时，选择控制量时应注意防止超调，以系统的稳定性为主要考量。当误差为负而误差变化率为正时，系统本身已有减小这种误差的趋势，所以为尽快消除误差且又不引起超调，应取较小的控制量。模糊化时各输入/输出均采用三角形隶属函数，模糊推理采用 Mandain 法，解模糊采用重心法。

模糊化时各输入/输出均采用三角形隶属函数，模糊推理采用 Mandain 法，解模糊采用重心法。在 MATLAB 模糊控制模块输入模糊控制规则并搭建二维模糊控制结构子系统，模糊控制规则如表 23.2 所示。

表 23.2　模糊控制规则

$\dot{z}_{ci}/\dot{\theta}/$	$\dot{z}_{ci}/z_{ci} - z_{ui}$						
	-3	-2	-1	0	1	2	3
-3	3	3	2	1	1	-1	-2
-2	3	3	2	1	0	-1	-2
-1	3	2	1	0	-1	-2	-3
0	3	2	1	0	-1	-2	-3
1	3	2	1	-1	-1	-2	-3
2	2	1	0	-1	-2	-3	-3
3	2	1	-1	-1	-2	-3	-3

23.5 整车半主动悬架仿真

根据整车 7 自由度被动悬架仿真模型与模糊控制器模型，搭建整车主动悬架仿真模型如 23.7 所示。仿真步长为 0.005 s，仿真时间为 10 s。车身质心处的垂向加速度、俯仰角加速度、侧倾角加速度、悬架动行程、轮胎动位移仿真结果对比曲线如图 23.8～23.14 所示，具体性能参数变化如表 23.3 所示。其中红色实线为主动仿真结果，蓝色为传统 7 自由度整车被动模型仿真结果。

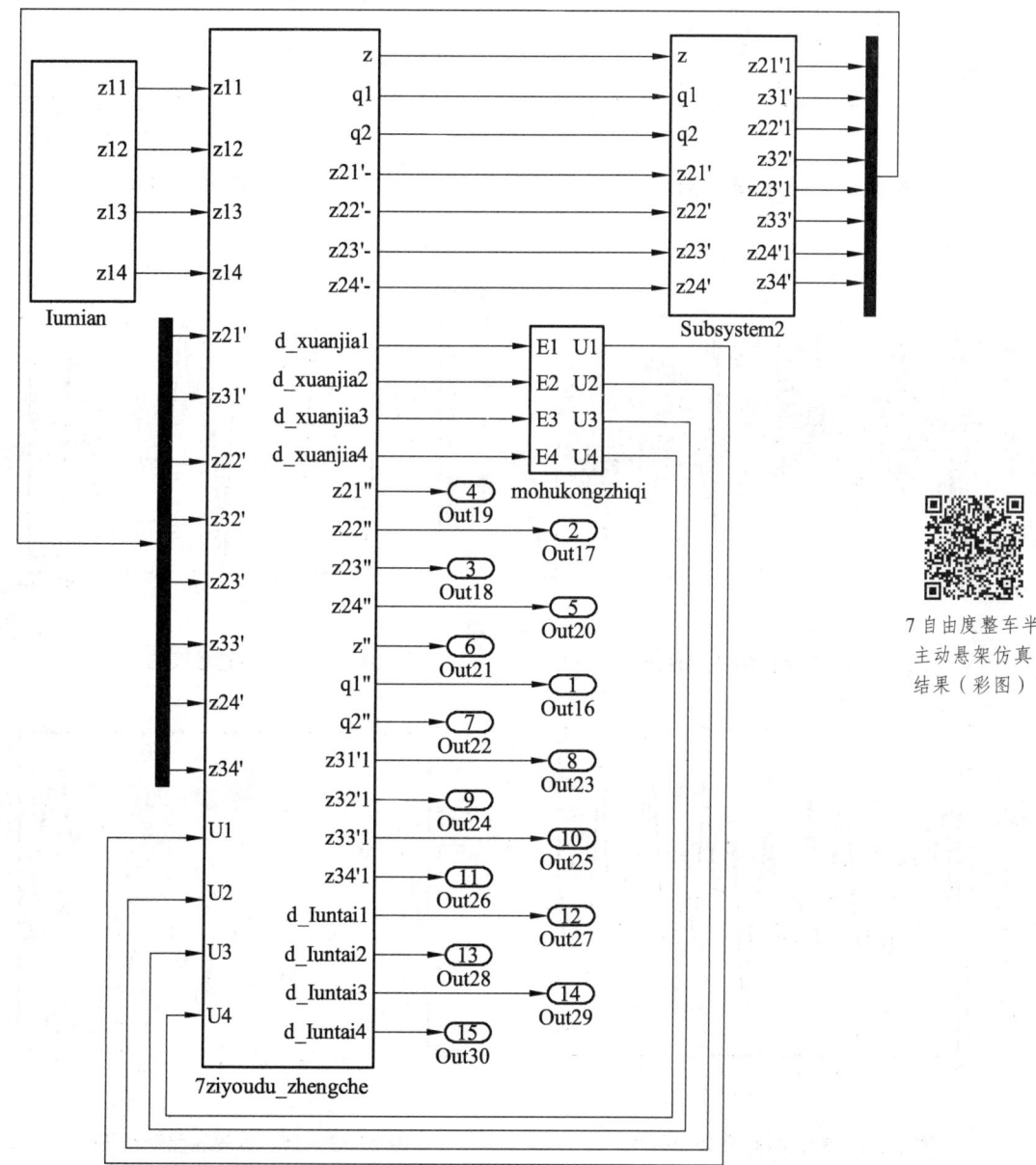

7 自由度整车半主动悬架仿真结果（彩图）

图 23.7 7 自由度整车半主动悬架 SIMULINK 仿真模型

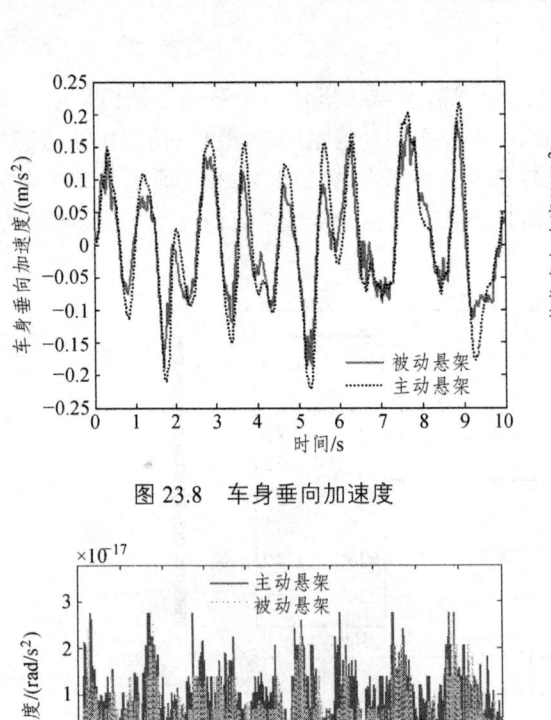

图 23.8 车身垂向加速度

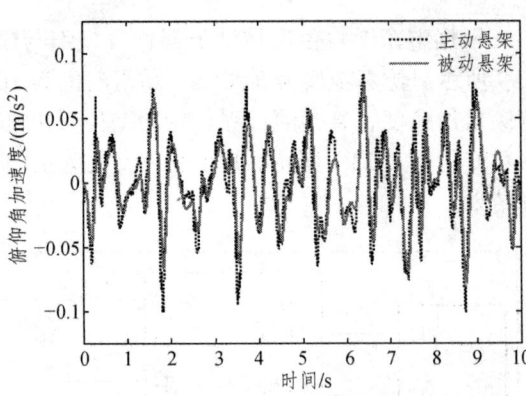

图 23.9 车身俯仰角加速度

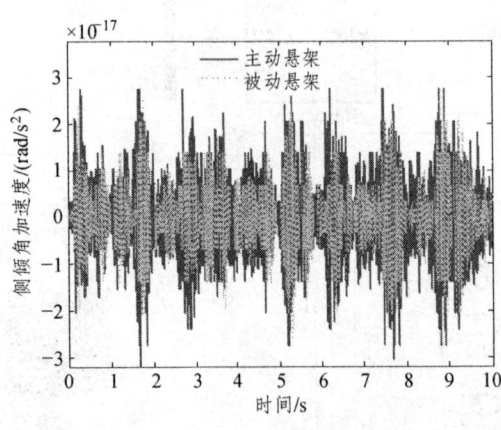

图 23.10 车身侧倾角加速度

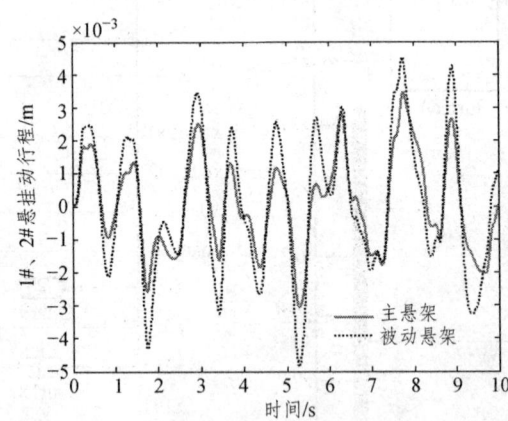

图 23.11 1#，2#轮悬架动行程

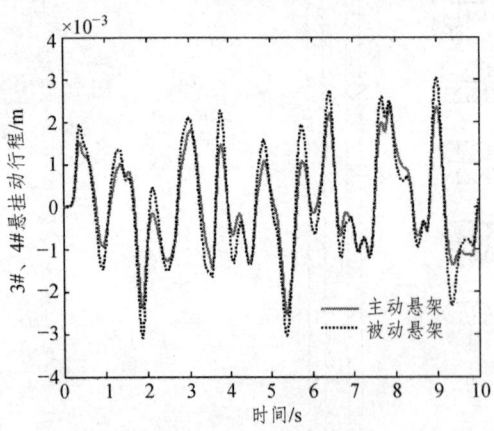

图 23.12 3#，4#轮悬架动行程

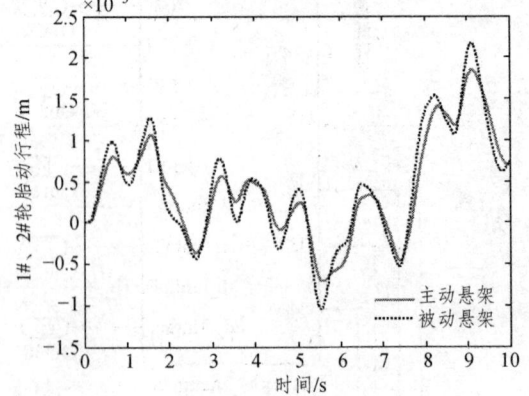

图 23.13 1#，2#轮轮胎动行程

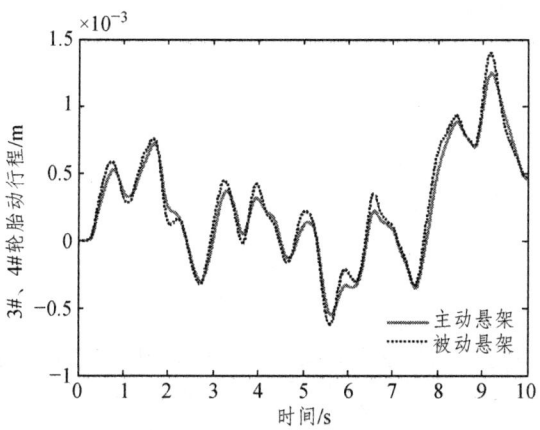

图 23.14 3#,4#轮胎动行程

表 23.3 性能均方根值对比

均方根值	被动	主动	优化比
垂向加速度/(m/s^2)	4.48×10^{-2}	3.26×10^{-2}	27.2%
俯仰角加速度/(rad/s^2)	1.53×10^{-2}	1.23×10^{-2}	19.6%
侧倾角加速度/(rad/s^2)	5.19×10^{-18}	3.46×10^{-18}	33.3%
1#,2#悬架垂向动行程/m	8.31×10^{-4}	3.77×10^{-5}	95.5%
3#,4#悬架垂向动行程/m	2.16×10^{-4}	1.43×10^{-5}	33.8%
1#,2#轮胎垂向动行程/m	7.21×10^{-4}	7.11×10^{-4}	1.4%
3#,4#轮胎垂向动行程/m	4.818×10^{-4}	4.816×10^{-4}	0.4%

从有效值计算结果看，刚性车身的垂向加速度、俯仰角加速度、悬架动行程性能提升明显，分别提升 27.2%、19.6%、95.5%、33.8%，轮胎动位移改善效果不明显。

从最大幅值计算结果看，刚性车身的侧倾角加速度相对被动悬架最大幅值较大，控制效果较差，但有效值性能提升 33.3%。刚性车身垂向加速度、俯仰角加速度幅值改善不明显。

悬架动行程改善较为明显，从多次调试系统仿真结果看，随着第二主动力权系数的增加，悬架动行程改善较为积极，符合控制系统位移跟踪控制的特点。随着车身垂向加速度的增加，此时整车操纵性能有较好的提升，但舒适性较差。

参考文献

[1] 胡国良,刘前结,李刚. 车辆磁流变半主动悬架混合阻尼模糊电流控制研究[J]. 现代制造工程,2018（10）：94-101.

[2] 庞辉,梁军,王建平,等. 考虑系统不确定性的车辆主动悬架自适应模糊滑模控制[J]. 振动与冲击,2018,37（15）：261-269.

[3] 叶晓濛,龙海洋,裴未迟,等. 汽车磁流变半主动悬架的模糊控制[J]. 华北理工大学学报：自然科学版,2018,40（02）：79-87.

[4] 王孝鹏,吴晨雄,黄道进. 基于模糊 PID 控制器的 1/2 整车半主动悬架仿真研究[J]. 湖南工业大学学报,2017,31（06）：54-59.

[5] 王孝鹏,陈秀萍,刘建军,等. 14 自由度整车半主动悬架仿真研究[J]. 三明学院学报,2017,34（06）：25-32.

[6] 王孝鹏. 基于模糊 PID 控制器的麦弗逊悬架联合仿真研究[J]. 湖南工业大学学报,2017,31（02）：66-71.

[7] 王孝鹏,刘建军,吴龙. 七自由度整车半主动悬架仿真研究[J]. 湖南工业大学学报,2016,30（06）：12-17.

[8] 王孝鹏,刘建军,吴龙. 基于模糊控制主动悬架的某型轿车漂移联合仿真研究[J]. 山东理工大学学报：自然科学版,2016,30（04）：33-36.

[9] 吴龙. 四轮独立减振车辆分层建模与控制[J]. 重庆大学学报,2014,37（04）：14-22.

[10] 吴龙. 六自由度汽车 1/2 模型分层建模与振动控制研究[J]. 四川大学学报：工程科学版,2010,42（06）：244-250.

[11] 吴龙,闻霞. 6 自由度半车悬架解耦及其分层振动控制的研究[J]. 汽车工程,2010,32（02）：148-154+167.

[12] 吴龙,陈花玲. 一种车辆半主动悬架模拟实验方法的研究[J]. 应用基础与工程科学学报,2007（03）：405-413.

附　录

附录 A　单片钢板弹簧装配体

单片钢板弹簧装配体模型如图 A.1 所示，该模型较为简单，装配体不存在接触与点面约束，读者可参考下列硬点、部件、约束、变量参数等信息练习建立模型。单片钢板弹簧装配体模型：_my_leaf_1.tpl 存储在数字资源包中，读者可以自行参考练习。

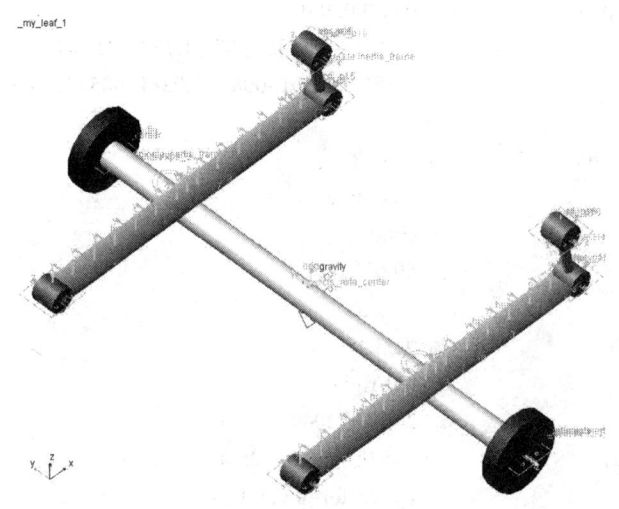

图 A.1　单片簧模型

```
HARDPOINTS:
hardpoint name           symmetry         x_value         y_value         z_value
--------------           --------         -------         -------         -------
p0                       left/right       0.0             -1000.0         -70.0
p1                       left/right       -650.0          -600.0          0.0
p2                       left/right       -550.0          -600.0          0.0
p3                       left/right       -450.0          -600.0          0.0
p4                       left/right       -350.0          -600.0          0.0
p5                       left/right       -250.0          -600.0          0.0
p6                       left/right       -150.0          -600.0          0.0
p7                       left/right       -50.0           -600.0          0.0
p8                       left/right       0.0             -600.0          0.0
p9                       left/right       50.0            -600.0          0.0
p10                      left/right       150.0           -600.0          0.0
```

p11	left/right	250.0	−600.0	0.0
p12	left/right	350.0	−600.0	0.0
p13	left/right	450.0	−600.0	0.0
p14	left/right	550.0	−600.0	0.0
p15	left/right	650.0	−600.0	0.0
p16	left/right	600.0	−600.0	250.0

PARTS: % 部件信息

rear_axle
symmetry : single
mass : 142.7828648685
location (dependent) : 0.0, 0.0, −70.0
orientation : zp_vector=0.0, 0.0, 1.0
: xp_vector=1.0, 0.0, 0.0
cm_location_from_part : 0.0, 0.0, 0.0
Ixx, Iyy, Izz : 6.8622442713E+007 , 1.7333515307E+005 , 6.8622442713E+007
Ixy, Izx, Iyz : 1.551256599E-008 , -1.0281560545E-009 , -2.6474517099E-009

rear_axle link geometry % 几何体
name : rear_axle
symmetry : single
radius : 50.0

shackle % 几何体
symmetry : left/right
mass : 2.4268420472
location (dependent) : 625.0, -600.0, 125.0
orientation : zp_vector=0.0, 0.0, 1.0
: xp_vector=1.0, 0.0, 0.0
cm_location_from_part : 0.0, 0.0, 0.0
Ixx, Iyy, Izz : 1.2884557836E+004 , 1.338108491E+004 , 967.9080493034
Ixy, Izx, Iyz : 0.0 , -2482.6353721348 , 0.0

shackle link geometry % 几何体
name : shackle
symmetry : left/right
radius : 20.0

spindle % 几何体
symmetry : left/right
mass : 32.1261445954
location (dependent) : 0.0, -1000.0, -70.0
orientation (dependent) : zp_vector=0.0, -1.0, 0.0
: xp_vector=1.0, 0.0, 0.0

cm_location_from_part	:	0.0, 0.0, 0.0
Ixx, Iyy, Izz	:	1.8513968586E+005 , 1.8513968586E+005 , 3.5100368497E+005
Ixy, Izx, Iyz	:	0.0 , 0.0 , 0.0

NRODS:
beam1

symmetry	:	left/right
height	:	30.0
width	:	100.0
damping ratio	:	2.0E-003
material type	:	steel
formulation	:	linear

BUSHINGS: % 柔性轴套信息
p1

definition	:	.ACAR.attachments.ac_bushing
symmetry	:	left/right
orientation (dependent)	:	zp_vector=0.0, -1.0, 0.0
: xp_vector=1.0, 0.0, 0.0		
t preload x	:	0.0
t preload y	:	0.0
t preload z	:	0.0
r preload x	:	0.0
r preload y	:	0.0
r preload z	:	0.0
t offset x	:	0.0
t offset y	:	0.0
t offset z	:	0.0
r offset x	:	0.0
r offset y	:	0.0
r offset z	:	0.0
fx scaling factor	:	1.0
fy scaling factor	:	1.0
fz scaling factor	:	1.0
tx scaling factor	:	1.0
ty scaling factor	:	1.0
tz scaling factor	:	1.0
tx damping force scale	:	1.0
ty damping force scale	:	1.0
tz damping force scale	:	1.0
rx damping force scale	:	1.0
ry damping force scale	:	1.0
rz damping force scale	:	1.0

property file	:	mdids://acar_shared/bushings.tbl/mdi_0001.bus

p15

definition	:	.ACAR.attachments.ac_bushing
symmetry	:	left/right
orientation (dependent)	:	zp_vector=0.0, -1.0, 0.0
: xp_vector=1.0, 0.0, 0.0		
t preload x	:	0.0
t preload y	:	0.0
t preload z	:	0.0
r preload x	:	0.0
r preload y	:	0.0
r preload z	:	0.0
t offset x	:	0.0
t offset y	:	0.0
t offset z	:	0.0
r offset x	:	0.0
r offset y	:	0.0
r offset z	:	0.0
fx scaling factor	:	1.0
fy scaling factor	:	1.0
fz scaling factor	:	1.0
tx scaling factor	:	1.0
ty scaling factor	:	1.0
tz scaling factor	:	1.0
tx damping force scale	:	1.0
ty damping force scale	:	1.0
tz damping force scale	:	1.0
rx damping force scale	:	1.0
ry damping force scale	:	1.0
rz damping force scale	:	1.0
property file	:	mdids://acar_shared/bushings.tbl/mdi_0001.bus

p16

definition	:	.ACAR.attachments.ac_bushing
symmetry	:	left/right
orientation (dependent)	:	zp_vector=0.0, -1.0, 0.0
: xp_vector=1.0, 0.0, 0.0		
t preload x	:	0.0
t preload y	:	0.0
t preload z	:	0.0
r preload x	:	0.0
r preload y	:	0.0

r preload z	:	0.0	
t offset x	:	0.0	
t offset y	:	0.0	
t offset z	:	0.0	
r offset x	:	0.0	
r offset y	:	0.0	
r offset z	:	0.0	
fx scaling factor	:	1.0	
fy scaling factor	:	1.0	
fz scaling factor	:	1.0	
tx scaling factor	:	1.0	
ty scaling factor	:	1.0	
tz scaling factor	:	1.0	
tx damping force scale	:	1.0	
ty damping force scale	:	1.0	
tz damping force scale	:	1.0	
rx damping force scale	:	1.0	
ry damping force scale	:	1.0	
rz damping force scale	:	1.0	
property file	:	mdids://acar_shared/bushings.tbl/mdi_0001.bus	
PARAMETERS:		% 钢板弹簧参数	

parameter name	symmetry	type	value
--------------	--------	----	-----
kinematic_flag	single	integer	0
camber_angle	left/right	real	0.0
toe_angle	left/right	real	0.0

附录B 重卡车身通信器

重卡车身通信器，通过车身上增加或者修改通信器与子系统保持匹配，可以完成整车装配。

Listing of input communicators in '_my_truck_body'

Communicator Name:	Entity Class:	From Minor Role:	Matching Name:
cis_std_tire_ref	location	inherit	std_tire_ref

1 input communicator was found in '_my_truck_body'

Listing of output communicators in '_my_truck_body'

Communicator Name:	Entity Class:	To Minor Role:	Matching Name:
co[lr]_cab_mount	mount	inherit	cab_mount
co[lr]_cab_suspension_shocks	mount	inherit	shock_to_cab,
co[lr]_cab_susp_shock_to_frame	mount	inherit	cab_susp_shock_to_frame
co[lr]_fd_shock_to_frame	mount	rear	shock_to_frame
co[lr]_fd_spring_to_frame	mount	rear	spring_to_frame
co[lr]_fifth_wheel_to_frame	mount	inherit	fifth_wheel_to_frame
co[lr]_front_airtank_to_frame	mount	inherit	front_airtank_to_frame
co[lr]_front_engine_to_frame	mount	truck	front_engine_to_frame
co[lr]_front_susp_leafspring_mount	mount	any	leaf_front
co[lr]_front_susp_shackle_mount	mount	any	leaf_rear
co[lr]_front_susp_upper_shock	mount	front	front_susp_upper_shock
co[lr]_hood_frame_mount	mount	inherit	hood_frame_mount
co[lr]_lower_airbag_to_frame	mount	inherit	lower_airbag_to_frame
co[lr]_lower_front_fueltank_to_frame	mount	inherit	lower_front_fueltank_to_frame
co[lr]_lower_middle_fueltank_to_frame	mount	inherit	lower_middle_fueltank_to_frame
co[lr]_lower_radiator_to_frame	mount	inherit	lower_radiator_to_frame
co[lr]_lower_rear_fueltank_to_frame	mount	inherit	lower_rear_fueltank_to_frame
co[lr]_main_exhaust_to_cab	mount	inherit	main_exhaust_to_cab
co[lr]_rd_shock_to_frame	mount	rear_2	shock_to_frame
co[lr]_rd_spring_to_frame	mount	rear_2	spring_to_frame
co[lr]_rear_airtank_to_frame	mount	inherit	rear_airtank_to_frame
co[lr]_rear_engine_to_frame	mount	inherit	rear_engine_to_frame
co[lr]_rear_suspension_to_frame	mount	rear_2	hockeystick_to_frame
co[lr]_stack_to_cab	mount	inherit	stack_to_cab
co[lr]_suspension_to_frame	mount	rear	hockeystick_to_frame

co[lr]_upper_front_fueltank_to_frame	mount	inherit	upper_front_fueltank_to_frame
co[lr]_upper_middle_fueltank_to_frame	mount	inherit	upper_middle_fueltank_to_frame
co[lr]_upper_radiator_to_frame	mount	inherit	upper_radiator_to_frame
co[lr]_upper_rear_fueltank_to_frame	mount	inherit	upper_rear_fueltank_to_frame
cos_aero_drag_force	solver_variable	inherit	aero_drag_force
cos_aero_frontal_area	parameter_real	inherit	aero_frontal_area
cos_air_density	parameter_real	inherit	air_density
cos_body_subsystem	mount	inherit	body_subsystem,
cos_cab_suspension	mount	inherit	lateral_rod_to_cab,
cos_chassis_path_reference	marker	inherit	chassis_path_reference
cos_drag_coefficient	parameter_real	inherit	drag_coefficient
cos_driver_reference	marker	inherit	driver_reference
cos_fd_panhard_rod_to_frame	mount	rear	panhard_rod_to_frame
cos_lateral_rod_to_frame	mount	any	lateral_rod_to_frame
cos_leafspring_to_body	mount	inherit	leafspring_to_body
cos_lower_back_bbox_to_frame	mount	inherit	lower_back_bbox_to_frame
cos_lower_bump_stop_to_frame	mount	inherit	lower_bump_stop_to_frame
cos_lower_front_bbox_to_frame	mount	inherit	lower_front_bbox_to_frame
cos_main_exhaust_to_frame_1	mount	inherit	main_exhaust_to_frame_1
cos_main_exhaust_to_frame_2	mount	inherit	main_exhaust_to_frame_2
cos_main_exhaust_to_frame_3	mount	inherit	main_exhaust_to_frame_3
cos_main_exhaust_to_frame_4	mount	inherit	main_exhaust_to_frame_4
cos_main_exhaust_to_frame_5	mount	inherit	main_exhaust_to_frame_5
cos_main_exhaust_to_frame_6	mount	inherit	main_exhaust_to_frame_6
cos_main_exhaust_to_frame_7	mount	inherit	main_exhaust_to_frame_7
cos_main_exhaust_to_frame_8	mount	inherit	main_exhaust_to_frame_8
cos_measure_for_distance	marker	inherit	measure_for_distance
cos_pitman_mount	mount	inherit	pitman_mount
cos_powertrain_to_body	mount	truck	powertrain_to_body
cos_press_valve_link_to_frame	mount	inherit	press_valve_link_to_frame
cos_rd_panhard_rod_to_frame	mount	rear_2	panhard_rod_to_frame
cos_steering_column_to_body	mount	inherit	steering_column_to_body
cos_subframe_to_body	mount	inherit	subframe_to_body
cos_upper_back_bbox_to_frame	mount	inherit	upper_back_bbox_to_frame
cos_upper_front_bbox_to_frame	mount	inherit	upper_front_bbox_to_frame

89 output communicators were found in '_my_truck_body'

附录 C 6×2 整车

6×4 整车模型通过替换 4×2 整车模型的前桥子系统完成整车模型的建立。整车有 1159 个自由度。整车模型如图 C.1 所示。

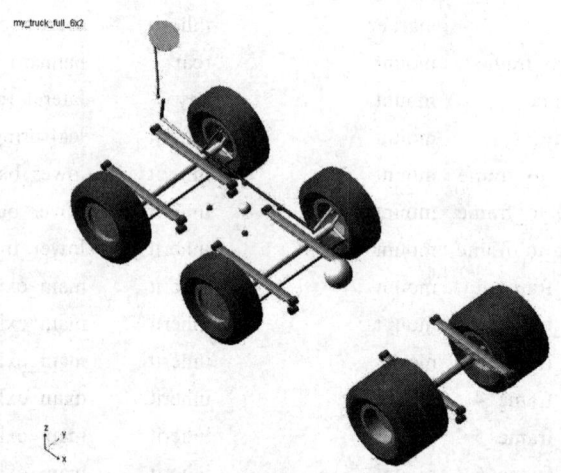

图 C.1 6×2 整车模型

附录 D Fish-Hook 仿真

（1）单击 "Simulate" > "Full-Vehicle Analysis" > "Open-loop Steering Events" > "Fish Hook" 命令，弹出仿真对话框，如图 D.1 所示。

（2）Output Prefix：FH。
（3）Output Step Size（设置仿真步数）：0.01。
（4）Mode of Simulation：interactive。
（5）Road Date File：mdids://FASE/roads.tbl/2d_flat.rdf。在仿真过程中，由于路面场地过小，可能导致整车运行中驶出场地范围，但不影响仿真的正常运行，可以打开路面属性文件，对路面的长度与宽度参数进行修改，本路面长×宽为 500 000 mm × 400 000 mm。

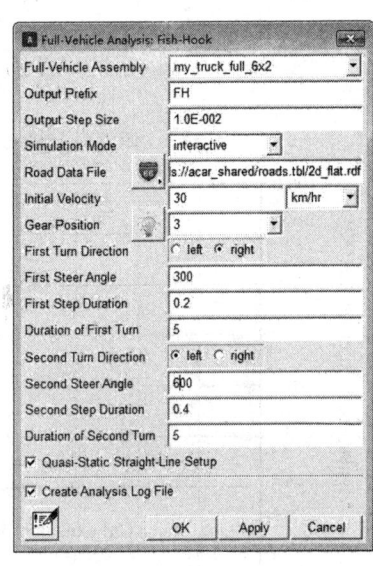

（6）Initial Velocity：30。
（7）Gear Position：3。
（8）First Turm Direction：right。
（9）First Steer Angle：300。
（10）Duration of First Turn：5。
（11）Second Turm Direction：left。
（12）Second Steer Angle：600。
（13）Duration of First Turn：5。

图 D.1 Fish Hook 设置

（14）Quasi-Static Straight-Line Setup：勾选，整车模型运行准静态平衡。
（15）单击 OK 按钮，完成蛇形绕桩仿真设置并提交运算。

仿真结束后，FSAE 赛车的运行轨迹如图 D.2 所示。在运行过程中，整车的俯仰、侧倾及横摆角加速度如图 D.3 ~ D.5 所示，车身垂向及侧向加速度如图 D.6 和图 D.7 所示。

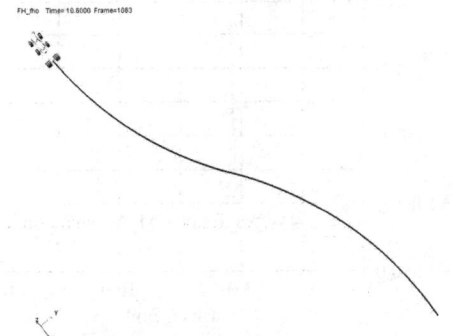

图 D.2 6×2 整车运行轨迹

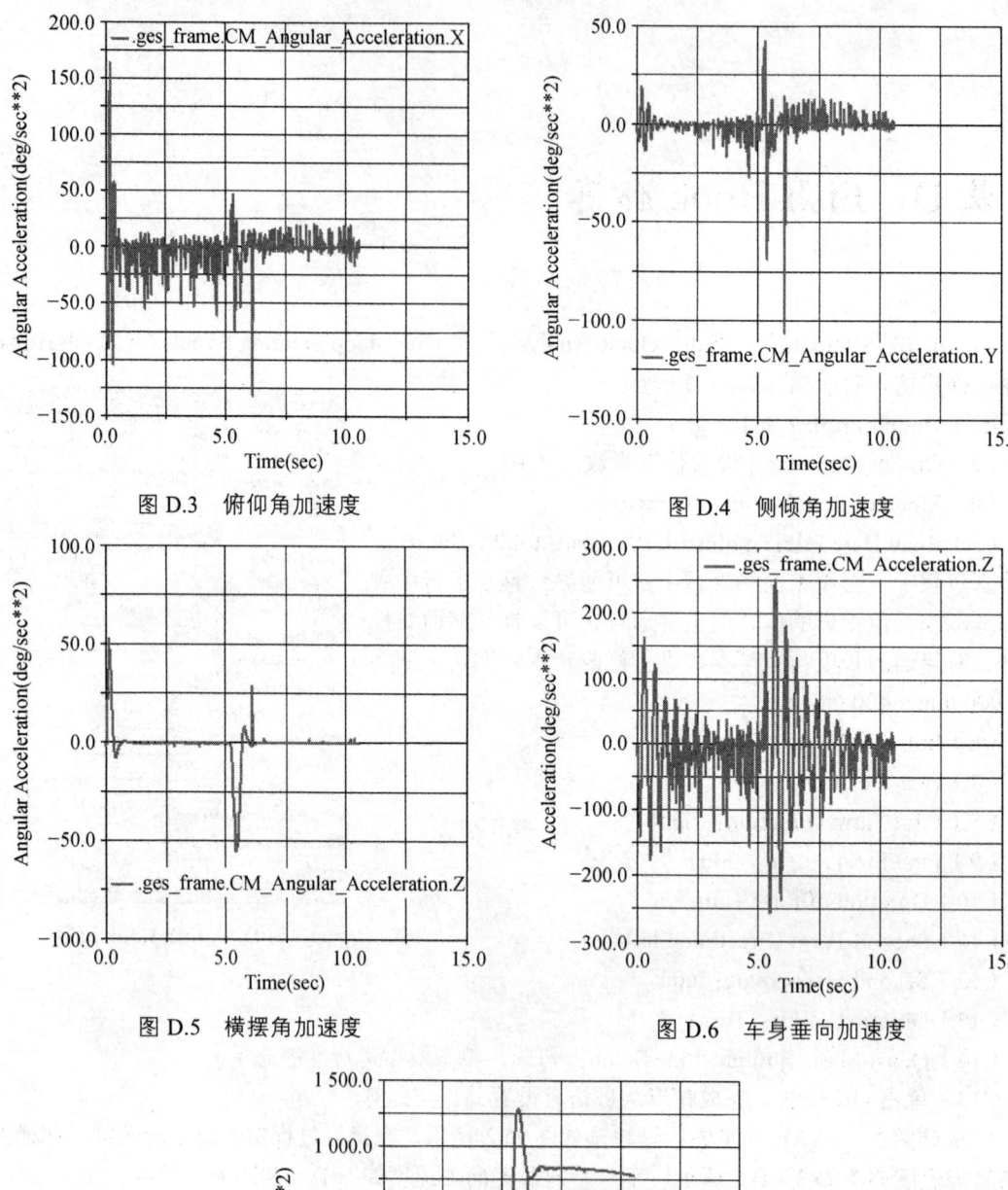

图 D.3 俯仰角加速度

图 D.4 侧倾角加速度

图 D.5 横摆角加速度

图 D.6 车身垂向加速度

图 D.7 车身侧向加速度

附录 E 14 自由度整车

14自由度整车模型与7自由度整车模型相比，更为复杂，在7自由度模型的基础上增加轮胎侧向力转换为14自由度整车模型（见图E.1）。本模型在搭建过程中并没有考虑真实的轮胎，而是增加侧向路面模拟轮胎的侧行力。14自由度整车模型 zhengche_14_ziyoudu.mdl 存于数字资源包，读者可以自行打开查阅学习。

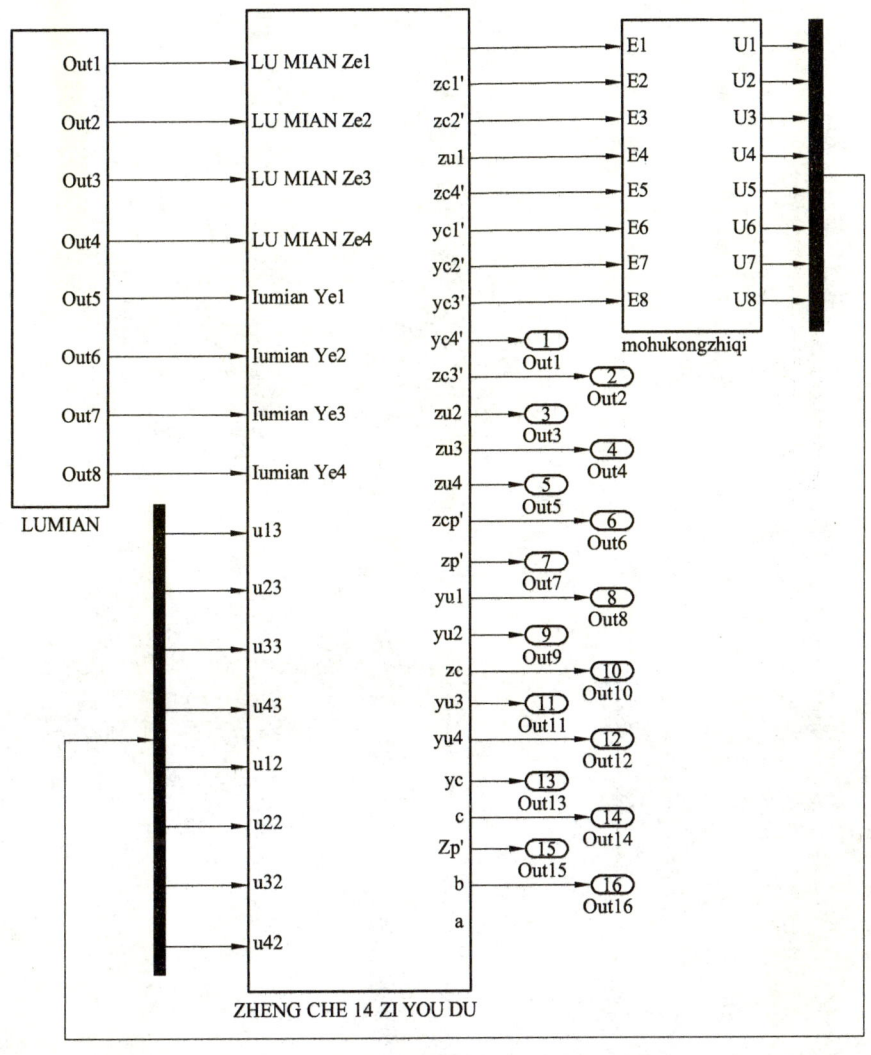

图 E.1 14 自由度整车半主动悬架模型